全 鎭 晟（チョン・ジンソン）著　佐藤 静香 訳

虚像のアテネ

ベルリン、東京、ソウルの記憶と空間

法政大学出版局

Original Korean edition published by Imagine 1000
Japanese edition is published by arrangement with Imagine 1000
through BC Agency, Seoul & The Sakai Agency, Tokyo

This work was supported by a research grant from
Busan National University of Education in 2019.

日本語版への序文

ベルリン、東京、ソウルというまったく一般的でない組み合わせで構成される本書において、東京は、遠く離れた二つの国の首都を媒介する位置を占めている。もちろん、それは、単純に橋渡しの役割ではなく、まったく新しい心象地理の発源地としてそれまで絶対的な権威を享受してきた西欧的「近代性」を極限にむかわせることによって形骸化する、中枢的な役割である。本書は、プロイセンの建築家フリードリヒ・シンケルの新古典主義建築と、その核心原理である「テクトニック」が、それぞれ色合いの異なる三つの都市に導入される過程をテーマとした。しかし、本書は、西欧から東方への文化移植を扱う近代史の典型的な叙事から脱皮し、西欧列強の帝国都市どころか、東アジアの近隣帝国の植民地都市であったソウルを折り返し点として、西欧的近代性を逆追跡することを試みた。すると、ここで、近代ソウルのモデルであった東京は、統合失調症 schizophrenia 的な姿であらわれる。アジア周辺国にむかっては西欧文明の代弁者を自任しながらも、いざ西欧列強にむかっては「東洋」を代弁した二面的な顔が、モデルのモデルについて問うことを不可避にする。一時ではあるが東京のモデルであったベルリンさえもけっして原型ではなかったという命題こそ、本書の出発点であり、結論である。根深い「民族文化」に執着する偏執症 paranoia 的な姿をおびたベルリンは、ひたすら想像的な原型にすぎないアテネという心象地理を具現した。

本書は、一見、ドイツから日本へ、さらに日本から植民地朝鮮へ伝播された西欧近代文明の片鱗を追跡しようとする試みのようにみえる。仮にそうだとすれば、その燦爛とした文明の火花が段階的に衰えていくことは十分に予想できる軌跡である。東アジアの人里離れた植民地都市において西欧的近代性がゆがんだ姿であらわれるのは、少しもおかしくない。しかし、この過程を逆転させてみると、まったく別の歴史像が可能になる。近代ソウルで繰り広げられた未曾有の修羅場が、近代性の欠乏ではなく、むしろその必然的な結論であると解釈される余地はないか。西欧では潜在的にのみうかがえた近代性の自己矛盾が、地球の反対側にいたってはじめて赤裸々に表出されたのではないだろうか。だとすれば、東京は近代性の光と闇をもっとも劇的にみせる事例であり、その先鋭化した矛盾がついに爆発することになったソウルは、近代性の廃墟と規定することもできるのではないだろうか。

本書は、まさにこのような転換の発想に依拠して、近代性をあえて「モダニズム」と表現した。なぜならば、「モダン」という単語を、これ以上特定の歴史的時代を指す記述的概念として使用せず、実際に人々の恐怖と想像力を刺激していたこの単語自体の音価を浮き彫りにするためである。本書によれば、もはや「近代」はない。ただ地球上の特定地域の過剰な自意識と介入の論理を正当化した一方的な時間と空間の枠組みのみが歴史のなかで発見されるにすぎない。はなはだしくは、「歴史」さえも、「モダン」な時間と空間の枠組みを指すのみである。本書は、モダニティを一種の「スライドイメージ（幻灯像）」と規定する。これは、うわべはまばゆいが実在をぼんやりと投影するだけの影、というモチーフに着眼したものである。現実のなかで満たされない熱望が、魅惑的な想像の世界で代替されることによって、抑圧され馴致される。もちろん、このようなアプローチは、いわゆる「近代史」全体を幻のようなものと断定しようとするものではない。むしろそのようなスライドイメージの下に隠された熱望と苦悩をとらえようとするものである。

周辺部で活動する「西洋史」研究者にとっては、モダニティ modernity が植民地性 coloniality と不可分の関係にあるという最近の理論は、まったく違和感がない。本書は、植民地性をモダニティの歪曲や退色した形態ではなく、むしろその本領と規定する。モダニティの華麗な帳幕でおおい隠されえない冷厳な現実を指す名がまさに植民地性である。（ポスト）植民地都市ソウルの中心部に華麗に展開されるアテネのスライドイメージは、頽落した周辺をいっそう日陰にする。新文明を可視化した洋風の建築物と都市計画こそ、植民地に対する政治的、認識論的差別を正当化する支配と抑圧の視覚的遺贈であった。しかし、権力によって押しつけられた秩序は、現実をすべて包括することはできないものだ。本書が建築と都市計画の分野を穿鑿したのは、それがモダニティの前衛であっただけでなく、その特有の物質性を通じて、権力の要求と社会的現実、歴史的記憶と空間的慣性、モダニティと植民地性のギャップをあらわにするのに、またとなく有用だからである。このような方法論的原理によって執筆されたベルリン－東京－ソウルの「絡み合った歴史 histoire croisée」は、垂直的かつ一方的な影響関係の歴史が臨界点に達する歴史、いいかえれば、全一的な時空間の枠組みに拘束された通常の「近代史 modern history」を転覆させる歴史、より挑発的にいえば、「モダニティ」と「歴史」という西欧式の観念を画期的に止揚する目新しい時空間の話である。このように過度な試みが学問的な厳密性を重視する日本の学界の風土にいくらかでも受け入れられるのかどうかについては、著者みずからも確信がない。

本書韓国語版は、「記憶と建築が醸しだす不協和音の文化史」という論争的な副題を掲げるが、出版直後はもちろん、出版前から韓国の学界の多様な分野から辛辣な批評を受けた。とくに、この本の方法論に対する問題提起が集中的になされた。ベルリン－東京－ソウルは、一組にまとめるには適切でなく、さらに、それを認めても、フリードリヒ・シンケルのプロイセン古典主義建築とその核心的原理であるテクトニックはあまりにも枝葉の事案であるという見解が支配的であった。日本がアジアのプロイセンでなかったことはあきらかである。植民地朝鮮が、半島に再生した日帝のミニチュアではなかったようにである。東京の中心部は、ベルリンよりはむしろロンドンに似ている。日本の近代建築史におけるシンケルの影響は限定的であり、日帝の植民地においても同様であった。しかし、本書は、基本的に、建築史分野の専門書でも、一般的な都市史の研究書でもない。本書が追及した文化史の叙述は、厳然たる現実を、言説や建築様式、あるいは社会的事実や構造に還元するよりは、各種の社会・文化的再現とその臨界点としての現実のあいだのギャップに焦点をあわせる。本書は、歴史学の最新の傾向である「視覚史 visual history」の方法論を受容して、現実を構築するイメージの力とその裏面に隠された非可視的な現実をあらわにしようとする。ドイツ人が抱いたアテネに対する想像的なイメージは、実際の都市空間に物質的に具現されたが、やはりアテネよりは当時の現実を支配していたプロイセン官憲国家の権力を可視化し、また、下段は古代ギリシャ神殿、上段はピラミッドに似た日本の国会議事堂は、プロイセン式テクトニックの影響力にもかかわらず、日に日にひどくなる民族アイデンティティの統合失調症を投影せざるをえなかった。そして、植民地朝鮮にいたってはじめてテクトニック的空間は、アテネのイメージや民族アイデンティティの象徴から脱し、赤裸々な権力の図像として落ち着いた。同一の原理も、現実の脈絡によってまったく異なる含意をおびることになったのである。ここでとくに注目する点は、再現と現実の区分線がつねに浸潤され可変的なものゆえ、歴史を単一の尺度で裁断するのは本質的に非歴史的だという点である。

「想像のアテネ」でイメージ化されるテクトニックの原理を近代史の隠れた動因として説明することは、本書の趣旨からおおきくはずれる。もちろん、シンケルの建築からはじまるテクトニックの原理がモダニティの時空間を典型的に代弁するという点は疑う余地はない。建築が中心と部分の統一的な関係として編まれた有機的構成体であるという観念は、ランケ流の歴史主義歴史学とヘーゲルやローレンツ・フォン・シュタインの国家哲学と共鳴するだけでなく、現代建築の核心原理をなし、全世界の都市空間に影響力を行使した。そして、それは、東アジアの帝都と植民地都市も例外ではなかった。たとえば、テクトニックと国体は本来まったく別の分野の概念であるが、地球的モダニティに収斂するおのおのの契機的な言説として連関づけてみることができる。まさにこのような文化史的アプローチを通じて、ベルリンのフリードリヒ広場から霞が関の官庁街と皇居前広場を経て京城の南北軸の道路と満州国新京の大同広場、そしてソウル汝矣島の五・一六広場につながる未完の「中心」を「想像のアテネ」でないあわせることが可能になる。これらは、たしかに現実の主要な一部であったが、そうだといって現実全体を代弁しえない。これらは、むしろ歴史的転換期ごとに強迫的に喚起される権力政治のユートピア、消尽したスライドイメージの系譜といえる。

本書がフーコー Michel Foucault から借用した「系譜学 généalogie」的方法は、系譜をなす構成因子間にいかなる必然性も要求しない。「ベルリン－東京－ソウル」のかわりに「ベルリン－モスクワ－平壌」ではダメな理由もない。本書は、叙述上では時間的順序にしたがうように配置しながらも、論理的にはむしろ時間を遡る。いいかえれば、ベルリンに対する説明からその必然的結果としてソウルを導出するのではなく、むしろソウルから出発して逆に歴史的必然性を解体していく論理展開の方式こそ、この本の固有な様相である。したがって、プロローグがソウルの現在からはじまり、エピローグにきてはじめてベルリンの現在が登場するのは偶然ではない。このように不連続的に絡み合うベルリン－東京－ソウルの道は、さきにあかしたように、西欧的モダニティというスライドイメージを突っ切る路程である。それは、究極的に現在を支配する政治・社会的秩序とは異なる見慣れぬ過去をたずねる道である。過去が解放されるとき、はじめて未来も解放を迎える。先進国対後進国、西洋対東洋、中心部対周辺部、国民対難民、そして民族史対地域史／世界史といった偏狭な秩序をこえて、よりよい未来の可能性を過去の残骸のなかから発掘しようとするこの手ごわい路程がはたして当初の目的を達成したかは読者の判断に任せよう。

最後に、論争の余地が多い拙著の日本語翻訳版の出版を取りもってくれた私の友人小田中直樹東北大学大学院経済学研究科教授と、翻訳を引き受けてくださった佐藤静香青森大学総合経営学部准教授、そして本の編集をご担当くださった秋田公士氏、岡林彩子氏、奥田のぞみ氏に深い謝意を表する。本書を契機に、本の内容もそうであるように、日本の研究者との「絡み合った」関係がいっそう厚くなることを希望する。

全 鎮 晟

二〇一八年一二月　釜山にて

序文

ソウルで生まれ、江北でも江南でもない漢江の真ん中の島で育った筆者が、特段の縁もなかった釜山に落ち着くことになって、すでに一五年が流れた。ソウルの外は他国と思って育ったが、そこから遠いというにははるかに遠い港湾都市で暮らしながら、自分の故郷を、距離をおいてみつめることになった。筆者が留学時代を過ごしたベルリンも同じである。あまりにも古びていて、はたしてここが「先進国」の首都でまちがいないのかと疑うほどであったプロレタリアートの都市ベルリンは、現在はまっとうな国際都市へと変貌しており、隔世の感がある。むさ苦しいというべきか挑発的というべきかという類いの身なりをした労働者、移民、街角の芸術家、同性愛者、そして、色あせた通りと捨ておかれた集合住宅に満ちた一九九〇年代のベルリンに対する郷愁が、この本を書かせた。二〇代の青年としてベルリンの中心街ウンター・デン・リンデンにはじめて接したときの興奮は、今なお記憶に生き生きとしている。当時は社会主義東ドイツの体臭がそっくりそのまま残っていて、ずいぶんなじみ薄いながらも、青少年期に漠然とあこがれた古代ギリシャが忽然と目の前にあらわれたように感じた。そこは、世俗的であること極まりない私の故郷とは本当に違ってみえた。この本は、私のアイデンティティの一部を形成した都市たちに捧げる献辞である。

この本は、ひとつにまとめるには不釣り合いな三つの都市、すなわちベルリン、東京、ソウルを扱う。ベルリンと東京は、いわゆる「上からの近代化」をなしとげた後発帝国の首都という共通点をもつが、その一方で東京とソウルは、長い歴史的因縁をもつ同一文化圏内の帝国－植民地の関係にあった。特段の関連なくみえるソウルとベルリンがひとつにまとめられうるのは、帝国日本の首都であった東京を媒介にして、ある独特な地理的想像が時間と空間の障壁を飛びこえて影響力を行使したためである。古代ギリシャに対するつよく宗教的な憧憬が、プロイセン王国の首都であったベルリンを想像のアテネにし、これが、地球の反対側に位置する日本が新興帝国の首都東京を想像する際のモデルとなり、ついには日帝の植民地になった朝鮮の首位都市京城にまで消すことのできない痕跡を残したのである。

この本は、一国の首都を創造する際に特定の地理的な想像と結びついた記憶行為がおおきく作用するという点を、おもに建築的・都市計画的な再現を通して究明する。建築と都市計画は、工学的技術であるのに先だって、ひとつの言説であり政治的テクノロジーである。俗に「中央庁」という名で記憶される昔の朝鮮総督府庁舎は、ベルリンの心臓部を飾った建築家フリードリヒ・シンケルの荘厳で剛直な建築気風をそっくりそのまま反映していた。シンケルが想像したアテネが、国王と臣民が一体化するプロイセン式権威主義国家の理想を内包していたことは偶然ではないが、これと同じく、彼の過度な想像力が植民地朝鮮にまで余波を残したこともまた、けっして偶然ではない。大陸を飛びこえて絡み合う近代首都の系譜学は、都市間の関係史や影響史をこえて、建築的再現を含む都市についての言説の形成に注目するという点で、厳密な意味における文化史的アプローチであるといってよい。

この本は、「想像のアテネ」という言説の基底におかれていた、より根本的な言説を問題とする。いわゆる「モダニティ」ないしは「近代」という名で包括される架空の言説は、ヨーロッパの辺境国であったプロイセン王国、極東の明治日本、そして植民地朝鮮、これらすべてに対して革命的変化を要求し、同時に、それをおさえつける反革命の論理までも提供した。それは危機であり、機会であった。「想像のアテネ」は、権威主義国家プロイセンを「モダン」に装う役割を遂行し、日帝の植民地では無条件に妥当な「近代文明」の姿として貫徹されることで、植民地被支配者の拒否の意思を源泉から封鎖し、彼らの意識までが植民化されるという結果を招いた。じつに想像のアテネは、洋風建築のまばゆい景観のうえにぼんやりと投影された現実の影にすぎなかった。モダンな都市のスライドイメージ（幻灯像）が、植民地の悲惨な現実を糊塗したのである。このようなモダニティの素顔を、我々は「植民地性」と命名する。

この本は、首都ソウルの植民地都市的な性格に注目することで、大韓民国という国家全体の性格を理解する糸口を提供する。モダニティと植民地性の矛盾をそっくり抱え込んだまま誕生した大韓民国は、その生まれもった矛盾を、日帝から受け継いだ文化ナショナリズムの論理と冷戦的反共主義の剣槍で払拭しようとしてきた。このうち文化ナショナリズムは、民族の有機体的統一性を強調するドイツ的精神世界に源を発し、反革命的富国強兵を模索していた帝国日本の思想的本流を形成したものであって、「文化統治」の戦略的な温もりのなかで植民地朝鮮にも根を下ろした。民族的なものは、意外に反民族的な秩序に依存してきた。みずから「西洋」になろうとしたにもかかわらず、西洋が主導した近代文明の枠のなかについに安着できなかった日帝は、それをこえるべく、矛盾する対立者として「東洋」を召喚した。西洋と東洋、近代的なものと民族的なものの錬金術的結合こそ、東アジア文化ナショナリズムの本質であった。大韓民国の文化ナショナリズムは近代化を実現する民族の主体的力量を強調するが、そのルーツが植民地という過去にあるという事実は、手痛い逆説である。

結局、この本は、首都ソウルの現実を糊塗する間違った言説をこえようとする試みである。「モダン」でありながら「韓国的」な首都というのは、つねに空念仏にすぎなかった。朝鮮総督府庁舎が、その近代的な外観のおかげで、ながらく民主共和国の心臓部として君臨していたが、突然、植民地という過去の恥ずべき遺産であると剔抉された、という事実は、この地に移植された近代文明が反民族的ないしは植民地主義的原罪をもっていたことを示している。もちろん、これに対する解決策として提示された、存在したこともなかった民族の聖所を復活させる方案は、たんなるごまかしにすぎない。民族の聖所として復活した景福宮は、韓国人の胸にしみる追憶の場所でも、未来の韓国の里程標でもなく、せいぜい古びた文化ナショナリズムを固守する剝製化された空間にすぎない。我々が希望をかけるべき場所は、むしろ熾烈な現実のただ中である。まさにここにおいて、我々は、与えられた言説的秩序に慣らされると同時に、気づかぬうちにそれをこえてゆく。ベルリン－東京－ソウルを横断してきた建築と都市景観は、モダニティという特殊な言説秩序がどのように普遍的真理として貫徹され、またどのように物質的現実と遊離するかについて、最適な証言を提供するはずである。

凡例

一、この本は、著者が近年執筆した以下の研究論文を修正、補完して反映した。

- 「도시、트라우마、숭고：공간의 문화사 연구를 위한 방법론의 모색」、『역사학보』제二〇四집 (二〇〇九) 三一五〜三五六쪽。
- 「프로이센 고전주의와 서울：포스트식민주의 도시공간에 대한 탐구」、『독일연구。역사・사회・문화』제二二호 (二〇一一) 七〜四八쪽。
- 「一九세기 독일 역사주의 건축의 사례를 통해 본 심미적 역사주의」、『한국사학사학보』제二四집 (二〇一一) 一六五〜一九八쪽。
- 「통일독일 수도 베를린의 발명：도시공간의 형성과 기억의 도구화에 관하여」、『대구사학』제一〇六집 (二〇一二) 九一〜一二二쪽。
- 「유럽중심주의를 위한 변명：헤겔의 [역사철학 강의]」、『서양사론』제一一四집 (二〇一二) 三五二〜三八〇쪽。
- 「희망의 공간을 꿈꾸며」、『공예＋디자인』제四호 (二〇一二) 一〇一〜一〇七쪽。
- 「비스마르크의 환대：『미구회람실기』에 나타나는 근대 일본의 자기모색과 프로이센」、『사총』제八〇집 (二〇一三・九) 九一〜一二四쪽。
- 「포스트식민주의 이론의 한계점으로서 서양사：김택현 교수의 비판에 답하여」、『서양사론』제一二〇집 (二〇一四) 二五二〜二九四쪽。
- 『텍토닉』의 식민성：베를린、도쿄、서울의 프로이센 고전주의 건축 유산」、『미술사학보』제四三집 (二〇一四) 六五〜九五쪽。
- 『현대』건축의 식민성에 관하여」、『건축리포트 와이드』四三 (二〇一五) 二一〜二七쪽。

二、相互につながりのある内容がある場合は、その関連する章の小見出しを括弧で括って表示し、読者の理解を助けることとした。

三、単行本、定期刊行物、映画や舞台公演には二重鉤括弧（『　』）を、論文、短編、地図などには鉤括弧（「　」）を使った。

目次

第II部　アジアのプロイセンをこえて

第Ⅲ部

アテナの不気味なスライドイメージ ―― 291

プロローグ

「近代」というスライドイメージ

ひとは誰しも自身のおかれた境遇にふさわしい神を祭る。

ヘンリー・デイヴィッド・ソロー
『コンコード川とメリマック川の一週間』（一八四九）

ソウルの中心に落ちる影

旧中央庁（ソウルの景福宮敷地内に建設された旧朝鮮総督府庁舎は、日本の降伏後、「中央庁」の名で政府庁舎として使用された—訳者）があった場所は、時を選ばず出没する亡霊のように、しばしば我々の視線に負担を与える。少なくとも現在四〇歳代以上のソウル市民は、そこに他の追随を許さない圧倒的な建物がにょっきりと立っていたことを記憶している。韓国人の胸を高鳴らせる光化門の扁額のにぎやかな除幕式も、野心に満ちた景福宮の復元事業を告げるクレーンの忙しい動きも、まさに「男根 phallus」を連想させるずっしりと重い巨石の亡霊を片づけるには力不足であった。中央庁の跡地は復元された光化門に遮られており、新しい場所として生まれかわる日まで空き地にすぎない状態にあるが、それでも依然として我々の目をとめさせ、自分の位置を見当づけさせる一種の消失点をなしている。

消えた中央庁、復元された光化門

圧倒的な男根が去勢されると、山の姿があらわれた。仁王山の姿態はほかの山々とは比べものにならないほど帝王然としているが、それを遮っていた巨大な石造の建物に比べるとむしろ母性的である。仁王山の雄大なふところに、その気をいっぱいに受けた光化門と景福宮が納まっている。本来の姿を取り戻した光化門と復元中の景福宮は、はるかに自然で開放的であるが、それでも大韓民国の首都ソウルの求心点として機能するにはなにかが足りなく思える。周辺の現代式の建物よりもこざっぱりとしてみえる遺蹟ではないか。

現在の光化門と景福宮は、本来の「自分の姿」を復元したとか復元中であるとかいうが、しょせんは、周知のとおり、太祖四年（一三九五年）に竣工した本来の姿ではなく、文禄・慶長の役（壬辰倭乱—原文）のときに廃墟に転落してから二七〇余年ぶりの高宗五年（一八六八年）に再築された姿を基準としている。そのうえ、再築ののちにも数次の火災に見舞われ、再建されてから一〇年も経たない一八九六年初頭に、高宗が世継とともに慶運宮（徳寿宮）に居所を移すことで、ふたたび廃宮に転落したという事実も、皆が知る秘密に属する。帝国日本が、仁王山の虎がうろつくほどにまでみすてられたこの王宮をたやすく接収して相当部分を取り壊し、その場所に圧倒的な西洋式の石造建築物を建てて植民地支配の司令塔である朝鮮総督府庁舎として使用し、それと同時に、その建物を基本軸にしてソウルの空間秩序を再編した。この事実は、なにを意味するのか。光化門と景福宮を「復元」することが、いわゆる「民族の精気」を回復して、我々がこの地の主人としてきちんと立つための近道であるという世間の認識は、はたして当を得ているのか。復元事業に対する賛否は別として、それによって首都ソウルの歪曲された歴史とゆがんだ空間を正すことができるという論理はあまり説得力がないように思われる。

1948年8月15日，当時の中央庁で開催された大韓民国政府樹立慶祝式．出所：문교부『사회 6－2』［文教部『社会6－2』］(1990)

　朝鮮総督府庁舎は、解放（一九四五年の日本による植民地支配からの解放―訳者）ののちにも米軍政庁、中央庁、非常に短期間ではあるが人民軍庁舎、そして最終的には国立中央博物館として使用されながら、いつも首都ソウルの、いや大韓民国国土全体の中心を維持していた。なによりも、一九四八年八月一五日、大韓民国の建国はその場所で宣布されたが、その日の祝賀式の写真は小学校の教科書に載るほどひろく流布されたし、朝鮮戦争（韓国戦争―原文）期の九・二八ソウル奪還当日（一九五〇年九月二八日―訳者）に、そこで太極旗を掲揚する写真も、民主共和国の図像といえるほど国民の脳裏に深く刻み込まれている。さほど遠くない過去のこのような事情に照らしてみると、敗亡

1950年9・28ソウル奪還後，太極旗を掲揚する様子

後これという復興運動もなかったほど民心と遊離していた昔の朝鮮王朝の遺蹟に対する得体のしれない郷愁はもちろん、これとは対比される大韓民国現代史の本山に対する痛切な敵対感もまた、容易には理解しがたいものである。

伝統とはもともとあったものを「復元」したものではなく、現在の要求によって「発明」されたものであるという学説は、もはやあらためて論じる必要がないほど学界の定説と化している。問題は、社会の多様な要求によってさまざまな伝統のあいだに葛藤、乖離、あるいは錯綜が発生する際に、これらを選択したり排除したりする「政治的決定」が、はたして十分納得するに値するものか否かにある。

すなわち、なぜ、民主国家にあえて王宮が必要なのか。民族の誇らしい「文化遺産」を手厚く保存することに反対があるはずはないだろうが、すでに破壊されたものを、しいて巨費を投じてまで復元する必要があるのか。外国勢力によって踏みにじられた民族的自尊心を保つためなのか。はたして（血税をつぎ込んで）復元された王宮が中心部に鎮座する都市でも、市民的権利と公共意識はなんの蹉跌もなく高揚されうるのか。たとえ若干の矛盾があるとしても、これは未来を約束する観光産業の効果で正当化されうるものなのか。

たしかに、中央庁の撤去と景福宮の再建は、たった一度の政治的決定で議論を終えるにはあまりにも大きな事案である。なにより一都市の、それも一国の首都の記憶とアイデンティティという重いテーマが、侮れない重さで我々をおさえつける。まず、植民地支配の遺産、とくに異なる文化間の衝突と民族的アイデンティティの亀裂という歴史的問題が頭をもたげる。より現実的には、首都の空間秩序および景観を決定づける都市計画上の構造と市民の日常的体験のあいだの乖離という問題が、おのずと提起される。そしてより包括的には、我々の現実を依然として政治的・文化的に支配する「モダン」ないしは「近代」という観念の属性に関するかなりややこしい問いが答えを待っている。このすべての問題の核心部には、ある種の影が落ちている。消えた中央庁の空き地をぐるぐる回るぼんやりとした影！ それは、大韓民国の首都ソウル、いや地球上に存在するすべての「ポストコロニアル postcolonial 都市」に出没して歴史の鮮明な光を吸い込む亡霊である。

旧中央庁と女神アテナ

このぼんやりとした影は、いかなる概念によっても明瞭に定義されえないし、いかなる象徴的旗印によってもストレートに再現されえない。それは、この場所にかかわる理念的片鱗を通して間接的にのみあらわしうる。その片鱗のひとつが、古代アテネの復活である。コバルト色の曲がりくねるエーゲ海沿岸に、つねにはつらつとした青春のような古典文化を創造したアテネ！ この由緒ある都市は、守護神パラス・アテナ Pallas Athena からオリーブの木を贈られたが、ペルシア戦争の惨禍のなかでもオリーブの木が芽吹く姿を通して勝利と繁栄の信託を受けたという逸話がある。(1) まさに死滅と腐敗を超克する復活の図像である。しかし、突飛ではないか、中央庁の陰気な記憶のなかに、よりによって女神アテナを、まばゆい黄金の兜をかぶった彼女の威風堂々とした再臨を思い浮かべるとは。これはじつに想像力の過剰にほかならず、はなはだしい場合は悪意のあるごまかしと罵倒されるにふさわしい。ほかでもないまさにこの民族的侮辱と受難の本拠地で、オリーブの木と古代アテネの復活を云々することが理にかなっているとでもいうのか。いくら長大で秀麗な石造建築だとしても、他人の国の王宮を取り壊した場所に、堂々と座して威勢を誇示していた建物を、大胆にもアテネのパルテノン神殿などと比べることができるというのか。少なくとも、韓国人の通常の民族感情では、邪悪な日帝の残滓と人類的次元の偉大な文化遺産を相互に比較すること自体が道理に合わない。

たしかに中央庁は、パルテノン神殿とは、時代的に、あるいは場所的に、そしてなによりもその政治的・歴史的価値について、あまりにもかけはなれている。しかし、原型の「模倣」ではなく、「戯画」という次元でみるとすれば、話はかわる。近代日本が自身の国家的アイデンティティを樹立する際、ドイツ・プロイセンのモデルから大きな影響を受けたことは、周知の事実である。日帝のプロイセン受容は、たんに法制や軍制、科学技術分野のみならず、民族的アイデンティティのもっとも根深い核心にまで及んでいた。しかし、本来、近代ドイツは、民族的アイデンティティという点ではきわめて例外的な事例に属する。数多くの国にわかれていたドイツ語圏地域において、共通の民族的ルーツ探しは、自然な体験に根差した記憶の場所ではなく、観念的に設定された人里離れた空間でなしとげられた。ほかでもない古代ギリシャ！　近代ドイツの知識人は、距離的にも時代的にもはるかかなたにある彼の地を憧憬し、想像のなかの同質性を模索した。当時の「ギリシャブーム」を主導したのは、ドイツ地域の盟主として急浮上した軍事強国プロイセンであった。いわゆるプロイセン古典主義 preußischer Klassizismus は、このような流れの文化芸術的な決定版であり、中部ヨーロッパのアテネを自任していた首都ベルリンで一気に花開いた。なにより、建築の領域において、プロイセン古典主義は古代ギリシャの復活をもっともはっきりと表現し、これは、東洋のベルリンになろうとした日帝の首都東京に対して、部分的ではあるがかなり類似した形態で移植された。東京を想像のアテネにつくり進めていた日帝は、みずからのニーズにしたがって、衰え弱りはてていた植民地朝鮮の心臓部に、プロイセン古典主義の制度的・政治的・空間的・美学的原理を移植した。朝鮮総督府庁舎こそ、その視覚的威勢、立地、機能の面で、あきらかにこの新しい理念の図像であった。それは、みすぼらしくなるだけみすぼらしくなった旧王都に、真冬の夜のように非常に深く長い暗影を落とした。パラス・アテナが、本意ではないにせよ、日帝植民地の首位都市京城の守護神になったのである。

しかし、ひとは誰しも自身のおかれた境遇にふさわしい神を祭るだけである。限りなく隔たってみえる外来の理念を首都ソウルと関連づける作業は、たんにドイツ文化が日帝を通じてこの地に伝播され、韓国の近代文化の形成に寄与したことをあきらかにしようとするものではない。古代ギリシャが近代ドイツでありえなかったように、近代日本は近代ドイツではないし、さらに韓国は古代ギリシャではありえない。韓国人は女神アテナを崇拝しない。これは、それぞれの「民族文化」が根本的に異なるからではなく、むしろ正反対に、伝播されるべき「民族文化」なる実体がはなから存在しないからである。ドイツ文化、日本文化、韓国文化は、前もって与えられた実体ではなく、各種の精神的・物質的実践を通してつくりだされた一定の成果物に神性の後光をかぶせたものにすぎない。したがって、いくらそれらのあいだの相互影響関係に注目するといっても、民族文化が特定の時代に局限されない歴史的常数として想定されるかぎり、それは一種の「本質主義」に固着する。これは文化史研究が避けなければならない方法論的誤謬に属する。

民族文化と民族的アイデンティティが、原理的には主体の自己意識よりも、むしろ他者の視線に近いという見解は、すでに多くの研究者が同意するところである。アメリカの中国学研究者レイ・チョウ Rey Chow が現代中国映画の事例をあげて説明したとおり、みる行為よりみえている状態が、いわゆる民族文化の確立にとっては決定的である。これは、つねに西欧の視線を念頭におかざるをえない非西欧世界の文化において、一層はっきりと出現する事実である。西欧世界の観客に中国文化の精髄を示そうとする張芸謀（チャン・イーモウ）監督の『紅いコーリャン』のような映画のなかでは、「みえる客体は、もはや眺める主体をみつめている」(2)。このようなロジックでつきつめてみると、自身を眺める主体がそれぞれ異なったドイツと日本そして韓国において、違った文化的様相が展開されたことは、じつに自然なことである。

モダニティの裏面

ベルリンから東京を経てソウルにつながるプロイセン古典主義の影響力は、これを文化変容（文化接変―原文）

acculturation や文化解体 deculturation とみる場合でも、キューバの社会科学者オルティス Fernando Ortiz の理論にしたがって相互的な「トランスカルチュレーション(文化横断―原文) transculturation」とみる場合でも[3]、文化間の「翻訳」の問題を提起する。翻訳とは、異質なものがいわゆる「土着的なもの」に影響を与えたり、汚染させたりする可能性を許容する過程である。しかし、ここには二つの基本仮定がおかれている。ある文化共同体と別の文化共同体のあいだには通約不可能性 incommensurability が存在し、このような両者のあいだには、いわゆる「原本」と翻訳されたもの、あるいは話し手と聞き手のあいだには、厳然とした位階関係が成立するということである[4]。アテネという「原本」とそのプロイセン式模倣、プロイセン古典主義とその日本式模倣、そして日帝の「近代文明」とそれを移植した植民地朝鮮のあいだには、同等でない関係があきらかに存在する。このような関係の不均衡性は、還元主義的な二つの項の自明性が問題視されるとき、いいかえると両者がともに想像の産物、じつに巧妙に演出されたスライドイメージ(幻像/幻灯像) phantasmagoria であり、したがって、結局ぼんやりとした影にすぎないということを認めるとき、はじめて解消される。

「近代」はワンマンなのか

このようなアプローチは、「民族(文化)」の自明性のみならず、これらのあいだの相互関係の自明性までをも問題とする。相互関係を論じようとすれば、まず識別可能な相手方が前提とされなければならず、たがいに互恵的ではなくても最小限双方向的な影響力の行使を認定しなければならない。近年、歴史学界において発言権を獲得した、いわゆる「トランスナショナル・ヒストリー(横断民族史―原文) transnational history」が、まさにそのような立場をとっている。民族史を横断的な関係ネットワークのなかにふたたび位置づけようとする試みは、依然として支配的な権力機構である民族国家体制を、もはや与えられた「説明項 explanans」ではなく、「説明されなければならない主題 explanandum」と再規定することにより、理論的にも経験的にもかなりの説得力をもつ。とくにドイツと日本の関係が、非常に有益な事例を提供する。近代においてグローバルになしとげられた民族国家の樹立と膨張に遅れて仲間入りし、失われた主権を回復して歴史の客体ではなく主体になろうとあがく姿とその過度な支配意志が、内部に対しても外部にむかってもきわめて攻撃的に貫徹される過程は、両者の国家的・社会的形態や民族的自己アイデンティティに大きな影響を及ぼした。それゆえ、この点を基準にして両者の共通点と差異を比較・分析したり、相互影響関係を検討したりする作業は、きわめて興味深い(5)。

しかし、関係の「同等性」は「同時代性 coevalness」を保障しない。「トランスナショナル・ヒストリー」が、民族文化の通約不可能性を解体して、その内的亀裂と不安定な境界線をあらわにするとしても、「共存」する多様な文化の流動性を認定するとしても、全地球的規模の共時的な交換と闘争をあらわすには力不足である。植民地朝鮮の「近代」は、ドイツや日本の「近代」と双方向的な関係として設定されるとしても、後者とのあいだには一定の時間的格差が存在するとみなされる。植民地の抵抗は、いつも、帝国という体制の枠の内部に、せいぜい、それ「に対する」ものに還元される。植民地は、けっして、近代文明の活路を模索する同等の競争者ではありえないのである。

「近代」とは、本来ワンマンな性格をもつ。それはまるで自分にしたがえと命ずる司令官の断固とした叫び声のようでもある。もちろん、司令官はけっして目につくことはない。一般的に「近代」は歴史的な時代概念として使用されるが、少なくともこの概念が「モダン modern」という用語と関連するかぎり、中性的な記述概念には限定されえない。「モダン」という単語の音価には、実際に人びとの恐怖と想像力を刺激してきたイメージが絡みついているからである(6)。「モダン」は、それ自体がある強力な要求と圧迫である。それは、つねに最新の現在であろうとする感覚である。つねに新しい現在が要求されることによって、所与の現実はうしろに押し出され、「非モダン」とみなされるものとの「差異」がたえず生産される。主体と客体、実在と仮想、原本と翻訳本など、そうすることによって結局西洋と東洋が区分される(7)。

このように、過剰な自己表現と介入の論理は、時間と空間の革命的な再調整を引き起こす。これは「歴史」という概念において、もっとも典型的かつ明確な表現を得る。歴史は新しさを早める現在という契機を通じて、つねに時間を圧迫する。ひとつの現在からそのつぎの現在へ絶えることなく続く「進歩」の流れが、均質化された線形的な時間の外観をつくりあげ、地理的空間を再編する。諸々の民族国家の領土が、進歩の途上における高い段階から低い段階に整列する。専制政／立憲政、中世／近代、封建主義／資本主義の二項対立的な発展の図式が、地球上の地域区分としてかたちをかえ、「最初はヨーロッパ、それからそのほかの地域」というきわめて一方的な、じつに帝国主義的な膨張の意志を露骨にあらわす「世界史」なる巨大叙事詩が登場する。人類の世界史が、このようにヨーロッパの外の「他者」の剝奪と統合というかたちで構築されることによって、結局、西洋と東洋の「同時代性」は否定され、歴史はすべての民族が自分の順番を待つ一種の待機室と化す。インド系アメリカ人の歴史家チャクラバルティ Dipesh Chakrabarty が適切に指摘したように、「まだ not yet」こそが、近代西欧が創造した「歴史」の本源的な存在様態であるといえる。(8) じつに逆説的なのは、歴史がこのように未来に対する期待に全面的に依存するにつれて、実際に現在の経験的空間はすっかり疎外されてしまうという点である。(9)「モダン」は、つねに新しい現在を要求することで、現在の存立を事実上不可能にする。

「モダン」という用語の意味論的な属性に照らしてみると、植民地支配の悲しみを経験した非西欧世界における、いわゆる「代替的近代」を探そうとする知的試みは、近代文明において非西欧世界が同等な持ち分をもっていることを主張するにもかかわらず、依然として「同時代性」を見つけてくれはしないことがわかる。「近代」を依然として必然的な歴史段階として規範化することで、その「外部」の可能性を源泉から遮断するからである。代替的近代は、西欧式「近代」と比較されないかぎり独自の現在になれない。このような方法論的「物象化 reification」は、「モダン」がつねに新しい再現であることを、不安定な境界の設定であることを、民族・人民・市民社会・国民経済など一見強固にみえる集団的構成体とアイデンティティの過度な想像であることを、隠蔽する。たとえ西洋近代文明は西洋が他文明との接触を通じて逆に影響を受けたことの産物であると強弁するとしても——たとえば、近代的な労働分業が産業革命以前の新大陸の植民地経営に淵源しているという主張のように―、これは、非西欧地域において先駆的に出現した「近代的」要素を一種の早熟な発展と規定し、西欧の単一で唯一無二の歴史のなかに若干の場所を与えるにすぎない。このような安易な多元主義は、「モダン」というもの自体が、本源的に時空間の無理な「構造調整」による変位、脱臼、遅延にほかならないことを、それでもまるでなんの問題もないように普遍的真理を仮装する隠蔽のメカニズムであることを看過している。このような問題点からは、いわゆるポストコロニアリズム postcolonialism もまたけっして自由ではない。「ポスト post」という接頭語は、暗に線形的な時間を前提としながら、ヨーロッパ外部の世界をヨーロッパとの出あいという単一の歴史のなかに編入してしまうからである。[10]

国内の「植民地近代」の議論も、基本的に近代が歴史的必然であるという仮定に立脚している。[11] たとえ、日帝が韓国の近代化の土台を準備してくれたという式の粗野な論議をこえて、近代が解放と抑圧の側面を同時にもつとみなしたことは、植民地近代を西欧近代の変種や逸脱として減価しない可能性を開いてくれるとしても、このようなアプローチは、知らず知らずのうちに、近代の外部は存在しないという先入観を揺るぎないものにする役割を果たす。[12] 韓国的「植民地近代」の議論においてもっとも注目されるべきは、親日派の清算という社会的要求に対する解法として、抵抗と協力を二分法的に把握せず、階級、人種、文化、言語といった多様な次元における錯綜と矛盾とみなすアプローチであるが、これは「植民地化」と「近代化」が現実には明確に分離しがたい流れであったというそれなりに新しい認識にもとづいている。このような認識は、植民地の現実を複合的・重層的にみることを可能にしてくれるが、同時に、その現実の性格を制限する結果を生む。はたして植民地の先住民の抵抗は、「近代的」帝国に対する協力の放棄、中断、代替、あるいは延長としてしかみることはできないのであろうか。それは本当につねに「モダン」であったのか。「植民地近代」の議論は、おもに「モダン」な社会体制内部の構造的不平等に視線を固定することで、植民地支配権力と先住民支配層のあいだのイデオロギー的「共謀」を過度に強調する傾向がある。[13]

はたして植民地における民族的・人種的差別は、帝国本土で蔓延していた社会的差別の論理的拡張にすぎないのであろうか。先住民の抵抗は、ポストコロニアリズムの文化理論家ホミ・K・バーバ Homi K. Bhabha がいった「類似するが完全に同じではない」一種の「模倣 mimicry」として、外見上は過激にみえても、帝国の権威をたんに「内在的に威嚇」して反抗する次元にとどまっていたのだろうか。[14]

韓国的「植民地近代」の言説の独特な点は、「代替的近代」を論ずるよりは、すべての近代が「植民地近代」であるという仮定から出発することである。このような仮定は、「近代」の概念を豊かにするが、結局は「代替的近代」の言説と同様に、「近代に対する代案」を想像することを不可能にする。そうだとすれば、出口はないのであろうか。やはり近代の「外部」は存在しえないのか。アルゼンチン出身の全方位的文化理論家ウォルター・ミニョーロ Walter D. Mignolo が述べる「植民地的差異 colonial difference」が新たな思惟の扉を開いてくれる。彼によれば、ほかのなにかに還元不可能な「植民地的差異」を強調するということは、いわゆる「モダニティ」をひとつの「神話」に、すなわち西欧という特定の地域の神話に格下げすることを意味する。ミニョーロは、そのかわりに「西欧的モダニティの暗い裏面」として「植民地性 coloniality」の概念を提案する。「植民地性なくしてモダニティは存在しないし、存在しえない」。[15]

植民地性という監獄

植民地性は、政治秩序としての植民地主義が終息したのちも依然として続く政治的・文化的・人種的・認識論的な権力構造を意味する。植民地における差別と抵抗は、たんに帝国本土の模倣ではなく、まったく異質な構造の産物である。植民地性を認識することは、たんに西欧が主導した近代を批判し解体する次元をこえ、抑圧され隠蔽されてきた多様な「他者」を歴史の水面上へ引っ張りあげようとする試みである。そうではあるが、ミニョーロの主張は、モダニティを植民地性で代替しようとするものではない。むしろ、植民地性をモダニティの「外部」として、もちろんまったく別個の外部ではなく、「構成的外部」として位置づけようとするものである。ドイツの哲学者エルンスト・

ブロッホ Ernst Bloch がずいぶん前に近代の特徴として指摘したことがある「非同時的なものの同時性」は、いまやモダニティと植民地性のあいだの新しい関係を設定するために換骨奪胎される。

「植民地性」は「モダニティ」を違う目で眺めることを可能にする。久しく普遍的なものとみなされてきた諸々の近代的価値と規範は、(ポスト)植民地がもつ差異を論ずる瞬間、たちまち不安定になってしまう。モダニティは、もはや歴史的必然性をもつ規範的概念ではなく、植民地支配に乗り出した西欧の自己再現的な言説であり、これによって直接・間接にもたらされたすべてのトラウマ的記憶の総称になる。それはすべての非同時的「他者」の同時代性を指称する場合に不可避な名称になる。このような次元において、モダニティは、それ自体がモダニティの内部と外部、西欧と東洋、帝国と植民地、モダニティとアンチモダニティのあいだを「横断」するいわゆる「トランスモダニティ transmodernity」として再定立される。接頭語の「トランス」は、恒常的な流動性を暗示する。このような理論的代案を提示した主役は、ミニョーロもその一員であるラテンアメリカ文化研究集団「モダニティ/植民地性グループ Grupo modernidad/colonialidad」である。彼らは、ラテンアメリカの暗鬱とした現実を、既存のモダニティの言説を飛びこえる「横断」的思考を通して克服しようとしている。[16] 哲学者エンリケ・デュッセル Enrigue Dussel は、この研究集団にインスピレーションを与えた源泉としてあげられるが、彼によれば、モダニティが純然たるヨーロッパ的現象であるという見解は、ただの「神話」にすぎない。たしかに「モダニティはあきらかにヨーロッパ的現象であるが、しかし、それは非ヨーロッパ的他者との弁証法的関係のなかで構成される」。ドイツ系にしてアルゼンチン出身でありメキシコで活動するデュッセルの視角においては、非ヨーロッパ的他者こそモダニティの「究極的内容」に該当する。「トランス-モダニティ」という新しい範疇は、モダニティとそれから否定された他者が相互に生産的な関係を通してみずからを共同実現する過程、いいかえると「モダニティがみずから成就できなかったことの共同実現」を想像可能にする。[17]

しかし、このような模索は、単純な調和論とは距離がある。「モダニティ/植民地性グループ」の主要メンバーであるキハーノ Anibal Quijano が提示した「権力の植民地性 coloniality of power」理論がこれを示している。この理論の枠組みは、ヨーロッパが導入した地球的次元の権力モデルが、時空間に囚われない普遍的な原理とみなされながら、植民地主義をこえて執拗に作動するという点に着眼する。西欧を主体とし、残りの世界を客体とする、いわゆる合理的知識のパラダイムは、「被支配者の想像力の植民地化」を引き起こし、人種的・民族的な差別を内面化する。このように根強く作動する「権力の植民地性」こそ、モダニティに還元されない「植民地的差異」を生む産室である。キハーノは西欧式権力モデルの理論的核心を社会的総体性に求めるが、そのうちのひとつが原子論的構造機能主義であり、もうひとつがロマン主義的有機体論である。後者は、社会の各部分ははっきりとした位階をもつ、すなわち、残りを支配する部分とそれなくしては存立できない残りの部分にわけられ、これらがひとつの完全な総体をつくりあげる、と仮定する。このような論理こそが、被支配者の想像力を植民地支配の枠のなかに閉じ込める「植民地性の監獄」にほかならない。「ある特定の種族の特定の宇宙論的ビジョンが普遍的合理性にならなければならないという虚飾ほど非合理なものはない」[18]。

キハーノの「権力の植民地性」理論は、ラテンアメリカのポストコロニアル的現実に対する苦悩からはじまったものであるが、より広範囲に活用しうる。大韓民国の首都ソウルに移植されたプロイセン古典主義は、ドイツ特有のロマン主義的有機体論と親戚関係をなしており、これは帝国日本に特有の権威主義政治体制と強圧的な植民地支配を正当化し、植民地空間の「差異」を無化する論理を提供した。このように特定の地域の文化的理念が、異なる支配権力のあいだの普遍的言語にかたちをかえたことは、「権力の植民地性」が作動する方式を典型的に示しているといえる。

ドイツの首都ベルリンで花開いたプロイセン古典主義の純粋性は、大韓民国の首都ソウルのゆがんだ近代によって、非常に疑わしくなる。近代首都のベルリン、東京、ソウルにぼんやりと落ちる女神アテナの影は、事実上、我々に無言の圧力を行使するモダニティのスライドイメージである。絶対的な信頼と服従だけを要求する彼女は、独善的であるだけでなく、かなり反動的な神である。古典主義の燦爛とした曙光を受けて復活したパラス・アテナは、ドイツの民族文化に不可侵の神性を付与してくれたきわめて近代的な女神であると同時に、「権力の植民地性」という冷酷な信託を下すトランスモダニティの女神でもある。ベルリン、東京、ソウルにおいて、女神アテナは、とうてい背くことのできない権能としてさまざまな供物を要求する。ベルリンでは革命的熱情を、東京ではアジア的伝統を、ソウルでは植民地の土着文化を、犠牲にさせる。このようにそれぞれ異なる女神の姿は、女神の至高の神性を失墜させる。ソウルでの赤裸々な素顔によって、ベルリンでのまばゆい姿も面目を失ってしまう。中部ヨーロッパのアテネは、日帝植民地の首位都市たる京城となんら異なるところのない想像のアテネ、いいかえると反動的イデオロギーが貫徹される殺伐とした現実の空間であることがあきらかになる。このように、「植民地性」という外部的な観点を通して「モダニティ」の隠された側面が白日のもとにさらされる。たとえプロイセン古典主義が植民地主義と直接かかわり合いがなかったとしても、その「モダンさ」自体が無慈悲な植民地主義的換骨奪胎の可能性を開いた。まばゆいモダニティと漆黒のような植民地性、いいかえるとモダニティの内部と外部は相互不可分に絡み合っているのである。

建築と都市景観、政治的テクノロジー

並大抵のことでは実体を見極めがたいスライドイメージ的なイメージが、どうして歴史叙述のまともな対象となりうるのだろうか。『オリエンタリズム』の著者サイード Edward Said が言及したいわゆる「心象地理 imaginative geography」の概念が、方法論的な出口を開いてくれる。周知のようにこの概念は、ヨーロッパ文明が、自身のアイデンティティを強固にするために、東洋文明との地理的距離と文化的差異を理念的に極端化した言説的戦略を指称する。それは完全に恣意的な観念であるにもかかわらず実際性を確保できたが、サイードによれば、言説が事実とみなされるようにすること自体が重要な言説戦略であった(19)。想像のアテネというドイツ的心象地理は、まるで西欧文明の優越

性を立証しようとするかのように、圧倒的な視覚的権威を掲げて日帝の植民地を貫いた。このようなモダニティ特有の過度な介入と偽装の論理は、必然的に、分裂と矛盾、混成化、忘却といった逆風を随伴した。

近代首都に刻まれた心象地理

近代の首都は、西欧近代の心象地理とトランスモダニティの様相をもっとも明示的に示している。一八世紀末以来、西欧の首都は、ブルジョアジーが標榜した民主主義と民族文化の産室へと生まれかわった。既存の宗教的・王政的な儀礼の空間は、フランス革命のような政治的大革命によって、民主主義の公論の場に転換した。都市空間は、公開的な集会と合理的な討論がなされる場所として、市民的公共性のモデルになった。また、博物館のような新しい機関は、たとえ外見は昔の宮殿や寺院と異なるところはなかったかもしれないが、民族共同体の公共的記憶と文化的理想の守護者として、都市の神聖な中心部に位置した。首都はもっとも典型的に近代の都市景観 cityscape をみせてくれる。並木道、広場、公共の記念碑、住宅地、アーケード、そして群衆の途切れることのない流れは、機能的な秩序によって総括され、系列的に反復されて視覚的な統一性を提供する。開放性と権威、力動性と体系性、多様性と均質性が、ひとつのユートピア的全体として構造化―象徴化―されている。しかし、このような外観上の統一性は、冷酷な排除の空間であるという都市の現実を隠蔽できない。住民はけっして単一の利害関係や性向はもっていない。都市は政治的差異を空間的に再現する。貧民や植民地出身の移民など、ユートピアの「外部」が、陰った周辺部として都市のなかに共存する。このように分節化されて異質的な近代の首都は、多様な行為と想像の複合体であるので、これらが形成される歴史を単一で連続的な民族史の典型とみなすことは、概して「神話」の創造にほかならない[20]。

近代首都の神話を創造するのに決定的に寄与したのが、まさに都市計画であった。支配権力の意図によって一連の専門家集団が、各種のイデオロギー的表象と技術的手段を動員して、建築物や施設の立地を選定し、街路体系を構築して、都市の境界を設定する。近代の首都は見事に整えられた都市のインフラとともに、直線的な街路景観を披露することで、圧倒的な権威と技術的力量を誇示する。街路を飾る個々の建築物の装飾的ファサード façade が、美的統一性を具現し、都市景観の鳥瞰図的構成を補完する。近代の都市計画家は、建築物の様式が市民の集団アイデンティティを物質的に具現するにとどまらず、そのアイデンティティに対する新しい視角を象徴的に再現するよう案配した。建築はいまやみずから世の中の変化を先導するようになる。

都市計画が都市の景観を根本的に変化させる前から、すでに西欧建築は新しい象徴的秩序を実行に移していた。いわゆる「遠近法 perspective」の原理は、本来建築においてはじまったものである。「線形遠近法」は、周囲の空間を吸収する消失点に線的座標を収斂させる幾何学的透視方法であるが、フィレンツェの建築家ブルネッレスキ Filippo Brunelleschi が巨大なドームの建築という難題を解決するために考案した原理にもとづいている。彼が設計した有名なフィレンツェのドゥオーモ Duomo の天井は、幾何学的な面の交差点であり、眺める者の目と神聖な宇宙を象徴する個々の地点を連結するすべての想像的な線を組織する中心として機能する。建築の精神から開花した遠近法的空間は、不動の「単眼 monocular 視覚」によって想像的に構成された造形空間であり、無限に開かれており、連続し、統一されている。この空間は、ひとつの中心点を基準にして部分的な空間が世界を取り囲む総体的な空間を縮小した小宇宙である。この線的座標内のすべての対象は、宇宙を構成する要素に対する計算された評価にもとづいて、自身の位置を確認することになる。(21)

このように空間を配置する「近代的」原理である遠近法は、数学の公式にもとづいてはいるが、じつはきわめて主観的な構成物である。遠近法を理論化したアルベルティ Leon Battista Alberti の有名な『絵画論』には、空間の垂直的な縦座標を平らな表面に線形的に配置させるいわゆる視覚のピラミッドが登場するが、その頂点である眼球の相対的な位置が絵の表面上の地点の位置を決定する。目とそれが眺める対象、そしてその間の距離がつくりだす遠近法的空間は、事実上主観的な「観点」によって人為的に構成されるのである。目と対象のあいだのバランスがつくりだす均質的空間は、じつは眼球が平面ではなく、膨らんだ表面であることを隠す。このように眺める位置とみえる位置のあいだの自然な差（と、もつれ）が否定されることで、みえる対象に対する眺める主体の支配力が貫徹される。[22]このような遠近法的空間こそ、「権力の植民地性」を立証する最上の史料である。近代首都の威容に満ちたバロック風の都市空間には、まさにこの遠近法の原理がそっくりそのまま貫徹されている。視覚的ピラミッドの透視図法的な展望vistaにあわせて広く長く伸びる記念碑的大通りと建築物の行列が、まるで晴れがましい記念日の軍事パレードのためだけにこの道が存在するかのように、歩行者の視線を圧倒する。たいがい、戦勝記念塔や凱旋門などがこのような空間に遠近法特有の消失点を提供する。そして住民の凡庸な日常は展望から消え失せる。[23]

帝国から（ポスト）植民地まで、近代首都が提供する遠近法的空間は、支配権力の「主観的」意図を数学的真理の仮想のもとに隠蔽するという点で、きわめて「モダン」である。同時に、貧民窟や植民地土着の建築物の強制撤去といった冷酷な排除の記憶が、消すことのできない傷あととしていたるところに残っているという点で「トランスモダン」でもある。それは空間という範疇を原論的に再検討するよう刺激する。空間は、本来、相関的な性格をもつ。空間は、たんに人間の経験をそのなかに収めておく器や背景ではなく、人間と財貨の関係、建造環境、日常的な実践と政治的戦略、あるいは知覚、表象、記憶など、いわゆる象徴化の過程とあまねく連関している。[24]空間とは、それ自体が再現された空間性である。ドイツの哲学者ハイデッガー Martin Heidegger が定式化したように、空間は、けっして人間存在に先だって与えられているのではなく、逆に人間が想像力を通じて世界のなかの多様な事物にそれぞれその位置を付与することによって「空間性 Räumlichkeit」の純粋な表象が成立する。「空間は空間化 Einräumung するかぎりにおいてのみ空間である」[25]。

ハイデッガーの主張のように、空間が、事物にその位置を付与する実践、すなわち「空間化」の結果として登場した再現された「空間性」にほかならないならば、「領土」、「国境」、「地方」などの地理的差異を本質化し孤立させる近代的空間概念は、再考されてしかるべきである。そのような空間は再現されたものではなく、永久不変の実体であるかのように仮定されるという点で、執拗に作動する「権力の植民地性」を立証する。たしかに都市計画的構成と建築的様式が生産する都市の「位相体系 topology」は、純粋な機能的必要性よりは（植民地）支配権力の意図を徹底して反映したものである。しかし、これは一方的に注入されたものというよりは、その意図に対する市民なりの受容を反映した結果であり、その新たな前提をなすものである。マルクス主義文化理論家アンリ・ルフェーヴル Henri Lefèbvre の用語を借りるとすれば、いわゆる専門家が生産する遠近法のような「空間の表象 representations of space」は、現実のなかでは、イメージと象徴、情念、記憶などを通じた下からの情緒的同化によって、主体的な「再現の空間 spaces of representation」として作動する。(26)

このように空間を恒常的な実践的介入の場とみるかぎり、都市景観に対する注目は、「権力の植民地性」をこえるための効果的な方法のひとつとなる。生きている空間として都市を生産するさまざまな層位は、街路とわき道、公共建築物の様式、途絶えることのない人の波と交通の流れといった都市景観のなかに、そっくりそのまま確認できる。都市に対する視覚中心的なアプローチは、支配と統制の鳥瞰図的あるいは透視図法的な視角に埋没しないかぎり、むしろ異なる層位間の複合的な関係をのぞきみることになるという長所がある。とくに建築様式は、それ自体が説明であるというよりはむしろ証言に近い。それは、変化する現実の様相を直言的というよりは症状的に表出することで、近代都市のモダニティと植民地性について多くのことを示している。(27)

建築はまず、特有の空間化の方式を通して我々の身体と日常生活を誘導して飼いならすことにより、個々人に対する社会的統制を可能にする一種の政治的テクノロジーの顔をもつ。無言で立ちつづける壁と屋根は、あきらかに特定の部類の人びとにむかって話しかけ、集まってこさせる。建築物の様式は、その視覚的鮮明さを通して一定の意味を伝達する。どんなに深奥な思想や政治的言説よりも、我々の目の前に現存するひとつの建築物こそが、強力な磁場を形成する。しかし、通りにおかれた建築物は、特定の部類の人びとにだけみえるものではない。(28) 建築物は、招待されない通行人に衝撃と関心、あるいは羨望や憤怒を呼び起こすうちに、いつのまにかアンリ・ルフェーヴルがいう主体的再現の空間に生まれかわる。

言説形成体としての都市景観

いかなる都市であれ、権力や資本の論理に包摂された巨視的な体制と現実の微視的な日常生活空間のあいだには一定のギャップがある。日常生活は、反復され規則的な行為を要求する権力と資本の論理を投影すると同時に、さまざまな個別的行為で成り立ち、この行為は差異と葛藤で点綴されている。[29] 日常は、支配権力の鳥瞰図的あるいは透視図法的な視線では透視できない非可視性の帳幕を張る。このようにみると、建築と都市景観に注目する視覚中心的アプローチは、透視図法的視線に安住するかわりに、むしろその視線がとまる支配と日常のギャップをあらわにすることで、非可視性の帳幕をさりげなく取り払う。みえないものに視線を集中するかくなる姿勢こそ、文化史叙述の美徳ではないか。

可視性と非可視性の領域がより深刻な葛藤をつくりだす（ポスト）植民地都市において、視覚中心的アプローチの必要性は一層切実になる。建築と都市計画は、西欧の「帝国都市」において帝国の栄光と民族史的アイデンティティを可視化することに寄与した反面、植民地都市においては植民地主義者が先住民の歴史を否定して自分たちの文化的優越性を立証することに活用された。したがって、ポスト植民地都市において、植民地主義が残した遺産とあらたに構築された位相体系は必然的に乖離するしかないが、そのギャップには、既存の位相体系に感覚的に慣れながらも、これを物質的に変形する市民の日常がおかれている。ソウル市民はおおむね、日帝の遺産であるいわゆる「近代期の建築物」ときちんとまっすぐにならされた街路を日常の自然な建造環境として受け入れ、これを活用して各自の物質的実践に臨む。同時に、日帝の遺産を除去して光化門と景福宮を復元することにもおおむね肯定的である。このような矛盾した行為は、モダニティと植民地性の間隙からはじまる。「モダン」な都市空間のスペクタクルは、けっして植民地の凄惨な記憶を払拭できない。

日帝の総督府庁舎として建てられたのち、解放を経て用途の変化を経験した中央庁は、事実上、東アジアに移植されたプロイセン古典主義の金字塔であった。この雄大な建築物とそれが位置していた場所に対する印象深い記憶は、民族の輝かしい歴史に対する信頼と必然的葛藤をつくりだす。この葛藤の地点をなにか違うもので埋めようとする強迫神経症になるのは、ひょっとすると、穏やかでない記憶に蓋をしてしまおうとする当然の欲求の発露なのかもしれない。しかし、このような記憶と歴史の葛藤は、じつは現代の都市で全般的に発見される現象である。民族の遺産を守る公共の場所としての首都という きわめて近代的な観念が、徐々に時宜性を喪失したのち、いつのまにか都市空間は過去と断絶して瞬間瞬間に交替され、明滅する様相をおびる。文化理論家のフイセン Andreas Huyssen の表現を借りれば、都市という羊皮紙には破片化した記憶がたえず書かれては消される。これによって、均質的で連続した歴史の時間は亀裂と矛盾に直面する。(30)

はたして近（現）代建築と都市景観は、歴史を守護する最後の砦なのであろうか、それとも破片化した記憶の温床なのであろうか。はたして支配勢力のイデオロギー的道具なのであろうか、それとも、むしろこれに対立する主体的再現の空間なのであろうか。あえてこのうちの一方に属さなくても、建築ないしは建造の空間が、特定のイデオロギーには完全に収斂されえない物質的実践の産物であることはあきらかである。したがって、それはつねに新しい、一時的な、不完全な再現であるにすぎない。文化史家の知的征服欲を刺激する対象である「実在」とは、もっぱら異なる再現のあいだの相違ないしは亀裂のなかでのみ、ひそかに自分の姿をあらわす。こう考えると、まるで以前にはなにもなかったかのようにみずからを唯一無二の再現として掲げるモダニティのイデオロギーは、「実在」からじつにおおきくはずれている。

現代の都市は確実に歴史との葛藤に苦しめられているが、その独特な再現の様相を、フランスの歴史家ピエール・ノラ Pierre Nora は、「記憶の場 lieux de mémoire」という広義の概念に収めた。それは、「歴史」とは対蹠点をなすものであり、記憶を保存したり呼び起こしたりするよりは、むしろ記憶の不在を喚起する空間を指す。過去の生き生きとした記憶を収めていた「記憶の環境 milieux de mémoire」が消えた場所に残った「もはや誰も居住しない家」である

「記憶の場」は、国家的記念施設や観光地として美しく装飾したり、学問的研究の対象としたりするなど、ひたすら人為的な演出を通してのみ存立可能である。(31)歴史の浮沈のなかで本来の「記憶の環境」を喪失したソウルのような都市は、自身の混乱した記憶を人為的に選別・編集して、由緒ある民族的「記憶の場」を創造する。歴史の消尽がやむをえず高価な代用物を生んだのである。

消えた中央庁と復元されつつある景福宮は、ともにそのような記憶の場とみなすことができる。過去に植民地の時期を経験した都市は、西欧のそうでない都市よりも一層人為的でイデオロギー的な性向が強い記憶の場を生産するものである。西欧の大都市の場合、記憶の環境が徐々に瓦解しながら、記憶の場によって比較的注意深く取って代わられる過程を踏むが、これに対してポスト植民地都市は、植民地時代の記憶の環境を意図的に破壊する。恥辱的な過去との穏やかでない関係が記憶の極端な断絶を招き、これを克服しようとすればさらに極端な方法が要請されるためである。ポスト植民地都市ソウルの空間は、脈絡を欠いた伝統と国籍不明の現代の非対称的な並立、そして両者を媒介する近代期の遺産の失踪で特徴づけられるが、市民の亀裂の入った記憶が、比較的うまく整えられた遺蹟と超高層摩天楼のうしろに、陥没した地層のように残っている。外形的な活気にもかかわらず、ソウルは構造的に空虚である。

このように記憶と忘却の芸術といえる建築と都市計画は、その本性上、技術的な事案である以前に言説的なものである。古代アテネとその分身であるプロイセン古典主義に対する記憶と忘却のなかで、ベルリン・東京・ソウルが近代的首都としてつくられていく過程は、建築設計と都市計画そして市民の反応などを網羅して、フーコー Michel Foucault 式の「言説形成体 formations discursives」として扱うことができる。この方法論的戦略は、ずいぶん前に提示されたにもかかわらず、依然としてアピール力を失っていないが、物質的過程と政治的行為の過程をともに差別なく再現の問題として取り扱い、再現される対象よりはむしろ再現の主体と媒体、範囲と尺度などがつねにあらたに創出される再現の過程自体に注目する。(32)このような戦略に依拠することにより、はじめてプロイセン古典主義の歴史的位相が、民族史的本質主義や建築史的専門知識に埋没することなく、全面的に議論可能となる。たとえば、プロイセン古典主義の言説形成において核心的であった建築することの本性についての思惟は、たんに建築史的事案ではなく、統一性と合理性を前面に掲げるモダニティの言説的形成と結びついたひとまとまりの再現として取り扱われる。同様に、古代アテネの文化的精髄を復活させようとしたきわめてヨーロッパ的な理念が、のちに東アジアなりの時間と空間の脈絡によって変貌する過程も、歪曲や変質などとは異なる次元で議論できるようになる。ソウルの中央庁に記入されたドイツ文化の理念的・視覚的記号こそが、民族文化の連続的「伝播」ではなく、特定の言説形成体の不連続的な「再配置」として、いいかえれば、もうひとつの同等な再現として扱われるのである。結局、想像のアテネをたずねていく過程は、起源を追跡する発生学であるよりは、むしろ同盟、交流、拠点としてつながる関係ネットワークを復元しようとする、いわゆる「系譜学 généalogie」にはるかに近い(33)。

ベルリンで花開いたプロイセン古典主義は、基本的に古代アテネに対する地理的想像を言説化したものである。想像のアテネという「心象地理」は、エドワード・サイードの方法論を通して効果的に分析しうるが、彼は、東洋という「他者」に対する固定観念が強くなるほど西洋というアイデンティティも強化されるという矛盾的な関係に注目するアプローチを「対位法的読解 contrapuntal reading」と呼んだ(34)。プロイセン古典主義がきわめてドイツ的な言説であったのと同じくらい、ソウルに移植されたプロイセン古典主義は全面的に日本的な言説であった。日本帝国の心象地理は、一方ではドイツ帝国を、他方ではアジア周辺国を対象化することで、その「対位法的」関係のなかで日帝自身の位相を確保するのに寄与した(35)。結局、固定しているものは、死んでいるものだけである。植民地主義者の心象地理は、被植民者が生きていく現実の空間に移植されると、本来のものとはうわべだけが類似するにすぎず、中身はまったく異なるものに変貌してしまう。ドイツ帝国の遠く離れた植民都市「チンタウ Tsingtau」──現在の青島《チンタオ》──は、けっしてベルリンの縮小版であるはずがなく、帝国日本の植民地首位都市「京城」は、東京の模写であるはずがない。プロイセン古典主義は、大陸を横断するあいだに本来の姿がわからないほど変貌した心象地理として、新しい(反)民族的記憶の場として再誕生した。

したがって、三つの首都、ベルリン・東京・ソウルは、与えられた地理的実体ではなく、局面ごとにあらたに登場する「再現の空間」として、すなわち、つねに、異なる支配権力によって異なる再現がなされる一方、すでに市民の感覚を飼いならした位相体系が新たな再現の要求とたえず葛藤を引き起こす「絡み合った」過程であるという観点からアプローチされるべきである[36]。民族が深く根差した首都という言説は、下手な冗談にすぎない。悠久の歴史が自分の場所を見つけられないところ、ベルリン・東京・ソウルは依然として健在であるが、どうかするといまだ存在しない首都である。

（1）ヘロドトスの『歴史』には、これと関連する記録が収められている。「アクロポリスには大地から生まれたと伝えられるエレクテウスの神殿がある。ポセイドンとアテナがこの地の所有権をめぐって争ったとき、その権利の証拠としたというアテネの伝承のなかのオリーブの木と泉がその境内にあったというが、ペルシア人の放火で（……）焼失してしまった。しかし、火事の起こったつぎの日、ペルシア王から生贄を捧げよという命を受けたアテネの人々は、神殿に上がってくると、一ペキスほどの芽が切り株から育っているのを発見した」。헤로도토스、박광순 옮김『역사。하』（범우사）［ヘロドトス、パク・クァンスン訳『歴史 下』（汎友社）］（一九九八）三一八쪽。

（2）레이 초우、정재서 옮김『원시적 열정：시각、섹슈얼리티、민족지、현대중국영화』（이산）［レイ・チョウ、チョン・ジェソ訳『原始的熱情：視覚、セクシャリティ、民族誌、現代中国映画』（イサン）］（二〇一〇）二六一쪽 以下。引用文は二七一頁。

（3）オルティスは、一九四〇年代にこの概念を「文化変容」と「文化解体」の概念の代案として提示した。これら一組の概念は、帝国本土の立場を代弁するという理由からであった。これについては、Mary Louise Pratt, *Imperial Eyes: Travel Writing and Transculturation* (Routledge, 1992), p. 245 参照。プラットは、「トランスカルチュレーション」という概念の問題意識をつぎのような問いで整理する。「帝国の被支配者が、帝国本土式の再現の様式でいったいなにをするというのか。その様式をどのように専有するのか。どのように応酬するのか。このような問いに答えようとすれば、はたしてどのような資料を研究するのであろうか」(pp. 7-8)。

（4）레이 초우『원시적 열정』［レイ・チョウ『原始的熱情』］二八二쪽 以下。사카이 나오키、후지이 다케시 옮김『번역과 주체：「일본」과 문화적 국민주의』（이산）［酒井直樹、藤井たけし訳『翻訳と主体：「日本」と文化的国民主義』（イサン）］（二〇〇五）四五～六七쪽。

（5）トランスナショナル・ヒストリーについてのこのような視角としては、Michael Geyer, "Deutschland und Japan im Zeitalter der

Globalisierung. Überlegungen zu einer komparativen Geschichte jenseits des Modernisierungs-Paradigmas", eds. by Sebastian Conrad, Jürgen Osterhammel, *Das Kaiserreich transnational: Deutschland in der Welt 1871-1914* (Vandenhoeck & Ruprecht, 2006), pp. 68-86 参照。

（6） Dipesh Chakrabarty, "Provincializing Europe in Global Times", *New Preface to Provincializing Europe* (Princeton University Press, 2007), pp. xiiii-xiv.

（7） Timothy Mitchell, "The Stage of Modernity", ed. by Timothy Mitchell, *Questions of Modernity* (University of Minnesota Press, 2000), pp. 1-34; Dipesh Chakrabarty, *Habitations of Modernity: Essays in the Wake of Subaltern Studies* (Chicago University Press, 2002).

（8） Dipesh Chakrabarty, *Provincializing Europe: Postcolonial Thought and Historical Difference* (Princeton University Press, 2000), pp. 27-46.

（9） Reinhart Koselleck, *Vergangene Zukunft* (Suhrkamp, 1989), pp. 17-37.

（10） Timothy Mitchell, "The Stage of Modernity", pp. 2-3; Frederick Cooper, *Colonialism in Question: Theory, Knowledge, History* (University of California Press, 2005), pp. 116-117, 142-148. 이경원「탈식민주의의 계보와 정체성」、고 부응 엮음『탈식민주의：이론과 쟁점』(문학과지성사)［イ・ギョンウォン「脱植民地主義の系譜とアイデンティティ」、コ・ブウン編『脱植民地主義：理論と争点』(文学と知性社)］(二〇〇三) 二三～五八쪽。

（11） 윤해동 외『근대를 다시 읽는다：한국 근대 인식의 새로운 패러다임을 위하여』(역사비평사)［ユン・ヘドン他『近代を読みなおす：韓国の近代認識の新しいパラダイムのために』(歴史批評社)］제一권 (二〇〇六)。

（12） このような指摘としては、조형근「근대성의 내재하는 외부로서 식민지성／식민지적 차이와 변이의 문제」、『사회와 역사』［チョ・ヒョングン「近代性の内在する外部としての植民地性／植民地的差異と変異の問題」、『社会と歴史』］통권七三호 (二〇〇七) 三八五～四一八쪽 参照。

（13） 類似の指摘としては、Tani E. Barlow, "Eugenics, Woman, Semi-Colonialism, and Colonial Modernity as Problems for Postcolonial Theory", eds. by Ania Loomba, *Postcolonial Studies and Beyond* (Duke University Press, 2005), p. 372 参照。

（14） 호미 바바、나병철 옮김『문화의 위치：탈식민주의 문화이론』(소명출판)［ホミ・K・バーバ、ナ・ビョンチョル訳『文化の位置：脱植民地主義の文化理論』(ソミョン出版)］(二〇〇二) 二二五～二三二쪽。

（15） Walter D. Mignolo, *Local Histories/Global Designs: Coloniality, Subaltern Knowledge, and Border Thinking* (Princeton University Press, 2012), p. 91, pp. 96-99. 韓国語訳本は、월터 D・미뇰로、이성훈 옮김『로컬 히스토리／글로벌 디자인：식민주의성、서발턴 지식、그리고 경계사유』(에코리브르)［ウォルター・D・ミニョーロ、イ・ソンフン訳『ローカル・ヒストリー／グローバル・デザイン：植民地主義性、サバルタンの知識、そして境界思惟』(エコリブル)］(二〇一三)。Walter D. Mignolo, *The Darker side of Western Modernity: Global Future, Decolonial Options* (Duke University Press, 2011), pp. 39-49. 引用文は p. 43.

(16) Mabel Moraña, Enrique Dussel and Carlos A. Jáuregui, eds., *Coloniality at Large: Latin America and the Postcolonial Debate* (Duke University Press, 2008). この研究グループについては、김용규『혼종문화론：지구화시대의 문화연구와 로컬의 문화적 상상력』(소명출판)〔キム・ヨンギュ『混種文化論：グローバル化時代の文化研究とローカルの文化的想像力』(ソミョン出版)〕(二〇一三) 七八〜一一三쪽 参照。

(17) Enrigue Dussel, "Eurocentrism and Modernity (Introduction to the Frankfurt Lectures)", *boundary 2,* vol. 20, no. 3, *The Postmodernism Debate in Latin America* (Autumn, 1993), pp. 65-76. 引用文は、p. 65, pp. 75-76.

(18) Anibal Quijano, "Coloniality and Modernity/Rationality", *Cultural Studies,* vol. 21, no. 2 (2007), pp. 168-178. 引用文は pp. 177-178; Anibal Quijano, "Coloniality of Power, Eurocentrism, and Latin America", *Nepantla: Views from South,* vol. 1, Issue 3 (2000), pp. 533-580.

(19) Edward Said, *Orientalism* (Vintage, 1994), p. 49 以下。

(20) Gyan Prakash, "Introduction", eds. by Gyan Prakash and Kelvin M. Kruse, *The Spaces of the Modern City: Imaginaries, Politics, and Everyday life* (Princeton University Press, 2008), pp. 6-10.

(21) P・프랑카스텔、안-바롱 옥성 옮김『미술과 사회』(민음사)〔P・フランカステル、アン・バーロン・オクソン訳『美術と社会』(民音社)〕(一九九八) 二九〜三一쪽。もちろん、遠近法の起源については、さまざまな主張が可能である。可視的世界を均一な座標の目盛のなかに包摂することで、地球全体を同じ縮尺で測量可能にしたメルカトルの地図に遠近法の起源を求めることもできる。

(22) Erwin Panofsky, *Perspective as Symbolic Form* (Zone Books, 1997), pp. 27-31, pp. 67-72. 주은우『시각과 현대성』(한나래)〔チュ・ウヌ『視覚と現代性』(ハンナレ)〕(二〇〇三) 一三七쪽 以下、一九一쪽 以下。

(23) ルネサンス期以来の遠近法的都市空間については、Siegfried Giedion, *Space, Time and Architecture* (1941) [Harvard University Press, 1967], p. 55 以下参照。

(24) Martina Löw, *Raumsoziologie* (Suhrkamp, 2001), p. 158.

(25) Martin Heidegger, *Sein und Zeit* (Niemeyer, 2001), pp. 102-113; Martin Heidegger, *Bemerkungen zu Kunst-Plastik-Raum* (Erker, 1996), p. 14.

(26) Henri Lefèbvre, *The Production of Space* (Blackwell, 2007), p. 33, p. 38 以下。韓国語訳本は、앙리 르페브르 지음『공간의 생산』(에코리브르)〔アンリ・ルフェーヴル著『空間の生産』(エコリブル)〕(二〇一一)。そのほかに、Doreen Massey, *For Space* (Sage, 2008).

(27) Maiken Umbach, "Urban History: What Architecture Does, Historically Speaking…", *The Journal of the Society of Architectural Historians,* vol. 65, no. 1 (2006), pp. 14-15.

(28) 미셸 푸코、오생근 옮김『감시와 처벌：감옥의 역사』(나남)〔ミシェル・フーコー、オ・セングン訳『監視と処罰：監獄の歴

史』（ナナム）」（二〇〇三）二〇三〜二五三쪽。Mark Crinson, *Empire Building: Orientalism & Victorian Architecture* (Routledge, 1996), pp. 7-9.

（29）앙리 르페브르、박정자 옮김『현대세계의 일상성』（기파랑）［アンリ・ルフェーヴル、パク・チョンジャ訳『現代世界の日常性』（キパラン）］（二〇〇五）一九、三三五쪽。장세룡「앙리 르페브르와 공간의 생산：역사이론적「전유」의 모색」、『역사와 경계』［チャン・セリョン「アンリ・ルフェーヴルと空間の生産：歴史理論的「専有」の模索」、『歴史と経済』］제五八집（二〇〇六）二九三〜三二五쪽。Michel de Certeau, *The Practice of Everyday Life* (1984) [University of California Press, 2002], pp. 34-39.

（30）Andreas Huyssen, *Present Pasts: Urban Palimpsests and the Politics of Memory* (Stanford University Press, 2003); Mark Crinson, ed., *Urban Memory: History and Amnesia in the Modern City* (Routledge, 2005), Introduction; Christian M. Boyer, *The City of Collective Memory: Its Historical Imagery and Architectural Entertainments* (1994) [The MIT Press, 2001], p. 4.

（31）피에르 노라、김인중 외 옮김『기억의 장소 一、공화국』（나남）［ピエール・ノラ、キム・インジュン他訳『記憶の場所 一、共和国』（ナナム）］（二〇一〇）。この本では、フランス語の lieux を「場所」ではなく、「場」と翻訳した。Lieux は「場所」と直訳するのがもっとも正確であるが、歴史家ノラがこの用語を使用する場合は、より隠喩的な意味をもったという点に注目する必要がある。これに関しては、전진성『역사가 기억을 말하다：이론과 실천을 위한 기억의 문화사』（휴머니스트）［チョン・ジンソン『歴史が記憶を語る：理論と実践のための記憶の文化史』（ヒューマニスト）］（二〇〇五）五六〜五九쪽 参照。

（32）Michel Foucault, *The Archeology of Knowledge and The Discourse on Language* (Barnes & Noble Books, 1993), p. 31 以下、pp. 47-48.

（33）Michel Foucault, "Nietzsche, Genealogy, History", ed. by Paul Rabinow, *The Foucault Reader* (Pantheon, 1984), pp. 76-100.

（34）Edward Said, *Culture and Imperialism* (Vintage, 1994), p. 66, pp. 51-52.

（35）日帝の「心象地理」に対する批判としては、강상중『오리엔탈리즘을 넘어서』（이산）［カン・サンジュン『オリエンタリズムをこえて』（イサン）］（一九九八）七七〜一〇九쪽 参照。

（36）「絡み合った歴史（histoire croisée あるいは entangled history）」については、Michael Werner and Bendicte Zimmermann, "Beyond comparison: Histoire croisée and the challenge of reflexivity", *History and Theory*, vol. 45 (2006), pp. 30-50 参照。

第I部

プロイセン古典主義を求めて

ベルリンにも伝統と歴史をもつ場所があるにはあるが、都市自体はいかなる伝統も歴史もない。それは、ひとつの新都市である。私がこれまでみたなかで、もっとも新しい都市である。

マーク・トウェイン
「ベルリン：ヨーロッパのシカゴ」（一八九二）

第1章　ベルリン、中部ヨーロッパのアテネ

「ギリシャ繁栄期観賞 Blick in Griechenlands Blüte」は、一九世紀ドイツの建築家カール・フリードリヒ・シンケル Karl Friedrich Schinkel が、直接自分の手で製作した版画作品である。この作品は、国王の寵愛を一身に受けて名声を謳歌していた建築家が、一八二四年、生まれて二度目のイタリア旅行を前にして着手したものであり、古代都市の神殿建設の場面をパノラマ式に描写している。右側には、工事が進行中の神殿のイオニア式オーダー order を備えた円柱の前で、一連の男たちが大理石のフリーズ frieze を運んでいるが、彼らの裸身はまるで戦士のように英雄的な風貌をみせている。絵の後景には、理想的な古代都市と海岸の風景がぼんやりと広がる。この作品のテーマと風趣は、当時の時代像を余すところなく反映している。オスマントルコの長い支配から脱するべくギリシャ人が繰り広げていた数年間の独立戦争と、つい数年前にナポレオンのくびきを払いのけて立ちあがった「解放戦争」の気運が、ドイツの青年層と知識人の心を捕らえていたときであった。生き生きとした生気がみなぎる古代ギリシャの姿は、自由と開放を約束する新時代の図像であったのか。しかし、作品の実際の製作動機は、「解放」とはかけはなれていた。この作品は、プロイセン王女とネーデルラント王子の結婚式の贈り物用に、ベルリン市の委託を受けて製作されたものであった。作品は、一八二五年に完成し、長いあいだベルリンの国立美術館に所蔵されていたが、一九四五年に連合国の空襲で遺失した。現在残っているものは、ヴィルヘルム・アールボルン August Wilhelm Julius Ahlborn の一八二六年の複写本であり、キャンバスに描いた油絵作品であるが、原作をそっくりそのまま再生したものとして知られている。(1)

「ギリシャ繁栄期観賞」(1826). ヴィルヘルム・アールボルン August Wilhelm Julius Ahlborn 作，油絵 94 × 235cm

この作品が提供するのは、解放ではなく、新しい都市に対する約束である。建築家が描いた絵であるだけに建築に対する隠喩が画面を支配しており、海岸の風景も石造の人工環境が圧倒している。しかし、作品が示すのは、完成した建物ではなく、むしろダイナミックな生成の過程である。画面の左側はほとんど基礎工事に近い段階であり、右側の下段にみえる列柱 colonnade はめまいをおこすほどはてがないので、超人的力量を要する難工事を思わせる。しっかりしてみえるイオニア式円柱と純白のフリーズのうえに浮き彫りにされた神と英雄たち、そして働く男たちのがっしりした裸身は、このすべての作業を主宰するある権能を暗示しているようである。題目からうかがえるように、この作品には理想郷を憧憬する全能の権力の視線が込められている。それは、黄金期のギリシャのように隆盛の気運に満ちて、乱れなく十分に計画されており、きわめて男性的な都市、新しい民族の首都を要求しているのである。

俗に「シュプレー河畔のアテネ Spree-Athen」と呼ばれていたベルリンは、この絵のなかの「心象地理」をある程度具現した新首都であった。そこには古代ギリシャの気運が漂う由緒ある中心街がある。フランスの首都パリのシャンゼリゼと比較されるに値するウンター・デン・リンデン Unter den Linden は、その名のとおり「菩提樹の木の下」に広がる長く広い通りである。「遊園地 Lustgarten」という素朴な名前をもつ長方形の公園を中心として、一方の端はデーブリン Alfred Döblin の小説の題目で有名なアレクサンダー広場

Alexanderplatz へ、もう一方の端はベルリンの崇禮門（ソウル南大門の正式名称―訳者）格にあたるブランデンブルク門 Brandenburger Tor まで続く。古代アテネのアクロポリスに入る関門であるプロピレオン Propylaeon を模倣したその勇壮な門から近隣の王宮都市ポツダムまで長々と街道がつながっている。一連の公共建築物が、ウンター・デン・リンデンの「消失点」でもあるような遊園地の空地を取り囲んでいる。公園のすぐ前には威風堂々とした列柱が前面を飾る旧博物館 Altes Museum が立っており、道を渡ってむかい側には、のちに東ドイツ政府によって破壊され、統一後再建準備中のベルリン王宮 Berliner Schloß が、そして勇壮なネオバロック様式のベルリン大聖堂 Berliner Dom、兵器庫として使用されていた歴史博物館 Zeughaus、東京帝国大学やシカゴ大学の制度的モデルになったベルリン大学（正式名称は、フリードリヒ・ヴィルヘルム大学 Friedrich Wilhelm Universität、現在の名称はフンボルト大学 Humboldt Universität）、また古代ギリシャの神殿風の国立オペラ劇場 Staatsoper が、まるい環をなしている。芸術と歴史、学問、宗教そして国家の権威が、空間的一体性をつくりあげているのである。

ウンター・デン・リンデンの位相学を構築するのにもっとも決定的な役割を果たした人物は、プロイセンの宮廷建築家フリードリヒ・シンケルである。シンケルは、古代ギリシャ建築のなかに美と徳性の調和をみいだし、中部ヨーロッパに古代アテネを復活させるという理想にしたがって、不毛たることこの上なかった軍事強国プロイセンの首都ベルリンを変貌させる一連の作業に着手した。なにより、中央大通りのウンター・デン・リンデンをヨーロッパ人すべてが憧憬するに値する権力と文化の中心地にすることが急務であった。この由緒ある通りが「シュプレー河畔のアテネ」に変貌するためには、新しい建築技法の導入と空間の大々的な再編はもちろん、まったく新しい歴史的アイデンティティが要求された。

シュプレー河畔のアテネ　ギリシャブームとドイツの民族文化

シンケルのこの過度な心象地理は、いったいいかなる発想から出てきたものなのだろうか。なぜドイツ人が時間的・空間的にはるかに遠い古代ギリシャをそれほど憧憬したのだろうか。当時、ヨーロッパにおいて、古代世界に対する憧憬は、普遍的な現象であった。いわゆる新古典主義 neoclassicism の思潮は、ルネサンス以来、多様に枝わかれした広義の古典主義とは別に、一八世紀中葉に、古代ギリシャとローマ文化の「再復興」としてはじまった芸術および諸般の思想の流れを称する。(2) ポンペイ、ヘルクラネウム、パエストゥムといった古代遺蹟の発掘を直接的な契機として、ヨーロッパの貴族文化によって折れ曲がっていない本来の古代文化に対する関心が膨らんだ。バロックとロココ芸術の華麗さと巧みさ、その過度に快楽的な性向は、これに対する反発によって、より厳粛で真摯であると同時に、客観的で単純明瞭な表現を渇望させた。これによって、単純に過去に回帰し古代を模倣するのではなく、そのような無気力な形式主義からむしろ脱して、現在と過去の違いを進んで認め、古代の「古典性」を現在の姿として復活させようとする新しい要求が澎湃として起こった。一九世紀イギリス最高の文人ウォルター・ペイター Walter Pater が明徴に表現したように、古代の文学と芸術に求めうる「本質的に古典的な要素」は、ほかでもない「美のなかに宿る秩序の属性」であり、これは「標準性、純粋さ、節制」といった性質を含む。(3)

とくに、建築分野において「古典性」に対する要求が著しかった。古代遺蹟の発掘は、多くのヨーロッパの建築家がルネサンスとバロック、ロココ芸術の典範に嫌気がさしていたところに、ながらく教科書のように思ってきたルネサンスの古代建築理論から脱し、古代建築の実例を直接探究する絶好の機会を提供した。古代建築の形式は、過度に高圧的でもなく、不必要に華美にすぎもせず、はるかに簡潔で機能的であり、新しい典範になるに十分な価値があった。新古典主義建築こそが、古代から形態だけでない理性的思考を習い、建築を物理的実在として認識するようになった近代建築の出発点であった。このような新しい思考は、大革命と新しい国民国家の時代の道徳的理想にそうものとして受け入れられた。いわゆる「革命建築」を標榜した新古典主義建築は、スフロ Jacques-Germain Soufflot の基本設計で、その弟子ロンドレ Jean-Baptiste Rondelet が完成したパンテオン Pantheon のように、部分と全体の完全無欠な調和を追求した古代ローマの美的理想を「模倣」して、新しい革命国家の理念を表現した(4)。装飾の節制と直線および直角の使用、幾何学的空間の統一体、建築の機能に応じる合目的的形態という理念は、博物館、図書館、劇場、銀行、政府官庁といった公共建築物に、非常に適していた。ナポレオンの凱旋門からヴィクトリアの中産階級の居住地にいたるまで、多彩な形式の新古典主義が近代ヨーロッパの大都市を風靡した(5)。

ドイツ南部に位置したバイエルン王国の建築家レオ・フォン・クレンツェ Leo von Klenze と北ドイツのプロイセンの建築家シンケルは、新古典主義建築の代表者である。彼らの建築は、外面的な装飾性より機能と形態の調和を強調し、なにより簡潔さと道徳的品格を重視するという点で、まさに新古典主義の典型であった。しかし、ベルリンの建築学校 Bauakademie 出身のこの二人の建築家からは、パリの建築学校エコール・デ・ボザール Ecole de Beaux-arts が代弁していたいわゆる「革命建築」と比較して、特異な点が発見される。なによりも、古代ギリシャに徹底して傾倒している。これは、ヨーロッパ全域ですでに相当進んでいたギリシャ再発見とは性格が異なった。ギリシャ芸術が絶対的美として神格化されることで、ローマの地位が前例ないほど墜落したのである(6)。

古代ギリシャに対するドイツ人の並み外れた熱情は、一八世紀に古代ギリシャへの文化的転換を導いた美術史家ヴィンケルマン Johann Joachim Winckelmann の事例において、もっとも鮮明に立証される。彼は、豪奢なバロック芸術を拒否して、古代ギリシャ芸術の「模倣 Nachahmung」のみが真の道であることを強調した。もちろん、彼は、単純に形態の模倣を主張したのではなかった。むしろギリシャ文化の全体像のなかにギリシャ芸術を位置させることでほかの文明圏とは比較にもならない精神的優越性を見つけだし、これを理想的規範としようとした。ヴィンケルマンは、一七五五年に発刊された『絵画と彫刻芸術におけるギリシャ作品の模倣に関する考察』において、古代ギリシャ芸術は、自由であることとこの上なかった都市国家の姿そのままに、最上の美と道徳的教訓を結合していると力説した(7)。これは、フランス人が概して同じラテン文化圏のローマを文化的典範としたのと対照をなす。いまや新古典主義の典範は、ローマではなく、黄金期のギリシャであった。

もちろん、このようなギリシャブームは、たんにドイツだけの現象ではなく、一八世紀末から一九世紀にかけてヨーロッパ全域に蔓延した文化的大勢であった。とくにイギリスでは、その熱気はドイツにひけをとらなかった。すでに一八世紀中葉に建築家スチュワート James Stuart とリヴェット Nicholas Revett は、ギリシャ建築の詳細図を収めた『アテネの古蹟』を刊行し、一九世紀に入っては、イオニア式列柱でギリシャ神殿の雰囲気を演出した大英博物館がロンドンの真ん中に登場した。ここにパルテノン神殿の彫刻装飾を削り取ってきたいわゆる「エルギン・マーブル Elgin Marbles」が展示されたが、このことは、イギリスで起こったギリシャブームの真相を克明に示している。[8] しかし、古代ギリシャの壺を賛美したキーツ John Keats と、不屈のプロメテウスをほめたたえたシェリー Percy Bysshe Shelley のロマン的詩想が出てくるには、ヴィンケルマンの美術史が先行されなければならなかった。ヴィンケルマンこそ、ギリシャに対する近代的イメージと歴史的価値を創出した先駆者であった。[9]

プロイセン王国の辺境地域で靴の修繕工の息子として生まれたヴィンケルマンは、生まれもった才能のおかげで、ドイツのバロック宮廷文化を率いていたザクセン Sachsen 王国の後援を受けるようになり、さらにはローマ教皇庁の古代遺物担当官というなに不自由ない地位に昇りながらも、宮廷文化の虚飾に対するプロメテウス的反逆を敢行した。精神的渇きを感じていた彼にとっては、古代ギリシャ文化こそが飾り気のない自然、社会的慣行から解放された天賦の才、精神的自由の理想郷であった。古代ギリシャ人の自由かつ公的な市民生活は、近代の個人と社会の典範を提示するものに思えた。[10] このような発想には、いうまでもなく、急進的な政治的含意が内包されていた。ヴィンケルマンの時代から一世代のちには、国民国家の建設がヨーロッパ全域を支配する流れになり、急進派は古代の共和国に自由と民主主義の源泉を求めるようになる。実際に革命期のフランスにおいては、しばしばスパルタは平等の本場、アテネは自由の本場とみなされた。[11] しかし、このような革命的気運は、復古王政の牙城であったドイツ地域ではドイツ文化の特殊な源泉と使命に対するかなり宗教的な信仰で代替された。

ドイツで起こったギリシャブームは、宗教改革以来の福音主義の伝統にはじまる新人文主義 Neuhumanismus の精神と密接に結びついていた。新人文主義は、それ以前のルネサンス式人文主義とは違い、文化と芸術に宗教的神聖を付与し、これに強い政治的抱負をのせた。[12] それは、ドイツ特有の「自己涵養 Bildung」の理想と密接に結びついていた。ギリシャ語のパイデイア paideia, παιδεία と縁のある「ビルドゥング Bildung」という概念は、基本的に狭小なエリート層を頼みにしはするが、それでも時代の要求に十分にこたえた。フランス革命の大義に直面して、個人の「精神的」解放を強調するドイツ式保守主義路線に最上の名分が提供されたのである。プロイセンの教育相を歴任しながら、教育改革を主導した言語学者ヴィルヘルム・フォン・フンボルト Wilhelm von Humboldt は、「ビルドゥング」の原理こそが、個人をして自己主導的な発展を通して自然的未成熟から自発的市民性へ進ませることで、結局、市民的義務感と国家に対する忠誠心を鼓吹するであろうと、期待してやまなかった。[13] プロイセン的な見方からすれば、このような路線を、いわゆる「世界市民 *Weltbürgertum*」と排他的な国民国家のあいだの調和とみることもできるであろうが、[14] 実際には国民国家の要求に世界市民性が押しつぶされたとみるほうがより適切であろう。

古代ギリシャに対する深い理解は、このような新人文主義的「自己涵養」のために必須であるとみなされた。事実、ドイツ語圏地域の緩い連合体であった神聖ローマ帝国が解体されるや、ドイツをひとつに束ねてくれる政治的求心点が不在の状態になった。なによりも新教と旧教がぎりぎりに対立する宗教的分裂像が、ひとつの祖国を想像しがたくする主要な原因であった。かけはなれた異教徒の文明である古代ギリシャが召喚されたのは、まさにこのような脈絡からであった。古代ギリシャに対するかなり信仰に近い熱望をうたったヘルダーリン Friedrich Hölderlin の書簡小説『ヒュペーリオン』、ヴィンケルマンに続いてギリシャ彫刻を芸術の永遠の理想として提示したゲーテ Johann Wolfgang von Goethe が、芸術という「内面的至聖所」へ入るためにつくった同人誌『アテネ関門 *Propyläen*』、[15] のちにイギリスとアメリカに渡り「古典学 Classics」という新しい分野として落ち着くようになるベルリン大学とゲッティンゲン大学の「古代学 Altertumswissenschaft」などは、広範囲に広まっていたギリシャブームのごく一部にすぎなかった。[16]

初期のギリシャ愛好家たちが理想的な真善美に対する貴族的な観照にとどまったのに対し、一九世紀には国家が乗り出して制度的基盤を整えた。大学と人文系高校 Gymnasium を含む高等教育機関では、古代ギリシャ語の詩と文法がつねに必須教科の地位を維持し、そのほかに博物館や研究所などの各種公共機関を通じてもギリシャについての知識と関心がひろく拡散され、ドイツ特有の「教養市民階層 Bildungsbürgertum」が形成されるのにおおきく貢献した。このような傾向は二〇世紀初めまで続き、古代ペルガモン王国の神殿の一部の密輸と、アマチュア考古学者シュリーマン Heinrich Schliemann のトロイ発掘につながる。[17] ドイツ人がローマよりもはるかに遠くさらに昔の古代アテネに視線を向けたことは、じつに特異なことではないか。

どうみても、ドイツ人のギリシャ観は、事実よりは必要にもとづいたものであった。実際にドイツの著述家たちは、古代ローマの作家とローマ時代のギリシャ彫刻の複写本あるいはイタリアの人文主義者とフランスの哲学者の著述によりながらも、まるで自分たちがはじめてギリシャを発見したかのように誇張した。ヴィンケルマンがその典型的な例であった。彼は、じつは、ギリシャに行ったこともなかった。[18] たとえ古代学、言語学、歴史学あるいは人種学といった近代科学のベールをかけはしても、たとえばドイツ語とギリシャ語のあいだの親族関係、そしてこれに根拠をおくアーリア民族の血統的系譜などは、現在では一種の歴史的エピソード以上のものとは思われていない。本当に、近代科学が客観性と非政治性を前面に掲げるほど、かえって現実権力を擁護するイデオロギーであるという疑いが一層濃くなる。古代ギリシャの民主政を近代の民主主義の典範とした共和主義者の論理と同じくらい、古代ギリシャを論じながら政治を削除して理想的な真善美だけを打ち出す古典学者の論理は、少なからずイデオロギー的であった。[19] 新人文主義を追求していたドイツの知識人が成就したギリシャの「発明」は、事実上、ほとんど「歴史の歪曲」に近かった。過度な観念性とは、じつは、革命的変化に対する恐れ、未来を展望できない政治的挫折の表現であったにすぎない。近代ドイツのギリシャのイメージは、確実に民主主義の理想とは大きな距離があった。ある著名な本の題目が

ヴァルハラ全景．撮影：Franz Stoedtner

冷笑的に表現したように、「ドイツに対するギリシャの圧制」が、近代ドイツの文化地形図を決定づけた。[20]

このようなドイツ式のギリシャ受容は、根本的に反革命の気運を有していたロマン主義の潮流から支援を得た。ドイツ・ロマン主義 Romantik は、他国の固有な文化を否定するフランス啓蒙思想家の革命的独断に対する、文学者と芸術家の反逆からわきあがった。おさえることのできない衝動と熱情が、夢と思想、文章とリズムの新しく奇異な美しさを生んだ。中世的な信仰の神秘さが、世俗的な現実に対する反逆の精神のなかによみがえった。[21]ドイツのロマン主義者は、自身のルーツである中世に対してだけでなく、古代ギリシャに対しても深い憧憬を抱いた。これは一見矛盾してみえるが、しかしこの二つは共通の敵と向き合っているので、たがいに無理なく歩調を合わせることができた。ローマに由来する自然法とこれに根をおくフランス啓蒙思想に対するドイツ知識人の敵対感は、あまりにも胸にこたえるものであったので、これに反するものならば悪魔とも手を結ぶありさまであった。[22]古代ギリシャは、ローマ時代よりはむしろ中世に近く感じられ、場合によっては隣国フランスよりも心理的にははるかに近かった。ロマン主義に火をつけた作家シラー Friedrich Schiller とシュレーゲル Friedrich Schlegel が、ドイツ人を指して「近代のギリシャ人」と称したのはけっして偶然ではなかった。[23]

ドイツ東南部のドナウ川沿岸の谷あいに建てられた「ヴァルハラ Walhalla」は、アテネのパルテノン神殿を連想させるドイツ民族の神殿である。ドイツがナポレオンから解放された一八一四年に民族的記念碑として企画されたが、窮乏期であったため一八三〇年になってはじめて着工され、それから一二年を経てやっと完工した。設計者は、当代最高の建築家レオ・フォン・クレンツェであった。建築物の構想は、はるか前からおこなわれた。一八〇六年に千年続いてきたドイツ帝国、一名「神聖ローマ帝国」がフランスのナポレオンの軍隊によって解体されて、ドイツ地域の相当部分がナポレオン指揮下のライン連邦 Rheinbund に編入され、ライン川左岸がフランスに帰属することになるなど、深刻な民族的屈辱を受けると、バイエルン王国の皇太子ルートヴィヒ Ludwig Karl August が乗り出して、ドイツ民族の復活を象徴する民族的記念碑を構想したのである。彼は、一八二五年にルートヴィヒ一世として即位したのちに、はじめてヴァルハラ着工を催促することができた。

当時のギリシャブームに巻き込まれていたルートヴィヒ一世は、大理石の列柱で囲まれたギリシャ神殿のペリプテロス peripteros 形式を借りて民族的アイデンティティを表現しようとした。しかし、建物の名称「ヴァルハラ」は、ギリシャではなくゲルマン神話のなかの戦争の英雄である。存在しない民族のアイデンティティが、いずれにしてもはるか遠い過去の想像のなかの世界に求められたのと同じくらい、ゲルマン神話とギリシャ神話の違いはさして問題にならなかった。一八四二年に開館したこの建物の中心は、断然「栄誉の寺院 Ruhmestempel」である。二千年のドイツ史を支配した二百名に達する人物、芸術家、政治家、科学者、君主の胸像とネームプレートが並んで設置された。(24) これらはまるで古代の英雄のように、はてしなく遠い時間のベールをかぶっていた。いわば、女神アテナの誇らしい後裔たちが、民族主義の神聖な祭壇の上に復活したのである。

プロイセンとアテネ

ギリシャに対するロマン主義的憧憬は、事実上、新しい政治的求心点に対する熱望であった。統一された国家が不在のときに、政治の欠乏を埋めたのがほかでもない文化であった。「祖国」に対するわきあがる恋慕の感情を取り結んでくれるのは、母国語と伝統文化そして共通の歴史に対する自負心である。しかし、ドイツ語圏地域は、言語以外は特別な文化的同質性を探しがたかった。旧教と新教が拮抗して対立している宗教的な対峙状況のなかで、異教徒の文明である古代ギリシャが、代案的な祖国のイメージを提供してくれた。青い空にそびえる純白の大理石の神殿を連想させるギリシャこそ、宗教戦争の凄惨な記憶から自由な新ドイツの図像だったのである。

もっともギリシャ的なものが、もっともドイツ的なものであった。ロマン主義と古典主義のドイツ式結合は、事実上、不満足な現実の産物であった。中世という観念と同じくらいギリシャという観念も、その理想的イメージを通して現実に対する批判の準拠点をつくりだした。ロマン主義の作家フリードリヒ・シュレーゲルが、まるで自身の故郷を失ってしまったかのごとく惜しんだように、古代ギリシャはもう戻ってこない「黄金時代」として記憶され、その時代が生んだ詩は完全な調和を実現した「芸術と趣味の原型」であった(25)。

このように中世とギリシャに対する視線が交差するロマン主義は、ドイツ全域で流行《はや》り、とくに『皇太子の初恋』が花咲いていた古都ハイデルベルクは、無限のインスピレーションの源泉を提供した。しかし、ロマン主義の真の首都が権力の地形図によってあらたに登場することになる。ドイツの盟主としての地位を固めたプロイセンの首都ベルリンが、まさにその地であった。ゲーテが第二の故郷としたワイマールと、シラーが大学の教授職を務めたイェーナが、古典主義文学の牙城であったとすれば、ベルリンは、ロマン主義文学の牙城であった(26)。ドイツの伝承民謡をまとめた『少年の魔法の角笛』の作家アヒム・フォン・アルニム Ludwig Achim von Arnim が、一八〇九年にハイデルベルクからベルリンへ住居を移したのは非常に象徴的な事件であった。彼が主導して一八一一年に創立された「ドイツ午餐会 Deutsche Tischgesellschaft」は、ベルリンが名実ともにロマン主義運動の求心点としての地位を固めるのに決定的な役割をした。この集まりには、フォン・アルニムとともに協会創立を主導した国家理論家のアダム・ミュラー Adam Heinrich Müller、現職の軍人であり軍事学の専門家クラウゼヴィッツ Carl von Clausewitz、哲学教授のフィヒテ Johann Gottlieb Fichte、宗教学教授のシュライアマハー Friedrich Schleiermacher、法学教授のサヴィニー Friedrich Karl von

Savigny、ハイデルベルクでフォン・アルニムと『少年の魔法の角笛』をともに執筆した作家ブレンターノ Clemens Brentano、そして若い建築家シンケルなど、各分野を結集するそれこそ当代最高の知性が参与した。この集まりの政治的志向性ははっきりしていた。それは、ドイツ民族の固有な文化を継承し発展させることで、民族の解放と統一を勝ち取ろうというものであった。(27)

ロマン主義と古典主義の精神は、ベルリンで荘重な婚礼を執りおこない、その結果、「プロイセン古典主義」という強健な胎児を宿しえた。文学と精神科学、音楽、絵画、彫刻、工芸、そして建築といった分野で、古代ギリシャの想像的イメージを通してドイツの民族文化をつくり進める至難の作業が繰り広げられたのである。もちろん、プロイセンだけがギリシャの発明に邁進したと思っては問題がある。それは、ヨーロッパ全域にわたる流れであり、ドイツ内でもプロイセンだけの現象ではなかった。しかし、プロイセンには確実に独特な点があった。新興の軍事強国として台頭したが、文化的には弱小国にすぎなかったプロイセン王国に古代ギリシャを再生することは、文化的次元をこえて地政学的な必然として受け入れられた。プロイセンの知識人は、当時、西ヨーロッパに支配的であったローマ志向的なラテン文化とカトリックの牙城に対抗するために、新教的色彩を濃く漂わせるギリシャ - ゲルマン文化の系譜を発明した。より開明的で開かれた教会を志向するいわゆる「文化プロテスタンティズム Kulturprotestantismus」の守護者を自任するプロイセン王国は、カトリック圏域として残った南部ドイツの国家とは違い、ローマの痕跡がない「純粋な」ギリシャを想像できた。ラテン圏よりもはるかに純粋で剛直な精神を志向するこの代替的文化路線は、中部ヨーロッパの浮上する強大国に国家的アイデンティティと使命を提供した。(28) それまでなかった新しい中心をつくりだすためには、まったく新しい心象地理が導入されなければならなかったのである。

一九世紀初めの国際情勢もこのような流れを促進する契機をつくった。一八二九年から一八三〇年にかけて繰り広げられたオスマン帝国に対するギリシャ人の解放戦争は、ドイツ人に、つい少し前に自分たちがナポレオン帝国に対して起こした解放戦争を想い起こさせた。当時、ドイツのみならず、ヨーロッパ全域を風靡した「親ギリシャ主義

philhellenism」は、文化的憧憬の次元をこえて、共和主義、自由主義、民族主義、さらには人種主義まで、多様な政治的イデオロギーが競争する場であった。[29] このうちプロイセン王国の親ギリシャ主義は、きわめて保守的な国家主義の性向をおびており、これはその後プロイセン中心で統一されたドイツ帝国へそっくりそのままつながった。内には単一の民族文化を鼓吹し、外にはオスマン帝国の崩壊でつくりだされた権力の空白に食い込んで、この地域にゲルマン‐ギリシャ文明を再建するという多分に十字軍的な発想を展開したのである。ドイツ帝国は、オリンピアやペルガモンなどの発掘を積極的に推進したが、これは、単純に考古学的成果のためだけではない明白に帝国主義的な進出の一環であった。[30]

一九世紀初めの新人文主義を象徴する人物であるヴィルヘルム・フォン・フンボルトをみると、プロイセン特有の親ギリシャ主義がもつ基本的な性格について見当をつけることができる。彼は、特定の政治イデオロギーに傾倒するにはあまりにもバランスのとれた知識人であったが、プロイセン式国家主義からはまったく自由ではなかった。彼は、一八〇七年の『ギリシャ自由国家の衰退と没落の歴史』という著書で、古代アテネの歴史に祖国プロイセンの歴史を投射しつつ、文化的に花咲いたが政治的には分裂した古代ギリシャの悲劇的運命を、ドイツ民族の運命と同一視した。[31] 彼にとって、ギリシャは、歴史的過去というよりは、ドイツ民族の運命を予告する神託のようでもあった。いまや中部ヨーロッパに復活したアテネ帝国は、その文化的偉業をしっかりと継承していくものであった。彼の信仰告白的な表現によれば、ただひたすらギリシャについての知識のなかに、「我々は我々自身がなりたい姿の、創造しようとするところの極致を発見する」。[32] このように想像のなかの中心点、現世のすべてのものを超越して判断しうる理想的な基準点が、まさにギリシャだったのである。

フリードリヒ広場

プロイセン古典主義は、ギリシャがドイツ民族主義の理念的準拠としての位置を獲得する前から、すでに多様な分野で芽吹いていた。いまだほかのヨーロッパ地域の新古典主義と区別される独自の理念と形式を見つけることはできなかったが、のちに華麗に花開く土壌があらかじめ造成されていた。一八世紀のベルリンにおいて、新古典主義文化を先導したのは断然建築分野であり、代表的人物は宮廷建築家のクノーベルスドルフ Georg Wenzeslaus von Knobelsdorff 男爵であった。典型的な宮廷建築家であった彼は、パッラーディオ Andrea Palladio の「盛期ルネサンス Cinquecento」建築に深い影響を受け、フランス風のロココ室内装飾を選好したという点で、厳密な意味の新古典主義者ではなかった。しかし、クノーベルスドルフは、バロック建築の絢爛たるシルエットそして陽刻と陰刻を過度に乱発するファサードとは距離をおいて、一八世紀北ヨーロッパの新教国家の多くの建築家がそうであったように、単純明瞭な形態を追求した。彼が国王の命を受けて設計を主導したフリードリヒ広場 Forum Fridericianum は、プロイセン新古典主義の出発を告げる記念碑的場所であった。

プロイセン王国の首都ベルリンは、一三世紀以来ケルン Cölln という地名をもつ中世城郭都市とその右側（東、地図の上側—訳者）を流れるシュプレー川の沿岸に位置するベルリンという都市が、ゆるく連結した二重都市の体制をながく維持していた。一五世紀初めには、南ドイツのホーエンツォレルン Hohenzollern 家のフリードリヒが、中部ヨーロッパ全域にわたって君臨していた神聖ローマ帝国皇帝から、北ドイツのブランデンブルク辺境領 Mark Brandenburg とそこの「選帝侯 Kurfürst」の爵位を、大金を使って買い入れた。彼はもともと南ドイツのニュルンベルク辺境領を守る辺境伯 Markgraf であったが、帝国全体にたった七人だけの選帝侯の地位に急上昇したのである。一五世紀中葉には選帝侯の宮城がケルン北部に建てられ、二重都市「ベルリン - ケルン Berlin-Cölln」は、ホーエンツォレルン家の支配権下に服属した。ブランデンブルク辺境領は、一七世紀初葉になると、昔のドイツ騎士団がバルト海沿岸に建立し

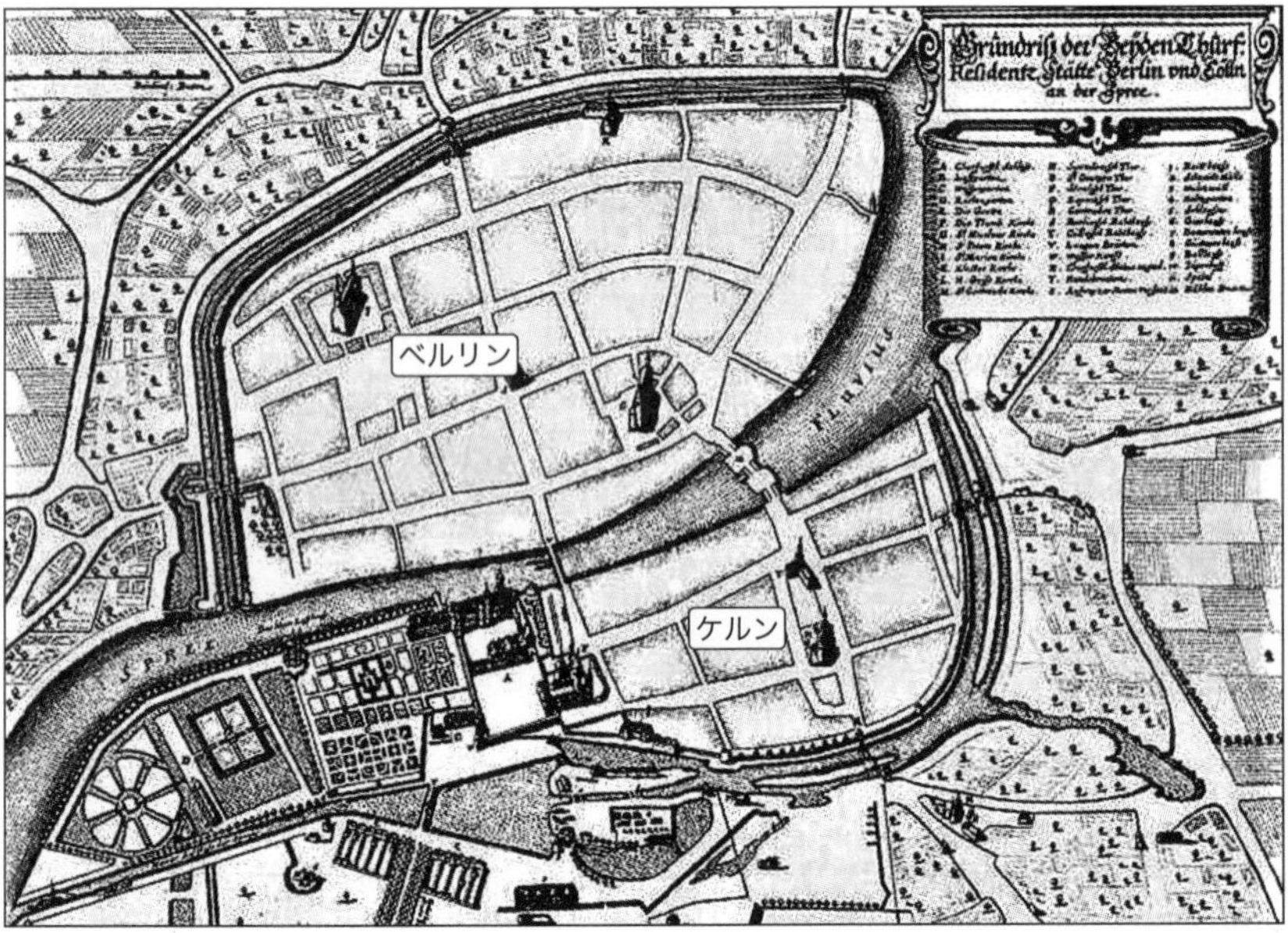

ベルリン－ケルンの昔の地図．ヨハン・グレゴール・メンハルト Johann Gregor Memhard の図案，銅版画（1652）

たプロイセン公国 Herzogtum Preußen と同一の選帝侯の支配下におかれるようになり、ブランデンブルク－プロイセン Brandenburg- Preußen へと拡張される。[33]

一七世紀に三〇年間の宗教戦争を経験するあいだに、二重都市の周囲にまるく防壁がめぐらされた。戦争が終わってからは、ケルンの西側に選帝侯領フリードリヒスヴェルダー Friedrichswerder、選帝侯の狩猟場へ続く長い菩提樹の並木道 Lindenalle、そして北側の地域のドロテーンシュタット Dorotheenstadt と南側の地域のフリードリヒシュタット Friedrichstadt が外郭に構築された。一七世紀中葉に製作された昔の地図は、シュプレー川両岸にわかれたベルリン－ケルンの構造と防壁を示している。地図の左側下段には、のちにウンター・デン・リンデンに発展する「菩提樹の並木道」があらわれている。一八世紀初めになると、プロイセン王国 Königreich Preußen が、一種の政治的取引によって成立し、その主役であるフリードリヒ一世 Friedrich I が、ベルリン－ケルンを外郭都市と統合して行政都市そして守備隊の駐屯都市に転換した。プロイセンの王都ベルリンが誕生する瞬間であった。パリやローマに比べるとほとんど荒地に近かった辺境の首都ベルリンは、一八世紀を経て、王室の後援を受ける繊維業を中心に産業および商業の中心地へと発展を重ね、俗に「フリードリヒ大王 Friedrich der Große」と呼ばれるフリードリヒ二世の治下ではじめて文明国の首都としての風貌を備えるようになった。(34)

一八世紀中葉の「七年戦争」を勝利に導いたフリードリヒ二世は、列強の列に加わったプロイセンの威信にふさわしく、ヨーロッパのほかの都市と比較しても遜色ない流麗な宮殿を首都に建立しようとした。ベルリン市内にはすでに宮城が存在していた。宮廷建築家アンドレアス・シュルーター Andreas Schlüter が、フリードリヒ一世の命によって、一五世紀に建てられたホーエンツォレルン家の古い宮殿を一六九八年に拡張工事を開始して建てた、都市のなかの宮殿があった。遊園地のむかい側に位置したこの王宮は、その後ふたたび拡張され、通常「ベルリン王宮 Berliner Schloß」と呼ばれるようになる。(35) しかし、フリードリヒ二世が構想した王宮は、これよりはるかに遠大であった。この宮殿は、彫刻品と浮き彫りで華麗に装飾され、ひたすら国王の偉業をほめたたえる目的で建てられるはずであった。しかし、すぐに計画は大幅に縮小され、バロック建築が建ち並ぶいわゆる「オペラ劇場前広場 Platz am Opernhaus」の建設計画に変更された。クノーベルスドルフは、国王の命によって、菩提樹の並木道の北側の敷地にひろく広がる建物群を設計した。この建物群の内側には庭園がおかれ、裏側にはパッラーディオの遠近法式街路の影響を受けたいわゆる三面の中庭 cour d'honneur と半円形の柱廊が陣取り、前側にはオペラ劇場が独立した建物として建つ広々とした広場ができる予定であった。一言でいえば、ヨーロッパ絶対王政が好んでいた典型的なバロック風の都市計画であった。

「オペラ劇場前広場」は、古代アテネの屋外市場そして広場であるアゴラ Agora と古代ローマのフォルム・ロマヌム Forum Romanum の雰囲気を再現しようとした。それは、実現さえすれば、パリのコンコルド広場 Place de la Concorde やロンドンのトラファルガー広場 Trafalgar Square に肩を並べるに違いない巨大な中央広場であった。もちろん、ベルリンにも広場がまったくなかったわけではない。一七世紀末、王室の命によって、ジャンダルメン市場

Gendarmenmarkt が、ベルリンの中央大通りのうちのひとつフリードリヒ通り Friedrichstraße に面する、昔の憲兵 Gens d'Armes 連隊の兵営があった場所につくられはしたが、おもに閲兵式の場所として使われただけで、都市の中心部としての位置を占めることはできなかった。また、一八世紀初めに国運を引き上げた英雄フリードリヒ・ヴィルヘルム一世 Friedrich Wilhelm I が推進した二つの計画、すなわち遊園地 Lustgarten を王室家族の個人所有から「宮城前広場 Schloßplatz」にかえる計画と、既存の都市防壁のむこうの傾斜した敷地を、父王をたたえる記念碑を建て、パリ式のロワイヤル広場 Place Royale へと造成しようとした計画は、すべてうやむやになってしまった。(36)

このような点からみると、フリードリヒ二世の計画は、首都ベルリンの発展途上におけるあきらかな転換点であった。既存の計画が、城郭を中心とした中世都市の枠のなかでつくられたのに対して、新しい「フリードリヒ広場」は、近代国家の「統治」を視覚的にも機能的にも具現する、首都の真の中核をつくろうとしたのである。この大規模建設計画は、フリードリヒ二世が即位後ただちに開始されたが、彼が皇太子であった時期からすでに構想していたものであり、クノーベルスドルフは、皇太子が居住していたラインスベルク城 Schloß Rheinsberg を建てて、未来の権力者とすでに厚い関係を結んでいた。遠大な構想は、フリードリヒ二世が即位した一七四〇年にただちに実行に着手されたが、数々の悪材料にみまわれたせいで本来の計画が狂ってしまった。該当する敷地の中央部に小さな宮を所有していた王の遠い親戚が売却を拒否するという呆れた事態が発生し、またヨーロッパ列強が死活をかけることになるシュレジエン戦争の勃発で建設日程に支障が生じた。さらに国王自身も、いつのまにか心境が変化して、煩雑なベルリンのかわりに近隣都市ポツダムの王宮のほうに関心が傾いていた。それにもかかわらず、設計の一部は、変更されたかたちでではあるが、実行に移された。一連の古典風の建物が、一七四七年から、もともと計画された敷地から少し離れた多少傾斜した長方形の敷地の上に建てられたのである。

王立オペラ劇場 Königliche Hofoper を筆頭に、すぐその横の南西方向角にローマのパンテオンを連想させる聖ヘトヴィヒ聖堂 St. Hedwigs-Kathedrale、「遊園地」の東側に大聖堂 Domkirche、そしてコリント式の列柱で飾られた正面の突出部がオペラ劇場と似ており、のちにドイツ最古の大学の本館にかわるハインリヒ王子宮 Palais des Prinzen Heinrich、オペラ劇場西側のむかいにはその特有な窪んだファサードのために「箪笥 Kommode」という別称をもつようになる王立図書館 Königliche Bibliothek（現在の旧図書館）などが順に登場する。これらのうち、唯一、本来の計画どおりに建てられたのは、クノーベルスドルフが設計した王立オペラ劇場（現在の国立オペラ劇場）であり、プロイセン古典主義の真の出発を告げる記念碑的建築物であった。[37]

この建物は、広場の最初の設計案に対する度重なる変更によって、その位相もかわったが、それでも広場全体が「オペラ劇場前広場」と呼ばれるほど中心的位相を与えられ、クノーベルスドルフ自身の建築美学がもっとも忠実に具現された作品であった。イギリス風のパッラーディオ様式に着眼した[38]この建物は、六本の柱をもつ柱廊玄関、すなわちポルティコ portico がむだなく簡潔で過度に勇壮でないという点で、ギリシャ神殿とそっくりであっただけでなく、それぞれ別の階の、違う機能と装飾をもつ三つの室内空間が、まるで古代ギリシャの野外劇場のように自然な調和をなしている。アポロホールと群衆に挨拶をするバルコニーそして舞台は、宴会があるときは扉を開けてひとつの部屋として活用できるよう設計された。着工後わずか一年余りがすぎた一七四二年一二月には、いまだ完成していない建物で初演がおこなわれた。[39]

オペラ劇場は、建物の中心的位相にふさわしく四方からみえるように配置されたが、その風貌と配置においてフリードリヒ広場プロジェクトの基本的な性格を如実にあらわしている。それは、芸術を崇拝する神殿として奉献された。この建物が示すギリシャ神殿の雰囲気は、じつはローマ神殿のモチーフを導入したことで有名なパッラーディオのロトンダ別荘 Villa Rotonda を参照したことがわかっている。イタリア風の貴族趣味は、フリードリヒ二世がもっとも好んでいたものであり、実際に彼はオペラ劇場の基本案をみずから設計して、クノーベルスドルフには彼の案をそのまま実現するよう要求したと伝えられている。王が居住していた皇太子宮 Kronprinzenpalais のすぐ前に建てられたオペラ劇場は、六本の柱をもつ典型的な新古典主義のポルティコが、内部の構成と遊離したまま独自の比例を固守しており、側面の階段であるとか、粗く仕上げた大梁の処理とかは、建物よりは街の与件にあわせられた。円柱が支える破風においては、音楽をつかさどる神アポロンが、悲劇詩および悲歌の女神であるメルポメネ Melpomene と喜劇詩そし

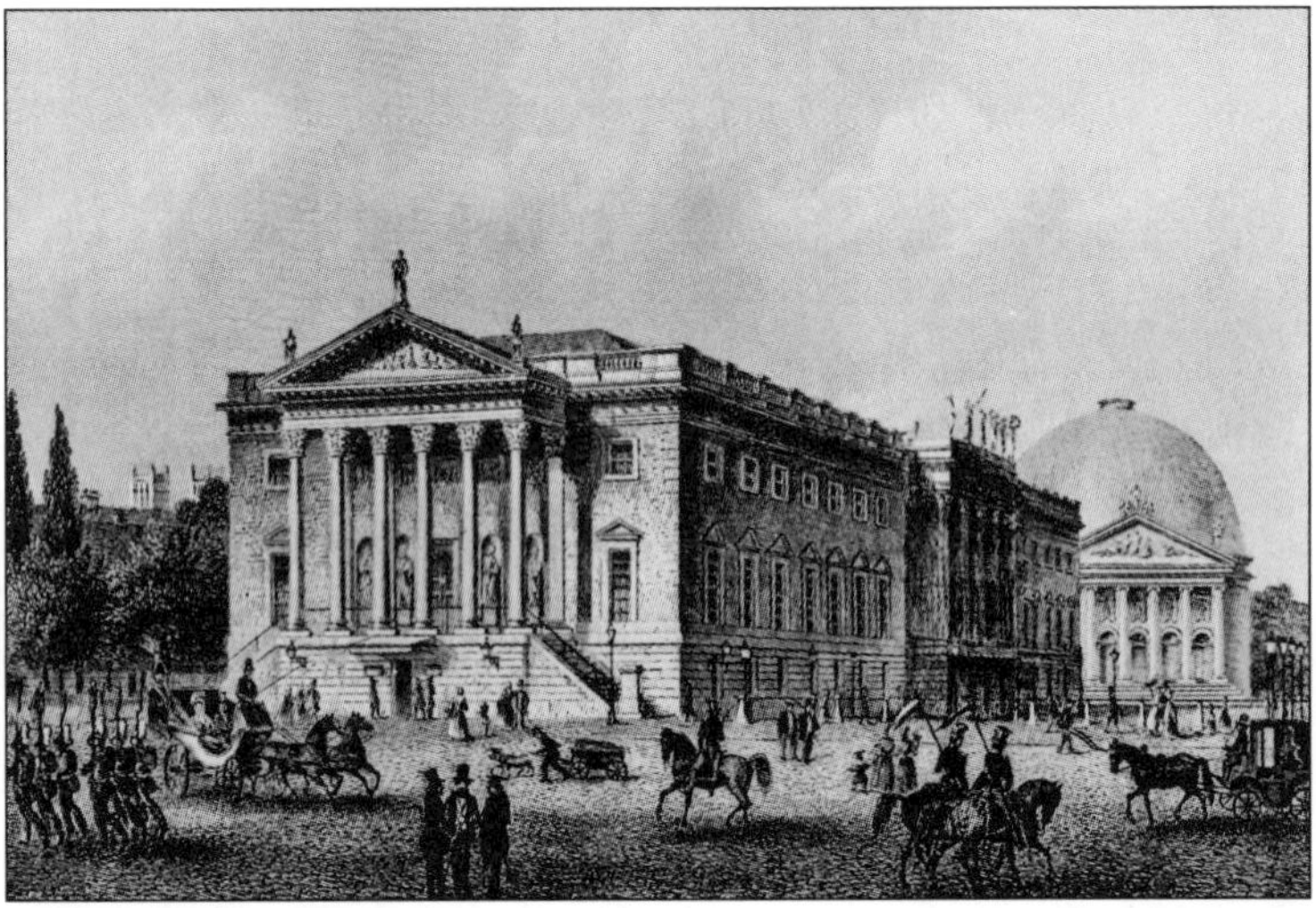
ベルリン王立オペラ劇場と聖ヘトヴィヒ聖堂．ヨゼフ・コルブ Joseph Maximilian Kolb 作，鋼鈑画（1850）

王立図書館とオペラ劇場前広場（現在の旧図書館とベーベル広場）．著者撮影

て余興の女神タリア Thalia を帯同しているが、これは新古典主義的というよりは、むしろロココ的なモチーフである。

国王は、シュレジエン戦争が終わったあと、フリードリヒ広場に対する興味を失い、ポツダムのサンスーシ Sanssouci 宮殿の建設に熱意をみせた。王族と貴族の都市ポツダムに登場した桃色と白色が調和したこぢんまりした大きさのフランス風のロココ王宮が、首都ベルリン都心部の広々とした公共広場に取って代わったのであった。みずから建築家を任じて古臭い趣向に固執していた国王は、新古典主義を追求していたクノーベルスドルフと事ごとに不和を生じるようになり、結局ハインリヒ王子宮の設計からはバロック建築家のヨハン・ボウマン一世 Johann Boumann d. Ä. を起用するが、このような乱脈ぶりは時代の限界に起因する必然的結果だったのであろう(40)。

野心に満ちたプロジェクトであった「オペラ劇場前広場」は、ハインリヒ王子宮を北端に、聖ヘトヴィヒ聖堂を南端にする程度の規模にとどまった。ここにバロック都市空間特有の対称と調和が欠けているのは、まずは最後まで売却されずに予定の敷地の中央に立ちふさがるシュヴェット宮 Palais Schwedt のためであるが、より根本的には、シュレジエンの守護聖人ヘトヴィヒに奉献された聖ヘトヴィヒ聖堂のように、シュレジエン戦争後、宗教的寛容を政治的に宣伝するために狭い角の空間に勇壮なカトリック聖堂をはめ込んだり、ハインリヒ王子宮や大聖堂のように、空間全体の構成より個々の建物の外見に重きをおいたりしたためである(41)。

たとえいろいろな理由によって当初の目的が達成されはしなかったとしても、「オペラ劇場前広場」、すなわちフリードリヒ広場は、首都ベルリンの容貌を一新する契機になった。個々の卓越した建築物が集積し、学問と芸術が息づく新しい景観をつくりだしたのである。まるで古代都市が復活したかのようにみえるこの新しい風景に活力を吹き込んだのは、まさに中央大通りであるウンター・デン・リンデンであった。予定よりはるかに縮小されたフリードリヒ広場に横断道路として合流したこの通りは、すでに一七世紀なかごろから昔の選帝侯たちの狩猟場であったティーアガルテン Tiergarten とベルリン王宮のあいだの連結道路として開発され、一八世紀初めにはフリードリヒ・ヴィルヘルム一世が、ティーアガルテンをこえて西へ、皇后の夏の宮殿であるシャルロッテンブルク宮 Schloß Charlottenburg ま

オペラ劇場前広場での閲兵式．作者未詳，アクアチント 284 × 453mm（1825 年頃），出所：*Karl Friedrich Schinkel: Eine Ausstellung aus der Deutschen Demokratischen Republik* (Henschelverlag Berlin, 1982), Illustration no. 5. 6

で、王が個人的に使用していた道を公共の道路として宣布することで「中央大通り」という特別な位相を獲得することになった。ウンター・デン・リンデンは、一八世紀を経て、官公署と住宅地でいっぱいの華やかな通りに変身し、結局、フリードリヒ広場建設のおかげで、新しい心象地理の遠近法をなす消失線になる[42]。

一八二五年頃に描かれた作家未詳の一枚のエッチング作品は、「オペラ劇場前広場」からベルリン王宮方向を望む景観を、写真のように描写している。作品の前景の左側にはベルリン大学に用途が変更された昔のハインリヒ王子宮、そのむかいには王立オペラ劇場、中央部左側にはのちにシンケルが建てた新衛兵所 Neue Wache と兵器庫の建物 Zeughaus が、右側には皇太子宮が、後面右側にはベルリン王宮の一部が、左側には遊園地の木々がみえる。

フリードリヒ広場は、本来の遠大な構想からかなり縮小されて、大衆のあいだの認知度もあまり高くなかった。二世紀がすぎたのちに社会主義東ドイツ政権になってからは、革命家ベーベル August Bebel の名をとった「ベーベル広場 Bebelplatz」と改称され、イメージが完全にかわった[43]。しかし、それは必ずしも失敗した事業ではなかった。王立オペラ劇場の建設をはじまりとして、新興の軍事強国プロイセンの首都ベルリンを「発明」する大々的な作業の幕開けを告げたからである。

ブランデンブルク門の現在の姿．撮影：Thomas Wolf，出所：www.foto-tw.de

フリードリヒ二世は、広場建設とは別に、ベルリンに象徴性のある公園をつくるようクノーベルスドルフに注文した。すでにずいぶん前に、二人は、ラインスベルク城にフランス風の庭園をつくることで意気投合したことがあった。ベルリンの関門であるブランデンブルク門のすぐ前には「動物（庭）園」という名称をもつティーアガルテンが西方向に長々とおかれていたが、ここを、パリの公園に引けを取らない名実相伴った「ベルリン公園 Parc de Berlin」とすることにした。そのためにまず、排水路をつくってじめじめした土地を改良し、公園の全体的な中心軸を構築した。この軸を結節点としてウンター・デン・リンデンからベルリン西側のシャルロッテンブルク宮まで、長く広い街路を連結する作業が開始された[44]。東ドイツ統治下の労働者蜂起を記念して現在は「六月一七日通り Straße des 17. Juni」と呼ばれるこの勇壮な大通りは、中間に八本の道にわかれる交差路があり、ここにはのちに普仏戦争（プロイセン－フランス戦争）の勝利を記念する「戦勝記念塔 Siegessäule」が天高くそびえることになる。ティーアガルテンは、その後、姿をおおきく変貌させるが、一般市民の公共の場所として企画されたドイツ最初の公園であった。それは、絶対王政の権能をあらわすフリードリヒ広場とともに、ベルリンの容貌を近代都市へと一新するプロジェクトの一環であった。プロイセン古典主義の基本的な空間秩序は、フランス革命が起こる以前からすでに、その場を得ていたのである。

フリードリヒの時代が終わるころ、プロイセンには新しい建築の気運が旺盛であった。フランス風のロココ様式とイタリア風のパッラーディオ様式を好んでいたフリードリヒ大王自身が、晩年にはギリシャ風を備えたドイツ式様式を求め、彼の死後すぐに建てられたブランデンブルク門は、新しい典範となった。本来は「平和の門 Friedenstor」という名前で建てられたこの記念碑的建築物は、シュレジエン出身の建築家ラングハンス Carl Gotthard Langhans によって設計されたが、アテネのプロピレオンの例にしたがい、浅浮き彫り bas-relief で装飾された水平のエンタブラチュア entablature が、上古ギリシャの厳格な風貌を醸しだしている。上段におかれた四頭立て馬車 Quadriga は、当代最高の彫刻家ゴットフリート・シャドウ Gottfried Schadow の傑作で、羽を垂れる平和の女神が馬車を引いている。この馬車像は、すぐに歴史の波乱に巻き込まれてしまう。すなわち、ベルリンを占領したナポレオンの軍隊が奪取してパリに移したが、解放戦争の勝利のおかげでもとの位置に戻り、それ以来戦車像に姿をかえる。平和の女神が勝利の女神ヴィクトリア Viktoria に変形されて、女神の手には禿鷲の飾りで仕上げた鉄十字架の棒があらたに付け加えられた。シャドウの原作では、平和の女神が月桂樹の飾りのトロフィーを掲げていたが、帝王的な禿鷲の飾りをつけた好戦的な雰囲気の鉄十字架の棒に取って代わられたのである。この作業は、ある無名の若い建築家が引き受けることになるが、彼こそ、まさに「シュプレー河畔のアテネ」を創造して不滅の名声を残す建築家シンケルであった。(45)

（1） Adolf Max Vogt, *Karl Friedrich Schinkel. Blick in Griechenlands Blüte: Ein Hoffnungsbild für Spree-Athen* (Fischer, 1985), とくに pp. 18-21.

（2） 本来「新古典主義（Neo-Classicism）」という用語自体は、フランスとイギリスにおいてルネサンス以来のパッラーディオ風古典主義（Palladianism）と区別するために使用したもので、ドイツでは一九〇〇年ごろになってはじめて使用されはじめた。これは、現在の用法とは違いがある。금요찬「Karl Friedrich Schinkel 의 建築에 關한 考察 : 그 建築構法과 形態를 中心으로」、『동양 대학교 논문집』［クム・ヨチャン「Karl Friedrich Schinkel の建築に関する考察：その建築構法と形態を中心に」、『東洋大学校論文集』］제七집（二〇〇二）一一쪽。

（3） Walter Pater, "On Classical and Romantic" (1889), eds. by R. F. Gleckner and G. E. Enscode, *Romanticism: Points of View* (Prentice-Hall, 1970), p. 21.

（4） もともとこの建物は、フランス王立美術院の依頼を受けて、一七五五年に設計が開始されたサント＝ジュヌヴィエーブ（St.

Genevieve）教会であった。そののち数次の修正案を経て着工されたが、立てつづけに工事が遅れ、一七九一年に革命の熱気のなかで未完成であった建物の用途が、フランス民族の英雄をたたえるパンテオンに変化した。設計者スフロは、完工のかなり前の一七八〇年に死亡し、弟子のロンドレが工事を仕上げた。Harry Francis Mallgrave, *Modern Architectural Theory: A Historical Survey, 1673-1968* (Cambridge University Press, 2005), pp. 15-19, p. 69.

（5） 스즈키 히로유키、우동선 옮김『서양 근、현대 건축의 역사：산업혁명기에서 현재까지』（시공아트）［鈴木博之、ウ・ドンソン訳『西洋近・現代建築の歴史：産業革命期から現在まで』（時空アート）］（二〇〇九）三〇～四三쪽。Barry Bergdoll, *European Architecture 1750-1890* (Oxford University Press, 2000), pp. 9-41; Peter Pütz, "The Renaissance to the Romantic Movement. An Outline of Ideas", ed. by Rolf Toman, *Neoclassicism and Romanticism: Architecture-Sculpture-Painting-Drawings 1750-1848* (h. f. Ullmann, 2008), pp. 6-13.

（6） Harry Francis Mallgrave, *Modern Architectural Theory: A Historical Survey, 1673-1968* (Cambridge University Press, 2005), pp. 24-43, 91-113.

（7） Johann Joachim Winckelmann, *Gedanken über die Nachahmung der griechischen Werke in der Malerei und Bildhauerkunst* (1755) [Reclam, 1969], pp. 8-9.

（8） Richard Jenkyns, *The Victorians and Ancient Greece* (Harvard University Press, 1980), pp. 10-14.

（9） David Ferris, *Silent Urns: Romanticism, Hellenism, Modernity* (Stanford University Press, 2000).

（10） Johann Joachim Winckelmann, *Geschichte der Kunst des Altertums* (1764) [Darmstadt, 1993], p.332 以下。Alex Potts, *Flesh and the Ideal: Winckelmann and the Origins of Art History* (Yale University Press, 1994), pp. 16-17, 54-55; Suzanne L. Marchand, *Down from Olympus: Archaeology and Philhellenism in Germany, 1750-1970* (Princeton University Press, 2003), p. 9.

（11） Pim den Boer, "Neohumanism: Ideas, Identities, Identification", eds. by Margriet Haagsma, et al., *The Impact of Classical Greece on European and National Identities* (J. C. Gieben, 2003), p. 10.

（12） Pim den Boer, "Neohumanism: Ideas, Identities, Identification", p. 7, pp. 3-5. Pim den Boer によれば、「新人文主義」という用語自体は、一九世紀末になってはじめて使われたが、ルネサンス以来の古典古代の受容を指す「人文主義（Humanismus）」という用語も一九世紀初頭にドイツでできたという点を考えると、用語の登場と現実の流れのあいだに時間的差があるといえる（pp. 1-3）。

（13） Herwig Blankertz, Kjeld Matthiessen, "Neuhumanismus", ed. by Dieter Lenzen, *Pädagogische Grundbegriffe, rowohlts enzyklopädie,* vol. 2 (rowohlt, 2001), pp. 1092-1103.

（14） Friedrich Meinecke, *Weltbürgertum and Nationalstaat: Studien zur Genesis des deutschen Nationalstaates* (R. Oldenbourg, 1919), pp. 39-61.

（15） 프리드리히 횔덜린、장영태 옮김『휘페리온』（을유문화사）［フリードリヒ・ヘルダーリン、チャン・ヨンテ訳『ヒュペーリオン』（乙酉文化社）］（二〇〇八）。Harry Francis Mallgrave, *Modern Architectural Theory,* p.92 から再引用。

（16）　Suzanne L. Marchand, *Down from Olympus: Archaeology and Philhellenism in Germany, 1750-1970* (Princeton University Press, 2003), pp. 16-24, p. 36 以下。Frank M. Turner, *Contesting Cultural Authority: Essays in Victorian Intellectual Life* (Cambridge University Press, 1993), p. 322 以下。ドイツにおける「古代学」の成立は、一九世紀を経ながら徐々に衰退していた古典主義の規範性を学問的ドグマとして守ろうとする努力とみなすことができる。このような観点としては、Esther Sophia Sünderhauf, *Griechensehnsucht und Kulturkritik: Die deutsche Rezeption von Winckelmanns Antikenideal 1840-1945* (Akademie Verlag, 2004), p. XI 参照。

（17）　Thomas Nipperdey, *Deutsche Geschichte 1800-1866: Bürgerwelt und starker Staat* (C. H. Beck, 1983), pp. 455-456; Marchand, *Down from Olympus,* p. 25, pp. 34-35.

（18）　Marchand, *Down from Olympus,* p. 4.

（19）　Marchand, *Down from Olympus,* pp. 34-35, p. xix, pp. 152-187. Marchand によれば、ドイツの考古学者は、オリンピアやペルガモンなどの大規模な発掘のために国家の全面的な支援を必要としたので、民族的自負心という論理や偏った歴史解釈に便乗せざるをえなかった（p. 75 以下）。

（20）　Eliza Marian Butler, *The Tyranny of Greece over Germany: A study of the Influence Exercised by Greek Art and Poetry over the Great German Writers of the Eighteenth, Nineteenth, and Twentieth Centuries* (1935) [Beacon Press, 1958].

（21）　H. J. C. Gierson, "Classical and Romantic. A Point of View" (1923), eds. by R. F. Gleckner and G. E. Enscode, *Romanticism: Points of View* (Prentice-Hall, 1970), pp. 47-49.

（22）　マーティン・バナールは、古代ギリシャを西欧文明の源泉とする観念が、ドイツ「古代学」において学問的に礎とされており、これには、啓蒙主義と合理性、フランス革命に反対するロマン主義の伝統がおおきく影響を及ぼしたと主張する。마틴 버낼、오흥식 옮김『블랙 아테나：서양 고전 문명의 아프리카・아시아적 뿌리』（소나무）［マーティン・バナール、オ・フンシク訳『ブラック・アテナ：西洋古典文明のアフリカ・アジア的ルーツ』（ソナム）］（二〇〇六）三一四〜三一五쪽、三九八쪽 以下。ドイツ・ロマン主義と古典主義の関連性については、Jane K. Brown, "Romanticism and Classicism", ed. by Nicholas Saul, *The Cambridge Companion to German Romanticism* (Cambridge University Press, 2009), pp. 119-131 参照。

（23）　한스 울리히 벨러、이용일 옮김『허구의 민족주의』（푸른역사）［ハンス・ウルリヒ・ヴェーラー、イ・ヨンイル訳『虚構の民族主義』（プルンヨクサ）］（二〇〇七）一一二쪽。

（24）　Andre Rank, *Die Walhalla im Zeitalter des romantischen Nationalismus* (GRIN Verlag, 2008), pp. 28-29.

（25）　Friedrich Schlegel, *Kritische Ausgabe seiner Werke,* ed. by Ernst Behler, et al., vol. 1 (Schöningh, 1958), pp. 287-288. これについては、에른스트 벨러、이강훈・신주철 옮김『아이러니와 모더니티 담론』（동문선）［エルンスト・ヴェーラー、イ・ガンフン／シン・ジュ

チョル訳『アイロニーとモダニティの談論』（トンムンソン）］（二〇〇五）七三〜八〇頁 参照。

（26） Hagen Schulze, *Staat und Nation in der europäischen Geschichte* (C. H. Beck, 1995), pp. 179-187.

（27） Stefan Nienhaus, *Geschichte der deutschen Tischgesellschaft* (Niemeyer, 2003).

（28） David Watkin and Tilman Mellinghoff, *German Architecture and the Classical Ideal* (The MIT Press, 1987), pp. 59-83; Suzanne Marchand, *Down from Olympus,* p. xxiii.

（29） Pim den Boer, “Neohumanism: Ideas, Identities, Identification”, pp. 7-8.

（30） Dirk van Laak, *Über alles in der Welt: Deutscher Imperialismus im 19. und 20. Jahrhundert* (C. H. Beck, 2005), p. 30.

（31） Wilhelm von Humboldt, “Geschichte des Verfalls und Untergangs der griechischen Freistaaten” (1807), *Werke in fünf Bänden, II: Schriften zur Ältertumskunde und Ästhetik. Die Vasken,* eds. by Andreas Flitner and Klaus Giel (Klett-Cotta, 2010), pp. 73-124, とくに pp. 118-119.

（32） Wilhelm von Humboldt, “Geschichte des Verfalls und Untergangs der griechischen Freistaaten”, p. 92.

（33） Christopher Clark, *Iron Kingdom: The Rise and Downfall of Prussia, 1600-1947* (Belknap Press, 2008), pp. 1-18.

（34） Jürgen Angelow, “Residenz und Bürgerstadt: Das 17. und 18. Jahrhundert”, ed. by Julius H. Schoeps, *Berlin: Geschichte einer Stadt* (Bebra Verlag, 2012), pp. 28-53; Waltraud Volk, “Die Stadterweiterungen in Berlin im 17. und 18. Jahrhundert”, *Studien zur Geschichte Berlin: Jahrbuch für Geschichte,* vol. 35 (1987), pp. 93-118; Christopher Clark, *Iron Kingdom,* pp. 67-77.

（35） Goerd Peschken, Johannes Althoff, *Das Berliner Schloß* (Bebra Verlag, 2000), p. 28 以下。

（36） Martin Engel, *Das Forum Fridericianum und die Monumentalen Residenzplätze des 18. Jahrhunderts,* Dissertation der Freien Universität Berlin (2001), pp. 36-52.

（37） Martin Engel, *Das Forum Fridericianum und die Monumentalen Residenzplätze des 18. Jahrhunderts,* p. 91, p. 67 以下。

（38） この建物を設計する際，クノーベルスドルフは，イギリスの古典主義，いわゆる「ジョージ様式 Georgian style」の創始者であるスコットランドの建築家キャンベル Colen Campbell の有名な建築版画集『英国のウィトルウィウス Vitruvius Britannicus または英国の建築家』（一七一五〜二五）を参照したことが知られている。これについては，Hans Lange, *Vom Tribunal zum Tempel zur Architektur und Geschichte Deutscher Hoftheater zwischen Vormärz und Restauration: Studien zur Kunst-und Kulturgeschichte,* vol. 2 (Marburg, 1985), p. 206, n. 26 も参照。キャンベルの版画集にはイギリス風のパッラーディオ建築物の版画が多数含まれていた。イギリスにおけるパッラーディオの受容およびキャンベルの版画集については，Mallgrave, *Modern Architectural Theory,* pp. 47-51 参照。

（39） Brian Ladd, *The Ghosts of Berlin* (University of Chicago Press, 1997), p. 53.

（40） Martin Engel, *Das Forum Fridericianum und die Monumentalen Residenzplätze des 18. Jahrhunderts,* pp. 96-114, p. 160 以下。

(41) Martin Engel, *Das Forum Fridericianum und die Monumentalen Residenzplätze des 18. Jahrhunderts,* pp. 123-155; Martin Engel, “Das ‘Forum Fridericianum’ in Berlin. Ein kultureller und politischer Brennpunkt im 20. ‘Jahrhunderts’”, *Kunst und Politik,* no. 11 (2009), pp. 35-39.

(42) Günter de Bruyn, *Unter den Linden* (Bebra Verlag, 2004), p.18 以下。Elke Kimmel, Ronald Oesterreich, *Charlottenburg im Wandel der Geschichte: Vom Dorf zum eleganten Westen* (berlin edition, 2005), p. 24.

(43) Martin Engel, “Das ‘Forum Fridericianum’ in Berlin”, pp. 39-44; Brian Ladd, “Socialism on Display. East Berlin as a Capital”, eds. by Andreas W. Daum, Christof Mauch, *Berlin-Washington, 1800-2000: Capital Cities, Cultural Representation, and National Identities* (Cambridge University Press, 2005), p. 221; Jörn Düwel, “Am Anfang der DDR: der Zentrale Platz in Berlin”, eds. by Romana Schneider, Wilfried Wang, *Moderne Architektur in Deutschland 1900 bis 2000: Macht und Monument* (Hatje Cantz Verlag, 1998), pp. 176-180.

(44) Martin Engel, *Das Forum Fridericianum und die Monumentalen Residenzplätze des 18. Jahrhunderts,* p. 77; Elke Kimmel, Ronald Oesterreich, *Charlottenburg im Wandel der Geschichte,* p. 34.

(45) Günter de Bruyn, *Unter den Linden* (Bebra Verlag, 2004), pp. 167-172; Mallgrave, *Modern Architectural Theory,* p. 94.

第2章　民族と国王のあいだで　プロイセンの宮廷建築家シンケル

フランス革命と、つづく侵略戦争は、プロイセン王国の政治的な進路と同じくらい、プロイセン古典主義の進路にも決定的な影響を及ぼした。ナポレオンの軍靴に踏みにじられたプロイセンは、富国強兵のために「上からの近代化」を急ぎ、下から吹きあがってくるあらゆる種類の不穏な動きを事前に遮断しようと腐心した。文化的な面でも革命的なフランスとは異なる価値が全方位的に模索されたが、プロイセン古典主義は、まさにそのような模索の核心のひとつであった。本来、新古典主義は、現在と過去の急激な断絶よりはむしろ連続性に比重をおく思潮であり、保守的なドイツにいたってはじめて、革命的なフランスとは異なる固有の色彩をあらわし、完全に発現することができた。

美的革命としてのプロイセン古典主義

パリで群衆がバスティーユ牢獄を襲撃しているとき、ベルリンでは平和にブランデンブルク門を建てていた。政治的な革命は、フランス的なものであり、ドイツ的なものではなかった。ドイツの革命は、たんに外的な条件をかえるものではなく、真の精神の革命でなければならなかった。フランス人は新しい国家を建設したが、ドイツ人は永遠不滅の偉大な芸術品を創造するつもりであった。ドイツは、ロベスピエールのかわりにゲーテを生んだ。このような発

想は、ロマン主義者シュレーゲルが主唱した「美的革命」の概念においてもっとも明示的に表現された。(1)

プロイセン古典主義建築は、政治的革命を代替する一種の美的革命の一環として、国家の象徴的求心点を首都の都心に形象化しようとした。それまではさして特別ではなかった王都ベルリンは、プロイセン復興の図像として生まれかわり、さらにはドイツ民族全体の文化的求心点として想像されはじめた。(2) ブランデンブルク門を設計したラングハンスのほかに、ハインリッヒ・ゲンツ Heinrich Gentz、ダーヴィト・ジリー David Gilly、彼の息子で神童のフリードリヒ・ジリー Friedrich Gilly らが主導して、想像のアテネを具現していったのである。簡潔で素朴ながらも壮大な古代ギリシャ建築に対する傾倒は、新しいローマ帝国を詐称しながら誇張された威容を打ち出していたナポレオン式の新古典主義、いわゆる「帝国様式 empire style」に対する反発の致すところであった。(3) ダーヴィト・ジリーが運営していた私立の建築学校が、一七九九年から国王の認可を受けたベルリン建築学校 Bauakademie に昇格して、パリのエコール・デ・ボザールに張り合う新しい牙城が構築された。

しかし、プロイセン古典主義建築の名実相伴った代弁者は、ダーヴィト・ジリーの門下生であった宮廷建築家カール・フリードリヒ・シンケルであった。シンケルは、ベルリン近隣の小都市ノイルピーンで一七八一年に生まれ、首都ベルリンに上京して、建築家かつ官僚として出世した。彼の個人的成功は、ナポレオンの束縛から解放を勝ち取り、確実にヨーロッパの列強としての地位を固めていったプロイセンの国家的な跳躍とときを同じくした。彼は、フリードリヒ・ヴィルヘルム Friedrich Wilhelm 三世治下（一七九七〜一八四〇）の宮廷建築家であり、建設省のトップであって、王位を引き継いだフリードリヒ・ヴィルヘルム四世は、皇太子時代からシンケルの全幅的な支持者であった。それのみならず、シンケルが死去したのちは、ペルジウス Ludwig Persius やシュテューラー Friedrich August Stüler ら彼の弟子たちまで積極的に支援することで、ひとりの偉大な建築家の理念を実現するため先頭に立った。歴史的にみると、シンケルが活動した時期は、ナポレオン没落後の「王政復古 Restoration」の時代であった。シンケルは、ヴィルヘルム四世が皇太子であった時期に、まるでラインスベルク時代のフリードリヒ二世とクノーベルスドルフのように意気投合し、首都ベルリンの公共記念物と公共の場所を建立する大規模なプロジェクトに着手する。これにより、彼は、ドイツ文化とプロテスタント教会の守護者というプロイセン王政の伝統的な理想を空間的に具現するのに貢献した。(4)

新古典主義者シンケルは、本来ゴシック建築の擁護者であった。ナポレオンのくびきからの解放を念願していた若い芸術家シンケルは、同年輩のほかの知識人のようにゴシックをドイツの民族的様式であると考えた。彼は、一八世紀に新古典主義が追求していた幾何学的な比例の非個性的な原理に対しては、むしろ批判的であった。ゴシックこそ、生の限界を超越する無限の自由とともに、分裂した民族構成員の有機的統一を可能にする根本原理であることを、彼は確信していた。シンケルは、ベルリンの代表的なロマン主義者の集まりである「ドイツ午餐会」の一員であった。

しかし、シンケルの考えは、ナポレオンが歴史の舞台から退場し、王政復古がなしとげられる一八一五年を起点に、大幅に変貌する。その年にシンケルは、プロイセンの国家的建設事業を総指揮する建築首席責任官 Geheimer Oberbaurat という高い地位に昇るが、すぐに彼はそれまでのゴシック趣向を捨てて、新古典主義者として生まれかわることになる。これは、事実上、政治権力との妥協の産物であった。プロイセン王政は、民族主義が呼び起こす革命的気運に満足せず、より秩序づけられた古典主義の趣向を好んだので、シンケルは、みずからの表現によれば、「芸術を通じた安定 Kunstruhe」を志向する新古典主義者に生まれかわることではじめて国王の信頼を得、主要な建築プロジェクトを遂行することができた。(5)

はたしてシンケルのこのような「転向」をどのように理解するべきであろうか。単純に出世のための変節であったのか。それとも権力に順応するしかない建築家の必然的な運命なのであろうか。いや、非常に単純に考えると、たんに年をとって分別がついたのか。どんな理由からであれ、シンケルの転向が、自身の意思を曲げて権力の光明を追いかけたものであることには、異論の余地はない。事実上、建築家にほかの道はなかった。しかし、シンケルの新古典主義が、もともときわめて民族主義的であり、フランス式の革命建築とは対立的な世界観にもとづいていたという点には、注目する必要がある。シンケルの建築は、ゴシックから新古典主義へ転向するにはしたが、最初から最後まで反フランス的な基調を維持した。

シンケルの多少不明確な理念的志向性を理解する糸口がひとつある。シンケルは、一八二〇年代を通してずっと、大文豪ゲーテとその門下生が標榜したドイツ式新古典主義に魅了されていた。(6) それは、ロマン主義と古典主義のドイツ式結合であった。(7) フランス革命が持込んだ新しい現実に対する不満が、理想化された過去にむかう無限の憧憬を生んだ。新古典主義が、古代の古典性を源泉として人間的な文化の復活を追求したとするならば、ロマン主義は、啓蒙思想が掲げた自然と理性という批判的な原理を「歴史」という新しい宗教的原理で代替した。これら二つの思潮は、過去を理想化するという点で一致した。いまや歴史は、既存の宗教がそうであったように、すべての現存に秩序を与える先験的な根拠となった。歴史とは、革命的進歩の路程ではなく、言語、儀礼、神話、芸術といった文化的形式を通じて個性的に展開される人倫的な共同体に参与して自身の価値とアイデンティティを獲得していく人間の物語である、という考えが、自明の理と考えられた。はてしない時間の川を遡って民族の深い源泉を探すとは、どれほど感動的なことか！(8) ロマン主義者シュレーゲルの語法によれば、歴史家は、革命的未来についての希望の伝道師よりは、「過去についての預言者」になってこそ正しいのであった。(9)

若いシンケルの魂をとらえたゴシックブームこそ、このようなロマン主義精神の発露であった。ゴシックは、たんにひとつの様式ではなく、民族の魂を目覚めさせる福音の一種でもあった。ゲーテの賛嘆を受けたシュトラスブルク大聖堂 Straßburger Münster や、シンケルの師匠であり友人でもあるフリードリヒ・ジリーが一七九四年に再建を構想し、一八一五年になって建設に着手した東プロイセンのマリーエンブルク城郭 Schloß Marienburg などのゴシック建築は、共約不可能な民族文化の個性を表現するものと思われた。シンケルにとって、ゴシックと新古典主義、中世の信仰と古代の理性は、必ずしも対立するものではなく、下からの混乱した衝動のかわりにもっぱらプロイセン国家の「秩序」を媒介とすれば、近代的な総合をとげることが可能であった。実際にシンケルの作業の大部分は、公共建築や王家の宮廷建築あるいは都市計画と古蹟保護に捧げられ、ゴシックと新古典主義という様式の導入はドイツ民族文

化を想像する一助となった。(10)

したがって、新古典主義への「転向」は、けっしてゴシックとの断絶を意味しなかった。一八二四年、シンケルは、国王の命によってベルリン都心にフリードリヒスヴェルダー教会 Friedrichswerdersche Kirche という名のゴシック建築物を建てはじめる。「フリードリヒスヴェルダー」地域は、かつて選帝侯領として開拓され、一時は大きな公設市場

フリードリヒスヴェルダー教会の立面図と平面図．出所：Carl Friedrich Schinkel, *Sammlung architektonischer Entwürfe* (Verlag von Ernst & Korn, 1858), plate 86

があったところであり、市民の住宅と官庁がずらりと立ち並んでいた。したがって、過度に勇壮な建物は、周りと一体にならなかった。一八二八年に竣工したこの教会は、単純な長方形の平面度は低いが、目立つ塔によって垂直の角をなして分割される典型的な北ドイツ式の赤レンガの建物である。二つの鐘塔を左右におく中央の大きく長い破風窓が立面を支配している。(11)

一九世紀にヨーロッパ全域で華麗に復活したゴシックは、中世ゴシックの復帰というよりは、まったく新しい時代のゴシック、いわゆる「ネオゴシック Neo-Gothic」と呼ばれる。ネオゴシック様式は、おもにイギリスの建築を通して国際的にひろく知られるようになったが、ロンドンのウェストミンスター宮殿 Palace of Westminster が代表的な例としてあげられる。(12) ネオゴシックは、悠久の歴史的様式に近代の政治的意味を付与した。一九世紀を経て、ネオゴシック様式は教会堂に局限されず官公署にもひろく活用されたが、これは近代世界において国家が教会の権限を代替し、みずから住民の生と死を統制する代理教会としての地位を獲得した現実をそのまま反映している。(13) このように、ネオゴシックは、過去と現在の連続性に着眼したという点で、新古典主義からそれほど遠くなかった。シンケルのフリードリヒスヴェルダー教会も、イギリスを筆頭におもに北ヨーロッパの国々を風靡したネオゴシック建築に属する。(14) シンケルは、この建築物がイギリス式礼拝堂を参照したことをみずからあかしたことがある。しかし、この建物の特徴は、様式それ自体よりはむしろテーマである。すなわち、プロテスタント信仰とプロイセンの国家権力の調和を、平面性と垂直性の視覚的具現としてあらわしたという点である。シンケルが意図したところは、彼自身のつぎのような言及によくあらわれている。

このように永遠に注目するに値する時代には、偉大で神聖な記念碑と教会を、昔のドイツ的な建築術がもつ感動的な様式で建立することになるであろうが、その完全な具現はつぎの時代になってはじめてなしとげられるであろう。来る時代には、古代に対する驚異に満ちた友好的な回顧を通じて、建築術の開化が中断されることによりなしとげられるであろうから、これを通してわかるように、世界はこの建築という芸術が完成に到達するために、今なお必要な要素を自身のなかに溶かしだすことができるくらい、熟達しなければならないであろう。(15)

ずいぶん高踏な言い回しであるが、ここで我々は、時代がかわっていくにつれて、「昔のドイツ的な」「感動的な」ゴシック様式が、「古代に対する驚異に満ち友好的な回顧」にもとづく新古典主義で代替されるしかないという冷徹な認識とともに、両者がひとつに溶け込むことでのみ、はじめて建築芸術が完成にいたる、という明確な作家意識をうかがい知ることができる。これは、ゴシックであれ、古典主義であれ、またほかのいかなる様式であれ、歴史の深く広い深淵に沈潜して、昔の様式に隠れている可能性を発掘し、これを新しい歴史の展開に応じさせることこそ、建築家の真の課題であるという発想が下敷きになっている。いまや必要なことは、個々の形態の借用ではなく、そのすべてをひとつに溶かし込む図像学的秩序全体の再編であった。

外形上、初期中世の感を与えるフリードリヒスヴェルダー教会は、シンケルの別の作品であり新古典主義の建築物である新衛兵所 Neue Wache と、ベルリンの象徴的な中心である遊園地 Lustgarten の旧博物館 Altes Museum を、ごく近い距離から見下ろすことができるように配置された。新衛兵所は国家の権威と栄光の象徴であり、旧博物館は市民の教育のための場所であった。二つの建物はともに、フリードリヒスヴェルダー教会とは、いろいろな面で対比された。両者はそれぞれ宗教と世俗文化を代弁し、拮抗関係を通じて新教国家であるプロイセンの根本理念を表現した。自足的・自然的・静態的な古典主義とは対照的に、尖塔で映えるゴシック建築は、ダイナミックで自己超越的であり、キリスト教的精神性で充満してみえた。対照される二種類の建物をたがいに遠くむかいあわせるように配置したのは、民族の解放と神聖な伝統、市民的自由と国家権力の調和を空間的に代弁したものとみることができる。(16) しかし、ベルリンの心臓部に宿ったこのような調和は、現実的にはいかなる意味をもったのだろうか。

プロイセン古典主義建築は、たしかに急進的な革命路線とは距離をおいたきわめて保守主義的な志向性をもってい

フリードリヒ・ジリーのフリードリヒ大王記念碑設計案（1797）

た。シンケルに多大な影響を及ぼした夭折の天才フリードリヒ・ジリーは、このような方向を先取りしたところがある。若い建築家の雄渾な理想が込められた一七九七年の「フリードリヒ大王記念碑設計案 Entwurf eines Denkmals für Friedrich den Großen」では、ベルリンの新しい関門をはじめ、古代ギリシャのアクロポリスを連想させる大規模な広場が企画されていた。記念碑が設置される基壇は地面になっており、人工の丘の上には典型的なペリプテロス形式の神殿がおかれ、もっとも原初的でありながらも幾何学的に配置されたドーリア式の柱がその周辺を護衛している。一言でいって、古代ギリシャ特有の原初的強健さを浮き彫りにした構想であった。この遠大なプロジェクトは、浮上する王国の無限の権力と文化的成就の青写真を提示したものであり、たとえ実現されえなかったとしても、マリーエンブルク城郭とともに民族の歴史に対するロマン主義的観念と新古典主義の美的規範のあいだの理想的な結合を示している。[17] しかし、このような権力の図像は、自由と民主主義に対する革命的熱情とは距離が大きく、抑圧的な現実だけをそっくりそのまま反映した。一八二一年、ギリシャ解放戦争がはじまると、多くの志願兵が自由の理想にしたがってギリシャにむかったが、王政復古の気運が支配していたプロイセン、オーストリア、ザクセン王国などの地では、ギリシャ行き禁止令が下された。革命的蜂起の気運を事前に遮断しようとしたのである。ギリシャ礼賛は、もはや解放の論理ではなく、むしろ解放をさえぎる論理になっていた。[18]

プロイセン古典主義の夜明け、新衛兵所

シンケルが君王から設計を委嘱された最初の建物は、新衛兵所であった。新衛兵所は、本格的なプロイセン古典主義建築物の第一号として記録されうるが、この建物は、フリードリヒ・ヴィルヘルム三世が直接構想したものであり、まずは皇太子宮周辺で交代勤務をする歩哨兵のために建てられたが、それと同時に、王政復古時代を迎えて、ナポレオンに対する解放戦争の輝かしい勝利をたたえる国家的記念物の性格も備えていた。事実上解放戦争後はじめて企画された公共建築物だったからである。新衛兵所は、一八一八年にはじめて門を開けた。古典的な形態のなかに実用的機能と象徴的機能を調和的に結合したこの建物は、プロイセン古典主義の空間的・歴史的理想を完壁に具現したものとして評価される[19]。

Ⓐ新衛兵所透視図と，Ⓑ破風部分の浅浮き彫り像およびフリーズの装飾．出所：Schinkel, *Sammlung architektonischer Entwürfe* (1858), plate 2, 3

　新衛兵所は、様式についてみると、古代ローマとギリシャの建築的モチーフを適切に変奏している。四方へ露出しており、四本のどっしりした隅柱をもつ正方形の建物の形態と中庭の構造が、古代ローマ時代の兵営 castrum を連想させるが[20]、剛直で長大なドーリア式円柱と破風でなる柱廊玄関、すなわちポルティコは、まちがいなく古代

ギリシャ神殿の姿である。シンケル自身の言及によれば、ドーリア式オーダーは、「真摯で活力があふれ強健な性格をもつ」[21]。六本のドーリア式円柱は、古代アテネのアクロポリスへ入る勇壮な関門プロピレオン Propylaeon をそのまま模倣したものであり、すでにブランデンブルク門でお目みえしたことがある。新衛兵所はアテネの原型により近い。しかし、それは昔の関門の単純な模写ではなかった。円柱の上には小ぶりな勝利の女神像六体で装飾されたフリーズがおかれているが、本来ドーリア式オーダーは、フリーズを三列の縦溝になった模様、すなわちトリグリフ triglyph とそのあいだの空いた面であるメトープ metope で装飾するのが慣例であった。この女神像は、かつてブランデンブルク門の上の馬車像を制作したプロイセンの宮廷彫刻家シャドウの作品であり、エンタブラチュアの上の破風には解放戦争期のプロイセンの活躍ぶりが浅い浮き彫りで表現されている

一見しただけでも、新衛兵所は節制された壮麗さをみせる建築物である。両側に昔のハインリヒ王子宮と兵器庫の建物が高くそびえたっており、やや矮小にみえるが、圧倒的なポルティコと、どの部分も欠くことができないように密に編成された構成力が、その点をカバーしている。しかし、秩序と均衡のある外観とは別に、複合的な機能を備えることができるよう実際には非対称的な平面をなしていることもまた、この建物の特出した点である。これとともに、周辺にもともとあった栗林がある程度保存され、まるで歩哨に立つかのように周囲をおおい隠している。新衛兵所は、本来の実用的目的にあわせて不必要な装飾を最大限節制したあまり、きわめて単純明瞭な外観をみせるが、それにもかかわらず国家記念物として他と遜色なく歴史的モチーフを適切に変奏するとともに、建物のすべての構成要素、すなわち円柱とフリーズ、破風、銅像と浮き彫りを統一的に結合して、プロイセンの偉大さを美しく形状化した。ここにおいて、世俗の権力と宗教、近代都市と歴史は、調和的結合をとげる。プロイセン国家は前例のない神聖な光輝をおび、自身の権能と使命を意気揚々と宣言する[22]。

新衛兵所は、ベルリンの中央大通りウンター・デン・リンデンを解放戦争の戦勝パレードのための「戦勝街道 Via Triumphalis」に再編する作業の一環であった。新衛兵所の左右の角の前に解放戦争期の司令官シャルンホルスト

Gerhard J. D. von Scharnhorst 将軍とビューロー Friedrich Wilhelm Freiherr von Bülow 将軍の大理石彫刻像を設置したことは、この建物の製作意図を明確に物語っている。つづいてすぐに、道のむかい側にもそのほかの将軍の彫刻像が立ち並ぶようになり、国家権力の視覚的再現を完遂した。[23] 新衛兵所に刻印された新しい時空間秩序は、以後ここに吹きつける諸々の歴史的風波にもかかわらず、長期にわたって粘り強い力をみせた。驚くべきことに、この慣性は、二〇世紀末葉、東ドイツと西ドイツが統一されたあとまで作用した。そのことは、コール Helmut Kohl 政権が一九九三年一一月にここをドイツ連邦共和国の「中央追悼地 zentrale Gedenkstätte」として献呈したときに、はっきりと露見した。[24]

新衛兵所は、第一次世界大戦の敗戦でドイツ帝国が崩壊すると同時に用途を失ったのち、ドイツの戦没将兵をたたえる「記念所 Ehrenmal」になった。第二次世界大戦中におおきく破損し、戦後東ドイツに編入されてプロイセン軍国主義と帝国主義の象徴物とみなされ、あやうく爆破されるところであったが、プロパガンダの効用性を認められて「ファシズムと両大戦の犠牲者をたたえる追悼地」に変貌した。ここを東ドイツ軍の警備隊が赤軍特有の過剰な身振りで査閲する姿は、今はなき東ドイツのおぼろげな追憶として残っている。この騒然とした場所は、統一後、ふたたび新しい用途に変貌した。先に言及したとおり、統一ドイツの「中央追悼地」という多少異色な地位を得たのである。建物のすぐ横にある由緒ある歴史博物館（昔の兵器庫の建物）の館長シュテルツル Christoph Stölzl の諮問によって内部をリモデルしたが、俗っぽい付属物ははずし、中央にケーテ・コルヴィッツ Käthe Kollwitz の一九三七年の作品である『死んだ息子を抱く母』を、四倍に拡大し実際の人物の大きさにした、彫刻家ハーケ Harald Haacke の模写品を設置することにした。多くの反対にもかかわらず、この事業は予定どおり進められた。国家の栄光と反省のあいだのあいまいな位置にあるこの事業は、統一ののちに登場した新しいドイツ連邦共和国の国家アイデンティティを一日もはやく樹立しなければならないという強迫観念の産物であった。[25]

新衛兵所のこのような変遷史は、相反するイデオロギーの乱脈ぶりにもかかわらず、シンケルの作品がもつ空間的・歴史的秩序が慣性をもっていることを反証する。ベルリンの心臓部に位置する新衛兵所は、いままでつねに課題

としてのみ残った真の「ドイツ民族国家」の色あせた図像、いいかえると一種の「記憶の場」なのである。(26)

王立劇場と旧博物館そして遊園地

シンケルに代表されるプロイセン古典主義建築は、フランス新古典主義建築に深い影響を及ぼしたローマの建築家ウィトルウィウス Marcus Vitruvius Pollio の自然法的建築論を拒否し、ローマ式のアーチ arch のかわりにギリシャ式の水平的なアーキトレーブ architrave を好む。シンケルがベルリンに建てた二番目の傑作、王立劇場 Königliches Schauspielhaus がその典型である。一八二一年、ジャンダルメン市場に姿をあらわしたこの建物は、古代ギリシャ建築の形態言語を実際の機能にあわせるべく創造的に受容するという点で、シンケルの建築全体を理解する試金石を提供する。本来、その場所にはランハンスが設計した劇場があったが、一八一七年夏の火災で焼失すると、市当局がシンケルに古典劇専用の劇場をつくってくれるよう依頼したのである。新しい王立劇場は、シンケル自身がはっきりとあかしているように、「ギリシャの形式と構造法にしたがおうと試図」された。(27)六本のイオニア式列柱でなるポルティコが視線を圧倒するこの建築物には、神話のなかの物語を描写する破風の浮き彫りと彫刻品があまねく設置されており、圧巻は、断然、建物のてっぺんにおかれた太陽神アポロンの四頭立て戦車である。その下のポルティコの破風の上には三人の女神ミューズがいる。

この建物は、古典的文法に忠実であるが、非常に革新的な姿もみせる。建物の中心軸をなすポルティコの前には、同じ幅の勇壮な屋外階段が広がっている。これは観客を配慮した処理であり、階段をすぎるとすぐに劇場が出てきて、両側の半地下の入口を通ってもコンサートホールと練習室に入場できるように設計されている。建物全体は、水平的なアーキトレーブと外壁の付柱で統合されるが、まるでピラミッドのようにひとつの塊として処理された感があ

王立劇場透視図．出所：Schinkel, *Sammlung architektonischer Entwürfe* (1858), plate 7

王立劇場観客席透視図．出所：Schinkel, *Sammlung architektonischer Entwürfe* (1858), plate 13

る。長方形の巨大な礎石は、建物全体が比例にはずれることなくひろく広がった感じを与える。この建物は、実際には、中央の突出部 avant-corps と独自の破風をもつ同じ高さの両翼部の脇棟 pavilion に分割されている。中央部は二階建てであり、上の階は古代の野外劇場のように半円形の客席と舞台空間が突出部を形成しているが、半円形の客席は観客が舞台を眺め俳優の音声を聞きやすいようにつくられたという点で、非常に革新的であった。このような空間の分割は、火災の防止という機能的要請にそう側面もあった。王立劇場がふたたび火災で焼失してはならないからであった。機能的に分割された三つの部分は、それでも全体を貫通する蛇腹によってひとつに統合され、美的完成度を高める。この建物の外観でとくに目につく部分は、突き出した出入口と光をできるかぎり吸い込む大きな長方形の窓であり、それ自体が祝祭の雰囲気を演出している。[28]

シンケルの王立劇場は、シンケル自身がはっきりとあかしているように、アテネのアクロポリスの南端にあるトラシュロス Thrasyllus の記念物を手本にしている。[29] 劇場が位置した場所も、アクロポリスと比較されるに値するベルリン中心部の広場ジャンダルメン市場であった。王立劇場の脇でたがいにむかいあう二つの教会、すなわちフランスドーム Französischer Dom とドイツドーム Deutscher Dom がいっしょになって三角形をなし、これは革命的対立のかわりに和解を、そして市民の公共的生活と歴史的伝統の調和を追求したプロイセン古典主義建築の理想を具現したものとみることができる。[30]

プロイセン古典主義建築の数々の傑作のうち断然代表格としてあげられるのは、やはりシンケルが設計した作品であり、遊園地の北端にひろく場所を占めて、シュプレー川に交わる狭い運河を横にぬっと立つ旧博物館 Altes Museum である。雄大な規模の長方形の建築物で、開館当時には「新博物館」と呼ばれた。元来は道のむかいのベルリン王宮を正面にみる位置であったが、現在は王宮が消えてなくなり、旧博物館だけが訪問者を一目で圧倒するほど勇壮な姿態を誇っている。しかし、圧倒的な外観にもかかわらず、この建物は近くにおかれた小ぶりの新衛兵所とは違い、国王ではなく一般市民のための文化施設であった。たとえプロイセン王家が収集した美術品を所蔵するために建てられ、

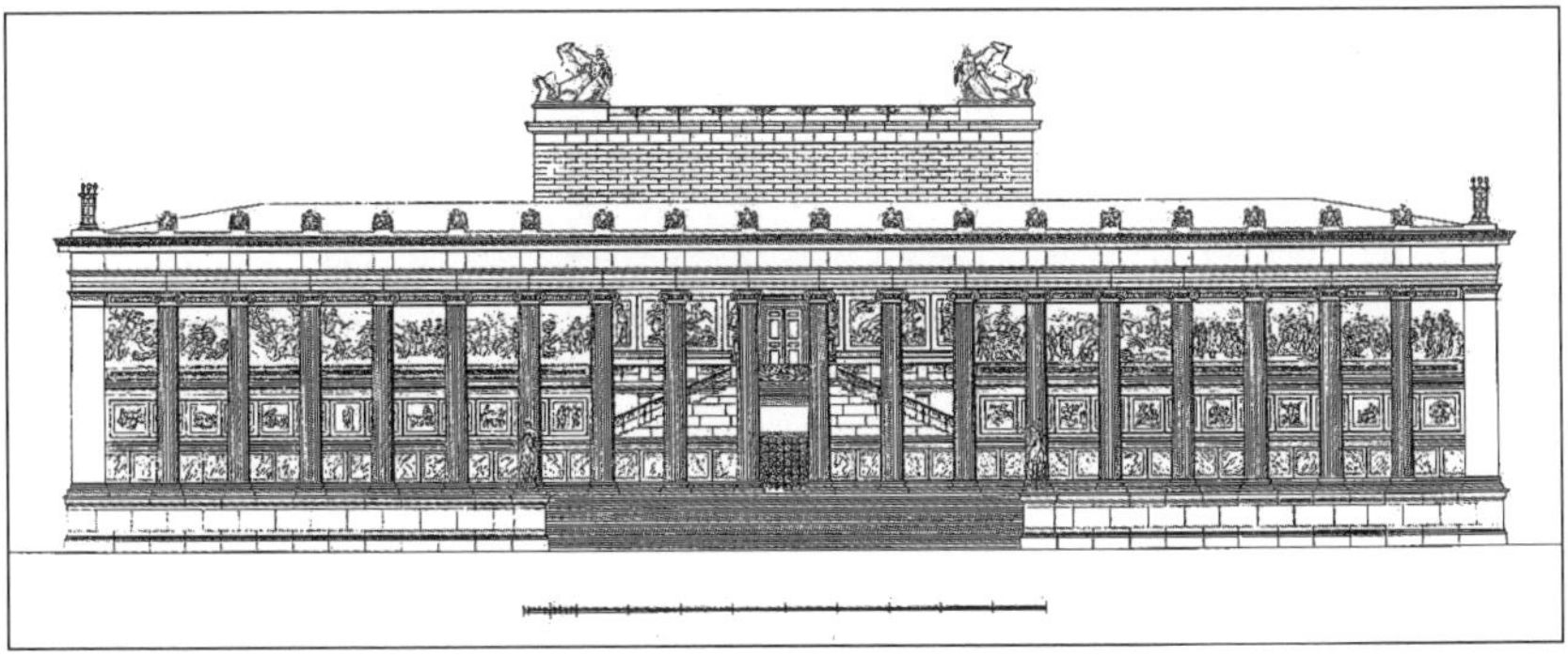

旧博物館立面図．出所：Schinkel, *Sammlung architektonischer Entwürfe* (1858), plate 38

それゆえかなりながく王立博物館という名称を掲げていたとしても、この博物館を設計したシンケル自身の意図は最初からあきらかであった。彼は、この博物館を、一般市民の高等教育機関として設計した。シンケルは、芸術がもつ道徳的権威と市民的大義に対する遠大な理想を抱いていた。(31)

一八二三年、シンケルはプロイセンの国宝美術品のための新しい博物館の建立を委嘱された。プロイセンの王立アカデミーは、増えつづける収集品を収蔵するには、すでに限界に達しており、またナポレオンが略奪していった美術品が一八一五年のナポレオンの没落ののちに取り戻されて、新しい空間を用意することが一層切実になっていた。これに対して、シンケルは、新しい建物を建てようと力を尽くして主張した。彼は、ナポレオンを退けた「解放戦争」後の新しい時代を迎えて、民族全体を教化する中央博物館の建立が絶対に必要であ

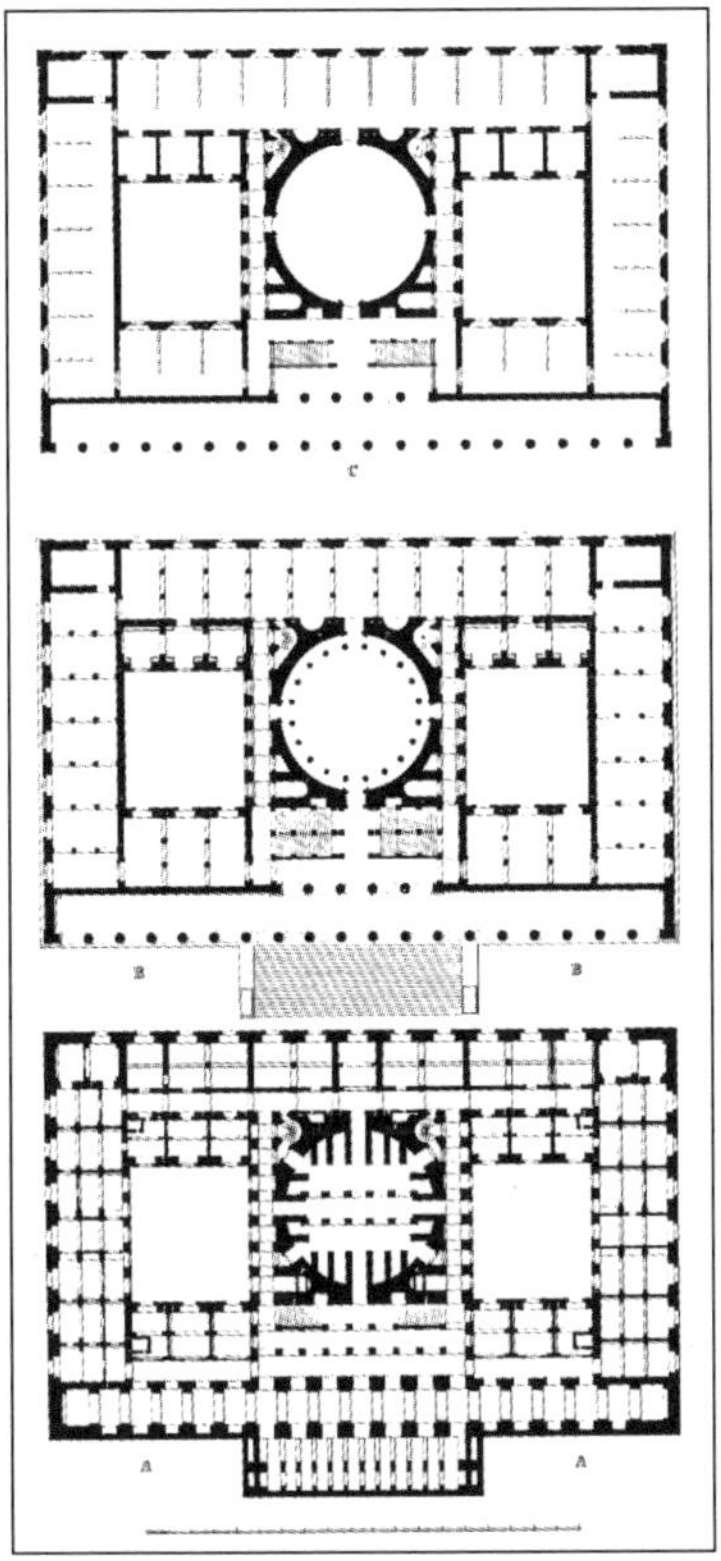

旧博物館平面図（上から地下，１階，２階）．
出所：Schinkel, *Sammlung architektonischer Entwürfe* (1858), plate 39

ると考えた。そして、これは、以前のアカデミーのようなたんに学者と芸術家だけのためのものではなく、より公教育的な性格をおびるべきであった。このようなシンケルの意見が電撃的に受け入れられ、もっぱら美術作品だけのための新しい公共の建物が建てられた。もちろん国家の意図は違うところにあった。当時、復興期にあったプロイセンは、取り戻した国宝を一般国民に開放することで、国家の政治的権威と文化的伝統性を主張しようとした。したがって、旧博物館が、一八三〇年、フリードリヒ・ヴィルヘルム三世の還暦の年を期して献呈されたのは偶然ではなかった。そうだとしても、この建築物に充満している一種の時代精神をけなす必要はないであろう。建築は、芸術家ひとりで自分の想像力にのみ頼ってできる絵画や彫刻などとは本質上異なるという点を認める必要がある。権力に寄与したという咎《とが》はあるかもしれないが、権力では完全になしとげられない普遍的な美を創造したという功もあるのではないだろうか。いずれにしても、芸術がもつ道徳的権威と市民的大義に対するシンケルの遠大な理想が国家の政治的要求と交差するなかで建てられた旧博物館は、建築的完結性の面で他の追随を許さないプロイセン古典主義の金字塔となった[32]。

一八二〇年代から三〇年代は、ドイツ全域で博物館の建立が続いた。ドイツ南部ミュンヘンの彫刻美術館 Glyptothek は、ベルリンに旧博物館が建てられた一八三〇年に開館したが、クレンツェが設計したイオニア様式の典型的な新古典主義建築物であり、熱烈な美術愛好家であったバイエルン公国のルートヴィヒ一世個人の所有物であった。ドイツにおいて市民的「公共性」は、フランスのように革命的に勝ち取られるのではなく、宮廷文化の漸次的変形のなかで誕生した。昔のバロック宮廷において王室の栄光を高める目的でおこなわれた美術品の収集が、時間が流れるとともに臣民を教化する手段に変貌していったのである[33]。

ベルリン旧博物館の企画と建設は、王室ではなく、プロイセン国家の行政体制によってなしとげられた。国王の個人所有であったミュンヘンの彫刻美術館に比べると、それなりに一歩進んだ側面があった。この事業を率いたプロイセンの宮廷建築家シンケルは、宮廷内に閉じ込められていた美術品を「公共に有益で民族の教化に寄与」しうるように再配置することを目指した(34)。したがって、旧博物館の新古典主義的風貌は、たんに外形的な様式にとどまるものではなく、新しい秩序の図像であった。旧博物館は、ギリシャ・アテネの広場アゴラ Agora にあったアッタロスのストア Stoa of Attalos に似た長方形の建築物であった。正面の勇壮な階段の上に全部で一八本のイオニア様式の列柱が両側の二本の隅柱のあいだに柱廊をつくるが、列柱の高さはほぼ一二メートル、幅は一・五メートル、柱廊全体の長さは八三メートルに達する。この記念碑的な列柱が印象的なのは、その威容のためではなく、統一された秩序と節制された美しさのためである。これらから下がって平らな壁体が区分され、近いが緊張した距離を維持している。隅柱を強調したことが全体の構成に安定感をもたらし、出入口の左右に設置された青銅の騎馬像が均衡美を倍加している。建物のファサードを支配するのは、全面平らな四角形である。柱廊の上の部分も、周辺の建物との均衡を考慮して屋根の装飾がない平らなコーニス cornice で処理されている。

旧博物館円形ホール．カール・エマヌエル・コンラート Carl Emanuel Conrad 作（1830 年頃），不透明彩色水彩画 45.7 × 42.1cm（1830 年頃）

　ファサードに劣らず新古典主義的風貌をみせるのが室内空間である。この建物は、出入口側のぽこっと引っ込んだ部分であるアルコーブ alcove の領域を除いては、室内全体が立方体の外形のなかに完璧に隠されており、都市の俗っぽい日常を超越した一種の聖殿のような風貌を呈している。これは、なかに入ると一層あきらかになる。二階規模の円形ホール rotunda は、ローマのパンテオンをモデルにし、完璧な比例と統一性を備え、宗教的畏敬の念まで呼び起こす。二〇メートルを超す高さのドームから自然光が流れ寄ってくる円形ホールは、二〇本に達するコリント様式の円柱で囲まれて三つの部分にわけられ、これにあわせて古代の彫刻品が整然と配置されている。淡い褐色の壁面は、ギリシャを連想する純白の大理石のイメージに照応するが、構造的に分割されながらも単一体として接合されるという空間構成の方式は、シンケルの建築がもつきわめて近代的な要素といえる。ホールは両横に中庭を連結して、それぞれの展示室につながる。

一階は完全に彫刻作品だけのための空間であった。作品は、昔のギャラリーのように壁にそっておかれたり壁のニッチにおかれたりするのではなく、空間を三つの部分にわける円柱にそって整然と配置されており、それぞれの彫刻品の下には台が設置されて、各作品が適切な高さと比例を維持できるように配慮されていた。二階はすべて絵画作品のためだけの空間である。それぞれの絵には、一階でそれぞれの彫刻品に台が設置されているように適切なフレームが設置され、作品の固有性が強調された。木材のついたてを所々に立てて空間を分離した。これは、観覧者が一度に多くの作品にむかいあわなければならない負担を軽減して、可能なかぎり自分だけの独立した空間で個々の作品を鑑賞できるように配慮したものである。また、陳列方式にも新しい原理が登場した。それまでのように主題や装飾的原理が支配するよりは、各時代と様式を代弁する真の大家の作品を選定して、美術の時代的発展過程を一目で把握できるように考案された。しかし、なにより古代ギリシャ美術の理想的美しさが西欧美術に及ぼした影響を示すことこそ、新古典主義者シンケルが力をそそいだ部分であった(35)。

シンケルの歴史意識は、旧博物館ファサードの列柱のうしろの長い外壁と室内の階段部を印象的に装飾するためにシンケル自身が企画した広大なフレスコ画の連作により鮮明にあらわれる。これは野外美術館の先駆というに値するもので、新しい見ものを一般市民と訪問客に提供した。シンケルは、「人類形成史連作 Zyklus aus der Bildungsgeschichte der Menschheit」という全体タイトルをつけられた全部で六つの連作のフレスコ画の詳細な図案を、一八二八年から一八三四年にかけてつくりあげ、当時の代表的歴史画家であったコルネリウス Peter v. Cornelius の総指揮のもと、一八五五年に全作品が完成した。古代ギリシャ神話と初期の人類文化、自然の原初的な力とこれによる人類の悲劇が雄大なスケールで描写され、とくに中央階段に続く玄関 vestibule 上段に描かれた連作には、人類が精神的発展をとげていく長い長い旅程が描写された。そこでは、古代ギリシャから当時のヨーロッパ文明、とくにゲルマン世界への直線的発展の路線が、人類全体の文明史を代弁するものとして描かれた。具体的事件を描くよりは、おもにアレゴリー的表現によったので、歴史というよりは神話の叙述に近いが、そこには、人類史全体におけるプロイセンとベルリンがもつ位相に対する明確な意識が込められていた。このような歴史意識は、旧博物館全体、ひいてはそれが位置したベルリン都心部全体の位相学を貫通する原理でもあった。(36)

このように公共機関としての建築物を歴史劇が繰り広げられる舞台として機能させるという発想は、建築の形態と構造をおおきく変貌させた。(37) 旧博物館ファサード中央部の二つにわかれた階段が出あう踊り場には、一種の展望台が配置され、内部からすぐに前庭にあたる遊園地と市街地が見下ろせるようにされた。むかい側にはベルリン王宮がむかいあって立っており、まるで国家権力と市民文化の調和を視覚的に雄弁に語っているようであった。はるか遠くにはフリードリヒスヴェルダー教会とジャンダルメン市場が視野に入った。旧博物館の建物は、全体的にみると、単一立方体的な形態と構造的な空間の分割が特徴であるが、各部分、ファサードの柱廊と壁体、そして室内空間が、たがいに分離しながらも一塊になって、完全な全体をなしている。建物の内外にわたって「ひとつの秩序を貫徹する」「主要形式の単純性こそが核心観点」であるとシンケルはあかした。これに「都市のなかのもっとも美しいところに場所を占めて」ベルリンの心臓部を高揚する立地的条件まで考慮すると、(38) 旧博物館はひとりの建築家の遠大な理想が国家の大幅な支援で実現されたまれにみる例といっても異論の余地はないだろう。権力と芸術は、歴史という新しい地平で有機的な結合を成就した。

旧博物館が位置した遊園地 Lustgarten については、もう少し検討を要する。一八世紀初め、フリードリヒ・ヴィルヘルム一世はここを「宮城前広場」にしようと試みたが、一世紀のちにシンケルが旧博物館を建設しながら、ここをブランデンブルク門と王宮を結ぶ勝利街道の終着点として再編した。シンケルの「勝利街道」、すなわちあらたに整備されたウンター・デン・リンデン通りは、前世紀にフリードリヒ大王が夢みた「フリードリヒ広場」の理想をある程度実現した。ベルリンの象徴的中心が、不完全にではあるが構築されたのである。

遊園地は、シンケルの旧博物館、ヨハン・ボウマン一世の大聖堂、そして平凡でない公園の造景が映える場所である。シンケルの生涯にわたる同僚であり造園界のシンケルといえるペーター・ヨセフ・レンネ Peter-Joseph Lenné は、ここをプロイセン古典主義の理想郷にするのに決定的な寄与をした。プロイセンを代表する造園芸術家レンネは、イギリス式庭園の自然親和的性格を、プロイセン式のロマン主義および古典主義の美的理想と結合した。大文豪ゲーテでさえともに逍遥することを希求したほど高名な芸術家がつくりあげた遊園地は、博物館の円形ホールを貫く中心軸をそのまま受け入れてみずからの対称軸とし、生き生きとした自然と建築物の幾何学的秩序が調和するようにつくりあげられた。(39) 結局、遊園地は生動する社会的変化のなかでも各部分が有機的に全体をなすプロイセン王国の図像としての位置を獲得することになった。

(1) Walter Jaeschke, "Ästhetische Revolution. Stichworte zur Einführung", eds. by W. Jaeschke, Helmut Holzhey, *Früher Idealismus und Fruhromantik: Der Streit um die Grundlagen der Ästhetik 1795-1805* (Felix Meiner, 2013), pp. 1-11; Thomas Nipperdey, *Deutsche Geschichte 1800-1866*, p. 30 以下。

(2) Wolfram Siemann, "Die deutsche Hauptstadtproblematik im 19. Jahrhundert", eds. by Hans-Michael Körner, Katharina Weigand, *Hauptstadt: Historische Perspektiven eines deutschen Themas* (dtv, 1995), p. 255.

(3) David Watkin and Tilman Mellinghoff, *German Architecture and the Classical Ideal*, pp. 59-83.

(4) John Edward Toews, *Becoming Historical: Cultural Reformation and Public Memory in Early Nineteenth-Century Berlin* (Cambridge University Press, 2008), p. 19 以下、p. 117, p. 197 以下。Andreas Kahlow, "Karl Friedrich Schinkel und David Gilly. Aufklärung, Technik und Neuhumanismus in der Architektur", ed. by Susan M. Peik, *Karl Friedrich Schinkel: Aspekte seines Werkes* (Edition Axel Menges, 2001), pp. 20-26. シンケルについての国内の研究としては、최장순「一九세기 전반기 독일건축가 Karl Friedrich Schinkel 의 건축 작품에 관한 연

구」、『대한건축학회연합논문집』［チェ・ジャンスン「一九世紀前半期ドイツの建築家 Karl Friedrich Schinkel の建築作品に関する研究」、『大韓建築学会連合論文集』］九권 一호（二〇〇七）一～八쪽。금요찬「Karl Friedrich Schinkel 의 建築에 關한 考察：그 建築構法과 形態를 中心으로」［クム・ヨチャン「Karl Friedrich Schinkel の建築に関する考察：その建築構法と形態を中心に」］五～三三쪽参照。

（5） John Toews. *Becoming Historical*, p. 129 以下、p. 142. Mallgrave, *Modern Architectural Theory*, p. 96.

（6） Maria Erxleben, "Goethe and Schinkel", eds. by Max Kunze, Jürgen Kraeft, *Karl Friedrich Schinkel und die Antike: Eine Aufsatzsammlung* (Stendal, 1985), pp. 20-32.

（7） 建築史家ギーディオン Siegfried Giedion は、一八〇〇年代以降、西欧建築が質的な変化を経験したと指摘し、古典主義を「後期バロック的」古典主義と「ロマン主義的」古典主義に区分する。Siegfried Giedion, *Spätbaroker und romantiker Klassizismus* (University of Michigan Library, 1922).

（8） 이사야 벌린、강유원・나현영 옮김『낭만주의의 뿌리：서구 세계를 바꾼 사상 혁명』（이제이북스）［アイザイア・バーリン、カン・ユウォン／ナ・ヒョニョン訳『ロマン主義のルーツ：西欧世界を変えた思想革命』（イージェイブックス）］（二〇〇五）七九～一一〇、一六六～一七三쪽。

（9） Friedrich Schlegel, *Der Historiker als rückwärts gekehrter Prophet* (Reclam, 1991).

（10） Heinz Ohff, *Karl Friedrich Schinkel oder Die Schönheit in Preußen* (Piper, 2007), pp. 25-27; Mitchell Schwarzer, *German Architectural Theory and the Search for Modern Identity* (Cambridge University Press, 1995), p. 64.

（11） Carl Friedrich Schinkel, *Sammlung architektonischer Entwürfe* (Ernst & Korn, 1858), p. 7; Kurt Milde, *Neorenaissance in der deutschen Architektur in der deutschen Architektur des 19. Jahrhunderts* (Verlag der Kunst, 1981), p.115. 本来は、塔が四つで設計されたが、国王の要請によって二つが撤回された。Heinz Ohff, *Karl Friedrich Schinkel oder Die Schönheit in Preußen*, pp. 132-133.

（12） Christian Baur, *Neugotik* (Heyne, 1981), pp. 110-124. 通常は国会議事堂（House of Parliament）と呼ばれる建物である。

（13） Ernst-Heinz Lemper, "Historismus als Großstadtarchitektur. Die städtebauliche Legitimierung eines Zeitalters", Karl-Heinz Klingenburg, eds., *Historismus: Aspekte zur Kunst im 19. Jahrhundert* (VEB E. A. Seemann Verlgag, 1985), p. 66; Thomas Nipperdey, "Der Kölner Dom als Nationaldenkmal", *Nachdenken über die deutsche Geschichte* (C. H. Beck, 1992), pp. 189-207; M. Brix, M. Steinhauser, "Geschichte im Dienste der Baukunst", eds. by Brix, Steinhauser, *Geschichte allein ist zeitgemäß: Historismus in Deutschland* (Anabas, 1978), 1978), pp. 243-244.

（14） Hans-Joachim Kunst, "Die Friedrichswerdersche Kirche in Berlin. Die bürgerliche Vorstadtkirche als fürstliche Hauptkirche", ed. by Susan M. Peik, *Karl Friedrich Schinkel. Aspekte seines Werkes*, p. 39. 逆説的にも、イギリスのネオゴシック建築は、シンケルとクレンツェに代表

されるドイツ新古典主義建築に対する競争意識のなかから成長したものであった。これについては，John Steegman, *Victorian Taste: A Study of the Arts and Architecture* (The MIT Press, 1971), pp. 83-84 参照。

(15) Karl Friedrich Schinkel, *Aus Schinkels Nachlaß: Reisetagebücher, Briefe und Aphorismen* (Berlin, 1862), vol. 3, Christian Baur, *Neugotik,* p. 31 から再引用。

(16) Toews, *Becoming Historical,* p. 182 以下。

(17) Heinz Ohff, *Karl Friedrich Schinkel oder Die Schönheit in Preußen,* p. 34; Nikolaus Pevsner, *A History of Building Types* (Princeton University Press, 1976), pp. 15-16; Barry Bergdoll, *European Architecture 1750-1890,* pp. 69-71.

(18) Marchand, *Down from Olympus,* pp. 32-33.

(19) Martin Steffens, *Schinkel, Ein Baumeister im Dienste der Schönheit* (Taschen, 2003), pp.25-27; Toews, *Becoming Historical,* p.141 以下，p. 144.

(20) Carl Friedrich Schinkel, *Sammlung architektonischer Entwürfe* (Ernst & Korn, 1858), p. 1.

(21) Erik Forssman, "Schinkel und die Architekturtheorie", ed. by Susan Peik, *Karl Friedrich Schinkel. Aspekte seines Werkes,* p. 13 から再引用。

(22) Martin Steffens, *K. F. Schinkel 1781-1841: Ein Baumeister im Dienste der Schönheit* (Taschen, 2003), pp. 25-27; Toews, *Becoming Historical,* p. 141 以下，p. 144; Heinz Ohff, *Karl Friedrich Schinkel oder Die Schönheit in Preußen,* pp. 106-107.

(23) Jürgen Tietz, "Schinkels Neue Wache Unter den Linden: Baugeschichte 1816-1993", ed. by Christoph Stölzl, *Die neue Wache Unter den Linden: Ein deutsches Denkmal im Wandel der Geschichte* (Koehler & Amelang, 1993), pp. 10-21.

(24) Wallis Miller, "Schinkel and the Politics of German Memory. The Life of the Neue Wache in Berlin", eds. by Scott Denham, et al., *A User's Guide to German Cultural Studies* (University of Michigan Press, 1997), pp. 227-256.

(25) Reinhart Koselleck, *Zur politischen Ikonologie des gewaltsamen Todes: Ein deutsch-französischer Vergleich* (Schwabe & Co Ag, 1998), p. 51-53.

(26) Friedrich Dieckmann, "Schinkels Wachgebäude als Nationales Mahnmal. Bundesprojekt und Denksmalspflege im Widerstreit", ed. by Christoph Stölzl, *Die neue Wache Unter den Linden: Ein deutsches Denkmal im Wandel der Geschichte* (Koehler & Amelang, 1993), pp. 204-211.

(27) Carl Friedrich Schinkel, *Sammlung architektonischer Entwürfe,* p. 1.

(28) Carl Friedrich Schinkel, *Sammlung architektonischer Entwürfe,* p. 2.

(29) Carl Friedrich Schinkel, *Sammlung architektonischer Entwürfe,* p. 1.

(30) Mallgrave, *Modern architectural Theory,* pp. 97-98; Harry Francis Mallgrave, *Gottfried Semper: Architect on the Nineteenth Century* (Yale

University Press, 1996), p. 86, 122.

（31） James J. Sheehan, *Museums in the German Art World: From the End of the Old Regime to the Rise of Modernism* (Oxford University Press, 2000), pp. 70-81.

（32） Martin Steffens, *Schinkel, Ein Baumeister im Dienste der Schönheit*, pp. 47-51.

（33） James Sheehan, *Museums in the German Art World*, p. 27 以下。

（34） Carl Friedrich Schinkel, *Sammlung architektonischer Entwürfe*, pp. 4-5.

（35） Theodore Ziolkowski, *German Romanticism and Its Institutions* (Princeton University Press, 1992), p. 314 以下。

（36） Monika Wagner, *Allegorie und Geschichte: Ausstattungsprogramme öffentlicher Gebäude des 19. Jahrhunderts in Deutschland* (Ernest Wasmuth, 1989), pp. 103-126; Martin Steffens, *Schinkel: Ein Baumeister im Dienste der Schönheit*, pp.47-51. 旧博物館外壁のフラスコ画の連作は、第二次大戦時に破壊されたのち、二度と復元されなかった。現在はのっぺりとした大理石の板にかわっている。

（37） Mallgrave, *Modern Architectural Theory*, p. 89.

（38） Carl Friedrich Schinkel, *Sammlung architektonischer Entwürfe*, p. 5, p. 4.

（39） Heinz Ohff, *Peter Joseph Lenné: Eine Biographie* (Jaron, 2012), pp. 28-39, 96-98.

第3章　テクトニックとプロイセンの国家理念

シンケルの建築的趣向は、絶対王政の庇護のもとで仕事をしたにもかかわらず、いわゆる「旧体制」の建物が標榜していたバロック的豪奢とはおおきく隔たっていた。シンケルが忠誠を捧げた対象はたしかに復古王政であったが、その体制自体、革命以前のものではなく、革命の歴史的結果であった。建築家シンケルは、一九世紀序盤を生きた近代人、それも当時としてはそれなりに革新的であったプロイセン国家の高級官僚であった。彼は、旧体制下の虚飾的な美の耽溺から脱して新しい価値を追求し、国家は、これを既存の秩序の枠内で積極的に支援した。

テクトニックの原理

新古典主義者シンケルの美学的な目指すところは、ほかでもない古代ギリシャの建築物がみせる剛直さ、美術史家ヴィンケルマンのよく知られた表現を借りれば、「高貴な単純性と静かな荘厳さ Edle Einfalt und stille Größe」であった。この表現は、ヴィンケルマンがラオコーン Laocoön に対して述べた言葉である。ヴィンケルマンは、主著『絵画と彫刻芸術におけるギリシャ作品の模倣に関して』（一七七五年）において、一六世紀初めにローマのブドウ畑で偶然に発見された古代ギリシャの傑作ラオコーンが、自分の時代の芸術とは対照的に、きわめてストア的であると主張する。極端な苦痛にもかかわらず、「表情と姿勢にいかなる憤怒もあらわしていない」。この彫刻像に発見される「肉体の苦痛と霊魂の偉大さ」こそ、人間の尊厳を雄弁に語っている。(1) ヴィンケルマンは、その後『古典古代美術史』(一七六四年)で、「苦痛を内面的に消化させるために感情の爆発を自制」したラオコーンを激賛し、「最大の苦痛が秘められたところに、また最大の美しさが発見される」と主張した。(2) 内的緊張を克服した状態としての美と秩序というこのような観念は、建築家シンケルにそっくり伝授される。シンケルの建築美学は、ゴシックのほとばしる熱情を古典主義の厳格な秩序のなかに収斂したが、それは、耳目を引く外形的な魅力のかわりに完全無欠な構成的秩序に主眼点をおいた。いまや、ほかの芸術ジャンルと区別される建築固有の価値基準ないしは美的原理が確立することになったのである。

建築の自律性に対する認識は、すでにシンケル以前の新古典主義建築理論において芽生えていた。一七五三年にフランス・イエズス会の神父ロージエ Marc-Antoine Laugier は、当時大きな反響を引き起こした著書『建築試論』で、「自然に帰れ」というルソー J. J. Rousseau の言明に着眼して、四本の木の柱が大梁を支え、そのうえに三角形の屋根を載せた小屋を建築の原型として提示した。建物の構造的骨格を強調しつつ、建築と装飾の一致という意味で「純粋建築」を論じたのは、非常に革新的な発想であり、これは国境をこえてドイツの知識人層にも小さくない影響を及ぼした。高尚な趣向をもったゲーテは、原始的小屋にはあまり共感を示さなかったが、ロココ芸術の過度な装飾性に対するロージエの反感は共有した。これは、ギリシャ建築に傾倒したベルリンの「ジリーサークル」にも決定的な影響を与えた。(3) ジリーサークルの一員であったシンケルは、新しい建築的信条をつぎのように明瞭に整理した。

ヨーロッパの建築術はギリシャの建築術と同じ水準にあり、その継承者である。仮面舞踏会ではなく構築の必然的要素を美しく形象化することがギリシャ建築の原理であり、これは、引き継がれるべき原理として残って当然である。(4)

この言葉のなかで注目されるべきは、彼が古代ギリシャ建築の核心原理を「構築の必然的要素を美しく形象化」することと規定し、これを仮面舞踏会と対照しているという点である。この言葉は、いったん虚飾的なバロックおよびロココ建築に対する反感をあらわしたものとみなせるが、じつはそれ以上のことを暗示している。西洋建築史において、フリードリヒ・シンケルは、いわゆる「テクトニック tectonics」原理の発見者として知られている。ドイツの建築学にはじめて位置を得た「テクトニック Tektonik」という用語は、ホメロスの『イリアス』に出てくる大工の名前「テクトン Tecton」に由来するもので、形式と機能の完全な調和を重視する建築原理を指称している。シンケル自身はこの用語を使用しなかったが、建築の目的を「理想的合目的性 ideale Zweckmäßigkeit」の具現に求めることで、テクトニックの理念を先取りした。[5] 旧体制下の建築が、はなはだしい場合は円柱まで君主の威厳を高める最上の装飾として取り扱ったのに対して、テクトニックは、過度な装飾性を排除して「構築の必然的な要素」のみを容認した。[6] この新しい建築原理は、外形的な魅力よりも堅固な内的構成を優位におくが、もちろん機能主義とは関係がなく、むしろ合目的性と美的形式の有機的統一を志向した。建築は、このように様式よりも内的本性によって定義されることにより、はじめて固有の物理的実在として認識された。

シンケルは、人生の晩年であり経歴の絶頂期であった一八三〇年代なかばにいたって、建築形式の三つの土台に関する認識に到達した。構造の形式、歴史的重要性を呈する形式、自然の典範から引用した形式である。彼は、建築芸術は構造・歴史・自然といった多様な土台からはじまるが、いずれの場合にせよ「全面的に実用的目的と構造的要素から」解放されて「二つの本質的要素、すなわち歴史的なものと詩的なもの」をよみがえらせる方向へ進まなければならないと信じ、まさにこのような課業を自身の「終生の使命」とした。[7]「歴史的なものと詩的なもの」に対するシンケルの強調には、自然の産物のように生成されて進化する生命体、その有機的全体として芸術品を把握するゲーテの芸術論の痕跡が漂っている。しかし、これは、若い時期のロマン主義趣向がよみがえったものではなく、むしろ、建築の本領である「実用的目的と構造的要素」を孤立させず、歴史的で詩的な次元に昇華することこそが建築芸術が進む道であることを雄弁に語ったものである。たとえば、旧博物館がもっとも如実に示したように、虚構的構造体であるポルティコと実際的構造体である壁体の形態を有機的に結合することで、機能的要素と劇的（詩的）要素を同時に具現することである。まさにこれがテクトニックの基本原理であった。(8)

建築設計の現場と接ぎ木されていたテクトニック論がより進展した論理的体系性を備えるにいたった契機は、一時シンケルの門下生であった、ベルリンの建築家にして考古学者カール・ベティッハー Karl Bötticher の著書『ヘラス人のテクトニック』（一八四四〜五二年）が刊行されたことにある。この著作は、古代ギリシャのテクトニックの歴史を探究したが、いったんテクトニックを「建設と室内装飾の行為」と狭く定義したうえで、ドーリアとイオニアの様式の各部分と装飾の下敷きになった構造的原理を思惟することによって「テクトニックの内在的歴史」をあきらかにしようとしたものであった。彼の思惟の出発点は、外在的形式と内在的理念の相補性であった。彼によれば、生動する自然がそうであるように、「各構成物の概念はその形式に表現される」。そして、「形式の法則」こそが、創造の源泉として機能する。力学的必然性に支配される核心形式 Kernform とそれに象徴の服を着せる芸術形式 Kunstform が相互作用することによって、ひとつの建築物が誕生する。これら二つの形式のあいだの関係は、歴史的に変遷する。核心形式、すなわち構造的形式が時々の必要によって可変的であるのに対して、芸術形式は永続的にひたすら深化しつづける。古代エジプトでは装飾が宗教的象徴と祭儀に蚕食されたが、古代ギリシャになると、宗教的理念が弱化するなかで、構造と装飾、形式と理念の調和がなり、これによってはじめて建築は自律性を獲得する。ベティッハーによれば、ギリシャ神殿のすべての部分は、基壇から屋根の角度にいたるまでひとつ残らず象徴の服を着ている。たとえば、柱頭やモールディングなどそれぞれの装飾的形式は、宗教的理念を象徴化すると同時に、建物全体における自身の特定の位置を代弁することで、建物の各部分が接合 Junktur されて有機的統一体をなしていることを暗示する。(9)

ベティッハーは、自分の時代に必要なのは、古代ギリシャで成就したテクトニックの普遍的法則を理解して、たんにギリシャの建築様式だけを模倣するのではなく、そこで発見される形式と理念の統一性を模倣することであると力説した。彼の定義は多少狭小ではあるが、ベティッハーはテクトニックを技術的原理に局限せず、一時代の傾向を代弁する歴史的原理として提示した。同時に、彼が強調した建築物の有機的統一性は、当時の現実を反映する政治的原理でもあった。

国家テクトニック

建築の自律性は、建築の政治性のための土台を提供してくれた。テクトニックは文字どおり新古典主義建築の美学的・技術的原理を指称したが、少なくともシンケルの考えは建築の範囲をこえたものであった。彼の考えは、いわば国家テクトニックであった。ひとつの国家は有機的に構成された建築物でなければならない。その形態は、時代の与件によって変化して当然であるが、その構造をなす基本原理にはかわりはない。すなわち、いかなる場合にも、国家の各部分は、まるでひとつの建物を支える必須構成要素のように全体のために機能しなければならない。すべての臣民は、国王に対する自身の責務を果たさなければならない。(10)これは、プロイセン王国が標榜する国家理念にほかならなかった。このようにテクトニックはしっかりと編成された統一性の原理に執着したので、歴史上いわゆる「官憲国家 Obrigkeitsstaat」と規定される特有の権威主義国家を擁護したという非難を避けることはむずかしい。

官憲国家プロイセンは、十分に整備された官僚と軍事組織に基盤をおいた強力な立憲君主制国家であった。それは、貴族的要素と民主的要素を結合した特有の君主政体制とみなせる。フリードリヒ大王の命による司法改革によって身分社会が改革され、権威主義国家と社会契約論の法的原理に立脚した市民社会とが結合したプロイセン特有の「国家市民社会 Staatsbürgergesellschaft」が確立した。一七九四年に頒布された「プロイセン一般ラント法 Allgemeines Landrecht für die Preußischen Staaten」は、国王を絶対的主権者から国家首班に変貌させると同時に、伝統的な土地貴族であるユンカー Junker を筆頭とする種々の身分を、国家が公認した職能団体 Berufsverbände によって媒介 Mediatisierung しようとした。これによって現実的に存在する身分制は、ブルジョア的・個人主義的憲政体制に吸収された。これはあきらかに伝統と新秩序の並立を意図したものであった。プロイセン国家は、この法によって、みずからを市民社会の守護者にして公僕と位置づけながら、一方では計画された社会計画を推進し、他方では議会が追求する利益政治からの自律権を行使できた。

プロイセンがとった「上からの改革」路線は、封建社会特有の分散性を克服し、国家的統一を期した。このために種々の身分を「媒介」する装置がまさに官僚機構であった。官僚こそ、中庸的路線の担当者であった。彼らは、将校の身分とともに、国家の統一性と連続性を保証する唯一の「身分」であった。国家は、臣民に対して官僚身分への社会的上昇機会を開くことで、ブルジョア的意識と公民意識を媒介した。官僚が社会改革を主導していくにともない、経済領域でも変化がもたらされた。身分的・地域的に分割されていた既存の債務が単一の国家債務として集中されることによって、既存の封建的経済体制は瓦解し、資本主義的な所有権の確立の契機がつくられた。(11)

有機的に統合されたプロイセン式官憲国家体制は、現実的な権力機構であるだけでなく、理論的な後ろ盾も得ていた。その代表が哲学者ヘーゲル G. W. F. Hegel の国家論であった。ヘーゲルは、近代市民社会において伝統的な社会的紐帯から脱して自律的意識をもつ「人格体 Persönlichkeit」が登場することを鋭意注視しながら、人格体が自由を絶対化する傾向を近代の危機と把握した。ヘーゲルの見方において、自由は、なんらかの媒介がないならば、ひたすら抽象的な自由にとどまるだけなので、国家のなかで国家を通してのみ完全に実現されうる。(12)『法哲学綱要』によれば、市民社会 bürgerliche Gesellschaft は、人類史上はじめて自己利益を目的とする私的個人 Privatperson を出現させる。しかし、それぞれの所有権者は、自身の所有を実質化するために、相互のあいだになんらかの紐帯を必要とする。この紐帯は、共同の意志と権利を保有し、一方の人格の所有をもう一方の人格の所有に譲渡すること、すなわち契約

Vertrag を通して成り立つ。契約とは、まさにこの契約状態へ入った当事者がたがいを人格体であり所有者として認定すること Anerkennung を前提とする。このとき人格は本質的にまたほかの人格との関係に入るが、彼の主観的欲求は他人の欲求によって相互契約を受けることになる。このような媒介の場を、ヘーゲルは、「欲望の体系 System der Bedürfnisse」と呼ぶ。個別者の主観的利己心は、このようにして抽象化された普遍性を創出することに寄与する。[13]

しかし、市民社会において達成された普遍性は形式的なものでしかない。各個人の特殊な目的がその内容をつくるからである。市民社会内で各種の職業団体などを通じてなしとげられる普遍性の制度化は、「政治的国家 politischer Staat」に統合される。[14] ヘーゲルによれば、政治的国家は、純粋に市民社会内部の力だけで形成される国家であり、そうである以上「必要国家ないしは悟性国家 Not-und Verstandesstaat」という本然の性格をこえることはできない。近代市民社会の現実は、再度、みずからの内で個別化された私的領域と政治的国家の普遍的秩序に二重化される。[15]

万一、国家と社会が混同されることよって、その使命が所有と個人的自由の安全および保護におかれるとするならば、個別者自身の利益こそが統合の究極的な目的になるであろうから、国家の成員になることはなんらかの任意的なものになるしかない。[16]

ヘーゲルが判断するに、市民社会の問題点に対する代案として登場した政治的国家は、いまだその普遍性は相対的なものであるがゆえに、最終的な代案にはなりえない。これに対して、絶対的普遍を具現するのが、まさに「人倫的国家 sittlicher Staat」である。それは、個別者の主観的意志が人倫的全体のなかで統一されるという意味で、「即自かつ対自的 an und für sich」に普遍的な国家である。[17] ヘーゲルの保守的国家論は、私的個人が中枢になる近代市民社会の問題点に対する思惟からはじまった。個別者が相互認定を通じてつくりだした普遍性が、依然として個別者の特殊な利害関係をこえられないという自覚は、方法論的転倒、すなわち一種の逆発想を通じて絶対的普遍性を要請させた。

いまや国家は、「政治的」役割を飛びこえて、「人倫的」使命まで抱え込む存在に格上げされる。

国家が「即自かつ対自的」な人倫的統一体であるというきわめて観念論的な発想は、国家をひとつの有機体とみるドイツ・ロマン主義の伝統と出あう。ヘーゲル自身は、ロマン主義について、中世の個別権利を美化するにとどまり、国家の統一性を認識できないと批判した。[18] しかし、ロマン主義国家論は、国家を自己目的化するという点で、ヘーゲルの国家論と共通分母をもつ。ロマン主義は、啓蒙思想の平凡な世界市民主義に反対して民族共同体の文化的活力を強調し、社会契約論など国家の存在理由を機能的必要性で説明しようとするいかなる理論的試みも拒否し、国家を聖なる神秘を含んだ精神的存在に格上げした。[19] たとえば、代表的なロマン主義理論家のひとりであるアダム・ミュラー Adam Heinrich Müller は、一八〇九年の著作『国政の要素』のなかで、「国家に対する（一般化された）概念というものはない」と前提しながら、国家に対する別のアプローチを要求した。

我々がそのように崇高な対象に関して把握した思惟が拡張されるとすれば、対象が成長し運動するように思惟も運動し成長するとすれば、我々はその思惟を問題に対する概念ではなく、問題の理念、国家の理念、生の理念と呼ぶ。[20]

国家が十分に整理された概念ではなく、生命体のように「成長し運動」するものであれば、その「崇高な対象」を把握する「思惟」もたんなる指示的概念にとどまっていてはならない。それは、我々の「生」のすべての面をあわせる「理念」の境地に高められなければならない。国家は、合理的判断を超越して無限大に開かれた神秘さそれ自体である。したがって、それは、科学的認識の対象であるよりは、すべてのものを包括する理念、まさに神的な啓示に近い。このようなロマン主義特有の国家有機体説をヘーゲルの観念論と適切に結合した人物が、ローレンツ・フォン・シュタイン Lorenz von Stein である。より具体的な国家テクトニックが、彼の著作を通してようやくその姿をあらわしはじめた。

ローレンツ・フォン・シュタインは、ヘーゲルの国家論の洗礼を受けたのち、オーストリアのウィーン大学に政治経済学教授として在職したが、彼は、国家を、一体化した存在すなわち最高水準の人格体 Persönlichkeit と認識した。彼によれば、人格というのはまず身体と魂があり、そのつぎには自己決定的な本質を備えていなければならないが、より高い形態の人格である国家において、領土は身体であり、民族は魂に該当する。国家とは、自立的で自己意識的であり、自己行為的な人格に上昇した共同体である。このように国家をひとつの生命体とみると、生命をつないでいくのに必須的な機能がなんであるかを論じることが必要となる。まず、国家の存在と意志を代弁してその人格的統一性をあらわす国家元首、国家の統一性のなかで個々の国民の自己決定を認定する国家意思、そして継続する葛藤を縫合する国家行為がそれである。このような必須機能は、これに責任をもつ国家機関を要求する。国家の統一的自己理解は君主の役割であり、国家の意志を形成するのは立法府の役割であり、国家意思を貫徹するのは行政府の役割である(21)。

フォン・シュタインの国家論が傍点を打つのは、行政 Verwaltung である。とくに「内的行政 innere Verwaltung」の概念こそが、彼の理論的中枢をなす。それは、国家内の個々人が自身の力と能力だけでは到達できない個人的発展の条件を提供するということであり、国民個々人の最高の発展のために働く「有機体的国家」本然の業務に該当する。個別者の自由な自己決定が国家という全体のなかに理想的に収斂された結果が、ほかでもない憲法 Verfassung である。それは、「国家という概念と国家の活動の完成」である。しかし、憲法の存在自体が国家の有機的統一性を保障しはしない。同等な権利と同等な人格をもつ個別者の全体として展開される共同体 Gemeinschaft は、差異の原理に基礎をおく利益社会 Gesellschaft の現実に脅かされる。行政の役割が重要なのは、まさにこのためである。フォン・シュタインは、内閣と官僚で充員された行政府は、討論だけを重ねる議会に比して、変化する現実に密接に対応する長所をもつと考え、有機体である国家は、行政府を媒介にして現実との不断の相互作用を築くことで、利益社会の現実からはじまる「社会問題 soziale Frage」を解決してゆけると主張した。[22] もっぱら行政府の主導的役割を通して、差異だけが強調される利益社会的秩序 Gesellschaftsordnung が、有機体的な統一性を具現する法的秩序 Rechtsordnung に代替されうる、というのである。[23]

ローレンツ・フォン・シュタインの厳格な憲政主義は、結局、特有の君主論へとつながる。法治国家において君主は、憲政の統一性を維持する存在としてとどまり、行政府や立法府に命令する実際の権限は与えられない。しかしながら、ヨーロッパの由緒ある国家体制において、依然として王政の形式は、「自律的人格体としての国家という存在のもっとも純粋な表現」である。[24] オーストリアの法学教授であったフォン・シュタインは、プロイセン式官憲国家の絶対王政体制とは区別される「社会的王政 soziales Königtum」の概念を提示するが、これは、支配階級の横暴から被支配階級を保護することができる唯一の機関として王政を位置づける。それは、君主と臣民、国家と社会の有機的全体性を志向するという点で、国家有機体説のもっとも純粋な表現とみることができる。[25]

ローレンツ・フォン・シュタインが提案した「社会的王政」は、完全な構造的統一性を志向するという点で、「理想的合目的性」を追求したシンケルの新古典主義建築と共通点をもつ。両者はともに現実それ自体の姿ではなかったが、現実のなかで夢みることができるそれなりの理想を反映していた。それは、アリストテレスの表現を借りれば、プロイセン——あるいはオーストリア・ハプスブルク——王国という現実態 entelecheia に内在する可能態 dunamis であったといえる。このような権力の理念型は、ミシェル・フーコーがいう「統治性 gouvernementalité」の概念を想起させる。近代国家の権力類型は、法律条文上の主権や個別化された身体の規律よりは、群れとしての人間の生命を管理する方式として説明されうる。いわゆる「生政治 biopolitique」の登場で、従前のあらゆる権力機構は統合され補完され、国家がまるでひとつの巨大な身体のように管理される。国家をなす各部分が有機的に分割されて配置され、「人口」などのように一塊で表象されることによって、「外部」の存在は徹底して否定されてしまう。[26] 近代国家特有の「統治性」は多様な形態の技術的手段によって実行されるが、建築家シンケルから建築的表現を得たプロイセン式国家テクトニックこそが、その典型を示している。

プロイセン古典主義の代表傑作である新衛兵所、王立劇場、旧博物館がみせる「理想的合目的性」は、あきらかにプロイセン式統治性の表現であった。それは、国家的統一性を期するために、古代ギリシャという一塊の表象―「心象地理」―をプロイセン王国の中心に持込んだ。まるで救世主のように再臨した古代ギリシャは、元来の姿とはまるで違う帝王の形状を呈していた。それはきわめて反革命的で権威主義的な官憲国家の威嚇するような足の爪をさらけだした。理想的で合目的的な古代ギリシャとは、事実上一度もまともに存在したことがない仮想であり、現実のなかに存在する官憲国家の裏返しの鏡にすぎなかった。

時間のテクトニック、歴史

テクトニックの原理は、建築の領域をこえて国家統治の領域にまで拡大されるうちに、いつのまにか空間の次元から時間の次元に転移した。いまや個々の体験空間のなかに分節された記憶の片鱗は、まるで統一された国家のようにひとつの全体のなかに収斂されていった。先に検討したように、シンケルにとってゴシックと新古典主義、中世の信仰と古代の理性は相対立せず、プロイセン国家の文化的地平において近代的な総合をなしとげうるものであった。このような思考の基底には、ひとつの時間的図式が敷かれていた。古代ギリシャをアルキメデスのてこにして、無限大の時間が一挙に支えられる。この無限の時間の塊は、「歴史」という名を得ることになる。それは、体験された時間の総体的な再編を意味した。

このような大々的な精神革命にインスピレーションを吹き込んだのは、なによりもヴィンケルマンの著作であった。ヴィンケルマンの「美術史」は、ヴァザーリ Giorgio Vasari 以来慣例化された「芸術家の列伝」とは区別されるだけでなく、単純な時代的背景についての叙述でもなかった。それは、美術の内在的歴史を追求するものであった。

> 美術の歴史は、美術の起源、成長、変化、そして下落を、民族、時代、芸術家たちが生んだ多様な様式とともに学び、これを可能なかぎり多くの古代の残存する作品で立証しようとする。[27]

ヴィンケルマンが追求した「美術の歴史」は、美術の内在的変遷像を民族の政治的変遷とひとつになるように叙述したという点で、じつに独創的である。それは美的領域に対する知識とともに歴史的知識を伝達する。このように美術の理想的典範についての「教本」の性格と歴史叙述の性格を同時にもつのがヴィンケルマンの美術史であるが、ここには解決しがたい難題が潜んでいた。すなわち、古代ギリシャ美術が当時のすばらしい共同体を表現するとするならば、はたしてその共同体がはかない夢のように消えてしまった今、その美術本来の精神を復元することは可能なのであろうか。ヴィンケルマンは、確信に満ちた古典主義者として自身の規範を放棄できなかったが、同時にその時代的限界も意識した。彼は、古代ギリシャの美術が到達した永遠の美の理想をいかにほかの時代にも「模倣」可能な源泉とすることが可能かという課題に苦心した。これは、より多くの経験的資料を提示すれば解決されるといった類いの問題ではなく、完全に理論的な問題であった。いずれにしても、ヴィンケルマンは、ギリシャがいまだオスマントルコの支配下におかれており、おもに文献資料とローマ時代の複写本に依存するしかなかった時代を生きた。ヴィンケルマンが対決しなければならなかったのは、むしろモダニティという根本的な難題であった。過去の理想が全面的に見慣れぬものになってしまった類例のない転換期に直面して、指針となるだけの規範を探すことは、どう考えても矛盾した作業であった。結局、ヴィンケルマンがとった方法は、「様式 Stil」の変遷過程に注目することであった。それは、体系的分析と歴史的分析の結合であり、変化のなかでもかわらない規範を探そうとする不可能な試みであった。これによれば、古典古代ギリシャ美術は、考古様式 der ältere Stil、壮麗ないしは高級様式 der große und hohe Stil、審美様式 der schöne Stil、没落の様式 Verfallsstil と変遷する過程を経るが、それは、各時代の精神と政治的与件はもちろん、気候と地理的条件にも依存するものであった。このように様式史として再規定された美術史は、各時代に分散されない総体的な体系を獲得し、これにより、古代ギリシャ美術は、時代を一気に飛びこえ、近代美術にとっても鑑たりえることになった。ルネサンスからロココ様式に続いてきた流れの終息――「没落」――が歴史的必然とみなされながら、古典古代美術の再臨を始発とした新しい循環周期の到来が既定事実化されたのである。(28)

ヴィンケルマンの様式史的美術史は、ギリシャ美術の模倣の不可能性に対する出口として提示された。美の絶対的規範化と歴史的相対化は、あきらかに矛盾する路線であったが、この矛盾は、美術史全体の構造的再調整を通じてある程度解消された。いまやギリシャは過去ではなく、むしろ未来の可能性として再調整された。けっして模倣されえない空白の支点の周囲に、歴史の銀河系が回転するようになったのである。(29) フーコーが、『言葉と物』で古典主義時代の認識枠組み épistème の特徴を、中心の実質的不在による差異の混在に求めたとすれば、(30) このように不在な中心を軸とし、発想を逆転させて、相違する空間と時間の統一された秩序を構築したのがまさに「歴史」であった。もちろん、このような全一的体系が一方的構造調整と冷酷な排除を通じた結果であったことを看過してはならない。ヴィンケルマンが古典古代ギリシャ美術を扱いながらいつも強調した「自由」の精神も、歴史の一方的な秩序に埋没させられることによって革命性を失い、空っぽの図式のなかに閉じ込められた審美的自由に縮小されてしまう。(31) 弱り目にたたり目というべきか、あきれた人種主義的排除の論理まであらわれる。彼の主張によれば、ギリシャ人のように適当な気候とほどよい骨格を条件として備えた種族のみが美しい芸術を創造できる。「中国人とその他の人里離れた民族の(……)ぺしゃんこにひしゃげた鼻は一種の脱臼である。なぜならば、それは身体の残りの骨格をなす形式の統一性を阻害するからである」。(32)

ヴィンケルマンの様式史的秩序がもつ虚構性は、彼の規範論的ラオコーン解釈に反対するドイツの啓蒙思想家レッシング Gotthold Ephraim Lessing によって赤裸々に暴露されたことがある。レッシングの批評によれば、ラオコーンは、苦痛を内面的に克服したのではなく、どのみち悲鳴をあげることができない。どうかすれば顔がゆがむ危険があるからである。これは、空間的形象化をこえることができない彫刻芸術領域の本源的な限界に由来する。したがって、ラオコーンはけっして美の永遠の理想になりえず、人類芸術全体の歴史的発展途上において特定の位置を与えられるにふさわしい[33]。

ヴィンケルマンにおいて未完の状態で終わった「歴史」の秩序は、哲学者ヘーゲルにより、もっとも強固な体系を与えられる。この偏執症的哲学者の徹底した弁証法論理によって、古典主義的な「認識枠組み」は瓦解され、歴史の秩序が根を下ろすことになった。彼の『美学講義』は、歴史の秩序をもっとも理念型的なかたちで示している。歴史全体を貫通する中心軸は「美の理念」であり、それは「自然美」から出発して「芸術美」の多様な段階を経て結局「美術 schöne Künste」の概念として完成する。この過程を経ながら、美の理念は、それぞれの芸術領域を拘束していた特殊な物質性から完全な自由を獲得していく。このように美の理念が歴史的に展開される過程は、新しい歴史の秩序をもっとも純粋かつ圧縮的に示している。いまやすべての時代の各芸術ジャンルは、歴史の秩序全体のなかで、それぞれの位相を与えられる。媒体の特徴上、物質性によって支配される建築は、芸術美の初期の段階である「象徴的」芸術形式を代表するとともに、古代ギリシャ末期においてすでに完成段階に到達したものとみなされる。この時期に、美の理念と物質的形式は、「子供のように調和した」結合をとげる。その後調和は崩れ、まるで子供が成長するように長い歴史的過程を経て、「ロマン的」ゲルマン世界にいたってはじめて、古代ギリシャの調和した芸術美が新しい地平のなかで復活する[34]。

ヘーゲルの美学は、ヴィンケルマンがはじめた様式史的美術史を、美的規範性に固着した古典主義と完全に絶縁させて、歴史の始点と終点を結ぶしっかりと編成された一定の軌道に再編した。これによって美的価値は、もっぱら歴史的価値、いいかえると歴史の秩序全体のなかの位相によって規定されることになり、永遠の規範を論ずることは不可能になった。いまや永遠なものは、もっぱら歴史の秩序それ自体である。それはまるで、肉が付くことによって機能することができるが、それ以上肉が付かなくても持ちこたえてくれる身体の骨格のようでもある。その骨格が解体されてはじめて有機体は死を迎える。

ヘーゲルによってもっとも明瞭な哲学的表現を得た近代的意味の「歴史」とは、時間までも全一的な統制下におこうとする「統治性」の具現であった。あらゆる種類の革命と革新で散りばめられた「近代」の現実は、すべてのものが過去へ飲み込まれるあまり、はなはだしい場合は未来まで過去へ転落してしまう自己矛盾を招く。過去・現在・未来のあいだに発生した隙間、いいかえると時間性の矛盾をより高い次元へ昇華するものが、まさに歴史である。時間性の矛盾が、一種の創造的な逆発想を通して首尾一貫した歴史の物語として再編されるのである。歴史は、未来に対する期待と過去の遺産、主観的価値と現実の客観的認識のあいだの深刻な葛藤を、自身の総括的体系をなすそれぞれの契機として馴致させる。これを通して、未来に対する主観的希望は、時間のはるかに遠い地平線を遡り、すでにすぎてしまったかけはなれた過去に可能性を発見する。「歴史家は過去に対する預言者」というシュレーゲルの命題は、まさにこの点を指摘したものである。

歴史は、永久不滅の究極の秩序に対する信頼にもとづいた神学的・自然法的伝統にくさびを打って、すべての存在の一時性と変化の恒久性を指し示す近代的「世界観」となった。このような様相は、アメリカの思想史家フランクリン・バウマー Franklin L. Baumer の表現によれば、「存在 being に対する生成 becoming の優位」と特徴づけられる(35)。歴史は、いうまでもなく、革新的な世界観であった。それは過去の絶対的権威を崩壊させた。歴史を真に進歩的な世界観として導入したフランス啓蒙思想家のいわゆる「歴史哲学 philosophie de l'histoire」は、抽象のような法廷のカテゴリーを歴史に導入した。彼らは、歴史の法廷に現実世界を召喚し、「理性 raison」の法で審判することによって、よりよい未来のための不断の変化を要求した。彼らにとって、歴史の進行とは、日常的な現実の流れではなく、ひたすら革命的計画の完遂であった。このような歴史哲学的な歴史は、未来のためにたえず現在を犠牲にする「危機」を招かざるをえなかった(36)。この危機が、とくに革命的な変化を頑強に拒否していたプロイセン官憲国家に深刻に受け取られたのは、まったく驚くべきことではない。

ヘーゲルら当代最高のプロイセンの知性が、革命が招いた混沌を整理し、過去と現在を賢く調和させることができる最上の原理として「歴史」の秩序を提示したことは、それなりに時宜にかなった選択であった。これはまさにプロイセンの宮廷建築家シンケルが選んだ路線でもあった。シンケルが、自然法原理に忠実であったフランス新古典主義に対して示した代案は、ほかでもない歴史の原理だったのである。このような基調は、古代ギリシャ建築の理想化にもかかわらず、「古典」の規範性が瓦解していた当時の文化的状況に対する冷徹な認識にもとづいたものであった。空間の「理想的な合目的性」を追求したテクトニックの原理は、じつに歴史の秩序と親縁性をもっていた。歴史は、いわば時間のテクトニックであった。

シンケルのプロイセン古典主義建築が克服しようとしたのは、まさに進歩的な歴史理念が招いた危機であった。この不滅の巨匠が創造した建築物は、啓蒙思想はもちろん、その敵対者であるロマン主義もこえた新しい時空間原理を代案として提示した。それは、過去と未来、古代の様式的典範と近代都市の新しい機能的要求を、理想的に調和させようとした。シンケルは、新しさに対する漠然とした憧憬に対して、そして正反対に過去に対する盲目的追従に対しても、拒否の意思をあきらかにした。古代ギリシャの建築と芸術は、たんに前もって定められた規範ではなく、偉大な国家と都市を建設するための新しいインスピレーションをつねに得られる涸れない泉であった。このように起源、生成、発展の原理が普遍の法則を代替し、目的論が規範性を代替するシンケルの建築の志向性は、一九世紀中葉以後、西欧の精神世界を掌握するようになるいわゆる「歴史主義 historicism」の精神を先取りしたものとみなせる。(37)

シンケルが生涯関心を傾けたパノラマ技法は、自身の歴史的観点がもつ核心的な特徴について物語る。シンケルは、若い時期にフランスのパリをはじめて訪問して以来、パノラマ技法に魅せられていた。彼は、ナポレオン支配下のプロイセンで建築事業が中断されて仕事がない時期、舞台美術家として転々としながら、ジオラマを製作した。一八一五年と一八二〇年にはオペラ『魔笛 Zauberflöte』の舞台美術に透視図技法を活用し、観客の視線を引いたりもした。シンケルの舞台は、バロック式の劇舞台が個々の装飾物を浮き彫りにしようとたがい違いに配置するのとは違い、とても大きい背景画で完全に囲われた舞台空間をつくった。パノラマには、全体を総括するひとつの視点を構成して、個々の事件をこえて全体の流れを見渡させることができるという長所がある。(38) このような原理は、ほかならぬテクトニックの核心原理であり、時間のテクトニックである歴史の原理でもあった。これは、旧博物館のファサードの外壁の歴史画にもそのまま貫徹された。

しかし、このようなパノラマ的全体性は、実際にはスライドイメージにすぎなかった。シンケルのテクトニック的建築芸術は、現実と理想の調和を追求したが、同時に現実の葛藤を隠蔽する機能もあった。いいかえれば、それはテクトニック的官憲国家であるプロイセン王国の現住所を示している。国家と臣民、権力と芸術、機能と形式、現在と過去のあいだのテクトニック的統一は、これらのあいだの葛藤を古代ギリシャのスライドイメージのなかに隠蔽することによってのみ、はじめて可能であった。不滅の巨匠が若い時期から追求してきた建築の有機的統一性は、じつは生き生きとした自由と解放のための統一ではなく、きっちりと編成された閉鎖的な統一性にすぎなかった。

歴史主義者シンケル

シンケルは、新人文主義的理想に忠実な古典主義者であったが、時代の流れを読む歴史的感覚も兼ね備えていたという点で確実に巨匠であった。新衛兵所と王立劇場、旧博物館の事例が示すように、シンケルはけっして模倣や折衷主義にとどまることなく、伝来した様式的技法を利用して新しい典範を創造した。この点で、シンケルは、古代ギリシャ建築が建築の普遍法則を代弁すると主張するベルリン大学の古典学教授アロイス・ヒルト Alois Hirt の立場とはまったく異なった。(39) シンケルの後期の作品は、古典主義様式からさらに脱皮して時代の新しい要求に応じようとしている。新古典主義建築の技法に関するひとつの完成段階に到達していた彼に画期的な転換点を提供したのは、一八二〇年代末に数カ月間イギリスとスコットランド一帯を踏査したことであった。それは、産業社会の新しい建造環境に目を開かせると同時に、その否定的結果も認識させたという点で一大契機であった。

シンケルは、工業都市マンチェスターなどの地で、レンガの壁と鋳鉄で仕上げられた屋根をもつ工場の建物に魅了され、庶民の連立住宅にも大きな関心を示した。しかし、都市全体の様相については非常に否定的であった。彼がみるに、建築の根本原理を考慮せず、もっぱら機能だけを考えて建てられた無味乾燥な建物は、けっして未来の代案になりえなかった。建築は、歴史意識をもつ個々人を人倫的共同体の開明なる一員として統合することを本然の任務とすべきであった。イギリスから帰って、シンケルは、ベルリンに百貨店 Kaufhaus と貨物処理場 Packhof といった以前とは異なる性格の建物を建てながら、自身の理念を具現しようと努力した。(40) しかし、なによりも自身の母校であるベルリン建築学校 Bauakademie に新築された本館において、新しい理念はもっとも雄弁に表現されることになる。

数カ月間のイギリス訪問時、シンケルは高校の同窓生であるペーター・ボイト Christian Wilhelm Beuth と同行した。ボイトは、プロイセンの高級経済官僚として祖国の遅れた産業化を成功裏に導く方策に頭を悩ませていたが、長い友人であり同志であるシンケルとは、新しい建築材料と産業技術を歴史知識ならびに美的感受性と結合しなければならないという大義において一致していた。彼らは、「ドイツ午餐会」にもともに参与するなど、政治的立場を共有した。彼らの意気投合は、ベルリン建築学校で具体的成果をみせた。一八二二年、この学校は、美術アカデミーの法的管轄から脱し、内務部傘下の貿易産業局に移転したが、ボイトがまさに貿易産業局の局長であった。ベルリン建築学校は、プロイセンの公共建築事業を総括する首長であるシンケルと彼の友人ボイトの意気投合のおかげで、内部改編とともに全面的に新しい様式の本館をもつことになった。(41)

一八三二年に着工して一八三五年に竣工したこの建物は、まるで古典古代建築の絶対的規範性に異議を提起でもするかのように、工学部の建物特有の機能性に応じる形態をとった。この建物は、赤レンガで仕上げられた外壁に角

ベルリン建築学校立面図．出所：Schinkel, *Sammlung architektonischer Entwürfe* (1858), plate 117

ベルリン建築学校中央出入口の装飾図案．出所：Schinkel, *Sammlung architektonischer Entwürfe* (1858), plate 120

張った窓がまるで列柱のように並び、そのほかの装飾的処理にかえたが、骨組と材質がそれ自体でファサードを支配するという点で非常に革新的であった[42]。それは、まったくギリシャ的でなく、多分にイギリス的な感じを与えたが、それにもかかわらず十分にシンケル的であった。この建物は、構造がそれ自体で形態をなすという点で、ギリシャ神殿のような風貌をおびた以前の作品よりもテクトニック原理を一層純粋に具現したといえる。構造的な格子を使用した正方形の平面、長方形の中庭、そして最上階のテラスなどは、構造的空間の分割と単一体的建築を調和させたシンケルの建築美学の白眉を示している。

もちろん、この建築物は、古典主義の形態言語を完全に放棄することはしなかった。構造的要素から独立した純粋に装飾的な要素が窓枠や戸枠、屋根などに限定して導入されたが、おもにテラコッタを使用した点が特徴的である。平べったい露出壁を唯一飾っている窓枠は、上部を弓状のアーチ arch と三角の面 spandrel で処理し、その下に門柱と窓枠の台をおいてここにテラコッタのパネルを設置し、神話と歴史に出てくる人類の建築と技術の発達史の連作を創造した。ここには怪獣、ノロジカ、天使といった、自然と文化を象徴する由緒あるモチーフが大挙して登場するが、これはそれこそ「歴史的で詩的な」建築の次元を示すものであり、建築学校にふさわしい教育的機能を念頭においたものと推察できる。この連作は出入口の門枠の装飾に続く。(43) シンケルは、このような装飾の処理において、なによりもアーチの使用を極度に自制したが、窓枠のアーチもほとんど水平に近い弓型をとっており、建物の屋根もドームのかわりに水平のアーキトレーブとテラスをもちいた。このことは、ギリシャ建築のテクトニックに対するかわらぬ信頼を物語っている。建物上部のコーニス部分を支えるコンソール console にも、まるで暗号文のようにギリシャ模様が彫りいれられていた。(44)

ベルリン建築学校は、建物の最上階にシンケルが自宅を設けて自身の最後の安息の地としたほどなので、転換期を生きたひとりの偉大な建築家の全生涯にわたる模索の結論と評価しても差し支えないであろう。この建物は、一見するとシンケルが以前に設計した建物とかけはなれているようであるが、じつはシンケルが理解する古典古代建築の本質にもっとも近づいていた。バロックやロココ建築の人為的な装飾を排除して、自然のなかに発見されるもっとも単純な幾何学的形態を応用することが、彼がもともと追求していた新古典主義建築であった。自然がダイナミックに生成、進化するように、建築も特定の形態にとどまる理由はまったくなかった。古代ギリシャ建築が、自然と人間文化の調和した一体性を追求したとみなせるなら、その根本精神は、むしろ新しい近代的環境と調和をなすことで燦然と

ベルリン建築学校（左）とフリードリヒスヴェルダー教会の透視図．出所：Schinkel, *Sammlung architektonischer Entwürfe* (1858), plate 115

復活できた。

それぞれの芸術作品は、その構成のなかで完全に「新しい要素」をもたなければならない。たとえその性格が過去のよく知られた美的様式によって鼓舞されたものであっても、その「新しい要素」なくば、芸術作品はけっしてその創造者や観覧者の真の関心を引くことはできない[45]。

こう考えるならば、歴史的思考が必要なのは、過去に執着してというよりは、多様な形式がたえず変遷する時間の流れに注目するためであった。これを通じて特定の時代の機能的要求をより包括的な人倫的共同体の理想に統合することができるというのが、シンケルの確固とした信念であった。シンケルのテクトニックは、特定の様式や建物に限定するにはあまりにも遠大であった。建築学校本館が位置したのはベルリンの都心部であり、とくにフリードリヒスヴェルダー教会とごく近い距離であったが、たとえ様式は異なっても、両者ともに赤レンガで仕上げられ単純な直角の構造をもつ立方体の建物であるという点で、よく似合う一対をなしていた。これらはそれぞれ、過去と未来の姿を代弁していた。かなたにウンター・デン・リンデンの主要な建物と旧博物館が視野に入ってくるという点まで考慮すれば、建築学校は、建築物としての個別の価値だけでなく、新しい都市のテクトニック的秩序を念頭においた作品であったことがあきらかである。シンケルが直接作成した透視図は、彼の心象地理をはっきりとあらわしている。

もちろん、シンケルの心象地理は首都ベルリンに局限されなかった。事実、彼は王室のほとんどすべての宮殿を一手に引き受け建設した。ベルリン南部とポツダムを結ぶ湖畔のバベルスベルク城 Schloß Babelsberg は皇太子の弟であるヴィルヘルム王子に、小グリーニッケ宮殿はカール王子に、のちにナチスの秘密警察 Gestapo の司令部になる、ベルリンのヴィルヘルム通りにあるアルブレヒト宮殿 Albrecht Palais はアルブレヒト王子に、おのおの献呈された。[46] シンケルの宮廷建築のなかで白眉としてあげられるのは、ポツダムのサンスーシ宮殿の端に位置したシャルロッテンホーフであり、フリードリヒ・ヴィルヘルム四世が皇太子時代に結婚式の贈り物として受け取った敷地に、小さい規模で建てられた。この宮殿は、シンケルの晩年の作品であり、イタリア風でありながらもプロイセン式素朴さをみせるが、彼の生涯の同僚であるペーター・ヨセフ・レンネがつくったつつましい庭園で囲まれ、まるで農家のような田園的風景を紡ぎだした。シンケルは、このような個々の宮殿をこえて、ベルリン－ポツダム間の湖畔の景観をつくりあげる包括的なプロジェクトを、同僚のレンネとともに推進した。[47] このように国の首都圏全体の風景がひとりの建築家の心象地理によって創造された例は、ほかには探すことがむずかしいであろう。

シンケルは、心象地理だけでなく、実際の作業の地理的範囲においてもスケールの大きい建築家であった。彼の作業範囲は、プロイセンの国境はもちろん、西ヨーロッパの境界までも飛びこえて、はるかかなたのギリシャのアテネにまで及んだ。彼はアテネのアクロポリスの廃墟の上に新しい王宮を建てる野心に満ちたプロジェクトを推進したことがある。これは、独立国ギリシャの初代君主となったバイエルン公国出身のオットー一世 Otto I のための王宮であり、公式の依頼を受けて設計作業に着手したものであった。新古典主義者シンケルには夢でしかなかったような機会だったので、非常に精密な設計案を準備したが、ギリシャの国内事情によって実現されはしなかった。[48]

これと同様に、実現されはしなかったが意味深長な設計案を残したのが、小アジアのオリアンダ城 Schloß Orianda であった。ロシア皇后アレクサンドラ・フョードロヴナ Alexandra Fjodorowna が、黒海沿岸クリミア半島南西部の海

1838年にシンケルが描いたオリアンダ城の想像図のなかの海岸のテラス，出所：*Karl Friedrich Schinkel: Eine Ausstellung aus der Deutschen Demokratischen Republik* (1982), Illustration B.80

岸に古代ギリシャ風の宮殿建築を公式に依頼してきた。皇后はじつはフリードリヒ・ヴィルヘルム一世の娘であったので、母国の建築家に依頼したのはきわめて自然なことであった。ドイツ出身であるだけにギリシャ風の建築を好んだのも自然であったが、肝心のシンケルは、そこに典型的な新古典主義から幾分脱皮した千一夜物語風の建物を試みようとした。このプロジェクトは、注文者との葛藤を引き起こす前に、ロシアの財政状況の悪化で中途で撤回されてしまったが、[49] ヨーロッパの外の世界にシンケル式建築が具現されるといったいどのような姿をおびるようになるのかを予想させる。おそらく様式的には古典主義からそのオリエンタリズム的変形にいたる開放的なものとなったであろうが、少なくとも根本精神においては徹底してプロイセン的心象地理を具現するものであったと思われる。シンケルがオリアンダ城の設計案の一貫として手ずから描いた想像図が推論の糸口を提供する。この想像図は、黒海の海岸を舞台に女像柱のポーチ porch があるテラスの光景を描写し、典型的な古代ギリシャ神殿の風貌をみせるが、この建物が建てられる地理的位置を考慮すると、絵のなかの建物の方向には暗示させるものがある。すなわち、ここに海外に向けるプロイセンの視線を感じるとするならば、これは解釈のしすぎであろうか。

いずれにしても、シンケルの建築は、特定の様式的形態に執着しなかった。彼の建築芸術は、新古典主義とネオゴシックはもちろん、さらにはモダニズムとオリエンタリズムの形態にまで拡張され、機能的にも衛兵所、劇場、博物館、教育機関、商業施設、住宅地などに幅ひろく適用された。それは、古代的な典範に依存しながらも、現実の用途に適合するべくもちいようとしたという点で、一九世紀特有の「歴史主義」を先導したといえる。(50) もちろん、古代の典範をより自由に活用しようとすれば、歴史上に存在したすべての様式を総体的に換骨奪胎する必要があった。いわゆる「歴史主義建築」が登場するまでは、新しい発想と実践が要求された。歴史主義の混成的本性は、西洋古典古代の建築遺産を近代産業社会の現実に活用する場合に効果的であっただけでなく、異質な空間と文明への伝播に対しても好条件を提供した。(51) 不滅の建築家シンケルは、あきらかにこのような流れを先取りした。彼の遠大な心象地理と未完のオリアンダ城にむけた海外進出の夢は、数十年後、帝国の名で復活することになる。

(1) Johann Joachim Winckelmann, *Gedanken über die Nachahmung der griechischen Werke in der Malerei und Bildhauerkunst* (Reclam, 1995), pp. 20-22.

(2) Johann Joachim Winckelmann, *Geschichte der Kunst des Altertums* (1764) [Wissenschaftliche Buchgesellschaft, 1972], pp. 324-325.

(3) Mallgrave, *Modern Architectural Theory*, pp.19-23. 김정락「프랑스 신고전주의 건축이론에 대한 괴테의 논평이로서의『독일건축에 대한 소고 (Von Deutscher Baukunst)』(一七七一～七二)」、『서양미술사학회논문집』[キム・ジョンナク「フランス新古典主義建築理論についてのゲーテの論評としての『ドイツ建築についての小考 (Von Deutscher Baukunst)』(一七七一～七二)」、『西洋美術史学会論文集』] 제四〇집 (二〇一四) 三九～六一쪽。

(4) Erik Forssman, "Schinkel und die Architekturtheorie", p. 17 から再引用。

(5) Erik Forssman, "Schinkel und die Architekturtheorie", p. 13.

(6) Goerd Peschken, "Schinkels Klassizismus", ed. by Susan Paik, *Karl Friedrich Schinkel*, pp. 18-19. テクトニックの基本原理は、シンケルに先んじてすでにフリードリヒ・ジリーのフリードリヒ大王の銅像図案においてほぼ完全にあらわれたとする見解もある。James Sheehan, *Museums in the German Art World*, p.52 以下参照。また、ロンドレ Jean Rondelet やデュラン Jean-Louis Durand らのフランスの理論家も、古典古代の建築を有用性と経済性の観点から論究したことがある。これについては、Mitchell Schwarzer, *German Architectural Theory and the Search for Modern Identity*, pp. 44-45 参照。

(7) Karl Friedrich Schinkel, *Das architektonische Lehrbuch*, documented by Goerd Peschken (Deutscher Kunstverlag, 1979), pp. 149-150.

(8) 금요찬「Karl Friedrich Schinkel 의 建築에 關한 考察」[クム・ヨチャン「Karl Friedrich Schinkel の建築に関する考察」] 一二一～一三三쪽。Heinz Ohff, *Karl Friedrich Schinkel oder Die Schönheit in Preußen*, pp.57-63; Mitchell Schwarzer, *German Architectural Theory and the Search*

for Modern Identity, p.171 以下。

（9）Karl Gottlieb Wilhelm Bötticher, *Die Tektonik der Hellenen,* vol. 1, *Zur Philosophie der tektonischen Form* (Ferdinand Riegel, 1852), 引用文は pp. XIV-XV, 76-78.

（10）Goerd Peschken, “Schinkels Klassizismus”, pp. 18-19; John Toews, *Becoming Historical,* p. 117 以下。

（11）Reinhart Koselleck, *Preußen zwischen Reform und Revolution: Allgemeines Landrecht, Verwaltung und soziale Bewegung von 1791 bis 1848* [Klett-Cotta, 1989 (1975)], とくに pp. 23-51.

（12）このような解釈を先導したものとしては、Joachim Ritter, *Hegel und die Französische Revolution* (1957) [Suhrkamp, 1996] 参照。

（13）G. W. F. Hegel, *Grundlinien der Philosophie des Rechts (oder Naturrecht und Staatswissenschaft in Grundrisse), Werke in 20 Bänden,* vol. 7 (Suhrkamp, 1986), §182, §71, 181-188, 198-199.

（14）Hegel, *Grundlinien der Philosophie des Rechts,* §195, 236, 230-241, 249-255, 260.

（15）Hegel, *Grundlinien der Philosophie des Rechts,* §183.

（16）Hegel, *Grundlinien der Philosophie des Rechts,* §258.

（17）Hegel, *Grundlinien der Philosophie des Rechts,* §257, §258 Zusatz.

（18）ロマン主義が標榜する個別化の論理が、国家的統一性をなさないドイツの現実をそっくり反映するという考えは、ヘーゲルの初期の著作にあらわれる。G. W. F. Hegel, “Die Verfassung Deutschlands (1800-1802)”, *Werke in 20 Bänden,* vol. 1 (Suhrkamp, 1986), pp. 451-581.

（19）Isaiah Berlin, “The Counter-Enlightenment”, I. Berlin, *Against the Current* (Princeton University Press, 2001), pp.10-12; 이사야 벌린『낭만주의의 뿌리』[アイザイア・バーリン『ロマン主義のルーツ』] 一八八、二〇三〜二〇四쪽。

（20）Friedrich Meinecke, *Weltbürgertum and Nationalstaat,* p. 132 から再引用。

（21）Lorenz Jacob von Stein, *Handbuch der Verwaltungslehre und des Verwaltungsrechts mit Vergleichung der Literatur und Gesetzgebung von Frankreich, England und Deutschland: Als Grundlage für Vorlesungen* (1870) [Adamant Media Corporation, 2004], pp. 4-7; Lorenz Jacob von Stein, *Gegenwart und Zukunft der Rechts-und Staatswissenschaft Deutschlands* (1876) [Adamant Media Corporation, 2004], p. 132 以下。

（22）Lorenz Jacob von Stein, *Handbuch der Verwaltungslehre,* pp. 43-45, 401, 440. 引用文は p. 45.

（23）Lorenz Jacob von Stein, *Gegenwart und Zukunft der Rechts-und Staatswissenschaft Deutschlands,* pp. 134-138.

（24）Lorenz Jacob von Stein, *Geschichte der socialen Bewegung in Frankreich: Von 1789 bis auf unsere Tage,* vol.1, *Der Begriff der Gesellschaft und die sociale Geschichte der französischen Revolution bis zum Jahre 1830* (Verlag von Otto Wigand, 1850) [Ulan Press, 2012], p. 37.

（25）Lorenz Jacob von Stein, *Geschichte der socialen Bewegung in Frankreich: Von 1789 bis auf unsere Tage*, vol.3, *Das Königtum, die Republik und die Souveränitat der französischen Gesellschaft seit der Februarrevolution 1848* (Otto Wigand, 1850) [Ulan Press, 2012].

(26) 미셸 푸코、오트리망 옮김『안전、영토、인구』(난장)［ミッシェル・フーコー、オートゥルモン訳『安全、領土、人口』(ナンジャン)］(二〇一一)。Mathew Coleman and John A. Agnew, "The Problem with Empire", eds. by Jeremy W. Crampton and Stuart Elden, *Space, Knowledge and Power: Foucault and Geography* (Hampshire, Burlington, 2008), pp. 317-339.

(27) Johann Joachim Winckelmann, *Geschichte der Kunst des Altertums,* p. 9.

(28) Johann Joachim Winckelmann, *Geschichte der Kunst des Altertums,* pp. 207-237; Alex Potts, *Flesh and the Ideal: Winckelmann and the Origins of Art History,* pp.67-112, pp. 23-25.

(29) ギリシャの復活を偶然的な考古学的発見からはじまったものではなく、モダニティの生成と結びついた文化的現象とみる観点としては、David Ferris, *Silent Urns: Romanticism, Hellenism, Modernity* (Stanford University Press, 2000) 参照。とくに、ギリシャ美術の再現不可能性と近代的歴史観の誕生を結びつけた pp. 16-51 参照。

(30) Michel Foucault, *The Order of Things: An Archaeology of the Human Sciences* (Vintage, 1973), pp. 3-16.

(31) Alex Potts, *Flesh and the Ideal,* p. 4, pp. 57-60.

(32) Johann Joachim Winckelmann, *Geschichte der Kunst des Altertums,* pp. 35-41, 146-147. 引用文は p. 146.

(33) Gotthold Ephraim Lessing, *Laokoon oder über die Grenzen der Malerei und Poesie* (1766) [Reclam, 1987], p. 7, 20, p. 26 以下。

(34) G. W. F. Hegel, *Vorlesungen über die Ästhetik I., Werke in zwanzig Bänden,* vol.13 (Suhrkamp, 1970), pp.13-124; G, W, F, Hegel, *Vorlesungen über die Ästhetik II.* vol. 14 (Suhrkamp, 1970), pp. 25-27, 302-326, pp. 231-242.

(35) 프랭클린 보머、조호연 옮김『유럽 근현대 지성사』(현대지성사)［フランクリン・バウマー、チョ・ホヨン訳『ヨーロッパ近現代知性史』(現代知性社)］(二〇〇〇) 三六五〜三七七쪽。

(36) Reinhart Koselleck, *Kritik und Krise. Eine Studie zur Pathogenese der bürgerlichen Welt* (Suhrkamp, 1992).

(37) 新古典主義建築が、分裂した時代に連続性と持続性を提供しようとする試みであるという立場は、Thomas Nipperdey, *Deutsche Geschichte 1800-1866,* p. 554 参照。

(38) Birgit Verwiebe, "Schinkel's Perspective Optical Views: Art between Painting and Theater", ed. by John Zukowsky, *Karl Friedrich Schinkel: The Drama of Architecture* (Art Institute of Chicago, 1994), pp.36-53, とくに pp.49-52.

(39) Alois Hirt, *Die Baukunst nach den Grundsätzen der Alten* (Realschulbuch-handlung, 1809), vii.

(40) John Toews, *Becoming Historical,* pp. 164-165; Heinz Ohff, *Karl Friedrich Schinkel oder Die Schönheit in Preußen,* pp. 156-176.

(41) John Edward Toews, *Becoming Historical,* p. 161 以下。Heinz Ohff, *Karl Friedrich Schinkel oder Die Schönheit in Preußen,* p. 190; Mallgrave,

Modern Architectural Theory, p. 98.

(42) Carl Friedrich Schinkel, *Sammlung architektonischer Entwürfe,* p. 8.

(43) Mallgrave, *Modern Architectural Theory,* p.101-102; Heinz Ohff, *Karl Friedrich Schinkel oder Die Schönheit in Preußen,* pp.192-193; Barry Bergdoll, *European Architecture 1750-1890,* pp. 192-194.

(44) Kurt Milde, *Neorenaissance in der deutschen Architektur in der deutschen Architektur des 19. Jahrhunderts,* p.115; Mallgrave, *Gottfried Semper,* pp. 89-91.

(45) Karl Friedrich Schinkel, *Aus Schinkels Nachlaß: Reisetagebücher, Briefe und Aphorismen* (Berlin, 1862), vol. 3, Mallgrave, *Gottfried Semper,* p. 391, n. 87 から再引用。

(46) Heinz Ohff, *Karl Friedrich Schinkel oder Die Schönheit in Preußen,* pp. 203-204.

(47) Rand Carter, "Gartenreich Potsdam. Schinkel's, Persius's and Lenné's Summer Retreats for The Prussian Princes", ed. by Susan Peik, *Karl Friedrich Schinkel: Aspekte seines Werkes,* pp. 71-81.

(48) Heinz Ohff, *Karl Friedrich Schinkel oder Die Schönheit in Preußen,* pp. 214- 215.

(49) Heinz Ohff, *Karl Friedrich Schinkel oder Die Schönheit in Preußen,* pp. 232- 236.

(50) このような広い外延は、単純な開放性ではなく、テクトニックの原理にもとづくという点で「構成的折衷主義」とみる視角もある。Schwarzer, *German Architectural Theory and the Search for Modern Identity,* pp. 64-67.

(51) Maiken Umbach, "Memory and Historicism: Reading Between the Lines of the Built Environment, Germany c.1900", *Representation,* vol. 88 (Fall, 2004), pp. 26-54, pp. 31-32.

第4章 ドイツ帝国の歴史主義建築

一九世紀は、当時の歴史家によって俗に「革命の時代」と規定されるが、ヨーロッパにおいて過去のあらゆる遺産が瓦解する時期であり、歴史は、その代案として、過去の意味を通じて現在の意義を探す新しい契機を開いた。一九世紀ヨーロッパの精神世界を風靡した歴史主義は、はっきりした志向をもった理念や様式ではなく、急激な変化の波のなかで過去とのつながりを結ぼうとする一九世紀式の趣向を指すが、歴史学や神学、法学など「精神科学」分野ばかりでなく、芸術と建築分野にも大きな影響を及ぼした(1)。

「文化民族」と歴史主義建築

歴史主義は、存在するすべての物事を「歴史化」するに際して、けっしてぐらつきそうになかった美的規範まで歴史化した。一八世紀中葉にいたって「美術 fine arts」が固有の目的と意味そして歴史をもつ独立した価値領域として定着しながら、古来の美的規範は、絶対的価値を喪失し、それぞれの歴史的様式として相対化された。いまや、美術は、特定の様式的な典範を「模倣」するかわりに、先行するすべての時代の様式に総体的にむかいあい、必要によって自由に取捨選択―「引用」―できるようになった。美術は、いまやそれ自体で美術史の探究になった(2)。このようないわゆる美術の「歴史化」は、美術の自立化を引きだすと同時に、美術の新しい文化的使命をつくりだした。美術は、存在するあらゆる物事が変化する近代の現実のなかで、一時的な個々の存在を時代全体の提喩として形状化することにより、失った文化的全体性を回復する役割を与えられた(3)。

絵画の部門では、伝統的な宗教画のアレゴリーが引きつづき活用されるのと同時に、過去の記念碑的事件や人物を主題とする歴史画が猛威をふるったのに反して(4)、建築の部門では、ひとつの独自な様式がつくりだされた。通常の建築史の叙述において「歴史主義建築」は、ビーダーマイア Biedermeier とアール・ヌーヴォー arts nouveau のあいだの特定の様式を指し、ネオゴシック、ネオルネサンス、ネオバロックなど、多様な「ネオ neo-」の流れを網羅する。時期的には、ブルジョアジーの政治・社会的なヘゲモニーが貫徹される一八四〇年代から第一次世界大戦が勃発する一九一〇年代序盤までに重なる。

歴史主義建築は、不変の自然法にしたがう建築がよく、古典古代建築にその典範を発見できる、という古典主義の原理を拒否し、特定の様式的典範にとどまるよりもこれらを現在の要求にあうべく活用するという折衷主義的な性向を呈した。したがって、歴史主義建築の本然の特徴は、ひとつの建物にもいろいろな様式が混在する多元性にあった。これは、現在が過去の結果であると認定しつつも、現在の特殊性を受け入れる歴史主義特有の発想に由来するものである。いいかえると、現在の新しい用途にあう建物を、歴史的様式を喚起させる形態で建てることが歴史主義建築であった。深化する歴史研究のおかげで、細密に考証された歴史的様式が、歴史的先例がない新しい用途の建物、たとえば駅や通信所、さらには鉱山施設の建設にまで貫徹された。新しい材料と技法を由緒ある形態言語と結合することでなしとげられる建築的可能性は、はてしなくみえた(5)。

このような流れには、一九世紀ヨーロッパの主役として登場したブルジョア階級の利害がそっくり反映されていた。西部および中部ヨーロッパは、一八四〇年代から一八七三年にオーストリアのウィーンで大規模な株価暴落が発生するまで、たとえ不完全であったとしても、自由主義的な市民革命を起こしただけでなく、本格的な産業化の段階を迎えながら、経済的繁栄をなしとげた。このうちもっとも際立つのは、やはりドイツ地域であり、機械工業と電気化学工業を足がかりにして、産業生産や人口成長などあらゆる面でほかの地域を圧倒した。[6] ドイツ史において俗に「創業時代 Gründerzeit」と呼ばれるこの期間に、ブルジョア階層は社会の安定的「中産層 Mittelklasse」としての地位を固めた。[7] 彼らを基盤にドイツ特有の「文化 Kultur」の理念が誕生した。いわゆる「教養市民層」という自負心をもったドイツの中産層は、一方ではきわめて非政治的であったが、同時に国家主義的な性向も相当強かった。これは、フランスに代表される西欧「文明 Zivilisation」に対する根底的敵対感からはじまっており、ドイツ人としての民族的アイデンティティを確立する根拠を提供した。[8] 二〇世紀序盤のドイツの歴史学界をほしいままにしたフリードリヒ・マイネッケ Friedrich Meinecke が、ドイツ民族を、フランスのような政治的共同体としての「国家民族 Staatsnation」とは区別される文化的共同体、すなわち「文化民族 Kulturnation」と規定したことは、けっして驚くべきことではない。[9]

一八七一年には、ドイツの最強者プロイセンが、宿敵フランスをおさえてドイツ帝国を誕生させた。長年の宿願であった民族統一が劇的に成就するなかで、民族の首都についての古臭い論争も終息した。ベルリンは自動的にドイツ帝国の首都になった。しかし、民族統合の求心点になるよりは、昔の王都の伝統を維持した。ドイツ帝国の成立は、事実上、政治的統一の産物ではなく、プロイセンの拡張だったのである。[10] このような情勢は、ドイツ全域でシンケルの建築遺産が長期的な影響力を行使する条件を成立させた。シンケル自身は特定の流派をつくることにあまり関心を傾けなかったが、ドイツ帝国の建築は確実にシンケルの遺産に支配を受けた。[11] 古代ギリシャを理想的な典範とするプロイセン古典主義の時空間的原理は、時代的条件の変化に歩調を合わせて新しい様相で展開された。なによりも時間のテクトニックとして登場した歴史は、ダイナミックな変化に親和的でありながらも革命の聖像破壊的な騒動には恐怖を感じていたブルジョア階層に、最適の世界観を提供した。歴史主義は、過去と未来を無理なく連結するという点で、かなり魅力的であった。歴史主義は、過去の様式を永遠の「古典」として絶対化しないという点で、新古典主義と対立したが、シンケルのように現在と過去の違いを進んで認定して過去の形式に現在的内容を込める場合、両者は相互差異よりも共通分母のほうが大きかった。[12]

歴史主義建築の好況には、上昇するブルジョアの「自己表現」欲求が大きな役割を果たした。「創業時代」には住宅建設が非常に活発で、政治的楽観主義が澎湃していた。したがって、ブルジョアが、機能的効率性を棚に上げて、広い庭園つきの古色蒼然としたヴィラを、そしてそれほど余力がなければ最小限宮殿のように華麗な装飾のファサードが目立つ複層階型の住宅を選好したのは、まったく驚くべきことではなかった。[13] ブルジョア階層の好古的趣味がもっとも如実に表現された場はほかでもない住宅の室内空間であり、昔の貴族層の美術様式と装飾あるいは家具が模倣された。このような傾向は、あきらかに、ブルジョアジーが貴族層に同化してゆく社会的状況を反映していた。[14] しかし、ブルジョア階層は、好古的趣味では満足ができないくらいには進取的であった。彼らは、産業化を推進した近代技術を歴史的様式の建築物に導入することに、まったく躊躇しなかった。たとえば、鉄の精錬技術が進歩することによって建物にロマン的な形態の鉄塔を載せることが可能になり、ロンドンの水晶宮 Crystal Palace が雄弁に語るように、ガラスが建築物全体の主たる材料として使われはじめた。[15]

歴史主義は、まちがいなく、急激な変化の流れのなかで政治的・社会的・文化的な立地を構築しつつあったヨーロッパ・ブルジョアジーの自己再現様式あるいは集団記憶の様相であった。それは、冒険的で進取的な気性を精一杯誇示したが、時宜性を喪失した昔の形態に固執するなど、多分に自己矛盾的な性格も露呈させた。過去と現在の調和というのは、たんに修辞的な表現にすぎなかった。歴史主義建築に一般的にうかがわれる特徴は、歴史的典範にしたがう「芸術的」形態と、生活における「実際的」機能の乖離である。一九世紀がすすむなかで、建築の理論と実際は次第に遠ざかり、多様な変種と脱臼を生んだ。[16]

シンケルの継承者ゴットフリート・ゼンパー

一九世紀がすすむなかで、活用されうる歴史的様式の範囲は西欧建築史全体に拡大した。歴史的な美術様式に対する主体的な評価と解釈が深化し、一八四〇年代前後に、新しい建築的な流れが登場した。いわゆる「ネオ」という接頭語をともなうさまざまな思潮がひとところに入り乱れ、雌雄を争うようになったのである。多様な歴史的様式は、本来の図像学的意味についての理解を土台として、おのおの異なる用途のために自由に「引用」された。教会がおもにネオゴシック様式を採択したのに対して、官公署や駅、銀行あるいは上流ブルジョアジーの住宅はおもにネオルネサンス Neo-Renaissance 様式を、そして貴族専用の宮殿や劇場はネオバロック Neo-Baroque 様式を、工場の本社はいわゆる「ジョージアン Georgian style 様式」と呼ばれるイギリス式の古典主義を、おもに採択した。歴史の広々とした採石場から、さまざまな昔の様式が、鉱物のように採取されたのである。

歴史主義建築がロマン主義的ネオゴシックを経ながら次第に古典主義的な要素から脱却していく過程で、過渡期的に登場したのが、いわゆるドイツ式の「半円形アーチ様式 Rundbogenstil」である。古典主義の消極的変容といえるこの様式は、おもにドイツ西部の親フランス的なライン連邦諸国家で流行したが、古代ローマ建築の典範を一部受容しながらも、過度な記念碑的要素から脱して、近代の市民生活にこたえる機能的要素を積極的に導入する点で、ナポレオンの革命的フランスと反革命的プロイセンに挟まれたライン連邦の政治的位相を建築的に反映していた。外形上、既存のロマネスク Romanesque と類似する半円形のアーチ様式は、建築家ヒュブシュ Heinrich Hübsch によって理論化されたが、彼は、この様式の特徴を「融通性 Schmiegsamkeit」に求めた。これは、過去の特定の様式的典範に執着せず、実際の機能を主とし、さまざまな様式を常時「交代可能」な方式として活用する点を指摘したものであった。一八二二年、彼は『ギリシャ建築に関して』という著書で、ギリシャ建築のテクトニックもまた地域特有の気候と社会環境に起因する建築材料と建設方式からはじまったものであると主張した。様式の成立は、社会の要求にこたえようとする建築固有の合目的性にはじまるというのである。このような観点に照らしてみると、円柱を建築の規範として絶対化したり、端が尖ったアーチをドイツ的様式として固執したりすることは、「融通性」の足りない思考にすぎなかった。[17]

ヒュブシュの半円形のアーチ様式は、ヨーロッパ北部の気候条件からくる採光の切実さと、産業社会の新しい要求にこたえる建築的代案として提示された。彼が、機械で安価に生産されたレンガを資材として既製品の装飾でつくられた「兵営式賃貸住宅（賃貸集合住宅—訳者）Mietskaserne」が増えていく近代都市のただなかで、一八二八年に執筆した小冊子の題目のように、「いかなる様式で建てられるべきなのか？」を考慮した苦心の産物であった。住宅の内側がいくら粗末でも、少なくとも外にさらしたファサードぐらいは歴史的様式にしたがって建てることで都市の格を高めるべきだ、というのがヒュブシュの考えであった。彼にとっては、半円形のアーチ様式こそが、建築の芸術性と機能性をともに満足させることができる時代的な代案であった。[18]

ヒュブシュの提案は、満足できる代案というよりも、むしろその間に通用していた様式的典範の崩壊を暗示するものである。歴史的に伝承された形態とその実際的な機能のあいだでは、もう一致点を探すことがむずかしくなった。その乖離は、いわゆる「ネオルネサンス」様式の建築にいたってより先鋭になる。ドイツのネオルネサンス建築を代表するゴットフリート・ゼンパー Gottfried Semper は、一八五一年に『科学、産業そして芸術』で、当時の芸術がブルジョアの商業的利益に従属したり、公共の場の装飾品に転落したりする傾向を痛烈に批判しながら、芸術は都市的生活の有機的統一性を創出することに寄与しなければならないと力説した。そのためには、都市国家の芸術的風貌と都市民の実際的生活が混然一体をなすことに寄与した昔のイタリア・ルネサンス建築を最上の典範としなければならないと考えた。[19]

シンケルが一九世紀前半の建築を代表するとすれば、ゼンパーは一九世紀後半にもっとも影響力のあったドイツの建築家とみなせる。ゼンパーも、シンケルのように、おもに博物館、図書館、劇場などを設計し、公共建築物を通して都市自体がひとつの劇場になりうるというシンケルの信念までもそのまま継承した。ゼンパーは、ベルリンを活動舞台としたフリードリヒ・シュテューラーやルートヴィヒ・ペルジウスのようにシンケルの門下で直接学んだ弟子ではなかったが、彼を含め同世代の建築家たちにとって、シンケルの建築は、巨匠の死ののちに定期的な行事となった「シンケル祭 Schinkel Fes」などを通して、まこと共通の資産となっていった。ゼンパーは、なによりも、古代ギリシャ建築に発見される技術と自然形態の類似性という観念を、シンケルの建築から学んだ。ゼンパーの建築は、すべての有機体がそうであるように、建築物の形態が機能的構造と遊離してはならないという前提から出発した。もちろんゼンパーは、たんなるシンケルの亜流にとどまりはしなかった。彼はベッティヒャーのテクトニック理論の洗礼を受けて、古代ギリシャを理想化するのではなく、厳密な考古学的探究の対象とした。また、フランスの建築に目を向け、新しい様式的潮流を積極的に受け入れた。彼は、フランスに帰化したドイツ出身の建築家フランツ・ガウ Franz Christian Gau の弟子になった。[20]

ゼンパーは、一八六〇年と一八六三年に二巻で出版された『工芸と建築芸術の様式または実践の美学』において、自然科学をモデルとして建築様式史に光をあてた。それによれば、建築様式をつくりあげる根本動機は四つの物質的・機能的範疇、すなわち織物・陶芸・木工・石工に分類できる。これらが各時代の社会的条件と遭遇することで、建築が変容する。建築芸術の起源をなすのは、空間的な囲いを象徴的に知らせる織物の幕であり、これが木や石などでつくった壁体に変容することで建築がはじまる。これがゼンパーの有名な「被覆（被服）Bekleidung」理論である。建築とは、裸体に服を着せるごとく空間を様式化していくことである。織物の幕のような既存のモチーフが、社会的与件の変化による物質的変容過程を経るなかで、新しい建築様式が登場する。たとえば、ギリシャのイオニア様式の建築は、木工特有のテクトニック構造が石造の建物に変容するなかで様式化されたものである。本来、柱の堅固さをあらわすための装飾である円柱の縦の溝 fluting が、柱の構造的役割をおおう芸術形式として落ち着くようになる。したがって、建物の装飾は、けっして構造に施された付加物ではない。ゼンパーの見方では、すべての必須的構造を形式化して隠蔽することこそ、記念碑的建築、いや、芸術自体の本性である。ゼンパーは、このような発生学的分析を通じて、建築とは純粋に芸術的でもなく、だからといって全面的に機能的でもなく、また純然と自律的でもなく、完全に社会に従属しているわけでもなく、むしろ両者が妥協するなかで形成されるという結論を導きだす。建築において、模倣とは、たんなる既存様式の複製ではなく、それぞれの機能的要求や象徴性に合致した既存の様式的モチーフを、そのときそのときで再解釈する創造行為である、というのである。[21]

ゼンパーの被覆（被服）論は、シンケルの新古典主義的テクトニック原理を、西欧建築史の脈絡のなかに位置づけることで、新しい現実により柔軟に適応できるようにした。はなはだしい場合は、建築物の色彩まで、金属や宝石のような装身具をこえる最上の「被服」と評価された。ゼンパーの「多彩装飾 Polychromie」理論は、彼の被覆（被服）論が一面的な観念論的解釈を止揚し、建築の物質性に注目したことを示している。純白の大理石がギリシャ建築の特徴であるというヴィンケルマン流の先入観に対して、ゼンパーは全面的な挑戦を敢行したが、もちろん、彼がはじめての挑戦者ではなかった。一八一五年に、考古美術史家カトルメール・ド・カンシー Quatremère de Quincy の『新しい観点でみたオリンピアのジュピターまたは古代彫刻術』が出版されて以来、純白のギリシャのイメージは動揺し、ギリシャ訪問が頻繁になった一八二〇年代になるともはや固守できなくなった。あらたに発見された古代建築の色と装飾を一九世紀新古典主義に応用しようとする動きは、イトルフ Jacques-Ignace Hittorff などのフランスの建築家が先導したが、ドイツではゼンパーがより体系的な理論化を試みた。ゼンパーはフランス建築の動向に明るかったが、彼の師匠ガウはイトルフの友人であった。[22]

ゼンパーは、自身の独創的な建築理論を広めるために、建築史、美術史、美学はもちろん、考古学と人類学にまで首を突っ込んだ。しかし、このような経験科学的アプローチは、理論と実際を結合するどころか、様式の多元主義を浮き彫りにすることで、様式が実際の機能と遊離したまま、つねに交代可能な装飾へと縮小される二律背反的な結果を生んだ。ゼンパーが設計した建築物は、シンケルの建築物に比すると、過度に記念碑的な感じを与える。ゼンパーの深奥な理論は、威圧的な出入口と誇張された比例、そしてあまりにもどっしりとした感じを与える粗面仕上げ切石積み（ルスティカ）rustication など、実際の効果という面では、ファサードを強調するヒュブシュの建築と大同小異であるという評価を生んだ。[23] しかし、どのように評価するかにかかわらず、ゼンパーの建築が、ドイツ歴史主義建築を先導したことには異論の余地がない。建築様式が歴史的に「生成」され、一時代を代表する有機体的全体、一種の「総合芸術」へと昇華されうるという発想は、シンケルの新古典主義建築と歴史主義建築を貫通する理念的核心であり、誰よりもゼンパーによって理論的体系性を獲得し、建築の実際に適用されたのである。[24]

歴史主義建築の本領、ネオルネサンス様式

歴史主義建築のなかでももっとも歴史主義的なものは、ゼンパーの名前で代表されていたネオルネサンス様式であった。それは、古来の美的規範性に依存する古典主義や過去を神秘化するロマン主義とは違い、「盛期ルネサンス」の建築言語を「歴史学的」に探究し、「元来そのままに」再現しようとする傾向であり、建築史の再現がそれ自体で建築となる歴史主義建築の特性をもっとも典型的に示す様式である。一九世紀中葉にいたると、ロマン主義の感性的熱気は冷め、学問的厳格性が取って代わった。昔の様式を細心な歴史的考証を通してより客観的に再現する態度や、過去の伝承を与えられたままに受け入れることなく総体的に再検討する態度が一般化するにつれて、円柱、付柱、コーニス、欄干、フリーズ、彫刻像、曲形の屋根とマンサード屋根窓、塔とドームといった古典主義建築の基本要素とモチーフが、イタリア特有の雰囲気をおびてよみがえった。もちろん形態と機能の乖離はこれによって解消というよりはむしろ先鋭化した。

ネオルネサンス様式は、本来、洗練されたイタリア風を真の上流文化として選好していた一八三〇年代の立憲王政

ドレスデンの王立宮廷劇場．F. E. Schmidt のエッチング（1840 年代）

の様式として導入されたが、一八四八年革命を経て上昇欲に燃えるブルジョア階層に次第に譲り渡され、一八七〇年代にいたって、はじめてブルジョアの自己再現様式として定着した。ネオルネサンスが志向したのは、失われた過去の回復ではなく、自由な個性の復活であり、厳格な考証を通じて再現されたルネサンス建築の多様な様式的要素は、結局ブルジョアの自己再現と商業的利潤の獲得に動員された。個人主義、都市性、科学性、近代性、そして古典性こそが、ネオルネサンス建築を特徴づける核心的要素であった(25)。スイスの歴史家ブルクハルト Jacob Burckhardt の有名な旅行案内書『チチェローネ』（一八五五年）と文化史叙述の傑作『イタリア・ルネサンスの文化』（一八六〇年）は、著者特有の貴族的厭世主義にもかかわらず、当時のブルジョア階層のルネサンス愛好を先導した(26)。

ドイツでネオルネサンス建築様式は、シンケル式の新古典主義が支配していた「シュプレー河畔のアテネ」ベルリンではなく、「エルベ Elbe 河畔のフィレンツェ」と呼ばれていたドレスデンで最初に開花した。ザクセン王国の首都であったこの地に一八三四年、無名の若き建築家ゼンパーが王立美術学校の校長として赴任し、新しい気運が息吹いた。彼が一八三八年から一八四一年にかけて設計し、竣工させたドレスデン王立宮廷劇場 Königliches Hoftheater は、ドイツ・ネオルネサンス建築の出発を告げた。この流麗な劇場は、ゲーテの悲劇を上演して開館したが、ドレスデンを象徴する有名なバロック建築物「ツヴィンガー宮殿 Zwinger」のアーチに照応する特有の半円形のファサードが際立つ建物であった。この建物の形態は、円弧をなす壁面とともにアーチ窓が前面部の一階と二階すべてにわたっているという点で華麗なことこの上なく、ドイツ式の厳格さとはじつに距離があった。ゼンパーのフランス趣向をあらわ

ゼンパーの絵画館．著者撮影

絵画館（左）とツヴィンガー宮殿．著者撮影

すこのような形態は、その機能にもよく合致しているが、広場に面した円形のファサードは、内側からみると講堂の壁であり、観客席の配置を考慮しており、さらには建物の外の歩行者にも親和感を与えるように配慮されていた。正方形の三階規模のファサードをもつ翼部は、舞台の領域であった。このように、ドレスデン王立宮廷劇場は、果敢な様式的実験であった。ドレスデン王立宮廷劇場に具現化されたルネサンス様式は、シンケルがベルリンに残した遺産とは確実に距離があり、当時流行していたネオゴシックや「半円形アーチ様式」とも異なった。ゼンパーは、様式的モチーフの深い源泉であるルネサンス様式こそが、造形的でありながら機能的な代案であると考えていた[27]。

王立宮廷劇場の建立は、より包括的な建設計画に編入された。ゼンパーはつづいてすぐにツヴィンガー宮殿の庭を北側の川辺に拡張し、大規模な「文化広場 Kulturforum」を建設するプロジェクトに着手したが、彼は、この大規模事業の構想段階でベルリンのシンケルを訪ねて助言を求め、巨匠の積極的な支持を得たと伝えられている[28]。この遠大なプロジェクトは財政上の問題で設計変更がなされ、ツヴィンガー宮殿の北東側側面に「絵画館 Gemäldegalerie」を建てて終わった。一八五五年に開館した絵画館は、ゼンパーが完成させたものではないが、彼の基本設計を土台として建てられたという理由で、俗に「ゼンパー美術館 Sempergalerie」と呼ばれている。この建物は、ゼンパーの宮廷設計図の原本とは異なり、ツヴィンガー宮殿に直角に横たわって宮廷の囲いを形成しており、まるでローマ時代の勝利のアーチのようにみえる中央の突出部が川辺の王立宮廷劇場の表通りに続く通路をなす。建物はこの部分を基準に左右にはっきりとわけられる。絵画館は、全体的にネオルネサンス特有の水平的形態をとっている。粗く仕上げられた一階と装飾化された蛇腹そして欄干をもつコーニスがファサードを支配している。

絵画館は、展示テーマが空間の構成にそのまま投影されたという点で、非常に独創的である。エルベ河畔の王立宮廷劇場に面した北側には古典的テーマが、ツヴィンガー宮殿側の南側には近世美術史が表現された。北側をみると、中央突出部のコーニスの上には古代ギリシャの彫刻家ペイディアスとリュシッポスの彫像、ギリシャの英雄ペリクレスとアレクサンダー大王の彫像が設置されて、過去と現在、芸術と政治の結合をあらわしている。ファサードにそって広がる窓の周囲には、古代神話を素材とするメダルと人物像が並ぶ。これに対して南側には、さらに精巧な装飾でジョット、ホルバイン、デューラー、コルネリウスの像が設置され、近代絵画のイタリア的起源とドイツの後裔たちを想起させる。アーチの上の二つの中心のニッチには、ラファエロとミケランジェロがヨーロッパ芸術の頂点を人格化している。室内空間は、建物の美術史的メッセージをもう一度伝えている。玄関を入った観客は、二つの長いフリーズの上にある浮き彫りの作品に出あうことになるが、ひとつの面は中世から一八世紀までのイタリア絵画の歴史を描写し、もうひとつの面はドイツと北ヨーロッパの画家と後援者を描写する。天井の絵画は、古代の廃墟からキリスト教美術の誕生をあらわし、そのほかの宗教的テーマを多数扱っている。観客はそれぞれの展示室へ足を踏み入れるたびに、ひとつの様式から別の様式へつながる長い長い美術史を探査することになる。(29)

ゼンパーの絵画館は、ルネサンスを主軸とした西欧美術史を建築的に再現した建物である。歴史主義的観念が、ファサードと彫刻品だけでなく、さまざまな様式が連鎖する展示空間の配列にも理想的に具現された。ネオルネサンス様式は、確実に博物館の建築に適合する様式であった。ブルジョアの主導権が著しい博物館は、一般の官公署とは区

ゼンパーが設計したドレスデン新宮廷劇場（現在の姿）．著者撮影

別される市民的な公共機関であり、シンケルの旧博物館が先駆的に示したように、歴史を革命の理念よりはむしろ起源と生成、発展などと類似した観念として理解させることで、現在が過去の論理的で不可避な帰結であることを説教する場であった。博物館のこのような性格は、当時文化的ヘゲモニーを追求して急激に保守化しつつあったブルジョアの要求に理想的にこたえるものであったが、記念碑的でありながらも機能的合理性をもつようにみえるネオルネサンス様式こそブルジョア階級の自己再現にはあつらえ向きであった(30)。

ドイツのネオルネサンス建築は、ゼンパーがドレスデンに残した最後の作品で頂点に達する。一八六九年九月、ゼンパーの記念碑的な王立宮廷劇場が火災で焼失すると、これに代わる新しい劇場が必要となり、ふたたびゼンパーに建築依頼がくる。彼は、一八四八年三月革命に連累してドレスデンを離れてからすでに長かったが、青年期の熱情を高ぶらせる思わぬ機会を得たのであった。俗に「ゼンパーオペラ Semperoper」と呼ばれる新宮廷劇場 Neues Hoftheate は、ドイツ・ネオルネサンス建築の頂点となった作品である。ゼンパーが基本設計をしたのち、ほぼ七年にわたる工事を経て、一八七八年二月、ゼンパーの息子マンフレット・ゼンパー Manfred Semper がついに竣工させた。

この建築物は、美的形式のみならず、最上の音響効果を生みだすための合理的な空間構成が目立っている。機能性の強化によって様式上では折衷主義的な要素が際立ってみえるが、とくにアーチと円柱の結合は、新古典主義はもちろん、ネオゴシック、さらにはドイツ式「半円形アーチ様式」にも存在しない、ゼンパー特有の建築言語であった。(31)建物でもっとも視線を引く部分は、四頭立ての馬車を上部に載せた正面部の巨大な「室外談話用のエクセドラ exedra」であり、王冠のように窪んだ形態をとっている。ゼンパーが生涯研究してきた「多彩装飾論」がモザイクの大理石の光輝のなかに具現されており、曲線形態のファサードと粗面仕上げ切石積みで処理された低層階の付柱、上層階の対をなすコリント式半柱とアーチ窓、あるいは室内の階段とロビー、講堂が、全体的に非常に劇的な姿を演出している。

新宮廷劇場は、昔の宮廷劇場よりも絵画館から距離があり、ファサードと翼部をもう少し広げてみせる空間を確保した。文字どおり記念碑的性格をおびるこの建物は、造形性や大きさの点で、むかい側の由緒あるツヴィンガー宮殿と双璧をなす。裏面の北西方向、舞台配置用の建物には破風屋根を設置し、その上にギリシャ風のリラを中央に怪獣グリフォン gryphon の装飾を両側面に載せて古典的雰囲気を生かした。南東にむく正面部には鞍の形の屋根をもつ舞台配置用の建物があり、観客席がそれより三階下に、また欄干とロビーがさらに二階下に順に低くなる。翼部はさらに一階低くなった状態で、一階の停車用ポーチを備えていた。正面と裏面、垂直線と水平線が緊張した統一をなす点が、まさにこの建物の構成的な特徴である。粗面仕上げ切石積みで処理された低層階は、暴力的に感じられるほど、ひどくでこぼこしている。また、アーチ窓と二重付柱の上の面のぴんと張られたような布地模様は、ゼンパーの「被覆（被服）論」を連想させる。(32)

建物が竣工されていくらも経たない一八七八年四月の『ドイツ建築新聞 *Deutsche Bauzeitung*』第三〇号には、新宮廷劇場の立面図と一階の平面図が掲載されたが、この記事の筆者でありこの学術紙の編集者であるフリッチュ Karl Emil Otto Fritsch は、ゼンパーを指して「シンケル以後のドイツ建築術にもっとも深くしかも持続的に影響を及ぼした大家」と、ほめたたえてやまなかった。(33)フリッチュにいわせれば、最初の宮廷劇場の優雅な雰囲気と違い、二番目のそれはあまりに厳格にみえ、各部分があまりにも独立的に分割されて有機体的統一性をなしていないとみなされる可能性もあるが、そんな批判はたんに「不慣れであること」の表現であるにすぎない。この建物こそ、むしろ「合目的性と美しさの胎動を通じて内在的に追及された建築的有機体の真理」をみせてくれるという点で、「その言葉の最上の意味でのひとつの記念碑」であるというのが、フリッチュの見解であった。なによりもこの建物特有の「室外の談話用エクセドラ」こそが、分割された部分を統一するひとつの中心軸であり、建築家の「テクトニック的良心」を満足させる、と筆者は強調している。(34)

『ドイツ建築新聞』の論調をあるがままに受け入れるとするならば、ゼンパーのネオルネサンス建築は、たしかにシンケルが代弁していたプロイセン古典主義の創造的継承とみなしうる。実際にシンケルは、ゼンパーのドレスデン「文化広場」のプロジェクトを積極的に支持したことがある。シンケルからゼンパーへの変化は、いわばギリシャ式のストアがルネサンスの宮殿へ変容したものであるが、(35)両者はともに記念碑的であると同時に機能的である。しかし、けっして軽く考えてはならない差異もあきらかに存在する。ゼンパーは、自身の最後の傑作である新宮廷劇場の最上段の四頭立て馬車にギリシャの酒神ディオニソスが乗り、新婦アリアドネをオリンポス山へ導く様子を演出した。まるでフリードリヒ・ニーチ

新宮廷劇場の中央出入口と室外談話用エクセドラ（現在の姿）.
著者撮影

ェ Friedrich Nietzsche の『悲劇の誕生』（一八七二年）を建築的に代弁したかにもみえるこのような処理は、シンケルが自身の王立劇場の屋根の上の戦車に光と理想の神アポロンを立てたのとはまったく対照的である。いまやギリシャは、アポロン的調和ではないディオニソス的分裂の図像になったのである。

このような分裂は、歴史主義建築が直面しなければならない必然であった。一八世紀のロココ様式のように一九世紀の上流文化を代弁していたネオルネサンス様式は、過去の伝統に対する真摯な関心と機能的合理性の追求というブルジョアの矛盾した要求をともに満足させようとした。ネオルネサンスが支配的な建築様式として定着していく過程は、プロイセン古典主義特有の空間的・時間的テクトニックが、あらたな「言説形成体」として進化を重ねる過程といえる。ゼンパーの「被覆（被服）論」などを通じて試みられた過去と現在、形態と機能のあいだの矛盾的統一は、事実上統一できない「外部」を排除しておさえ込んだ結果にほかならなかった。それは、すべての政治的・社会的分裂を踏みつけて樹立されたドイツ帝国の現実像であった。ドイツ帝国が海外へ膨張し、産業技術の発展が増大して、中産層の経済的・文化的要求が増大するほど、過去の様式を厳格に再現する傾向はもはや時代にあわなくなり、より機能に適合した折衷主義的様式を駆使することが必要になった。(36) 装飾性の強いファサードと実用的室内空間、ブルジョアが暮らす明るい表の棟と庶民層が暮らす陰った裏の棟は、相互に対立的であった。変化は必然的であった。ゼンパーの新宮廷劇場が登場し、ネオルネサンス様式が次第に解体されるにつれて、歴史主義建築は新しい段階に入った。

帝国主義の尖兵、ネオバロック建築

歴史主義は、炎が消えていく直前により加熱した姿をみせた。歴史に対する客観主義的な態度は、一八九〇年を前後して、帝国主義の膨張の余波で加熱した民族主義によって蚕食されてしまった。いまや歴史主義は、帝国の文化的優越性を宣伝する道具になった。歴史はもう過去と現在の調和した結合を代弁できず、黙示録的救援と自己超越の叙事に変質していった。経済的にも、不況の長期化によって資本の流れが私的消費財市場からより大きな利益を保障する公共部門に移動し、建築もこれに歩調を合わせて、規模を拡大し、歴史的素材や様式を活用して、実用性よりは純然たる誇示のためのスペクタクルを志向するようになった。もちろん、過去を公共の次元で記念碑化することは、歴史主義本来の性格である。違いがあるとすれば、初期の歴史主義が消え去った貴族文化に対するブルジョア階級の集団的憧憬を表現したのに対して、後期の歴史主義は帝国主義の露骨な政治宣伝の道具に転落したという点である[37]。

一八三〇年代から駅とその付帯施設が都市に建設されつつ、既存の都市構造は次第に瓦解し、新しい都市の核がいたるところに生まれたが、伝統的な都市中心部の外郭に広がる広々とした空間に対する支配権を確保しようとするブルジョアの奮闘の一環として、歴史的アイデンティティがいまさらながら重要性をもって浮上した。多くの人々が集まる公共の場所である駅が、技術的・産業的な進歩とブルジョアの文化的業績を宣伝する展示空間となったのは、けっして偶然ではない。変化の加速化で現在と過去がだんだんと乖離するほど、過去の文化伝統を可視的に復元し、喪失感を「補償」しようとする欲求が高まった[38]。後期歴史主義は、一方では過去の栄光を賛美しながらも、他方では現代文明の技術的・文化的な偉業を極度に誇示したが、これは、異質な建築モチーフが「混成的」に結合する様相をつくりだした。由緒あるアレゴリーが本来の意味とは無関係に盗用され、さらには古代エジプトやメソポタミアの遺蹟を連想させる巨大で抽象的な形態が登場した。いまや歴史は、正確に引用できる具体的な時代ではなく、おぼろげな神話の世界に変質した。これは歴史主義の自己解体とみなせる[39]。

歴史主義建築の新しい流れは、弓形の出窓、ドームとキューポラ cupola、ずうっと広がるバルコニーといった壮麗なバロック的要素を導入するとともに、多様な様式的要素をダイナミックな線を通して総体的な視覚効果で束ねようとする点で、通常「ネオバロック様式」と称される。ときおり、ドイツ皇帝ヴィルヘルム二世の専制君主的な統治スタイルと虚礼虚飾そして自己顕示を嘲弄する意味で、「ヴィルヘルム主義 Wilhelminismus」とも呼ばれる。フランスではナポレオン三世時代の雰囲気をあらわす「第二帝政様式 Second Empire style」、そしてイギリスでは「アン女王様式 Queen Anne Style」とか「ネオパッラーディオ主義 Neo-Palladianism」と呼ばれる式である。たとえば、ネオパッラーディオ主義は、バロックの前身であるマニエリスム mannerism の非対称的なダイナミックさを数学的比率で束ねようとする試みであり、ファサードの各部分を分離させる粗い質感の付柱と高さを異にするコーニスがその特徴である。人為的に設定された数学的統一性にもかかわらず、建物の各部分が個々の彫刻作品のように解体される形態は、五大洋・六大陸にまたがる大英帝国の図像ともみなせる。[40] 全体的にみると、ネオバロック建築に共通する特徴は、水平線と垂直線の対立によって緊張感を醸しだす巨石の構造である。それは、一言でいえば、誇張された形態と誇張された機能性が不安な提携をなす建築様式であった。

通常「形式主義者」として知られる美術史家ヴェルフリン Heinrich Wölfflin は、一八八八年の著作『ルネサンスとバロック』で、これら二つの様式を、たんなる形式的な違いだけではなく、精神的なルーツの違いという観点から分析した。彼は、基本的に彫刻的性格をもつルネサンスと真に絵画的なバロックを対比し、後者に際立つ深い内面性こそが中世のゴシック芸術からつながる北ヨーロッパ精神の発露であると力説した。[41] このような視角は、ひとりの美術史家の私見というよりは、当時の文化的傾向を一定程度反映している。ネオバロック様式は、実際、民族精神の復活という大層な歴史的使命を与えられて登場した。それは、建築物と都市空間を、単純な技術的業績ではない民族の巨大な「記念碑」として位置づけようとした。もちろん、だからといって、民族的な様式に対する社会的合意があったわけではなく、新古典主義、「半円形アーチ様式」、ネオゴシック、ネオルネサンスのあいだの長年の主導権争いは終わらなかった。ネオバロックは、ひとつのはっきりした様式というよりは、むしろそのような様式をめぐる「言説形成体」とみなせる。

ネオバロック建築の代表的事例のひとつは、ドイツ帝国議会 Reichstag 議事堂である。首都ベルリンの真ん中に建てられ、帝国の政治的統一性を象徴するようになるこの建物に対して、支配者層はたえず疑いの眼差しを寄せた。統

ドイツ帝国議会議事堂．撮影：Georg Pahl, 1926，出所：Bundesarchiv, Bild 102-03034

一の主役でありながらもプロイセン貴族のアイデンティティを固守した帝国の首相ビスマルク Otto von Bismarck は、議事堂をベルリンから遠く離れた中西部の小都市カッセルに建てようと提案するほどであった。(42) ドイツ帝国議会議事堂は、公募を通して当選した建築家バロット Paul Wallot の設計案を一部修正して、一八九四年に完工したが、ドイツの民族的建築様式とはなにかに関するあきあきする論争の産物であった。通常のゴシックはあまりにもカトリック的であり、北ドイツ型のレンガゴシックはプロテスタントの色彩があまりにも濃く、ルネサンスはあまりにもブルジョア的であり、バロックはあまりにも貴族的であった。苦肉の策として、西欧古典主義建築のいろいろな要素を混在させたこの作品は、みる者によってネオルネサンスあるいはネオロマネスク Neo-Romanesque など多様な様式に分類されるが、その様式的混成性により、当時の批評家たちから厳しい評価を受けた。議会の存在自体を好ましく思っていなかったヴィルヘルム二世は、この建物を「帝国の猿小屋」と呼んだ。(43) 議事堂は、そもそも王宮の周辺や官庁街であるヴィルヘルム通りに建てられるはずが、皇帝が拒否したことで、結局ブランデンブルク門の脇に落ち着いた。(44)

たとえ支配者層を非常に満足させることはできなかったとしても、この議事堂は、正門からのみ出入りが可能であるなど十分に権威主義的な建物であった。なによりも鉄とガラスで出来上ったどっしりしたドームが、ドイツ帝国の強力さを誇示していた。ネオルネサンス様式が復活させたドームのモチーフは、本来は、天を模倣するという宗教的な象徴性をもっていた。天は地を包み抱く半球の形態をとることで、自身のもっとも完全な姿をあらわにする。人間は、みずからはけっして到達できない天を地上に建てることで、地上の実存と天上の久遠を実体化する。このように建物の中心にそびえて太陽の光を反射するドームは、建物を神聖な存在に格上げする効果をもつ[45]。帝国議会議事堂におけるガラスのドームは、帝国の神聖な権威を高めるには申し分ないものであった。ただし、同時に建物全体でもっともモダンな要素でもあったこの外観は、帝国の威厳と透明で開放的な民主主義政治の二元性を体現していた[46]。この建物は、おもにレンガを使用したほかのヴィルヘルム主義の建築物とは区別されるが、自然でありながらも堅固な構成と、帝国主義時代特有の活力に満ちた形態を結合した点において、時代の精神を典型的に代弁していた。ドイツ帝国議会議事堂が典型的に示す「ヴィルヘルム主義」建築は、プロイセン古典主義に由来する剛直な建築気風と調和しながらも、異質な建造環境に適応しうるほどに開放的であった。したがって、そのもっとも精選され圧縮された姿が、数十年のちにドイツとは遠く離れた見知らぬ空間にあらわれたこともまったく驚くべきことではない。

（1） Hermann Fillitz, ed., *Der Traum vom Glück: Die Kunst des Historismus in Europa*, vol.1 (Künstlerhaus, 1996).

（2） Thomas Nipperdey, *Deutsche Geschichte 1800-1866*, pp.556-558. 近代美術の誕生を一八世紀美術の内在的危機とみる観点は、Werner Busch, *Das sentimentalische Bild: Die Krise der Kunst im 18. Jahrhundert und die Geburt der Moderne* (C. H. Beck, 1993), pp. 9-18 参照。

（3） Wolfgang Hardtwig, “Kunst und Geschichte im Revolutionszeitalter. Historismus in der Kunst und der Historismus-Begriff der Kunstwissenschaft”, *Archiv für Kulturgeschichte*, no. 1 (1979), pp. 154-190.

（4） Monika Wagner, *Allegorie und Geschichte*, pp. 31-40; Matthew Jefferies, *Imperial Culture in Germany 1871-1918* (Voker R. Berghahn, 2003), p. 118.

（５） Robert Jan van Pelt, *Architectural Principles in the Age of Historicism* (Yale University Press, 1993).

（６） Hans-Werner Hahn, *Die Industrielle Revolution in Deutschland* (Oldenbourg, 1998), pp. 24-48.

（７） この時期のドイツ社会の全般的な文化様相については、とくに Matthew Jefferies, *Imperial Culture in Germany 1871-1918* (Voker R. Berghahn, 2003) 参照。

（８） Wolfgang J. Mommsen, *Bürgerliche Kultur und künstlerische Avantgarde: Kultur und Politik im deutschen Kaiserreich 1870-1918* (Propyläen, 1994), p. 7 以下。

（９） Friedrich Meinecke, *Weltbürgertum and Nationalstaat,* pp. 1-22.

（10） Wolfram Siemann, “Die deutsche Hauptstadtproblematik im 19. Jahrhundert”, pp. 256-257.

（11） M. Brix and M. Steinhauser, “Geschichte im Dienste der Baukunst”, eds. by M. Brix and M. Steinhauser, *Geschichte allein ist zeitgemäß: Historismus in Deutschland* (Anabas, 1978), p. 208. ドイツ歴史主義建築についての概観としては、Dieter Dolgner, *Historismus. Deutsche Baukunst 1815-1900* (Seemann, 1993); Ernst-Heinz Lemper, “Historismus als Großstadtarchitektur. Die städtebauliche Legitimierung eines Zeitalters”, Karl-Heinz Klingenburg, eds. *Historismus: Aspekte zur Kunst im 19. Jahrhundert* (VEB E. A. Seemann, 1985), pp. 50-72 参照。

（12） Alan Colquhoun, *Modernity and the Classical Tradition. Architectural Essays 1980-1987* (The MIT Press, 1991), pp.4-18; Maria Erxleben, “Goethe and Schinkel”, pp. 20-32.

（13） Maiken Umbach, *German Cities and Bourgeois Modernism 1890-1924* (Oxford University Press, 2009), pp. 27-36.

（14） Wolfgang J. Mommsen, *Bürgerliche Kultur und künstlerische Avantgarde: Kultur und Politik im deutschen Kaiserreich 1870-1918,* p.35; Jörg Bahns, *Zwischen Biedermeier und Jugendstil: Möbel des Historismus* (Keysersche Verlagsbuch, 1987).

（15） 스즈키 히로유키『서양 근현대 건축의 역사：산업혁명기에서 현재까지』［鈴木博之『西洋近現代建築の歴史：産業革命期から現在まで』］五四～五五쪽。

（16） Thomas Nipperdey, *Deutsche Geschichte 1800-1866,* p. 558; Barry Bergdoll, *European Architecture 1750-1890,* pp. 269-279.

（17） Kurt Milde, *Neorenaissance in der deutschen Architektur in der deutschen Architektur des 19. Jahrhunderts,* pp. 116-124; Mitchell Schwarzer, *German Architectural Theory and the Search for Modern Identity,* pp. 51-53; Mallgrave, *Modern Architectural Theory,* pp. 106-108.

（18） Dagmar Waskönig, “Konstruktion eines zeitgemäßen Stils zu Beginn der Industrialisierung in Deutschland. Historisches Denken in H. Hübschs Theorie des Rundbogenstils” (1828), eds. by M. Brix and M. Steinhauser, *Geschichte allein ist zeitgemäß,* pp. 93-105.

（19） Harry Francis Mallgrave, *Gottfried Semper,* pp. 165-227; Mitchell Schwarzer, *German Architectural Theory and the Search for Modern Identity,* pp. 72-74; 데이비드 와트킨, 우동선 옮김『건축사학사』（시공사）［デイヴィッド・ワトキン、ウ・ドンソン訳『建築史学史』（時空

社)] (一九九七) 一九〜二一쪽。

(20) Mallgrave, *Gottfried Semper,* p. 91, pp. 220-225.

(21) Gottfried Semper, *Der Stil in den technischen und tektonischen Künsten oder praktische Ästhetik: Ein Handbuch für Techniker, Künstler und Kunstfreunde,* vol. 1, *Textile Kunst* (1860), zweite, durchgesehene Auflage (Friedr. Bruckmanns Verlag, 1878), §61, 62. これについては、M. Brix and M. Steinhauser, "Geschichte im Dienste der Baukunst", pp.258-260; Mallgrave, *Gottfried Semper,* pp. 274-308; Mari Hvatum, *Gottfried Semper and the Problem of Historicism* (Cambridge University Press, 2004), とくに pp. 72-75 参照。

(22) Gottfried Semper, *Der Stil in den technischen und tektonischen Künsten oder praktische Ästhetik,* §58; Mallgrave, *Modern Architectural Theory,* pp. 77-77, p. 132, 130.

(23) Kurt Milde, *Neorenaissance in der deutschen Architektur in der deutschen Architektur des 19. Jahrhunderts,* p. 174 以下。

(24) Mari Hvatum, *Gottfried Semper and the Problem of Historicism,* p. 167.

(25) Thomas Nipperdey, *Deutsche Geschichte 1866-1918,* vol. 1, *Arbeitswelt und Bürgergeist* (C. H. Beck, 1990), pp. 718-719; Walter Krause, ed., *Neorenaissance: Ansprüche an einen Stil* (Verlag der Kunst, 2001); Iain Boyd Whyte, "Modern German architecture", eds. by Eva Kolinsky and Wilfried van der Will, *The Cambridge Companion to Modern German Culture* (Cambridge University Press, 1998), pp.282-301.

(26) Jacob Burckhardt, *Der Cicerone: Eine Anleitung zum Genuss der Kunstwerke Italiens* (Kröner, 1986); 야코프 부르크하르트、이기숙 옮김『이탈리아 르네상스의 문화』(한길사) [ヤーコブ・ブルクハルト、イ・ギスク訳『イタリア・ルネサンスの文化』(ハンギル社)] (二〇〇三)。これらの作品の影響力については、Jefferies, *Imperial Culture in Germany,* pp. 95-98 参照。

(27) Mallgrave, *Gottfried Semper,* pp.120-123, 356-357.

(28) Mallgrave, *Gottfried Semper,* pp. 95-98.

(29) Mallgrave, *Gottfried Semper,* pp. 109-117; James Sheehan, *Museums in The German Art World,* pp. 127-131.

(30) James Sheehan, *Museums in the German Art World,* p. 137; Ulrich Großmann, "Renaissance der Renaissance-Baukunst", eds. by Ulrich Großmann, Petra Krutisch, *Renaissance der Renaissance: Ein bürgerlicher Kunststil im 19. Jahrhundert* (Deutscher Kunstverlag, 1992), pp. 201-219.

(31) Kurt Milde, *Neorenaissance in der deutschen Architektur,* p. 137.

(32) Mallgrave, *Gottfried Semper,* pp.339-353; K. E. O. Fritsch, "Das neue Hoftheater zu Dresden", *Deutsche Bauzeitung,* vol. 12, no. 34 (April, 1878), p. 167.

(33) K. E. O. Fritsch, "Das neue Hoftheater zu Dresden", *Deutsche Bauzeitung,* vol. 12, no. 30 (April, 1878), p. 145.

(34) Fritsch, "Das neue Hoftheater zu Dresden", *Deutsche Bauzeitung,* no. 34, p. 167, 168.

(35) Mallgrave, *Gottfried Semper,* p. 117.

(36) Wolfgang J. Mommsen, *Bürgerliche Kultur und künstlerische Avantgarde,* p. 35.

(37) Maiken Umbach, "Memory and Historicism: Reading Between the Lines of the Built Environment, Germany c.1900", pp. 26-54.

(38) Ernst-Heinz Lemper, "Historismus als Großstadtarchitektur. Die städtebauliche Legitimierung eines Zeitlaters", p. 50, 60.

(39) Maiken Umbach, "Memory and Historicism", pp. 39-43; Valentin W. Hammerschmidt, *Anspruch und Ausdruck in der Architektur des späten Historismus in Deutschland 1860-1914* (Peter Lang, 1985).

(40) Maiken Umbach, *German Cities and Bourgeois Modernism 1890-1924,* p. 33; Matthew Jefferies, *Imperial Culture in Germany 1871-1918,* pp. 183-228.

(41) Heinrich Wölfflin, *Renaissance und Barock: Eine Untersuchung über Wesen und Entstehung des Barockstils in Italien* (Schwabe, 2009).

(42) Wolfram Siemann, "Die deutsche Hauptstadtproblematik im 19. Jahrhundert", p. 256.

(43) Matthew Jefferies, *Imperial Culture in Germany 1871-1918,* p. 83 以下。Iain Boyd Whyte, "Modern German Architecture", p.285. 社会民主主義者ベーベル August Bebel がドイツ帝国議会議事堂に賛辞を贈ったのは、建築自体に対する評価というよりは、皇帝と対立しようとする政治的判断によるものとみられる。これについては、Brix and Steinhauser, "Geschichte im Dienste der Baukunst", p. 298 参照。

(44) Wolfgang Hardtwig, "Nationsbildung und Hauptstadtfrage. Berlin in der deutschen Revolution 1848/49", Hardtwig, *Nationalismus und Bürgerkultur in Deutschland 1500-1914* (Vandenhoeck & Ruprecht, 1994), p. 202. この建築物は、本来、議会民主主義と立憲君主制の妥協の産物として建立されたものであり、ドイツ民主主義の希望と挫折を体現していた。これに関しては、Michael S. Cullen, *Der Reichstag: Im Spannungsfeld deutscher Geschichte* (Bebra Verlag, 2004), pp. 9-10; U. Haltern, "Architektur und Politik. Zur Baugeschichte des Berliner Reichstags", eds. by Ekkehard Mai, Stephan Waetzoldt, *Kunstverwaltung, Bau-und Denkmal-Politik im Kaiserreich* (Mann, Gebr. Verlag, 1981), pp. 75-102 参照。

(45) Christian Norberg-Schulz, *The Concept of Dwelling: On the Way to Figurative Architecture* (Rizzoli, 1985), p. 34.

(46) Michael S. Cullen, *Der Reichstag,* pp. 32-34; Kurt Milde, *Neorenaissance in der deutschen Architektur,* p. 303.

第5章　歴史主義と都市計画

建築空間のテクトニック的統一性の具現というプロイセン古典主義の理想は、個々の建築物をこえて、都市空間全体の再編成を促進した。プロイセンの公共建設事業を総指揮する立場にいたシンケルの建築には、つねに都市全体を網羅する「心象地理」が介入したので、個々の建築設計とこれらを統合する都市設計を並行したのは、きわめて自然なことであった。シンケルは、新衛兵所を建設中であった一八一七年に、ベルリン都心部に対する大々的な建設計画をつくって国王に提出したことがある。この設計案は、一八世紀の「フリードリヒ広場」計画案を批判的に継承したもので、これ以上個々の建物に埋没せず、都心全体の遠近法的統一性を期そうとした。(1)

プロイセンの首都ベルリンは、一八世紀を経て、(軍人を含む) 全人口が五万人からほぼ一七万人に増加するほどおおきく成長したので、どんな方向であれ、既存の都市構造を改編せざるをえない状況であった。一八世紀中葉には昔の防壁が機能を失い崩れていったが、中世的構造をもつ都市中心部と西部の新郊外地域との交通は、一九世紀初頭にいたっても円滑ではなかった。シンケルの計画案は、このような過渡期的な状況に対する実践的な介入であった。多分に理想主義的であったこの計画案は、昔の「フリードリヒ広場」計画案と同様に実現がむずかしく、それまでの都心の構造を部分的に改修するレベルに終わってしまったが、(2) 都市のテクトニック的構想という新しい方向性を定立したという点で、その意義はけっして小さくない。

シュロス橋図案．出所：Schinkel, *Sammlung architektonischer Entwürfe* (1858), plate 24

シンケルとレンネの新古典主義都市建築

シンケルの設計案でもっとも際立つ点は、都心に残っている防壁を完全に撤去し、王宮とブランデンブルク門を結ぶ勝利街道すなわちウンター・デン・リンデンを完成することで、都市という有機体の心臓部を構築しようとしたことである。そのために、まず、王宮のむかいの遊園地と川むこうのウンター・デン・リンデンを結ぶ石造の橋が一八二四年に竣工された。いわゆる「シュロス橋 Schloßbrücke」は、一八世紀に「宮城前広場」建設計画の一環としてつくられた昔の橋を国王の命によって撤去しあらたに築いたものであるが、シンケルみずからが、審美的なことが第一の目標であることをはっきりとあかしたことがある。この橋は、王国の首都にふさわしい優雅な建築的形態と象徴的な彫刻品で装飾され、当時計画中であった博物館など、周囲の建築物と一体となるようにすると同時に、都市内の水路の流れをより円滑にすることにも寄与しようとするものであった(3)。シュロス橋は、四つの強固な花崗岩の台座で分割された緩やかなアーチが両側面をなすが、鋳鉄で処理された欄干がアラベスク風に装飾され、そのあいだに戦士と勝利の女神の彫像が、四対をなして載っている。新衛兵所の前にシャルンホルストとビューローの銅像がおかれているように、ここでもやはり解放戦争の記憶が支配した。もちろん、知られているとおり、これらの彫像は、費用の問題のため、シンケルの死去ののちに実現された。

どうであったにせよ、シュロス橋こそが、ベルリンの心臓部がシンケルの手で誕生したことを雄弁に語る記念碑的な石橋であった(4)。

シュロス橋が新設されてはじめて、遊園地はその姿を整えていった。むかいの王宮と、一八世紀にヨハン・バウマン一世が建てた大聖堂、そして、のちにシンケルが建てることになる旧博物館まで登場すると、それこそ各時代を代表する建築物のアンサンブルが繰り広げられることになった。川辺には散策路も造成され、市民を引き入れた(5)。しかし、ウンター・デン・リンデンにおいて個々の建築物と都市空間が、あるいはまた市民と国家が、真に有機的な結合を成就したか否かはたしかではない。シンケルがウンター・デン・リンデンを完成することで連続的で統一的な都市空間を創造しようとしたことはあきらかであるが、これは事実上、権力の再現のために都市空間の自律性を犠牲にしたのではないか。まるで劇舞台のように演出された都市景観は、調和の実現というよりは、むしろ調和のスライドイメージをみせたにすぎないのではないか(6)。シンケルの都市建築が示すこのような根本的な問題点は、以後、歴史主義の難題として残ることになる。

シンケルは、ウンター・デン・リンデンを含むベルリンの中区 Mitte 地域の建設と緑化事業に邁進し、人生の最終段階には生涯の同僚ペーター・ヨセフ・レンネが主導したもう少し包括的な都市設計に、ともに参加することになる。一八二五年、ベルリン土木警務庁 *Baupolizei* がベルリン市内の未開発地区の建設事業に着手するに際して、当時皇太子の身分であった未来のフリードリヒ・ヴィルヘルム四世は同事業を積極的に率いてみずから計画案まで提示したが、シンケルはこれに同意せず、土木警務庁の原案を固守した。本格的なベルリンの建設事業は、一八四〇年にフリードリヒ・ヴィルヘルム四世が即位してただちに開始された。これは事実上、非常に緊急な事案であった。急速な産業化によって農村人口が都市部に流入し、ベルリンの人口は急上昇したからである。一八一〇年頃、大ざっぱに見積もって一六万余であった居住人口は、一八四〇年には二倍に増加していた。国王の命により、レンネは、シンケルと協力してベルリン市の構造を大々的に改編する新しい計画案をつくった。有名な「ベルリンと近郊地域の都市美化プロジェクト Projectirte Schmuck-und Grenzzüge von Berlin mit nächster Umgebung」がそれである。この計画案は、並木道が続く広々とした環状道路をならし、名称そのままに「装身具 Schmuck」のような建築物と造形物そして公園で美化しようとしたものであるが、王国の首都を構築する長期にわたる作業の総決算であり、新しい産業都市の基礎を整える出発点であった。(7)

国王が即位して間もなくシンケルが持病で死亡すると、この計画はレンネに一任された。プロイセンを代表する造園芸術家レンネは、ポツダムのサンスーシ宮殿の庭園を再設計した経験があり、一八三三年からはベルリンのティーアガルテンを全面的に再編成する作業に没頭していた。レンネは、沼地と野生の森でおおい隠されたティーアガルテンを絵のような人工湖と水路そして花が満開の庭園に変貌させ、一見、自然にみえるがじつは幾何学的に構成された森のなかの道をつくった。イギリス庭園の自然さとイタリア式そしてフランス式の庭園の流麗さを結合したレンネの造園芸術は、ベルリン市全体に対する設計に転化されるに際して、十分に実現されることはなかったが、しかし、これにより、都市計画が参照する典範はつくられた。(8) 産業化の余波で急成長する都市が、私営業者の乱開発に巻き込まれることなく、古典建築で装飾された道路網と十分な緑地を確保しつつ再編成されたのは、シンケルのテクトニックが歴史主義に進化していく過程とみなしうる。また、それは、たとえ意図されたところではないかもしれないが、その後、ベルリンが帝都となるための事前整備作業となった。

レンネは、ベルリンの造園事業を総括する監督官 Gartendirektor の地位にあって、ベルリン中区を新しいアテネへと高めようとしたシンケルの遺志を継ぎ、あらたにベルリンに編入された未開発の地区についても、都心部と同じ原理で構築しようと努力した。レンネは、基本的にシンケルと志を同じくする新古典主義者であったが、同僚のシンケルがそうであったように、固定した様式的形態に固執するよりは、それぞれの機能にあうべく多様な昔の様式を利用しようとした。レンネの造園芸術には、少数の特権層のために自然を貴族化するのではなく、普通の人々が暮らし息をする都市に一種の緑の肺を提供するという大義が貫かれていた。このような基本的な発想のおかげで、過去の様式的資源を巨大な採石場として活用する歴史主義の原理が、ベルリン外郭地域にまで、一部ではあるが貫徹されたのである。たとえば、ベルリン南部からティーアガルテンまで延々七・四キロに達する「国境守備帯」という名前のラントヴェア運河 Landwehrkanal が造成されて草木で彩られ、都市東南部の外郭に位置したケーペニック原 Köpenicker Feld でも都心部に劣らない街路網と緑地帯の建設が推進された。それこそ労働者階級のウンター・デン・リンデンといえる場所が形成されたのである。(9)

レンネの野心に満ちたプロジェクトは、技術的・社会的な与件が満たされず紙の上の万里の長城に終わった場合が多かったが、それでも、彼が、一八四〇年度の計画案から最優先の課題として根気づよく推進した事案については、一定の成果が得られた。すなわち、まさに運河にそってベルリン南西部の外郭を結ぶ環状道路であり、フリードリヒ・ヴィルヘルム四世は交差点ごとに記念碑的な広場をつくるよう注文を出すなど、積極的に後援した。ただし、この計画は、国王が他界した一八六〇年代にいたってまったく違う専門分野の人物が主導権を握ることになり、大幅に修正された形態で実現された。鉄道および水路の技術者であり、ベルリン警務総局 Polizeipräsidium 所属の公認建築士で、一八五九年に三三歳の若さで「ベルリン郊外建設計画案成案委員会」の委員長の地位に昇ったジェームス・ホープレヒト James Hobrecht である。(10)

ホープレヒト計画案

一八三〇年代から軌道に乗った工業化の波は、ベルリンの人口に大きな変化をもたらした。当時の人口調査によれば、一八五五年に四三万人余りと集計されたベルリン市の居住人口は、毎年二〜三万人ずつ増加し、統一ドイツの首都となった一八七一年には八二・五万人を上回るようになり、一八八〇年にはすでに百万都市となった。一八九〇年代初頭には、都市の外郭まで含む人口は二百万に肉薄する。このような人口の急成長は、都市の規模拡張につながり、ティーアガルテン西北側のモアビット Moabit と、そのすぐ上のヴェディング Wedding などの地区が、一八六一年、あらたにベルリンに編入され、おもに農村から、とくに東プロイセン地域から上京した労働者層の居住地になった(11)。

いまや、既存のバロック式都市建築は、これ以上現実の要求に応じることがむずかしくなった。一九世紀の大都市は、工業化の結果として急増した人口はもちろん、それら相互間のより多面的で頻繁な接触に耐えなければならなかったので、体系的で円滑な交通網が必要不可欠となった。鉄道をはじめとする新しい交通手段の登場は、以前のように狭い都心部だけの装いを無意味にした。したがって、新しい都市建築は、当然ながら、芸術的形態よりは産業社会の現実にあう機能性に主眼をおくことになった。いうまでもなく、一七世紀フランスのベルサイユ Versailles 宮殿に代表されるバロック的形態言語については、新しい時代に活用される余地があった。広く長く伸びた中央街道と公共広場、放射状の街路体系そして街を単一の展望――「ビスタ vista」――で統合する記念碑的建築物こそが、一九世紀の大都市の原型をなす核心要素として、ナポレオン三世治下のパリ改造において、もっとも先駆的で典型的な表現を得た。

一八五三年、当時パリが属していたセーヌ Seine の県知事に任命されたオスマン Georges-Eugène Haussmann は、皇帝の命により、中世的な都市パリを新しい帝国の首都に改造する大工事に着手した。土地の収用と再開発事業が、国会の投票を経ず政府の条例布告令によって可能になると、都心中央の建物が一度に数百軒ずつ壊され、古い小路はあっという間になくなった。一八六〇年代末まで長い期間にわたって進められた大々的な建設工事を通じて、街路樹と街路灯、ベンチを備えた広々とした大通り boulevard が放射状あるいは十字型につながり、上下水道と通信施設など、ひとつ残らず備えた名実相伴った近代首都が登場した。それは交通が円滑で、採光と通風のよい、明るく衛生的な新都市であった。オスマンの計画でもっとも際立つ点は、都市の大動脈の役目をする幹線道路の構築であり、これには、物理的な交通路の確保はもちろん、帝国首都の威容を象徴的にあらわす役割も与えられた。幹線道路は都市の衛生を増進するという目的にも合致しており、また、建設ブームと不動産ブームを通じて大ブルジョアジーには時価差益を与え、労働者階級には働き口を提供するという一石二鳥が狙われた(12)。

しかし、オスマンのパリ改造は、いわゆる「ボナパルティズム bonapartisme」と呼ばれる帝王的権威主義統治の根本的問題点を抱えていた。生きている都市に対するまさに外科手術的な介入は、たとえそれが都市のインフラ建設を通じて商業と工業を活性化するプラスの機能をもつとしても、社会の下層民の立場からはあまりにも暴力的なものであった。建設費を充当するために建設予定地域の隣接地域まで捨て値で強制買収し、建設が完了したのちには上昇した価格で売却処分する措置は、その後、都市計画の分野において「超過収容 excess condemnation」という概念として定着するが、この前例のない手法は、投機熱による地価暴騰を統制するどころか、かえって公共事業の費用まで土地所有者に負担させることで、結局、上流層だけが都心にとどまれるという状況をもたらした。たしかに、不動産価格と賃貸料の上昇は、大々的な建設事業の不可避な結果であったことは認められてよいだろう。ただし、いずれにせよ広々とした街路の登場が、おもにバリケードに依存していた大衆蜂起を一層むずかしくし、政治の保守化を推進したことはたしかである。バリケードに代わったのは、帝国の偉大さを宣伝する記念碑的建築物であった。パリの街路は、さまざまなスペクタクルが広がる劇舞台になった(13)。

もちろん、このような結果をすべてオスマンと「ボナパルティズム」の責任に帰すことはできないであろう。地価と賃貸料の上昇は、産業都市への人口集中が生んだ必然的結果であり、この流れを戻すことができないとすれば、労働者階級が郊外に押し出されることもまた不可避であった。郊外化現象は、これ以外にも、市街電車をはじめとした交通機関の発達の帰結であり、また工場の機械化と大規模化によって生産施設と労働者がともに移転した結果でもあった。しかし、いずれにせよこのような郊外化現象に対して無策で一貫し、結局、外郭地域を貧民窟に転落させたという点は、オスマンの政策のそそぐことのできない汚点である。

これと対照的な姿をみせるのが、イギリスはロンドンの事例である。ロンドン市当局は、個人の利害関係を尊重しながら都市の改善に部分的にのみ介入したが、郊外化の流れをむしろ逆手にとり、都心部の慢性的な過密化と交通渋滞、犯罪、衛生問題などを解決する手段として活用しようとした。パリとは違い、ロンドンの外郭には、新しい交通手段を念頭においた「公共住宅団地 public housing」が計画的に造成された。没収された土地の所有者は、利益を期待する不動産会社や建築会社から上昇後の価格にもとづいて弁償を受けたり、新しい建設地の払い下げを認められたりすることにより、損害を最少化できた。きわめて自由主義的なロンドン式の政策路線は、中央集権的なパリ式路線と比して、激しい無秩序を予防できたのである。(14)

いまだ本格的な「都市計画」が定着する前の一九世紀中葉に、ベルリン市の政策立案者は、パリやロンドンと根本的に異なるところのない問題にぶつかっていた。一国の首都をいったいどんな姿にするか、いかに品位ある姿を維持しながらも産業社会の現実にあう効率的な構造に建設するかが問題であった。その際、パリとロンドンの事例は参照に値するモデルを提供していた。シンケルとレンネの美的遺産が支配していたベルリンには、ロンドンよりもパリのモデルがアピールした。文明と進歩を象徴する街路と建築物を通して都市をひとつの劇の舞台にするという発想は、確実にプロイセン古典主義の伝統と相通ずる面があった。しかし、産業社会の現実にこたえるという面では、ロンドンの実用的な路線のほうが、はるかに長所が多かった。なによりも都心部と郊外を結ぶ交通手段を拡充して、労働者階級に住宅を供給し、貧民街の拡散を食い止めることこそ、ベルリンがかならず解決しなければならない時代的課題であった。(15)

ホープレヒトのベルリン拡張計画案は、まさにこのような課題を解決するためにつくられたものであった。ベルリン市の範囲は、一七世紀につくった防壁が一八世紀末葉にいたってほとんど解体され、かわりに関税障壁が立てられる際に、一時的なものとして規定された。しかし、一九世紀の急激な人口増加によって交通が発達すると、行政的な修正は不可避となった。一八三八年に導入されたベルリン‐ポツダム間の鉄道路線は、短期間で急速に延伸し、一八五〇年代には既存の鉄道の駅を結ぶ環状線が登場した。いまや鉄道施設は、都市空間をつくる必須不可欠な部分となった。これに加えて、ボルジッヒ Borsig のような屈指の大企業の工場まで出来ると、商業用地の必要性はもちろん、人口増加による住宅地の整備がより切実な問題になった。このような社会的・経済的な要求は、中世的規模の都市ベルリンではとうてい果たしえないものであった(16)。

一名「ホープレヒト計画案 Hobrecht Plan」と呼ばれる「ベルリン郊外地域建築計画案 Bebaungsplan der Umgebungen Berlins」は、一八六二年に公式認可を受け、ベルリン警務庁の名義で公布された。この計画案は、その後数十年間にわたってベルリン市の構造に持続的な影響を及ぼすことになるが、プロイセンの首都はパリのように華麗で威容にあふれるべきであるという国王の要求を反映して、道路の新設と建築事業に主眼をおいていた。しかし、パリでは、新道の構築が優先視され既存の建物のリモデリングや撤去に力がそそがれたの対して、ベルリンでは、あらたに編入された未開発地に住宅地をつくることが重視され、既存の都心部の街区の区画方式と大きさをそのまま移植することが試みられた。これ以外の点については、ホープレヒト計画案は、放射状および十字型の交差路と環状道路、そして密集住宅建築についてはパリのモデルに、都市の衛生に対する考慮と外郭の運河建設などについてはロンドンのモデルに、おのおの立脚した(17)。

この野心に満ちた計画案は、総合的であるだけでなく、遠大なことこの上なかった。一九世紀中葉に、百年先を見据えて四百万の人口を収容できるだけの大規模な都市を計画したことは、じつに破格であった。もちろん、実際には、わずか五〇年余りで、予想人口数の最大値をこえてしまったのであるが(18)。

一九世紀中葉、ベルリン市のもっとも重要なイシューのひとつは、すでにシンケルがつくった旧都心ではなく、すぐその横にあったティーアガルテンとモアビット地区にあった銃器工場の移転で空いた空間を活用する方案であった。すでに一八三〇年代、当時皇太子の身分であったフリードリヒ・ヴィルヘルム四世が、ここをおもに軍事関連施設に転用する計画案をみずからつくり、官僚集団と摩擦を引き起こしていた。一八六二年のホープレヒト計画案は、多分に折衷的な路線をとった。新しい国王と警務総局の支持を得たこの計画案は、可能なかぎりベルリン都心部の新古典主義的景観を損ねず、旧都心の周辺を取り囲む交通網とアメニティ施設、事務室、住宅などを、近代産業社会の現実にあうように建設しようとした。ホープレヒトは、基本的に芸術家タイプの建築家ではなく、土木技術者であった。彼が実用性を前面に押し出したのは、これは当然である。彼は、おおよそ鉄道交通を中心に道路の類型を定め、建築業者が上昇した地価を負担するという条件さえ満たすならば、高層建物群も許容した。広い幅で造成された道路体系は、事実上運河のために必要な空間を確保したが、これは都市の排水体系を合理化することにより衛生状態を増進するのにおおきく寄与した。[19]

新しい運河の建設は、一八七三年に着工された。もともと運河の専門家であったホープレヒトは、都市全体を結ぶ運河を一種の浄化施設として活用しようと考えた。生活下水が川の水に入り込んで水質を悪化させないよう、灌漑施設を建設して排水を外郭に分散する体系が導入されたのである。しかし、このような技術的合理性に比べると、建築的な面は不十分であることこの上なかった。公式名称とは違い、目立った「建築計画」がないことがこの計画案の特徴であった。建物の形態についての指針がなく、ただ街路の幅と広場・交差路・街区の大きさ、建物の敷地と道路の敷地の区分などを含むいわゆる「建築線 Fluchtlinie」だけが規定されていた。[20] かつて一八五三年四月二一日に公布された「ベルリンとその他警務庁管轄区域の土木警務規則 Bau-Polizei-Ordnung für Berlin und den weiteren Polizei-Bezirk」は、建築物全体ではなく外壁だけを建築線にあわせればよいと規定したので、建築物についての細部項目が追加されないかぎり、道路上の乱開発を助長する可能性があった。[21] したがって、民間営業者の投機が蔓延し、労働者の居住地に「兵営式の賃貸住宅」がにぎわうようになるのは時間の問題であった。一九三〇年に出版されたヴェルナー・ヘーゲマン Werner Hegemann の『石化したベルリン』は、この事態に対する痛烈な批判としてよく知られている。建築物の平面だけを指定して立面は自律に任せるホープレヒト式の「建築計画」こそが乱開発を招いた原罪であるというのが批判の核心であった。[22]

しかし、ホープレヒトは、すでに一八六〇年代に自身の路線を弁護していた。彼は、密集した共同住宅こそが、多様な社会階層に対して緊密な共同生活を営ませることにより、国家の一体性を強化させうると主張した。彼は、貧民層を社会から排除するのではなく「人倫的な、国家レベルの配慮が必要」であるという点を強調し、みずからの計画案はこのような大義に立脚していることをあきらかにした(23)。実際、ホープレヒト計画案は、貧民層のみならず社会を構成する各階層に配慮する側面を有している。たとえば、土地所有者に一定の裁量権を与えて開発予定地の改良や再分配のための共同出資を認める方針は、国家権力による強制的な土地没収を推進したパリはもちろん、地主の営利的な利害関係に全面的に依存したロンドンの場合とも、あきらかに異なる点であった(24)。

ホープレヒトの計画案は、実用的ではあったが、どうみてもプロイセン特有の保守的な精神の産物であった。産業都市の乱暴な成長を可能なかぎり秩序のある道へ誘導し、疎外された社会構成員を国家権力に包摂しようとする試みは、あきらかにシンケルの問題意識と接点をもっていた。シンケル式の芸術的代案ではなく技術的な解決方策を模索したものではあるが、テクトニック的発想はそっくり継承され、むしろ時代にあうべく、より具体化されたという側面があった。実際、ホープレヒトは、建設工事を進めるなかで、シンケル－レンネの旧都心を可能なかぎり損わないことを心がけ、一八四〇年の都市美化計画が推進したベルリン南西部の外郭を結ぶ環状道路を運河と同時に実現した(25)。

しかし、都市の現実は、保守的な官僚の目だけで評価されるべきものではない。「石化したベルリン」の現実は、国家の包摂対象とみなされた社会の下層民にとってじつに非情なものであった。写実主義作家として知られるヴィルヘルム・ラーベ Wilhelm Karl Raabe の小説『雀横丁年代記』がみせるベルリンの陰湿な路地裏の風景は、これが一九世紀末葉ドイツ帝国の輝かしい首都だとは信じられないものである。まばゆい街路灯の光が噴き出すウンター・デン・リンデンの長く広々とした街路と、そこからさほど遠くない場所にある薄暗く曲がりくねった雀横丁は、ひとつの都市の相反する二つの顔をみせてくれる。「夕暮れそして夜中になると、ここでは灯火と月の光が尋常でない光彩を発する」。著者の視点では、都市の路地裏に潜む陰湿でたばこの煙に満ちた地下部屋や屋根裏部屋こそが、「戦争と平和、悲惨さと幸福、飢餓と過剰、生のすべての二律背反を反映する、現実世界のなかの大切な舞台」である。ここで営まれる日陰の人生は、シンケル式テクトニックの合目的的な秩序が排除したものがいったいなんであったのかを示している。(26)

路地裏だけが問題ではなかった。ベルリンでもっとも高くそびえる戦勝記念塔の威容さえ、帝国首都の「理想的な合目的性」を代弁できなかった。この雄大な塔は、普仏戦争時、セダン Sedan の戦いの勝利を記念してベルリンの新設された交差路に高々と立てられたものであるが、この塔が実際に都市の住民にどのように受け入れられていたかは、『一九〇〇年頃ベルリンでの幼年時代』において、著者ヴァルター・ベンヤミン Walter Benjamin の告白的陳述を通してあかされる。なんの偏見もない幼いころのベンヤミンにとって、黄金で装飾された戦勝記念塔は、栄え栄えしさとははるかに隔たった、たんに記念日のパレードのような形式的な儀礼のみをとどめた「石でできた墓碑」と映った。この無辜な少年にとって、ベルリンはとうてい抜け出すことのできない、前後をしっかりと塞がれた刑務所にほかならなかった。「都市で道がよくわからないのは変なことではない。しかし、都市で森のなかのように道に迷おうとすれば、それなりの訓練が必要である」(27)。息の詰まる統合と非情な排除の空間、これこそがテクトニックの論理的帰結ではなかったろうか。

現代的都市計画の登場

現代的な意味の「都市計画」は、普通、産業化した大都市を先駆的に体験した英米圏の産物として知られている。一九世紀末に登場し、一九〇九年にイギリスで通過した最初の都市計画法によって定着した「都市計画 town planning」という用語と技法、そしてこれと直結する流れとして、世紀転換期にイギリス議会速記士出身のハワード Ebenezer Howard が主唱して長期的に影響力を行使した「田園都市 garden city」の理念、また一八九三年のシカゴ万国博覧会の総監督を務めたアメリカの建築家バーナム Daniel Burnham が、同じく一九〇九年に湖畔の都市シカゴの「マスタープラン master plan」を立てながら展開した「都市美化運動 city beautiful movement」が、まさにそれである。このうち影響力がとくに大きかったのは田園都市の理念であるが、それは、郊外化現象を都市問題の解決策として活用したイギリス式の政策路線を継承したものであった。ただし、この理念は、労働者層よりは教育を受けた中産層を誘引できる小規模衛星都市を志向する点で、それまでの政策路線と根本的に異なっている。田園都市は、一九〇三年にロンドンの北に位置するレッチワース Letchworth にはじめて具現されたが、それは、外部からの投機熱を断ったまま、都心部と住宅地、工業そして農業地帯が一体化した中産層共同体を目指していた。(28)

このように多分に「ブルジョア的」で実用的であった英米圏の「都市計画」は、じつは中部ヨーロッパで先駆的にあらわれた「都市建築 Städtebau」の理念と技法から養分をもらっていた。オーストリアの建築家カミロ・ジッテ Camillo Sitte の一八八九年の著書『芸術的原理による都市建築』は、一九世紀ヨーロッパの大都市に蔓延した機能主義の傾向に反対し、都市建築に対する絵画的なアプローチを唱えて、大きな反響を引き起こした。ジッテは、著作の名声のおかげでオーストリアの首都ウィーンにあらたに建立された応用美術学校の校長の地位に就くことになった。彼は、一九〇三年、ドイツの建築官僚テオドール・ゲッケ heodor Goecke とともに月刊誌『都市建築 *Städtebau*』を創刊し、自身の著作が説破した機能性と審美性の調和を実際の設計に適用しようと試みることにより、ヨーロッパ大陸をこえてイギリスにまで影響を及ぼした。その代表的な証人は、一九〇九年『都市計画の実際』を出版し、最初の田園都市としてあげられるレッチワースを設計したイギリスの建築家レイモンド・アンウィン Raymond Unwin である。彼の「都市計画」は、過密都市を避けてひとつの有機体都市を追求したが、それはジッテの「都市建築」の原理を批判的に継承したものとして知られている。(29)

建築家アンウィンは、レッチワースの共同設計者である生涯の同僚バリー・パーカー Richard Barry Parker とともに、当時の若い芸術家をとりこにしたいわゆる「美術・工芸運動 Arts and Crafts movement」に身を投じ、これを建築の実際に適用することに先頭に立った人物である。この「運動」は、産業革命の発祥地であるイギリスではじまり、産業社会の新しい現実に直面して中世的な職人精神の復活を掲げたが、純粋美術と工芸の近代的境界を撤廃しようと試みることにより、むしろ結果的には美的趣向を伝統の束縛から解放する役割を果たすことになった。この「運動」は、フランスのアール・ヌーヴォー art nouveau の生動感あふれる自然的な曲線美と平面性を受容する一方、庶民層の実生活に役立つデザインを志向したという点で、オーストリアの建築家ジッテが標榜した「都市建築」の多分に歴史主義的な志向性とは質が異なっていた。[30] 田園都市レッチワースは、どうみても伝統的建築様式が支配する場所ではなかった。しかし、「都市建築」と「都市計画」は、ともに過密化した産業都市に対する問題意識から出発し、美的価値が排除された機能性を排撃したという点で、共通性をもっていた。事実上両者は「モダニズム」にいたる二つの道とみなせる。

モダニズムは、ヨーロッパ全域にわたって、すでに新しい体制を形成しつつあった。モダニズムは、モダニティに反旗を翻した文学と芸術を称する用語であり、基本的に自己矛盾的な性格をもつ。モダニティを一時的で偶発的なものとみて、芸術こそこのようなはかなさを永遠性と交差させる唯一の代案であると考えた詩人ボードレール Charles Baudelaire の事例のように、モダニズムは通俗的な「近代」ブルジョア文化に対する急進的あるいは保守的な対応を包括する。[31] このような流れについては、ドイツ語圏中部ヨーロッパも例外ではなかった。ベルリンとミュンヘンそしてウィーンでは、一群の印象主義の美術家たちが集まって、アカデミーと美術館から脱皮しようとする「分離派 Secession」運動を起こし、ドイツ版のアール・ヌーヴォーであるいわゆる「青春様式」、すなわちユーゲント・シュティール Jugendstil も芽吹いていた。これらはすべて既成の芸術と文化の一面性と通俗性、そして硬直化に反対して打ち出された動きであった。[32] しかし、これをモダニズムと歴史主義の様式的対決の構図とみるかぎり、事態は半分も説明できない。なぜならば、少なくともドイツ的意味の「歴史主義」は、すでにそれ自体として充分に「モダン」だったからである。このことは、イギリスの「美術・工芸運動」に対するドイツ側の反応といえる「工作連盟

Werkbund」の事例においてもっとも明瞭に立証される。

一九〇七年に南ドイツはミュンヘンで創立された工作連盟は、産業社会の新しい要求に応じながらも、ドイツの民族文化の伝統に立脚したドイツ的なデザインを創造しようとする大義を唱道した。大学教授、手工業者、美術家、建築家、産業家、政治家など、ドイツ帝国のエリート集団をあまねく含んだ工作連盟は、なによりも芸術家と産業家の「連盟」として特徴づけられるが、イギリス式「美術・工芸運動」が標榜した手工業ロマン主義を批判し、機械文明の可能性を民族の繁栄のために積極的に活用しようとした。機械を通じた「工作」、すなわち応用美術に対する新しい関心は、この団体の創立を主導したヘルマン・ムテジウス Hermann Muthesius の表現によれば、「ソファのクッションから都市計画まで」広い外延をもった。[33] のちに「産業デザイン」と呼ばれる応用美術と新しい建築の産室であった工作連盟は、機械文明を通じてドイツ民族文化を復興させるという類例のない理想を標榜したが、この路線は一言でいうと保守主義的モダニズムと規定できるであろう。[34]

ムテジウスは、工作連盟の主役として、第二代会長をつとめ、この団体の性格を代弁する人物である。一八六一年生まれの彼は、ベルリン工大で哲学と美術史、建築を学び、のちにドイツ帝国議会議事堂を設計することになるポール・バロット Paul Wallot の事務所で勤務した経験があった。その後ベルリンのある建築事務所で働くようになり、日本に四年間派遣されたのち、帰国して土木部門の官吏としてしばらく活動していたが、一八九六年から一九〇三年までロンドンにあるドイツ大使館にプロイセン技術・文化担当官として奉職する機会を得た。彼はロンドンで「美術・工芸運動」を体験しながらイギリス建築の専門家としての地位を固めたが、それを擁護しはしなかった。彼はむしろドイツ的価値を弁護する立場であり、一九〇二年に出版された著書『様式建築と建築術』ではフランス風を加味したゼンパーの建築を非ドイツ的として批判するとともに、イデオロギー的色彩が濃い「北方芸術」の価値を力説するほどであった。それにもかかわらず、ムテジウスは通常の保守主義者とは違い、過去志向的ではなかった。彼は、シンケルの古典主義を現代産業社会にあうように再解釈したドイツ式モダニズム建築の先駆者ペーター・ベーレンス

Peter Behrens と協力関係を結んだ。ベーレンスは、当時、ドイツ屈指の電機会社ＡＥＧの建築設計士として、つまらない装飾を排除して堅固な形態をもつ工場建築の様式を試みていた。この二人は、ドイツ固有の良質な労働と健全な趣味を、祖国の産業発展のために積極的に拡充させなければならない、という点で意気投合した。(35)

工芸と建築を統合した「大々的なテクトニック的総合芸術」を主唱したムテジウスが、(36)初期の工作連盟を主導したとするならば、第一次世界大戦終戦直後の一九一九年から一九三〇年代、ナチスによって解体される前までの後期の主役は、ヴァルター・グロピウス Walter Gropius とミース・ファン・デル・ローエ Ludwig Mies van der Rohe のようなモダニズムの建築家であった。彼らは、第一次世界大戦以後、ムテジウスの保守主義的路線とは一線を引き、より普遍的な美学を追求し、「現代建築国際会議 CIAM: Congrès internationaux d'architecture moderne」を通して大西洋を横断する脱国籍の連帯を模索した。彼らは一九二〇年代にヨーロッパとアメリカの建築界を風靡したいわゆる「国際主義 internationalism」運動の主役であり、現代建築と都市計画の胎動に決定的な役割を果たした。しかし、このような新旧世代間の路線対立にもかかわらず、工作連盟の基本的性格にはかわるところはなかった。(37)

国際主義運動のもうひとりの主役であるスイス出身の建築家ル・コルビュジエ Le Corbusier は、立体派美術からインスピレーションを受けた「純粋主義 purisme」を標榜し、歴史的伝統に拘束されない「純粋な」線と面のデカルト的合理性を追求したが、(38)機能性と審美性の調和という工作連盟の大義については進んで歩調を合わせた。彼は、短い期間ではあったが、ペーター・ベーレンスの建築事務所で経歴を積んだことがあり、ベーレンスが追求していた厳格な古典主義的モダニズムの洗礼を受けた。家を「居住の機械」とみるル・コルビュジエに特有の機能主義的な思考は、このような点でシンケルのテクトニックに根源をもつといえる。事実上「国際主義」とは、近代産業社会の新しさに対する無条件の肯定というよりは、むしろ省察的対応というべきものであり、形態と機能、芸術と産業のあいだの葛藤を縫合する新しい秩序を模索した。ル・コルビュジエの路線は、彼のドイツ人の同僚であったヴァルター・グロピウスが、新生の国立教育機関バウハウス Bauhaus の初代校長を歴任しながら、そこを大衆の日常にこたえようとする現代建築と産業デザインの発祥地に育てたことと脈を同じくしていた。一九二〇年代中部ヨーロッパの精神世界を掌握した批判的合理主義、いわゆる「新即物主義 Neue Sachlichkeit」は、まさにこのような流れの総和であり、モダニズムへの飛翔のためのしっかりとした滑走路を開いた。[40]

大量生産と標準化を追求した「モダン」であることこの上ない工作連盟と、伝統様式を選好した歴史主義は、実際には相違点よりも共通点が多かった。工作連盟が伝統文化をブルジョアの物質文化のなかに再導入する傾向をみせたとするならば、歴史主義もすでに一八六〇年代から多様な過去の形態言語を近代産業施設の建築に活用する傾向をみせてきたからである。ムテジウスが示した新しさは、建築とデザインの産業的側面をこれ以上隠そうとしなかったということにあるが、この点では、むしろ工作連盟は歴史主義の精神を継承したとみなせる。[41]

モダニズム建築が選好する建築材料である鉄とコンクリートも、すでに歴史主義建築に活用されていた。これらの新しい材料の登場で、耐力壁が不必要になり、内部空間が構造的機能から自由になることによって、かえって美的形式を具現することが可能になった。鉄構造と芸術性の統合は、すでに一八四〇年代中盤にベッティッハーのテクトニック理論のなかで論究されたことがあった。ベッティッハーは、厳格な古典主義美学と物質的構造および材料に対する開放的な態度をひとつに結合したが、彼は、鉄こそが、軽いながらも壁を自由にすることで、ギリシャ建築や中世建築よりもはるかに優れた様式を可能にするものと期待した。テクトニックは、モダンな建築材料をもちいれば、萎縮するどころかよりうまく具現される余地があった。[42]

ネオバロック様式に代表される後期歴史主義建築は、視覚的効果においては記念碑的でありながらも様式上では折衷主義をとったので、多様な機能に適用することができた。初期の歴史主義は、個々の建築物の様式的形態とそれに土台をおいた都市景観こそが市民精神と先賢たちの歴史的成就を示すと考え、それを世代をこえて保存することの必要性を疑わなかった。これに対して、後期歴史主義は、記念碑的な公共建築物を産業活動と国家的交通網の結節点である大都市の里程標にして宣伝の場としようとすることにより、個々の建築物をこえて、都市全体の構成と景観にはつきりとした影響を及ぼした[43]。

歴史主義は、後期歴史主義のネオバロック的都市計画の洗礼を受けたヨーロッパの大都市において、いつのまにか自身とは正反対にみえるモダニズムの精神と親和性をもつようになった[44]。様式的折衷主義の深化は、厳格なテクトニック的構成の価値を普遍化する逆説的な結果を生んだ。自然な曲線美を特徴とする、ドイツ版アール・ヌーヴォーのユーゲント・シュティールも例外ではなかった[45]。歴史主義とユーゲント・シュティール建築の調和的結合は、なによりもまずハプスブルク帝国の首都ウィーンの環状道路であるリングシュトラーセ Ringstraße において、もっとも劇的に表現された。一八五九年に基本設計案がつくられ、ドナウ川にそって都市を包む広い大通りが出来、この道にそって新しい建築物すなわち大学、議会、市役所、オペラ劇場、博物館が建てられた[46]。

リングシュトラーセは、後期歴史主義建築の決定版であった。一八六〇年代にはじまり、総延長五・二キロという長く続く道路の上に、個々に独立したアパートや官公署、大学などが、おもにブルジョア的趣向のネオルネサンス様式をもちいて建てられた。一九〇〇年頃、ウィーンの河川を整備するなかでユーゲント・シュティールが大挙導入され、より折衷主義的な色彩が強まった。リングシュトラーセは、ナポレオン三世統治下でオスマン男爵が再建したパリの街路に比べると、はるかに求心的ではなかった。リングシュトラーセは、全体的にひとつの中心ではなく水平的な連結を強調するが、ウィーンの都市文化を研究したショースキー Karl Schorske の印象的表現によれば、「上昇期にあるオーストリアの自由主義精神の図像学的な目録」を示している[47]。歴史主義とモダニズムは、ウィーンのブルジョア階級の自己再現といえるリングシュトラーセにおいて、無理なく併存した。そこでは、パリのように鉄道と道路が都心部から放射状に伸びてゆくように設計され、均一な大きさの現代式のモジュール建築物が、ネオゴシック様式の市庁舎やゴットフリート・ゼンパーが企画したネオバロック様式の「皇帝フォーラム Kaiserforum」と併存した。

ドレスデンの心臓部にテクトニックを適用したゼンパーがリングシュトラーセの建設に参与したという事実は、きわめて示唆的である。それは、現代都市計画のルーツが歴史主義の都市設計ないしは「都市建築」にあったことを立

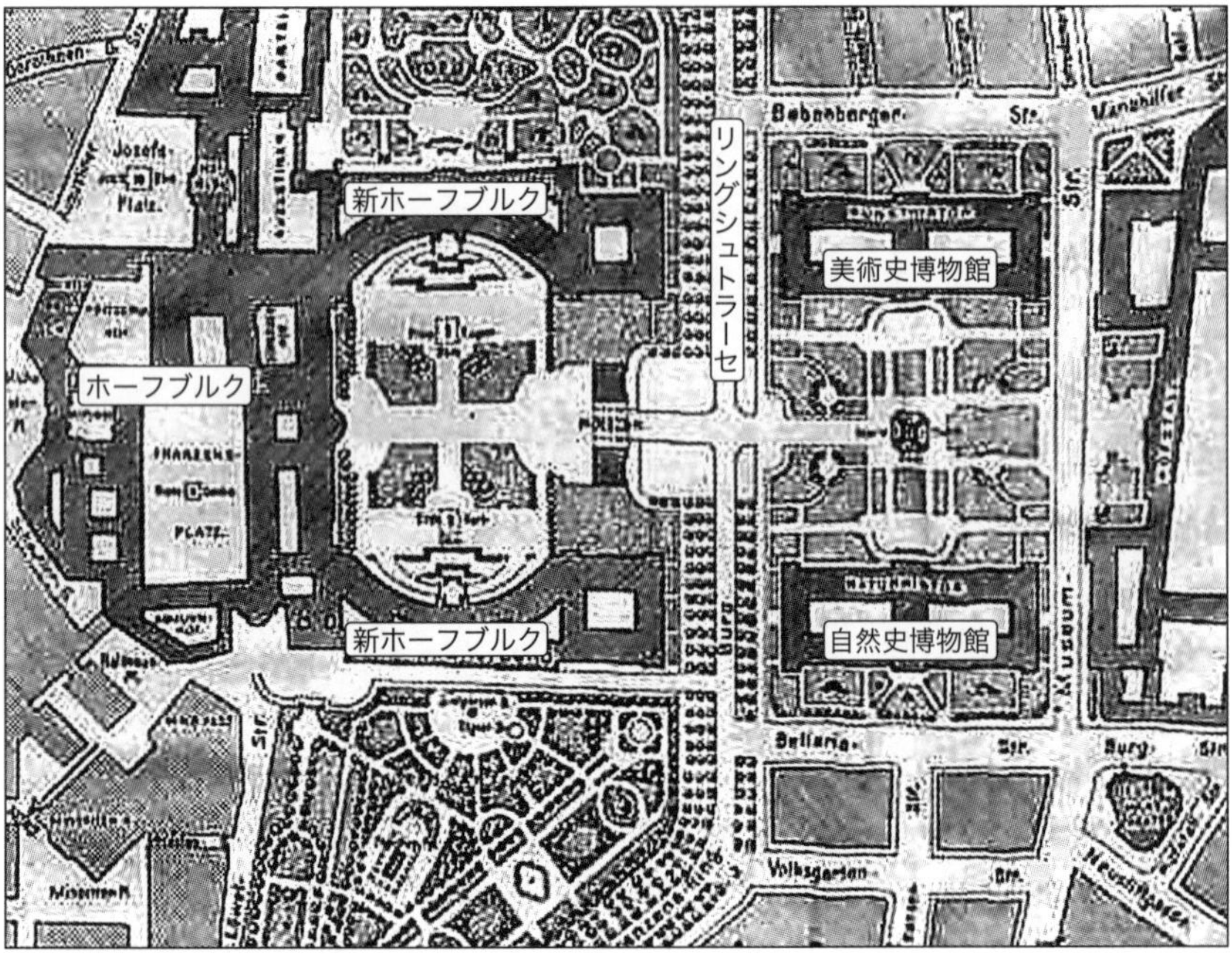

『ドイツ建築新聞』掲載の都心広場 Burgplatz の図面．出所：*Deutsche Bauzeitung,* 51. Jg., no. 14 (1917. 2. 17)

証する明白な事例である。ゼンパーの皇帝フォーラムは、ウィーンのリングシュトラーセの頂点であった。これは、数百年間王朝の住処であったホーフブルク Hofburg を拡張して都市の中心核として復興させようという趣旨で企画され、一八六九年にゼンパーが設計を任せられた。ゼンパーと彼の若い同僚カール・ハーゼナウアー Carl Hasenauer は、その年が暮れる前に皇帝フォーラムの鳥瞰図を完成し、皇帝フランツ・ヨーゼフ Franz Josef に提出した。これによれば、鳥瞰図の中央上部に位置するホーフブルクから昔の城門 Burgtor に続く道を中心軸として五百メートルの長さに達する広場がつくられ、ここに記念碑的建物が並ぶことになっていた。鳥瞰図前面の両側の建物は、のちにウィーンを代表する名所になる美術史博物館 Kunsthistorisches Museum と自然史博物館 Naturhistorisches Museum であり、消失点に位置するホーフブルク宮殿を見下ろす位置にあって、リングシュトラーセをあいだにおいて右側に皇帝官邸が、左側には帝国迎賓館が位置した。現在ブルク劇場 Burgtheater と呼ばれる北西側のホーフブルク劇場

Hofburgtheater は、この鳥瞰図にはまだあらわれていない。全体的にみると、画面の中心を占めているのは、皇帝の玉座がおかれたホーフブルク宮殿であり、広場全体の建築様式を支配すると同時に、宮殿の翼部が都市空間に介入することで位階をあらわす厳格な対象構造をつくりだしている。

しかし、皇帝フォーラムの遠大な鳥瞰図は原案どおり実現されることなく、名称どおり都市の唯一無二の中心としての地位を獲得することもできなかった。[48] 一九一七年二月一七日付『ドイツ建築新聞』に掲載された図面は、ゼンパーの計画案の実際の結果を示しているが、「皇帝フォーラム」のかわりに「新ホーフブルク Die neue Hofburg」という名称が使用されている。図面中間に横たわるリングシュトラーセは、あまり目立っていない。それでも、右側に上下でむかいあう二つの博物館をはじめ、全体の構造については、ゼンパーの計画案の痕跡をそのままとどめている。[49]

シュプレー河畔のアテネからシュプレー河畔のシカゴへ

ゼンパーの「皇帝フォーラム」を中心核にしたリングシュトラーセは、現代の都市計画の真の出発地とみなしても差し支えないであろう。カミロ・ジッテのような過去志向的な都市建築家にとっては、この場所の「モダン」な容貌は厄介であったかもしれないが、[50] ここにおいて、歴史主義とモダニズムは比較的自然にまじりあった。それでは、シンケルとレンネのプロイセン古典主義の伝統が生きており、歴史主義建築と工作連盟の熱気が旺盛であったベルリンの都市計画は、はたしてどうなったのか。リングシュトラーセの建設計画からさほど遅れることなく誕生したホープレヒト計画案は、現代の都市計画を先取りした面をもっているのか。表面的には、ベルリンの現実は、むしろ都市計画が反面教師としなければならない事例に属しているようにみえる。複層階の「兵営式賃貸住宅」が都心を取り囲む状況であったベルリンは、ロンドンのように機能的でもないし、パリやウィーンのように品位があったわけでもなかった。たんに各種の企業が常駐し、少なくとも安価な賃貸住宅に住む大量の労働者層が待機していたがゆえに、産業の面では明るい未来が待っていたにすぎない。

ベルリンが、それなりに燦爛とした建築伝統にもかかわらず、無味乾燥とした賃貸住宅であふれる都市に転落するようになったという事実には、建築法令上の問題が少なからず作用していた。一八五三年の「ベルリンとその他の警務庁管轄区域の土木警務規則」第一〇条は、ベルリンの建築工事の要《かなめ》になる建築線を警務総局の全面的な監督のもとにおいたが、(51)このように建設を警察力で統制する方針は、一七九四年の「プロイセン一般ラント法」に具現された官憲国家的伝統に立脚したものであった。これは、多分に権威主義的でありながら、先に検討したように、乱開発までも助長した。形式的な建築制限線だけ守れば、都市の美観などは考慮しなくてもよかったからである。一八七五年の「プロイセン建築および建築線法 Preußisches Bau-und Fluchtliniengesetz」は、地方自治体にもう少し裁量権を与え、建築線については、地方行政機関の長が、当該地域共同体の同意と地方警務庁の許可を受けて決定できるようにした。この法令は、実際は、地方自治体の財政的困難を軽くするためのものであり、建設事業を地域の条件にあわせて自律的に実施できるようにすることにより、土地の没収に対する損害賠償を組合が負担する場合でも、建設地に対する個人や建築業者の投機が助長されることにより、地方自治体の利益は保障されることになっていた。さらに、工事費と維持費用については、土地を買い入れた所有者が負担するように規定されていた。(52)

ベルリンの建築関連法令は、一方では権威主義的でありながらも、もう一方では、過度に営利的であったので、この都市の旧都心の建築伝統とはうまくあわなかったが、それなりに未来志向的な側面もあった。以後数度にわたって追加法令が制定されることによって地区別に用途を区別する体系が樹立され、「兵営式賃貸住宅」の拡張には手が打たれた。(53)のちに国際的広がりをみせたいわゆる「用途地域制 zoning」を先取りしたこの制度は、地区ごとに建物の高さと密集度を規定し、建築物の類型を法的に統制できるようにした。もっとも、この制度は、ベルリンよりもドイツのほかの都市でより積極的に導入された。そのはじまりは、一八九二年ドイツ中西部のフランクフルト Frankfurt am Main市長フランツ・アディケス Franz B. E. Adickesが、ドイツ連邦議会に提出した「都市拡張および用途地区別公用換地法」、通称「アディケス法」である。同法は、都市拡張事業に関して、都心には高層建物と密集、外郭にはその反対を要求することにより、土地を適正に分割したうえで市場価格をつけて開発を促進しようとしたが、当時は地主層の強い反対にあった。結局、一九〇二年に制定された「フランクフルト市の公用換地に関するプロイセン法 Preußisches Gesetz betreffend die Umlegung von Grundstücken in Frankfurt am Main」が、土地の合理的な利用を通じて都市の成長を促進する法律として、現代都市計画発展史に一線を画すことになった。[54]

ベルリンの都市計画は、ドイツおよびヨーロッパのほかの大都市と比較すると、成功したとまではいえなくても、少なくとも時代遅れではなかった。一八七一年、ドイツ帝国の創建とともに帝国の首都になったベルリンは、ドイツ最大の工業都市に成長するなかで急激な人口増加に耐えなければならなかったが、将棋盤のような正方形のブロックを維持し、運河、電気、交通と通信といった都市インフラのあらゆる部門で先進的な変貌をみせた。[55] 当時アメリカ最高の小説家であったマーク・トウェイン Mark Twainは、一八九〇年代初頭にベルリンを訪問し、広くまっすぐに伸びた街路と、ガスや電気からなる街路照明の施設に感銘を受けた。彼は、日刊紙『ニューヨーク・サン *New York Sun*』に寄稿した連作の紀行文で、多少誇張を交えながら、「ベルリンはヨーロッパのシカゴ」であると述べた。「シカゴには古色蒼然とした区域が多くあるが、ベルリンにはあまり存在しない。この都市の主要な区域は、まさに先週つくられたかのようにみえる」。[56]

しかし、実際のドイツの知識人の大多数は、アメリカの作家の表面的な印象記とは違い、ベルリンの現代的な姿にはあまり満足していなかった。彼らは、ベルリンこそ「アメリカ化 Amerikanisierung」ないしは「アメリカ主義 Amerikanismus」の尖兵であると批判したが、「シュプレー河畔のアテネは死に、シュプレー河畔のシカゴが成長している」という政治家ヴァルター・ラーテナウ Walter Rathenauの印象的な言明が当時の雰囲気を反映している。[57] のちに彼が首相職を歴任するワイマール共和国になると、アメリカ的な首都ベルリンに対する批判は一層激烈になる。

世紀末に流行した文化批判の潮流に、ふたたび古代ギリシャが割り込む。変化した条件のなかで、ギリシャは文化的更生の図像としてよみがえった。世紀末に中部ヨーロッパの知識界を席巻した話題作ユリウス・ラングベーン August Julius Langbehn の『教育者としてのレンブラント』は、まるで咎めるかのように直接的な語調で当時の世相を非難したが、特有の論理的飛躍をおこなうなかで、ギリシャ文化をふたたび争点化した。ラングベーンは、ラーテナウよりはるかに先に、移民でいっぱいのベルリンをアメリカの首都ワシントンと比較しながら、なによりも「商人精神」が「両者の自立的な精神生活を妨害」していると糾弾した。彼は、これら「北アメリカ風」の都市に蔓延した「多様な教養作品に対する早急な受容と渉猟」はただ「文化に対する盗掘行為」であるにすぎないと低い評価を与えつつ、古典主義に偏った当時の高等教育と「古代学」を問題としたが、じつは彼自身が古代ギリシャの美術品について博士学位論文を書いた考古学者であった。ラングベーンは、ヴィンケルマンについて論じながら、彼がギリシャだけを重視してドイツ芸術を度外視したという点を指摘したが、そういいつつも「ヴィンケルマンの精神がドイツに及ぼした影響のなかで有用なものと害になるもの、至高のものと変質したものを注意深く分別」することができるならば、ラテン的バロック文化からレンブラント的―北ヨーロッパ的―ドイツ文化にむかう肯定的な変化のための刺激となるであろうと期待を表明した。[58]このような主張には、依然として古代ギリシャをドイツ民族文化の基盤とする発想がうかがえる。

『教育者としてのレンブラント』は、当時の青年知識層に至大な影響を及ぼし、ここにはドイツ工作連盟の創立者ムテジウスも含まれる[59]（本章「現代的都市計画の登場」参照）。工作連盟の保守主義的モダニズムが暗示するように、古代ギリシャとモダニズムのあいだ、「シュプレー河畔のアテネ」と「シュプレー河畔のシカゴ」のあいだには、じつは大した距離はなかった。ベルリンの都市計画はほかでもないシンケル式テクトニックに深く根差していたので、「兵営式賃貸住宅」でさえ、シュプレー河畔のアテネの心象地理から完全に脱するものではなかった。したがって、賃貸住宅が大挙建設されていたさなかに、のちに「博物館島 Museuminsel」と呼ばれる大規模博物館団地が旧博物館の延長線上に造成されたことは、別段驚くべきことではない。ゼンパーのドレスデン計画に次ぐこの遠大な試みは、シンケルの弟子フリードリヒ・シュテューラーらが主導するものであり、師の新古典主義様式を固守する点で保守的志向性をみせたが、旧博物館のすぐうしろに建てられた新博物館 Neues Museum が鉄材を使用するなど、内容的には十分にモダンであった(60)。

ギリシャに対する根深い関心は、ドイツ帝国が帝国主義的膨張の意志を露骨化し、ゲルマン的要素を表面に打ち出すなかで、一時的に低下するように思われた。ヴィルヘルム二世が一八九〇年に学校協議会の演説で、ドイツの大部分の人文系高等学校が古典ラテン語とギリシャ語の教育を過度に重視するあまり、肝心の国語（ドイツ語）教育を放置していると咎めたことは、その代表的な事例である(61)。しかし、間もなく、ギリシャブームは、ゲルマン人種主義と統合されて復活する。ナチス時代に学界で流行するようになる「ヴィンケルマンルネサンス」は、ドイツ軍のギリシャ遠征に力を得て、一層イデオロギー的に過激化した。大衆のあいだでは、宣伝用に単純化されたギリシャのイメージが幅を利かせた。いわゆる「記念碑的古典主義」、すなわち反モダニズム的でファシズム的な形態をおびつつ、ギリシャブームがふたたびドイツ文化を掌握した(62)。

ギリシャに対するこのような反動的専有は、もちろん完全に新しいものではなかった。本来、親ギリシャ主義は、抑圧的なオスマン帝国とナポレオンの抑圧体制に対比して、ドイツの旧体制を正当化する論理として設定され、また世紀末には産業都市に対する文化批判の論理として活用されたという点で「反動的」とまではいわなくとも、きわめて「保守主義的」であった。いや、多くの場合、すでに一九世紀初めから帝国主義的であった。いわゆるプロイセン中心主義 Borussianismus を標榜した一九世紀ドイツの代表的古代史家ドロイゼン Johann Gustav Droysen は、一八三三年に出版された『アレクサンドロス大王の世界帝国』のなかで、ギリシャ北部のマケドニアに祖国プロイセンのイメージを付与した。アレクサンダー大王のマケドニア王国は、アテネなどの南部ギリシャに比するといまだ文明化は遅れていたが、南部の小さい都市国家間の紛争を終結させ、夢でしかなかった東方遠征を敢行し、ギリシャ文明の光明を世に伝播した。それは、まるでプロイセンの未来を予告するかのようであった。その本を読む読者は、古代ペルシアについての叙述のなかに、ナポレオン帝国に対する著者の敵意を感知する。[63]そして、つづいてすぐ一八三六年に出版された『ヘレニズムの歴史』の結論部分で、ドロイゼンは、ヘレニズム時代の小アジア植民都市の建設を論じながら、はやくも「スラブ人地域のゲルマン化」を主張した。[64]

もちろんドイツ文化を支配した親ギリシャ主義を全体で一括りに評価することには問題がある。しょせん想像的な観念であったからには、明確さを求めるのは無理であろう。たとえば、親ギリシャ主義が「東洋」に対する西洋の優越性を強固にする植民地主義的支配の論理にすぎなかったとみるならば、これは真実の半分をあらわしているにすぎない。ゲーテ、シュレーゲル、フンボルトといった代表的なギリシャ賛美者は、同時にインドの精神世界にもどっぷりはまった者たちだったからである。ドイツ・ロマン主義者は、サンスクリット語においていわゆる「インド-ヨーロッパ的」家系図が発見されると主張したが、彼らにとって、古代ギリシャと古代オリエントは同じ流れに流れ込む霊感の源泉であった。彼らが敵対視したのは、むしろフランス化された宮廷文化、封建的な土地貴族あるいは教条的な聖職者であった。ドイツの古典学者が帝国の膨張を露骨に擁護したのは、第一次世界大戦にいたってからであって、このときでさえ明示的に人種主義を標榜しはしなかった。[65]

想像のギリシャが支配の論理に帰結したのはあきらかであるが、それがはじめからプロイセンやのちに生まれるドイツ帝国の権力政治に合致する植民地主義的含意を有していたとみることは、過度に結果論的な解釈である。ドイツとヨーロッパの境界をこえて、はじめてそれは冷酷な植民地支配の論理に再編される。建築家シンケルの夢を込めたプロイセン古典主義は、異質な環境に接し、まったく新しい意味と機能を与えられることで、自身のなかに潜在していた偏執症的支配の論理を極大化するようになる。これは、けっして例外的な現象ではない。文化とは、本来「伝播」するものではなく「受容」されるものだからである。通時的であれ、共時的であれ、「文化の連続性」という論理は、自明ではない。それは、異なる脈絡において異なるかたちで活用されるイデオロギーであるという点で、それ自体が不連続的である。ヨーロッパの外に具現されたベルリンは、じつに想像のベルリンであるしかなかった。

（1） Jean-François Lejeune, “Schinkel and Lenné in Berlin-from the Biedermeier flâneur to Beuth’s Industriegroßstadt”, ed. by Susan Peik, *Karl Friedrich Schinkel,* pp. 84-85.

（2） Thomas Hall, *Planning Europe’s Capital Cities: Aspects of Nineteenth Century Urban Development* (Routledge, 2010), p. 190.

（3） Carl Friedrich Schinkel, *Sammlung architektonischer Entwürfe,* pp. 2-3.

（4） Peter Springer, *Schinkels Schloßbrücke in Berlin: Zweckbau und Monument* (Propyläen Verlag, 1984).

（5） Martin Engel, *Forum Friedericianum,* p. 183.

（6） これと類似した批判的視角としては、금요찬「Karl Friedrich Schinkel 의 建築에 關한 考察」［クム・ヨチャン「Karl Friedrich Schinkel の建築に関する考察」］二九〜三一쪽 参照。

（7） Thomas Hall, *Planning Europe's Capital Cities,* pp. 187-200; Jean-Francois Lejeune, “Schinkel and Lenné in Berlin”, ed. by Susan Peik, *Karl Friedrich Schinkel,* pp. 96-97. ベルリン市の人口変動については、Ingrid Thienel, “Verstädterung, städtische Infrastruktur und Stadtplanung. Berlin zwischen 1850 und 1914”, *Zeitschrift für Stadtsoziologie, Stadtgeschichte und Denkmalpflege,* no. 4 (1977), p. 63 参照。

（8） Heinz Ohff, *Peter Joseph Lenné,* pp. 117-125.

（9） Heinz Ohff, *Peter Joseph Lenné,* p. 118, 134, pp. 130-131. ケーペニック原に対する建設計画は、ベルリン市の建築責任官であったシュミット Schmid の一八三〇年度案を修正して立案された。シュミットの原案は、財政的考慮により非常に単純で粗い格子ブロックを志向した。これについては、Walter Kieß, *Urbanismus im Industriezeitalter: Von der klassizistischen Stadt zur Garden City* (Ernst & Sohn, 1991), p. 69; Jean- Francois Lejeune, “Schinkel and Lenné in Berlin-from the Biedermeier flâneur to Beuth’s Industriegroßstadt”, ed. by Susan Peik, *Karl Friedrich Schinkel,* pp. 91-97 参照。

（10） Heinz Ohff, *Peter Joseph Lenné,* pp. 132-135; Ingrid Thienel, “James Hobrecht”, ed. by Historische Kommission bei der bayerischen Akademie der Wissenschaften, *Neue Deutsche Biographie,* vol. 9 (Duncker & Humblot, 1972), pp. 280-281; Thomas Hall, *Planning Europe’s Capital Cities,* pp.192-193; Walter Kieß, *Urbanismus im Industriezeitalter,* p. 250.

（11） Peter Ring, “Bevölkerung”, eds. by Horst Ulrich, et al., *Berlin Handbuch: Das Lexikon der Bundeshauptstadt* (FAB Verlag, 1992), p.237; Horst Matzerath, “Berlin, 1890-1940”, ed. by Anthony Sutcliff, *Metropolis 1890-1940* (The University of Chicago Press, 1984), pp. 293-294; Walter Kieß, *Urbanismus im Industriezeitalter,* p. 238.

(12) Thomas Hall, *Planning Europe's Capital Cities,* pp. 63-77.

(13) 데이비드 하비、김병화 옮김『모더니티의 수도 파리』(생각의나무)［デヴィッド・ハーヴェイ、キム・ビョンファ訳『モダニティの首都パリ』(センガゲナム)］(二〇〇五) 一九三～二〇五쪽。Norma Evenson, "Paris, 1890-1940", ed. by Anthony Sutcliff, *Metropolis 1890-1940* (The University of Chicago Press, 1984), pp. 259-287.

(14) Patricia L. Garside, "West End, East End: London 1890, 1940", ed. by Anthony Sutcliff, *Metropolis 1890-1940,* pp. 235-243.

(15) Gerhard Brunn, "Stadtumbau im 19. Jahrhundert. Zwei Modelle: London und Paris", eds. by Clemens Zimmermann, Jürgen Reulecke, *Die Stadt als Moloch? Das Land als Kraftquell? Wahrnehmungen und Wirkungen der Großstädte um 1900* (Birkhäuser Verlag, 1999), pp. 95-115.

(16) Ingrid Thienel, "Verstädterung, städtische Infrastruktur und Stadtplanung, Berlin zwischen 1850 und 1914", p. 79 以下。Walter Kieß, *Urbanismus im Industriezeitalter,* pp. 228-229.

(17) Anthony Sutcliffe, "Planung und Entwicklung der Großstädte in England und Frankreich von 1850 bis 1875 und ihre Einflüsse auf Deutschland", eds. by Gerhard Fehl and Juan Rodriguez-Lores, *Stadterweiterungen 1800-1875: Von den Anfängen des modernen Städtebaues in Deutschland* (Hans Christians, 1983), pp. 35-53.

(18) Hildegard Schröteler-von Brandt, *Stadtbau-und Stadtplanungsgeschichte: Eine Einführung* (Springer, 2014), p. 104.

(19) Daniel Ehebrecht, *Der Hobrechtplan von 1862 und seine Einflüsse auf das Stadtbild von Berlin* (Grin Verlag, 2008), p. 11; Walter Kieß, *Urbanismus im Industriezeitalter,* pp.70-71, 230-232.

(20) James Hobrecht, *Die Canalisation von Berlin* (Ernst & Korn, 1884), p. 4 以下、p. 55 以下。

(21) Walter Kieß, *Urbanismus im Industriezeitalter,* pp.227-228. しかし、建物の裏庭 Hinterhof の最小面積を五・三四×五・三四メートルに規定することで、火災時に消防が円滑になるよう措置した面もあった。Jürgen Reulecke, *Geschichte der Urbanisierung in Deutschland* (Suhrkamp, 1985), p. 52.

(22) Werner Hegemann, *Das steinerne Berlin, Geschichte der größten Mietskasernenstadt der Welt* (Gustav Kiepenheuer, 1930), とくに p. 207 以下。ヘーゲマンは、シンケルの都市建築まで自己満足的「ロマン主義」の性向により、ベルリンをダメにする一助となったと批判した (pp. 181-182)。

(23) James Hobrecht, *Über öffentliche Gesundheitspflege und die Bildung eines Central-Amts für öffentliche Gesundheitspflege im Staate* (Th. von der Nahmer, 1868), pp. 14-17.

(24) Anthony Sutcliffe, "Planung und Entwicklung der Großstädte in England und Frankreich von 1850 bis 1875 und ihre Einflüsse auf Deutschland", p. 50.

(25) Walter Kieß, *Urbanismus im Industriezeitalter,* pp. 231-232.

(26) Wilhelm Raabe, *Die Chronik der Sperlinsgasse* (1908), Wilhelm Raabe Sämtliche Werke, Braunschweiger Ausgabe, vol.1 (Vandenhoeck & Ruprecht, 1980), pp. 16-17.

(27) 발터 벤야민, 윤미애 옮김『一九〇〇년경 베를린의 유년시절』(길)［ヴァルター・ベンヤミン、ユン・ミエ訳『一九〇〇年頃ベルリンの幼年時代』(キル)］(二〇一二) 三五、四八쪽。

(28) Walter Kieß, *Urbanismus im Industriezeitalter,* p. 400 以下、p. 427 以下。Edward Relph, 김동국 옮김『근대도시경관』(태림문화사)［Edward Relph, キム・ドングク訳『近代都市景観』(テリム文化社)］(一九九九) 六五〜七九쪽。Mervyn Miller, *Letchworth: The First Garden City* (Chichester, 1989).

(29) Walter Kieß, *Urbanismus im Industriezeitalter,* pp.393-409; Mallgrave, *Modern Architectural Theory,* p.193; 카를 쇼르스케, 김병화 옮김『세기말 비엔나』(구운몽)［カール・ショースキー、キム・ビョンファ訳『世紀末のウィーン』(クウンモン)］(二〇〇六) 一〇五〜一一九쪽。

(30) Mallgrave, *Modern Architectural Theory,* pp. 170-177.

(31) M・칼리니스쿠、이영욱 외 옮김『모더니티의 다섯 얼굴』(시각과언어)［M・カリネスク、イ・ヨンウク他訳『モダニティの五つの顔』(視覚と言語)］(一九八七) 五三、五九〜七一쪽。モダニティの概念史研究としては、Hans Ulrich Gumbrecht, "Modern, Modernität, Moderne", eds. by Otto Brunner, et al., *Geschichtliche Grundbegriffe: Historisches Lexikon zur politisch sozialen Sprache in Deutschland,* vol. 4 (Klett-Cotta, 1978), pp. 93-131 参照。

(32) Peter Paret, *The Berlin Secession: Modernism and Its Enemies in Imperial Germany* (Belknap Press, 1989).

(33) Joan Campbell, *Der deutsche Werkbund 1907-1934* (Klett-Cotta, 1981)、引用部分は p. 7.

(34) ムテジウスの路線は、産業化を図りながらも、民族的和合をなしとげようとした点で、工作同盟に賛同した政治家フリードリヒ・ナウマン Friedrich Naumann の「民族自由主義的 nationaliberal」社会改革路線と親和性をもっていた。これについては、Joan Campbell, *Der deutsche Werkbund,* p. 25 以下、p. 57 以下。Wolfgang Hardtwig, "Kunst, liberaler Nationalismus und Weltpolitik. Der deutsche Werkbund 1907-1914", Hardtwig, *Nationalismus und Bürgerkultur in Deutschland 1500-1914* (Vandenhoeck & Ruprecht, 1994), pp. 246-273 参照。

(35) Joan Campbell, *Der deutsche Werkbund 1907-1934,* pp. 17-23, 37-39. ペーター・ベーレンスとシンケルの建築の連関性については、Stanford Anderson, "Schinkel, Behrens, an elemental tectonic, and a new classicism", ed. by Susan Peik, *Karl Friedrich Schinkel,* pp.116-124; Mallgrave, *Modern Architectural Theory,* pp. 226-234 参照。

(36) Hermann Muthesius, *Kunstgewerbe und Architektur* (1907), Mitchell Schwarzer, *German Architectural Theory and the Search for Modern*

Identity, p. 250 から再引用。

(37) Edward Relph, 김동국 옮김『근대도시경관』(태림문화사)［Edward Relph, キム・ドングク訳『近代都市景観』(テリム文化社)］(一九九九) 一三七〜一四〇쪽。Maiken Umbach, "The Deutscher Werkbund, Globalization, and the Invention of Modern Vernaculars", eds. by Maiken Umbach and Bernd Hüppauf, *Vernacular Modernism: Heimat, Globalization, and the Built Environment* (Stanford University Press, 2005), pp. 114-140; Werner Durth, *Deutsche Architekten: Biographische Verflechtungen 1900-1970* (dtv, 1992), pp. 67-73.

(38) Mallgrave, *Modern Architectural Theory*, pp. 254-255.

(39) Siegfried Giedion, *Space, Time and Architecture* (1941) [Harvard University Press, 1967], p. 496; Peter Gay, *Modernism: The Lure of Heresy* (W. W. Norton & Company, 2008), pp. 298-318; Francesco Passanti, 'The Vernacular, Modernism, and Le Corbusier,' eds. by Maiken Umbach and Bernd Hüppauf, *Vernacular Modernism*, pp. 141-156. とくに p. 142; Alan Colquhoun, *Modernity and the Classical Tradition. Architectural Essays 1980-1987*, pp. 89-119.

(40) ドイツワイマール共和国 Weimarer Republik 期の新即物主義については、Jost Hermand, Frank Trommler, *Die Kultur der Weimarer Republik* (Fischer, 1988), p. 116 参照。ペーター・ベーレンス以後のドイツ建築にあらわれる即物主義の傾向については、Thomas Nipperdey, *Deutsche Geschichte 1866-1918*, pp. 727-729 参照。

(41) 工作連盟の歴史主義的側面に関しては、Maiken Umbach, *German Cities and Bourgeois Modernism 1890-1924*, p. 51 以下。Mitchell Schwarzer, *German Architectural Theory and the Search for Modern Identity*, pp. 120-127 参照。

(42) Karl Bötticher, "Das Prinzip der hellenischen und germanischen Bauweise", *Allgemeine Bauzeitung*, vol. 11 (1846), p. 119. これについては、Mallgrave, *Modern Architectural Theory*, p.111; Mitchell Schwarzer, *German Architectural Theory and the Search for Modern Identity*, p. 184, pp. 187-188 参照。

(43) Christian M. Boyer, *The City of Collective Memory: Its Historical Imagery and Architectural Entertainments* (1994) [The MIT Press, 2001], p. 4.

(44) Umbach は、ブルジョアモダニズムと歴史主義のあいだの連続性を強調する。Maiken Umbach, *German Cities and Bourgeois Modernism 1890-1924*, p. 32.

(45) Mitchell Schwarzer, *German Architectural Theory and the Search for Modern Identity*, p. 84.

(46) 카를 쇼르스케『세기말 비엔나』［カール・ショースキー『世紀末のウィーン』］一一九〜一四四쪽。これについての論議としては、최용찬「세기말 비엔나의 링슈트라세 프로젝트와 근대도시의 이미지 정치」、『독일연구：역사、사회、문화』［チェ・ヨンチャン「世紀末ウィーンのリングシュトラーセプロジェクトと近代都市のイメージ政治」、『ドイツ研究：歴史、社会、文化』］제二一호

(二〇一一・六) 三一〜五七쪽 参照。

(47) 카를 쇼르스케『세기말 비엔나』[カール・ショースキー『世紀末のウィーン』] 一六五〜一六八쪽。

(48) Andreas Nierhaus, "Schauplatz und Handlungsraum. Zur visuellen und räumlichen Inszenierung des Wiener Kaiserforums", *Kunst und Politik,* no. 11 (2009), pp. 48-53; Mallgrave, *Gottfried Semper,* pp. 314-339.

(49) *Deutsche Bauzeitung,* vol. 51, no. 14 (1917. 2. 17), p. 68.

(50) 카를 쇼르스케『세기말 비엔나』[カール・ショースキー『世紀末のウィーン』] 一〇七쪽。

(51) Walter Kieß, *Urbanismus im Industriezeitalter,* p.227 以下。

(52)「プロイセンの建築と建築線法」の原文は、つぎのウェブサイト参照。https://www.berlin. de/imperia/md/content/dienstleistungsdatenbank/verm/preussisches_ fluchtliniengesetz1875_gs.pdf?start&ts=1329464810&file=preussisches_ fluchtliniengesetz_1875_gs.pdf. この法令については、Helmuth Croon, *Staat und Städte in den westlichen Provinzen Preußens 1817-1875. Ein Beitrag zum Entstehen des Preußischen Bau- und Fluchtliniengesetzes von 1875,* eds. by Gerhard Fehl and Juan Rodriguez-Lores, *Stadterweiterungen 1800-1875,* pp. 55-79, とくに pp. 72-75 参照。

(53) Daniel Ehebrecht, *Der Hobrechtplan von 1862 und seine Einflüsse auf das Stadtbild von Berlin,* pp. 14-15.

(54) 当時、フランクフルト市土木局で発刊した建築誌を参照。Städtisches Tiefbauamt, ed. *Umlegung von Grundstücken in Frankfurt am Main* (Schirmer & Mahlau, Frankfurt am Main, 1903) [https://archive.org/stream/umlegungvongrun00 tiefgoog#page/n4/mode/2up]. この法の制定に関しては、Anthony Sutcliffe, *Towards the Planned City: Germany, Britain, and the United States and France, 1780-1914* (Basil Blackwell 1981), p. 32, 37 参照。

(55) Horst Matzerath, "Berlin, 1890-1940", pp. 297-298. たとえば、ベルリンの進んだ給水体系は、チフスによる死亡者の急減で立証される。Jürgen Reulecke, *Geschichte der Urbanisierung in Deutschland,* pp. 60-61.

(56) Mark Twain, "Berlin-the Chicago of Europe", *New York Sun,* 1892, 4. 3 (Berlinica Publishing LLC, 2013), pp.77-316. 引用文は p. 77. これについては、Ralf Thies, Dietmar Jazbinsek, "Berlin-das europäische Chicago. Über ein Leitmotiv der Amerikanisierungsdebatte zu Beginn des 20. Jahrhunderts", eds. by Clemens Zimmermann, Jürgen Reulecke, *Die Stadt als Moloch?,* pp. 53-94 参照。

(57) Ralf Thies, Dietmar Jazbinsek, "Berlin - das europäische Chicago", pp. 70-73; 나인호『개념사란 무엇인가：역사와 언어의 새로운 만남』(역사비평사) [ナ・インホ『概念史とは何か：歴史と言語の新たな出あい』(歴史批評社)] (二〇一一) 二二五〜二六一쪽。ラテナウの言明は、Walter Rathenau, *Die schönste Stadt der Welt* (1902), Ralf Thies, Dietmar Jazbinsek, "Berlin-das europäische Chicago", p. 69 から再引用。

(58) August Julius Langbehn, *Rembrandt als Erzieher* (1890) [C. L. Hirschfeld, 1925], p. 264, pp. 280-281. 当時の「文化悲観主義」については、전진성『보수혁명：독일 지식인들의 허무주의적 이상』(살림)［チョン・ジンソン『保守革命：ドイツ知識人の虚無主義的理想』(サルリム)］(二〇〇二) 二五～二九쪽 参照。

(59) Fritz Stern, *The Politics of Cultural Despair: A Study in the Rise of the German Ideology* (University of California Press, 1974), p. 174.

(60) Nikolaus Bernau, *Museuminsel Berlin* (Stadtwandel, 2010); Mallgrave, *Gottfried Semper,* p. 105.

(61) Suzanne Marchand, *Down from Olympus,* p. 136.

(62) Esther Sophia Sünderhauf, *Griechensehnsucht und Kulturkritik,* pp. 295-364, p. 55 以下、pp.128-138; Joachim Petsch, *Kunst im Dritten Reich: Architektur- Plastik-Malerei-Alltagsästhetik* (Gesellschaft für Literatur und Bildung, 1994), pp. 47-49.

(63) Johann Gustav Droysen, *Weltreich des Alexander des Großen* (1833) [Paul Aretz, 1934].

(64) Johann Gustav Droysen, *Geschichte des Hellenismus* (1836), vol. 3, *Geschichte der Epigonen* (Wissenschaftliche Buchgesellschaft, 2008), p. 434.

(65) Marchand, *Down from Olympus,* p.238 以下。Suzanne L. Marchand, *German Orientalism in the Age of Empire: Religion, Race, and Scholarship* (Cambridge University Press, 2009), pp. 53-55.

第Ⅱ部 アジアのプロイセンをこえて

オランダ人の心をもつ人々が中国に住めば、数百のオランダが東洋に出現するかもしれない。我々日本人は、オランダ人の勤勉さに近いだろうか。それとも怠惰な中国人に近いだろうか。

久米邦武
『特命全権大使米欧回覧実記』第三巻（一八七八）

第1章　ドイツ歴史主義建築の決定版、青島

シンケルのプロイセン古典主義建築は、本来ドイツの「民族文化」の成長を志向したものであったが、プロイセンおよびドイツ帝国の境界をこえて、国際的な影響力を行使しえた。シンケル自身が端雅な形態の建築を追求したように、その影響力も爆発的というよりは内密で長期持続的なものであった。このような生命力の秘密は、おおきくみてつぎの二つの要素に求めうる。

第一に、個体と全体、機能と形式、現在と過去のテクトニック的調和は、植民地支配権力のイデオロギーとしてはこの上なく適合的なものであった。一九世紀中葉以後、欧米列強が帝国主義の時代に突入するとともに、新古典主義は植民地の公共建築物の代表的な様式となって、ヨーロッパ大陸をこえて世界各地の植民地に根を下ろし、とくに東南アジアと太平洋沿岸の植民地で建築と装飾の主要な様式として発展した(1)。テクトニック的統一性が与える特有の堅固かつ断固としたイメージこそ、西欧近代文明の優越性と権威を視覚的に代弁するのにあつらえ向きだったのである。もちろん、植民地支配という目的には「フランス革命の建築」のように未来志向的なものよりは、歴史主義的要素を加味した建築がはるかに似合った。実際に植民地支配勢力と植民地それぞれの異なる事情によって、ときにはギリシャ風の新古典主義、ときにはネオルネサンスあるいはネオバロック様式の建築物が、それに相応する都市計画とともに植民地世界を蚕食していった。このなかでとくに北ドイツ風のこざっぱりしたネオルネサンス建築は、科学的客観性と歴史的伝統に対するブルジョア的信頼を地球の普遍的な「文明」の論理に変形させることにおおきく寄与した。

この急激な波動の震源地は、もちろんシンケルであった。ゼンパーの建築が立証するように、ドイツのネオルネサンス建築は、プロイセン古典主義建築が時代的に進化した結果であった。

第二に、シンケルの建築に宿るテクトニックの原理は、細かい様式的違いをこえて「建築すること」の本質にいたる共同の場を創出することで、モダニズム建築の形成に甚大な影響を及ぼした。ペーター・ベーレンス、ヴァルター・グロピウス、ミース・ファン・デル・ローエ、ブルーノ・タウト Bruno Taut ら、ドイツ出身の建築家たちは、当時を支配していた歴史主義建築に対しては非常に批判的であったが、建築の単純性と統一性そして記念碑性に対するシンケルの信念には同意を表した。彼らは、現代建築と都市計画の胎動に決定的な役割を遂行したいわゆる「国際主義」運動の主役であり、シンケルの作品から現代建築に必須の客観性と機能性、美的感受性、そしてなによりテクトニックを学んだ。このプロイセンの宮廷建築家の偉業は、それまで四五〇年余りにわたってパッラーディオが西欧建築に及ぼした影響と比較しても、見劣りするものではない(2)。

文化帝国主義

プロイセンの古典主義建築とドイツ帝国の歴史主義建築が、いわゆるモダニズム建築の源泉であると同時に、植民地支配の効率的な道具であったとするならば、これは相反する両面というよりは、相互に同質的な表裏面をなすとみるのが正しいであろう。「構築の必然的要素」に属さないものは排除するテクトニックの原理と、形態と機能の必然的な葛藤を隠蔽するモダニティの論理は、事実上コインの裏表であった。テクトニックこそが、モダニティの触媒の役割をはたして、プロイセン古典主義の「トランスモダン」な繁栄を可能にしたのである。また、シンケルが室内空間よりもファサードを強調したことは、弱点として作用するよりもむしろ広範囲な活用の可能性を開いた。

もちろん、プロイセン古典主義建築が、それ自体として植民地主義の含意を有していたとみなすことはむずかしい。シンケルの生前のプロイセンは、実際にこれといった海外植民地をもたない中流の強国にすぎなかった。ドイツ帝国の創建後も、宰相ビスマルクの海外政策は、ドイツ国民の経済的利益を守る次元にとどまっていた。遅れてなしとげられた政治的統一を強固にしようとする意図が、帝国主義的膨張の欲求より強かったのである。この世紀の勝負師の冷厳かつ現実政治的な判断では、西欧列強が世界を領土的に再編する過程にドイツ帝国も介入して当然であるが、それは、フランス式の「文明化の使命 mission civilisatrice」とは関係なく、具体的な実益を念頭におくものでなければならなかった。したがって、ビスマルクは、露骨に領土を侵奪する「植民地」よりは「保護領 Schutzgebiet」という用語を選好したことで知られている。(3)

一八八三年にドイツ植民協会 Deutsche Kolonialverein が創立され、翌年ビスマルクが、南西アフリカや東アフリカなどの地でドイツの商人や征服者が個別に獲得した領地をドイツの保護領とすることで、ドイツの植民地経営がはじまる。(4)しかし、ドイツ帝国は、大英帝国やフランス帝国とは異なり長期間にわたる植民地建設の伝統をもたなかっただけでなく、実際には、もっともはやく終末を迎えた。第一次世界大戦の終息とともに、ドイツ帝国は解体された。せいぜい三〇年余りしか存続しなかったドイツ帝国の植民地化事業は、ほかの帝国とは違ってはっきりした「使命」を掲げず、むしろドイツの地理学者ラッツェル Friedrich Ratzel が一九〇一年に発表した一編のエッセイの題目のように、民族の「生活空間 Lebensraum」を確保することに主眼点をおいた。一言でいうと、ドイツ帝国は、植民地帝国としては欠格事由が多かった。アフリカの植民地の一部では、よく知られているとおり、先住民にドイツ語を教えようとすらしなかった。(5)

しかし、ドイツの植民地主義に対する評価は、一八八四年から一九一八年までドイツが植民地ないしは保護領で実際におこなったことのみにもとづいてなされるべきではない。帝国における母国の住民を遠い地域に定着させる一連の行為を指称する植民地主義は、たんに経済的、政治的あるいは軍事的な次元にとどまるものではない。とくにドイツの植民地主義は、実際の植民地化事業に比べ、植民地化の「議論」と、これに随伴するオリエンタリズム的な幻想あるいは学術的な研究において非常に進んでおり、この点は、植民地よりはドイツ帝国みずからに大きな影響を及ぼした。[6] 植民地支配のためにたんに実用的次元以上のイデオロギー的・文化的・心理的な要素が幅ひろく介入するという事態は、成功した植民地帝国ではなかったドイツ帝国でより際立ってあらわれはしたが、事実上すべての植民地帝国に共通してあらわれる現象である。隷属した他者に対する過度な理想化と蔑視、土着文化の抑圧と商業化、そして赤裸々な搾取と家父長的訓育のイデオロギーは、支配の道具として使われるには、あまりにも虚飾的で相互矛盾的であった。[7] 植民地主義とは、いずれにしても過度な観念と過度な実行のごちゃまぜであり、つねに植民地の先住民の現実と衝突をひき起こした。[8] ドイツ帝国も、はやくに解体したからといって、植民地主義のこのような一般的問題点から自由だったというわけではない。ドイツはフランスやイギリスのように長い脱植民地化戦争に悩まされることはなかったが、そのかわり、止めようがない民族主義の熱気をヨーロッパのなかで解決しようとすることで、結局より大きな悲劇を招いてしまった。イギリス領のインドやフランス領のアルジェリアに比較できるドイツの植民地は、じつはカメルーンやトーゴではなく東ヨーロッパであった。[9]

ドイツ帝国の植民地主義は、ほかの植民地主義と原則的に異なるところはないが、イギリスやフランスといった競争国を意識して、独自な「理念」を開拓することに腐心したのは事実である。ドイツの統一が、「文化民族」の理念に立脚していたように、ドイツ帝国も文化的領域を特別に強調したが、これは驚くべきことではない。一九世紀後半のドイツは、人文学と社会科学においてはもちろん、医学・科学・技術の領域においてヨーロッパの最前線を走っていたので、フランス式の「文明化の使命」やアングロサクソンの商業主義とは大別される「科学的な」植民地統治を前面に掲げることができた。[10] しかし、現実は、スローガンとはまったく違っていた。南西アフリカにおけるドイツ帝国の支配は、きわめて実用的で即興的であり、ヘレロ族 Herero に対する無慈悲な殺戮が示すように非常に暴力的であった。これに対して、南太平洋サモアでは、むしろ土着文化を家父長的に保護し、まるで楽園をつくるような相反する態度をとった。[11]

ドイツ帝国が「文化民族」の理念を広め、プロイセン古典主義から発源したテクトニックの原理を「科学的な」植民地支配のために導入した唯一の事例は、ドイツと同じ気候帯に属し、高等文明を備えているとみなされた中国にみいだせる。もちろん、ここでも人種的な蔑視や暴圧的な支配に異なるところはなかったが、より細心な計画と専門的行政そして公的な監督が出来上がった。ドイツ帝国がこのように中国で変化した姿をみせたのは、中国攻略で先んじていたイギリスやフランスと対決するという構図に由来するにすぎず、そこに明確な「理念」が介入したと考えることはむずかしい。ドイツの東洋学 Orientalistik は、古文書と言語の研究に重点をおいており、植民地化事業に寄与したところはとくになかった。また、二〇世紀以前は、ほかの帝国主義列強においてそうであったように、「植民地主義文化」がドイツ社会を蚕食しているわけでもなかった。[12] とくに、はるか遠い東アジアに対しては、全般的に無関心で無知であった。フリードリヒ大王のポツダム・サンスーシ宮殿にある有名な中国館 Chinesisches Haus は、じつはロココ宮廷文化を席巻していた「中国風 Chinoiserie」に対する高尚な趣向以上のものではなかった。一時の流行がすぎると、その席は、すぐにギリシャ風の新古典主義とインドの精神世界に対する関心が占めることになる。さらには、日清戦争が日本の勝利で終わったのちも、ドイツの政治家はヨーロッパ列強の勢力構図の次元でのみ思考し、ドイツ皇帝ヴィルヘルム二世の悪意的な「黄禍 yellow peril」論は、警戒心を喚起するどころか、人種的偏見をあおるだけであった。ドイツの指導者が日本と東アジアを国際政治のひとつの軸として深刻に考慮しはじめたのは、一九〇五年の日露戦争の結果に衝撃を受けてからのことであった。[13]

ドイツ帝国は、まだ東アジアに特別に注目する以前に、それなりの政治的計算に依拠して、はるかかなたの中国大陸に新しい次元の植民地都市を建設しようとした。[14] アフリカや南太平洋の「保護領」とは違い、中国で確保した「租借地 Pachtgebiet」は、形式的に九九年間の租借権のもとドイツ海軍省 Marinenministerium の管轄に属した。そして、ドイツ帝国の偉大さを対内外に披露する「見本植民地 Musterkolonie」が、まるでドイツ軍の電撃戦のように急ピッチで建設されるにいたる。

ドイツ帝国の東アジア拠点都市青島

一八九七年、植民地争奪戦に熱をあげていたドイツ帝国は、中国山東省で起こった二人のドイツ人カトリック宣教師の殺害事件を口実に、上海にあった巡洋艦隊を出動させ、一一月一四日に膠州湾を占領した。そして、中国政府に圧力を行使して、翌年三月六日に膠州湾一帯半径五〇キロメートルの地域に対する九九年間の租借権を得る条約を締結した。これには鉄道敷設権と炭鉱採掘権も含まれていた。ドイツ皇帝ヴィルヘルム二世は、そのうち海岸地域の青島を商業港ならびに軍港とし、ここに総督府を設置した。ドイツ人はここを「チンタウ Tsingtau」と呼んだ。

青島は、もともと山東省に属する青島湾にある小さな島の名前であったが、のちに都市の名前になった。ドイツ帝国が旗を立てる前も、青島湾の埠頭は、小さいがそれなりの行政と防衛の体制を備えていた。もちろん、大規模な蒸気船が着岸するためには港湾と防波堤の建設が必須であったので、一八九九年に樹立された総合建設計画にもとづき、非常に体系的にドイツ帝国の拠点都市が建設された。港湾と鉱山を連結する鉄道路線である膠州湾‐済南線も、いちはやく一九〇四年に完工した。(15)

ドイツが東アジアに足を踏み入れたのは、一八六〇年代にプロイセンが推進した東アジア遠征のときであった。中国、日本、シャム（タイ）と通商条約を結び、ドイツ人が定着する候補地を探すよう国王の命を受けたオイレンブルク伯爵 Friedrich Albrecht Graf zu Eulenburg が、軍艦に先導させ、征服者の容貌で東アジアに姿をあらわしたのである。(16)しかし、ヨーロッパ内で民族統一のための一連の戦争に没頭していたプロイセンとしては、東アジアはほとんど別の惑星も同然であった。一八七〇年代初頭、地理学者リヒトホーフェン Ferdinand von Richthofen は、東アジアにドイツ海軍の橋頭保と港湾植民地、すなわち「ドイツの香港」とでもいうべきものをつくろうと提案したが、受け入れられなかった。(17)

ドイツ帝国創建後、積極的な東アジア進出がはじまったのは、古典的な外交政策を繰り広げていた宰相ビスマルクの時代が終わってからであった。ドイツ帝国は、すでに一八八四年にトーゴとカメルーンなど、アフリカ地域に保護領を確保することで帝国主義国家の仲間入りをしたが、ドイツの外交政策は、依然としてヨーロッパ内の勢力の均衡に比重をおいていた。一八九〇年、老獪な宰相を失脚させた若き皇帝ヴィルヘルム二世は、市場と領土をめぐって列強がしのぎを削る戦いがピークに達した時代に、もはや膨張の欲求を隠すことなく、いわゆる「陽のあたる場所 Platz an der Sonne」を求めて進出した。ドイツ帝国は、「世界政策 Weltpolitik」いうスローガンのもと、本格的に帝国主義国家の道を歩むようになるが、この政策を推進した動力は、なによりも建艦政策 Flottenpolitik であった。アルフレート・フォン・ティルピッツ Alfred von Tirpitz 提督が率いる海軍省は、世界各地にドイツ海軍の橋頭保を確保して維持し、経済的実益と政治的影響力を拡大しようとした。東アジア地域に軍事橋頭保を確保することは、このような政策の最初の試験台であった。(18)

ドイツ帝国は、一九一四年に第一次世界大戦が勃発し数カ月で膠州湾が日本によって占領されるまで、一七年間ここを支配した。ドイツ帝国の東アジアの拠点であり、産業のための販路であり、原料の供給地であり、現地のドイツ海軍のための石炭の供給所であったこの地は、それこそ半植民地といえた。青島が東アジアの富裕な国際貿易港として成長するようになったという点で、ドイツの計画は、九九年間の租借権期限を満たせなかった点を除外すれば、かなりの成功を収めた。ドイツ帝国が膠州湾を租借地として選んだのは、地政学的考慮もあったが、なによりも山東半島の豊富な石炭のためであった。これは、東アジアに駐屯するドイツ海軍のために必要であるだけでなく、中国市場全体の出入口としても活用された。このように実用的目的を優先視したにもかかわらず、イギリス領香港と対比されるドイツの「見本植民地」の真価を示さなければならないため、青島には病院、学校、気象観測所などが建立され、大部分の中国人にも門戸を開放した。これは、アフリカの植民地でみせたものとはまったく異なる姿であったが、先住民を一方的な支配の対象としたという点では、たいして違いはなかった。[19]

この地域の中国人居住民は、強制的な土地没収と移住措置、そしてなによりも人種的隔離を通して主権を蹂躙された。鉄道路線の敷設も中国人の利害とは関係なく、完全に外国人だけのためにおこなわれたので、反発が大きかった。ドイツの巡洋艦隊が青島を占領した日からただちに実施された土地政策は、膠州湾地域の民間の土地売買を禁止し、土地に対する行政的独占と統制を強化した。これは、外来の投機商人を食い止め、事実上廉価で土地を購買するための措置であった。膠州湾のドイツ総督府は、土地に対する測量と調査を急ぎ、直接土地の買い上げに乗り出した。村民と半強制的な談判をすることにより、十分な公用建設地をたやすく確保することができた。ドイツの征服者たちのこのような無慈悲な行動と清国政府の投降的な姿勢によって中国の法秩序がおおきく侵害されると、場合によっては地域の役人たちまでが不満をもって、広範囲な抵抗運動が生じるようになる。一九〇〇年に中国華北地域で発生した「義和団の乱」がドイツ帝国の膠州湾占領からはじまったという事実は、けっして偶然とはみなせない。[20]

宣教政策においても、ドイツ帝国は中国人の不満を買った。大砲を積載した軍艦にアヘンを積んで登場したドイツ人宣教師のイメージは、昔のカトリックの宣教師のイメージと同じく、中国人にはひどく否定的なものに映った。[21] ドイツのプロテスタントの宣教師たちは、おもに山東半島の南部で活動をはじめたが、山東半島はよりによって魯国出身の孔子の故郷であり、その中心地である済南市は、古くからの行政都市として強い儒教教育の伝統を誇る地であったので、宣教師たちの活動空間は狭小たらざるをえなかった。ドイツ帝国は、より知的な文化政策を講ぜざるをえなかった。さらに中国は列強が熾烈に競争していた半植民地状態にあったので、ドイツもまた差別化した植民地プログラムを提供する必要があった。これに対して、ドイツ・プロテスタント宣教協議会は、一八九八年の徳華書院の設立を筆頭に、大々的な教育事業を青島で繰り広げることになる。義和団の乱を鎮圧したのちは、強圧統治から文化統治への転換がなされ、宣教活動、教育、衛生事業に力がそそがれた。総督府は、親独中国エリートを確保して、より長期的にドイツの商業的・政治的利得を図ろうとした。一九〇九年にドイツと中国が合同で設立した徳華大学は、ドイツの優秀な精神文化を通して中国人の心を奪おうとした。[22] これは、いうまでもなく、帝国主義侵略政策のひとつの方便であった。

イギリスとフランスの植民地都市との差別性

ドイツ租借地の都市青島は、ドイツ本土の都市をそのまま移転したような外観をとったという点で、イギリスやフランスなどそのほかの西欧列強の植民地都市と区別される。これは、ドイツの優秀な「文化」を宣伝するための戦略的選択であった。その対蹠点にあったのはイギリスであり、その特徴は該当地域の土着文化を尊重する格好を備えていたことにある。もちろん、支配者の透視図法的視線によって、都市の軸を立て、空間を「合目的的に」再編したという点では、後者も例外ではない。建築的外見の多様性が、空間秩序の開放性を保障しなかったのである。むしろ、表面的な多様性の認定が高度の統一性を成就したとみなしうる。[23] このように植民都市において技術的・イデオロギー的実験を経た結果物が、帝国本土の都市に逆に導入され、長期的な影響力を行使することは、例外的な現象ではなかった。[24] 都市計画は、西欧「文明」の先進性、その「モダンさ」を立証する高度な戦略であり、日常の破壊と支配をまるで当然であるかのごとくしてしまう魔法の杖であった。「権力の植民地性」の概念で包括できるこのようなグローバルな大勢のなかでは、いわゆるドイツ「文化」も例外ではありえなかった。

大英帝国は、露骨な植民地支配と、土着の支配者のかげで実質的な支配権を行使するいわゆる「非公式帝国主義 informal imperialism」を兼用したが、建築と都市計画においても実用的な路線を選択した。一八四〇年代にジェームス・ワイルド James William Wild がエジプトのアレキサンドリアのヨーロッパ人居住区域に建てたイギリス国教会聖マルコ教会 St. Mark Church は、折衷主義的なネオゴシックとモスク様式を結合することでエジプト王室の近代化政策を補助するかたちをとった。以後、エジプトがイギリスの保護領に転換するなかで、エジプト人の地域的利害関係よりはほかの帝国主義競争国が意識されるようになったが、それでもイギリス固有の典型的な植民地建築様式が開発されることはなかった。むしろヴィクトリア時代特有の多様性と柔軟性が、オリエンタリズムと結合し、地域ごとに土着化した。(25)

イギリス領インドでは、より赤裸々な植民地都市の姿があらわれる。一八五七年以降、公共事業局 Public Works Department が総督府の一部署として設立され、公共建築と都市計画を本格的に推進するようになったが、あたらしく開拓されたニューデリー New Delhi はその見本であった。もちろん、ここでも大英帝国総督府は、イギリス的なものと土着的なものを結合する戦略をとった。たとえ土着的なものが飾りにすぎなかったとしても、イギリスの植民地都市の基本的な特徴は維持された。新都市建築の責任を担った建築家は、エドウィン・ラッチェンス Edwin Landseer Lutyens とハーバート・ベイカー Herbert Baker である。彼らの設計作業のうちもっとも野心的であったのは、現在、インド大統領官邸として使われている旧総督府庁舎ラシュトラパティ・バワン Rashtrapati Bhavan である。ニューデリーの高原の頂きに建てられたこの建物は、本来は総督官邸として建てられて「総督の家 Viceroy's House」と呼ばれ、インドの首都をカルカッタからニューデリーに移すことに決定したのちに建てられた。イギリスの都市計画の主導者のひとりとして数えられるラッチェンスが、一九一二年にベイカーに送った最初の設計案は、全体的には古典主義的でありながらも、色彩と細部においてインド的要素が加味されたものであった。もともとラッチェンスは、より古典主義的な建物を望んだが、政治的な圧力に屈服したと伝えられている。ラシュトラパティ・バワンは、合計三四〇の部屋をもつ、巨大な四階建ての建物である。タージ・マハル Taj Mahal などでみられる昔のムガル帝国の様式的要素を加味したこの建物で断然視線を引くのは巨大なドームであり、これはインド的でありながらもイギリス的な建物の特徴をよくあらわしている。ドームは、わらを意味する「ストゥーパ Stupa」形式をとり、仏教式封墳を連想させるが、

イギリス領インドのニューデリーの高原に建てられた旧総督府庁舎ラシュトラパティ・バワン．撮影：Ronakshah, 1990

建物の四方の角の対称線が出あう中心点におかれており、建物の残りの部分の全体の高さと比して二倍以上高い[26]。

フランスの場合は、地域の土着の伝統をあらたに生かしたイギリス式の植民地都市と比較すると、文字どおり「植民地都市」という定義にはるかに一致するものであった。フランス帝国が追求した同化政策は、「文明化の使命」に立脚して植民地を母国と同一の制度に統合し、植民地の先住民に対して母国の国民と同等な権利、教育、文化的な恵沢を享受させるという大義を標榜したが、これは統治の効率性のためのみせかけにすぎなかった。実際には西欧人区域と植民地先住民区域を厳格に分離して、フランス保護領モロッコの総監であるリオテ Hubert Lyautey が主張した「二重都市」をつくりだし、西洋人区域については本国のための実験室の役割が与えられた。同化政策と分離政策のこのような矛盾的結合こそ、フランス植民地都市の特徴であった[27]。

北アフリカのイスラム地域に対するフランスの植民地統治は、一八三〇年のアルジェリア占領からはじまり、一八八一年にはチュニジアを占領し、一九一二年にはモロッコを保護領とするという順番で展開された。アルジェリアでおこなわれた初期の植民地化事業は無慈悲な同化政策を推進したが、これに対して、チュニジア、モロッコと進むにつれて、次第に土着文化の保護という方向が強まった。これは、ヨーロッパ人区域は積極的に開発し、土着のイスラム教徒が居住する旧市街すなわちメディナ medina はロマン的消費の対象にとどめたという点で、典型的な「二重都市」政策の表現とみなせる。(28) ただし、一九一〇年代にフランス領モロッコの植民地都市カサブランカ Casablanca でアンリ・プロスト Henri Prost が、一九三〇年フランス領アルジェリアの首都アルジェ Algiers でル・コルビュジエが、おのおの実行した都市計画には、たしかに新しい面があった。より規格化された建築、より合理化された公共サービスと産業組織、効率的な循環道路、通風と採光をはじめとした建築の衛生的な側面に対するより多くの関心など、フランス本国でも十分に開花できなかったモダニズムの精神が、植民地都市で花開いたのである。(29)

白い家がぎっしりと詰まった地中海沿岸の港湾都市カサブランカは、「フランス領のシカゴ」と呼ばれるほど、実験的な都市であった。一九〇七年にフランスの軍隊がモロッコに上陸して以来、この美しい港町に対するフランス帝国の関心は非常に大きかった。もちろん、これは基本的に土着のメディナに対する関心ではなく、埠頭を中心に建設される「新都市 ville nouvelle」にむけた関心であった。フランス帝国は、ここがモロッコ内陸の要衝へ接近可能な最適の場所と判断した。一九一〇年になされた都市最北端の要塞に新しい防波堤を造成する作業をはじめとして、一九一五年にはエコール・デ・ボザール出身の著名な建築家アンリ・プロストが、カサブランカの都市構造の再編に着手した。カサブランカのオスマン男爵と呼ぶにふさわしい先駆的な都市計画家プロストは、一九一九年にフランスの都市計画法であるいわゆるコルニュデ法 lois Cornudet が制定されたことを契機として、より全面的な都市計画を実行に移し、埠頭近くのメディナを果敢に一掃して、中央地区、工業地区、住居地区の三つの地区にわけられたヨーロッパ人区域を建設した。プロストは、このために、近代的な土地所有制とともに、ドイツ式の用途地域制を、この植民地都市に先駆的に導入した。これは、単純な道路網の構築をこえて、合理的な都市ブロックを構築しようとする試みであった。プロストの計画案でもっとも記念碑的なものは、新市街地の中心に位置する官庁舎広場 Place Administrative であり、プロストが最初に計画したものではなかったが、リオテ総監の積極的な行政支援を受け、具体的な設計案がつくられた。中央郵便局を筆頭に、病院、兵務庁、劇場、戦勝記念碑、ホテル、カトリック教会、商業地区、住居地区、そして新型のメディナまで包括する遠大な計画が、順番に実現された。この広場を貫く幹線道路網も計画の主眼点のひとつであったが、これは波止場にむけて拡張され、やがて、都市中央部と新しい鉄道駅を連結する駅前大通り Boulevard de la Gare が都市の繁華街となる。[30]

いうまでもなく、一九二〇年代カサブランカの新市街地で満開となったモダニズムの新鮮な気運は「二重都市」という根本的な観念を脱皮できず、むしろ深化させた。植民地の先住民の大部分は、現代的な都市計画の恩恵を受けることはできず、建築家プロストが幹線道路を活用してヨーロッパ人を風土病や伝染病から保護できるといういわゆる「防疫線 cordon sanitaire」の伝道師として乗り出すなかで、先住民はさらに疎外された。[31] このような無慈悲な仕打ちは、フランス領インドシナでも遺憾なく発揮された、この地域では、カサブランカのような実験的な姿よりは、比較的古典的な景観が定着した。フランスのベトナム植民地都市ハノイは、その典型的な姿を示すが、公共建築物を視覚的焦点として、街路が統一的につくりあげられ、新しい広場と公園が建設された。植民地政府がもっともはやく建設した東西の幹線道路のひとつであるチャンティエン路 Pho Trang Tien と、その端に位置するハノイオペラ劇場が代表的な例である。[32] もちろん時代によって若干の変化はあったが、一九二三年から三一年までこの地域の建築と都市計画の総責任者を引き受けたエブラール Ernest Hebrard は、カサブランカ建設にも参与した建築家であり、在任期間中、「防疫線」のかわりに用途地域制を強化する方案を研究する一方、新たなインドシナ様式を開発しようと腐心した。しかし、「二重都市」の必要性については、彼に異論はまったくなかった。[33]

フランス帝国の植民地都市は、偏差はあるが、植民地の土着の伝統を考慮せず、フランスの「文明」の優越性を披露できる露骨な「二重都市」を志向したという点で共通している。この点で、フランスは、イギリスよりはドイツ式の路線に近いとみてよい。プロストの官庁舎広場の設計がカミロ・ジッテの『芸術的原理による都市建築』の理念を具現したという事実は示唆的である。[34]

ドイツ帝国は、一方でフランスよりもさらに「原理主義的」であり、他方でアフリカの植民地都市の例にみられるようにイギリスに劣らず実用的であった。ドイツ帝国のヨーロッパ内植民地都市といえるアルザス－ロレーヌ地方の首都ストラスブール Strasbourg は、いわゆる「文化帝国主義」の容貌をみせるあきらかな事例である。普仏戦争の勝利の対価として一八七一年にドイツ帝国が占有した仏独国境地帯のこの由緒ある都市は、アルフォンス・ドーデ Alphonse Daudet の有名な小説『最後の授業』が民族主義的激情で糾弾したことがあるように急速にドイツ化されるが、これは近代的な都市拡張事業と並行していた。旧都心から若干離れた新しい道路網の中心部には「皇帝広場 Kaiserplatz」が建設され、淡い色の砂岩を材質としたプロイセン風の記念碑的建物で囲まれた。大学と官公署そしてそのほかの文化施設が円をなすこの場所は、ベルリンのウンター・デン・リンデンの中心部を圧縮して再現した姿をみせている。新生ドイツ帝国の建築文化を代表する都市はベルリンではなく「シュトラスブルク Straßburg」であるといってもよいほど、この地の都市計画はシンケル式テクトニックを具現していた[35]。半世紀前にここを訪れた大文豪ゲーテは、「強力で、荒削りなドイツの魂からはじまった」この地の大聖堂 Straßburger Münster を指して、「すべての部分が全体に向かう」ドイツ的建築術の決定版であると賛美したが、これは、このような変化の前兆であった[36]。

ヨーロッパ内部にあるドイツ帝国の植民地都市が古典主義の形態言語に執着したことには、歴史主義の開放的な形態言語では、ヨーロッパ内部におけるドイツ的色彩を強調できないという現実的な理由があった。ただし、それが、統一された支配秩序の境界をこえるいかなる脱線も容認しないプロイセン国家のテクトニック的原理と無関係であるとは考えがたい。このことは、ヨーロッパの境界をかるがると飛びこえて、遠く東アジアに建設された植民地都市を比較すると、一層あきらかになる。香港や上海、シンガポールなど、イギリスが東（南）アジアに建設した植民地都市の建築物が、ヨーロッパ新古典主義の形態言語を温かく湿った地域風土にあうように適切に修正した、いわゆる「開港場様式 treaty port style」をとったのに対して、東アジア唯一のドイツの植民地都市青島は、きわめてドイツ的な歴史主義様式を具現した。たしかにドイツ帝国も、アフリカの植民地では、後期ヴィルヘルム主義的様式の要素を地域風土にあわせて変形し、建物に一回り巡らすベランダとか、通風のよい屋根裏部屋、開放された通路といった要素を発展させた[37]。また、大英帝国の植民地でも、草創期に流行した熱帯式バンガロー bungalow 建築が次第に減り、一九世紀末になると、新古典主義の様式が大勢をなすようになった[38]。しかしながら、気候が似通っており、文化水準はけっして低くない、とみなされた中国で、はじめて民族文化の「原型」に対する極度の執着がみられたことからすると、想像のアテネというドイツ特有の「心象地理」は植民地空間に完全に貫徹されたといわざるをえない。

もちろん、イギリスとの競争は、つねに考慮されるべき重要事項であった。アングロサクソンの商業主義を非難し、ドイツ「文化」の精神的優越性を万国に宣伝することこそ、ドイツ植民地主義者の最大の課題であった。一九〇七年に上海租界地内の西洋式建築物が並ぶ外灘区域に建立されたドイツ倶楽部 German Club は、一九二〇年代まで上海でもっとも高い建物であった。この建物は、ドイツのネオルネサンスとネオバロックの様式を結合したものであり、巨大な青銅の尖塔により、非常にドイツ的な雰囲気を演出した[39]。同じ時期、山東半島の青島では、本格的なドイツ風の市街地がほとんど完成段階に達していた。その意味で、青島は、「ドイツの香港」というよりは、むしろ中国のハンブルクに近かった。ここに具現されたドイツ式の歴史主義建築は、テクトニック的原理主義をつよく標榜していた。もちろん、歴史主義自体はドイツ文化の占有物ではなかったが、それはドイツとその植民地都市で固有の「言説形成体」へと成長できたのである。

青島の都市計画と歴史主義建築

世紀転換期、歴史主義建築はすでに歴史主義の本源的な境界をこえていた。後期の折衷主義的歴史主義は、都市全体の景観に介入しながら、機能的用途によって、ユーゲント・シュティールなど、モダニズムの傾向とも混淆した。

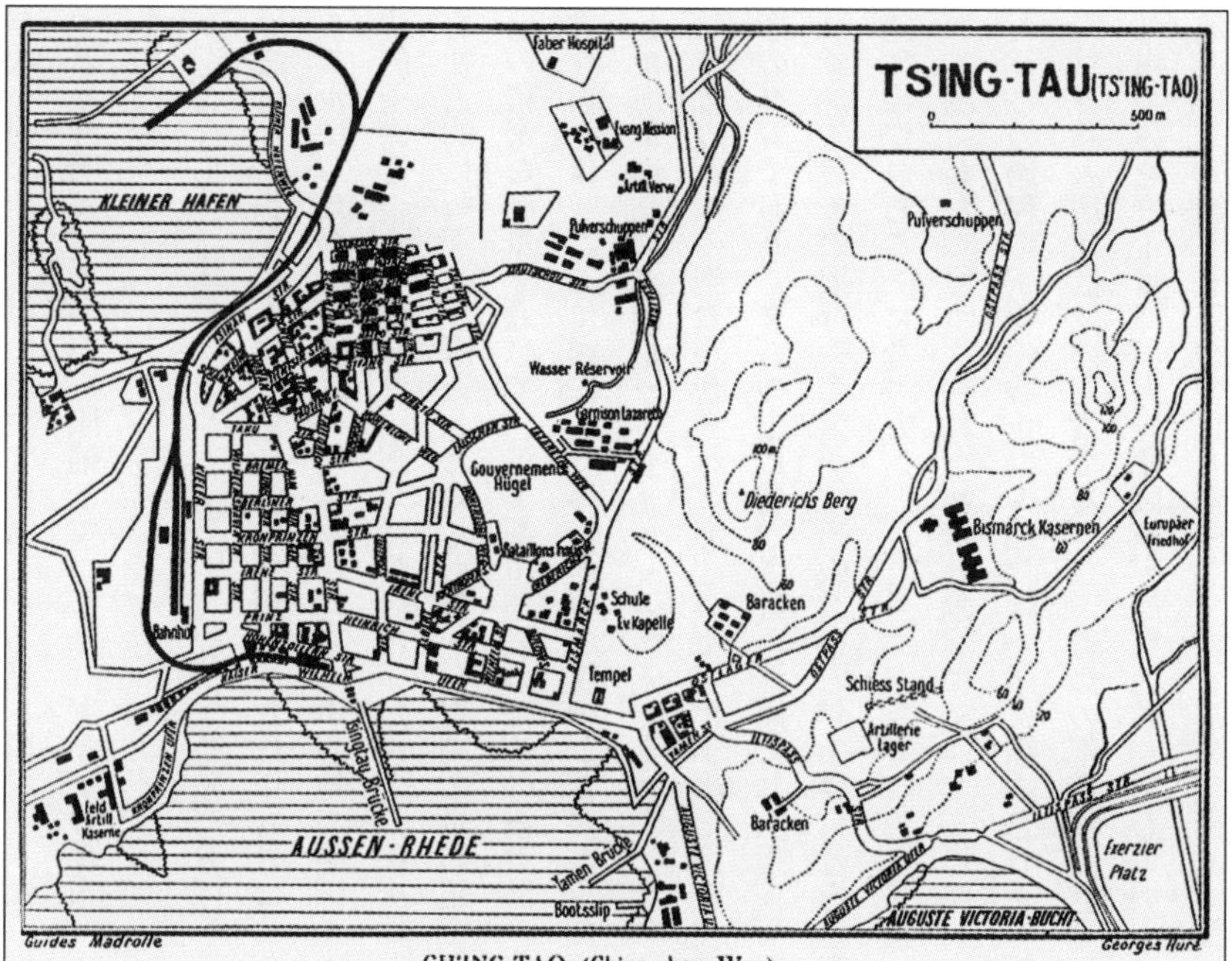

CH'ING-TAO (Chiao-chou Wan)

ドイツ総督府で製作した青島の地図（1912）

機能と形式、個体と全体、現在と過去の調和を追求する歴史主義固有の理想は、折衷主義の進化によって色あせた。歴史主義建築の最後の火花が炸裂する場は、ヨーロッパの植民都市であった。カトリック教会が宗教改革によりヨーロッパにおいて支配力を失い、非ヨーロッパ世界に飛び出して勢いを挽回したように、歴史主義は、グローバルに膨張したヨーロッパの帝国主義を通じて、その植民地で復活する。植民地の西欧式建築物がひとつの純粋な様式を固守するよりも折衷主義的な性向をおびたのは、植民地ごとの特殊な社会文化的・環境的な条件を考慮した結果であり、また世紀末ヨーロッパの都市の姿を忠実に反映したからであった。

　ドイツ帝国の後期歴史主義建築は、はるか遠い租借地の都市青島で団結し、固有の文化的力量を遺憾なく発揮した。それは母国でも達成できなかった成就であり、植民地支配のための効率的な機能と由緒ある美的形態とのテクトニック的統一性を具現した。非常に短期間でなされた大々的な建設工事によって登場した「見本植民地」は、地理的な位置とは関係なく、ドイツ帝国の心象地理を、もっとも鮮明に、もっとも圧縮して示した。ドイツの都市「チンタウ」は、ドイツ本土の通常の都市よりもドイツ的であった。(40)

「チンタウ」建設は、ドイツ帝国の国益に貢献する港湾と鉄道に優先順位をおいた。このため、最初に「膠州湾土地法 Die Landordnung von Kiautschou」が一八九八年九月に公布された。この法律は、イギリスが香港で施行した政策をモデルにしたが、ドイツの資本家が青島の中心地で中国人土地所有者から敷地を廉価で買い入れて建物を建築できる法的条件をつくりだした。膠州総督府は、村民と直接土地買い上げ契約を進め、土地を大量に買い上げたのち、これを独占的に販売し、販売したのちも細かい規制と処罰規定を通じて土地利用の実態を監督した。これとあわせて、土地の精密な測量を通じて、港と都市建設のための設計図の作成にも取りかかった。同じ年に立案された「青島都市建設計画」は、ここに居住していた海軍所属の公務員が立てたが、これを主導したのは、一八九七年にこの地域を探査した海軍港湾建設課長フランチウス Georg Franzius である。港湾の建設工事には、大規模な防波堤をはじめ、当時としては最新式の施設が含まれ、海辺の平坦化工事と海底の浚渫工事も同時におこなわれた。港の中心部は一種の半円形のダムであり、ダムの上に建設された埠頭には大規模な船舶が停泊でき、鉄道と直接連結されるようになっていた。ドイツの幾多の銀行や企業が鉄道敷設権と鉱山経営権を獲得しようと我先に押し寄せ、計画どおり、二つの路線が迅速に敷かれることになった。(41)

二度にわたってつくられた都市計画案によって、道路、上下水道、水利、堤防などの建設は支障なく推進され、また、この過程で、昔の波止場の建物は一挙に撤去された。(42)都市インフラを建設するのと同じくらい重要な仕事は、ヨーロッパ人居住区域の建設であった。青島の都市建設計画は、ドイツの用途地域制をはじめて東アジアに導入して、都市全体をヨーロッパ人居住区域、商業区域、そしていくつかの労働者居住地域に分割した。このうちヨーロッパ人地域は、季節と気温の変化を考慮して、青島の東南側に配置された。そこは風光明媚で空気が清潔であったばかりでなく、先住民が少なく、ヨーロッパ人の生活環境を整えるに際して、大きな支障がなかった。都市の中心部は、もともと海の展望がよい観海山の南側の海岸に隣接して建設された。観海山を背にして立つ総督府の庁舎の前には、放射状の道路が出あう広場があり、ここを通過する東西の幹線道路の両端に教会が位置した。青島湾に面した南側住居地域の東側には各種の業務施設があり、西側にはホテルと別荘が立ち並んだ。観海山の西側のふもとには高級住宅地と病院が位置した。都市建設計画案は、道路の幅、建築物の高さ、建築面積と宅地面積の比を明確に規定した。一八九八年に公布された建築条例は、三階以上の建物を不許可とすると同時に、購買した建築用地の五五パーセント以上の面積に建築物を建てられないように明文化することで不動産投機を防止しつつ清潔で快適な生活空間をつくりだすべく誘導した。肝心のドイツ本土では不可能であった厳格な原則が、はるか遠い租借地で貫徹されたのである(43)。

しかし、これらは中国人居住地域には適用されなかった。中国人居住地域は港の北側に位置して、ヨーロッパ人居住地域と厳格に分離された。このような人種隔離政策は、中国人の不衛生にもとづく疾病感染のおそれを事前に防止するという名分のもとになされたが、当時日本の発展とともに西欧に蔓延するようになった「黄禍論」の論理的帰結とみるほうが正しい。もちろん、これを、その後登場するゲルマン人種主義と同一視することは、度をこした飛躍であろう。ただし、このような植民地支配の経験が、長期的には人種と文化を生物学的次元で本質化することにより、排他的で敵対的な思考を助長した、という点は否認できない(44)。

青島東南部のヨーロッパ人居住地域には、急ピッチでドイツ風の建築物が建てられた。総督オスカー・トルッペル Oscar Truppel が積極的に乗り出して工事を陣頭指揮したが、ドイツ本国と類似した気候条件のみならず、都市近郊の蘆山に豊富に埋蔵されていた花崗岩が、ドイツの後期歴史主義建築を青島に移植することに決定的に寄与した。建物の主たる構造材料は、レンガと石材そして木材であり、外装には青島産の花崗岩を装飾的な要素として使用しながら、おもに白壁に薄い黄色の彩色が選好された。青島は、イギリス風とは確実に区別されるドイツのネオルネサンスとネオバロックの様式が、官庁舎を中心に咲きほこった。急こう配で傾斜したマンサード屋根とにょっきりとそびえ

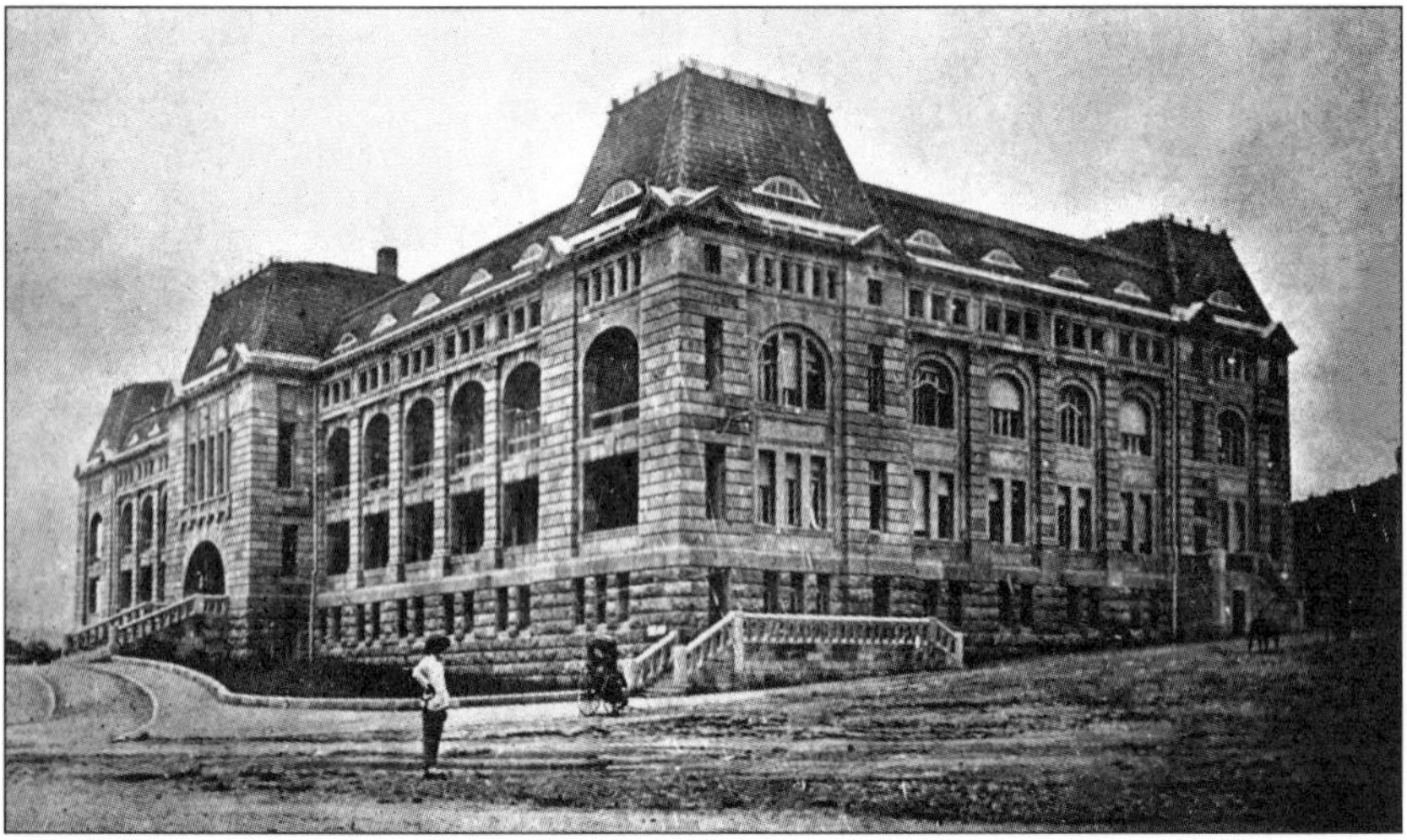

青島のドイツ総督府庁舎．出所：Bundesarchiv, Bild 137-003364

た塔楼、赤い瓦、ドーム型の屋根などが、その主要な特徴であった。これに加えて、当時ドイツとオーストリアで絶頂にあったユーゲント・シュティールの要素が果敢に導入されて、港湾都市に似合った開放的で「モダン」な雰囲気を演出した。ユーゲント・シュティールは、総督官邸から教会堂、場合によっては薬局にまで活用された。一言でいえば、青島の建築は、歴史主義とユーゲント・シュティールが混在した折衷主義の色彩をおびていた。これは、当時のドイツの建築をもっとも理念型的に反映したものである。装飾を最大限節制するドイツ式の厳格さも維持された(45)。

のちに中国人が青島市庁舎として使用することになるドイツ総督府庁舎 Gouvernements-Dienstgebaude は、一九〇四年に建築家マールケ Friedrich Mahlke が設計し、二年後の一九〇六年四月に竣工したネオバロック様式の建物である。観海山の斜面の丘にあるこの建物は、中央部と両翼部分が飛び出て、建物本体の高さは二〇メートル、総五階建で構成されている。西洋の古典主義の伝統にしたがって、中心性と対称性がつよく表現されている。この建物の特徴は、やはりファサードであり、青島の花崗岩で加工した直方体のレンガが印象的であって、地域住民のあいだでは「墨水瓶」と呼ばれた。室内空間においては、どっしりとした半円形のドームが支配する。庁舎の出入口には橋を渡って進入できるが、

青島のドイツ総督官邸．出所：Bundesarchiv, Bild 137-023557

これは古き中世の城の入口を連想させる。青島の行政的な中心という機能にふさわしく、都心地の中央に位置しており、建物の前には広場があった(46)。

青島南部の信号山の斜面の丘にあるユーゲント・シュティール風のドイツ総督官邸 Gouverneurswohnhaus は、現在は青島市の迎賓館兼博物館として使われる建物である。この建物は、総督府の土木建築局建築部長であったシュトラッサー Strasser とマールケらが共同で設計し、一九〇七年に竣工したが、ヨーロッパでもみることがまれな実験的作品であり、青島市街の遠近法的中心をなした。全体で三階からなる建物の花崗岩の外壁は、四角形をとって端正な雰囲気を醸しだしており、塀もなく、宴会にはこの上なく適していた。中央の出入口上の灰色がかった緑色の花崗岩でつくられた破風には、錨の鉄の綱を連想させる装飾物が石の釘で固定されて目を引き、これとともに破風の角の部分は、船員結びの文様で処理され、港湾都市の面目を浮き彫りにする。先に言及したように、この建物は、ユーゲント・シュティールの要素にあふれている。すなわち、主出入口の右側に配置されたファサード、それをつくりあげる二種類の色彩の花崗岩のパネル、破風の形態、室内を支配する四角形のパターンなどである。この建物の三つの壁面はすべて花崗岩でつくりあげられ、背面に付属する温室は鉄

青島キリスト教会．出所：Bundesarchiv, Bild 137-003847

とガラスといった材料を使用して非常に現代的な感じを与える(47)。

青島のユーゲント・シュティール建築物のなかでは、ロートケーゲル Curt Rothkegel の作品が目につく。彼の設計で一九一〇年に竣工したキリスト教会 Christuskirche は、ドイツのプロテスタントと駐屯軍のための教会であり、ヨーロッパ人のヴィラがある東部地域の端の小さな丘の上に建てられた。この教会は、適度な高さの緑色の時計塔と大地におおきく広がる礼拝堂で構成され、屋根に赤い瓦を載せ、薄い黄色の漆くいの壁を強化石材で仕上げていた。建物全体がまるで昔の建物の残骸のようにみえて、コーニス部分もおおざっぱにつくった巻物のような形状をしている。それこそ歴史主義とユーゲント・シュティールの独特な折衷といえる。

ユーゲント・シュティール風の四角形の壁飾りと赤色のまるい瓦屋根が目につく青島の薬局（医薬商店）もロートケーゲルの作品と推定される。一九〇五年に竣工したこの建物は、アーチと曲線がそのどの建物よりも引き立ってみえる。軒と一階のやや短い柱は、花崗岩で処理された。ロートケーゲルは、上海租界地のドイツ倶楽部の設計にも参与したことが知られており、さらには海をこえて韓国にも形跡を残した。現在は仁川閣と呼ばれる済物浦のジョンストン別荘がそれである。この建物は、日露戦争期間中に建てられ、赤い瓦屋根と出入りのある壁面、変化に富んだ窓の形態などの点で、青島のユーゲント・シュティール建築物と異なっている(48)。

青島の建築は、保守的で厳格でありながらも、モダンで開放的であった。これは、ヴィルヘルム時代のドイツ帝国の理念型的表現であったかもしれない。建築家ハンス・フィットカウ Hans Fittkau が設計した帝国法院は、低層部分の石材仕上げなどにおいて古典的な風貌をおびるが、ファサードには当時のヨーロッパで普及していた分離派の影響があらわれている。五〇センチほどの厚い門柱とか、垂直と水平の花崗岩の梁でわけられて陽の光を適度に遮断する窓などがそれである。これに対してルイス・ヴァイラー Luis Weiler らの共同設計で建立された青島中央駅舎は、出入口上の装飾的な破風と、遠くからでもみえるどっしりとした時計塔など、典型的なドイツ式ネオルネサンス様式をとっている。ファサードは花崗岩で処理されている。聖ミカエル聖堂は、青島のヨーロッパ式建築物のうち、遠景からもっともよく目にとまる五四メートルの高さの対の塔楼をもち、シンケルのフリードリヒスヴェルダー教会を連想させる建物である。これは、建築家の神父であるフレーベル Alfred Frabel が、一九〇〇年に設計したものであり、元来はゴシック様式で建てられる計画であったが、遅延して、一九三〇年代、日帝治下で、より現代的な趣向にあうように、鉄筋とコンクリートの構造でなるネオロマネスク様式で建てられた。頂上に巨大な十字架が設置された対の塔楼によって、長いあいだ青島でもっとも高い建物であった(49)。

青島はドイツ帝国の後期歴史主義建築の実り多き果樹園であった。短期間に、総督の監督下でいかなる拘泥も受けず建設されたので、当時のドイツ帝国を風靡していた主要な公共建築様式を一カ所に集結できた。青島のドイツ風建築物は、当時の流行にしたがって折衷主義の色彩をおびていたが、全体的にみると、ドイツ本土のどこよりもテクトニックの原理を忠実に具現していた。これは、そこがほかでもない植民地であったからこそ可能になった。しかし、ここで看過してはならない点は、青島はベルリンやウィーンではありえないという単純な常識である。「見本植民地」とみなされ、ドイツ本土よりも一層純粋にドイツ的な姿をおびたことは事実であるが、ここでのテクトニックは、ドイツにおけるような構造的統一性の原理ではなく、それとは正反対に、構造的分離の原理として作動した。それは、中心と周辺、主体と客体、植民地主義者の現在と被植民者の過去を徹底して分離する。矛盾の両側は、統一されるよりも、一方がもう一方に機能的に従属するだけである。もちろん、これはテクトニックの植民地的屈折という

よりは、その論理的帰結とみなすのが正しいであろう。テクトニックの偏執症的性向が極大化したのである。(50)

一八九七年のドイツ軍の膠州湾占領は、中国人の立場からみると、中国現代史の出発点として記録されうるほどの一大転換点を提供した。半植民地に転落してからも遅々として進まぬ改革に不満を感じていた中国人が街に出たからである。一八九八年の戊戌《ぼじゅつ》の変法と一九〇〇年に発生した義和団の乱は、袁世凱の鉄拳統治と「世界の元帥」ヴァルダーゼー Alfred von Waldersee 率いるドイツ特務部隊の介入で無残に踏みにじられたが、彼らにしても、憤怒の喊声を静めることはできなかった。農民や地方官僚は、地域民の利害関係と相反する鉄道建設などに対して武装闘争を繰り広げ、商人は伝統商品の開発で対立し、鉱山業者は国家の支援を受けて近代的運搬手段の開発に乗り出した。また、地方官僚は、少なくとも地域エリートに対する文化的ヘゲモニーを失うまいと努力した。(51)

一九一四年、第一次世界大戦が勃発するやいなや、日本は青島を攻撃し、数カ月の戦闘のすえ、一一月七日に占領した。そして、以後八年間そこを支配した。日本人が青島《あおしま》、青島《せいとう》などと呼んでいた青島は、一九二二年、ワシントン国際会議を経て中国に返還されたが、一九三八年に日本がふたたび占領し、一九四五年の日帝敗亡のときまで、その支配を受けた。多くの日本人が海をこえて青島へやって来て、あっという間に青島は日本化された。(52)日本人は青島を通して、また青島から日本に移送したドイツ人捕虜を通して、ドイツの建築と都市計画を直接体験し、学ぶ機会を得た。建築家ロートケーゲルもドイツ人捕虜のひとりとして日本の捕虜収容所に連れてゆかれたが、一九一九年のパリ平和会議の開催ののちに釈放された。(53)

もちろん、日本はすでに一八六一年にプロイセンと条約を締結し、ドイツ本土の政治と文化から多くの影響を受けていたので、中国のドイツ都市は特別新しいものではなかった。さらに一九一〇年代になると、すでにドイツ本土の主要都市ではモダニズムが支配力を得つつあったので、青島はドイツ本土に逆に影響を及ぼす「モダニティの実験室」というよりは、(54)むしろ「モダニティのショーウィンドー」に近かった。日本もすでに売り場のなかに深々と足を踏み入れた状態であり、ショーウィンドーにむやみやたらに感動する時期はすぎていた。帝国日本は、モダニティのヘゲモニーをめぐって西欧列強と競争中であった。しかし、なかなか解決されない難題があった。ドイツは、ギリシヤというスライドイメージに依存していたとはいえ、とにもかくにも自身の「民族文化」を「モダン」であると宣伝できたが、日本はそうできなかった。モダンなものとは、自身の民族文化ではなく、異質な西洋の文化だったのである。青島のモダンな景観は、ドイツ的ではありえても、日本的ではありえなかった。はたしていかに「モダン」でありながらも「日本的」でありえるのか。このこえがたい間隙を埋めるための選択が、ほかでもないプロイセンであった。

（1） 데이비드 어윈『신고전주의』（한길아트）［デイヴィッド・オーエン『新古典主義』（ハンギルアート）］（一九九八）三四六쪽 以下。박순관『동남아 건축문화 산책』（한국학술정보）［パク・スングァン『東南アジアの建築文化散策』（韓国学術情報）］（二〇一三）二〇七〜二〇九쪽。

（2） Stanford Anderson, "Schinkel, Behrens, an Elemental Tectonic, and a New Classicism", ed. by Susan M. Peik, *Karl Friedrich Schinkel*, pp. 116-117; Wolfgang Pehnt, "Schinkel after Schinkel: Heirs of the Prussian Master Architect", ed. by John Zukowsky, *Karl Friedrich Schinkel* (Art Institute of Chicago, 1994), p. 134.

（3） Dirk van Laak, *Über alles in der Welt: Deutscher Imperialismus im 19. und 20. Jahrhundert*, p. 10; Hartmut Pogge von Strandmann, "The Purpose of German Colonialism, or the Long Shadow of Bismarck's Colonial Policy", eds. by Volker Langbehn and Mohammad Salama, *German Colonialism: Race, The Holocuast, and Postwar Germany* (Columbia University Press, 2011), pp. 200-202; Sebastian Conrad, *Deusche Kolonialgeschichte* (C. H. Beck, 2012), p. 18, 23.

（4） Horst Gründer, *Geschichte der deutschen Kolonien* (UTB, 2004), pp. 55 以下。

（5） Russel A. Berman, "Der ewige Zweite Deutschlands Sekundärkolonialismus", ed. by Birthe Kundrus, *Phantasiereiche: Zur Kulturgeschichte des deutschen Kolonialismus* (Campus, 2003), pp. 23-24.

（6） このような研究としては、Michael Perraudin and Jürgen Zimmerer, eds., *German Colonialism and National Identity* (Routledge, 2010); Sara Friedrichsmeyer, Sara Lennox and Susanne Zantop, eds., *The Imperialist Imagination: German Colonialism and Its Legacy* (The University of Michigan Press, 1998) 参照。

（7）　Birthe Kundrus, "German Colonialism: Some Reflections on Reassessments, Specificities, and Constellations", eds. by Volker Langbehn and Mohammad Salama, *German Colonialism*, p. 34.

（8）　エドワード・サイードは、帝国主義 imperialism と植民地主義 colonialism を区分するが、前者はイデオロギー的次元を、後者はそれによる実行を指す。Edward Said, *Culture and Imperialism* (Vintage, 1994), p. 8.　これとは異なり、両者を矛盾的実践とみる立場としては、로버트 J・C・영、김택현 옮김『포스트식민주의 또는 트리컨티넨탈리즘』（박종철출판사）［ロバート・J・C・ヤング、キム・テキョン訳『ポスト植民地主義またはトリコンチネンタリズム』（パク・ジョンチョル出版社）］（二〇〇五）三九쪽 以下 参照。植民地主義の多様な含意に関しては、위르겐 오스터함멜、박은영・이유재 옮김『식민주의』（역사비평사）［ユルゲン・オスターハンメル、パク・ウニョン／イ・ユジェ訳『植民地主義』（歴史批評社）］（二〇〇六）参照。

（9）　David Blackbourn, "Das Kaiserreich transnational. Eine Skizze", eds. by Sebastian Conrad und Jürgen Osterhammel, *Das Kaiserreich transnational: Deutschland in der Welt 1871-1914* (Vandenhoeck & Ruprecht, 2006), p. 323.

（10）　Dirk van Laak, *Über alles in der Welt*, pp. 15-23.

（11）　Ariane Isabelle Komeda,"Kolonialarchitektur als Gegenstand transkultureller Forschung. Das Beispiel der deutschen Bauten in Namibia," eds. by Michael Falser, Monica Juneja, *Kulturerbe und Denkmalpflege transkulturel: Grenzgänge zwischen Theorie und Praxis* (transcript, 2013), pp. 119-137; George Steinmetz, *The Devil's Handwriting: Postcoloniality and the German Colonial State in Qingdao, Samoa, and Southwest Africa* (University of Chicago Press, 2007).

（12）　Suzanne L. Marchand, *German Orientalism in the Age of Empire*, pp. 334-336.

（13）　Gerhild Komander, *China in Sanssouci? Die Chinamode in friderizianischer Zeit und deren Rezeption durch Friedrich II.* http://www.gerhildkomander.de/ kuenste/134-brandenburg-chinamode.html; Suzanne Marchand, *German Orientalism in the Age of Empire*, pp. 367-377.

（14）　ここでは広義の「植民都市」と区別する意味で「植民地都市」の概念を使用しようと思う。すなわちこれは、伝統的な都市が植民地支配勢力の進出によって空間的変容を経験する場合を指称する。このような概念的区別については、현재열・김나영「비교적 전망에서 본 식민지도시의 역사적 전개와 공간적 특징」、『石堂論叢』［ヒョン・ジェヨル／キム・ナヨン「比較的展望からみた植民地都市の歴史的展開と空間的特徴」、『石堂論叢』］五〇집（二〇一一）六六一쪽 参照。

（15）　Jork Artelt, "Die Befestigungsanlagen Tsingtau und deren Bewährung im Ersten Weltkrieg", Hans-Martin Hinz and Christoph Lind, eds., *Tsingtau: Ein Kapitel deutscher Kolonialgeschichte in China 1897-1914* (Minerva, 1999), pp. 62-63.　김춘식「독일제국과 바다：독일의 동아시아 해양정책과 식민지 건설계획을 중심으로」、『대구사학』［キム・チュンシク「ドイツ帝国と海：ドイツの東アジア海洋政策と植民地建設計画を中心に」、『大邱史学』］九一집（二〇〇五）。研究史整理としては、Bernd Martin, "Gouvernement Jiaozhou" —

Forschungsstand and Archivebestände zum deutschen Pachtgebiet Qingdao (Tsingtau) 1897-1914, ed. by Hengyu Guo, *Deutschland und China: Beiträge des Zweiten Internationalen Symposiums zur Geschichte der Deutsch- Chinesischen Beziehungen* (Minerva, 1994), pp. 375-398 参照。

(16) Heiko Herold, *Deutsche Kolonial-und Wirtschaftspolitik in China 1840 bis 1914: Unter besonderer Berücksichtigung der Marinekolonie Kiautschou* (Ozeanverlag Herold, 2006), pp. 21-25.

(17) Jürgen Osterhammel, "Forschungsreise und Kolonialprogramm. Ferdinand von Richthofen und die Erschließung Chinas im 19. Jahrhundert", *Archiv für Kulturgeschichte,* vol. 69 (1987), p. 172.

(18) Wolfgang J. Mommsen, *Großmachtstellung und Weltpolitik 1870-1914: Die Außenpolitik des Deutschen Reiches* (Ullstein Tb, 1993), p. 107 以下。 Heiko Herold, *Deutsche Kolonial-und Wirtschaftspolitik in China 1840 bis 1914,* pp. 26-28; Sebastian Conrad, *Deutsche Kolonialgeschichte* (C. H. Beck, 2012), pp. 33-34. 정상수「독일제국주의와 교주만 점령 一八九七/九八년」、『역사학보』［チョン・サンス「ドイツ帝国主義と膠州湾占領一八九七/九八年」、『歴史学報』］제一九四집 三一七～三六一쪽。

(19) Mechthild S. Leutner, Klaus Mühlhahn, "Interkulturelle Handlungsmuster. Deutsche Wirtschaft und Mission in China in der Spätphase des Imperialismus", eds. by Leutner and Mühlhahn, *Deutsch-chinesische Beziehungen im 19. Jahrhundert: Mission und Wirtschaft in interkultureller Perspektive* (LIT, 2001), pp. 9-42.

(20) 김형렬「독일의 칭다오 경략과 식민공간의 확장（一八九八～一九一四)」、『중국사연구』［キム・ヒョンニョル「ドイツの青島経略と植民空間の拡張（一八九八～一九一四)」、『中国史研究』］제七〇집（二〇一一）二六六～二六八쪽。Horst Gründer, *Geschichte der deutschen Kolonien,* pp. 228-231.

(21) Gisela Graichen and Horst Gründer, *Deutsche Kolonien: Traum und Trauma* (Ullstein, 2005), p. 212.

(22) 김형열「산동 근대도시의 서구문화 수용과 교육환경—칭다오（青島)、지난（濟南）에서의 문화식민주의 성격을 중심으로」、동의대학교 인문사회연구소 편『동아시아 교류 와 문화변용：사회・문화・번역으로 본 동아시아 근대상』（박문사）［キム・ヒョンヨル「山東近代都市の西欧文化受容と教育環境—青島、済南での文化植民主義の性格を中心に」、東義大学校人文社会研究所編『東アジア交流と文化変容：社会・文化・翻訳からみた東アジア近代像』（博文社)］（二〇一三）一四七～一四八、一五三～一六一、一六九～一七三쪽。김춘식「독일제국의 중국 교주만 식민지 문화정책 一八九八～一九一四」、『역사학연구』［キム・チュンシク「ドイツ帝国の中国膠州湾植民地文化政策 一八九八～一九一四」、『歴史学研究』］三二집（二〇〇八）三七九～四〇七쪽。Horst Gründer, *Geschichte der deutschen Kolonien,* pp. 232-235.

(23) Maurice Amutabi, "Buildings as Symbols and Metaphors of Colonial Hegemony: Interrogating Colonial Buildings and Architecture in Kenya's Urban Spaces", ed. by Fassil Demissie, *Colonial Architecture and Urbanism in Africa: Intertwined and Contested Histories* (Ashgate Pub Co,

2012), pp. 325-346.

(24) Jonathan Schneer, *London 1900: The Imperial Metropolis* (Yale University Press, 1999); Felix Driver and David Gilbert, "Imperial Cities: Overlapping Territories, Interwined Histories", eds. by Felix Driver and David Gilbert, *Imperial Cities: Landscape, Display and Identity* (Manchester University Press, 1999), pp. 1-17.

(25) Mark Crinson, *Empire Building: Orientalism & Victorian Architecture* (Routledge, 1996), pp. 114-120, pp. 167-168, p. 267. これとは違い、植民地先住民の立場からイギリス植民地都市の事例を扱った Brenda Yeoh, *Contesting Space in Colonial Singapore: Power Relations and the Urban Built Environment* (Singapore University Press, 2003) 参照。

(26) Andreas Volwahsen, *Imperial Delhi: The British Capital of the Indian Empire* (Prestel, 2002), pp. 22-28; Robert Grant Irving, *Indian Summer: Lutyens, Baker, and Imperial Delhi* (Yale University Press, 1981), p. 17 以下。

(27) Gwendolyn Wright, "Tradition in the Service of Modernity: Architecture and Urbanism in French Colonial Policy, 1900-1930", eds. by Frederick Cooper and Ann Laura Stoler, *Tensions of Empire: Colonial Cultures in a Bourgeois World* (University of California, 1997), p. 328 以下。

(28) 송도영「상징공간의 정치：프랑스의 북아프리카 식민도시정책」、『한국문화인류학』［ソン・ドヨン「象徴空間の政治：フランスの北アフリカ植民都市政策」、『韓国文化人類学』］三五－二（二〇〇二）一二七～一五五쪽。송도영「다문화적 관점에서 본 지중해 이슬람 도시――모로코 페스의 사례 연구」、『지중해지역연구』［ソン・ドヨン「多文化的観点からみた地中海イスラム都市――モロッコ・フェズの事例研究」、『地中海地域研究』］一〇－四（二〇〇八）五九～八三쪽。Hassan Radoine, "French Territoriality and Urbanism: General Lyautey and Architect Prost Morocco (1912-1925)", ed. by Fassil Demissie, *Colonial Architecture and Urbanism in Africa: Intertwined and Contested Histories* (Ashgate Pub Co, 2012), pp. 11-31.

(29) Gwendolyn Wright, "Tradition in the Service of Modernity", pp. 325-326.

(30) Jean-Louis Cohen and Monique Eleb, *Casablanca: Colonial Myths and Architectural Ventures* (The Monacelli Press, 2002), pp. 12-13, 51-119.

(31) Gwendolyn Wright, "Tradition in the Service of Modernity", p. 330.

(32) 우신구「식민시대 하노이의 제국주의적 경관：도시 가로구조와 기념비적 건축을 중심으로」、『大韓建築學會論文集 計劃系』［ウ・シング「植民地期ハノイの帝国主義的景観：都市の街路構造と記念碑的建築を中心に」、『大韓建築学会論文集 計画系』］제二四권 제四호（二〇〇八）一七五～一八四쪽。

(33) Gwendolyn Wright, "Tradition in the Service of Modernity", pp. 334-335. 우동선「하노이에서 근대적 도시 시설의 기원」、『大韓建築學會論文集 計劃系』［ウ・ドンソン「ハノイにおける近代的都市施設の起源」、『大韓建築学会論文集 計画系』］제二三권 제四호（통권二二二호、二〇〇七）一五四쪽。

(34) Jean-Louis Cohen and Monique Eleb, *Casablanca*, p. 96.

(35) "Die Stadterweiterung von Straßburg", *Deutsche Bauzeitung*, no. 68 (1878. 8. 24), pp. 343-347, とくに p. 346; "Die Stadt-Erweiterung von Straßburg", *Deutsche Bauzeitung*, no. 80 (1878. 10. 5), p. 411. ドイツ帝国の辺境都市シュトラスブルクについては，Matthew Jefferies, *Imperial Culture in Germany 1871-1918*, pp. 79-80 参照。

(36) Johann Wolfgang von Goethe, "Von deutscher Baukunst"(1772), *Goethes Werke*, vol. 12, *Schriften zur Kunst, Schriften zur Litratur, Maximen und Reflexionen* (C. H. Beck, 2005), 14, p. 12.

(37) Winfried Speitkamp, *Deutsche Kolonialgeschichte* (Reclam, 2005), p. 119.

(38) 박순관『동남아 건축문화 산책』［パク・スングァン『東南アジアの建築文化散策』］二一八쪽。

(39) 백지운「식민지의 기억、그 재영토화를 위하여：존스턴 별장을 통해 본 동아시아 조계（租界）네트워크」、『중국현대문학』［ペク・チウン「植民地の記憶、その再領土化のために：ジョンストン別荘を通してみた東アジア租界ネットワーク」、『中国現代文学』］제四二호（二〇〇七）二二〇～二二四쪽。東アジアの開港場特有の水辺空間である外灘については、김주관「개항도시 공간의 전형、외탄」、김능우 외『중국 개항도시를 걷다：소통과 충돌의 공간、광주에서 상해까지』（현암사）［キム・ジュグァン「開港都市空間の典型、外灘」、キム・ヌンウ他『中国の開港都市を歩く：疎通と衝突の空間、広州から上海まで』（玄岩社）］（二〇一三）二七～四三쪽。리어우판、장동천 외 옮김『상하이 모던：새로운 중국 도시문화의 만개 一九三〇～一九四五』（고려대학교출판부）［李欧梵、チャン・ドンチョン他訳『上海モダン：新しい中国都市文化の満開 一九三〇～一九四五』（高麗大学校出版部）］（二〇〇七）三八～五〇쪽 参照。

(40) Pouyan Shekarloo, *Musterkolonie Kiatschou: The Expansion of the German Empire into China* (Grin Verlag, 2013); Klaus Mühlhahn, *Herrschaft und Widerstand in der "Musterkolonie" Kiautschou: Interaktionen zwischen China und Deutschland, 1897-1914* (Oldenbourg, 2000).

(41) 김춘식「제국주의 공간과 융합：독일제국의 중국 식민지도시 건설계획과 건축을 중심으로」、임경순、김춘식 편『과학기술과 공간의 융합』（한국학술정보）［キム・チュンシク「帝国主義の空間と融合：ドイツ帝国の中国植民地都市建設計画と建築を中心に」、イム・ギョンスン／キム・チュンシク編『科学技術と空間の融合』（韓国学術情報）］（二〇一〇）二三八～二三九쪽。Mechthild Leutner and Klaus Mühlhahn, eds, "*Musterkolonie Kiatschou*": *Die Expansion des Deutschen Reiches in China. Deutsch-chinesische Beziehungen 1897-1914. Eine Quellensammlung* (Akademie Verlag, 1997), p. 176.

(42) Gert Kaster, "'Image-Pflege' Geschichte und lokale Aneignung von deutschem Architekturerbe in Qingdao, China", eds. by Michael Falser, Monica Juneja, *Kulturerbe und Denkmalpflege transkulturell: Grenzgänge zwischen Theorie und Praxis* (Transcript, 2013), pp. 168-169.

(43) Torsten Warner, "Der Aufbau der Kolonialstadt Tsingtau: Landordnung, Stadtplanung und Entwicklung", eds. by Hans-Martin Hinz and

Christoph Lind, *Tsingtau: Ein Kapitel deutscher Kolonialgeschichte in China 1897-1914*, pp. 84- 86. 김춘식「제국주의 공간과 융합：독일제국의 중국식민지도시건설계획과 건축을 중심으로」［キム・チュンシク「帝国主義の空間と融合：ドイツ帝国の中国植民地都市建設計画と建築を中心に」］二四一～二四二쪽。이한석 외「항구도시 칭다오의 식민지시대 도시 변천과 근대 건축 형성에 관한 연구」、『한국항해항만학회지』［イ・ハンソク他「港湾都市青島の植民地期都市変遷と近代建築形成に関する研究」、『韓国航海港湾学会誌』］제三四권 제五호（二〇一〇）三五七～三五八쪽。김형열「산동 근대도시의 서구문화 수용과 교육환경」［キム・ヒョンヨル「山東の近代都市の西欧文化受容と教育環境」］一六九～一七一쪽。

(44) 김춘식「제국주의 공간과 인종주의：독일제국의 인종위생과 식민지 교주만의 인종정책을 중심으로」、『역사와 문화』［キム・チュンシク「帝国主義空間と人種主義：ドイツ帝国の人種衛生と植民地膠州湾の人種政策を中心に」、『歴史と文化』］二三호 一一三～一三七쪽。Winfried Speitkamp, *Deutsche Kolonialgeschichte*, p. 109; Birthe Kundrus, “German Colonialism: Some Reflections on Reassessments, Specificities, and Constellations”, pp. 31-32.

(45) 김춘식「제국주의 공간과 융합」［キム・チュンシク「帝国主義の空間と融合」］二四九～二五〇쪽。백지운「식민지의 기억、그 재영토화를 위하여：존스턴 별장을 통해 본 동아시아 조계 네트워크」［ペク・チウン「植民地の記憶、その再領土化のために：ジョンストン別荘を通してみた東アジア租界ネットワーク」］二三二쪽。김형열「산동 근대 도시의 서구문화 수용과 교육환경」［キム・ヒョンヨル「山東の近代都市の西欧文化受容と教育環境」］一六九～一七三쪽。Gert Kaster, “‘Image-Pflege’ Geschichte und lokale Aneignung von deutschem Architekturerbe in Qingdao, China”, pp. 167-180. 왕흠「독일 점령 시기 발전된 중국 칭다오 건축에 관한 연구」、『대한건축학회 학술발표대회 논문집』［ワン・フム「ドイツ占領期に発展した中国青島の建築に関する研究」、『大韓建築学会学術発表大会論文集』］제三三권 제一호（二〇一三）一二九～一三〇쪽。Winfried Speitkamp, *Deutsche Kolonialgeschichte*, p. 119.

(46) Torsten Warner, *Deutsche Architektur in China: Architekturtransfer* (Ernst & Sohn, 1994), pp. 210-212.

(47) Torsten Warner, *Deutsche Architektur in China: Architekturtransfer*, pp. 206-208.

(48) Torsten Warner, *Deutsche Architektur in China*, pp. 244-246, p. 288. 백지운「식민지의 기억、그 재영토화를 위하여」［ペク・チウン「植民地の記憶、その再領土化のために」］二二九～二三二쪽。김정동「아시아의 작은 독일、청도（칭다오）에서 건축가 로트케겔의 건축을 찾는다」、『建築』［キム・ジョンドン「アジアの小さなドイツ、青島（チンタオ）における建築家ロートケーゲルの建築を訪ねる」、『建築』］四五집 七호（二〇〇一）五九～六二쪽。

(49) Torsten Warner, *Deutsche Architektur in China*, pp. 214-216, 222, 248. 김형열「산동 근대도시의 서구문화 수용과 교육환경」［キム・ヒョンヨル「山東の近代都市の西欧文化受容と教育環境」］一七二～一七三쪽。

(50) この点と関連して、김형열「근대 산동의 도시건설 유형과 사회갈등 구조：칭다오와 지난의 도시 근대화를 중심으로」、김태승

외『도시화와 사회갈등의 역사』（심산）［キム・ヒョンヨル「近代山東の都市建設類型と社会葛藤の構造：青島と済南の都市近代化を中心に」、キム・テスン他『都市化と社会葛藤の歴史』（シムサン）］（二〇一一）一三五～一八六쪽 参照。

（51） Mechthild Leutner, "Kiautschou—Deutsche "Musterkolonie" in China?", eds. by Ulrich van der Heyden and Joachim Zeller, "...*Macht und Anteil an der Weltherrschaft": Berlin und der deutsche Kolonialismus* (Unrast, 2005), p. 206.

（52） 日帝治下の青島については、김형열「산동 근대도시의 서구문화 수용과 교육환경」［キム・ヒョンヨル「山東の近代都市の西欧文化受容と教育環境」］一七三～一七八쪽 参照。

（53） 백지운「식민지의 기억、그 재영토화를 위하여」［ペク・チウン「植民地の記憶、その再領土化のために」］二三一쪽。

（54） Dirk van Laak, "Kolonien als 'Laboratorien der Moderne'?" eds. by Sebastian Conrad und Jürgen Osterhammel, *Das Kaiserreich transnational*, pp. 257-279. 안영진「독일 공간정책의 변화과정과 이념상에 관한 연구」、『지리학연구』［アン・ヨンジン「ドイツの空間政策の変化過程と理念像に関する研究」、『地理学研究』］三三집 二호（一九九九）一二一～一三六쪽。

第2章　明治日本とプロイセン　岩倉使節団の視線

日本は、唯一の非西欧帝国主義国家であった。日帝は、東アジアにおける欧米列強の力の空白状態を活用して自身の位置を固めていき、プロイセン式国家テクトニックの原理を能動的に受容し列強の隊列に合流した唯一の非西欧国家であった。明治時代の日本が、プロイセン式「上からの近代化」を選んだことで軍国主義の道へ進んだという事実は、比較的ひろく知られている。日本の西欧化論者が、初期の段階では、「文明開化」の主唱者福沢諭吉のようにオランダからイギリスへ、そのつぎの段階では、伊藤博文のようにイギリスからプロイセンへ、関心の対象を移したことは、周知の事実である。第二次世界大戦時に同盟国であったことから、ドイツと日本の親和性は非常に自然にみえる。

日本の西欧化

実際に日本がプロイセンの制度と文化をどれくらい選好していたかは、想像されているほど明確なものではない。明治日本の半封建的で権威主義的で国家主義的な性向が、きわめて保守的であったドイツ歴史学派の国家学の影響であったという既存の見解[1]に対しては、多くの異議が提起されてきた[2]。明治時代の日本の知識人は、当時流行していた文明開化運動の一環として、イギリス、フランス、アメリカの近代化モデルに対してより多くの関心を示した。[3] 岩倉使節団が、一八七一年一二月から一八七三年一〇月まで、ほぼ二年にわたって欧米各国を探訪して帰国したのち、明治政府が欧米各国に留学生を派遣し、また各方面の外国人専門家を招聘して、日本人の現地専門家を養成したことは、よく知られている。欧米各国の位相と長短所をかなり詳細に把握した明治政府が、特定の国だけを頼みにするよりは、各国から必要な部分を選択的に自分のものにしようとしたのは、きわめて自然なことであった。初期の明治政府は、イギリスからは産業、鉄道、海軍に関連する実務的な知識を、フランスからは治安警察と法律そして教育体制と兵法を、プロイセンからは軍制を、アメリカからは北海道の植民化のための未開拓地の農法を受け入れた。帝国日本が世界列強の一員として、ドイツの保守主義勢力と強い親和力を維持しながら西欧的モダニティに対する総体的な反逆を開始したのは、明治時代が終わってから、かなりのちのことである。[4]

建築と都市計画の分野に局限しても、ジョサイア・コンドル Josiah Conder のように、イギリス人として日本にわたり現地の弟子を養成し、また山口半六のように、日本人としてフランスに留学してオスマン式の都市計画を学んできたような事例は、東京の官庁街を設計したドイツ人建築家ベックマン Wilhelm Böckmann とエンデ Hermann Ende のような事例と比して、けっして些少なものではなかった。[5] 明治日本は、都市計画技法はドイツから学んだが、建築思想ではむしろ英米圏の影響を受けたとみなす者もいる。[5] 一九一四年の青島占領により、日本はドイツの建築と都市計画の実際を自分の領内で経験する機会を得るが、すでにこの時期、日本ではヨーロッパの新古典主義建築の日本化が完成段階にいたっていた。一九一四年末に竣工したフランス風の新古典主義様式の東京の中央駅がまさにその頂点に該当する。そして翌年からは、アメリカのモダニズム建築家フランク・ロイド・ライト Frank Lloyd Wright の記念碑的作品である帝国ホテル Imperial Hotel の工事が開始される。一九二〇年代になると、モダニズムが日本の建築界を牛耳ることになる。[6]

明治の日本でプロイセンが発揮した影響力の比重を正確に見積もるには、岩倉使節団の経験に注目するのが非常に効果的である。好奇心と衝撃、畏敬の念、嘆きと悟りなどに徹したきわめて原初的な西欧経験を共有したこの集団こそが、近代日本の形成に中枢的な役割を果たすことになるからである。明治政府が樹立されてから三年余りたった一八七一年一一月一二日、明治政府は岩倉具視を全権大使に任命し、木戸孝允、大久保利通、伊藤博文、山口尚芳など、政府の中心人物が大挙含まれる四六人の大規模使節団をアメリカとヨーロッパに派遣する。女性五人を含む四三人の留学生と数十人の随行員が同行して、総人員は一〇七人に達し、一年一〇カ月にわたって全一二カ国を訪問した(7)。公式任務は条約改正のための予備交渉であったといわれているが、なぜそこまで大規模な使節団を長期間派遣したのだろうか。歴史上先例もない新政府樹立からまだ何年も経たず、その基礎を整備するのに一分一秒すら惜しんでいたであろう政府の要人が、ほとんど二年近くも席を空けて外遊をした理由とは、はたしてなにか。

一八五三年七月八日、アメリカのペリー Matthew Calbraith Perry 提督が、恐ろしい「黒船」でやってきて東京湾を威嚇してから、一八六八年一月三日に明治維新が達成されるまで、日本では本当に多くの変化の波が立った。江戸幕府治下の日本は、開国して西洋列強と不平等な通商条約を結び、これに憤怒した西南部地域の下級武士が、「尊王攘夷」を掲げて幕府を打倒し、王政復古をなしとげた。この渦中で、「攘夷」を主張していた守旧勢力は次第に力を失い、いわゆる「文明開化」の新しい流れが列島を掌握した。屈辱的な不平等条約を改正しようとすれば、日本は西洋文明国家の基準に合致する新しい姿に生まれかわらなければならないという思いが、確固たるものとなったのである(8)。

文明開化はきわめて政治的なプロジェクトであった。それは、西欧列強に次ぐ強力な国民国家の建設を目標とした。この用語を造語した近代日本の思想的父、福沢諭吉は、代表作『文明論の概略』で、文明とは「人間の智徳の進歩」を意味するとしながら、個人よりは「国家全体の気風が重要」であるという点を強調した。彼は、さらには「国の独立が目標であり、国民の文明はこのような目標を達成するための手段」であるとまでいった。将来日本人の文明が人類的普遍性にむかって前進するか云々という問題は、「まず日本という国と日本の人民を存在するようにしてから」議論すればよいことであった(9)。

新生明治政府は、なによりも自主的な国民国家を建設するための下絵を描こうとした。まさにこれが岩倉使節団に与えられた任務であった。使節団は、近代日本国の誕生を対内外に知らせると同時に、西洋の国民国家の全体的な骨格を把握して、その結果を日本の国家的改革プログラムに定式化する任務を引き受けた。したがって、使節団の主たる関心の対象が、文明化された「国民」よりは文明「国家」にあったという点も、まったく驚くべきことではない[10]。使節団の一員であった久米邦武は、旅行を終えて帰国してすぐに『特命全権大使米欧回覧実記』（以下『実記』）という全五巻のずっしり重い報告書を刊行する[11]。

『実記』の基本路線

久米邦武は、のちに東京帝国大学文科大学の教授職にあったおり、日本の神道を批判したという理由で免職になったほど、国粋主義とは距離のある人物であった。彼は、西洋の大国をほめたたえるよりは、むしろ大国のあいだで愛国心を涵養し自主を守った小国に注目したことで評価できる。実際に『実記』には、ベルギー、オランダ、スイスといった小国に割かれた紙面が少なくない。また、典型的な富国強兵論とは異なり、富国論はあるが、強兵は発見されないという点も特記するに値する。しかし、福沢諭吉の悪名高い文明・半開・野蛮の三段階発展論や、親西欧的・反アジア的観念がみいだされるという点を軽視するべきではない[12]。『実記』は、久米という学者の個人的な著述ではなかったので、当時の日本の支配層の立場を可能なかぎり忠実に代弁しようと努めたものとみられる。

そうだとすれば、はたして『実記』でプロイセンに対する特別な関心がうかがえるか。表面的にはまったくそうではない。『実記』は非常に実務的な報告書であった。それは、「モダニティ」という外国語を学ぶために、日本人みずからがつくりだした最上の文法書であったといえる。西欧の近代文明をけん引した諸々の技術、経済原理、社会制度、法律、芸術技法、地理的認識、そして国家の興亡史がひろく盛り込まれた。しかし、このテキストは、与えられた「文法」を伝達するだけでなく、みずから新しい意味を生産している。『実記』は、「米欧回覧」の実際の過程と内容だけでなく、近代日本における世界像の変化を記録した文書であり、新しい「心象地理」の図面の上に、西欧近代文明という対象と近代日本という主体を位置づけていく過程を、余すところなく収めている。それでは、そのなかでプロイセンはどこに位置づけられたのであろうか。

『実記』の刊行が、近代的国民国家をつくりあげる政治的プロジェクトの一環であったからには、これを、単純な報告書ではなく、フーコー Michel Foucault 的意味における「言説形成体 formations discursives」の主要な契機として取り扱っても問題はあるまい(13)。フーコーは、与えられた対象を言説が扱うというよりは、逆に言説のなかで対象が出現すると考え、その出現の条件を構成する規則の相互作用の体系をあきらかにしようとした。そのためには一定の時空間における多様な単語と概念、言述が包括的に扱われて当然であるが、単一のテキストも同様に言説形成体という観点からアプローチできる。単一のテキストの内部にも、異なる言表や、分散して異質的な言述が共存するが、ここには秩序、相関関係、位相、機能、変換の規則が作用する。まさにこの規則こそが、対象と概念、言述様式、主題選定の条件を生産する。このようにテキストに言説形成体としてアプローチする必要があるのは、「著者」があらかじめ定められた「メッセージ」を伝達するという通念は認めがたいからである。著者とメッセージは、言説の前提ではなく、結果とみなすほうが正しい。このように考えると、『実記』で著者久米が使用する文明、国権、自主自立、世界平和、人民といった主要概念と、西洋と東洋、ドイツと日本のような指示対象の用法は、著者が伝達しようと意図する直接的メッセージよりも、これらを編み合わせる構造的秩序に注目して観察する必要がある(14)。これらはすべて包括的な「心象地理」のなかに記入される。もちろん、これらの意味と正体が、脈絡によって相対的で可変的であれば、これは心象地理が本質的にもつ構成的欠陥をあらわすものとみなせる。

『実記』第三巻から検討しよう。一八七三年三月一五日、ドイツ帝国の首相ビスマルクは、ベルリンに滞在中であった岩倉使節団を晩餐に招待した。晩餐の席での演説で、当時まさに創建されたばかりの帝国の首相は、つぎのような意味深長な言及をおこなった。

現在日本が親しく交際している国も多いであろうが、国権と自主を重視する我々ドイツこそ、日本がもっとも親しくつきあうべき国ではないだろうか。[15]

新生国であるドイツ帝国が、可能なかぎり多くの友邦をつくらなければならなかった切実さを考慮すれば、ビスマルクの言及は平凡な外交的修辞とみなせるであろう。ただし、当時の日本が、西欧列強との不平等条約を修正するために必死になっていたアジアの辺境国にすぎなかったことを考慮すれば、当時のヨーロッパ大陸内における権力者が日本に対して示した「拘泥」は尋常ではない。それでは、『実記』に載せられたビスマルクの演説記録は、ドイツ帝国が想定していた地政学的構図において日本が特別な位相を占めていたことの十分な証拠たりうるのか。もちろん、そうではない。一八六一年一月、プロイセンの特命全権大使オイレンブルク伯爵が、ライバルのオーストリア使節団を締め出して日本との通商条約を締結させたとき、プロイセンの主たる関心事は、自身の勢力圏内にあった関税同盟 Zollverein の商業的利益を図ると同時に、ドイツ連邦 Deutscher Bund 内におけるオーストリアに対する優位を確保することであった。[16] そうだとすると、東アジアに対する副次的な関心が一〇年間で急変したとは考えにくい。したがって、岩倉使節団がドイツ側の歓待に深い感銘を受けたのに対して、肝心のドイツ側の特別な反応はみいだしがたいのも、それほど意外ではない。『ケルン人民日報 *Kölnische Volkszeitung*』や『新プロイセン日報 *Neue Preussische Zeitung*』など、いくつかの日刊紙には比較的詳細な報道が載せられたが、特記すべき論評は見つからない。[17] したがって、久米の記録を論ずるにあたっては、ドイツの立場よりはむしろ日本の立場に注目するほうが適切であろう。[18]

『実記』を言説分析する際に提起されるべき厄介な方法論的問題は、テキストの指示対象であるプロイセンと指示する主体である日本のあいだに存在する転倒した関係である。ここでは、日本に対するプロイセンの態度は、プロイセンに対する日本の態度と重層的な位置にある。はたして誰が誰を指示しているのか。たしかにテキストの「著者」は日本人である。ビスマルクとプロイセンは、ここでひたすら日本人の視線を通してのみ姿をあらわす。したがって、テキストの指示対象は、正確にいえば日本に好意的な視線を送る存在として日本人の視線に映ったプロイセンである。フーコーは、言説は、ある「事柄」を指示するよりは、それと単語の「あいだ」を行き来して、指示対象の定立を管理し、発話主体の位置を割り当てると考える。このように考えると、指示対象と単語のあいだにはつねに溝が存在することになる。単語はいつも指示対象以上あるいは以下を指示することで、意味の不安定性を惹起する。

『実記』が執筆され刊行された一八七〇年代は、いまだ日本が明示的な親ドイツ路線を選択する前であった。岩倉使節団にとって、ドイツは、ヨーロッパ全体のなかで多少遅れた、あるいはあまり先導的でない地域にみえたようである。ドイツは全体的に統一的でなく、ヘゲモニーを掌握したプロイセンも、風俗や一般的な国家競争力においていまだ不十分な国として描写される。それならば、使節団がその位置や水準においてヨーロッパのもっとも中間的な国家に対して感じた親密感は、どこからはじまったのであろうか。実際には、プロイセンの自己アイデンティティに日本が親和性をもつ点は、とくに存在しなかった。先にあきらかにしたように、プロイセンが自身の国家的アイデンティティを樹立する際に決定的な契機になったのは、ナポレオンのフランスの経験であり、ここから、ローマに根をおくラテン文明に対する対立者として、古代ギリシャに対する想像的な親和性が生まれた。このようなプロイセンなりの心象地理が、『実記』には十分にあらわれていない。日本人が西欧の特定の国家の諸般の事情を深く理解することは、まだ不可能だったはずだからである。

「プロイセン」編は、きわめて現状記述的である。ベルリンは、アテネよりはパリやロンドンにはるかに近い都市として描写されている。ベルリンについての記述には、総説とあわせて三つの章が割かれ、典型的な報告書の形式をとるが、時折容赦ない批判を込めた記述も登場する。ロンドンやパリに比べると、いまだ「二流都市」であり、通りで春画が公然と売られる唯一のヨーロッパ都市であり、この地の学生は警察も避けるほど荒いとけなす。ロンドンやパリと確実に区別されるベルリンの特徴として浮き彫りにされるのは、このように乱暴な気風である。さらには、ほかの欧米国家とは違い、女性を尊重する態度が欠如しているという指摘まででてくる。「ベルリンでは、アメリカ人やイギリス人が女性にわざわざ謙遜した態度をとると、女性でさえも嘲笑し変な習慣だというほどである」。ただし、このような後進国型の容貌にもかかわらず、新興国プロイセンと「新興都市」ベルリンには未来が開かれているという強調が続く。「まるで旭日昇天するがごとき気勢で国威を増強」しているプロイセンの価値を発見したのは、それほど前ではない「一八六一年一月にプロイセンとの和親条約を結んだとき」であったことがあかされる。いまや岩倉使節団が現地を訪問することで、プロイセンの可能性を公式に確認したのである。[19]

言説分析とは、本来、言語の恒常的な多義性 polysemy と意味の非固定性を前提とする。[20] しかし、発話の主体である日本をただ言説的効果でのみみることはできないであろう。主体は、むしろ言説によって十分に語られない次元、その構成的欠如をあらわす。ラカン Jacques Lacan の精神分析学の理論は、つねに余分として、非可視的に、無意識的に残る主体について論ずる。記表 signifiant の隠喩的で換喩的な遊戯を通して構造化され、それを通じて元来話そうとしていたことよりも多くを語る主体は、言語的に構築され、「記表の輪 chaine signifiante」の構造によって規定されるが、そこから胎動はしない。主体は、むしろ象徴的な秩序の矛盾のなかに、この秩序の独立的産物として、みずからを確認する。歴史的主体の「欲望 desir」は、象徴的秩序のなかで自身に割り当てられた位置との同一視に満足できず、みずからに位置を付与した根源的対象からの「凝視 le regard」に視線を合わせる。もちろん、凝視は帳幕のように不透明で、けっして到達できない。[21] このような理論的原理を土台にしてひとつの仮説を立ててみよう。すなわち、日本人の視線に映ったプロイセンは、日本人という主体を定立する凝視であると同時に、日本人に与えられた位置をこえようと欲望せんと刺激する対象である。「プロイセン」編における久米のつぎのような言及は、非常に示唆的である。

プロイセンの思考方式は、イギリスやフランスよりも我が国の思考方式と非常に似たところがある。プロイセンの政治・経済事情を研究することは、イギリスとフランスの事情を学ぶよりも利益が大きいであろう。[22]

「プロイセン」編は、賛美一色や低評価などではなく、政治・経済・社会・文化などの実情に対する冷静な評価に依拠した肯定と否定が適切な均衡をなしている。使節団は、プロイセンにいたって、はじめて西欧近代文明という対象と視線を合わせるようになる。まるで公正な裁判官にでもなるような淡々とした評価は、疎遠さや無関心の表現というよりは、むしろこれ以上対象に圧倒されて臆することはないという事実を証している。たとえ対等なみつめ合いではないとしても、いまや可視圏内に入ってきた対象を観察者の主体的観点によって理解し、たがいに感じ合うようになったのである。まさに、このみつめ合いの部分的な一致と必然的な不一致のなかで、近代日本のアイデンティティが揺れ動くと想定すると、「プロイセン」編は、表面的内容をこえて、『実記』が提供する「心象地理」全体において特別な位相をもつことになる。[23]

西欧世界の体験

先に言及したように『実記』は、近代日本の世界像の変化を記録した文書でもある。欧米世界についての見聞を広げる過程は、取りも直さず日本の世界像のなかに西欧近代文明という対象を定立することで、その対象との関係を通じて近代日本という主体を確立していく過程にほかならなかった。長い長い旅路のなかで注目する点、学ぶ点を発見するたびに、たえず日本と比較してみて、日本人自身について問い返す。このような弁証法的相互過程は累積的に深化するが、その核心的な契機は、まさに西欧文明と東洋文明の「距離」である。これは根本的には文明の水準の違いを指しているが、そこに地理的な距離が関数関係のように連動する。このように、主体と対象が構築され、その位相が確定されることによって、はじめて新しい心象地理がその姿をあらわす。

使節団が日本を出航してはてしなく広がる太平洋を渡りアメリカに到達したとき、彼らは、祖国と自分たちがたどり着いた国を単純に比較することは、そもそも不可能であることを悟る。アメリカは日本とはすべての面でもっとも対極にある国として把握される。日本は、「人口でみるとアメリカとほぼ同数である。建国の歴史は、アメリカの百倍も長い。土地面積は、三パーセントにもみたない」[24]。このようにまったく異質な時間と空間に対する衝撃的な体験こそが、西欧近代文明と接した日本の衝撃を想起させる一種のデジャヴュでないはずがなかった。以後のヨーロッパ関連の記述が都市を中心とするのに対して、第一巻「アメリカ」編は、都市よりは地方の自然的・人工的な環境についての描写の比重が大きい。長距離鉄道旅行を通じて人跡のない荒野の「広闊さ」と荒々しい滝の「轟音」をみずから体験しながら、未開地の開拓の状況と農業・鉱山・海運の状況、灌漑用水の利用状況などをあまねく調べる。ナイアガラの滝周辺の川岸の吊り橋を描写して、著者はつぎのような印象的な論旨を繰り広げる。

橋から見下ろすと渓谷の流れは滝の勢いを受けて泡を浮かべながら橋の下を流れて（……）両岸の岸壁は今にも崩れ落ちそうに危険な感じでそびえている。（……）もし、このような場所に大きく美しい鉄橋などをつくったならば、どんなにすばらしいか[25]。

このような態度は、実際、美を超越した圧倒的な体験を吐露するという点で、一種の「崇高 the sublime」という範疇として理解しうる。実際に久米は、ミシシッピ川、五大湖、ナイアガラの滝がみせる「猛々しい馬のような流れ」を美しい日本の風景と対照し、後者の典型として瀬戸内海に言及する[26]。このような「崇高」こそが近代の原体験であり、すでに西欧世界でも、フランス革命などに際して、前例のない現実の到来に直面して、既存の政治的・美的秩序を無化する新しい体験の様相を称するために範疇化されていた。歴史的事件の衝撃と同型をなす滝のような圧倒的な自然との出あいも、「崇高」の典型的モチーフに該当する。(27) 岩倉使節団は、広大なアメリカ大陸を横断しながら、伝統的な東洋の美とは劇的に対比される近代西洋の崇高を論ずるようになったのである。使節団の山水遊覧は、条約改正交渉をめぐるさまざまな問題によってもとの計画よりアメリカにながくとどまらなければならなくなった実情からはじまったが、(28) テキスト内では心象地理の構造的秩序を定める効果をもたらす。

欧米回覧の最初の旅程地であるアメリカで使節団の耳目を奪ったのは、個々の制度や技術よりは、新しい空間と時間の次元であった。「アメリカという自由の新天地」を開拓した「荒く巨大な方式」は、いまや新しい倫理として受け入れられる。自然を克服する不屈の意志、その「自主の精神」こそ、日本が学ばなければならない最初の徳目であった。「世界の富は資源や資本の多寡にあるのではなく、それを利用する能力のいかんにあるということを確信するようになった」。(29) 空間に対するこのような新しい接近法は、自主的に未来を切り開いていく進歩した西洋と遅れた東洋のあいだの時間的な距離に対する判断に、自然とつながってゆく。

アメリカの荒涼とした未開地も人が集まると開拓される。（……）東洋の肥沃な土地だといっても、国の利益が自然と出てくるわけでもなく、収穫物が自然に価値を生むわけでもない。人の力を使わなければダメだということである。東洋は、このような状態で夢のなかで二千年を過ごしてきた。(30)

ほとんど自己卑下に近いこのような判断は、使節団が体験に圧倒されたことをあらわしている。そして、このように興奮した精神状態のなかで、意識の転換が加速化したことは、十分に推察可能である。アメリカ大陸横断が、近代という見知らぬ惑星の大気圏への衝撃的な進入であったとするならば、ヨーロッパ各国への縦横にわたる訪問は、その惑星が属する銀河系への飛行に該当する。第二巻からはヨーロッパ編であり、アメリカとは違い、都市中心で記述されている。まさに近代文明の源泉に対する探索がはじまったのである。

とくに第二巻は丸ごとイギリスに当てられている。イギリスについては、はじめから終りまですべて賛辞が続く。世界の貿易を媒介する最高の商業国として資本主義の母国であり、産業と技術、政治および社会制度、そしてなによりも立派な「気風」で、それこそ歴史的進歩の象徴とみなされる。『実記』において、イギリスは、疑うところのない近代の理念型モデルとして登場する。不可思議でしかなかった近代性の輪郭がここにいたって可視化されることにより、はじめて近代と日本の出あいを論ずることが可能になる。

使節団は、日本と似た小規模な島国イギリスがどのようにして世界最高の「国富」をつくりあげえたかを探索していく。「イギリス」編は、紙面の大半をビール製造工程にまでおよぶ多種多様な産業技術の詳細な紹介に割いている。イギリス各地の工場を訪問しながら、使節団は、イギリスが築いた国富の核心には石炭と鉄があることを悟る。しかし、アメリカで発見したように、より重要なのは人間の意志であるという点が強調される。使節団は、イギリスに来て、近代文明の秘密は、与えられた（自然）環境に安住せず、それを主体的——「自主的」——意思によって周到綿密に再編するところにある、ということを悟った。このような基本原理が、産業のみならず、国家と社会の運営の原理でもある、という暗示が、『実記』のあちこちに発見される。いまや近代とは、荒々しく降りそそぐ滝のような不可抗力的な力ではなく、主体的意思のいかんによって周到綿密に、より安定的に導入できる可視的な対象であると判断するにいたったのである。著者は、ロンドンの大英博物館の観覧について記述するなかで、近代的な時空間に対する所見を、以前よりもはるかに自信をもって明記する。すなわち「進歩とは、けっして古いものを捨てて新しいものを追求することではない[31]」。

「イギリス」編で使節団の政治的保守性が隠すことなくあらわれるのは、さほど驚くことではない。近代性はもはや恐怖の対象ではないのだから、日本の主流的な価値と接ぎ木することも考えうるようになったのである。いまや「自主」は、「人民」が追求しなければならない価値であるというよりは、むしろ「法」の論理と結ばれる。イギリスが最上の国富を達成するようになったのは、ほかでもなく「法が許容する範囲内で自主的力を発揮」できたからだ、というわけである。(32) このような態度の変化は、明示的な言説ではなく、意外にもスコットランドのハイランド遊覧についての記述から読み取れる。美しいハイランドの景観は、アメリカの自然が与える崇高さとは違い、日本の美しさと類似したものとして体験される。これは、西欧国家と日本のあいだで一対一の比較が可能になったことを暗示する。しかし、それでも文明と自然が美しい調和をなすイギリスと、「精神力」が不足した東洋の一員である日本の「距離」は、心象地理上であまりにも遠かった。イギリスは、ひたすら学び追いつかなければならない理想的な規範であるにとどまった。使節団は、西欧の近代文明という広大な銀河系で道を探してさまよう一介の放浪者の心情をなかなか脱することができなかった。

日本人は、西洋をまるで銀河系のような別世界と考えているが、西洋の商人は世界をまるでひとつの都市と考えている。どれほど勢いが旺盛なのか。(33)

大陸へ渡るなかで、西洋に対する使節団の意識は、より具体化され、個別化される。アメリカ大陸では西欧近代文明の崇高さに圧倒され、イギリスでは近代性の理念型を獲得したとするならば、ヨーロッパ大陸を扱う第三巻と第四巻は、個別の国家の特徴と違いについて、より客観的なアプローチを試みる。使節団がヨーロッパ大陸の最初の旅程としてフランスを訪問したとき、そこにはいまだ普仏戦争敗戦の気運が漂っており、ナポレオン三世がイギリスで死亡したという知らせにも訪問期間中に接することになった。イギリスと比較すると、フランスに対する評価は非常に辛い。たしかに、宝石や陶磁器、織物などの洗練された趣向を土台にイギリスより一歩先をゆく商品市場は高く評価し、また、日本と比較すると「巨大なビルディングと矮小な庵の差」があるほど水準の高い建築および都市計画そして芸術部門に対しては惜しみない賛辞を送ってはいる。しかし、言語や工業製品、都市景観に深くしみ込んだ「王権の虚飾的な外観」には、冷淡な視線を送る。また、驚くべきことに、フランスに対しては、西洋国家と日本の格差が、はじめて部分的にではあるが否定される。「無謀で軽々しい」フランス人は、同じヨーロッパ人でありながらも「イギリス人やドイツ人とは反対の性格」をもつが、これは「忍耐と努力が不足」していて「いつも機敏さで勝負するという点で日本人の品性と似ている」というのである。フランスに対するこのような過酷な評価は、敗戦国であるという先入観とあわせて、イギリスでよみがえった使節団の保守的な志向性とも無関係ではないであろう。革命の精神こそ、使節団が根本的に排撃する価値であった。とくに革命がもたらした急進的な平等思想は、「経済に暗く世事に疎い書生が、気ままに理想的空論で突っ走り、人間的な博愛主義だけを最善と思って、このような論議を軽率に自慢するのにすぎない」とけなされる。このような否定的な見方にもかかわらず、フランス回覧を通じて、使節団は西欧資本主義に対する理解にもう一歩接近する。そして、アメリカはヨーロッパ人の開拓地、イギリスは世界貿易の中心地、フランスはヨーロッパのもっとも大きな市場、という多少粗っぽい心象地理が出来上がる。(34)

フランスを離れ、ベルギーとオランダを経て到達したプロイセンは、フランスよりは肯定的に描写されるが、アメリカやイギリスに比べるとはるかに低い評価を受けているようにみえる。さらには、ベルギーやオランダに対する評価よりも否定的である。しかし、先にあかしたように、文字どおりの内容だけでプロイセンに対する評価をすべて読み切ることはできないであろう。たとえば、ベルリンの中央大通りである「ウンター・デン・リンデン」に対する記述は、パリの「シャンゼリゼ通り」に対して連発される感嘆詞に比べるとあまりに平坦な感じを与えるが、関連のフレーズを詳しくみると、用途が区分された四車線の道路とか、周辺に並ぶ商店と建築物のにぎやかな様子などを鋭意注視して、プロイセン特有の文明的底力を感知していることがわかる。(35) 使節団が把握するに、プロイセンは文化的にはいまだイギリスやフランスの水準に到達していないが、通商と農業生産力、科学と技術、軍事力では、すでにヨーロッパの中心に属している。歴史的にも、プロイセンは、ヨーロッパのなかのヨーロッパである。ヨーロッパのすべての物事の真ん中にある。世界的な猛威を振るうイギリスとフランスに比して、プロイセンは、ヨーロッパのなかにとどまっているからには、ヨーロッパの明暗を自身のなかにすべてもっている。『実記』は、プロイセンを含めドイツ帝国に属する四つの王国と七つの大公国、八つの公国、三つのハンザ Hansa 都市について詳細に記述することで、ドイツこそがヨーロッパ大陸の心臓部であることを知らせる。「ドイツとヨーロッパの関係は、非常に緊密で重要である」[36]。『実記』のなかでは、フランスに全九章が割かれ、それもパリ中心であることを勘案すると、ドイツに全一〇章が割かれ、プロイセンだけでなくドイツ全体を比較的幅ひろく扱った点は特記に値する。ドイツに対するこのような関心の高さは、日本の位相に対する認識と対位法的な関係をなす。日本はいまだいろいろな面で不十分であるが、「国権と自主」を追求する東アジア唯一の国として、東アジアの盟主になる資格があるという認識が、『実記』において累積的に上昇する。

『実記』におけるプロイセンの位相

プロイセン回覧を終えたのち、第四巻では東プロイセンを経てロシアにむかいながら、近代文明とははっきりとした「距離」がある別の西洋世界を論じはじめる。この点で、第三巻の「プロイセン」編は非常に中間的な位置を占める。アメリカとイギリスに対しては肯定的、フランスについては多少否定的であった視線が、プロイセンに対しては度を超すほど中立的な視線に変化するが、これは、つづいてすぐ繰り広げられるロシアと南ヨーロッパそして第五巻の帰港路で接するアフリカとアジア世界に対するきわめて否定的な視線とも大きな対比をなす。

プロイセン回覧後の記録を簡単にみただけでも、「プロイセン」編の位相はより明白になる。「不毛の土地」ロシアは、アメリカのように広々と開けているが、アメリカとは違って国家の開拓地であり、人民は自主的意識が欠如した状態とみなされる。彼らは、宗教的信仰心は強いが、「蒙昧さ」から脱せずにいる。ロシアの広々と開けた大地の上の家々は、さらには「我が国の北海道の原住民の家もこうであろうかと想像するほど」である。まさにこうであるから、ロシア経済が、一部の絢爛な都市の存在にもかかわらず、依然として信用不良状態におかれていることは、まったく驚くべきことではなかった。ロシア訪問を通して、使節団は、日本がロシアをほかの西洋国家より恐れたのは、ひとえに鎖国状態による無知が生んだ「妄想」にすぎなかったと確信する。(37)

西洋世界内の後進的地域に対する批判的視角は、ロシア以外の国家について語るときも続く。プロイセンに敗れてドイツ連邦から追い出されたオーストリアについても、ロシアとなんら異なるところなく、「人民に自主の精神が欠如」していると叱咤する。このような視角は、南ヨーロッパに対しても同様である。「ヨーロッパの文明開化したいくつかの国は、アルプス山脈を境に南部と北部にわけられるが、習俗上、一方は勤勉であり、他方は怠惰であり、したがって貧富の程度もおおいに異なる」。イタリア南端の都市ナポリについての描写はとくに否定的であるが、埠頭では汚い子供たちが束になって金をねだり、道路には排泄物とゴミが放置されていると指摘する。このような記述には、すでに地中海のむこう側、北アフリカの都市に対する否定的な視角が先取りされている。(38)

地中海を渡り、西洋世界と別れ、エジプトを経て、紅海とアラビア海を渡って中国方面へむかう。この、じつに地球を半周する長い長い帰港路についての記録は、すべて汚くてむさ苦しい生活環境に対する描写で満ちている。時々秀麗な自然に対する感動があらわれることもあるが、非西洋人は全体的に「文明と距離がある頑《かたく》なな習俗」に染まって進取の精神を欠如しているという評価を受ける。(39) 紅海周辺の熱帯地域に住むアラビア人についてのつぎのような描写は、かなり典型的である。

彼らはただ無駄に生を維持することに満足し、開化にむかって歩みだす考えもなく、千年を一日のように乞食とかわらぬ日々を生きてきただけである。古言に、肥沃な土地に住む百姓は怠惰だという。(40)

これに比すると西洋世界の外で西洋人がなした業績については、きわめて甘い評価を下す。スエズ運河の建設を詳しく描写しながら、その立役者であったフランスの外交官レセップスの超人的な努力を浮き彫りにし、イギリスの植民地統治下にあるインドをほかの地域に比べ高く評価する。「インド人は、気質が荒く勇敢である。イギリス人が彼らを教え導いて多年、現在は勇ましい軍人が百万名に達する」。イギリス支配下の香港も甘い評価を受ける。「この都市の住民の大部分が中国人であるにもかかわらず、通りは清潔である」。このような記述は、上海などの中国のほかの地域に対する否定的な評価とあきらかな対照をなす。「中国を尊敬し、その地の品物といえば無条件に優れていると信じる人々は、今からでも反省しなければならないであろう(41)」。

以上のように『実記』の叙述は、実際についての回覧の記録にとどまらず、北半球の全国家に文明的な序列をつける。既存の自立的に分散していた空間と時間が、単一の観点のもとに再編されるのである。このグローバルな心象地理の空間的・時間的な結節点に、まさにプロイセンが位置する。一見、事実中心に淡々と記述されたようにみえる「プロイセン」編は、北半球国家全体の想像的な配置を考慮すると、まったく違って読まれる余地がある。フランスで西洋との距離感を少しであるが縮めることができた日本人は、プロイセンにいたってはもう少し積極的に相手の歓待を受け入れる。その前には相手をまるで盗みみるようであった視線が、もはや相手の目を避けないで直接視線を合わせようとするのである。この視線は、それ以後ロシアではじまる、相手をあざけるように見下す視線とも区別される。このように相手と目を合わせる視線のなかで、はじめて相手はひとつの対象的総体としてその姿をあらわす。西欧近代文明がひとつの対象として構築されることで、その対象を眺める視線の主体も、それなりの固定した位置を得ることになる。そして、主体と対象のあいだにおかれた世界は、自然に副次的な位置に転落する。西洋と日本のあいだのアフリカとアジア世界（これに加えてロシアのような非西欧的西洋世界）は、すでに訪問以前から序列がつけられていたのである。

このような地球的心象地理は、ベルリンのある博物館についての記述でそっくり再現される。岩倉使節団は、ほかのヨーロッパ都市でのように、ベルリンでもその地で最高の博物館を探訪する。博物館の名前は明記されていないが、「その広大さは大英博物館を凌駕する」ほどの「有名な建築物」として「建物の前に石を敷いて花で飾ったとても大きい広場がある」といった点から推し量ると、ウンター・デン・リンデン中心部の広場である遊園地前の旧博物館をいっていることはあきらかである。博物館についての記述は、展示の動線にしたがってなされる。古代ギリシャとローマの彫刻品を展示する一階から西洋の油絵を展示する上の階へ続く説明は、うしろの部分では「アラビアの東側、インド、東南アジア、東洋各国の品々」の展示を記述するが、「東南アジア島嶼部の野蛮人」の「凶悪な風俗」と「日本と中国の物品」がはっきりと区分されている点に注目している。「やはり日本と中国は、東洋と東南アジアのなかで文明国」であるという叙述は、これがベルリン中心街の博物館についての記述の一部であるという点を考慮すると、特異な意味をもつ。(42)

旧博物館は疑う余地なく新しいドイツ帝国の心象地理を明徴に再現しており、そこで日本の文明が占めていた相対的に高い位相は、ビスマルクの歓待とともに、使節団を鼓舞するに十分であったと思われる。そうだとするならば、はたしてプロイセンの真ん中に再現された心象地理と、プロイセンの格別の位相を認定するようになった日本の心象地理のあいだには、一致点が存在したのであろうか。『実記』において、プロイセンの心象地理は、ひたすら日本人の視線を通してのみあらわれるだけである。それはたんに日本人という主体を定立する凝視であり、日本人の視線と対位法的な関係をもつ。両者の距離はけっして解消されない。

前の巻の叙述とは異なり、プロイセンの実情について度を超すほど冷静な評価が下されていることは、逆説的に、プロイセンとの交感を暗示する。すなわち、これ以上対象に圧倒されず、より積極的に相手の歓待に臨むようになった、という意味である。プロイセンからの歓待をつよく意識するということは、歓待に喜んで応じることができる程度にみずからの面目を整えていこうという自意識の発露であるから、西欧近代文明に対する「畏敬の念」の段階をすでにこえたことの端的な証拠とみなせる。プロイセンが西洋の中心部に属しながらも、いまだ西欧近代文明の基準値に十分に到達できていなかったという点こそ、日本側に示唆するところが大きいものであった。プロイセンを西欧と非西欧、先進世界と後進世界を媒介する地図上の消失点として位置づけることで、日本は西欧近代文明を自分なりに対象化し、新しい心象地理のなかにみずからの位置を設定できた。結局「プロイセン」編は、日本人の主体的な心象地理を構築するための一種の消失点としてプロイセンを再発見していった記録とみることができる。このように『実記』は、欧米についての正確な情報を提供する実用的な目標にとどまるよりは、むしろ、多様な概念と言説が相互作用しながら与えられた議論の秩序を不連続的に再編していく熱をおびた闘争の現場であった。

（1） Kenneth B. Pyle, "Meiji Conservatism", eds. by Marius B. Jansen, et al., *The Cambridge History of Japan,* vol. 5. *The Nineteenth Century* (Cambridge University Press, 1989), pp. 704-710; Wolfgang Schwentker, "Fremde Gelehrte. Japanische Nationalokonomen und Sozialreformer im Kaiserreich", eds. by Gangolf Hubinger and Wolfgang J. Mommsen, *Intellektuelle im deutschen Kaiserreich* (Fischer, 1993), pp. 172-197.

（2） Erik Grimmer-Solem, "German Social Science, Meiji Conservatism, and the Peculiarities of Japanese History", *Journal of World History,* vol. 16, no. 2 (2005), pp. 187-222.

（3） Hirakawa Sukehiro, "Japan's Turn to the West", eds. by Marius B. Jansen, et al., *The Cambridge History of Japan,* vol. 5, pp. 432-498.

（4） Tetsuo Najita and H. D. Harootunian, "Japanese Revolt against the West: Political and Cultural Criticism in the Twentieth Century", ed. by Peter Duus, *The Cambridge History of Japan,* vol 6. *The Twentieth Century* (Cambridge University Press, 1989), pp. 711-774; Minamoto Ryoen, "The Symposium on Overcoming Modernity", eds. by James W. Heisig and C. Marajdo, *The Rude Awakening: Zen, the Kyoto School, and the question of Nationalism* (University of Hawaii Press, 1995), pp. 197-229.

（5） Henry D. Smith II, "Tokyo as an Idea: An Exploration of Japanese Urban Thought Until 1945", *Journal of Japanese Studies,* vol. 4, no. 1 (winter, 1978), pp. 60-61.

（6） 藤森照信『日本の近代建築（下）：大正・昭和篇』（岩波新書、二〇一〇）二〇六頁以下。David B. Stewart, *The Making of a Modern Japanese Architecture. 1868 to the Present* (Kodansha America, 1987), p. 90 以下。

（7） 다나카 아키라、현명철 옮김『메이지유신과 서양 문명：이와쿠라 사절단은 무엇을 보았는가』（소명출판）［田中彰、ヒョン・ミョンチョル訳『明治維新と西洋文明：岩倉使節団は何を見たか』（ソミョン出版）］（二〇〇六）一八～一九쪽。최연식、이필영「이와쿠라 사절단이 본 서양：모방과 습합（習合）」、『동서연구』［チェ・ヨンシク、イ・ピリョン「岩倉使節団が見た西洋：模倣と習

合」、『東西研究』二五권 二호（二〇一三）三五〜六三쪽。西川長男・松宮秀治編『「米欧回覧実記」を読む――一八七〇年代の世界と日本』（法律文化社、一九九五）。

（8） 하가 토오루、손순옥 옮김『명치유신과 일본인』（예하）［芳賀透、ソン・スノク訳『明治維新と日本人』（イェハ）］（一九八九）二〇쪽 以下、一四六쪽 以下。이노우에 가쓰오、이원우 옮김『막말 유신』（어문학사）［井上勝生、イ・ウォヌ訳『幕末・維新』（語文学社）］（二〇一三）一四〜二一쪽、一〇三〜一一五쪽。Ian Buruma, *Inventing Japan 1853-1964* (Modern Library, 2003), pp. 9-62.

（9） 후쿠자와 유키치、임종원 옮김『문명론의 개략』（제이앤씨）［福沢諭吉、イム・ジョンウォン訳『文明論の概略』（ジェイエヌシー）］（二〇一二）九七쪽 以下、三九五〜三九六쪽。

（10） Takii Kazuhiro, *The Meiji Constitution: The Japanese Experience of the West and the Shaping of the Modern State* (International House of Japan, 2007), pp. 1-48; 성희엽「이와쿠라 사절단의 國家構想 연구：『米歐回覽實記』에 나타난 國家構想을 중심으로」、『국제지역학논총』［ソン・ヒョプ「岩倉使節団の国家構想研究：『米欧回覧実記』にあらわれた国家構想を中心に」、『国際地域学論叢』］제四권一호（二〇一一）二三〜四七쪽。

（11） 구메 구니타케、박삼헌 외 옮김『특명전권대사 미구회람실기』（소명출판）［久米邦武、パク・サムホン他訳『特命全権大使米欧回覧実記』（ソミョン出版）］총五권（二〇一〇）。

（12） 다나카 아키라『메이지유신과 서양 문명：이와쿠라 사절단은 무엇을 보았는가』［田中彰『明治維新と西洋文明：岩倉使節団は何を見たか』］七五〜八〇、一七〇〜一九二쪽。후쿠자와 유키치『문명론의 개략』［福沢諭吉『文明論の概略』］二九쪽。

（13） Michel Foucault, *The Archeology of Knowledge and The Discourse on Language* (Barnes & Noble Books, 1993), p. 31 以下、pp. 47-48.

（14） このような言説分析の原理は、いわゆる「歴史意味論（historical semantics）」の方法論と相通じる。Reingard Eßer, "Historische Semantik", eds. by J. Eibach and G. Lottes, *Kompass der Geschichtswissenschaft* (Vandenhoeck & Ruprecht, 2002), pp. 281-292; Dietrich Busse, *Historische Semantik: Analyse eines Programms* (Klett-Cotta, 1987); 나인호『개념사란 무엇인가：역사와 언어의 새로운 만남』［ナ・インホ『概念史とは何か：歴史と言語の新たな出あい』］二七〜六七쪽。

（15） 구메 구니타케、박삼헌 옮김『특명전권대사 미구회람실기』（소명출판）［久米邦武、パク・サムホン訳『特命全権大使米欧回覧実記』（ソミョン出版）］제三권（二〇一〇）三七二쪽。

（16） Josef Kreiner, *Deutsche Spaziergange in Tokyo* (Iudicium, 1996), pp. 71-74.

（17） Ulrich Wattemberg, "Germany", ed. by Ian Nish, *The Iwakura Mission in America and Europe: A New Assessment* (Curzon Press Ltd, 1998), p. 74.『ケルン人民日報』には、一八七三年三月七日、『新プロイセン日報』には三月一一日と三月二六日付に掲載された。そのほかに、*Vossische Zeitung, Spenersche Zeitung* などにも関連記事が載った。

(18) ビスマルクが使節団を晩餐に招待した事実は、当時のドイツの言論でも確認できるが、彼の演説文はすべて日本側の記録にのみ残っている。演説文は、のちに『ビスマルク全集』第八巻に収録されたが、これは使節団の一員であった伊藤博文が一九〇一年に日本の首相の資格でベルリンを訪問した時、日本側がメモとして残した演説文の存在を現地に紹介することによりはじめて可能になったものである。これに関しては、Ulrich Wattemberg, "Germany", p. 76 参照。

(19) 구메 구니타케『특명전권대사 미구회람실기』[久米邦武『特命全権大使米欧回覧実記』] 제三권、三二七、三四七〜三四八、三五〇쪽。

(20) Philipp Sarasin, *Geschichtswissenschaft und Diskursanalyse* (Suhrkamp, 2003), pp. 10-60; Luise Schorn-Schutte, "Neue Geistesgeschichte", eds. by Joachim Eibach, *Gunther Lottes, Kompass der Geschichtswissenschaft*, pp. 270-280.

(21) ラカンの「凝視 le regard」の概念に関しては、Jacques Lacan, *The Four Fundamental Concepts of Psycho-analysis* (WW Norton & Co, 1981), p. 72 以下参照。

(22) 구메 구니타케『특명전권대사 미구회람실기』[久米邦武『特命全権大使米欧回覧実記』] 제三권、三四〇쪽。

(23) ドイツに対する使節団の傾倒については、방광석「메이지 관료의『문명』인식。이와쿠라 사절단의 재조명」、임성모 외『동아시아 역사 속의 여행 二：네트워크、정체성』(산처럼) [パン・グァンソク「明治官僚の『文明』認識。岩倉使節団の再照明」、イム・ソンモ他『東アジアの歴史のなかの旅行 二：ネットワーク、アイデンティティ』(サンチョロム)] (二〇〇八) 三五九〜三六〇쪽 参照。

(24) 구메 구니타케、정애영 옮김『특명전권대사 미구회람실기』[久米邦武、チョン・エヨン訳『特命全権大使米欧回覧実記』(ソミョン出版)] 제一권 (二〇一〇) 一六〇쪽。

(25) 구메 구니타케『특명전권대사 미구회람실기』[久米邦武『特命全権大使米欧回覧実記』] 제一권、二八五쪽。

(26) 구메 구니타케『특명전권대사 미구회람실기』[久米邦武『特命全権大使米欧回覧実記』] 제一권、二八三、二八七쪽。

(27) 近代的意味の「崇高」についてのもっとも古典的な見解としては、에드먼드 버크、김동훈 옮김『숭고와 아름다움의 이념의 기원에 대한 철학적 탐구』(마티) [エドモンド・バーク、キム・ドンフン訳『崇高と美の理念の起源についての哲学的探究』(マティ)] (二〇〇六) 参照。

(28) これに関しては、정애영「신생 미국과의 만남」、구메 구니타케『특명전권대사 미구회 람실기』[チョン・エヨン「解題 新生アメリカとの出あい」、久米邦武『特命全権大使米欧回覧実記』] 제一권、三二〇쪽 参照。

(29) 구메 구니타케『특명전권대사 미구회람실기』[久米邦武『特命全権大使米欧回覧実記』] 제一권、一六〇、三七一쪽。

(30) 구메 구니타케『특명전권대사 미구회람실기』[久米邦武『特命全権大使米欧回覧実記』] 제一권、一六一〜一六二쪽。

(31) 구메 구니타케, 방광석 옮김『특명전권대사 미구회람실기』(소명출판)［久米邦武、パン・グァンソク訳『特命全権大使米欧回覧実記』（ソミョン出版）］제二권（二〇一〇）一三九～一四〇쪽。

(32) 구메 구니타케『특명전권대사 미구회람실기』［久米邦武『特命全権大使米欧回覧実記』］제二권、二七六쪽。

(33) 구메 구니타케『특명전권대사 미구회람실기』［久米邦武『特命全権大使米欧回覧実記』］제一권、二三九쪽。

(34) 구메 구니타케『특명전권대사 미구회람실기』［久米邦武『特命全権大使米欧回覧実記』］제三권、九四、八三、五九、一〇九쪽。

(35) 구메 구니타케『특명전권대사 미구회람실기』［久米邦武『特命全権大使米欧回覧実記』］제三권、三四〇쪽。

(36) 구메 구니타케『특명전권대사 미구회람실기』［久米邦武『特命全権大使米欧回覧実記』］제三권、三〇五쪽。

(37) 구메 구니타케、서민교 옮김『특명전권대사 미구회람실기』（소명출판）［久米邦武、ソ・ミンギョ訳『特命全権大使米欧回覧実記』（ソミョン出版）］제四권（二〇一〇）五七、一〇六、一三六～一三七쪽。

(38) 구메 구니타케、정선태 옮김『특명전권대사 미구회람실기』（소명출판）［久米邦武、チョン・ソンテ訳『特命全権大使米欧回覧実記』（ソミョン出版）］제五권（二〇一〇）三五、三四〇쪽。

(39) 구메 구니타케『특명전권대사 미구회람실기』［久米邦武『特命全権大使米欧回覧実記』］제五권、三八四쪽。

(40) 구메 구니타케『특명전권대사 미구회람실기』［久米邦武『特命全権大使米欧回覧実記』］제五권、三四〇쪽。

(41) 구메 구니타케『특명전권대사 미구회람실기』［久米邦武『特命全権大使米欧回覧実記』］제五권、三四七、四一四쪽。

(42) 구메 구니타케『특명전권대사 미구회람실기』［久米邦武『特命全権大使米欧回覧実記』］제三권、三六六～三六七쪽。

第3章　国家的テクトニックとしての帝国憲法

『米欧回覧実記』が刊行された一八七〇年代末は、日本がまだドイツ式近代化モデルを本格的に採択する前であった。しかし、「プロイセン」編が、表面的な内容をこえて『実記』が提供する心象地理において特別な位相をもっており、ここでプロイセンが近代日本の自己定立を可能にした談論的契機として再発見されたと解釈できるとするならば、一八八〇年代から本格化するいわゆる「ドイツへの転換」の端緒を『実記』のなかに発見できると判断しても無理はないであろう。使節団がみるに、イギリスとフランスに隠れてあまり目立たなかったプロイセンの発見は、そのまま日本自身の再発見でもあったのである。

しかし、東洋の日本は、西洋のドイツとは事実上まったく相異なる価値的・歴史的・談論的脈絡に属していたことを看過してはならない。サイードが指摘したように、「西洋と東洋の関係は、権力の、支配の、複合的なヘゲモニーの多辺化する水準の関係である」(1)。これはオリエンタリズムとオクシデンタリズムのいずれにも共通的である(2)。したがって、ヨーロッパにおいてドイツがもつ位相と東アジアにおいて日本がもつ位相のあいだには、必然的に亀裂が惹起される。このようなすきまで近代日本のアイデンティティが激しく揺れたとすれば、「プロイセン」は、日本という近代的主体を生産すると同時に、その構成的欠如を招来した言説形成体と規定できる。つづいてすぐに登場する日本型オリエンタリズム、すなわち東アジア周辺国に対する矛盾した言説こそ、このように内的に不安定であったプロイセンの言説の逆像とみることができる。一方では西洋列強との不平等条約を打破しようと苦労しながらも、同時に隣国の朝鮮に江華島条約を武力で強圧した矛盾は、まさにこのような言説からはじまったものである。

「アジアのプロイセン」を夢みて

先にあきらかにしたように、日本が求めた近代文明の理想的な規範は、イギリスであり、プロイセンではなかった。しかし、イギリスは学ばなければならない規範であるにすぎず、日本が採択できる役割モデルではなかった。日本は、いまだ不平等条約の束縛から脱せない状態であり、アジアのイギリスを夢みることはできなかった。だからといって、アメリカやフランスがモデルとして適当でもなく、オーストリアやロシアはなおさら違ったので、西欧列強のうち唯一残る候補はプロイセンであった。それならば、プロイセンモデルの採択が、日本の政治の現実に意味するところははたしてなんであったのか。

「ドイツへの転換」は、純粋理念の次元のみでは説明されない。いわば日本の支配階層のあいだの政治的な軋轢関係もおおきく作用した。のちに陸軍と海軍間の軋轢に飛び火する長州藩と薩摩藩のあいだの対立がまさにそれであるが、明治維新を率いた「維新三傑」のうち木戸孝允は長州藩の指導者であり、大久保利通と西郷隆盛は薩摩藩の指導者であった。西郷隆盛は、とくに征韓論の主唱者として有名である。のちに明治政府の「ドイツへの転換」を率いた伊藤博文は、木戸孝允と力を合わせて征韓論をおさえ、西欧へ視線を向けさせた、長州藩出身の次世代の指導者であった。伊藤博文と生涯政治的路線をともにした外務大臣井上馨も、もちろん長州藩出身であった。彼は朝鮮の開化派ユ・ギルジュン（兪吉濬）とユン・チホ（尹致昊）らを支援したことでも知られている。(3) さらには、伊藤の政敵で、彼と交替で内閣総理大臣に昇った山縣有朋まで長州藩出身であった。彼は、岩倉使節団に先だって、一八六九年にヨーロッパに派遣された経験を土台に、一八七三年にプロイセン軍隊をモデルにした日本国陸軍の創設を主導した。(4)

このようにプロイセン的近代化路線は、長州藩を本拠地とした親ドイツ派が勢力を得ることで、近代日本がしたがうべき典範としての地位を確実にすることになる。こうした「転換」は、留学生の数だけみても簡単に推察することができる。明治時代を通じた全国費留学生六二三名の八六パーセントをこす五三九名がドイツで修学した。明治政府は大部分の奨学金をドイツ留学生に、とくにベルリン大学（フリードリヒ・ヴィルヘルム大学）進学のために授与したが、恩恵を受ける者は、おおかた、医学・法学・経済学・哲学・教育学を学ぶことになり、これとともにベルリンのプロイセン軍事学校 Preußische Kriegsakademie 進学も積極的に奨励された(5)。

上からの近代化に邁進していた日本が、欧米各国を天秤にかけてドイツに傾いたのは、そのころの事情からして十分に理解できるが、その過程の底辺に封建的な勢力関係が作用したという事実はさらに説明を要する。それは、日本に移植されたプロイセン国家のモデルが、実際には「移植」ではなく、まったく新しい言説形成体であることを暗示する。これについて糸口を与えるのが、『実記』に載せられたプロイセンの将軍であり政治家であるモルトケ Helmuth Karl Bermhard von Moltke の演説である。

現在我々が望むことは、平和を維持することだけではない。世界平和をみずからの手で守り抜き、ドイツがヨーロッパの中心でありヨーロッパ全体の平和を保護しているという話をすべての国から聞きたいというのが我々の希望である(6)。

モルトケの議会演説文を『実記』はかなり詳細に記録している。実際にはこの演説は、使節団訪問が終わったのちにおこなわれたものであり、使節団が直接聴取したものではない。それにもかかわらず、詳細に記録した、という事実は、この演説文の内容が日本の立場からして共鳴できるものであったことを立証している。この点からみると、明治日本は遅くとも岩倉使節団の欧米回覧以後は西欧の攻勢を防ぎとめることに満足せず、まるでドイツがヨーロッパの中心になろうとしたように、みずからもアジアの盟主になろうとする「希望」を抱いたといえる。少なくとも『実記』というテキストのなかで、プロイセンは、明治日本が欲望する、日本の欲望を牽引する対象となっている。『実記』において日本のプロイセン化が意味するところを駄目押しするもうひとつのフレーズが、ベルリン水族館訪問を記述するところで登場する。著者は、ベルリンの昔の関門であるブランデンブルク門近くの建物にまるで「天然の洞窟のように」設置された水族館について、規模や室内の構造において断然「世界最高」と驚嘆してやまない。使節団の欧米回覧中、水族館探訪ははじめてではなかったにもかかわらず、報告文的性格が濃い『実記』にあえて主観的な感情までそえて、度がすぎると思えるほど生き生きと水族館を描写したことは意外の感を与える。

このように大きな蛇はみたことがない。この蛇の檻に子ウサギ一羽を放つと、ウサギはためらいながら大きな蛇が潜んでいるところへ行った。そうすると蛇は頭をもたげてウサギをひったくるやいなやウサギの腹をかんだ。ウサギは泣き叫んで辛がって、蛇はかんだ口を離さないまま血を吸い取る。三〜四分くらいすぎると、ウサギは死んだ。このように残酷なあり様は、嫌悪をいだかせた。(7)

扇情的にすら映るこのフレーズは、解釈の余地によっては、帝国主義時代に差しかかり、冷酷な国際関係に直面した日本人の抑圧された無意識が、隠然たるうちに表出されたものと読める。たとえドイツに到着してからはそれ以前の国で受けた衝撃がずいぶん引いたとしても、その余波がおいそれと消え去るはずはなかった。しかし、より意味深長なのは、この残酷な場面が自然のなかの現象ではなく、人工の環境で意図的に演出されたものであることを意識させるという点である。「大きな蛇は、熱帯地方に多く住む。西洋各国ではこれを穴倉で飼う」。『実記』を読む日本の読者は、すでにアメリカとイギリス、フランスを扱った叙述を通して、西洋の帝国の暴力性が、単純に破壊に没頭する原初的な力ではなく、むしろ生産する権力であることを自明として受け入れている。著者久米の意図とは関係なく、テキストの言説的秩序のなかで、水族館の蛇は、新しい世の中を開くために古い体制を破壊する近代化のアレゴリーとして機能する。大きな蛇が熱帯の森でなくベルリンの中心部におかれているということによって、プロイセンこそが、そのような創造的破壊を引っ張っていく未来の権力であることが暗示される。何度か言及されるこの国の荒々しい風俗は、むしろこのような性格を浮き彫りにする言説的装置として機能する。

『実記』の叙述でそれとなく暗示されるように、プロイセンを近代化のモデルとするということは、日本が自国はもちろん周辺国の古い体制を積極的に破壊して、新しい東アジアを創出しようとする一種の宣戦布告でもあった。これは、プロイセン国家の単純な「移植」ではなく、東アジアにおいて日本が選択する新しい国家的戦略とみなすほうが正しい。プロイセンに向けた日本の視線は、日本に向けたプロイセンの視線よりは、むしろ韓国と中国をはじめとするアジア周辺国に対する日本の視線と対をなしていた。今後、プロイセンが日本の近代化のモデルになって、モルトケが主唱したいわゆる「世界平和」の実現を日本が東洋で主導しようとするとき、それは、すでに急速に植民地化されていた東洋の現実においては、日本自身による帝国主義的侵略に帰結せざるをえなかった。日本は、帝国主義から脱するために、みずから帝国主義国家になったのである(8)。

プロイセン式憲法の制定

福沢諭吉の自由主義的文明開化思想が、一種の「悪友」であるアジア周辺国との関係を清算して、「脱亜入欧」しなければならないという主張に転換するのは、朝鮮における甲申の変の失敗など、現実的な状況の展開に対する対応であっただけでなく、より本質的には『文明論の概略』にあらわれる「文明」の概念の必然的帰結である、という解釈は、すでに新しいものではない(9)。アジアは「半開」、アフリカは「野蛮」という式に一方的な発展段階を想定する特有の「文明史観」も問題であるが、福沢自身のつくった翻訳語であり文明の核心的な価値として設定された「自由」を、近代国民国家形成という目標にあますところなく収斂させるという点が、より大きな問題であった。まるでプロイセンのヘーゲル右派が、東アジアで復活したような状況であった。

近代的国民国家樹立の最優先課題として台頭したのは、ほかでもない憲法の制定であった。それこそが、文明化された国家であることを宣布させうる、明治日本が想定した最上の国家的課題であった。憲法制定は、文明国家として独立性を主張する名分を獲得し、不平等条約を改正して、国際社会の立派な一員になることを意味した。本来岩倉使節団を派遣した基本的な目的も、憲法制定のための情報収集であった[10]。岩倉使節団の主要メンバーであった参議木戸孝允は、欧米回覧を終えて一八七三年七月末に帰国したのち、すぐに当時の政治紙『新聞雑誌』一〇月号に「木戸参議帰朝後演説」という論説を掲載し、これを土台として翌年七月に朝廷に建言書を上げた。ここで木戸は、「もっとも緊急の課題」として、議会に振り回されない上位の統治者が憲法の体系的な枠組み――「正規典則」――のなかで内閣が後押しする政府を通じて人民の意志をひとつに集める国家を構想した。それは、事実上絶対主義的性格が濃厚な立憲君主制を意味した[11]。木戸孝允を先頭に、使節団の主要メンバーが、それぞれ多様な政治的提案を出した[12]。

憲法は、近代国家という強固な建築物をつくるテクトニックであった。このような意味における憲法を制定する際、インスピレーションの源泉を提供したのが、まさにプロイセンであった。岩倉使節団の主軸のひとりである参議大久保利通は、一八七三年三月二一日、ベルリン滞留中に東京の西郷隆盛と吉井友実に送った書簡で、ドイツはほかの西欧国家とは異なり「はるかに荒っぽくて淡白な容貌」をもっていながら、「高名なビスマルクとモルトケのような偉大な師」を輩出し、さまよっていた自分に道を提示してくれた、と明示的に言及した[13]。大久保のこのような言及をたんなる彼の個人的趣向とみることはできない。ビスマルクやモルトケのようなプロイセンの政治指導者が観念的平和主義に安住せず、冷厳な国際関係のなかで出口を開こうとした、いわゆる「現実政治 Realpolitik」路線は、西欧列強との不平等条約を改正しようと願っていた明治日本の政治エリートたちに新鮮な衝撃として迫ってきたことはあきらかである。[14]

日本の近代化においてプロイセンモデルがもつ比重についてはもちろん議論が可能であるが、明治日本がはやくは岩倉使節団の欧米回覧を契機に、遅くとも一八八〇年代からは「ドイツへの転換」を試みたということだけは、あきらかな事実である。プロイセンの軍事的勝利と民族統一、これを後押しした官憲国家の効率的な体系と国民の深い愛国心は、「日本のハルデンベルク Karl August von Hardenberg」(一九世紀初頭にシュタイン Karl Stein のあとを継いでプロイセンの近代化を率いた宰相)を自称していた伊藤博文と、日本の初代外務大臣を務めた井上馨、日本国陸軍の創設者山縣有朋のような支配エリートの耳目を引くのに十分であった。なにより後発国日本が、フランスなどの地であらわれた近代のあらゆる革命的気運を眠らせて、その政治的・社会的な活力を国力強化という単一の目標に収斂しようとする以上、プロイセン式の近代組織と憲法がなによりも適切にみえた。日本のエリートは、ドイツ帝国の政治が国民の多数決ではなく「鉄血」で構築された国家テクトニックの産物であることを看破した。一八八一年九月、井上馨の主導で明治政府の実力者を会員とした「独逸学協会」が創立されたのは、けっして偶然ではなかった。[15]

「国体」の具現としての帝国憲法

プロイセンの国家テクトニックは、日本式に変容されるなかで、矛盾した結果を生じさせるが、そのひとつがまさに「国体」の概念の登場であった。福沢は、すでに『文明論の概略』においてこの概念を論じながら、「体は合体の意味であり、また体制の意味」と明確に定義することで、国家の一体性と固有性を強調していた。[16] 一種の概念的な抽象にすぎなかったこの用語が公式化されたのは、明治憲法が公布された翌年の一八九〇年一〇月三一日に発布された「教育ニ関スル勅語」であり、天皇に対する臣民の忠誠心と孝道心を「国体の強化」であり「教育の根源」であると規定した。このような発想は、日本の歴史を「万世一系」と主張する天皇中心の歴史観、すなわち皇国史観からはじまるが、まるでひとつの「体」のように最上部の天皇とその下の臣民が渾然一体になった国家を想定して、天皇の意志に反するいかなる政治的理念や行為も、ただちに反国家的・反歴史的なものとして排斥する。(17) 保守的なあまり、じつに反動的でもあった「国体」の理念は、国家をひとつの巨大な身体のように管理するという点で、近代国家特有の「統治性」を導入したといえる。それは、きわめて西欧的な「生政治」の日本的変容であった。

結局、近代日本の憲政の樹立は、日本が西欧文明の原理といかに対面したかを克明に表現している。プロイセン式国家テクトニックの受容は、一方ではプロイセンの保守的な国家主義を積極的に導入し、他方ではドイツ式の合理性のかわりに神話化された日本像への退行を招いた。これは、「現実政治」路線に傾倒したあまり、過度に防御的で冷淡であることこの上ない近代化を選択したものといわざるをえない。この点に照らしてみると、プロイセンの遺産は、日本の近代化の過程のなかで連続しながらも不連続であったといえる。

一八九九年に公布されて翌年に施行された大日本帝国憲法すなわち明治憲法が、ドイツ人法律顧問ヘルマン・ロエスレル Herman Roesler の助言を受けただけでなく、個人の無限定な自由のかわりに国家の家父長的役割を強調するローレンツ・フォン・シュタイン（本書第I部第3章「国家テクトニック」参照）の学説をそのまま反映したという事実は、日本史の基本常識に属する。(18) 明治憲法は、長い刻苦のすえに制定されたものであった。当時の内務大臣伊藤博文は、日本の親ドイツ派の首長格であったが、すでに一八八二年から八三年にかけて、天皇の命を受けた使節団を率いてドイツとオーストリアを訪問し、ほぼ一八カ月ものあいだ現地に滞在し、ベルリンで当時最高の憲法理論家ルドルフ・フォン・グナイスト Rudolf von Gneist とアルベルト・モッセ Albert Mosse に、そしてオーストリアのウィーンでは「社会的王政」理論を繰り広げていたローレンツ・フォン・シュタインに会い、諮問を求めていた。ベルリンで、伊藤は、予想外の難関にぶつかった。ベルリン大学在学時代、哲学者ヘーゲルから直接国家論を学んだフォン・グナイストは、憲法は個別的な法案とは比較にならない高度な精神的産物であると強弁しながら、東アジアの辺境国日本の憲法制定に懐疑的な見解を表明していたが、予定された伊藤との定期対談まで弟子のモッセに一任してしまった。伊藤は、このような軽蔑的な反応に落胆し、ウィーンへ踵を返して、はじめて最上の支持者を得ることができた。[19] ローレンツ・フォン・シュタインと伊藤博文が通じた点は、なによりも新しい社会的葛藤と国家の権威を調和させる方法としての国王の役割に対する立場であった。

伊藤博文がドイツ行きを選んだ背景には、内部からの脅威があった。近代化の新しい波にこたえて立憲政府と選挙を通じた議会の設立を要求するいわゆる「自由民権運動」が、一八八一年になって政治的危機状況を招来したのである。参議大隈重信が、一八八一年三月、国会の多数党が内閣を構成するイギリス式の議院内閣制を主張する意見書─「大隈参議国会開設建議」─を皇室の有栖川宮熾仁《たるひと》親王に提出した。[20] この文書はその年のうちに憲法を制定し、二年以内に議会も開設して、イギリス式の政党内閣制を実施しようという急進的な意見を盛り込んでいた。これはじつに政府内部からの反乱のようなものであり、一八七七年、西郷隆盛らを主軸に薩摩藩の武士たちが起こした軍事的蜂起に劣らぬ危機感を権力者層に呼び起こした。国家的進路の岐路で起こったこの事態は、張本人である大隈とともに政府内の大隈一派が一八八一年一〇月に一挙に罷免されることでいったん終結した。乱暴なことこの上ない収拾方式であったが、権力者層が譲歩した点もあった。九年後の一八九〇年までに国会を開設するという約束である。このすべての決定の背後に、まさに伊藤博文がいた。[21]

しかし、自由民権運動の波は、簡単にはおさまらなかった。民権思想家たちも大部分は国権を重視し、民権の伸長をその手段と考える場合が多かったが、いずれにしてもイギリスとアメリカそしてフランス式のブルジョア民主主義革命に対する熱望は、明治日本の権威主義体制とは調和困難であった。彼らは、すでに法律の領域でも、橋頭保を用意した状態にあった。日本の近代民法典は、一八七〇年代に箕作麟祥が翻訳したフランス民法を基礎に編纂されたので、自由主義的要素を多く含んでいた。[22] 一八八〇年代になって、自由民権運動ははっきりと政治的勢力化を推進するようになる。一時、西郷隆盛とともに「征韓論」を標榜した板垣退助が、一八八一年に自由党を、その翌年には政府から追い出された大隈重信が立憲改進党を結成した。このように慌ただしい状況のなかで、伊藤博文が、議会に比重をおくイギリス式の政治制度とははっきりと区別されるドイツ式の制度を探究しようと乗り出したことは、示唆するところが大きい。伊藤のドイツ行きは、のちに明治憲法制定の主役になる一政治家の個人的成功の契機であっただけでなく、歴史的岐路において近代日本の選択がいかなるものであったかを象徴的に示す事件である。

すでにずいぶん前に『実記』は、西洋近代国家の政治の現実がみせる否定的な側面に鋭意注視して、それなりの代案を検討していた。個人の利益追求を政治の原理とする西欧式議会民主主義は、少なくとも日本の風土には適合しないと判断された。『実記』第五巻は、独特な人種論を繰り広げるが、白色人種は欲が多い人種なのに対して黄色人種は欲が少ない人種であり、白色人種だといってすべてが文明人であるという先入観は捨てなければならないと喝破した。[23]人種は違いを生むが、それ自体で序列の原理にはなりえない、ということである。このような人種論の土台の上に政治論が立てられる。著者久米は、第四巻で、西欧的政治原理とは異なる東洋的な政治原理をことさらに強調する。

西洋の人種は、財産に対する欲求が旺盛で、下に人民を虐待して搾取する風習をもっている。これだけでも東洋の道徳政治の国家とは特徴や状況がまったく反対であるということが十分に証明されるといえよう。[24]

差異を生むものが、このように特定の国家と文明を支配する気風であれば、議論の必然的な帰着点は、結局日本なりの代案路線である。「東洋の道徳政治」の可能性を検討した『実記』の保守主義的志向性は、以後、明治日本の権力者層に綿々と受け継がれる。一八八一年六月、「大隈意見書」の衝撃のなかで、当時右大臣の地位にあった岩倉は、太政官大書記官の井上毅に対して、憲法制定のための事前基礎調査を命じた。井上は、「大隈意見書」を検討しながら、イギリス式の議会民主主義の問題点を把握したのち、その代案としてプロイセン憲法を積極的に参照した「憲法意見書」を作成した。[25]これにはドイツ人法律顧問ヘルマン・ロエスレルが少なからぬ役割を果たした。

しかし、伊藤博文がベルリンとウィーンに行ってきてからは、憲法に対する既存のアプローチは大きな変化を経験する。伊藤は、ヨーロッパの碩学から直接学んだ専門的な見識を武器に、カリスマ性を発揮した。彼は、憲法制定が単純な文書の作成ではなく、総体的な制度改革でなければならないという点を強調した。憲法制定が近代的な国民国家建設と富国強兵を目標とするとするならば、歴史的変化により敏捷に対応できる行政府の構築が優先されるべきであるという点を、伊藤はローレンツ・フォン・シュタインから学んだ。これによって、プロイセン式憲法の基調に、高名なウィーン大学教授の独特な行政論が添加される。内閣が後押しする行政府は、利権に振り回される議会と政党から自律性がなければならないだけでなく、君主からも独立的でなければならないが、君主はむしろこれによって俗っぽい現実政治から脱して、特有の国家的象徴性を維持できる。日本式の立憲君主制は、君主権力と議会権力が対立するよりは、むしろ君主制のもとで立法府と行政府が均衡することを原則とした。これは、基本的に君主が議会をおさえつけるプロイセン式の立憲君主制度とは異なっている。伊藤博文が導入したこのような新しい要素によって、プロイセン憲法の日本的受容は加速化し、深化した。(26)

一八八三年ドイツから帰った伊藤博文は、一八八四年三月、宮内省傘下に憲法調査局を新設し、局長の資格で憲法草案を準備する総責任者となった。彼は、憲法制定の前に行政改革をある程度終わらせようと考え、一八八五年には内閣制度を創設して、みずから初代内閣総理大臣に就任し、一八八八年には憲法草案を審議して天皇に助言できる特別権限をもつ一種の元老院として「枢密院」を創設し、みずから初代議長を引き受けた。一八八九年一月に憲法草案に対する枢密院の審議が完了し、ついに二月一一日、時を合わせて昔の江戸城の場所に新築された皇居の正殿で、「大日本帝国憲法」が公布される。ここにおいて、憲法制定をめぐる長い対立は、絶対主義君主制と立憲君主制のあいだの中道路線を志向するいわゆる「漸進派」の勝利で幕を下ろした。(27)

明治憲法は、「憲法発布ノ勅語」で「不磨の大典」であることを内外に宣明し、人民が政治的に獲得したものではなく、君主が国民に下賜する「欽定憲法」の形式をとった。(28) 俗っぽい利益政治から干渉を受けない道徳政治を念頭においたことはあきらかである。君主である天皇と行政府の強大な権限を明示したこの並はずれた憲法は、貴族院と衆議院すなわち上下院を備えた議会の設立を裁可していたとはいえ、行政府の中心である内閣にほとんど全権を与え、必ずしも与党で充員されなければならない必要はなく、下院に対する責任もないものとした。政府の予算は、議会の承認を経る必要もなく、下院にはせいぜいのところ増税に反対する権利だけが与えられ、それすら、予算が確定されなければ、内閣が責任を負って天皇がこれを採決するよう明示された。予算の専横を容易にするこのような毒素条項（第六章「会計」）は、伊藤博文がベルリンでルドルフ・フォン・グナイストだけでなく皇帝ヴィルヘルム一世から直接勧告された事項が、ひとつ残らず貫徹されたものであった[29]。

しかし、天皇が臣民に下賜した明治憲法は、たんに守旧的なだけのものではなかった。天皇の親政を否定して、天皇が主権者ではなくひとつの国家機関であることを宣明したことは、岩倉陣営とははっきりと区別される伊藤博文の主張であり、ここにはほかでもないウィーン大学のローレンツ・フォン・シュタイン教授から学んだ「社会的王政」の概念が部分的に反映されていた。もちろん、天皇は、「社会」から徹底して遊離され、神話的オーラの帳幕のうしろに隠れてしまった。天皇は、形式的に、唯一の統治権者として、軍統帥権、外交大権、管制制定権はもちろん、天下無敵の緊急勅令権まで、いわゆる「天皇大権」を握っているが、実際にこの役割を受けもつのは枢密院であり、天皇は法を超越する絶対的な支配者であるよりは、むしろ法を可能にする前提条件として機能する。これは、君主も法に拘束されるという立憲君主制の通常の原理とはまったく異なる。天皇は、「朕」という一人称代名詞で国家の統一性を象徴し、一切の政治懸案に介入せず、ひたすら最終承認者という形式的役割だけを受けもつ。天皇という空虚な中心によって、はじめて帝国憲法の枠組みは完成される。「国体」が法制化されたのである[30]。

天皇の法的位相は、つねに議論の余地を残した。代表的な憲法論争として、統治権の主体を天皇と想定する上杉慎吉と、統治権は「法人」である国家に属し天皇はその最高機関として統治権を行使するにすぎないという美濃部達吉のあいだで熾烈な論争が展開されたが、公論の場の形成に進むどころか、美濃部がテロにあうなど、右翼の暴力的攻勢によって猿ぐつわがかまされた。敏感な問題にむりやり蓋をすることで、やぶから棒に「天皇大権」の名で軍と官僚が権力をむやみに振り回すことができる条件がつくられたのである。[31] このように、権力の中核がつねに模糊なことこの上なかった帝国日本の姿と奇妙な一致をなすのが、哲学者西田幾多郎の「絶対無」概念であり、一九一一年に刊行された『善の研究』は、西欧の現象学の「直感」よりもさらに省察的な「自覚」の境地を論じながら、主体と客体、有と無をともにこえる新しい哲学的地平を提示した。絶対矛盾的自己同一性の地平を称する「絶対無」は、禅仏教の「無」の概念を軸に、ヘーゲルの「絶対精神」を逆さにした論理であり、主体と客体がこれ以上理性によって妨害されずひとつになるという宗教的境地を論じた。ここには、日本人という主体が帝国という客体に溶解するという論理と読まれる余地が十分にあった。ここで主体と客体を超越する「絶対無」に該当するのは、もちろん天皇である。[32]

実際に帝国日本の政治と文化は、憲法に明示されたものよりもはるかに権威主義的で暴圧的な方向へ進んだ。明治憲法が制定される前の一八八二年、日本の天皇は、「軍人勅諭」を下賜し、すべての軍人と船員の暗唱を命じたが、それは、絶対的な忠誠をひたすら天皇にだけ捧げよという内容であった。万一軍人が天皇にだけ忠誠を捧げなければならないとすれば、民間人の政権を打倒することも、天皇の意志という名分だけを掲げれば、まったく論理的な欠陥はないことになる。一八八五年にプロイセン式軍制改革がおこなわれて近代的な国民皆兵制が導入されたが、大部分の日本の青年に原体験を提供したのは、「文明開化」の思想ではなく、規律と服従を体得する軍務であった。[33]

このような流れを代表する人物は、初代内閣総理伊藤博文ではなく、彼と総理の椅子を争った山縣有朋であった。彼は、はじめは内務大臣、そして伊藤を継いで二度総理の地位に昇った大物政治家であり、伊藤よりもはるかに保守的な志向性をもっていた。彼は、軍事訓練と教育こそが民族の生存に決定的であると考えたが、彼が念頭においた教育は、忠誠と服従そして規律を体得させることで個人主義を粉砕することに主眼点があった。[34] 伊藤博文がローレンツ・フォン・シュタインを訪問して以来、「シュタイン参詣」と呼ばれる一種の知識巡礼旅行が流行したとき、山縣もこの旅行に出たが、彼の足はベルリンのルドルフ・フォン・グナイストへむかった。この高名なプロイセンの法学者は、ローレンツ・フォン・シュタインよりもはるかに保守的な立場をとっていた。山縣は、一八八九年五月、二週間ほど毎日二時間ずつ彼から個人講義を受けたが、それは、おもに国会開設時期尚早論と極端な官治を勧める内容であった。このような路線は、そのまま帝国日本に貫徹された。まさにその年の終わりに、山縣が総理に就任して内閣を結成したのである。この政治家はプロイセン軍国主義の真の継承者であり、彼の権威主義路線は、国内に局限されず外交政策へもつながり、主権線と利益線を主概念とした露骨な領土拡張論が台頭することになる(35)。

西欧化と日本化

明治憲法は、近代的立憲主義の具現というよりは、むしろそのパロディという印象が濃い。西欧の通常の憲法に劣らない形式的要件を備えていたにもかかわらず、それは単一の目標に集中された。ほかでもない日本という国家の支配権力を、対外的にも対内的にも強固にすることであった。実際に明治政府が最優先視した政治的課題は、一四に達する西欧列強との不平等条約を改正することであった。軍事力の増強はもちろんであるが、西洋学問の導入、さらには衣服とマナーの表面的な西欧化までが、この根本的な目標のために実施された。明治政府は、一八九九年に入って、西洋の外交官が日本の地で思いどおりに裁判できるという「領事裁判権」を廃止する快挙を達成した。すでにその一年前には、関税自主権も獲得していた。ならば、日本は、なぜ、当初西欧から得ようとしたものをすべて手に入れたのちも、西欧化に引きつづき、いや以前よりもより猛烈に、執着したのか。

近代日本の国家的アイデンティティは、非常に複雑な性格をもっていた。ドイツへの転換と一種の国家テクトニックの導入は、日本が西欧から自身を保護することにとどまらず、みずからを西欧的な近代権力として位置づけようとしたことを示している。これは、韓国や中国など、アジアの周辺国を「日本のオリエント」として配置する植民地主義的位相学の土台となる。[36]しかし、ここで混同してはならないのは、西欧化が日本式オリエンタリズムを生んだ原因ではないということである。論理上の因果関係ではありえても、歴史的前後関係には一致しない。日本近代史に対する発展段階論的な解釈、すなわち明治維新以来、はじめは西欧化を推進したが、明治二〇年代（一八八七〜九六年）にいたって、憲法公布と国会開設で国家の形成過程が一段落するとともに、それ以前の盲目的な西欧化に対する反省がなされ、結局、国威回復と領土膨張に乗り出したという類いの通説的解釈は、そのような「盲目的」西欧化が、じつは西郷隆盛らが主張していた征韓論をおさえてなされたものであることを看過している。明治日本のすべての国家政策は、はじめらか終わりまで富国強兵のためのものであり、刃先は周辺国にむかっていた。ただ、政治派閥ごとに方法上の優先順位が違っていただけである。

したがって、日本人の西欧的アイデンティティとは、世界のなかにおける日本の位相をめぐる言説形成の過程のなかでもたらされた効果にすぎない。プロイセン古典主義は、その効果の一部である。単純に日本がアジアのプロイセンに変身したというよりは、近代の新しい位相学的秩序が定着していくなかで日本が変化の対象ではない主体になろうと腐心しつつ、プロイセンから導入した時空間原理を活用するようになったとみるほうが正しい。プロイセン古典主義が胚胎する時空間秩序は、日本においてまったく新しい位相学の根幹として再配置される。

このように考えると、西欧化と日本化は相互に分離できない現象であった。また、日本のいわゆる「アジア主義」も、福沢式「脱亜論」とそれほど対立的ではなかった。日本のアジア主義は、アジア国家との関係よりは、むしろ西欧列強に対する被害意識からはじまったものであった。[37]逆に、日本の西欧化は、アジアとの関係、とくに中国との断絶と対決の構図のなかで進められてきた。一言でいえば、西欧志向の日本とアジア志向の日本は、発展過程のなかの段階ではなく、対位法的な相乗関係にあった。したがって、アジア連帯論がアジア覇権論に転換するのは、たんに時間の問題であった。著名な文明批評家竹内好が、日本のアジア主義を侵略主義と連帯意識の微妙な分離と結合のなかに求めたことには一理ある。彼によれば、日本をアジアより優越した位置に立たせて、その主導権下で欧米勢力を追い出すという発想は、矛盾的であることこの上なかった。大東亜戦争は、「脱亜が興亜を吸収し、興亜を形骸化して利用した究極点」であった。しかし、戦後日本の知識人特有の距離をおく姿勢は、それほど遠くには進めなかった。竹内もまた、福沢の脱亜論は文明へ近づくための努力と評価するにとどまり、脱亜のために文明が必要であったという正反対の考えにはいたらなかった。(38)

明治政府が追求した西欧化の真相は、なにより建築分野において明示的にあらわれる。明治初期には、そのほかの部門と同様に、国籍不明の混成的な形態が蔓延していた。西洋式の建築は、工場や造船所に初期の産業化の一環として受け入れられたにすぎない。維新以前にも、日本には西洋式の建築物が存在した。すでに一八六〇年代中葉には、大使館、教会、商業施設、外国人居住地が断続的に登場して、人びとの注目を引いた。西洋との交流の窓口であった出島があった長崎がその中心地であったが、一八六二年から六四年にかけて、東洋最大の規模を誇り、のちに原爆投下で破壊される浦上天主堂が建てられ、一八六三年、スコットランド出身の商人トーマス・グラバー Thomas Blake Glover の住宅が、長崎港が見下ろせる広い丘の上に建てられた。前者はロマネスク様式であり、後者はイギリス風のジョージ様式と日本土着の様式を折衷した形態であった。東京近隣には、一八五九年に開港場横浜が建設され、すぐに明治文明のゆりかごとしての位置を占めるようになる。長崎と横浜の西洋式建築物は、香港など、中国の「開港場様式」の先例から影響を受けていた。(39)

西欧列強との不平等条約によってつくられた「半植民地型」の都市は、次第に「富国強兵型」の都市にかたちをかえつつ、いつのまにか方向を旋回する。西欧のものを最大限正確に模倣して、同一の政治的・文化的効果を収めようとしたのである。招聘された西洋の建築監督官が、日本と西欧の混成的な建築を勧めたときも、日本人自身は、むしろ厳格な新古典主義やネオルネサンスの様式を選好する傾向があった。(40) このことを証明する明白な事例としてあげうるのは、東京の皇居前におかれた皇居正門石橋（俗に二重橋とも）である。同橋は、明治憲法発布を控えた一八八八年に皇居再建の一環として竣工された皇居を象徴する施設であるにもかかわらず、意味深長なことに、日本の伝統様

1888 年に東京の皇居前に竣工された正門石橋．俗に二重橋．著者撮影

式ではなく、ドイツのネオルネサンス様式でつくられている。(41) ゆるい角度の二つのアーチと装飾的な欄干からなり、両側にそれぞれ三つずつ青銅の電灯が設置された。しかし、俗称の「二重橋」とは、じつはこの石橋のうしろにある正門鉄橋を指している。これは、ドイツの技術者ヴィルヘルム・ハイゼ Wilhelm Heise が、同じ年に設計した。この橋は、ひとつのアーチだけをもつ多少無味乾燥としたかたちで、橋の両端には四つの電灯がドイツから輸入されて設置された。前面の石橋がその場におかれたままであったのに対し、うしろの鉄橋は一九六四年につくりなおされて、電灯のうちのひとつは、名古屋市近郊につくられた明治村に移されて保存されている。(42)

新しい心象地理がより直接的に表現された事例は、のちに建てられた国会議事堂前庭の洋式庭園内にある日本水準原点標庫である。一八九一年五月に建立されたこの標庫は、地表面の高度を測定する際に太陽と月、天気、沈下に影響を受けないように、平均海水面を算出して地上の基準点をつくったものである。この標庫がある場所は、一時日本軍参謀本部の陸地測量部があったところである。この淡雅な建物は、近代日本の第一世代の建築家に属する佐立七次郎が設計したが、ドーリア式の柱と浮き彫りで装飾された破風、そしてトリグリフとメトープの装飾がひときわ目にと

1891 年 5 月に国会議事堂前庭に竣工された日本水準原点標庫．著者撮影

まるエンタブラチュアと、中央の小さな階段が正面部をなしている。全体的に簡略でありながらも、漏れなく堅固にみえる姿は、「水準原点」という表示とその下の青銅でつくられた菊の花の紋章さえなければ、まちがいなくプロイセン古典主義の遺産とみなされるだろう。近代日本においては、じつに土地の基準点までプロイセンのイメージで表象されたのである。

このような様相は、日本と同様に西洋列強の干渉を受けながらも独立国の地位を維持したタイの場合とまったく対照的である。日本の為政者が、西洋から来た建築監督官をして西洋建築の真髄を教えさせ、当初の目的が達成されてからはすぐに彼らを追い出したのと異なり、タイの支配者層は、西洋の建築家を全面的に後援し、タイの建築職人に対するよりもはるかに多くの機会と特権を提供した。その結果として、西洋の古典主義様式の柱と窓がタイの伝統的な尖塔の下に編入された、バンコクにあるチャクリ・マハ・プラサート宮殿 Chakri-Mahaprasad Hall のような、折衷様式が優勢であった。(43) はたしてこのような違いはどこからはじまったのか。西洋世界までも日本を中心として編入させる新しい心象地理と国家テクトニック的思考は、いかに可能であったのか。

西欧の表面的な受容から西欧化に対する執着への転換は、近代日本の位相学的秩序がつくりだした効果である。それは、つねに矛盾のなかで不安定な状態を続けていくしかなかった。したがって、西欧化に対する執着が日本の根源文化に対する執着と結合するという矛盾が必然的に生じる。先に検討した福沢諭吉の「文明」の概念は、基本的に富国強兵を志向したが、日本を「半開」と位置づけたため、規範的な地位をながく維持することは困難だった。「半開」という位置は、植民地に転落するかもしれないという恐怖と不安を刺激すると同時に、野蛮と想定された他者との距離をたえず生産しなければならなかった。(44)「文明」の概念は、日本にひたすら相対的な立地だけを提供するにすぎず、いつのまにか時宜性を失い、その場所を「文化」が取って代わるようになった。「文化」の概念は、一八九〇年頃からドイツ語の「Kultur」の概念の翻訳語として使用されはじめたが、当初は「文明」の概念ととくに違いはなかったものの、次第にドイツ語式用法そのままに、物質的豊饒に対比される精神的深さと歴史的伝統性という含意をもつようになった。(45)大正時代（一九一二〜二六年）には、西欧と区別される日本の固有性を強調するいわゆる「文化主義」が澎湃するようになるが、批判的文化理論家西川長夫によれば、近代日本の文化概念は、つねに排他的「国民文化」を意味した。(46)

実際に近代日本のドイツ式「文化」概念は、ドイツ最高の知性のひとりから全幅の支持を得ることで、国際的な正当性を獲得するように思われた。後期の工作連盟を代表する建築家のひとりであり、ドイツモダニズム建築の先駆者として数えられるブルーノ・タウト Bruno Taut が、一九三六年日本滞留中に執筆し出版した『ヨーロッパ的視角でみた日本の芸術』は、日本の伝統建築に対する絶賛で一貫している。ヒノキの木材で建てられた伊勢神宮は、「農夫の庵」のように「形態それ自体で構成されるほど開放的で単純」であり、「日本文化の長所を一カ所に集めた結晶体」である。京都にある桂離宮は、「アテネのアクロポリスとそこのプロピレオン、パルテノンとなんら異なるところのない日本の古典建築」であり、出入口の前庭に広がる竹の雨どいのように「すべての虚飾を避けた」まま、「その機能を最後の細部まで完全に充足」することにより、「古典的な単純性と鮮明性」をみせる。これらの建物は、タウトの観点では、機能を充足できるもっとも単純な形式を探して尺度と比例を統一したという点で、「完全にモダンである」。これに対して、首都東京に増えつつあるフランク・ロイド・ライトの帝国ホテル流のアメリカ式摩天楼は、「形式の主観主義」に陥り、「非日本的」傾向をみせる「残念な」事例であった。タウトは、自然の比をそっくり導入して、「その構成の完全な純粋さ」を示す日本の伝統建築こそ、自身が志向する現代建築と一脈相通ずると主張した。(47)

この独特な著書は、一九四〇年に出版社明治書房から『日本文化私観』という名で日本語に翻訳出版されて大反響を引き起こし、数多くの「日本文化論」の変種を生んだ。そこには、西欧の影響はもちろん、さらには仏教や中国の影響まで非日本的であると排除しながら、ひたすら神道と天皇制だけを日本文化の根幹とする、「純粋さ」に対する過度な執着がある。この執着は、タウト自身についても、日本においても、未来に対する特定のプロジェクトと直結した。(48)一九一四年にドイツのケルンにおいて工作連盟主催で開催された国際展示会で、ドイツ館である「ガラスの家 Glashaus」を共同設計して名声を得はじめたブルーノ・タウトは、おもにベルリンで活動していたが、ナチス治下の迫害を避けてスイスに移住したのち、「日本インターナショナル建築会」の公式招請を契機に一九三三年に日本に亡命したところであった。経歴からうかがえるように、彼は、ドイツモダニズム建築の発源地である工作連盟と深い関係を結んでおり、ベルリンのプロイセン古典主義の伝統とモダニズム、そして日本の伝統建築を仲裁する興味深い位置に立っていた。(49)彼が伊勢神宮や桂離宮などの地で発見し、現代建築において継承しようとしたものの要諦は、ほかでもない機能と美的形態のあいだのテクトニック的統一であった。

このような連鎖の輪は、たんにタウトだけに発見されるものではない。もっとも（西洋）古典的なものともっとも日本（伝統）的なものが連係される、その一例は、遠くドレスデンで見つけうる。建築家ゴットフリート・ゼンパーは、若い時期ドレスデンで名声を重ねていたとき、そこにある日本宮殿 Japanisches Palais 内の遺物室改修計画案を提出したことがあった。この宮殿は、ドレスデンでもっとも古くもっとも大きかったが、エルベ川の沿岸にあるバロック様式の宮殿で、一七一五年に建立され、アウグスト二世—別名「強力王」アウグスト August der Starke—が収集した日本の陶磁器を保管するために拡張された。王宮は一八世紀中ずっと改修されつづけたが、ドレスデンを代表するツヴィンガー宮殿の設計者であるペッペルマン Matthäus Daniel Pöppelmann も参与したほど、この文化都市にとって主要な建築物であった。一八三五年春に改修依頼を受けたゼンパーは、七室を明るい茶色のデザインでつくりあげた。彼は部屋ごとにテーマを与えて、ポンペイ室、ギリシャ室、ルネサンス室などにしたが、この感覚的なアプローチは当時センセーションを呼び起こした。(50) ゼンパーが日本に特別な関心をもっていたか否かは知られていないが、少なくとも彼の心象地理のなかでは、日本と西洋古典主義は特段の衝突は引き起こさなかった。いずれにしても、日本は、西欧人がほかの文明圏に対して感じる嫌悪感や引っかかりなく、自分たちの心象を自由に投影試みうるホワイトボードである。「あちらに là-bas」おかれた日本は「光が壁紙になり空虚が壁になって、なにも取り囲まない」(51)「記号の陳列場」であるというフランスの文芸批評家ロラン・バルト Roland Gérard Barthes の過度に創造的な誤読は、事実上ドイツが生んだ最高の建築家ゼンパーからタウトへ続く日本観と一脈相通ずるものがある。

いわゆる「ジャポニズム Japonisme」は、一般的なオリエンタリズムとは異なり、西欧の古典主義およびモダニズムのプロジェクトと親和的であり、それゆえ未来のない化石化という運命を避けえた。北斎 Hokusai と安藤（歌川）広重 Ando Hiroshige という異国的な名前と結びついた日本の木版画の単純さと鮮明さ、脱遠近法的な構成、色彩の独特な配合に、フランス印象主義絵画は大きな借りがあるという事実は、(52) 西欧文化に深く定着した想像的日本観の一部を説明するにすぎない。ともかく、このような意図しない好条件は、日本人の立場から「西欧文明」を好きなように調理するいわゆる「オクシデンタリズム」が展開される契機を生んだ。

最初に日本美術史学の体系を打ち立てた岡倉天心こそ、日本式オクシデンタリズムの先駆者であった。彼は、一八八九年に発足した帝国博物館の美術部長や東京美術学校の前身である東京美術学校の校長を歴任し、アメリカへ渡ってボストン美術館に東洋部長として在職した。『日本美術史』は、一八九〇／九一年の東京美術学校の講義録にもとづき、彼の死後に刊行されたが、天智天皇の治世（六二六〜六七一年）に古代都市奈良に建てられた法隆寺の金堂壁画や百済観音像などの最高の美術品が、古代インドとギリシャの美術を源としていると主張しつつ、日本美術は西洋美術と同じ基準で評価可能な対象であることをあきらかにした。このようなアプローチは、日本文化を中華文化圏から解放して、世界的な脈絡のなかにあらたに位置づけようとする試みであった。(53) アジアと西欧は、いまや、ともに日本を中心とした新しい心象地理のなかに編入されなければならなかった。

岡倉の美術史観は、日本美術史に対する学術的探究をはじめたアメリカ人アーネスト・フェノロサ Ernest Francisco Fenollosa の影響を受けたものとして知られている。東京帝国大学の教授として活動していたフェノロサは、専門的に訓練を受けた美術史家ではなかったが、ハーバード大学在学中に深い感銘を受けたヘーゲル哲学を活用して、日本の美術史を体系化しようと試みた。没後に英文で出版された彼の著書『中国と日本の芸術の時代区分：東アジアのデザインの歴史概要』（一九一二年）は、美術史の展開過程における時代ごとに到達した地平が継続的に拡張していくというヘーゲル美学の構図に忠実にしたがいながらも、東アジア美術を積極的に評価する点で、ヘーゲル式のヨーロッパ中心主義をこえる新しい姿をみせた。しかし、やはり専門の美術史家ではなかったので、フェノロサの実際の分析は、西洋と東洋を一対一で比較する水準にとどまった。たとえば、中国の都市杭州はイタリアのベネツィアと、法隆寺の救世観音菩薩像の神秘的な微笑みはモナリザの微笑みと比較される式であった。(54)

岡倉は、フェノロサを手伝って資料を整理しながら美術研究をはじめたが、彼は、西欧の方法論を受容して日本の美術史を体系化しえた。彼は、それぞれの文化財を分類して国宝を頂点とする等級をつけ、彫刻、絵画、建築、工芸といったジャンルにわけたのち、ヘーゲル式の「時代精神」によって時代別に区分する方法論を最初に提示した。(55) 岡倉は、主著『東洋の理想』（一九〇三年）で、ヘーゲル美学にしたがって日本の美術史を、「象徴的・古典的・ロマン的」時期にわけたが、これは歴史学において使用する古代・中世・近世の時代区分に正確に対応していた。このような時代区分の基準になったのは、仏教の違いであり、俗世と浄土が近くない小乗仏教の奈良時代（古代）、人と仏教のあいだが近い密教の平安時代（中世）、悟りを強調する禅宗の足利時代（近世）にわけ、美学的にはそれぞれ崇高さを志向する壮麗、人間的な優美、超脱的な枯淡という三つの概念で特徴づけた(56)。

岡倉の方法論と視角は、このようにきわめて西欧的であり、本人もこれをはっきりと自覚していた。彼が自身のボストン美術館講演録をまとめた『茶の本』は、新渡戸稲造の『武士道』と同様に英語で執筆され出版されるやいなやベストセラーになったが、二冊の本はともに西洋人が東洋に求めるところを正確について、彼らの熱望を満たした。西洋の言語―英語―と事情に通じた岡倉は、日本人が学ぼうとする西洋文明に対して西洋人自身はすでに懐疑を感じており、むしろ東洋から学ぼうとしていると看破した(57)。これは、日本としては、国運上昇のための絶好の機会以外のなにものでもなかった。茶の文化であれ、武士道であれ、日本の「文化」が世界的ヘゲモニーを主張できる時点に達したのである。いまや必要なのは、西洋に対する無条件の追従でも、日本の伝統への回帰でもなく、むしろ近代文明を先導して超克できる未来志向的なプロジェクトであった。したがって、岡倉が一八八九年に美術雑誌『國華』の創刊の辞を「美術は国の精華なり」という最初の文章ではじめたことは、けっして偶然ではなかった(58)。

岡倉天心は、西洋人のジャポニズムを満たすことにとどまらず、もう一歩進んでそれをオクシデンタリズムに逆転させようとした。英語で執筆され一九〇三年にロンドンで出版された『東洋の理想 *The Ideals of the East*』は、西洋中心主義に対立する東洋中心主義を掲げながら、その核心に日本文化をおいた。この本は、「アジアはひとつ」という冒頭の言葉で有名であるが、仏教とヒンズー教を含むインドの宗教、儒教と道教を中心とした中国の哲学、日本の美術が三位一体になって「東洋の理想」を具現したと主張しながら、軍事力や科学中心の西洋式の文明より東洋の精神的な文化が優越すると判定を下すことで、まるでヘーゲルの歴史哲学を逆立ちさせたようなかたちをとった。この視角は、東洋をみる西洋人の目をつよく意識しながら、これを意図的に他者化する戦略であった。他者化されるという点では、事実上東洋も同じであった。東洋がひとつの文化的共同体であるという主張にもかかわらず、盟主はどこまでも日本でなければならなかった。「切れることなく続く皇統という独特な祝福、征服されたことのない民族の堂々とした自信感、膨張しない対価として子子孫孫伝えられた観念と本能を守ってきた島国特有の孤立などが、日本をアジア的精神文化を任せるに値する宝庫にした」。著者は、「昔のものを失ってしまうことなく、進んで新しいものを受け入れる不二一元論の精神」こそが、日本文化の固有な特性であると考えると同時に、「アジア文明の博物館」にもほかならない日本が、アジアの盟主にならなければならない理由を、つぎのように簡明に整理する。「日本に対するアジア大陸の接触が、いつも新しい生命と霊感を生んだという事実は、アジア大陸の栄光である」(59)。

西洋中心主義的ジャポニズムを東洋中心主義的オクシデンタリズムに逆転させた岡倉式転換は、ある面ではヨーロッパ歴史主義の精神の本質と通ずる点がある。歴史主義の本領は、過去と現在の関係を再調整して新しい時空間の秩序を創造することにある。日本の立場からすると、西洋が創出した近代的地平のなかで東洋の輝かしい「文化」を再解釈することこそが、現在と過去の関係を再調整する歴史主義の精神に合致する。ドイツがローマの影響力から脱して古代ギリシャを求めたように、日本も中国から脱し、古代ギリシャと自身を直接連結したのである。

フェノロサと岡倉の深い影響のなかで、日本固有の神社と寺院の様式を純粋な新古典主義の地平で再解釈した人物がいる。日本最初の建築史家としてあげられる伊東忠太である。東京帝国大学工科大学院生時代の一八九三年に『建築雑誌』に掲載された論文「法隆寺建築論」は、世界最古の木造建築物である法隆寺が、「西洋古典様式（泰西クラシック式）」を含み、古代世界を風靡していたさまざまな様式の精髄をそっくり保存していると主張した。彼は、フェノロサには法隆寺の真価を認めた功があるが、しかし絵画と彫刻にのみ関心をむけたと指摘しながら、個々の美術品をそれ自体として包括する建築を全体として把握しようと試みた。法隆寺をつくりあげる建築的構成部分のうち、とくに長大な規模と華麗な装飾が見栄えのする中門は、層間の高さと柱のあいだの距離が同一の比をなすという点とともに、中央部の柱と隅柱の差し渡しの比率などにおいて、古代エトルリアの寺院とそっくりである。瓦屋根の傾斜も破風ときわめて類似している。また、「壮麗」なことこの上ない金堂は、その柱の輪郭が目立つが、中間が膨らん

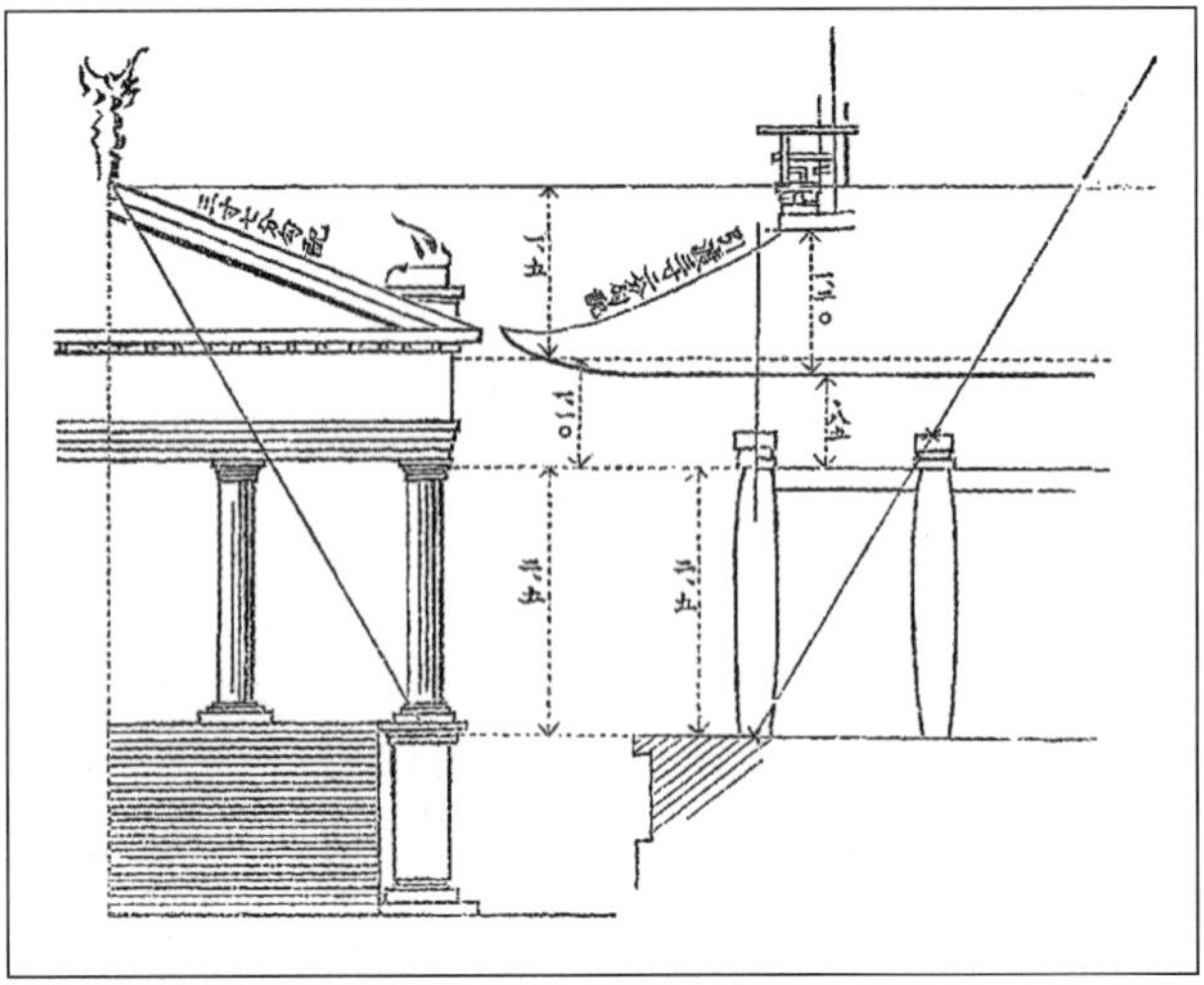

法隆寺中門とエトルリア寺院の比例の比較．出所：伊東忠太「法隆寺建築論」，『建築雑誌』第 82 号（1893）

だ胴部は、古代ギリシャ建築の「エンタシス entasis」と同型をなす。結局、法隆寺は、「古代の東西交流の歴史」を示す最上の遺贈物であると評価された[60]。

ここで伊東は、日本ではじめて建築史を「建築美術」ないしは「美術建築」の様式史とみなしてアプローチした。伊東の論旨において特徴的なのは、法隆寺に混在する異質な様式のなかで中国の六朝時代の様式と「ギリシャ・インド式」の様式を融合した唐式が、三韓式とははっきりと区別されるという主張である。一言でいうと、古代西洋文化が朝鮮半島を経ないで日本に渡来したということである。その主眼は、たんに朝鮮半島に対する文化的な優位を主張することではなく、古代の日本とギリシャを直接関連づけようとすることにあった。アジアの古代性を十分にとどめた法隆寺が、東洋のパルテノン神殿になったのである。このような破格の思考には、あきらかにヘーゲル美学の影響が刻印されている。古代ギリシャが近代ドイツ文化であらたに復活するように、自然の状態からたった今目覚めて法隆寺という美しい光を発した古代日本文化は、数多くの外来文化の浮沈を経てから、ふたたびみずからに帰還する。はるか遠い過去の本物の法隆寺こそ、西洋と対等に歩調を合わせてきた日本文化の生き生きとした遺贈物であり、現在の民族文化の発展のための弁証法的契機として位置づけられる[61]。この論文はもう少し補強されて、一八九八年に博士学位請求論文として提出された。

伊東忠太の「法隆寺建築論」では、すべての文化の源流がギリシャにはじまったと信じる西洋中心主義的な偏見と、その源流に日本を関連づけようとする強迫観念がうかがえる。反面、二〇世紀に入って学際化する「東洋史」研究は、「東洋」の周辺国だけでなく、西洋世界まで他者化する戦略をとるようになる。白鳥庫吉を中心とした実証派は、中国とインドなどのアジア大陸と区別される日本だけの独自的なアイデンティティを構築すると同時に、「西洋」までも日本の比較対象として定型化した。しかし、「東洋史」は、基本的に西洋式の単線的な発展段階論を脱皮できず、西洋を完全に日本的心象地理のなかに編入するには一定の限界があった。日本は特別であるが、アジアに属した過去から脱け出る道はなかなか見つけられなかったのである。(62)

オールラウンドな思想家柄谷行人の見解によれば、近代日本は西洋がつくった「近代」の枠のなかではまともに自分の場所を得られなかったので、結局、その枠自体を問題とせざるをえなかった。岡倉天心の日本美術史論や西田幾多郎の哲学は、ヘーゲル式歴史弁証法の西洋中心主義を逆転しただけでなく、その弁証法自体を克服して日本的世界観として再構成することで、のちに「京都学派」が展開するようになる「近代の超克論」に端緒を提供した。柄谷がみるには、「近代の超克」こそ、明治維新以来、日本の知識層が到達した最終結論であった。それは、近代世界に日本の足跡を残す唯一の道とみなされた。(63)この路線は、白鳥流の「東洋史」では成就できなかった不可能な使命を達成しようとした。三木清は、西田幾多郎門下で学んだ「京都学派」の第二世代に属する哲学者であるが、彼は、「世界史の統一理念」を主唱して、ヘーゲルの歴史弁証法に対して日本を脱近代的に弁護した。たとえ三木本人は、反体制事犯で追い込まれて獄死する運命にあったとしても、彼と京都学派の理念は、日中戦争および第二次世界大戦に関して日本を弁護する論理として活用された。(64)

しかし、彼らの論理は、事実上ドイツ式の「文化ナショナリズム」と酷似していた。アングロサクソン文明ないしは「アメリカ化」に対するドイツ式批判をそっくり日本に移しおいたようであった。ドイツの建築家ブルーノ・タウトが、「純粋」日本文化をほめたたえて、その西洋化された変種を難詰したことは、けっして偶然ではなかった。戦後日本の「無頼派」作家坂口安吾が、タウトのベストセラーと同じ題目の『日本文化私観』という本を通じてタウトの日本称賛を戯画化したことは注目に値する。坂口は、伝統とはたんに偶然的な所産であるにすぎず、桂離宮などはなくても十分であり、俗悪な都市文化こそが、自身が必要とし愛するものであると挑発的に語った。[65] これほどの発想の転換が可能になったのは、じつに多大な犠牲を払って帝国が没落したのちのことであった。

(1) Edward W. Said, *Orientalism*, p. 5.

(2) 一般的にオクシデンタリズム Occidentalism は、非西欧世界に対する西欧の偏見に対応する近代西欧に対する非西欧世界の偏見を指称し、オリエンタリズムの双生児と考えられる。바루마、이언・아비샤이 마갤릿、송충기 옮김『옥시덴탈리즘』(민음사)〔イアン・ブルマ／アヴィシャイ・マルガリート、ソン・チュンギ訳『オクシデンタリズム』(民音社)〕(二〇〇七) 参照。

(3) 윤치호、박정신 옮김『국역 윤치호 일기 一』(연세대학교 출판부)〔ユン・チホ、パク・チョンシン訳『国訳 ユン・チホ日記 一』(延世大学校出版部)〕(二〇〇五) 二二四～二二七쪽。황호덕『근대 네이션과 그 표상들』(소명출판)〔ファン・ホドク『近代ネイションとその表象』(ソミョン出版)〕(二〇〇五) 二三三～二四八쪽。

(4) W. G. Beasley, "Meiji political institutions", eds. by Marius Jansen, et al., *The Cambridge History of Japan*, vol. 5, pp. 635-636.

(5) 明治日本の「ドイツへの転換」と関連する全般的な状況については、Bernd Martin, *Japan and Germany in the modern world* (Berghahn Books, 1995), pp. 20-27 参照。留学生比率は p.22 から引用。

(6) 구메 구니타케『특명전권대사 미구회람실기』〔久米邦武『特命全権大使米欧回覧実記』〕제三권、三八四～三八五쪽。

(7) 구메 구니타케『특명전권대사 미구회람실기』〔久米邦武『特命全権大使米欧回覧実記』〕제三권、三五五～三五六쪽。

(8) 近代日本の外交政策が東アジア周辺国に対する攻勢に転換する過程については、이노우에 가쓰오『막말 유신』〔井上勝生『幕末・維新』〕二二九～二五〇쪽。Akira Iriye, "Japan's drive to great-power status", eds. by Marius B. Jansen, et al., *The Cambridge History of Japan*, vol. 5, p. 747 以下 参照。

(9) 福沢が「典型的な市民的自由主義者」であるという政治思想家丸山眞男の教科書的解釈に反対する立場としては、야스카와 주노스케、이향철 옮김『후쿠자와 유키치의 아시아 침략사상을 묻는다』(역사비평사)〔安川寿之輔、イ・ヒャンチョル訳『福沢諭吉のアジア侵略思想を問う』(歴史批評社)〕(二〇一一) 一六七～一八四쪽 参照。そのほかに、니시카와 나가오、한경구・이목 옮김『국경을 넘는 방법。문화・문명・국민국가』(일조각)〔西川長夫、ハン・ギョング／イ・モク訳『国境をこえる方法。文化・文明・国民国家』(一潮閣)〕(二〇〇六) 一一九、二〇六～二〇九쪽 参照。

(10) Takii Kazuhiro, *The Meiji Constitution*, pp. 2-6.

(11) 日本史籍協会編『木戸孝允文書』第八（東京大学出版会、二〇〇三）一一八〜一二四頁。木戸孝允の憲法制定に対する認識と熱意については、방광석「메이지 관료의『문명』인식。이와쿠라 사절단의 재조명」［パン・グァンソク「明治官僚の『文明』認識。岩倉使節団の再照明」］三六四〜三六七쪽 参照。

(12) 大久保利通は、木戸孝允より自由主義的な路線をとり、人民を啓蒙する必要性を力説して君主と人民が主権を共有する国家を構想した。これについては、日本史籍協会編『大久保利通文書』（東京大学出版会、一九八三）第四、第五参照。

(13) 日本史籍協会編『大久保利通文書』第四、四九二頁。

(14) このような視角は、Takii Kazuhiro, *The Meiji Constitution*, pp. 41-43, 47-48 参照。

(15) 「独逸学協会」については、堅田剛『独逸学協会と明治法制』（木鐸社、一九九九）参照。そのほかに、이에나가 사부로 엮음、연구공간「수유＋너머」일본근대사상팀 옮김『근대일본사상사』（소명출판）［家永三郎編、研究空間「スユ＋ノモ」日本近代思想チーム訳『近代日本思想史』（ソミョン出版）］（二〇〇六）四三쪽。

(16) 후쿠자와 유키치『문명론의 개략』［福沢諭吉『文明論の概略』］四九쪽 以下。

(17) Louis Frédéric, *Japan Encyclopedia* (Belknap Press of Harvard University Press, 2005), p. 552; Hirakawa Sukehiro, "Japan's Turn to the West", eds. by Marius Jansen, et al., *The Cambridge History of Japan*, pp. 495-498; 최경옥「日本에 있어서의 教育基本法의 思想的 背景」、『憲法學研究』［チェ・ギョンオク「日本における教育基本法の思想的背景」、『憲法学研究』］제一二권 제五호（二〇〇六）三〇三〜三二八쪽。

(18) 박석순 외『일본사』（대한교과서주식회사）［パク・ソクスン他『日本史』（大韓教科書株式会社）］（二〇〇五）三〇三쪽 以下。

(19) 최경옥「日本의 明治憲法制定에 있어서 外國人의 影響」、『헌법학연구』［チェ・ギョンオク「日本の憲法制定における外国人の影響」、『憲法学研究』］제七권 제一호（二〇〇一）二三三〜二六六쪽。清水伸『明治憲法制定史』（上）：独墺における伊藤博文の憲法調査（原書房、一九七一）。Takii Kazuhiro, *The Meiji Constitution*, pp. 49-89. 瀧井によれば、ローレンツ・フォン・シュタインは、伊藤博文の訪問以前から日本に関心があった。ヨーロッパでは脚光を浴びなかった自分の理論を広める代案として新興国日本に期待をかけたのである。フォン・シュタインは横浜で発行されていた雑誌『ジャパン・ウィークリー・メイル *The Japan Weekly Mail*』の購読者であり、福沢諭吉とも手紙のやり取りがあった（七二〜七三頁参照）。瀧井はまた、ルドルフ・フォン・グナイストもウィーンからベルリンへ帰ってきた伊藤博文との出あいを保ち、以後、明治日本と密接な関係を維持したという事実を書信資料を通して立証している（八五〜八七頁参照）。

(20) 「大隈参議国会開設建議」は、早稲田大学図書館で提供するオンラインサービスを通じて接近が可能である。http://archive.wul.

waseda.ac.jp/ kosho/wa09/wa09_06404/wa09_06404.html.

(21) 이에나가 사부로 엮음、연구공간「수유+너머」일본근대사상팀 옮김『근대일본사상사』(소명출판)［家永三郎編、研究空間「スユ+ノモ」日本近代思想チーム訳『近代日本思想史』(ソミョン出版)］(二〇〇六) 一편 二장。방광석『근대일본의 국가체제 확립과정：이토 히로부미와「제국헌법체제」』(혜안)［パン・グァンソク『近代日本の国家体制確立過程：伊藤博文と「帝国憲法体制」』(ヘアン)］(二〇〇八) 八九～一〇〇쪽。

(22) 牧英正、藤原明久『日本法制史』(青林書院、一九九三) 三三二頁。이에나가 사부로『근대일본사상사』［家永三郎編『近代日本思想史』］六二～六三쪽。

(23) 구메 구니타케『특명전권대사 미구회람실기』［久米邦武『特命全権大使米欧回覧実記』］제五권、一八五、三八〇쪽。

(24) 구메 구니타케『특명전권대사 미구회람실기』［久米邦武『特命全権大使米欧回覧実記』］제四권、六八쪽。

(25) 방광석『근대일본의 국가체제 확립과정』［パン・ガンソク『近代日本の国家体制確立過程』］一一一～一二一쪽。이에나가 사부로『근대일본사상사』［家永三郎編『近代日本思想史』］六八～六九쪽。

(26) Takii Kazuhiro, *The Meiji Constitution*, pp. 69-84; 방광석『근대일본의 국가체제 확립과정』［パン・グァンソク『近代日本の国家体制確立過程』］一三三～一五八쪽。

(27) 大石眞『日本憲法史』(有斐閣、一九九五) 六一頁以下。방광석『근대일본의 국가체제 확립과정』［パン・グァンソク『近代日本の国家体制確立過程』］一九七～二一九쪽。

(28) 이에나가 사부로『근대일본사상사』［家永三郎編『近代日本思想史』］七一쪽。

(29) ルドルフ・フォン・グナイストのみならず皇帝ヴィルヘルム一世が伊藤博文におこなった助言については、Takii Kazuhiro, *The Meiji Constitution*, pp. 60-64 参照。

(30) Bernd Martin, *Japan and Germany in the Modern World*, p. 31 以下。최경옥「日本의 明治憲法上 天皇의 法的地位」、『헌법학연구』［チェ・ギョンオク「日本の明治憲法上の天皇の法的地位」、『憲法学研究』］제一〇권 제三호 (二〇〇四) 四八七～五一〇쪽。王が、「私」すなわち「朕」という代名詞を使用して、国家を代弁する方式は、ローレンツ・フォン・シュタインが伊藤博文に勧告したものと知られている。これに関しては、清水伸『明治憲法制定史』(上)：独墺における伊藤博文の憲法調査、三五三頁 参照。

(31) 이에나가 사부로『근대일본사상사』［家永三郎編『近代日本思想史』］一九八～二〇一쪽。Ian Buruma, *Inventing Japan 1853-1964*, p. 126.

(32) 西田の哲学全般についての概括的な説明としては、오쿠보 다카키、송석원 옮김『일본문화론의 계보』(소화)［大久保喬樹、ソン・ソグォン訳『日本文化論の系譜』(ソファ)］(二〇一二) 一二四～一三七쪽 参照。

(33) Ian Buruma, *Inventing Japan,* pp. 53-55.

(34) Ian Buruma, *Inventing Japan,* p. 55.

(35) 방광석「메이지 관료의 유럽『지식순례』」, 김유철 외『동아시아 역사 속의 여행 I。경계, 정보, 교류』(산처럼)［パン・グァンソク「明治官僚のヨーロッパ『知識巡礼』」、キム・ユチョル他『東アジアの歴史のなかの旅行 I。境界、情報、交流』（サンチョロム）］（二〇〇八）三四三〜三五二、三五九〜三六〇쪽。Takii Kazuhiro, *The Meiji Constitution,* pp. 107-130; Akira Iriye, "Japan's drive to great-power status", eds. by Marius B. Jansen, et al., *The Cambridge History of Japan,* vol. 5, pp. 763-764.

(36) Stefan Tanaka, *Japan's Orient* (University of California Press, 1993), pp. 115-152.

(37) 김경일・강창일「동아시아에서 아시아주의：一八七〇〜一九四五년의 일본을 중심으로」,『역사연구』［キム・ギョンイル／カン・チャンイル「東アジアにおけるアジア主義：一八七〇〜一九四五年の日本を中心に」、『歴史研究』］제八호（二〇〇〇）二六九〜三二쪽。そのほかにより実用的な次元でアジア主義にアプローチした、마쓰우라 마사타카「『소일본주의』,『민간재계주의』,『대아시아주의』：근대 일본에서의 아시아주의의 세 가지 가능성」, 동북아역사재단 편『동아시아의 지식교류와 역사기억』(동북아역사재단)［松浦正孝「『小日本主義』、『民間財界主義』、『大アジア主義』：近代日本におけるアジア主義の三つの可能性」、東北亜歴史財団編『東アジアの知識交流と歴史記憶』（東北亜歴史財団）］（二〇〇九）一一五〜一七五쪽 参照。

(38) 다케우치 요시미, 서광덕・백지운 옮김『일본과 아시아：다케우치 요시미 평론선』(소명출판)［竹内好、ソ・グァンドク／ペク・チウン訳『日本とアジア：竹内好評論選』（ソミョン出版）］（二〇〇六）一〇一、二一三〜二一六쪽。引用文は二一三〜二一四頁。

(39) 藤森照信『日本の近代建築（上）：幕末・明治篇』（岩波新書、二〇一〇）二二〜二八頁。David B. Stewart, *The Making of a Modern Japanese Architecture,* p. 13 以下。

(40) David B. Stewart, *The Making of a Modern Japanese Architecture,* pp. 13-32; K. Abe, "Early Western Architecture in Japan", *Journal of the Society of Architectural Historians,* vol. 13, no. 2 (1954), pp. 13-18.

(41) 다카시 후지타니, 한석정 옮김『화려한 군주：근대일본의 권력과 국가의례』(이산)［タカシ・フジタニ、ハン・ソクチョン訳『華麗な君主：近代日本の権力と国家儀礼』（イサン）］（二〇〇三）一一五쪽。

(42) Dallas Finn, *Meiji Revisited: The Sites of Victorian Japan* (Weatherhill, 1995), p. 95.

(43) 박순관『동남아 건축문화 산책』［パク・スングァン『東南アジアの建築文化散策』］二六五〜三〇六쪽。

(44) 고모리 요이치, 송태욱 옮김『포스트콜로니얼』(삼인)［小森陽一、ソン・テウク訳『ポストコロニアル』（サムイン）］（二〇〇二）三五쪽。황호덕『근대 네이션과 그 표상들：타자・교통・번역・에크리튀르』(소명출판)［ファン・ホドク『近代ネイション

とその表象：他者・交通・翻訳・エクリチュール』（ソミョン出版）」（二〇〇八）二四八～二五四쪽。

(45) 스즈키 사다미、정재정・김병진 옮김『일본의 문화내셔널리즘』（소화）［鈴木貞美、チョン・ジェジョン／キム・ビョンジン訳『日本の文化ナショナリズム』（ソファ）］（二〇〇八）三九～四〇쪽。

(46) 니시카와 나가오『국경을 넘는 방법、문화・문명・국민국가』［西川長夫『国境をこえる方法、文化・文明・国民国家』一一三、一二〇쪽、二二二쪽 以下。마루야마 마사오、임성모 옮김『번역과 일본의 근대』（이산）［丸山眞男、イム・ソンモ訳『翻訳と日本の近代』（イサン）］（二〇〇〇）。

(47) Bruno Taut, *Japans Kunst mit europäischen Augen gesehen* (1936), ed. by Manfred Speidel (Gebrüder Mann Verlag, 2011), p. 8, pp. 18-28, 114-118.

(48) このような視角に対する批判としては、니시카와 나가오『국경을 넘는 방법：문화・문명・국민국가』［西川長夫『国境をこえる方法：文化・文明・国民国家』］二五八～三〇四쪽 参照。そのほかに Carola Hein, "The Transformation of Planning Ideas in Japan and Its Colonies", eds. by Joe Nasr and Mercedes Volait, *Urbanism: Imported or Exported?* (Wiley-Academy, 2003), pp. 65-66 参照。

(49) 藤森照信『日本の近代建築（下）』一五六～一五七頁。Werner Durth, *Deutsche Architekten*, p. 123.

(50) Harry Francis Mallgrave, *Gottfried Semper*, pp. 92-94.

(51) 롤랑 바르트、김주환・한은경 옮김『기호의 제국』（산책자）［ロラン・バルト、キム・ジュファン／ハン・ウンギョン訳『記号の帝国』（サンチェクチャ）］（二〇〇八）一一、一四六쪽。

(52) Gordon Millan, et al., "Industrialiszation and its discontents, 1870-1944", eds. by Jill Forbes and Michael Kelly, *French Cultural Studies* (Oxford University Press, 1996), pp. 19-20.

(53) 김용철「오카쿠라 텐신（岡倉天心）과 일본 미술사의 성립」、『일본사상』［キム・ヨンチョル「岡倉天心と日本美術史の成立」、『日本思想』］제七호（二〇〇四・一〇）一八五、一八八쪽。

(54) David Carrier, *Museum Skepticism: A History of the Display of Art in Public Galleries* (Duke University Press, 2006), pp. 126-145.

(55) 다카기 히로시「일본 미술사와 조선 미술사의 성립」、임지현・이성시 엮음『국사의 신화를 넘어서』（휴머니스트）［高木博志「日本美術史と朝鮮美術史の成立」、イム・ジヒョン／イ・ソンシ編『国史の神話をこえて』（ヒューマニスト）］（二〇〇四）一六五～一九六쪽。

(56) 오카쿠라 텐신、정천구 옮김『동양의 이상』（산지니）［岡倉天心、チョン・チョング訳『東洋の理想』（サンジニ）］（二〇一一）。岡倉のヘーゲル美学受容については、다네히사 오타베「일본의 미학 확립기에 있어서 동서교섭사：동양적 예술을 중심으로 본 오카쿠라 텐신、와츠지 테츠로、오오니시 요시노리」、『미학・예술학 연구』［小田部胤久「日本の美学確立期における東西交渉史：

東洋的芸術を中心にみた岡倉天心、和辻哲郎、大西克礼」、『美学・芸術学研究』」二七집（二〇〇八）二三九〜二四一쪽 参照。

(57) 오쿠보 다카키『일본문화론의 계보』[大久保喬樹『日本文化論の系譜』] 五八쪽。

(58) 김용철「오카쿠라 텐신（岡倉天心）과 일본 미술사의 성립」[キム・ヨンチョル「岡倉天心と日本美術史の成立」] 一七九쪽。

(59) 오카쿠라 텐신『동양의 이상』[岡倉天心『東洋の理想』]、引用文は一三、一六、三三頁。

(60) 伊東忠太「法隆寺建築論」、『建築雑誌』第八二号（一八九三）三一八〜三五〇頁。藤森照信『日本の近代建築（下）：大正・昭和篇』七〜八頁。Cherie Wendelken, "The Tectonics of Japanese Style. Architect and Carpenter in the Late Meiji Period", *Art Journal*, vol. 55, Issue 3 (1996), pp. 30-34, p. 32.

(61) Stefan Tanaka,*New Times in Modern Japan* (Princeton University Press, 2004), pp. 170-175.

(62) Stefan Tanaka, *Japan's Orient*, pp. 11-13, 58-62.

(63) 가라타니 고진「미술관으로서의 역사：오카쿠라 텐신과 페놀로사」、하루오 시라네・스즈키 토미 엮음、왕숙영 옮김『창조된 고전』（소명출판）[柄谷行人「美術館としての歴史：岡倉天心とフェノロサ」、ハルオ・シラネ／鈴木登美編、ワン・スギョン訳『創造された古典』（ソミョン出版）]（二〇〇二）二九九〜三二一쪽。가라타니 고진「근대의 초극에 대하여」、히로마쓰 와타루『근대초극론』[柄谷行人「近代の超克について」、廣松渉『近代超克論』] 二三九〜二四七쪽。そのほかに、西田幾多郎の東洋観については、藤田正勝「哲学と世界認識—西田幾多郎おける『東洋』と『世界』」、山室信一責任編集『「帝国」日本の学知』第八巻：空間形成と世界認識（岩波書店、二〇〇六）七七〜一一〇頁参照。

(64) 히로마쓰 와타루『근대초극론』[廣松渉『近代超克論』] 二〇八〜二〇九쪽。다케우치 요시미『일본과 아시아：다케우치 요시미 평론선』[竹内好『日本とアジア：竹内好評論選』] 一〇四〜一二一쪽。三木清のマルクス主義歴史哲学については、平子友長「戦前日本マルクス主義哲学の到達点—三木清と戸坂潤」、山室信一責任編集『「帝国」日本の学知』第八巻：空間形成と世界認識（岩波書店、二〇〇六）一一二〜一二六、一四五〜一四七頁 参照。

(65) この本についての概括的説明としては、오쿠보 다카키『일본문화론의 계보』[大久保喬樹『日本文化論の系譜』] 一九七〜二〇九쪽 参照。

第4章　東京の発明

いわゆる「江戸幕府」の本拠地で近代日本帝国の首都東京がつくられる過程は、プロイセン古典主義のテクトニックが、日本の新しい位相学的秩序を定立することに活用された最初の、そしてもっとも代表的な事例である。東京は、歴史的伝統と、それなりに整備された体系を備えた都市であった。明治維新直前の日本は、世界でもっとも都市化された国のひとつであり、東京は百万をこす世界最大の人口と高い経済水準および文化水準を誇る大都市であった。もちろん、頻繁に火災にさらされて、道路施設が十分でない中世的都市でもあった。江戸は、文禄・慶長の役が終わり、徳川家康が江戸幕府を開設した一六〇三年から明治維新が断行された一八六八年までほぼ二世紀半のあいだ、幕府の政権が施行した強力な中央集中化政策と居住体系の再調整の結果、おおきく成長した。代表的なものが、参勤交代制度であり、地方の領地を所有する大名が、江戸と自分の領地で隔年で交代勤務をするように仕向けることで、江戸の人口と交通網、経済活性化が自然に出来上がった。中央政府は、江戸、大阪、京都を直接統制して、一六一五年の元和令の発布によってひとつの城にひとつの領地のみ許容することで大名の立場は狭められ、中央の位相がそれだけ大きくなった。かなり革命的に再調整された秩序のなかで、各地方の行政が中央から送られてきた官吏の統制を受けるようになるにつれて、むしろ日常的な事案は、封建的農村社会の内部で自治的に解決する慣行が固まり、結局、経済的・文化的活力は旺盛であるが、自律的な市民社会と公共性の発展は遅滞した、非常に日本的な条件が形成された。いずれにせよ、日本なりの合理性をもつ社会秩序が強固に定着していたので、西欧的な都市計画の導入は、それほど急を要しもせず、容易でもなかった(1)。

江戸から東京へ

明治日本が、軍隊、国民学校、神社、各種職能団体、さらには合法化された売春の空間である遊郭を通して社会全体を全一的に統制する国家へと進んだとすれば、これは、上からの慈善と住民のあいだの相互扶助という徳川幕府時代の伝統をあらたに継承するものとみることができる。村単位の「自力」ないし「自営」を道徳的理念にまで引き上げ、国家の目標に自発的に参与するよう動員する日本式の国家体制は、少なくとも大正時代までは上からの露骨な強圧がなくとも、比較的円滑に作動した(2)。日本の伝統的な相互扶助の社会体制が、近代の全一的な国家体制に変形する契機は、あきらかに明治維新であった。一八六八年早々に起こった王政復古のクーデターは、事実上、最上部の権力をおきかえたものにすぎなかったので、真の「天皇親政」がなしとげられようとすれば、大名が支配する地方の領地をなんとか処理しなければならなかった。一八六九年七月に即刻実施された版籍奉還は、大名所有の領地(版)と農民(籍)をいったん天皇(皇帝―原文)に返納させて、日本全国を大名が統治する藩と、中央政府が統治する府・県に区域を分割し、それから二年後の一八七一年八月には藩を廃止して県で代替することで、結局、全国を中央政府の直轄地に変更するいわゆる廃藩置県が実施された。主要都市に市区という行政区域があらたに導入されることによって、一八七二年、最終的に江戸の城門が撤去された(3)。このような急進的な行政改革は、統一的な求心力をもつ近代国家の土台を築いたと評価されうる。それは、革命的でありながらも保守的であったが、たとえば、中央政府が命令を示達して地方の官吏が実務を引き受けるいわゆる「機関委任事務」体制は、徳川幕府時代から続く伝統を近代的に再編したものであった(4)。

いまや新しい国家の具体的な青写真がつくられなければならなかったが、天皇親政と行政府が主導する中央集権制、人民が主張した四民平等主義などが、しのぎを削る戦いを繰り広げていた。したがって、急に天皇が住む「帝都」にかわった東京は、新しい国家理念を視覚的に雄弁に語る空間として再建されなければならなかった。しかし、どんな都市をどのようにつくるべきかについての合意や事前知識は皆無であった。実際、ヨーロッパでも、都市計画の概念は一九世紀後半になってはじめて定着するので、日本の都市が特別後進的であったとはいえない。伝統的な城下町の秩序は、領主の城を中心に侍の居住地である武家地、商人が居住する町人地、神社と寺が位置する寺社地という三元的な空間で構成されていたが、この空間を近代的に再編しながら、おもに昔の城の敷地と武家地を地方官庁の用地や軍用地に転換した。昔の大名の空間的拠点である地方都市が、中央政府の統一的な国土計画にしたがって、一部は県庁や群庁が設置されて生き残り、一部は解体されるなど、徹底して再編された(5)。

このような変化は、政治指導者のヨーロッパ訪問によって加速された。ヨーロッパの都市を自分の目で確認してきた以上、もはや故国の現実に満足できなかったのである。岩倉使節団は、一八七二年にナポレオン三世統治下のフランス・パリを訪問し、オスマンによる都市再建で今まさに完工された大通りと公共建築物、交通網などにおおきく感銘を受けたのであった(6)。しかし、この感銘が現実を動かす手段として作動しようとすれば、多くのことがあわせて考慮されなければならなかった。明治時代は社会的激変の時期であり、都市計画を急ぐだけの余力がなかった。政治秩序の確立、財政拡充、国民経済の成長など、国力をただちに伸ばしうる仕事のほうがはるかに緊急だったのである。

産業成長と交通技術の革新、伝染病による致死率の増加に直面して、都市秩序の根本的な変化が緊要であったが、都市計画に優先権を与えようとすれば、国力の伸長という大義と直結されなければならなかった。外国人に近代化した日本という印象を刻んで不平等条約を修正させるには、なによりも首都の景観をかえることが必要であるという意見に明治政府が同意し、政府側が主導権を握って事業に着手した。当座急がれる事業としては、火災防止のために可能なかぎりまっすぐ伸びる舗装された大通りを建設することと、上下水道施設を整備することがあった。一九世紀日

本の都市計画が、首都東京に対する計画とほとんど同義語で使用されたのは、偶然ではなかった。(7)

銀座煉瓦街の登場

「帝国の首都」東京は、近代化された江戸ではなく、新しい歴史的空間として「発明」されたものである。東京それ自体が、一種の言説形成体とみなしうる。(8)

一八六八年一〇月一三日、京都の天皇が、将軍が去った江戸城に到着したことは、歴史的正当性がもつ権威と現実権力が結合した一大事件であり、「発明」のはじまりを告げるファンファーレであった。すでに同じ年の七月に、新生明治政府は、江戸を東京に改称しながら、「帝都」建設の意志をあきらかにしたところであった。しかし、幕府治世の全盛期に一三〇万を誇っていた人口が、一八七二年には半分以下の五七万人へと大幅に減少したことからわかるように、(9)過渡期の混乱は簡単におさまらず、将軍に対する地域民の忠誠心もすぐには消失しなかった。明治政府は、新しい「帝都」の建設に対して非常に積極的であり、非妥協的な姿勢を押し出したが、それが新しい国家アイデンティティの樹立と直結する課題だったからである。したがって、東京に対しては都市の外観と構造の大々的な改編を推進したが、そのほかの都市では地域経済振興に主眼をおいて都市構造は手をつけないという二重の政策がとられた。(10)

旧幕府の本拠地である江戸が、近代帝国の首都に姿をかえようとすれば、全面的に新しいアイデンティティと都市構造が創出されなければならなかった。テクトニックの原理は、「国体」の概念に変容して、東京の「発明」のためにも召喚された。もちろん、それは、一挙に達成されうるものではなかった。「銀座煉瓦街」の建設は、明治維新以来、最初の公共建設プロジェクトとして知られるが、新しい首都のアイデンティティに対する合意が不在であったことを立証する事例である。

本格的な事業着手は、偶然にかなった。一八七二年二月末、皇居南門の桜田門で発生した火災は、北西の風によって広範囲を飲み込んだ。この地域には江戸時代に銀貨の鋳造所があった銀座もあったが、五万人が居住する三千戸に達する建物が全焼してしまった[11]。銀座は由緒ある日本橋と接し、北には東京の商業の中心地である丸の内が、東には築地の外国人居留地があり、南には新橋駅がその年の秋に完工予定であった。新橋駅は、東京と横浜港を結ぶ日本最初の鉄道の終点であったから、横浜に到着する外国人訪問客にただちに丸みえになる場所がまさに銀座の街であった。したがって、明治政府は、全焼した銀座を以前の姿のままに再建するよりは、どうせなら帝国の首都の威容にふさわしく耐火性のある非常に新しい姿に再生しようとした。財務担当部署である大蔵省の官僚が主軸になって、異例にも、たった六日で迅速に事業案を提出した。とくに後日、外務大臣になる親ドイツ派の官僚の井上馨は、自身の西欧化政策を実現するよい機会と考え、当時としては非常に大胆に西洋風のレンガ家屋で構成された一種の町並み（建物が立ち並んだ通り）を構想した。いまだ明治政府が落ち着く前であり、該当する法規もなく決まった主務部署もなかったので、幕府の体制を崩壊させた少数の武士エリートが意思を展開するにはかえって理想的な状況であった[12]。

東京の商業地区である銀座の街を再構築する作業は、明治維新以来、はじめて施行する公共建設プロジェクトであっただけに、議論も試行錯誤も多かった。しかし、技術的・制度的な限界や政治社会的な与件の不備が本質的な問題ではなかった。問題は、事業の究極的な目標にあった。「発明」されなければならない帝都東京は、一言でいって、アイデンティティが模糊としていた。西欧的なものをひたすら「模倣」することも、かといって土着的なものと中途半端に折衷することも、あまり好ましくなかった。中部ヨーロッパのアテネである「ベルリン」とは、事情がおおきく異なった。プロイセンの支配層と中産層のあいだには、ベルリンの歴史的アイデンティティについて一定の合意があった。ベルリンは、ヨーロッパのほかの主要都市の前で、自身がたしかに「シュプレー河畔のアテネ」であることを誇示できなければならなかった。このような合意は、世界大戦の破局がくる前まで、少なくとも中産層以上では政治的な葛藤としても破棄されなかった。ドイツ帝国において、古代ギリシャは、帝国の外部と内部の敵に比べてさほど遠くないものと感じられた。しかし、東京についていては、それだけの合意がなかった。東京は、近代化された江戸ではないことはもちろん、東京湾のベルリンでもなく、東アジアのロンドンではさらになかった。

明治政府は、銀座の街を確実にヨーロッパ的な姿に再生することで意見を固めた。設計者としては、イギリス人建築技師のトーマス・ウォートルス Thomas J. Waters が抜擢されたが、彼はすでに一八五〇年代から日本で活動していた。主務部署とされた建設省から公式依頼を受けて、彼は、一連の二階建ての赤レンガの建物がずらりと立ち並び、両側に街路樹が並ぶまっすぐ伸びたヴィクトリア風の街並みを計画した。外国人も満足するほど道路の幅を広げて、耐火性の強い赤レンガで通りを再生することは、視覚的要素と機能性をともに考慮した措置であり、井上馨ら日本の官僚の要求を反映したことはあきらかである。一八七二年に計画されて一年あまりで核心部がおおよそ姿をあらわし、一八七七年に一丁目から八丁目まで最終的に完工した銀座煉瓦街は、頻繁な火災の危険から脱し、また非常に「文明化」された姿を演出した。赤レンガの建物は大部分二階に窓とベランダを備え、屋根はトラス trass と鉄筋で処理されて、街路に面した一階はアーケードをなしていた。個々の建築物より重視されたのは、全体的な側面、すなわちファサードの連続的な統一性であった。街路は四つの幅で拡張され、それぞれ二七メートル、一八メートル、一四・四メートル、五・四メートルの幅を備え、歩道はレンガで、車道は砕石を敷くマカダム工法 macadamization できれいに舗装され、街路樹で歩道と車道を分離した。幅が六メートルに達する歩道の登場は、日本最初である。街路樹にそって適切に配置されたガス灯も、はじめて登場した。ガス灯による照明は、まるで「文明開化」を象徴するようにみえた。しかし、なによりも示唆的なのは、路地裏は西洋と日本の様式が混合した形態をとり、表通りだけが近代西欧の様式にしたがったという点である。これは、この大規模な建設事業の基本性格をそのままあらわしている。[13]

銀座煉瓦街の姿は、イギリスの建築家ジョン・ナッシュ John Nash が設計したロンドンのリージェント・ストリート Regent Street の湾曲型柱廊をもつ建物群クアドラント Quadrant に着想を得たものと知られている。[14] ロンドンの都心部に位置したリージェント・ストリートは、「摂政王子 Prince-Regent」を経て一八二〇年に王位に就いたジョージ四

銀座煉瓦街（1874）．出所：日本建築学会編『明治大正建築写真聚覧』(1936)，No.17

世George IVが、ナポレオンのパリを凌駕するという目標のもとに造成した街であり、いわゆる「ジョージ様式」のメッカとして知られている。長い長い街道の中間部には商業地区があったが、その一部がクアドラントであった。新しい時代の要求にこたえて仰々しい装飾を極度に制限し、通りに列をなして立つ列柱の羅列と間隔にギリシャ的規則性を追求しつつ、ところどころポイントをつけてリズム感をだしたことが、このユニークな建物群の建築的な特徴であった[15]。もちろん、クアドラントと銀座煉瓦街のあいだには、多くの違いがあった。なによりもベランダのモチーフは、明治初期の日本が、香港や上海などの地で流行した異国風の折衷主義、いわゆる「開港場様式」の間接的な影響圏内にあることを立証している。

しかし、銀座煉瓦街の姿がどんな建築様式に由来するかを確定することには、大きな意味はない。それよりは、当時日本において外国人招聘師として勤務していた建築家ウォートルスが、二世代前のイギリス式新古典主義建築の形態言語をまったく異質な環境に導入したという点のほうが重要である[16]。ガス灯の明かりがうねるまっすぐ伸びた煉瓦街が当時の歩行者にどれほど衝撃を与えたかは、十分に推察できる。厳密な意味の様式は、まったく問題にならなかった。ウォートルスは、日本に渡ってきて以来、蒸気機関を使用する紡績工場の建築を監督し、明治維新に際しては大阪造幣局を建てるなど[17]、活発に事業に邁進したので、機能に反しないかぎり、様式的な形態については非常に柔軟な態度をみせた。銀座の街の姿は、以後、木造建築に慣れていた日本の大工に影響を与え、さまざまな変形を生むようになるが、これは一般的に「擬洋風」と呼ばれ、専門家のあいだでは「開化式」という用語がひろく知れわたった[18]。

銀座煉瓦街は、もともと計画した九九三戸のうち約三分の一だけが実現された。費用が予算額をおおきく上回っただけでなく、レンガの建物は東京の蒸し暑い夏に耐えられず湿気が高いだろうという先入観によって、思ったよりも人気がなく、事業が早期に締めくくられたのである。いずれにしても住民の意志は度外視した計画であったし、大部分の賃借人は上昇する家賃の負担のために追い出されてしまった。しかし、長期的にみると、銀座の街が輸入商品の商店地域として認識され、東京最高の商業地区に成長したので、本来の計画が失敗したとはみなすことは必ずしもできない。[19]より重要なことは、銀座煉瓦街が西洋人の視線を念頭においた一種の「陳列場」として企画されたという点である。[20]それは、少数のエリート官僚がつくりあげた冒険的な展示企画であったから、意欲に比べて現実性は劣った。レンガの建物は、「文明開化」の物質的具現として知識人のあいだで礼賛されたが、「擬洋風」の建築物が、せいぜい外国人の利益を満たすみせかけ、よく使われていた表現で「看板」にすぎないという支配的な観念を払拭するにはいたらなかった。外国人の治外法権が厳然と存在する主権簒奪の現実のなかで、若いエリートの子供っぽい西洋愛好は、疑心暗鬼の眼差しを避けえなかった。結局、銀座の建設は、東京の中心部をヨーロッパの都市の美学的原理にしたがって再建した最初の試みであり、実際には最後の試みであった。[21]

「官庁集中計画」と中心の発明

一八七〇年代の銀座煉瓦街プロジェクトが、期待したほど大きな成功を収められないまま終わったのち、一八八〇年代には、相異なる計画案が雌雄を争った。その第一歩を踏み出したのが、東京府知事松田道之が、一八八〇年一一月二日に中央政府に上申した計画案「東京中央市区画定之問題」であった。この計画案は、一九世紀都市計画の中心地とみなされていたパリをモデルにして、おもに都市中心部の再建に焦点をあわせた。それは、中産層の興味にあう首都の姿を提示したが、主要道路を拡張し、中央の商業地区を再生し、新港湾を構築するなど、経済活性化に主眼点をおいていた。とくに目につくのは、既存の人口密集地域を貫通する新しい街路を建設する計画と、古い木造建築が多いスラム街を都市の中心から追い出してリッチタウンを建設するという計画であった。しかし、この計画はすぐに撤回された。政界の支持がまったくなく、実行できる行政的機構も財源もすべて欠如していたからである。(22)

この計画案が看過していたのは、なによりも、帝国の首都に必要な象徴性に対する考慮であった。明治時代初期に、いまだ首都としての位相が不分明であった東京の象徴的な中心部は、事実上空っぽの状態であった。大火災によって天皇の御所が全焼して以来、政府は宮殿の敷地に皇宮と政府庁舎を建てる計画であったが、敷地がレンガの建物を建てるには適さないという外国人招聘師の警告とともに、皇居の建築様式についても意見紛々であり、結局、皇宮は日本式で、付属の建物は擬洋風で建てる折衷案で意見がまとまり、一八八八年になってやっと皇宮が竣工した。その建物自体も、宮殿の内側は純日本式木造で、入口側は日本と西洋の混合式―「和洋式」―の木造で、宮内省の庁舎は西洋式のレンガ造りであった。(23) 当時のめまぐるしい情勢と同じくらい中途半端な様式的選択である。皇居の建立が遅れることによって、帝都の中心部には帝国を象徴しうる建築物や大通りが存在しなかった。「皇室の居処:皇居」に変貌した由緒ある江戸城と、「開化式」の商業地区である銀座のあいだには、なにか特別なものが出現しなければならなかった。

そして、銀座煉瓦街の建立の大義を継承しながらも、それよりはるかに全面的に帝都の中心部を満たす記念碑的プロジェクトが登場した。今回も主役は井上馨であった。彼は当時、外務大臣のポストに昇っていた。井上は、一八八六年五月、いわゆる「不平等条約」を改正するために西欧列強を相手に総力を傾けていたが、外国の使節団に帝都の威容を誇示しなければならない必要性を痛感した。彼は、過度に実用的な松田の計画案に反対して、一八八七年、外務大臣の資格で皇居の南側の都市中枢部である日比谷に広々とした大通りを建設し、その隣の霞が関に計画的に主要政府庁舎を配置する、いわゆる「官庁集中計画」を提案した。それは、当時ヨーロッパでも新しかったネオバロック風の都市計画であり、それこそ帝都としての威容を創出することが焦点であった。いずれにしても旧幕府とその家臣が去った旧江戸城周辺の敷地ががらがらに空いていたので、公共建築物を建てるにはあつらえ向きであった。ここに記念碑的な大通りと帝国議会議事堂を含む公共建築物、公園、そして東京の中枢部の南北を結ぶ東京の中央駅をつくることで、新しい帝都の位相学的秩序を「発明」しようとしたのである。(24)

井上は、一八八六年に内閣直属の臨時建築局を設立してこの業務を担当させ、彼自身がこの部署の総責任を引き受けた。この部署は、以後一八九〇年まで四年間存続することになる。親ドイツ派の井上は、東京の景観にうまく統合されうる西洋式の建物群を念頭において、ドイツ帝国に諮問先を求めた。数年間ベルリンの大使館で公使として勤務していた青木周蔵らの努力で、ベルリンの「エンデ－ベックマン Ende & Böckmann 建築事務所」を公式に紹介された。この事務所は、当時ドイツ帝国議会議事堂の設計案の公募で二位になったことがあり、新生首都の各種公共建築事業に活発に参与した。事務所を率いていたヴィルヘルム・ベックマン Wilhelm Böckmann は、一八八六年に日本に来て数カ月間滞留し、同業者のヘルマン・エンデ Hermann Ende も一八八七年に日本を訪問した。また、ベルリンの都心拡張計画を指揮した高級官僚ジェームス・ホープレヒト（本書第I部第5章「ホープレヒト計画案」参照）がエンデといっしょに日本を訪問し、一カ月半ほど滞在して、エンデ－ベックマン建築事務所の設計案をより単純化する作業に勤しんだ。このようにドイツの建築家と官僚が介入することにより、ベルリンは東京の発明のためのモデルになった。(25)ヴィルヘルム・ベックマンは、自身の構想を「日本広場 Forum Japanum」と呼んだ。(26)

一八八六年四月末に東京を訪問したベックマンは、ベルリン建築学校の校長を歴任しただけでなく、『ドイツ建築新聞』の共同編集者でもあった主流中の主流をなす建築家であった。彼は、作品でも、職責でも、プロイセン古典主義建築の継承者とみなしうる人物であった。同時に彼は、中国風のベルリン動物園 Zoologischer Garten の建物を設計したほど、歴史主義的折衷主義を駆使できる人物でもあった。(27)日本政府は、彼に、帝国議会、裁判所、法務省、警察庁庁舎を含む官庁街全区域の設計を公式に依頼し、五年間最高建築顧問の職責を与えることにした。ベックマンは、日本

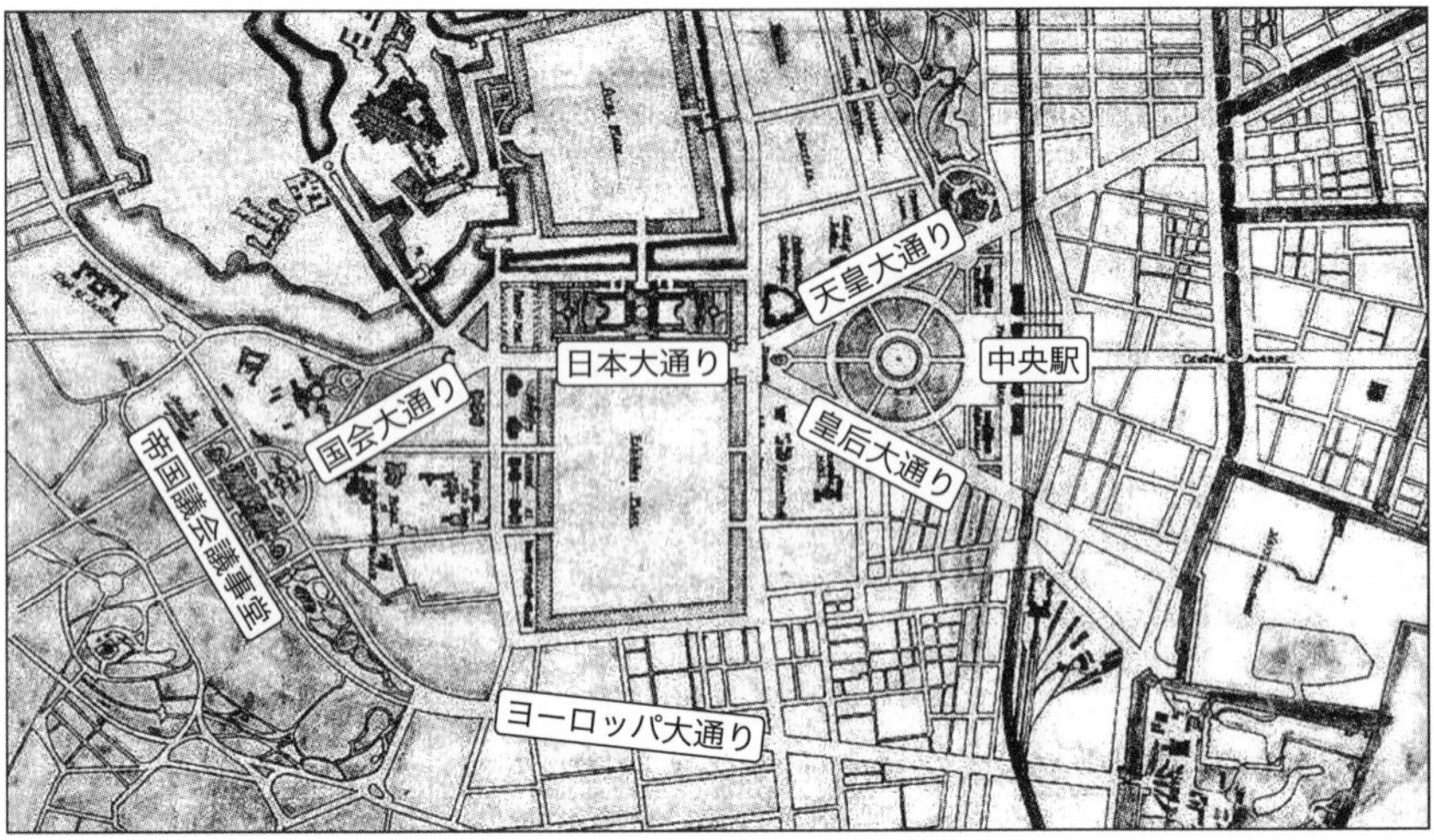

官庁集中計画設計図（1887）．出所：日本建築学会，妻木文庫

政府に提出し認可を受けた図面を、帰国後ベルリンで仕上げ、翌年五月初めにヘルマン・エンデが彼の完成した成果をもって日本を訪れた。彼らの設計案は、賃貸住宅でいっぱいのベルリンよりも、ウィーンのリングシュトラーセをモデルにしたものであった[28]。

設計案の中心軸をなすのは、築地から霞が関に続く線であった。設計図面をみると、中央を左右に貫く中心軸を確認できる。中央にみえる日本大通り Japan-Avenue を三角形の頂点として天皇大通り Kaiser-Avenue と皇后大通り Kaiserin-Avenue が分岐して中央（停車）駅にいたり、日本大通りの左側には、官庁街である霞が関の町が広がって、その丘のむこうに国会大通り Parlaments-Avenue が帝国議会議事堂に続く。この道は、図面の下の端に湾曲を描いているヨーロッパ大通り Europa- Avenue と出あう。このような構図は、あきらかに明治政府の新日本的「心象地理」を具現したものである。天皇と皇后が合体して胎動した日本が、新しい国家体制を通して開明された世界と出あうことになる、というのである[29]。

この計画案の中核であり、最初の細部計画案の対象は、帝国議会議事堂であった。まさに民族的記念碑というに値するこの建築物の設計者としては、すでにドイツで帝国議事堂を設計した経験のあるエンデ－ベックマン建築事務所が適格と思われた。建物は、平面の全体規模が一八〇×七〇メートルに達するが、王冠のか

日本の帝国議会議事堂立面図図案（1891）．出所：日本建築学会，妻木文庫，Arkitekten, Ende & Bockmann（10/15）

たちの威風堂々としたドームを中心に傾斜したマンサード屋根がおおいかぶさるファサードや、対をなす円柱をはじめとして、強い左右対称性をみせる。建物の中央には、階段部を含む八面体のホールがあって、ホールの両翼部に広い廊下が広がっている。このような建物の姿は、エンデ－ベックマン建築事務所の一八七二年のドイツ帝国議事堂設計案を大幅に採用したものであった。(30) 一八九一年『ドイツ建築新聞』第二五号は、立面図の図案を添付した簡略な報告文を通して、この建物が様式上ではネオルネサンスを採用し、主材料としてはきれいに仕上げられた自然石 Werkstein を使用することにしたと伝えながら、海外でのドイツ建築家の活躍する姿を満足げに評価している。(31)

しかし、この計画案は、日本の固有性があまりにもないという理由で、最終承認を受けることに失敗した。事務所はベルリン動物園の中国風建物を設計した経験をいかして、屋根を木材で処理した折衷型の第二案を用意したが、ふたたび拒否された。結局、エンデ－ベックマン事務所の同業者で一八八七年ヘルマン・エンデとともに日本を訪問したアドルフ・ステヒミラー Adolph Stegmüller に設計が任され、費用節減のために花崗岩とレンガを一部混ぜて、最初の案をもう少し単純化した形態で建物が建てられた。一八九〇年一一月二九日、新しい建物で帝国議会が開院し、開院式には天皇（日皇―原文）も参席した。しかし、完工して二カ月余りのちの一八九一年一月に電気火災で建物が焼失する事態が発生した。この事故は、『ドイツ建築新聞』にも報道された。(32) その後、きちんとした議事堂が登場するまでには、さらに数十年の歳月を要した。

「官庁集中計画」の実行は、このように最初から順調ではなかったが、それは予想外の事故のためだけではなかった。高い費用の問題とともに、首都の心臓部まで外国人の手に任せるという点が、日本の支配層の自尊心を刺激した。折しも不平等条約改正が水泡に帰し、井上が外務大臣の地位を追われると、「官庁集中計画」の寿命も尽きた。新政府は、臨時建築局を廃止して、計画を大幅に縮小し、一八九三年三月を期して日本政府と契約を結んだすべてのドイツ人建築家を追い出した。(33) この措置は、明治維新以来、ひらすら推進してきた西欧化政策が一段落したことを示す象徴的な事件であった。

たとえ「日本広場」が出現しなかったとしても、新しい帝国の心臓部を構築しようとする風はやむことなく、首都東京に長期持続的な痕跡を残した。エンデ－ベックマン事務所の原案どおりに実現されたところもあった。霞が関の東京裁判所と司法省である。これらは、建物自体だけでなく、新しい類型の日本の建築家が成長するための足場を提供した。妻木頼黄と河合浩蔵は、それぞれ東京裁判所と司法省の設計に参与したが、二人ともベルリン留学生出身であり、とくに妻木はのちに日本最高の建築官僚としての地位を固める。(34)「官庁集中計画」は、このような新世代の建築家の形成とともに、制度的な遺産を遺した。計画が推進中であった一八八五年、内務省と警視庁が主導してドイツ人ヴィルヘルム・ヘーン Wilhelm Höhn を招聘し、ドイツの警察制度を日本に移植することで、このあと日本がドイツ式の建築規制方式を採択する契機が用意された。(35)

「東京市区改正条例」

当時の日本の国力に比して過度に遠大で、当初から世間のうわさになって右往左往していた「官庁集中計画」は、これよりはるかに実用的な法案で代替された。一八八八年に制定された「東京市区改正条例」は、じつは「官庁集中計画」よりもはるかに前から構想されていた。一八七三年、内務省が創設されるやいなや、東京の都市計画を研究する「市区改正委員会」が発足し、活動をはじめた。この委員会には「日本のアダム・スミス」と称される経済学者田口卯吉らが所属し[36]、より専門的な見識をもって計画案を準備していた。そして、内務省は、銀座煉瓦街が完成する前の一八七六年、東京市内全体を対象にして、すでに存在するインフラを具体的に改善する「市区改正」計画の草案を完成した[37]。

市区改正は、銀座建設計画に比すると野心的ではなかったが、はるかに実用的な目標を志向していた。銀座煉瓦街は近代的インフラの構築と道路整備にはよい経験となったが、市全体に拡大するには費用や制度的・文化的側面で無理があった。東京は、江戸幕府の時代が終わる前の一八五〇年代の人口を一八九〇年代になっても回復できず、都市拡張も止まった状態であった。したがって、市区改正は、都市の再活性化のための非常に直接的な事業、すなわち道路の幅を広げて直線化し舗装すること、上水道施設を改善すること、橋梁と河川を整備することなどに主眼点をおいた。明治日本が、オスマンのパリ改造をモデルにしてつくりだした都市整備の方法である市区改正は、都市計画と建築法の初歩的な内容を含んでおり、首都を華やかで荘厳につくりあげるよりは、商業的価値を優位におくという点を基本的な特徴とした[38]。

一八八〇年に包括的な東京再建案を提示した東京府知事の松田が突然病死したのちに、後任者の芳川顕昌が一八八四年一一月に新たな計画案「市区改正意見草案」を中央政府に上申し、これとともに一六条で構成される「東京市区改正条例」を初公開した。しかし、これがすぐに効力を発揮するほど、日本国内の政治地勢図は安穏としてはいなかった。外務省が主導した官庁集中計画がひとしきり暴風を引き起こして放棄されたのち、いくつかの部署間で東京再建案について熾烈な競争が繰り広げられたが、結局、内務省が主導権を握ることになった。さまざまな紆余曲折を経たのち、一八八八年三月についに「東京市区改正条例」法案が、最終審議機構である枢密院に提出されたが、ふたたび困難に直面した。当時枢密院議長であった伊藤博文が、条例案が過度に実用的であるとして反対に乗り出したのである。彼は、官庁集中計画を推進した井上馨の政治的同志であった。しかし、彼の政敵であった内務大臣山縣有朋と大蔵大臣松方正義が、枢密院の決定を黙殺して、八月に内閣会議で法案を承認してしまったことで、東京市区改正条例は結局制定された。「都市区域全体にわたって商業、公衆衛生、火災予防、交通の都市行政」を円滑にすることが目標であると公示されたこの条例案は、日本最初の都市計画法であり、一九一九年に正式の「都市計画法」が制定されるまで三〇年余りのあいだ、東京の空間秩序を支配した。(39)

東京市区改正条例が制定された一八八〇年代は、日本列島全体の経済と都市構造に本格的な変化がはじまった時期である。上からの改革で弾みを得た経済が、この時期になって実際的な都市人口の増加につながった。行政合理化の一環として県の数が急激に減って、地方政府が再編され、一八七三年には日本版農地改革である「地租改正法」の制定により大名と侍が自身の領地から税金を徴収できる権限をはく奪され、近代的な所有権が確立されるなど、一連の改革が進展して、都市経済の活性化におおきく貢献した。また、太平洋の海岸線にそって続く鉄道交通網の立地は、一八八〇年代後半期の都市成長に決定的な役割を果たした。一八七二年に横浜‐東京路線ではじまった鉄道は、岩倉使節団が鉄道を利用して欧米各国を旅行して帰国してから、より弾みを得ることになるが、一八九〇年代には新しい行政網に相応する全国的な鉄道網が完備された。イギリスの技術による鉄道網の建設は、軍事的であると同時に経済的な目的をもっていた。(40) 東京市区改正条例は、このような急激な経済成長に歩調を合わせて、帝都東京を国政指標にあわせるべく管理しようとしてつくられたものであった。

しかし、三一五に達する街路の構築および拡張、運河の改善、国鉄の終点である新橋から上野までの幹線鉄道拡張、東京駅建設、数多くの橋梁、四九個の公園、八個の市場、五個の火葬場、六個の墓地を建設するという当初の計画は、財政不足で縮小されざるをえなかった。東京には、依然として独立した権限をもつ市長も、関係公務員もおらず、もちろん市役所もなかった。(41) 日清戦争と日露戦争の相次ぐ勃発も、悪材料として作用した。一八八八年の東京市区改正条例は、当初の目標は十分に達成できなかったが、日本最初の近代都市計画法であり、東京再生のための全面的な計画案であるという点で、意味深い。それは、非常に実用的な計画であったが、長い研究と論議を経て立案され、オスマンのパリ再建において発見される要素、すなわち規模の雄大さと永久性そして記念碑性を志向した痕跡を歴然とさせている。(42) 東京市区改正条例は、事実上、銀座煉瓦街建設計画と官庁集中計画の延長線上におかれていたといえる。いまや、東京の発明は、それ以上陳列場の展示企画にとどまらず、真に新しい位相学の定立に進んでいったのである。

東京市区改正条例が実行されながら、東京の核心部である千代田区には、井上馨が構想した西洋式の景観と構造がある程度実現された。ただし、官庁舎のかわりに商業用の建物が、権威のかわりに実用性が優勢となった。皇居東側の丸の内オフィスビル街の計画が代表的な事例であるが、一八九四年に三菱一号館が竣工して以来、一連のヴィクトリア風ネオゴシックの建築物が登場し、市民のあいだでは「一丁ロンドン」と呼ばれたりした。また、相次ぐ戦争で時間がかかりはしたが、長いあいだの宿願であった東京の中央（停車）駅が、一九一四年になって丸の内に完工した。そのほかに東京の通勤列車の象徴である山手線が建設されたのもこの時期であり、あわせてアメリカから輸入した電車も一八九五年に京都で運行されはじめ、一九〇三年八月からは東京でもみることができた。電車の運行は、東京の空間構造に重要な変化を引き起こした。幹線道路が登場するにつれて、町はずれの地域が都市の郊外として活性化したのである。(43)

実用性が優勢であった東京市区改正条例は、日比谷と霞が関を官庁街の敷地として再指定することで井上馨の方針を継いだ。(44) しかし、もともと井上の計画に明示された事項のうち、後回しにされた点がいくつかある。そのひとつが公園の建立であった。資金は不足していたが、その大部分は日比谷公園に使用され、ベルリンのティーアガルテンが大幅に縮小された形態で東京に登場した様を醸しだした。しかし、これは、特定の心象地理の具現というよりは、じつは皇居と商業地区銀座のあいだにすきまをおいて、火災時に火の手が皇居に及ばないようにした機能的な判断の産物であった。(45)

肝心の皇宮の建立は依然として迷宮であった。憲法発布日にあわせて正殿は竣工したが、「宮城」全体は未完の状態であった。宮城の塀の外の空間も、一八八八年に工事を終えたのち、一名「宮城外苑」と呼ばれるようになったが、伊藤博文が釘を打っておいた方針により、長いあいだ、建造物は一切許容されなかった。(46) 時間の流れにつれて、次第にここは市民に開放された都心の広場として、俗称「皇居前広場」として定着していくが、(47) つねに未完の状態であった。たとえ威厳はあっても、いやむしろ過度な威厳のために、それは東京の消失点としては機能しえなかった。一九二三年の関東大震災で銀座煉瓦街など東京都心の相当部分が破壊される前も、いや大震災後の復旧事業が成功裏になしとげられてからも、東京の中心はいつも空いていた。

東京市区改正条例がなしとげられなかったもうひとつの主要な事項が、まさに個々の建物を規制する措置であった。条例は、道路拡張や水路建設といったインフラの構築に集中し、建築法規はほとんどなおざりにした。医師であり作家であった森鷗外は、東京市区改正委員会に所属しており、ドイツの新生建築法を翻訳した。彼は、ドイツで四年間公衆衛生を学んだが、当時ドイツはヨーロッパでもっとも先進的な都市計画体系をもつ国とみなされていた。建築法を制定しなければならないという森の意見は受け入れられなかったが、その後ドイツ式の都市計画は東京の空間性に長期的な影響力を行使することになる。(48)

森鷗外は、法制よりも文筆を通してより大きな影響力を行使した。彼はドイツ留学を終えて一八八八年に帰国するが、一八九〇年に発表した小説『舞姫』は、ベルリンの都市空間が日本人の脳裏に刻印されるひとつの契機をつくった。日本文学の古典の列に加わったこの作品は、一八八〇年代のベルリンをまるごと描いている。主人公の太田豊太郎は、国費留学生として「もっともモダンなヨーロッパの都市の中央」であるウンター・デン・リンデンに到着し、数多くの記念物で飾られたバロック的空間に圧倒されてしまう。「まるできれいにとかした髪の毛のようにすっと伸びた大きな道」ウンター・デン・リンデンは、「両側に石で舗装された歩道を群れをなしてやって来る紳士淑女」と「道路のアスファルトの上を音も立てずに走るさまざまな形の馬車、雲の上に突き上がる建物」などを誇示しながら、ランドマークであるブランデンブルク門をすぎて、「半分くらいは天空に浮かんでいる」戦勝記念塔に続く。「街路灯の輝く繁華街を横切って」突然「狭くほの暗い通り」へ入ったとき、主人公は女主人公であるエリスと出あう。貧しい舞姫のエリスは、帝都ベルリンの裏面を代弁する。彼女の居住地であり、二人の愛が花開くことになるクロスターシュトラーセ Klosterstraße は、勇壮で誇示的なウンター・デン・リンデンとは対照的に、未知のかげのなかに隠されている。[49]

江戸城の櫓．著者撮影

> バルコニーと欄干に干された布団、下着などをまだ取り込んでいない家、非常に長い髭を垂らしたユダヤ人の老人が門の前にぼんやりと立っている立ち飲み屋[50]（……）

明治日本の代表的なベストセラーである『舞姫』の読者は、ベルリンの空間を、たんなる印象にとどまる旅行者的な視線ではなく、居住者の視線で、すみずみまで把握できるようになる。ベルリンは、いまやもう未知の幻想世界ではなく、冷酷な現実である。さらに、女主人公エリスを捨てて去る日本人の男性主人公の姿は、たとえ作中では悲しみと挫折感に押しひしがれていても、西洋の帝国までも自身の意志によって取捨選択の対象とする帝国日本の新しい位相をそれとなく暗示する。しかし、それは同時に帝国の、その首都の中心からたえず視線の亀裂を経験する日本人の自画像でもある。主人公太田は、西欧化の理想と現実、近代的自我と封建的無意識のあいだで避けることのできない葛藤を経験する。

ドイツ的な時空間原理に対する日本人の傾倒は、日本がアジアのプロイセンであることを立証するものではない。それは、むしろ歴史的アイデンティティの欠如を証す。近代日本の位相学を「発明」しようとする努力は、東京の象徴的な中心をつくろうとする努力とともに、そのたびごとに失敗に終わった。東京には、厳密な意味における中心がない。(51) 皇居は都心のランドマークになるにはあまりにも隠蔽されており、「皇居前広場」は中央の広場として機能するにはあまりに広く、あまりに空いている。緑陰のなかから隠すように自身をあらわす江戸城の櫓こそ、そのような欠如の図像である。

（1）Andre Sorensen, *The Making of Urban Japan: Cities and planning from Edo to the Twentieth-First Century* (Routledge, 2002), p. 11 以下、p. 36 以下。오이시 마나부（大石学）「일본 근세도시 에도의 기능과 성격」、『도시인문학연구』［大石学「日本の近世都市江戸の機能と性格」、『都市人文学研究』］제一권 一호（二〇〇九）一二三～一三七쪽。

（2）Sheldon Garon, *Molding Japanese Minds: The State in Everyday Life* (Princeton University Press, 1997), pp. 3-59.

（3）이노우에 가쓰오『막말 유신』［井上勝生『幕末・維新』］二〇二～二一五쪽。

（4）Andre Sorensen, *The Making of Urban Japan*, pp. 52-57.

（5）Andre Sorensen, *The Making of Urban Japan*, pp. 22-36; 김백영「상징공간의 변용과 집합기억의 발명：서울의 식민지 경험과 민족의 장소성 재구성」、『공간과 사회』［キム・ベギョン「象徴空間の変容と集合記憶の発明：ソウルの植民地経験と民族の場所性再構成」、『空間と社会』］통권 제二八호（二〇〇七）一九五～一九六쪽。

（6）これに関しては、민유기「이와쿠라 사절단의 프랑스 근대도시 체험과 인식」、『사총』［ミン・ユギ「岩倉使節団のフランス近代都市体験と認識」、『史叢』］八〇호（二〇〇三）六六～七一쪽 参照。

（7）Andre Sorensen, *The Making of Urban Japan*, p. 50, p. 60 以下。

（8）東京をひとつの理念とみる観点としては、Henry D. Smith II, "Tokyo as an Idea: An Exploration of Japanese Urban Thought Until 1945", pp. 45-80 参照。

（9）나리타 류이치、서민교 옮김『근대도시공간의 문화경험：도시공간으로 보는 일본근대사』（뿌리와이파리）［成田龍一、ソ・ミンギョ訳『近代都市空間の文化経験：都市空間からみる日本近代史』（プリワァイパリ）］（二〇一一）二四쪽。東京の人口が減少したことには、参勤交代制度によって江戸に滞在していた地方の大名とその家臣が明治維新後帰還したことがおおきく作用した。こ

れについては、오카타 준이치로「근대 도쿄의 도시계획：교외화와 도시변신」、『서울、베이징、상하이、도쿄의 대도시로의 성장 과정 비교연구 Ⅰ』（서울시립대학교 서울학연구소）〔大方潤一郎「近代東京の都市計画：郊外化と都市変身」、『ソウル、北京、上海、東京の大都市への成長過程比較研究 Ⅰ』（ソウル市立大学校ソウル学研究所）〕（二〇〇六）一〇四쪽。Shun-Ichi J. Watanabe, “Metropolitanism as a Way of Life: In Case of Tokyo, 1868-1930”, ed. by Anthony Sutcliffe, *Metropolis 1890-1940*, p. 407 参照。

（10）나리타 류이치『근대도시공간의 문화경험』〔成田龍一『近代都市空間の文化経験』〕七三～七九쪽。

（11）藤森照信『明治の東京計画』（岩波書店、二〇一二）五七～五九頁。

（12）銀座煉瓦街建設の全般的な過程については、藤森照信『明治の東京計画』一～五五頁。永松栄『図説 都市と建築の近代―プレ・モダニズムの都市改造』（学芸出版社、二〇〇八）一七六～一七九頁。Andre Sorensen, *The Making of Urban Japan*, p. 60 以下 参照。

（13）石田頼房『日本近代都市計画の百年』（自治体研究社、一九八七）三九頁。김경리「『문명 개화』와 긴자의 도시공간성에 관한 니시키에 연구：긴자렌가도리니시키에（銀座煉瓦通り錦絵）를 중심으로」、『도시연구：역사、사회、문화』〔キム・ギョンニ「『文明開化』と銀座の都市空間性に関する錦絵研究：銀座煉瓦通り錦絵を中心に」、『都市研究：歴史、社会、文化』〕제一〇호（二〇一三）四五～四九쪽。

（14）David B. Stewart, *The Making of a Modern Japanese Architecture*, p. 22.

（15）John Steegman, *Victorian Taste*, p. 102, 105; Barry Bergdoll, *European Architecture 1750-1890*, pp. 132-133; Thomas Hall, *Planning Europe's Capital Cities*, p. 86.

（16）유모토 고이치、연구공간 수유＋너머 동아시아 근대 세미나팀 옮김『일본 근대의 풍경』（그린비）〔湯本豪一、研究空間スユ＋ノモ東アジア近代セミナーチーム訳『日本近代の風景』（クリンビ）〕（二〇〇四）一五二～一五三쪽。

（17）藤森照信『日本の近代建築（上）：幕末・明治篇』七〇、七七～八〇頁。

（18）藤森照信『日本の近代建築（上）』一一八頁以下。David B. Stewart, *The Making of a Modern Japanese Architecture*, p. 13 以下、p. 22.

（19）Shun-Ichi J. Watanabe, “Metropolitanism as a Way of Life”, ed. by Anthony Sutcliffe, *Metropolis 1890-1940*, p. 408; Andre Sorensen, *The Making of Urban Japan*, p. 62; 藤森照信『明治の東京計画』（岩波書店、二〇〇四）四三頁以下。藤森によれば、銀座は一八七〇年代以来日本で商店街の賃貸料がもっとも高いところであった。銀座煉瓦街の建設計画は、東京の中心部の不動産価格を引き上げるのに一役買った。土地所有権の変化のおかげでこの地域の長期的な経済の繁栄のための基礎が準備されたのである。

（20）Henry D. Smith II, “Tokyo as an Idea”.

（21）David Stewart, *The Making of a Modern Japanese Architecture*, p. 31; Carola Hein, “The Transformation of Planning Ideas in Japan and Its Colonies”, pp. 56-57.

(22) 石田頼房『日本近代都市計画の百年』(自治体研究社、一九八七) 五五〜五六頁。藤森照信『明治の東京計画』一〇〇〜一〇一頁。

(23) Dallas Finn, *Meiji Revisited*, p. 94; 다카시 후지타니『화려한 군주：근대 일본의 권력과 국가의례』[タカシ・フジタニ『華麗な君主：近代日本の権力と国家儀礼』] 一〇一〜一一五쪽。하즈다 토오루、김동영・조극래 옮김『모방과 창조의 공간사』(보문당) [初田亨、キム・ドンヨン／チョ・グンネ訳『模倣と創造の空間史』(宝文堂)] (二〇〇三) 二〇쪽。

(24) Carola Hein, "The Transformation of Planning Ideas in Japan and Its Colonies", p. 58; 藤森照信『明治の東京計画』二七七頁以下。

(25) 藤森照信『日本の近代建築 (上)』一九五〜一九七頁。Josef Kreiner, *Deutsche Spaziergänge in Tokyo*, pp. 107-122; Andre Sorensen, *The Making of Urban Japan*, p. 38 以下。

(26) Wilhelm Böckmann, *Reise nach Japan* (Reichsdruckerei, 1886), p. 56, 97.

(27) ヘルマン・エンデとヴィルヘルム・ベックマンの履歴とエンデ－ベックマン建築事務所については、堀内正昭『明治のお雇い建築家：エンデ&ベックマン』(井上書院、一九八九) 六〇〜一六九頁 参照。

(28) 堀内正昭『明治のお雇い建築家：エンデ&ベックマン』一七二〜一九四頁。Josef Kreiner, *Deutsche Spaziergänge in Tokyo*, p. 114.

(29) 藤森照信『日本の近代建築 (上)』一九八〜一九九頁。藤森照信『明治の東京計画』三一六〜三一九頁。Michiko Meid, *Europäische und nordamerikanische Architektur in Japan seit 1542* (Abteilung Architektur des Kunsthistorischen Instituts Köln, 1977), pp. 213-215.

(30) Michiko Meid, *Europäische und nordamerikanische Architektur in Japan*, p. 222; 堀内正昭『明治のお雇い建築家』二四〇〜二四四頁。

(31) "Deutsche Entwürfe für japanische Monumental-Bauten. I.", *Deutsche Bauzeitung*, vol. 25, no. 21 (14. März 1891), pp. 121-122.

(32) "Der Brand des provisorischen Parlamants-Gebaudes in Tokio", *Deutsche Bauzeitung*, vol. 25, no. 26 (31. März 1891), p. 157; Michiko Meid, *Europäische und nordamerikanische Architektur in Japan*, p. 225.

(33) 藤森照信『明治の東京計画』三〇四〜三一一頁。Michiko Meid, *Europäische und nordamerikanische Architektur in Japan*, pp. 203-221.

(34) 藤森照信『日本の近代建築 (上)』二〇〇〜二〇一頁。

(35) Josef Kreiner, *Deusche Spaziergänge in Tokyo*, pp. 137-152.

(36) 田口卯吉は、「文明開化」運動の指導者のうちのひとりで、有名な著書『文明開化小史』を執筆し、イギリスの事例にしたがって、『東京経済雑誌 *Tokyo Journal of Economics*』を創刊したりもした。一八九四年には、下院議員にも当選した。Andre Sorensen, *The Making of Urban Japan*, p. 63 以下。

(37) 石田頼房『日本近代都市計画の百年』(自治体研究社、一九八七) 五一頁。

(38) 藤森照信『明治の東京計画』二四七〜二五五頁。

(39) 이명규「한국 근대도시계획 제도의 발달과 서울」、최상철 외『동양 도시사 속의 서울』(서울시정개발연구원) [イ・ミョンギュ

「韓国の近代都市計画制度の発達とソウル」、チェ・サンチョル他『東洋都市史のなかのソウル』(ソウル市政開発研究院)」(一九九四) 四三一～四三五쪽。Andre Sorensen, *The Making of Urban Japan*, pp. 71-74; 永松栄『図説 都市と建築の近代―プレ・モダニズムの都市改造』(学芸出版社、二〇〇八) 一七九～一八三頁。藤森照信『明治の東京計画』一三八頁以下、二四二頁以下。

(40) 이노우에 가쓰오 『막말 유신』[井上勝生『幕末・維新』] 二五一～二五三쪽。 Andre Sorensen, *The Making of Urban Japan*, p. 55 以下。

(41) Shun-Ichi J. Watanabe, "Metropolitanism as a Way of Life," ed. by Anthony Sutcliffe, *Metropolis 1890-1940*, p. 411, 407.

(42) Henry D. Smith II, "Tokyo as an Idea", pp. 54-55.

(43) Andre Sorensen, *The Making of Urban Japan*, p. 71 以下。藤森照信『明治の東京計画』二六三頁以下。

(44) 이토 다케시 「근대 도쿄의 도시공간」、『서울, 베이징, 상하이, 도쿄의 대도시로의 성장 과정 비교연구 Ⅰ』(서울시립대학교 서울학연구소)[伊藤毅「近代東京の都市空間」、『ソウル、北京、上海、東京の大都市への成長過程比較研究 Ⅰ』(ソウル市立大学校ソウル学研究所)」(二〇〇六) 一九八쪽。

(45) 藤森照信『明治の東京計画』二四九～二五〇頁。유모토 고이치 『일본 근대의 풍경』[湯本豪一『日本近代の風景』] 四二八～四二九쪽。

(46) 고시자와 아키라、장준호 옮김 『도쿄 도시계획 담론』(구미서관)[越沢明、チャン・ジュノ訳『東京の都市計画談論』(欧美書館)」(二〇〇七) 一一〇～一一三쪽。

(47) 「皇居前広場」については、藤森照信『建築探偵の冒険・東京篇』(筑摩書房、一九八九) 一五五～一九一頁 参照。

(48) Andre Sorensen, *The Making of Urban Japan*, pp. 69-71.

(49) 모리 오가이、손순옥 옮김 「무희」、『모리 오가이 단편집』(지식을만드는지식)[森鷗外、ソン・スノク訳「舞姫」、『森鷗外短編集』(知識を作る知識)」(二〇一二)。この作品をベルリンの都市空間と関連づける批評としては、Maeda Ai, "Berlin 1888: Mori Ōgai's 'Dancing Girl'", Maeda Ai, trans. by Leslie Pincus, *Text and the City: Essays on Japanese Modernity* (Duke University Press, 2004), pp. 295-328 参照。前田の都市文化史的批評は、それなりに長所があるが、日本人のアイデンティティと関連する問い、なによりも日本の男性がドイツの女性を支配することが示唆する意味を把握できてはいない。

(50) 모리 오가이 「무희」[森鷗外「舞姫」] 一〇쪽。

(51) 롤랑 바르트 『기호의 제국』[ロラン・バルト『記号の帝国』] 四六～四七쪽。매티 포러 「도시 상징주의」、김주관 외 『사상가들 도시와 문명을 말하다』(한길사)[メティ・ポロ「都市の象徴主義」、キム・ジュグアン他『思想家 都市と文明を語る』(ハンギル社)」(二〇一四) 一七一쪽。

第5章　「ヴィクトリア」あるいは「ヴィルヘルム」？　明治時代の公共建築

日本の支配勢力の近代化の意志は、明治時代の公共建築においてもっとも明白に表現される。それこそが、帝国の真ん中に新しい時空間原理を具現するもっとも確実な方法だったからである。この前例のない事業の成功の可否は、欧米に留学させてその地の建築と都市計画を学ばせることと、俗にお雇い外国人呼ばれた「監督官 surveyor」を通して日本内の専門家を養成することにかかっていた。お雇い外国人は、日本人よりはるかに多い給料を受け取ったが、そのような厚遇は一時的であった。政府は、最終的にはすべて日本人でおきかえる腹づもりであった。西洋人からは取るものだけ取ればよいという考えが底辺にあったのである。

イギリス人建築家ジョサイア・コンドルが及ぼした影響

一八七〇年に創設された工部省傘下の土木局は、建築と土木・都市計画・美術分野に関連する一群の外国人専門家を招聘したが、代表的な人物としては、フランス人のボアンヴィル C. de Boinville、イタリア人のカペレッティ G. V. Cappelletti、アメリカ人のブリジェンス R. P. Bridgens、そしてイギリス人のジョサイア・コンドル Josiah Conder らがあげられる。一八七七年、弱冠二五歳で日本に渡ってきたイギリス人建築家のジョサイア・コンドルは、イギリスと日本の初期の建築の系譜を象徴する人物である。彼は、一八七二年末、岩倉使節団がエジンバラとグラスゴーを訪問することで結ばれた縁で日本に来ることになったが、一八七七年帝国工科大、すなわち工部大学校に日本初の建築学科教授として赴任し、以後、至大なる影響力を発揮した。(1) 彼が設計した数々の建築物のうち、鹿鳴館は、外国人と最高位の日本人のための社交場であり、一八八三年に竣工したイタリアのヴィラ風の建物で、なによりも華麗な西洋式の宴会場を通して、日本の建築家のみならず、支配層全般に強い印象を残した。(2)

西洋から渡来した建築家と土木技術者のおかげで明治時代初期に西洋の建築術が日本に紹介されたが、それは強い印象を残したものの、はっきりした理解はともなわなかったと思われる。西洋式建築物は、木造建築に慣れ親しんだ日本の土着の建築家にとって、ただ目新しかっただけで、その形態言語に込められた意味は理解しがたかった。いわゆる「擬洋風」様式があらわれたのは、このような無理解を証している。もちろん、西洋の建築家自身も、日本に来た以上、特定の様式に固執しはしなかった。どうせ様式は「看板」にすぎず、ヨーロッパにおけるような社会・文化的価値はなかったからである。西洋の建築家は、たいてい、西洋建築の装飾的要素を建物の目的にあわせて自由に変奏した。(3)

トーマス・ウォートルスが設計した銀座煉瓦街の建物がその典型といえるが、工部大学校教授のコンドルが設計した丸の内のオフィスビル街の三菱一号館も、折衷主義的な容貌ではまったく引けを取らなかった。一八九二年に着工し一八九二年に竣工したこの異色の赤レンガの建物は、単純な形態の付柱をもつ出入口と白い石でつくられた窓枠、多少唐突なバルコニーなどのせいで、様式的規定がむずかしいが、破風の装飾をした狭く尖った屋根窓とその上のてっぺんの飾りなどによって、ヴィクトリア時代の建築の風貌をみせる。(4) この建物は、純粋な新古典主義の様式とは相当距離があるようにみえるが、いわゆる「アン女王様式 Queen Anne Style」に近接している。この独特な名前の様式は、一八七〇年代から八〇年代にかけて、それまで数十年間イギリスを支配していたヴィクトリア風のゴシック様式と断絶して、よりネオバロック的勇壮さを追求したものである。一列に並ぶ長い窓、中央部の三角形の破風屋根、壁面角

ジョサイア・コンドルが設計した三菱一号館正面部（復元された現在の姿，三菱一号館美術館）．Wish. F 氏撮影，Wikimedia Commons より

の隅石 quoin の装飾、そして建物の立面を既存の通りにあわせる方式などが、その特徴である。(5) このようにコンドルの建築は、ウォートルスの場合とは違い、「開港場様式」から確実に脱しており、大英帝国本土の景観を東京の真ん中に引き入れた。しかし、三菱一号館がみせる過度に折衷主義的な姿は、依然として「国籍不明」であった。もちろんこのような傾向は長続きしなかった。日本人の欧米留学生が学業を終えて帰国するとともに、事情がかわったのである。

イギリス人建築家の活躍は、政治的な流れとは別個に進行したが、いつのまにか政治的象徴性をおびるようになった。変化の主たる原因は、一時畏敬の対象であったドイツとの手痛い対立であった。一八九五年、日本人はドイツにいたく失望した。日清戦争の勝利で日本軍が旅順港を占領すると、ドイツ帝国はロシア・フランスと連合して日本軍が遼東半島から即刻撤収するよう圧力を行使した。歴史上、いわゆる「三国干渉」として記録される事件である。これは、いうまでもなく、中国からより多くの利権を得るための帝国主義的仕打ちであり、必要ならば日本などいつでも突き放しうることを如実に示す事件であった。ドイツに並々ならぬ好感を抱いていた日本としては、背信を感じるに十分な事件であり、結局、日本が日英同盟に旋回する決定的な契機として作用した。(6) このような政治的背景を考慮すると、建築界でもイギリスの影響力が次第に増大したことは、じつに自然な現象であったといえる。

日本近代建築の代名詞辰野金吾

一八八六年は、日本近代建築史の展開においてじつに意味のある一年であった。その年の三月、帝国大学法令が発布され、一八七七年に設立された工部大学校が新生東京帝国大学の工科大学に統合され、四月には帝国工科大（工部大学校―訳者）卒業生を中心に研究および職能団体の機能をもつ造家学会が結成され、一八八四年から工部大学校で教授職に就いていた辰野金吾を会長に選任したからである。その後、「造家」という用語は、一八九四年、伊東忠太の提案によって、より芸術的創作の意味を強調する「建築」という用語に取って代わられ、造家学会は日本建築学会に、造家学科も建築学科に名称がかわった。しかし、一八八七年に刊行されはじめた月刊の『建築雑誌』は、すでに「建築」という用語を使用していた。(7)

辰野金吾は、工部大学校教授コンドルの日本人の弟子のひとりであり、ロンドン大学 London University で修学して帰国し、母校で教授職を得た人物である。工部大学校（帝国工科大―原文）の所属変更によって、ただちに東京帝国大学工科大学教授になった。辰野が修学したロンドン大学はコンドルの大伯父ロジャー・スミス T. Roger Smith が建築を教えたところであり、ここで辰野は当時流行していた「アン女王様式」の影響を受けたものと考えられている。工部大学校で辰野を教えた三歳年上の師匠コンドルは、日本に渡る前、ネオゴシックの名実相伴う代表に数えられるウィリアム・バージェス William Burges の事務所で二年間学んだ経験があった。コンドルは、師匠バージェスのようにゴシックを追求することはしなかったが、辰野は、師匠であるコンドルに比べ、むしろバージェス式ネオゴシックとネオバロック的なアン女王様式を折衷して、一種のネオパッラーディオ主義と類似した方向に進んだ。それにより、辰野は時代にまったく遅れることなく、当時のヨーロッパの後期歴史主義の影響と歩調を合わせえた。(8)

辰野金吾は、日本最初の近代的専門建築家として評価されている。自身が教授として在職していた東京帝国大学工科大学の建物は、彼の初期の代表作であり、一八八八年に東京大学本郷キャンパスに建てられた。まるく削った一対

東京帝国大学工科大学本館（1888）．出所：日本建築学会編『明治大正建築写真聚覧』（1936），No.58

の塔と正三角形の破風など、ゴシックと新古典主義を結合したという点では、バージェス式のネオゴシック建築の影響が濃いが、三つのアーチ型の出入口と立方体の組み合わせは、典型的なネオパッラーディオ主義の要素であり、相異なる要素のあいだに適切な均衡をつくりだしている。ロンドン留学の跡がにじみ出る作品である。[9]

辰野のつぎの代表作は日本銀行本館であり、一八九〇年に設計をはじめて、一八九六年に竣工したが、これは一八九〇年代日本でもっとも大きい委員団をつくって着手された公共建築物である。国立第一銀行の設立者であり、日本資本主義の開拓者として数えられる渋沢栄一もスポンサーのひとりであった。辰野は数年間海外で作品を構想し、バージェスの事務所から助力を受けたという。[10]ただし、日本銀行は、日本最初のフランス式新古典主義建築物として知られている。小さな池によって通りから独立していたこの建物は、レンガと鉄を主材料とした三階建の建物で、全体的に正方形の構造に直角に交差する三つの部分が連結されている。建物は粗く仕上げられた付属の建物で囲われ、二つが一対をなすアーチ型の出入口が二つ開けられている。ひとつの門は小さいアーチ、もうひとつは大きいアーチの形態をとっている。出入口を通過すると、中庭とともに古典主義的形態のポルティコが登場する。ポルティコは複層で、上層部は欄干でめぐらされている。その背後には、日本最初のドームと記録される八角形のドーム型の屋根が設置され、屋根の上には「雄牛の目」のかたちの屋根窓とランタン lantern がつけられている。[11]日本銀行本館は、いくつかの立方体が組み合わされている点で、工科大学の建物と類似するが、繊細な比例と均衡がより際立つ建物である。建物全体に漂う優雅なフランス風の新古典主義は、近代日本の資本主義的繁栄をあらわしている。そして、ドイツ・ネオバロックの風貌が強い八角形のドームは、そのような繁栄を支える帝国の権能を可視化している。なによりも重要なのは、まさにこのような建物を日本人がつくったという点である(12)。

辰野は、自分だけの独特な様式を創造した。建物の立面を既存の通りにあわせる「アン女王様式」とは異なり、辰野の作品は、ファサードの左右対称を維持して、敷地が角をなす場合には、のちに東京中央駅でみられるように、建物の端にドームを載せて、通りから目立ってみえるようにした(13)。このように西洋建築を完全に体得して、それなりの独特な様式世界を広げた最初の日本人建築家辰野金吾の事例は、西欧の歴史主義建築が有した複合的側面が日本に綿密に受容されたことと、とくにイギリス建築の影響力が大きかったことを、雄弁に語っている。

日本銀行本館の中庭とポルティコ．著者撮影

世紀末の日本では、西洋の建築様式を完璧に模倣することが大勢であった。当時建てられた多くの公共建築物は、パッラーディオ風のポルティコ、繊細な軒の装飾物、付柱の装飾、勇壮なバロックの破風といったヨーロッパ古典主義建築の基本的な形態言語を共通してみせている(14)。いまやヨーロッパと同様に日本でも、建築物の様式が、時空間原理を積極的に体現することにより、近代日本の位相学的秩序を樹立するのに主要な役割を引き受ける。もちろん、日本では、このような建築様式が、特定の階層の集団記憶や自己再現の様式であることはなく、ひたすら国家権力の「テクトニック」として作動したという点で、西欧とは本質的な違いがある。この点で、イギリス風の建築は、日本人にとってどこか

足りない面があった。あらたに浮上した帝国日本の国家理念を可視化しようとすれば、外形的な勇壮さやディテールの繊細さとは違う、日本的な外柔内剛の「魂」をあらわすに足りるイメージが不可欠であった。それゆえに、イギリスのアン女王様式やフランスの第二帝政様式に比べて、落ち着いていながらも剛健なイメージを与えるプロイセン古典主義、そしてベルリンとハンブルク、ブレーメンなどを中心とする北ドイツのネオルネサンスが、東京の建築のひとつの軸をなすことになった。

ドイツ派の建築家妻木頼黄

日本の建築界で辰野金吾といろいろな面で対比される人物が、妻木頼黄であった。両者の競争関係は日本におけるイギリス派とドイツ派の優位争いであっただけでなく、学界と官界の微妙な対立でもあった[15]。しかし、これは、厳密な意味の建築的路線闘争ではなかった。日本に滞留していたヴィルヘルム・ベックマンが、イギリス人ジョサイア・コンドルとの親交を記録しているように[16]、実際には異見はあまり大きくなかった。いずれにしても、コンドルと彼の日本人の弟子たちは、後期歴史主義の折衷主義路線を志向したので、鮮明な路線闘争は必要なかった。問題は権力であった。井上馨が「官庁集中計画」を推進して以来、日本の中央政府の一角では、プロイセン式の国家主義を象徴できる建築物と都市計画が強力に要求されており、これは妻木を筆頭とした一群のドイツ派の建築家が建築部門の官僚として成長できる道を開いた。

東京裁判所（大審院）と司法省の庁舎は、「エンデ－ベックマン建築事務所」が、東京の官庁街に実現した代表的な建築物であるが、強力なプロイセンのイメージと実用的な機能を一致させた事例であり、途中で放棄された官庁集中計画の正当性を雄弁に語るがごとく、特別な威容を示した。東京裁判所は、全体的にはネオルネサンス様式に近

東京裁判所（大審院）(1896). 出所：日本建築学会編『明治大正建築写真聚覧』(1936), No.106

い。ファサードの中央に解放された廊下すなわちロジア loggia が、盛りあがるような形で巨大なドームを支えており、その両側に二つの円形の塔が前に突出したままロジアを護衛している。ロジアは三つの巨大なアーチの門をもち、その下層部も同じ形式で処理されている。建物全体をみると、四つの翼部が二つの中庭で配分され、短い連結用の翼部がたがいをつないでいる。この建物の特徴のうちのひとつであるアーチ型のロジアは、ヴィルヘルム・ベックマンが日本にはじめて披露したものであった(17)。この雄大でありながらも繊細な建物の工事は、一八八八年に開始されたが、まさにその年にエンデ－ベックマン建築事務所の職員として日本に来たドイツの建築家リヒャルト・ゼール Richard Seel が工事責任者に決められた。日本側の協力者は、同じ年に留学を終えてベルリンから帰国した妻木であり、一八九三年に日本政府がほかのドイツ人招聘者とともにゼールを解雇すると、妻木に工事が一任された。東京裁判所は、一八九六年に竣工した(18)。

　皇居の南門である桜田門のむかいにある司法省庁舎は、官庁街の出発点に位置した建物であり、官庁集中計画のもっとも確実な遺贈物である。自然石のかわりに花崗岩と明治時代特有の赤レンガを使用したこの建物は、誇張のない付柱と高くそびえるマンサード屋根、中央と角の突出部など、典型的な北ドイツのネオルネサンスの建築言語を示している。しかし、同時に非常に独創的な要素で満ちている。バロック式の屋根窓がひどく単純化された点、官庁の機能的要求にしたがって過度に長く伸びたファサードを五つの付

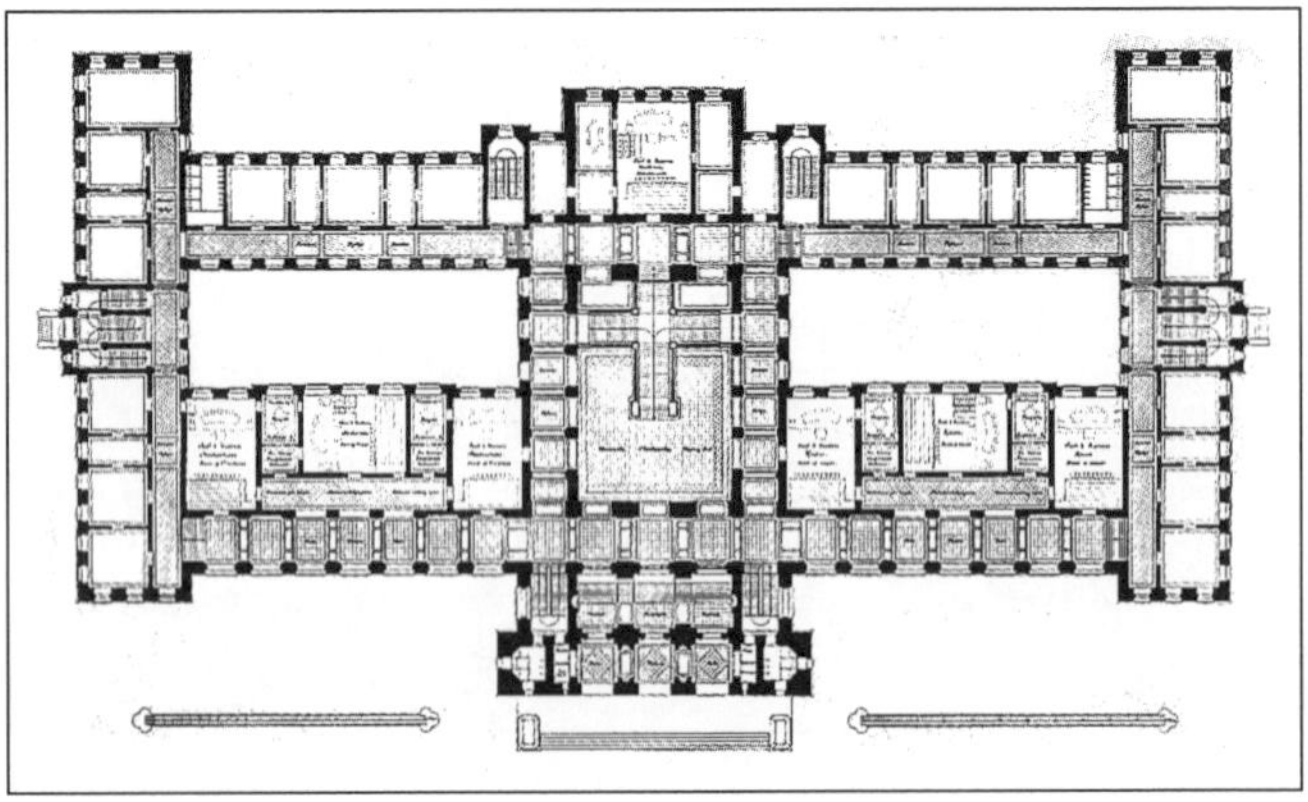

東京裁判所平面図（1896）．出所：日本建築学会，妻木文庫，Arkitekten, Ende & Bockmann（7/15）

司法省（1895）．出所：日本建築学会編『明治大正建築写真聚覧』(1936)，No.102

属部に分割して中和するという点、三階建の建物のもっとも下の階は半階のみ使用したという点、E字型の平面、そしてなによりも地上階の大振りのアーチの柱の上にトスカーナ風の円柱でロジアを構成したという点が、じつに異色である。このほかに、中央の突出部の両横に、平たい屋根の新古典主義的ポルティコがおかれ、二つの出入口を形成しているという点、両翼部のファサードごとに追加的なロジアがある点も特異であり、北ドイツのネオルネサンスではみることがむずかしいベランダのモチーフも登場する。エンデ－ベックマン事務所の司法省庁舎は、このように歴史主義的混成性をあらわにしながらも、統一性を失わず、安定した全体をつくりあげている。この建物の工事は、東京裁判所と同様にリヒャルト・ゼールが総責任を負い、ドイツ人技師のティーチェ O. Tietze が実務を率い、日本人のなかにはベルリン留学派の河合浩蔵が参与した[19]。河合は、ジョサイア・コンドルの弟子であり、大学院生時代にドイツ・ルネサンス風の二重橋の建設に参与

司法省の中央突出部．
著者撮影

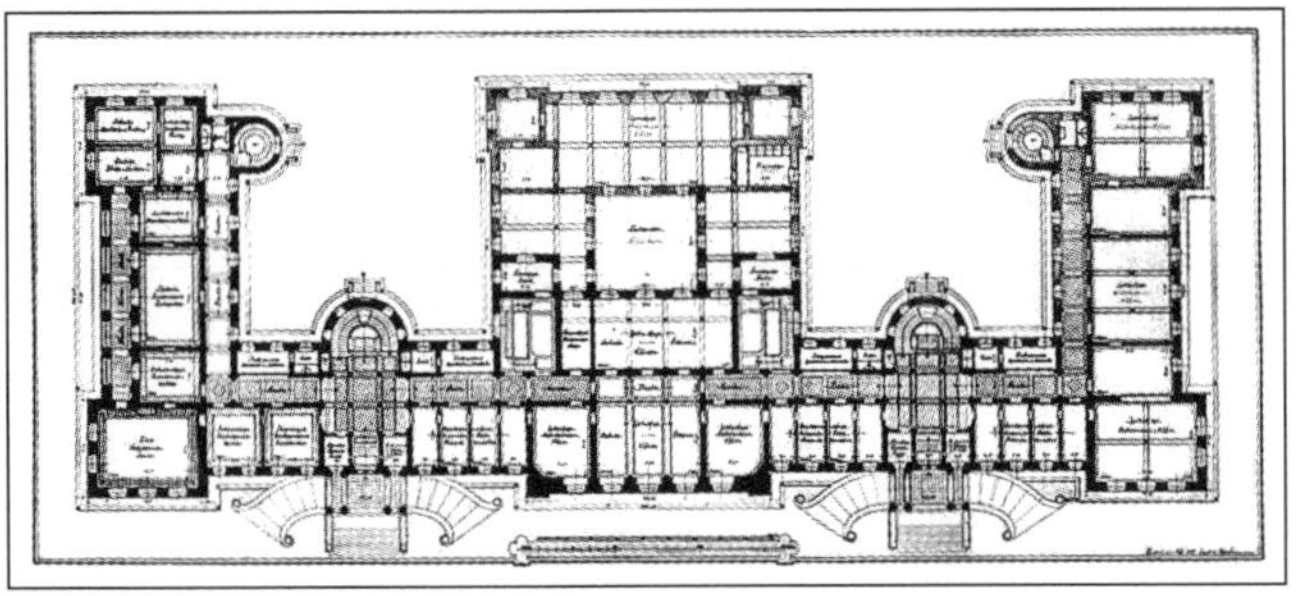

司法省１階平面図．
出所：日本建築学会，妻木文庫，Arkitekten, Ende & Bockmann (2/15)

した経験があった。[20]

東京裁判所と司法省庁舎は、プロイセン的な国家主義の図像であった。ドイツ建築の影響は、実際的な波及力よりも、その示唆する点によって重要性をもつ。機能主義よりは様式主義的な性向が強いが、誇張されたモチーフや不必要な装飾が節制され、各部分が有機的な結合をなし、石英のように堅くみえるプロイセン式公共建築物は、それこそ帝国の権威を象徴するのにあつらえ向きであった。実際、日本の建築家がドイツから得たもっとも具体的な成果はレンガ造りの技法であり[21]、それがこののちの日本の官庁舎の基本構造をなすことになる。

妻木頼黄は、明治時代の日本建築界のひとつの軸をなすベルリン留学派の首長格であったが、彼は、辰野金吾が代弁した学界の立場に対して、政府側の立場を代弁する役割を引き受けた。レンガ造りの記念碑的建築こそが、究極的な志向点であった[22]。妻木は、辰野の大学の後輩であり、ジョサイア・コンドルから学んでいたが、渡米

エンデ＆ベックマン製図場諸員の写真，前列の日本人建築家は妻木頼黄，河合浩蔵，そして渡辺譲（1887）．出所：日本建築学会，妻木文庫

日本橋．出所：東京印刷編『開橋記念日本橋志』（東京印刷，1912）

してコーネル大学で学士学位を取得して一八八五年に帰国し、しばらく東京府庁を経て、井上馨がつくった臨時建築局に勤務することになり、河合浩蔵、渡部譲らとともに官庁集中計画に参与した。彼は、エンデ－ベックマン建築事務所の助力で、ベルリンに渡って修学したのち、一八八八年に帰国したが、このときには官庁集中計画はすでにうやむやになり、そのかわりに東京市区改正条例が制定されていた。(23)

妻木は、一九〇五年から大蔵省傘下の建設局長を歴任しながら、自身の建築路線を東京の真ん中に具現する絶好の機会を得た。彼の設計作業においてもっとも耳目を引いたのは、由緒ある日本橋の新築であった。この橋は、江戸時代以来、日本全域の距離上の位置を測る中心点として機能してきたほど核心的な位相をもつが、人口密集地域の木造の橋という脆弱性のために焼失と再建を繰り返した。明治時代を経て、帝都の心臓部の円滑な交通が一層切実になり、ついに石造で新築された日本橋が、一九一一年四月三日、日本の建国者と知られる神武天皇崩御の日を期して姿をあらわした。花崗岩を積んでつくったこの橋は、二つの緩いアーチと迫石《せりいし》からなり、彫刻像を載せる台座と装飾的な欄干が設置された。橋の長さは四八メートルしかないが、幅は二七メートルに達し、利用価値が高かった。橋の上の台座には華麗な燭台型の電灯と青銅でつくった神話のなかの麒麟と獅子の彫刻像がおかれ、ここが帝都の象徴的中心であることを想い起こさせた。この彫刻像は、妻木自身が考案した。日本橋は、妻木がベルリン留学時代しばしばみたであろうシンケルの宮城橋（本書第I部第5章「シンケルとレンネの新古典主義都市建築」参照）と多くの面で類似する。すなわち、緩いアーチ型と彫刻像の位置、なによりも都市の心臓部の記念碑的な石橋という点である。(24)

いわゆる国をつくりあげる建築は、中央政府内のドイツ派官僚が主張する政策であったのに対し、辰野金吾が代表する建築学界は、より開放的で実用的な路線を掲げた。(25) したがって、ドイツ派の建築家の活躍は、少なくとも明治時代中期までは、おもに官庁舎とそのほかの国家施設を中心になされるしかなかった。東京府庁は妻木が設計して一八九四年に竣工したが、それが繊細な尖塔屋根をもつ北ドイツ式のネオバロック様式をとったのは、その典型的な事例に属する。もちろん、誇張された付柱と分離した立方体の組み合わせはネオパッラーディオ主義、そして破風窓をもつファサードの全体的雰囲気はネオルネサンス様式に近いという点で、辰野金吾らイギリス派の建築家の作品と様式上はっきりと区別することはむずかしい。ただし、水平面を特別に強調した点には、あきらかにシンケル以来のドイツ建築が及ぼした影響がみてとれる。(26)

　一八四〇年代にドイツの建築家ヒュブシュが、(27)歴史主義建築の繁栄を当てこすっていった「建築的カーニバル」は、世紀の転換期の日本にもあてはまるようにみえる。しかし、やはり東京はベルリンではなかった。

東京府庁．出所：安藤安編『日本橋紀念誌』（日本橋紀念誌発行所，1911）

シンケルの精神からはじまったドイツ歴史主義建築が日本でもった異なる意味を把握するためにひとつの糸口を提供する人物がいる。ドイツ工作連盟の創立者ヘルマン・ムテジウスである（本書I部5章「現代的都市計画の登場」と「シュプレー河畔のアテネからシュプレー河畔のシカゴへ」参照）。彼は、若い時期にエンデ－ベックマン建築事務所の東京支部事務所長として働いた経歴がある。一般に、ムテジウスに工作連盟創設の直接的な契機を提供したのは、ロンドン勤務期間に直接経験した「美術・工芸運動」であるといわれているが、これよりはるかに異質であった東アジアでの経験が、この前途有望な建築家をして当時のヨーロッパを支配していた歴史主義文化に距離をおかせたのではないかと推察できる。ただし、ここでは、もう少し目を凝らすべきことがある。ベックマンとエンデあるいはムテジウスのようにドイツ人として日本を経験した場合と、伊藤博文や妻木頼黄のように日本人としてドイツを経験した場合は、非常に異なる、という点である。ドイツ人がほかの地にドイツの「民族文化」を紹介して移植しようと力をそそぐのに対して、日本人はほかの地の文化のなかに自身の分身alter egoを発見した。本来、分身とは、存在しない自分の姿を実在するかのように錯覚させる効果があり、その効果を維持するためにその分身に執着するようにさせる。こう考えると、ドイツ文化に対する日本人の執着は、明確な理念的選択というよりは、なかなか確認されない日本人のアイデンティティを恥じ入る心の証拠でありうる。

帝国の道具であり図像としての建築

明治時代の公共建築は、時間が進むほどかえって純粋な新古典主義を志向し、さらにはギリシャと日本の建築の同一性を想像するにいたる。はたしてこのような「逆走行」をいかに説明できるだろうか。ヨーロッパでは、「アン女王様式」、「第二帝政様式」、「ヴィルヘルム主義」といった歴史主義的折衷主義さえ一九一〇年代を経て、多様なアバンギャルド建築にかたちをかえ、跡形を消しつつあるときに、なぜ日本人だけは独り新古典主義に固執したのか。真のプロイセン古典主義の純粋さに回帰して「東京湾のアテネ」を建立しようとしたのか。もちろん、そうは思えない。建築史的にみると、二〇世紀初頭の歴史主義がモダニズムに移る過渡期に、帝国の様式は抽象化および単純化し、その結果として初期の新古典主義への回帰現象があらわれる。(28) このような面からみると、日本の建築家は、むしろ国際的な潮流によくついていったといえる。ただし、このような建築史的脈絡よりもはるかに重要なことは、日本の西洋式建築物が、たとえ明治時代初期には西欧の視線を意識したものであったとしても、のちには意識の対象があきらかにかわったという点である。西洋文明の象徴物は、アジア周辺国の視線を念頭においたものとなった。いいかえると、それは、アジアにおける日本の位相を定立しようとする努力の一環であった。純粋新古典主義に対して日本人が抱いた熱望の本性は、その後、植民地における建築のなかで完全にあらわとなるだろう。

しかし、アジア周辺国に対する日本の攻勢的な態度は、堂々とした自信からはじまるものではなく、確固としない主体を過信する統合失調症の表出に近かった。(29) 外部に対しては東アジアの中心であると主張する帝国の最中心部が完全な状態ではないという事実は、帝国の指導者を困惑させた。皇居の建立すら政治的・財政的な事情によって重ね重ね延長されていた帝国日本において、外国使節団に威信を示しうる宮殿は、皇太子宮である東宮御所程度であった。のちに皇太子が居住地を移して赤坂離宮ともよばれるようになったこの建物は、日清戦争の賠償金で工事に着手し、日露戦争勃発のせいでしばらく中断されたが、一九〇九年になってようやく完工した。これは、明治政府の非妥協的な西欧化路線を雄弁に語る日本最初の西洋式宮殿であった。

東宮御所の設計者は、コンドルの弟子であり、辰野金吾の同級生であった片山東熊である。彼は、辰野のつぎに東京帝大建築学科の博士学位を取得した記録があり、フランス「第二帝政様式」の擁護者として知られている。彼の生涯最後の作品に属する東宮御所も、ベルサイユとルーブルの宮殿をモデルにして、優雅なことこの上ないネオバロック様式を採用しながらも、基本構成については、円柱と破風をもつ新古典主義の原則を固守した。建物の名称が示す

片山東熊が設計した赤坂離宮．出所：日本建築学会編『明治大正建築写真聚覧』（1936），No.152

ように、レンガ造りの外壁を桃色の漂う花崗岩で仕上げ、両翼部を思い切り広げて端にいたっては優雅な弓のかたちをなす。中庭は、連結用の翼部によって二等分される。弓のように歪曲する両支点には出入口がおかれ、そのすぐ上には星のかたちの装飾的なキューポラが対で設置された(30)。

片山東熊は、辰野金吾に劣らない近代建築の主役であった。初期の作品である東京渋谷にある赤十字病院は、ドイツのハイデルベルク大学病院をモデルにし、そのほかに東京中央郵便局、奈良と京都の帝国博物館、最後に東京国立博物館本館左側の東洋館表慶館を建てた。彼の建築物は、おもにフランス「第二帝政様式」にしたがい、ドイツ式ネオルネサンスとは確実に違いがある。実際、片山は、日本の建築界においては代表的巨匠でありながらも少数派に属した。彼の建築は、一時代をリードするよりは、むしろ締めくくる性格をもっていたとみなせる。一九〇九年に竣工した東宮御所と表慶館を最後に、彼の建築人生とともに、西洋古典主義建築の時代が日本で一段落するからである(31)。

明治時代の公共建築は、「純粋な」新古典主義と折衷的な歴史主義、ドイツ風とイギリス風のあいだで、一定の「国民的様式」を見つけることに失敗したまま、幕を下ろした(32)。少なくとも建築部門では「国体」の精神が貫徹されず、帝国の象徴的中心はつくられなかった。それでも、様式に対する合意がまったくなかったわけではない。イギリス風、フランス風、ドイツ風の区別なく、日本の近代建築全般に登場する主要モチーフがある。すなわち、フレーム（肋材）の構造が巨大な複層型のドームである。赤レンガの建築物が「文明開化」を象徴する図像であったならば、これよりはるかに強い視覚的印象を与えるのがドームであった。帝国の威容を誇示するに、これより適した建築言語はないように思えた。

ヨーロッパでもドームとキューポラはいつも権力の象徴であった。それは、キリスト教文化圏において天上を暗示した。つねに視線を上に向けさせ、非可視的な消失点へ集めることで、人間の魂を上昇させ、生と死を超越すべく高揚したのである。持続性、超越性、そして強力さこそが、ドームが呼び起こす視覚的効果であった。代表的な事例が、ラシュドルフ Julius Carl Raschdorff が設計し、一九〇〇年に竣工したベルリン大聖堂である。ベルリンの中心部にによっきりと立つドームの形状は、社会的葛藤で点綴されていたドイツ帝国に示唆するところが大きかった。事実、この建物は、教会の本来の機能よりもシュプレー川のむこう側の皇宮を延長する性格が強く、都市がすっかり住宅地に変質することを食い止め、確固とした基準点を提供しようとした。ベルリン大聖堂は、市民中心に様がわりしつつあった都市空間に対する帝国の応答であった。それは、国家権力を視覚化しようとする皇帝の意図にこたえながら、ベルリン

ラシュドルフが設計したベルリン大聖堂．出所：http://www.alt-berlin-archiv.de/index.html

辰野金吾が設計した東京中央停車場．出所：日本建築学会編『明治大正建築写真聚覧』（1936），No.179

の都市景観に至大な影響を及ぼした[33]。

日本人は、ドームがもつこのような象徴的な価値を正確に把握したと思われる。日本最初のドームは、辰野金吾の日本銀行本館に登場した。ここでみられるドイツ・ネオバロックの風貌が強い八角形のドームは、のちに東京中央駅に再登場する。もともと「中央停車場」と呼ばれていた東京駅は、日本でもっともよく知られたドームの建物であり、これもまた辰野金吾の作品である。一八九六年に建設が決定され、一九〇三年から設計に着手したが、日清戦争と日露戦争などで遅延し、一九〇八年から本格的に建設に入り、一九一四年一二月についに完工した[34]。東京の中央駅の建設は、明治日本にとって悲願の事業であった。すでに一八八七年に、エンデ－ベックマン建築事務所が、官庁街の周辺に中央駅の建立を計画していた[35]。それから数十年のちに姿をあらわした辰野の中央駅は、三三五メートルにわたって長く横に広がった鉄骨構造の三階建の建物であり、赤いレンガ壁が目を引くフランス風の新古典主義様式をとり、左右の玄関の上にそれぞれおかれたフレーム構造の巨大なドームは、ネオバロック的風貌をみせる。フランス・バロック特有の「雄牛の目」の屋根窓も強い印象を漂わす。東京の中央駅は、丸の内のビル街をあいだにおいて皇居の正面と一直線に連結される位置におかれたが、このような立地的特性を積極的にいかして、中央玄関は皇室専用とし、左右は民間用に開放した。

ドームという形態が、近代産業化の前進基地である鉄道駅に活用されたという事実は、非常に示唆的である。東京の中央駅の建設には、国家権力を中央集中化して、帝国の新しい技術力を内外に宣伝しようとする意図が色濃くともなっていた。当時、鉄道は現在と異なる意味をもっていた。「歴史の機関車」というマルクス Karl Marx の有名な表現のように、鉄道は歴史の進歩を象徴しただけでなく、実際に資本主義を引っ張る動力であった。東京の中央駅の建設は、少し遅くはあったが、世界的趨勢に歩調を合わせていた。ヨーロッパでは、鉄道駅は、駅広場を中心に、周囲にホテル、事務室、商店などが並び、名実相伴った都市生活の中心を形成した。これは、教会と市庁舎が都市の象徴的な中心部を占めていた昔の姿と対照的であった。日本でも、鉄道と鉄道駅は、近代の新技術の勝利であり、人・商品・情報が前例なく流通する新しい場を用意することで、経済的・政治的・軍事的な膨張の拠点となった。このような点に照らしてみると、東京の中央駅を東アジア植民地化の産室とみなすことも無理ではない(36)。

ドームのモチーフは、帝国日本の権能を可視化する手段として、近代日本の建築家にあまねく活用されたが、そのほかの様式的問題については合意がなかった。首都東京の象徴的な中心がそうであったように、近代日本を特徴づける建築様式は依然として不在であった。日本の議会議事堂の形態をめぐる長い論争は、このような合意の欠如を立証する主要な事例である。先にあきらかにしたように、エンデ－ベックマン建築事務所の二度の設計案がともに拒否されたのち、アドルフ・ステヒミラーの案が受け入れられ、一八九〇年に建物が完工した。しかし火災で焼失し、その後長いあいだ、きちんとした議事堂は建てられなかった。その間に建築界の動向はおおきくかわった。

国際的なモダニズム建築の波が日本にも押し寄せた。直線を組み合わせた幾何学的な形態のデザインを創造したドイツとオーストリアの分離派運動は、曲線を選好するアール・ヌーヴォーに比べて日本人の感覚にあった。日本最初のモダニズム建築運動は、ほかでもない「分離派建築会」の創立であった。分離派を意味するいわゆる「セセッション」は、明治時代末期から大正時代初期の日本建築界のモダニズムを象徴する用語として定着した(37)。このような変化には、建築工法上の変化も一役買ったが、一九二三年の関東大震災以後、明治時代の文明開化を象徴していた赤レンガ建築は鉄筋コンクリート建築へと急激に変化した(38)。これとともに、西洋人建築家の介入も、少なからぬ影響を及ぼした。日本の伝統建築とモダニズム建築を直結したブルーノ・タウトの立場は、日本建築からインスピレーションを得て田園的な水平線を強調したフランク・ロイド・ライトの「草原 prairie 様式」とともに、日本建築界が既存の歴史

日本帝国議会議事堂正面（現在の日本の国会議事堂の姿）．著者撮影

主義と断絶する契機を提供した[39]。これらの外国人の建築は、当時「新興建築」と呼ばれたが、一九二七年には、関西地方の建築家を中心に「日本インターナショナル建築会」が京都で結成され、ヴァルター・グロピウスやブルーノ・タウトなど、高名な外国人会員一〇名が加入して気炎を吐いた[40]。

このような革新的な変化のなかで「日本広場」の最後の課題が残った。帝国議会議事堂が新築される位置は、エンデ−ベックマンの昔の設計案に指定されたそのままであった。一九一八年に建築公募がおこなわれ、二度の募集を経て最終設計案が採択された。一等に当選した渡辺福三の設計案は、古典的なポルティコとユーゲント・シュティールの両翼部、そして柱廊玄関の破風の上にそびえる勇壮なドームなど、ずいぶん前のエンデ−ベックマンの設計案の基本形態に比較的忠実にしたがったが、これを基本にして、ここに三等に当選した竹内新七の案を受け入れてピラミッド式屋根を載せることにした。議事堂の建立は、やはり順調には進まなかった。一九二五年に改修作業中であった臨時の議事堂が火災で焼失するなど、さらなる困難を重ねて、一九三六年一一月になって、やっと竣工式を執りおこなうことができた[41]。

鉄骨と鉄筋コンクリート構造で堅固に建てられた帝国議会議事堂は、竣工当時、公式的には「近世式」と説明されたが、特定の様式として規定しがたい折衷主義的な建物である。新古典主義的な基本枠にピラミッド式の屋根が追加されることで、明確に定義することがむずかしい建物になった。その圧倒的な風貌は、一見、ナチスの建築家アルベルト・シュペーア Albert Speer の建築物を連想させもする。[42]「ゲルマン的テクトニック」に対するヒトラー Adolf Hitler の過激な宣伝扇動が物語るように、ファシズム美学の基本特徴がモダニズムと新古典主義の結合であり、過度な自己誇示がいつもキッチュ kitsch につながったという点に照らしてみると、[43]この解釈は過剰とはいえまい。事実、いかなる明白な過去の記憶とも連関性がない空虚な形態言語を乱発するこの建物は、あきらかに近代日本の分裂したアイデンティティをあらわす図像である。隠蔽された皇居を除いては、帝都を代表するもっとも中心的な建築物の現住所だからである。帝国の真ん中で帝国の統一されたアイデンティティを保証しなければならないきわめて厳かな「国体」の原則が、いつのまにかプロイセン式「テクトニック」の戯画に転落してしまったのである。

（1）藤森照信『日本の近代建築（上）』一六九頁以下。William H. Coaldrake, *Architecture and Authority in Japan* (Routledge, 1996), pp. 217-218.

（2）穂積和夫『（絵でみる）明治の東京』（草思社、二〇一〇）七〇～七二頁。藤森照信『日本の近代建築（上）』一六九～一七一頁。Toshio Watanabe, "Josiah Conder's Rokumeikan. Architecture and National Representation in Meiji Japan", *Art Journal*, vol. 55, no. 39 (1996), pp. 21-27; William H. Coaldrake, *Architecture and Authority in Japan*, pp. 21-27; 一八八三年に竣工した鹿鳴館は、『詩経』から引用した「鹿の鳴き声が聞こえる家」という高尚な名前と同じくらい、最高位層のための贅沢な建築物で、日本の西欧化の象徴物であった。井上馨は、一八八五年に天皇の誕生日を記念して大ホールで社交ダンスとカードゲームを楽しむ西洋式の宴会を開き、話題になった。これに関しては、하가 도루『명치유신과 일본인』［芳賀徹『明治維新と日本人』］三五〇～三五五쪽。Ian Buruma, *Inventing Japan*, p. 46; Dallas Finn, *Meiji Revisited*, p. 97 参照。

（3）中谷礼仁「近代（明治・大正・昭和前期）」、太田博太郎／藤井恵介監修『日本建築様式史』（美術出版社、二〇一〇）一三七～一三九頁。

（4）allas Finn, *Meiji Revisited*, pp. 188-190.

（5）「アン女王様式」については、Mallgrave, *Modern Architectural Theory,* p. 174; David B. Stewart, *The Making of a Modern Japanese Architecture,* pp. 37-38 参照。

（6）Akira Iriye, “Japan’s drive to great-power status,” eds. by Marius B. Jansen, et al., *The Cambridge History of Japan,* vol. 5, pp. 768-769, p. 773 以下。

（7）하즈다 토오루『모방과 창조의 공간사』［初田亨『模倣と創造の空間史』］一五、二五쪽。Michiko Meid, *Europäische und nordamerikanische Architektur in Japan,* pp. 204-206. 一八七三年に建立された旧工大（工学校）では、八分野を教え、そのうちのひとつが造家であった。この学校は一八七七年に工部大学校に改編された。

（8）藤森照信『日本の近代建築（上）』二一九～二二四頁。David B. Stewart, *The Making of a Modern Japanese Architecture,* pp. 37-38; イギリス・ネオゴシック建築の帝国主義的性格については、Mark Crinson, *Empire Building and Orientalism,* pp. 48-61 参照。

（9）藤森照信『日本の近代建築（上）』二二四～二二七頁。

（10）Coaldrake, *Architecture and Authority in Japan,* p. 235.

（11）David Stewart, *The Making of a Modern Japanese Architecture,* pp. 52-54.

（12）藤森照信『日本の近代建築（上）』二二八～二三一頁。Dallas Finn, *Meiji Revisited,* p. 101.

（13）西澤泰彦「建築の越境と植民地建設」、山室信一責任編集『帝国日本の学知』第八巻：空間形成と世界認識（岩波書店、二〇〇六）二四四頁。

（14）藤森照信『日本の近代建築（上）』二一〇～-二一八頁。

（15）藤森照信『日本の近代建築（上）』二三八～二四一頁。Dallas Finn, *Meiji Revisited,* p. 158; 하즈다 토오루『모방과 창조의 공간사』［初田亨『模倣と創造の空間史』］二四쪽。

（16）Wilhelm Böckmann, *Reise nach Japan,* p. 93.

（17）Wilhelm Böckmann, *Reise nach Japan,* p. 97; 堀内正昭『明治のお雇い建築家』二四五～二五二頁。

（18）Michiko Meid, *Europäische und nordamerikanische Architektur in Japan,* p. 228.

（19）“Deutsche Entwürfe für japanische Monumental-Bauten. III.”, *Deutsche Bauzeitung,* vol. 25, no. 35 (2. Mai 1891), pp. 209-210; 堀内正昭『明治のお雇い建築家』二五二～二六三頁。

（20）Dallas Finn, *Meiji Revisited,* p. 95.

（21）藤森照信『日本の近代建築（上）』二〇四頁。Michiko Meid, *Europäische und nordamerikanische Architektur in Japan,* pp. 236-237.

（22）Michiko Meid, *Europäische und nordamerikanische Architektur in Japan,* p. 274.

(23) 藤森照信『日本の近代建築（上）』二三六〜二三八頁。
(24) 安藤安編『日本橋紀念誌』（日本橋紀念誌発行所、一九一一）。ある者は、妻木頼黄は、一九〇〇年のパリ博覧会でみたアレクサンドル三世橋 Pont Alexandre III から日本橋の着想を得たと主張するが、そうだとしても、シンケルの影響を排除できはしない。これについては、Dallas Finn, *Meiji Revisited*, pp. 148-150 参照。
(25) 하즈다 토오루『모방과 창조의 공간사』〔初田亨『模倣と創造の空間史』〕一八〜一九、二四쪽。
(26) 藤森照信『日本の近代建築（上）』二四六頁。
(27) Thomas Nipperdey, *Deutsche Geschichte 1800-1866*, p. 557.
(28) 스즈키 히로유키『서양 근현대건축의 역사』〔鈴木博之『西洋近現代建築の歴史』〕二二八쪽 以下。
(29) このような視角としては、가라타니 고진、조영일 옮김『네이션과 미학』（도서출판 ｂ）〔柄谷行人、チョ・ヨンイル訳『ネイションと美学』（図書出版 ｂ）〕（二〇〇九）二三二쪽 参照。
(30) William H. Coaldrake, *Architecture and Authority in Japan*, pp. 214-215; David Stewart, *The Making of a Modern Japanese Architecture*, pp. 55-59; 穂積和夫『（絵でみる）明治の東京』二一八〜二二〇頁。
(31) 藤森照信『日本の近代建築（上）』二四九〜二五七頁。Dallas Finn, *Meiji Revisited*, pp. 114-115.
(32) 하즈다 토오루『모방과 창조의 공간사』〔初田亨『模倣と創造の空間史』〕二四〜二六쪽。
(33) Iain Boyd Whyte, "Modern German architecture", p. 285.
(34) 藤森照信『建築探偵の冒険・東京篇』（筑摩書房、一九八九）一一七〜一五四頁。
(35) Michiko Meid, *Europäische und nordamerikanische Architektur in Japan*, p. 278.
(36) Coaldrake, *Architecture and Authority in Japan*, p. 222 以下。David Stewart, *The Making of a Modern Japanese Architecture*, pp. 37-38; 유모토 고이치『일본 근대의 풍경』〔湯本豪一『日本近代の風景』〕三六二〜三六三쪽。
(37) 하즈다 토오루『모방과 창조의 공간사』〔初田亨『模倣と創造の空間史』〕一四一〜一四二、一六〇〜一六一쪽。藤森照信『日本の近代建築（下）』一七〇頁以下。
(38) 藤森照信『日本の近代建築（下）』一二九〜一三一頁。
(39) 윤인석「일본의 근대화 과정과 일본 근대 건축의 변천 과정」、『建築』〔ユン・インソク「日本の近代化過程と日本近代建築の変遷過程」『建築』〕제四〇권 八호（一九九六）一三〜一四쪽。David Stewart, *The Making of a Modern Japanese Architecture*, pp. 75-76 参照。
(40) 하즈다 토오루『모방과 창조의 공간사』〔初田亨『模倣と創造の空間史』〕一六七쪽。

(41) 藤森照信『日本の近代建築（上）』二三五～二四一頁。Jonathan M. Reynolds, “Japan’s Imperial Diet Building. Debate over Construction of a National Identity”, *Art Journal,* vol. 55, no. 3 (1996), p. 46.

(42) 알베르트 슈페어, 김기영 옮김『기억 : 제三제국의 중심에서』(마티)［アルベルト・シュペーア、キム・ギョン訳『記憶：第三帝国の中心で』（マティ）］（二〇〇七）九三～一四二、二七五～二七六쪽。Alan Tansman, *The Aesthetics of Japanese Fascism* (University of California Press, 2009), p. 22; Graham Pakes, “Heidegger and Japanese Fascism”, eds. by Bret W. Davis, et al., *Japanese and Continental Philosophy: Conversations with the Kyoto School*（Indiana University Press, 2010), pp. 247- 265.

(43) Adrian von Buttlar, “‘Germanische Tektonik’? Leo von Klenzes patriotische Interpretation des Klassizismus”, eds. by Annette Dorgerloh, et al., *Klassizismus- Gotik: Karl Friedrich Schinkel und die patriotische Baukunst* (Deutscher Kunstverlag, 2007), p. 281; Paul P. Jaskot, *The Architecture of Oppression: The SS, Forced Labor and Nazi Monumental Building Economy* (Routledge, 2000).

第Ⅲ部
アテナの不気味なスライドイメージ

すべてのことは不気味なスライドイメージにすぎないだろう。わが民族の生が、あの短い黄金期のギリシャに次ぐとか、むしろそれを凌駕する調和した芸術作品の境地に発展するときまではの話だ。

それが実現するとき、はじめてすべてのなぞが解かれるであろう！

その可能性を苦心してきた者は、いったいどこにいるのか。

ゴットフリート・ゼンパー
『工芸と建築芸術の様式あるいは実践の美学』（一八六〇）

第1章　都市計画と植民地主義

およそスライドイメージとは、「今ここ」の私にとっては、とうてい近づくことができない距離感ゆえに神秘なものである。卑しい現実をひらりと飛びこえる、より完全な世界に対する憧憬が、我々を虚妄な影の世界に案内する。もちろん、この影のシルエットは、我々自身のものである。その影は、犯すことのできない後光によって我々の現在をみすぼらしいものとし、未来に対する夢を膨らませ、そして、いつも我々の手を振り切って逃げる。したがって、「あちら」の世に対する漠然とした憧憬が消えないかぎり、卑しい現実も続く。もう芸術が必要ないほどに万事が成就されたヘーゲル式の「歴史の終わり」は、けっして到来しない。

帝国日本の偏執症と統合失調症

アテネとプロイセンは、それぞれ中部ヨーロッパと東アジアの現実を反映する影であった。それは現実の真の姿であったというよりは、むしろ現実がそのような演出を強迫的に要求した。したがって、それは現実と一致せず、つねに乖離を引き起こした。「あちら」のアテネを憧憬していたドイツ帝国は、「民族文化」の想像的原型に執着して、これをどこにでも非妥協的に貫徹しようとした。このような偏執症 paranoia 的性向は、アジアのプロイセンを演出した日本においても、同様にみいだせる。帝国日本は、「あちら」の西洋に自身のすべての欲望を投射して、みずからが西洋であると意図的に「錯覚」しながら、周辺国を文明開化が遅れた「半開」の状態と貶《おとし》め、問答無用で支配しようとした。しかし、日本人の慢心は、じつは自身もほかの周辺国とたがわず、西洋の半植民地状態におかれていた半開であり、いくら西洋人でありたいといったところで、けっしてかなわないという、みずからを恥じる心の表出にほかならなかった。このようにみずからも不分明な主体に対する過信、いいかえると劣等感と慢心の錯綜は、典型的な統合失調症 schizophrenia に属する。アジアのプロイセンは、中部ヨーロッパのアテネとは異なり、どこにでも非妥協的に貫徹できるだけの確固とした自身の姿を見つけることはできなかった。

「西洋」と「東洋」は、それ自体が日本の揺れ動いていたアイデンティティをあらわす二分法的概念である。帝国日本は、西洋、とくにプロイセンを分身としてみずからを遜色ない西洋列強として演出することで、周辺国との狭めることのできない距離をつくりだした。しかし、時間がすぎても西洋がつくっておいた近代文明の枠のなかに安着する見込みはないようにみえたので、日本は、結局、西洋に敵対する東洋をあらたに創造せざるをえなかった。日本を中心に、まず東洋を構築してから、つづいて西洋まですべて編入させる新しい位相学が構想された。しかし、偏執症と統合失調症は、じつに紙一重の差にすぎない。一方では、西洋文明を代弁しながらも、他方では、東洋の連帯を強調する矛盾は、偽善というよりは、まずは衝動的自己分裂の症状であった。それは、出口を探せなかったところからはじまった逆走行であった。このようにみると、「近代の超克」は、遠大な理想というよりは、むしろ絶望の吐露に近かった。

このような右往左往状態の帰結は、きわめて暴力的な植民地の建設であった。ある意味でプロイセン古典主義のテクトニックは、ドイツ帝国の植民地ではなく、むしろ日本の植民地で真に具現されたといえる。テクトニックは、単純に美学的とか技術的な事案ではなく、徹底した支配の論理であった。それゆえ、たんに辺境のショーウィンドーにすぎなかった青島よりは、帝国の日本がほとんど死活をかけて建設した近隣の植民地空間こそ、真の想像のアテネであった。そこでは日本でもなく、もちろんドイツでもない、純粋な「近代文明」が支配するようにみえた。これは、肝心の帝都東京では不可能だった姿である。植民地では、改革をめぐる主導権ないしは利権争いも、民族的建築様式に対する議論も必要なかった。ひたすら逆らうことのできない世界史の必然だけが存在した。

帝国日本の本土、いわゆる「内地」において、近代的都市計画と公共建築が当初の目的を達成できなかったのは、支配勢力の自己矛盾のためであった。明治政府は、つねに全権を握って全国を揺り動かしたが、市民社会の長期的な発展を図ることよりは、帝都をつくりあげる象徴的な建築プロジェクトや大規模な都市計画のほうに関心を抱いた。地方官庁は内務省の直接的な統制を受けており、たいていは内務省の元老官僚が首長に任命された。市民社会の自律的な発展が遅滞したため、政府官僚が属する既得権層と地域の有力者の利害は特段侵害されることなく、実務部署はつねに財政資源の不足に悩まされた。また、法案や財政上の問題をめぐる部署間の主導権争いも非常に激しく、効率的な業務処理に支障をきたした。内務省は、銀座プロジェクトを遂行した大蔵省の競争を食い止めて都市計画行政の独占権を確保したが、内務省が首都全体の包括的な再建計画を立案したことに反対した外務省は官庁集中計画を提案した。市区改正の具体的な事例に照らしてみると、行政力をもつ内務省が、金づるを握った大蔵省にいつも足元をみられる、という構造があらわれる。部署間の軋轢に比べて、欧米でのような国家とブルジョア市民社会の対立と緊張は、目立ってみえることはない。もちろん、これは、社会の混乱が最小化されることを意味しない。自律的な公共性の樹立が制限されたからには、むしろ日常の混乱が極大化する危険性がつねに存在していた。そのあきらかな例が、個別の建築物を規制する立法の不在であり、一九〇〇年代初めまで、大阪などいくつかの都市を除くと、包括的な建築物法は制定されなかった。(1)

このように、日本本土では不可能であった包括的な都市計画が、植民地では、まるで恨みでも晴らすかのように、攻撃的な姿勢と暴力的な手段を動員することで貫徹された。したがって、多様な革新的計画が、まず植民地で実験されてから日本本土に「逆輸出」される過程を経たのは、驚くべきことではない。東京の真の中心となる建築物として民族的建築様式に関する論争を惹起した帝国議会議事堂が、一九三〇年代後半になってはじめて竣工されたのが代表的な例である。結局、明治政府が野心に満ちて導入したドイツ的テクトニックの時空間原理は、合理的な議事日程よりは無慈悲な日本式植民地主義の作動原理に姿をかえることで、はじめて現実性を得た。

日本式都市計画の誕生

日本は、一九一二年から二六年までの、いわゆる「大正」時代を経て、はじめて名実相伴った工業国家として浮上する。一九一〇年から三〇年のあいだにGNPは二倍に上昇し、炭鉱と製造業の実質生産量、重化学工業の雇用は約四倍にも増加した。(2) 都市もこの時期に爆発的な成長をみせた。東京の人口は、一九〇〇年に一一二万人であったが、一九二〇年には二一七万人に急増した。(3) しかし、明治時代に確立した都市計画は、都心部の改造に偏り、新しい成長を盛り込むには力不足であった。市区改正は、官庁集中計画の観念性を脱皮して実用的路線を選んだが、帝都の威信を一新するために制定された法制であったため、おもに東京都心部の基盤施設の整備に局限され、それ以外の地域では施行されなかった。都市人口の急激な増加は、いわゆる郊外への無秩序な拡張、すなわち「都市スプロール urban sprawl」現象を生んだので、市区改正ではとうてい手に負えない都市計画上の「暗黒時代」が到来した。(4)

明治政府が制定した都市計画関連法規は、一八八八年の「東京市区改正条例」と一八八九年の「東京市区改正土地建物処分規則」がすべてであった。長い論議と留保のすえに、大正時代の一九一八年に既存の市区改正を五つの大都市、すなわち大阪、京都、横浜、神戸、名古屋に拡張する計画案が準備されたが、翌年まったく新しい法制がこれにかわった。一九一九年四月四日、ついに法律第三六号として都市計画法が、その姉妹法に該当する市街地建築物法が第三七号として制定・公布された。市区改正とは違い、はじめてすべての主要都市および全区域を包括したこの法令は、都市周辺部で活性化していた経済的活力を構造化することに力点をおき、一九六八年の「新都市計画法」が制定されるまで、ほぼ半世紀ものあいだ効力を維持した。さらにこの法は、欧米の関連法に追従するにとどまらず、日本的条件を最大限考慮したという点で、一大転換点というに値した。(5) 一九一九年の都市計画法を生むことになった日本社会の問題は、事実上当時すべての先進工業国家が共通して直面していた問題でもあった。交通体系を革新して、広範囲の都市地域を統廃合しながら、道路と排水路といった基幹施設の拡充のための土地を確保し、このための財政を工面することは、たんに日本だけの課題ではなかった。したがって、日本の指導者が国際的な都市計画のアイディアと実践事例に注目したのは自然なことであった。これらのうち、とくにドイツモデルが魅力をもって接近してきたが、それは、都市の発展を市民社会の自律性に任せておくよりは、富国強兵という大義のなかに統合してしまう効果的な原理を示していたからである。第一次世界大戦以後、世界五大強国に成長した「大日本帝国」の国格にふさわしく、都市の面貌を一新しなければならないという意志が、新しい法制には込められていた。

一九一九年の法令は、既存の市区改正条例とは次元が違った。市区改正が道路と下水などの基盤施設の整備に力をそそいだのに対して、都市計画法と市街地建築物法は、道路のブロックのなかまで、すなわちすべての土地と建物に関与して、総体的な都市空間の再編を図った。なによりもドイツ式の用途地域制を導入し、土地の用途を住居・商業・工業などにわけ、この区分によって建築物の高さ、材質、建蔽率、窓の数を指定した。これとともに、ドイツ式の「建築線」制度を導入して、道路の幅を最小限二・七メートルになるように指定することで、とくに郊外の新市街地の混乱した成長を未然に防止し、街路が計画的に分割されるよう誘導した。このほかにも、ずれた筆地分割を調整し、土地の合理的な利用を図る土地区画整理、効果的な財政工面の手法である超過収容、土地所有者に地価上昇分だけの金額を課税する受益者負担金制度など、かなり急進的な方案を提示した。(6)

この法案は、当時世界最高水準といわれるに値したが、通過する前に大蔵省の強い反対にぶつかり、いくつかの主要法規が削除されてしまう。なによりも一九世紀後半、オスマンがパリを改造するのに活用した手法である「超過収容」関連の項目が削除された。土地を廉価で売って高価で買わなければならない負担が、地主層の強い反発を買ったからである。受益者負担金制度もまた、既得権勢力を代弁する大蔵省の反発で削除されてしまった。[7] たしかに土地所有者の立場からすると、この法案は、あまりにも大きい費用負担を負わせるものであった。とくに小道が多い日本で、二・七メートルに達しないすべての道路が廉価で収容されなければならなくなれば、土地所有者の損失があまりにも大きくなる。結局、既存の小道は建築法規上の道路として取り扱わないといった便宜的な運用を通じて、地主層の私益が保障された。[8] 形式的な建築制限線だけ守れば乱開発が許容されていたドイツ・ベルリンの場合に比してもちぐはぐな運用となった。もちろん、私益をある程度保障するにもかかわらず、最小限の公共施設の拡充のための法的装置は用意された。都市基盤施設を指定する「都市計画施設」規定は、東京の市区改正条例の遺産であり、道路・上下水道・公園・広場といった公共施設を運営するのに必要な諸般の事項は、内務省の許可を受けることが義務づけられた。[9]

たとえ法的体制は整えられたとしても、ドイツと日本で共通して発見される不徹底な土地改革とこれによる土地所有の分節化は、両国において、土地区画整理 land readjustment の必要性を生んだ。[10] 日本では、すでに一八九九年、所有権を再調整して土地を分割するいわゆる耕地整理法が制定されていた。共同体的な土地管理の伝統は、幕府時代の封建的伝統まで遡ることができる。[11] 区画整理事業が本格的に着手されるにあたり、区画整理の施行手法としては、一九一九年に制定された都市計画法と市街地建築物法よりは、既存の耕地整理法が応用された。空間の効用性増進と公共施設の整備のためには、土地の乱分割状態を消去することが切実であったから、農村で施行されていた耕地整理の手法を新市街地に適用することになったのである。これは、都市流入人口に対する家父長的な保護の次元という点で、ドイツの都市政策の基礎と一脈相通ずる面があった。しかし、ドイツの公用換地法、一名「アディケス法」が日本に本格的に導入されたのは、関東大震災を経てからのことであった。日本の都市の伝統的な構造は、一九二三年大地震の衝撃のなかで着手されたいわゆる帝都復興計画によってはじめて、現代的な機能にあうよう改善され、都市周辺部も一様に整理された。土地区画整理事業は、明治時代末期、きわめて脆弱な公共財政の条件のなかで、公共経費をほとんどかけずに市街地を整備・建設できるという長所によって、欧米よりも日本でおおきく発展し、すぐに植民地へも移植された[12]。

日本で「都市計画」という用語が使われはじめたのは、一九一〇年代前後といわれている。ハワードの『田園都市論』が一九〇七年に内務省の官吏によって日本語に訳されて好評を得るなかで、イギリス式「town planning」は、最初は「市街配置計画」と翻訳されたが、すぐに「都市計画」に修正された[13]。この分野でもっとも先導的であったイギリスでも、一九〇九年に都市計画法が制定されるまでは、概念上の合意が不在であったことを考えれば、日本は遅れていたわけではなかった。日本の都市計画家は、イギリスだけでなく、アメリカ西部の経験からも学ぶところが多かった。すっきりと切りひらかれた道路と広々とした公園、ヨーロッパよりも優れた公衆衛生、なによりも効率性を強調する社会的雰囲気が、日本の現実を反省させた。これとは対照的であるが、用途地域制や建築線、土地区画整理など、ドイツ式の技法もまた、日本のような後発資本主義国家が参照するに値する事例とみなされた。しかし、これらすべての目録のうちもっとも未来があるようにみえたのは、やはりイギリスの田園都市論であった。資本主義が招いた必然的な悪徳を中和しながら現代的な暮らしを豊かにするために、これ以上の代案はないように思えた[14]。

日本の都市計画論の定立に先導的役割を果たしたのは、東京よりは大阪で活動していた建築家と官僚であった。そのなかで誰よりも先に言及しなければならない人物は、一九二三年からおおよそ一四年間大阪市長を務めた関一《はじめ》である。彼は、大阪副市長を務めていた一九一七年、市区改正実施を目的として、「関西建築協会」会長の片岡安《やすし》とともに「市区改良計画調査会」を組織し、法案の準備に乗り出した。関は、既存の市区改正をこえて、都市全体を構造的に把握する新しい態度をみせ、慢性的な住宅不足とスラム化などの都市問題を解決するために、衛星都市の建設という、当時としては画期的な代案を提示した。時代をあまりにも先取りしたために、骨を折って準備した法案が実現することはなかったが、彼らの努力は無駄ではなかった。一九一八年春、片岡安が関西建築協会副会長として、耐震構造理論の先駆者である佐野利器《としかた》とともに、都市計画法および市街地建築物法の制定運動をはじめたのである[15]。

彼らの提案は、意外にたやすく現実化された。内務大臣後藤新平が、この提案をただちに受け入れて、一九一八年五月、内務省内に内務大臣官房都市計画課と都市計画調査会を相次いで設置したからである。内務省の官僚のあいだには、すでに新しい都市計画法が必要であるという共通認識が形成されていた。一年前の一九一七年、後藤は官立の「都市研究会」を設立し、都市計画法案立法のための研究とロビー活動、そして専門誌『都市公論』の発刊など、活発な活動を繰り広げていたところであった。彼は、一九二九年に他界するまで一貫してこの研究会の会長を務めたほど、当該事案に大きな関心があった。一九一八年に設置された都市計画調査会は、都市計画法案を起草して審議する機構であり、後藤の下で次官として働き、新任の内務大臣に就いた水野錬太郎が会長を引き受けて、関一と片岡安、そして内務省の初代都市計画課長池田宏が中枢的な役割を務めた(16)。後藤の厚い信任を得ていた池田は、都市研究会の幹事職も務めたが、一九一三年、土木局勤務時代に欧米視察に出る機会を得て、これを通じてドイツの都市計画から大きな影響を受けたといわれている(17)。一九一八年七月、池田宏は、都市計画課長の資格で都市計画法の草案を作成し、提出した。これと同時に、市街地建築物法案も、東京帝大建築学部教授の内田祥三と佐野利器、内務省官僚の笠原敏郎が共同で提出した。二つの姉妹法案は、ただちに組織された都市計画調査委員会の審議を経て、翌年制定されるにいたる(18)。

稲妻のように迅速になしとげられたこのすべての過程の中心に、内務大臣後藤新平がいた。日本都市計画の父と呼ばれる後藤は、もともと医者出身であるが、内務省の衛生官僚として勤務しながら、特出した行政能力を認められて、一八九八年に台湾総督の補佐役である民政長官のポストに就き、台湾の現地調査事業や市区改正事業などを主導して、植民地建設に寄与した。彼は、台湾で積んだ植民地統治の経歴のおかげで、一九〇六年に南満州鉄道株式会社、一名「満鉄」の初代総裁の地位に昇る。満鉄は、朝鮮と中国の侵略のために日帝がつくった代表的な機関であり、単純に鉄道交通だけを管理するのではなく、「国家のなかの国家」である附属地まで経営する明白な権力機関であった。帝国の興亡盛衰を左右するこのような機関の初代総裁に就いたという事実自体が、彼の位相を示している。後藤新平は、帝国に二人といない行政の達人であった。彼は、逓信大臣、鉄道院総裁、内務大臣、外務大臣などの要職という要職をあまねく経験し、一九二〇年には東京市長になった。[19]

いうまでもなく、このように名実相伴った帝国の経営者が追求した路線は、一九一九年の都市計画法と市街地建築物法にもそのまま貫徹された。両法令のもっとも特徴的な面は、いわゆる「即物主義」であり、虚飾的なフランス式の都市計画に対してドイツ的な冷徹さあるいはイギリス式の実用性が確実に優位を占めた。後藤は、なによりも都市に対する科学的なアプローチを強調した。医師出身の彼は、すでに台湾総督府の民政長官時代、植民地統治は「生物学の原理」によって先住民の水準にあわせてなしとげられなければならないと主張しつつ、厳密な現地調査を優先的に推進した。このように政治の論理より科学を押し出す態度は、さらに明確な植民地主義的含意をもっている。[20] 後藤が東京市長であった一九二二年、当時ちょうど設立された「東京市政調査会」を通じてアメリカの代表的な「革新主義 progressivism」の歴史家チャールズ・ベアード Charles A. Beard を招聘して親交を結んだことは、示唆的である。当時ベアードは、ニューヨーク市政調査研究所 New York Bureau of Municipal Research の所長職を務めていたので、招聘するに遜色ない人士であるが、後藤を動かしたのは、ベアードの肩書よりは彼の革新主義に内包された唯物論的視角であった。[21] 後藤にとって都市計画は、たんなる国家の威容をあらわす手法とか、漠然とした幸福増進の手法などではなかったのである。

後藤新平は、都市計画法制定を目前に控えた一九一九年二月、『都市公論』第二巻第二号の巻頭辞「都市計画の法制必要」で、都市の発展こそ国家の進歩のための鍵であると主張した。しかし、翌年同じ雑誌の第三巻第一号に掲載された「都市の改善と市民の覚悟」という寄稿文では、都市改善が大衆の市政参与を盛んにするという点を強調した。[22] 一言でいえば、都市発展は国家と市民がひとつになる道であるというのが彼の考えであった。後藤新平の下で働き内務大臣になった水野錬太郎も、この雑誌に寄稿した文章を通じて、都市計画は国家の富と直結すると主張し、市街地建築物法案を作成した佐野利器も、都市計画こそ、より多くの人口を一カ所に引き入れ、効率的で発展した社会を導くことができ、自然災害から逃れる隠れ家も提供すると強調した。[23] これらの先駆者にとって、都市計画は、安全な国家をつくり、経済的豊かさを通じて革命を未然に防止し、合理的で進歩的であるだけでなく、なによりも新しい美しさを提供してくれるものであった。国益とともに「風致美観」を強調する点は、[24] 彼らがプロイセン式テクトニックの継承者であることを立証している。

帝都復興計画から植民地都市計画へ

一九一九年の都市計画法と市街地建築物法は、多くの限界をもつにもかかわらず、明治時代に会得された新しい空間の原理を現実都市に貫徹する契機をつくった。一九二三年九月一日に発生した関東大震災は、都市計画の未来を予想するひとつの試験台であった。東京と横浜を強打した大地震は、一四万名に達する死亡者および失踪者を生み、昔ながらの木造居住地を含む都市部の四四パーセントを破壊したが、[25] 新しい空間の原理まで破壊しはしなかった。むしろ、東京の現代化と郊外化を一層促進する契機が準備された。いわゆる「帝都復興計画」の幕が上がったのである。

またしても中心に立った人物は、豊富な行政経歴をもつ後藤新平であった。東京市長であった彼は、地震のすぐつぎの日、生涯二度目の内務大臣に任命され、六年間大々的な帝都復興事業を展開することになる。もう旧秩序に固執できないほど多くのものが崩れ落ちた状態であったから、後藤は特有の推進力を発揮して、この間進路を妨げられていた都市計画法の原案を強力に推進できた。後藤は、帝都復興院を創設し、総裁を兼職しながら事業を陣頭指揮した。大地震発生後一カ月足らずで帝都復興計画案がつくられたが、七億円をこえて策定された事業費は、それでも政府内の議論のすえ大幅に縮小されたものであり、東京市内すべての主要幹線道路の幅を五〇メートル以上にして、三百万坪に達する公園を造成するといった革新的な内容を盛り込んでいた。[26] 彼のすさまじい行動は、いくら非常事態であるとはいえ、既得権勢力の反発は避けえなかった。地主層がみるに、後藤新平は東京復旧に関心があるのではなく、災難を口実にして、それまでなしとげられなかった改革を貫徹しようとするものであった。実際、後藤の計画案は、都市のインフラ構築に偏重していたので、批判を免れることは簡単ではなかった。当時枢密院の構成員である「枢密顧問官」として「銀座の大地主」と呼ばれていた伊東巳代治が、反後藤戦線の先鋒となり、計画案にブレーキをかけた。[27]結局、地主層の思いどおりに、都市復旧に主眼をおいた「特別都市計画法」が、一九二三年一二月二四日に制定・公布された。

当初の改革的な意志はやや気勢がそがれたが、法案の裏付けのおかげで、大きな経費をかけなくても既存の密集した市街地の再開発事業を推進することができた。用途地域制と土地区画整理事業などを施行しようとすれば、依然としてこえなければならない障害物が多かったが、以前とは条件がおおきく異なっていたのはたしかであった。たとえば、東京中央駅から一直線で皇居にむかって幅七三メートルの幹線街路であるいわゆる「行幸道路」が建設されたのは、帝都復興事業の熱気なくしては実現不可能であった。歩道と車道を分離して、銀杏の街路樹を植えて植樹帯を設置し、街灯のデザインも念入りに仕上げられた。[28]また、国会議事堂の再建に歩調を合わせて、その周囲に昔の官庁集中計画を復活させる法案が一九二九年に確定された。[29]ベックマンとエンデが、日本にやって来てから四〇余年ぶりであった。これらすべてが、市区改正事業のときとは、確実に違っていた。

このように新しい空間の原理が貫徹される際、ドイツモデルが重要な役割をしたことは疑いの余地がない。都市計画法の草案を作成した内務省の官僚池田宏は、ドイツの都市計画を特別に選好し、後藤新平の帝都復興計画も、ドイツ式の用途地域制と土地区画整理をすぐさま施行しようとした。後藤は、国費奨学生としてドイツに留学した人物であった。[30]もちろん、近代の都市社会の問題に対する合理的な解決策を、無理にドイツモデルにだけ求める必要はなかった。むしろアメリカ式の「革新主義」が、後藤にインスピレーションを与えた。しかし、以前にもつねにそうであったように、日本の中央政府の改革者が追求したのは、文明的な進歩や資本主義的合理化だけではなかった。遠くは官庁集中計画から、二〇世紀に入っては関東大震災以前の市区改正と都市計画、そして大震災後の帝都復興計画にいたるまで、たえず続いたのは、まさに東京の「中心」に対する思いである。この「中心」を論ずるたびに、まちがいなくドイツが登場した。近代日本において、プロイセン－ドイツは、たんなる技術的モデルではなく、たんなる政治的・軍事的モデルでもなく、それら以上のものであった。すなわち、帝国日本が模索していたある原理の象徴であった。時空間の新しい原理！　まさにプロイセン古典主義が提示したテクトニックの原理である。日本の近代都市計画と公共建築があれほど具現しようと腐心したこの非可視的な原理は、現実の壁にぶつかりながらも、何度も復活した。長いあいだ、いかなる建造物も建てられなかった「皇居外苑」の敷地に、日露戦争後の凱旋祝賀大観兵式のために、南北方向に幅六六メートルの「凱旋道路」が建設されたとき(31)、そして、帝都復興事業の熱気のなかで行幸道路が建設されて官庁集中計画が復活したとき、この原理はしばし頭をもたげた。

現実の壁をこえられず、そのたびに首を垂れたテクトニックが、はじめて真価を発揮したのは、ほかでもない植民地都市においてであった。十分に熟し切ってはいなかったが、野心に満ちた都市計画と公共建築が、植民地で実行された。日本の官僚にとって、植民地は、その真ん中を占拠して居座り、自身の新しい知識と技術的力量を思う存分発揮しうる「空いた」空間とみなされた(32)。植民地に導入された都市計画は、まるで当然のことであるかのように日常を破壊し支配した。しかし、ここで看過してはならないのは、植民地を空いた空間とみる日本の官僚の視線は、彼らが日本と首都東京をみる視線と、程度の差はあっても、本質的な違いはないという点である。新しい帝都の発明は、既存の時空間を、まるでそれ以前にはなにもなかったかのように、徹底して否定することでのみ可能であった。このような態度は、歴史主義を含む、モダニティと定義されるすべての衝動の基本属性でもある。ただ、日本本土ではそのような視線が現実の壁にぶつかって屈折したのに対して、植民地では視線を妨害する障害物を思いのままに消去できたという点だけが異なるにすぎない(33)。

実際に、植民地都市で技術的・イデオロギー的な実験を経た結果が帝国本土の都市に逆輸入されて長期的な影響力を行使することは、まったく例外的な現象ではなかった。[34] 後藤新平は台湾統治の経験を満鉄の経営に活用し、その結果を土台として、日本の内務省のなかに都市計画課をつくって帝都復興計画に活用した。この一連の過程は、帝国と植民地が連携されるメカニズムを典型的に示している。日帝は、遠距離植民地を運営していた西欧列強とは異なり、いわゆる「近隣帝国主義」の性格をおびていたので、植民地の経験がただちに無理なく本土で活用された。日本の植民地都市は、土着社会と文化的・人種的な親和性をもっていただけではなく、おおむね幅広い日本人社会を形成したが、日本からは官僚と軍人だけが来たわけではなく、職業的・階層的に多様な人々がおもに家族形態で移住してきたので、住民構成上、日本の都市がそのまま移植されたような特徴をみせた。[35]

そのうえ、日本は、植民地では、民族的色彩よりも近代的国家権力として自身を演出した。すべての植民地都市に建てられた神社と遊郭を除いては、である。これは、たんなる偽装ではなかった。事実上、植民地の支配者と被支配者は、近代化としての西欧化という目標については、ほぼ一致していた。これは、植民地統治が終息したのちも近代化の目標は維持されて、日帝が残していった西洋風の建築物も、看板だけをかえれば、新しい景観のなかにただちに吸収されえた理由でもある。帝国日本が植民地で追求したことと、本土で追求したことは、根本原理上では異ならなかった。[36]

しかし、日本の「近隣帝国主義」的性格を過度に強調する必要はない。日帝が本土より植民地ではるかに権威主義的であり暴力的であったことは、けっして度外視してはならない歴史的事実である。植民地は、帝国本土よりも一歩進んだ技術と法制を実験してみる空間であったから、地域の土着性は徹底して否認され、暴圧的な方式で都市計画が貫徹された。帝国主義母国では非可視的に貫徹される支配イデオロギーとその暴力性が透けてあらわれるのは、植民地の一般的な特徴である。[37] あらゆる種類の否定的イメージ、たとえば非一貫性、非道徳性、退廃性、破片性、非定型性、混乱、亀裂そしてディストピアなどを利用して、帝国の文化的位相を浮き彫りにすることこそが、いわゆる「植民地主義」の本然の任務であり、植民地都市こそが、その真価が発揮される舞台である。西欧風の建築と空間構成の原理が、文明化ないしは近代化を旗印に植民地都市に移植され、物質的・文化的・制度的、そして景観上の影響をおよぼす。(38)

明治時代初期にすでに植民地化された北海道札幌の場合は、日本の植民地主義が進化する過程のもっとも初期の姿をみせる。当時東京でもそうであったように、いまだ明確な都市計画があらわれはしないが、少なくとも都市空間の合理的構成を通した近代化という認識程度は、はっきりとうかがえる。札幌の基本的な建設計画は、明治政府が登場してから六年がすぎた一八七三年に立案された。札幌は、昔の町人地に該当する南側の商業地区と、武家地に該当する北側の公共地区に二分され、二つの領域をわける大通りがつくられて、その両端に軍の駐屯地と神社が位置した。都心部をみると、幕府時代の伝統にしたがい縦横六〇×六〇間の大きさの正方形のブロックを基本単位として、政府庁舎、軍部隊施設、教育機関、病院、植物園、公共墓地、仏教寺院、神社、排水路などが体系的に配置され、鉄道駅まで道路が連結された。規則的な格子型の街路網は、相当程度、幕府時代の城下町の遺産を引き継いでいたが、住所体系も含めてアメリカ式のモデルにしたがったものであった。(39)

日本の本格的な最初の海外植民地は台湾であり、首都台北では、東京よりも先に市区改正がなしとげられた。(40)しかし、それは、初歩的段階にすぎなかった。日本の都市計画が一定の水準に上がるのは、満州においてであった。日露戦争の結果、一九〇五年九月五日にポーツマス講和条約 Treaty of Portsmouth が締結されることにより、日帝は関東州租借地権と東清鉄道の南満州支線を獲得し、満州に公式に進出可能になるとともに、奉天、大連、旅順そして長春などの管轄権を掌握して、主要拠点都市に発展させることになる。(41)

商工業の中心都市である奉天は、清国の昔の首都沈陽が日露戦争ののちに名前をかえたものであり、一八九六年にロシアとの不平等条約である遼東半島租借条約が締結されたのち、鉄路と駅が建設されてロシア式の市街地が建設されたが、一九〇五年に日本が進出し、満鉄附属地を中心に新市街地を建設した。基本幹線路と道路そして市府広場など三つの広場を基本骨格とする新都市が形成された。(42)

港町大連は、「満鉄」本部と関東都督府、関東軍司令部が一カ所に結集した日帝の満州経営および大陸侵略のための橋頭保であった。大連は、ヨーロッパとアジア大陸を結ぶ鉄道交通の始発点であり終着駅であって、ロシアがそれなりの都市計画を通して近代的な港町に育てていた状況にあった。日本人がここを掌握したとき、すでに円形の広場と放射状および環状の道路、そして西欧古典様式の建築物などが、東北アジアにおいては珍しい西欧的な景観をみせていた。日帝が一九〇五年四月に公布した「大連専管地区設定規則」と「大連市街住宅建築管理臨時規則」は、ロシア人が残した都市計画を土台に、大連を軍用地区、日本人居住区域、中国人居住区域の三つの区域にわけ、道路、橋梁、電気、水道といった基盤設備の拡充に主眼をおいたものであった。もちろん、日帝は、ロシア人の計画を実現することで満足しなかった。一九一九年に用途地域制を導入して四つの地区に適用したが、これは日本本土よりも数年先だつものであり、その土台には先住民の上層を帝国に吸収しようとする政治的意図があった。これとともに、すでにあった環状‐放射状の道路の組み合わせが、日本的な格子型の組み合わせに変更され、ロシア人が残した建築物を圧倒する新しい建築計画もつくられた[43]。

ロシア人が設計した「ニコライ広場」が日帝治下の「中山広場」に改編され、その周囲に一連の公共建築物が姿をあらわした。その最初が、関東都督府の専任建築士前田松韻《まつおと》が設計し、一九〇八年に竣工した大連民政署庁舎であった。北ドイツのネオルネサンス様式を代表するハンブルク市庁舎 Hamburger Rathaus をモデルとした威厳あるレンガ造りの時計塔の建物が、日帝治下の大連の新しい気風を視覚化した[44]。中山広場に建てられた数々の建物のうち注目に値するのは、一九二〇年に竣工した朝鮮銀行大連支店の社屋である。これは日帝下大連の中央銀行の機能を担当するものであり、コリント式オーダーをもつ六本の円柱が際立つ新古典主義の建物であるが、鉄骨レンガ造りであるうえに、エンタブラチュアが過度に単純化されて抽象的な感じを与える。建物自体よりも視線を引くのは、その設計者である。中村與資平は、東京帝国大学で辰野金吾に師事した主流派の建築家であり、一九〇七年から師辰野の配下で、日本の第一銀行韓国総支店、すなわちのちの京城の朝鮮銀行の工事監督官として勤務した経歴があり、朝鮮銀行群山支店、大邱支店、東洋拓殖株式会社木浦支店をはじめ、朝鮮半島に数々の建築物を残した人物である。(45) 植民地の主要都市の建設には、中村與資平をはじめとする東京帝国大学建築学科出身者が大挙参与した。これら主流派建築家にとって、植民地で積んだ経歴は、一種の免許証であった。(46)

満州の拠点都市建設は、満鉄附属地を中心になされたので、満鉄総裁の役割はほとんど植民地総督の次元にあった。満鉄総裁に就任した後藤新平は、台湾での経験を積極的にいかして、満州を日帝の植民地にしていこうとした。彼の満州経営は、四つの主要な目標に集中した。第一に、大連を一等級の国際港にすること、第二に、満州に鉄道網を拡充すること、第三に、日本人五〇万人を満州に移民させること、第四に、大連を満州の見本都市に発展させることであった。とくに第四の目標のためには、ロシア人がつくった市街地は尊重しながらも、ロシア式の隔離政策は廃止するほうが効果的であると判断した。中国人と日本人がともに暮らすよう奨励する政策をとったが、それは、台湾でのように中国本土人に対しても発展した日本の文明を体験させ、日本の支配を自然に受け入れさせようとするところに、その根本的趣旨があった。(47)

中村與資平が設計した朝鮮銀行大連支店．撮影：イ・ヨンギョン（李妍環），2017

一見包容力のあるこのようなアジア連帯論が、日本の盟主の役割を前提としたという事実は、これ以上説明を要しないであろう。満州の拠点都市は、内外に日本の近代文明を宣伝する一種の展示館として機能しただけでなく、ドイツ帝国と青島の関係とおおいに異なり、日本本土の都市空間をつくり進める過程と直結していた。一九一九年の日本の都市計画法制定が満州経営の産物であることは、ほかでもない後藤新平という人物を通して具体的に立証される。彼の人脈は、長期的な影響力を行使した。後藤の指揮のもとで都市計画法の草案を作成したドイツ式都市計画の伝道師池田宏は、のちに上海を占領した日本軍の顧問に、また、市街地建築物法案を作成した建築家佐野利器は、東京帝大教授として満州国国都建設局顧問に委嘱され活動を続けた[48]。帝国と植民地を行き来するこの絡み合った過程は、いまや前例なく新しい都市の創造に収斂される。

中国の都市長春は、ロシアと日本の影響圏が重なるところであり、地政学的重要性が非常に高い地であった。日本が北満州を通ってヨーロッパへ進んでいこうとすれば、日本所有の南満州鉄道とロシア所有の東清鉄道が交差するこの都市を経ないわけにはいかなかった。したがって、日露戦争が終息した一九〇五年から、長春は日本が満州でイギリス式の「非公式的帝国」を築くのに核心的な要衝地になる。一九〇七年に附属地の敷地を購買して、ルネサンス風の長春駅が建てられ、その南側に公共広場と新市街地が建設されはじめた。長春の附属地は、清国の古都瀋陽やロシア人の形跡が濃い大連に比べると、それこそ空っぽの空間にほかならなかったので、なんでも建てることができた[49]。そして、折よく驚くべき機会が訪れた。新生国家満州国の首都「新京」が、ほかでもないここにおかれることになったのである。

満州国の首都新京の可視的モダニティ

国都建設！　新京！　新京！　どれほどその声が明るく明朗か。創造の強力な力と喜びが東亜の一角にあふれている[50]。

一九三二年六月『満州建築協会雑誌』第一二巻第六号は、満州国の首都新京の特集号であった。一九三一年九月一八日に瀋陽における日本関東軍の陰謀で発生した満州事変の結果、満州国という新生国家が登場したのが、一九三二年三月一日であり、同じ月の一〇日、長春が「国都」に定められて、四日のちに「新京」という名称がつけられた。その月が終わる前に、この地域に土地売買禁止令が布告され、ただちに満鉄傘下の組織において都市計画法の立案が着手された。(51)『満州建築協会雑誌』新京特集号は、まさにこの過程の一部であった。ここで満州建築協会会長小野木孝治は、満州国の誕生を「世界史において類例のない動機」からはじまった創造であると美化するとともに、新生国の首都新京の意味をこの間満州で日本人が蓄えてきた知識と経験を土台に「新時代」を開くところにおいた。東京帝大建築学科出身の小野木は、台湾で仕事をした経歴があり、満鉄の地方工事課の課長も歴任していたので、はたしてどの点が過去からはじまったものであり、どの点が真に新しいものであるか、すっかり把握していた。(52)

満州国の建国理念である「五族協和」は、日本人・漢族・朝鮮人・満州人・蒙古人のあいだの協力と和合を標榜し、これは新京の中央に位置した円形の「大同広場」に象徴的に表現された。ここには、すでに満鉄附属地の時代から西洋式の公共建築物が立て込んでいた。昔の長春駅の南側に位置した広場は、東西方向に四本の街路が出あい、全部で八つの角をつくりだしたことで、そのそれぞれに記念碑的建築物が入るのに適当な空間が形成された。一九一〇年にできた郵便局と警察庁を筆頭に、機能によって多様な様式の建物が先を争って登場したが、土着の様式ははなから無視され、西欧歴史主義やアール・ヌーヴォーあるいは国際主義様式が初披露されて支配国の文明的優越感を誇示した。しかし、鉄道交通の要衝地にすぎなかった長春が満州国の首都新京に格上げされるなかで、いまや、建国理念をあらわす一層明瞭で、かつ国民統合的な様式を探しださなければならない時点にいたることになる。(53)

新京建設の公式主務部署は、満州国国務院直属の国都建設局であった。最終計画案が一九三二年末に完成し、行政的手続きを経て一九三三年四月に「国都建設計画法」が公布された。基本的に中央集中的な性格が濃い建設計画であり、日本本土の慣行にしたがって、建設事業の監督は警察行政の一部として取り扱われたが、過度な干渉は排除す

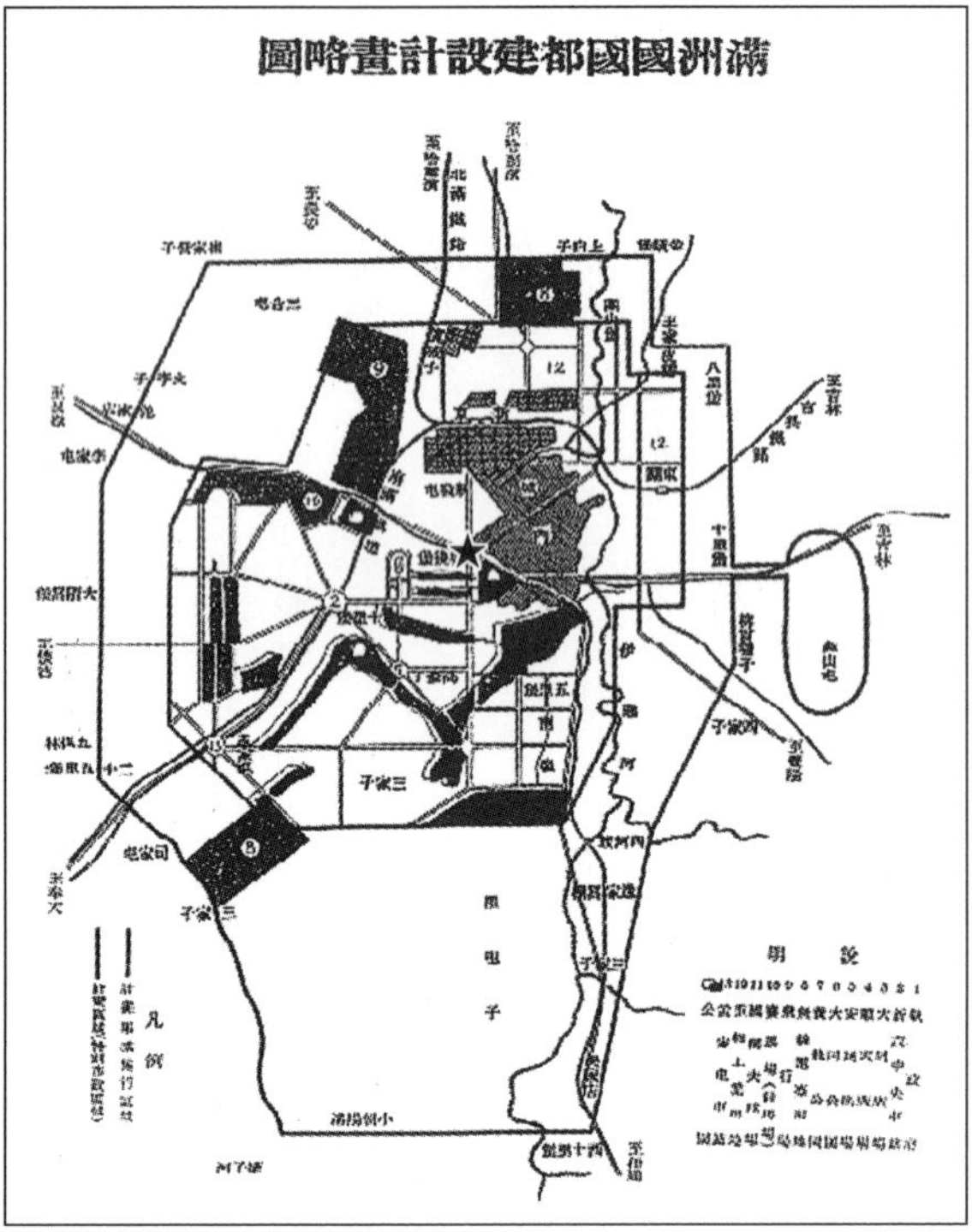

満州国首都建設計画略図，中央★印が大同広場で４本の道路が交差する．出所：『満州建築協会雑誌』第 13 巻第 11 号（1933.11）

ることが原則とされた。予定された計画によれば、都市全体が目の細かい街路網で編成され、放射状・環状・格子状の街路類型がそれぞれの場所にふさわしく配分された。また、幹線道路が出あう場所は、中央を広場にしてロータリーの機能と広場の機能を同時に果たすようにしたが、真ん中の大同広場は、外周が一キロメートルにもなるように設計された。(54) 都市の四方から接近が可能な大型広場を設計する際、スイスの建築家ル・コルビュジエの三百万人のための都市計画などが積極的に参照されるなど、(55) 当時最高の先進的な理論と技法が総動員された。シビックセンターは、大同広場のモダニズム的性向をもっとも雄弁にあらわすが、広場の対角線が交差する中央に配置された。(56) しかし、この計画は実現されなかった。

新京は、まるで巨大な実験室のようだった。新京駅と名称がかわった昔の長春駅を北極星にして、「大同大街」と呼ばれる大通りが大同広場方向へ数キロメートル続き、広場の南西方面には満州国宮と公園が、さらに南側には建国記念碑と大学が配置された。昔の長春市街地は、東側方面におかれていた。(57) 一九三二年『満州建築協会雑誌』の新京特集号には、満鉄地方部工事課所属のひとりの建築技師が作成した雄大な「新首都建設計画」が載せられているが、ここで一国の首都らしい容貌を備えるために「特別に必要な建物」としてあげられたのは、「教育に関連しては、博物館、図書館、美術館、農業博物館、工業博物館、交通博物館、動物園、植物園、応用化学研究所」、「体育に関するものは、陸上競技場、野球・テニス・サッカー競技場、水泳プール、スケートリンク、ゴルフ場、馬場、飛行練習場、射的場」、「記念、宗教的なものとしては、建国記念碑、建国殉死者無名碑、孔子廟（をおいた）各種寺院」などであり、際限のない目録が続いた。しかし、同時にこの建築技師は、理想だけを追求するべきではないと主張した。「保安、衛生、交通、美観」に主眼をおきながらも、この国特有の風土と民度などを総合的に考慮することこそが、「建築法制定上の根本要件」である、というのである。彼は、新生国家がけっして清国の延長ではなく、さまざまな極東の民族の結合体であることを、いまさらのように強調した。[58]

当時の日帝の都市計画家たちは、満州特有の地方色をみいださなければならないと口をあわせながらも、長春地域をためらいなく野生の「野原」と描写した。[59] まるで以前はなにもなかったかのような都市が、純然と機能的観点によって行政地域、商業地域、工業地域、住宅地域、混合地域、未決定地域の六つの区域に分割され、最初からあらたに創造された。[60] 一九三三年末になると、すでに新京の人口は、駐屯軍人を含めて一八万人を上回る急激な増加率をみせる。国都建設局は、新しい国都の人口が将来五〇万人をこえるものと予想して、計画を樹立した。建設が計画された区域は、旧市街地を含むと二百平方キロメートルに達したが、近郊の発展した地域は除外することにして、建設事業区域は百平方キロメートルに縮小した。また、既成の市街地に手をつけることはむずかしいという点を勘案して、実際の事業区域は七九平方キロメートルに引き下げて設定した。それでも非常に広大な面積であった。[61]

満州国は、日本の若いエリートたちにとって、本土ではおさえつけられた活力と理想あるいは空想を、思い切り繰り広げることができる無限の可能性の空間であった。野心に満ちた技術官僚、創造的な科学者、モダニズム建築家、軍国主義の経済学者、そして投機家と政治的極端主義者など、型にはめられた日常からの逸脱を夢みる各種の「問題的人間」が満州国の新首都へ集まってきた。[62] いまや後藤新平流の「革新主義」ないしは自由主義的保守主義は、急速に時宜性を失い、より衝動的で極端で、戦闘的なファシズムの気風が大勢を獲得した。この間のすべての自制心と小心さを振り切って、「大日本帝国」の偉大さを世界中に立証しようとする過度な意志が活火山のように噴出したのである。結局、満州国が創造したのは、俗にいう「東アジア的近代」ではなく、極度の偏執症と統合失調症を頻繁に行き来する東アジア的「破壊熱」であった。文明的価値と民族的価値の満州国式結合は、(63) まさに文明でも民族でもない暴力的な国家を生んだ。

「大日本帝国」の民族的使命と文明的普遍性を表現するために登場したいわゆる「帝冠様式」がほかでもない満州国で初お目みえしたのは、当然の帰結であった。一九三〇年代に登場したこの新しい様式は、鉄筋コンクリート構造の西洋式建築に日本式の屋根を載せたいわゆる欧亜折衷式であり、西欧のモダニズム建築に対する日本の対応であったといえる。(64) 東洋式の切妻屋根と西洋式の破風を連結する思考は、すでに伊東忠太の「法隆寺建築論」でも展開されたことがあるが、帝冠様式は多少とも突出して登場した様式であった。新古典主義的ファサードと急傾斜の切妻屋根は、不自然なことこの上ない組み合わせであったが、「帝国」の唯一無二の権威を誇示しようとする意欲の表現であった。しょせん境界をこえてきた冒険主義者にとって、定められた規範などはなかった。彼らにとって、純粋な過去と新しい未来、もっとも東洋的なものともっとも西欧的なもののあいだの矛盾的結合は、まったく問題にならなかった。それが「歴史的に類例のない」新しい国家と新首都を創造するのに役に立ちさえすれば、些細な論理的矛盾くらいは意に介さなかったのである。

帝冠様式で建てられた最初の建物が、大同公園に登場した。一九三二年に工事に着手し、一九三三年五月と六月にそれぞれ第一号と第二号の政府庁舎が竣工した。その年の一一月『満州建築協会雑誌』第一三巻第一一号は、この二つの庁舎を特集で扱ったが、両者は構造的に同形をなすことをあきらかにしている。ともに左右対称をなす二階建ての長方形の建物であり、建物の中央上部には二八メートルの塔屋（ドーム―原文）が上がった。両者ともに、鉄筋コンクリート造の壁体に黒レンガを使用していた。『満州建築協会雑誌』は、両建物の様式がともに「満州式」である

満州国第２庁舎全景．出所：『満州建築協会雑誌』第13巻第11号（1933.11）

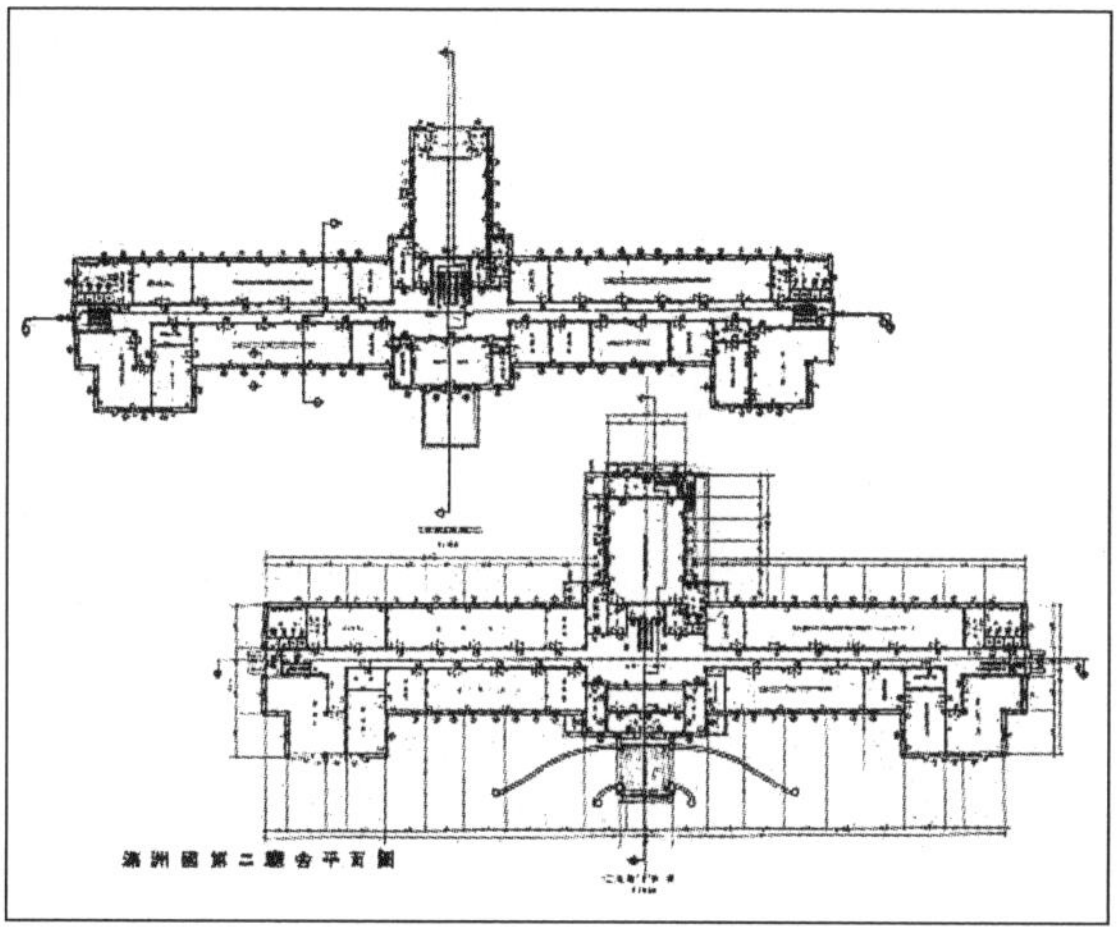

満州国第２庁舎１階平面図．出所：『満州建築協会雑誌』第13巻第11号（1933.11）

と記録しているが[65]、実際には第一庁舎は国際主義、第二庁舎は帝冠様式をとった。ネオルネサンスとネオバロック様式を結合した、長く広がるファサードに国籍不明のパゴダ式の屋根を載せた第二庁舎は、当時はいったん「興亜式」と呼ばれ、「五族協和」のイデオロギーと帝国の権威を建築的に表現した。この建物から少しだけ南側に行くと満州国宮があり、景観の一体性をつくりあげていた。このような表面的な性格にもかかわらず、平面図にあらわれた基本構成は、通常の西洋式建物と異なるところのない配置と機能性をみせている[66]。

新京の帝冠様式を代表する建築物としては、一九三六年に竣工した満州国国務院があげられる。この国務院の建物は、大同広場南側の順天大街の道ぞいにあるが、その長大な規模で周囲に立ち並ぶほかの官庁舎を圧倒する。第二庁舎と同様にパゴダ型の屋根をもつ中央塔屋を備え、二つの相似形の屋根が両端上に載せられている。屋根の下の中央部がなかに入って屋根が一層目立ってみえ、トスカーナ風の強力な円柱をもつポルティコは、建物全体の均衡と比例を際立たせる。この建物は、同じ時期に建てられていた東京の帝国議会議事堂をかなり参照したものと知られている。[67] 議会がなかった満州国の実情で国務院が事実上の国政最高機関であったという点を考慮すると、この建物が東京の議事堂より大きく強力にみえるのはあるいは当然であったかもしれない。東京の議事堂にはプロイセン古典主義のファシズム的変形がみいだせるが、満州国国務院庁舎は、この傾向に「大東亜」のイデオロギーまでをも付加したものとみなせる。

満州国国務院庁舎の正門と玄関の姿．出所：『満州建築雑誌』第17巻第1号（1937.1）

新京は、西洋文明をこえようとする日本の野心が表現された都市であった。帝冠様式は、国都建設計画がはじめて立案されるときから志向したいわゆる「東洋建築を基礎とした国際的新興様式」[68] の暫定的な結論であった。満州国創建とともに満州で活動する日本の建築家の総動員令が下され、日本本土からも多くの青年建築家が大きな夢を抱いて新京へ集まってきた。[69] 満州国の建築家と都市計画家は、単純に西洋を排撃するのではなく、果敢に踏みこえようとした。文字どおり「近代の超克」を志向したのである。したがって、新京の建築は、けっして伝統主義的ではなく、同時期のドイツとイタリアのファシズム建築と同じく、十分に「モダン」であった。一九三八年大同広場に竣工した満州中央銀行本店は、放棄されたシビックセンターにかわり、この広場のモダニズムを代弁する建築物であった。三万平方メートルに達する面積に四階を積み上げた大理石の建物であり、ファサードを装飾する列柱の直径は一メートルをこえた。[70] この豪壮な建物の周辺には、すでに電話局と電報会社、警務庁、国土建設局、ホテルなどが、広場を中心としてぎっしりと立ち並んでいた。[71]

満州中央銀行本店全景．出所：『満州建築雑誌』第18巻第11号（1938.11）

新京の都市計画は、日本本土とその植民地および管轄権内で施行されていたそのほかの慣行とは確然と異なったものであった。それは、単純な技法上の違いだけではなかった。日帝は、満州国においてはじめて「統治性」の本領に到達した。一塊としての人口に対する巡察・監視・統制・介入が可能になることで、文字どおり「生権力」が円滑に作動できた(72)。このようにみると、「国体」のいたって厳しい原則が貫徹されたところは、じつは日本本土ではなく、満州国であった。新京の都市計画は、たんにいくつかの記念碑的建築物を建てることにとどまらず、鉄道と自動車道路、飛行場といった現代都市のインフラを構築し、全面的に現代的な都市を構築しようとした。市街地全域に緑地空間、公園、湖、博物館（記念館）と動物園などを忠実に配置したが、これは、新京で「大日本帝国」の理想郷を実現しようとしたことを示している(73)。

とくに、博物館と公園に対する執着が示唆するところは非常に大きい。すでにずいぶん前に、岩倉使節団は、ヨーロッパの博物館と動物園をあまねく訪問して、この施設がたんに遊興空間ではなく、知識の体系化を通じて社会の合理的構成に資するという事実を看破していた。日本では一八八六年に博物館業務が宮内省の所管に移され、皇室の権威を伸長する目的で文化財の保護が積極的に開始された。一八八八年五月には、宮内省が主導して、フェノロサと岡倉天心の一行を含む大規模調査団が四カ月余りにわたる古美術調査を実施し、翌年には帝国博物館が発足するにいたった(74)。博物館は、目の前の利益から自由に、過去と現在を体系的に支配できる知的手段を提供した。公園も同様であった。「公園」は、個人の家に属する「庭園」と違い、空間に対する国家次元の体系的支配と管理の手段であった。日本の「公」には「官」の意味が奥深くしみ込んでいた。[75] こうした点に照らしてみると、新京とは、時間と空間の変化に蚕食された近代日本が、むしろそれを主体的に支配しようと腐心してきた長い努力の総決算であった。

すでに列強の仲間入りをした帝国日本は、自身の過去と未来そして目の前で繰り広げられる世界をまったくあたらしく設計する時点に達した。一九二八年、日本の商工省は、構造的沈滞に陥った産業を活性化するのにデザインを積極的に活用するという趣旨のもと、「工芸指導所」を創設した。この新生機関は、デザインを合理化して大量生産に適合するべく発展させる任務を与えられ、一九三三年にブルーノ・タウトを招待するなど、活発な活動を展開しながら、ル・コルビュジエとバウハウスの芸術家たちの作業を日本に紹介した。この機関は、はっきりとした軍事的な目的ももっていた。産業的合理化こそ、軍事力の伸長のための秘訣だったのである。このような工芸指導所の創設を主導した若い官僚岸信介は、のちに満州国の産業界を牛耳りながら経歴を重ね、戦後には首相の地位にまで昇ることになる。岸信介が戦後の日本で標榜した路線は、以前の後藤新平式の路線とはまったく異なっていた。それは、親西洋的でも親東洋的でもなく、近代的なものでも反近代的なものでもなかった。それは、帝冠様式のように異質で挑発的であると同時に、権威主義的で全体主義的であった。[76]

新京建設が一段落して本格的な戦時体制に突入した一九四〇年代初めに、日本本土では、ドイツの都市計画家ゴットフリート・フェーダー Gottfried Feder の日本語翻訳版『新しい町』が、大きな影響力を発揮していた。熱烈なナチス党員であるフェーダーの本は、産業社会の混沌を食い止めるテクトニック的秩序に対する要求で満ちていた。既存の都市を、それぞれ農地を保有する自給自足的区域に分割し、真の村落共同体を回復する、という発想は、ナチスの反モダニズム的「血と土 Blut und Boden」のイデオロギーに立脚したものであり、中産層志向的なイギリス式の田園都市とは性格が異なっていた。日本では西山卯三がそれを受容して、戦後日本の建設に積極的に活用することになる。[77] 一九三〇年代初め、満州国を建国しつつ、帝国日本は自身の臨界点をこえていた。帝国があらわすには力不足であった新しい国家と社会像は、明治維新以来日本の中央政府がつねに夢みてきた理想からはじまったものであった。第二次世界大戦真っ最中の一九四二年一〇月、若い建築家佐藤武夫は、『満州建築雑誌』に寄稿した短いエッセイで、「満州国は日本の自己改造像の大きな実験室」であり、「統制性と計画性というこの国の建国から続いてきた大きな特色」をもつという見解を披歴した。彼は、新興の満州国で実験したことの結果に日本人は感謝しなければならないと述べながら、もはや西欧的自由主義体制を果敢に捨て去り、新しい政治の権威を打ち立てるときであると主張した。[78] 佐藤武夫は、戦後日本で経験主義的な建築音響学の先駆者として名声をとどろかすことになる建築家である。彼の「科学的」探究が「近代の超克」的発想の産物であるという点は、いわゆる「東アジア的近代」の実情について多くのことを物語っている。

しかし、このすべての「実験」は、帝国日本がみずからの欲望を確認するものにすぎず、真に他者を包容することはできなかった。それは、ひたすら自分だけの理想、冒険、改造、科学、「近代の超克」であった。佐藤武夫も、満州国が実験室であるという発想は、全面的に日本人の立場のみにもとづいていることを是認せざるをえなかった。[79] 「五族協和」は強要された連帯であったにすぎず、「帝冠様式」と「大東亜」のイデオロギーも、帝国の利害を押し立てることで、むしろ大多数の人々を国家の「つくられた伝統」から排除する結果を招いた。[80] したがって、十分に理想的な基盤施設と環境的条件にもかかわらず、新京の人口のほとんど半数は、引きつづき旧市街や近郊の工業地帯に住みつづけたが、これは理解できないことではない。[81]

新京の真の姿は、ほかの日帝植民地からここを訪れた訪問客の目に、よりはっきりとあらわれる。植民地朝鮮の知識人ユ・ジノ（兪鎮午）が、一九四〇年代初めに書いた短編小説「新京」は、「立派な近代都市」に対する驚きを伝える。「南新京の付近からすでに野原のあちこちにマンモスのような巨大な建築物がにょきにょきとみえていたが、雄大な近代都市が広がりはじめた」。なによりも植民地知識人の目を奪ったのは、「遠くにみえる大きな建築物の東洋的な屋根」であり、「この建築の新しい様式も東洋が西洋の影響から脱し、自分のものを創造しようとする努力」と把握された。「新京」の景観は、あきらかに感嘆に値するものであった。「停車場を出て、四方に広がっていく大きな道に、見栄え良く並んだ大きな家、慌ただしく行き来する通行人」は、植民地出身の訪問客の目には、蜃気楼のようなものであったことを十分にうかがわせる。仕方なく道をぶらつく主人公には、都市の圧倒的な景観は、故国の死んだ友人の姿とたえず重なる。[82] もちろん、この小説からは明確な反日意識のようなものはうかがえないが、著者の心境が非常に複雑であるということははっきりと感じとれる。一方では驚嘆しながらも、同時に思い切り気おくれした状態、これこそが植民地性の素顔である。

(1) Andre Sorensen, *The Making of Urban Japan*, pp. 81-84; David Stewart, *The Making of a Modern Japanese Architecture*, p. 75 以下。
(2) K. Yamamura, "The Japanese Economy, 1911-1930: Concentration, Conflicts, and Crises", eds. by B. S. Silberman and H. D. Harootunian, *Japan in Crisis: Essays in Taisho Democracy* (Princeton University Press, 1974), pp. 299-328, とくに pp. 327-328.
(3) 石田頼房『日本近代都市計画の百年』一一〇頁。
(4) 石田頼房『日本近代都市計画の百年』一一二頁。
(5) 고시자와 아키라、윤백영 옮김『동경의 도시계획』(한국경제신문사)〔越沢明、ユン・ベギョン訳『東京の都市計画』(韓国経済新聞社)〕(一九九八)三二一～三四쪽。이명규「일본 본국과 조선총독부 도시계획 비교연구：도시계획법령을 중심으로」、한국국가기록연구원 엮음『조선총독부 도시계획 공문서와 기록평가론』(진리탐구)〔イ・ミョンギュ「日本本国と朝鮮総督府の都市計画比較研究：都市計画法令を中心に」、韓国国家記録研究院編『朝鮮総督府の都市計画公文書と記録評価論』(真理探究)〕(二〇〇八)二七二～二八一쪽。
(6) 고시자와 아키라『동경의 도시계획』〔越沢明『東京の都市計画』〕三一、一三三쪽。손정목『일제강점기 도시계획 연구』〔ソン・ジョンモク『日帝強制占領期都市計画研究』〕二七九쪽。David Stewart, *The Making of a Modern Japanese Architecture*, pp. 119-121.
(7) 고시자와 아키라『동경의 도시계획』〔越沢明『東京の都市計画』〕四二～四三쪽。David Stewart, *The Making of a Modern Japanese Architecture*, p. 110.
(8) 오카타 준이치로「근대 도쿄의 도시계획：교외화와 도시변신」〔大方潤一郎「近代東京の都市計画：郊外化と都市変身」〕一〇八～一一〇쪽。
(9) 藤森照信『明治の東京計画』二四八頁。

（10） Andre Sorensen, *The Making of Urban Japan*, p. 58.

（11） Yasuo Nishiyama, "Western Influence on Urban Planning Administration in Japan: Focus on Land Management", ed. by Nagamine Haruo, *Urban Development Policies and Programmes, Focus on Land Management* (United Nations Centre for Regional Development, 1986), p. 331.

（12） 고시자와 아키라『동경의 도시계획』〔越沢明『東京の都市計画』〕六六〜六八쪽。永松栄『図説 都市と建築の近代——プレ・モダニズムの都市改造』（学芸出版社、二〇〇八）一九四〜一九六頁。손정목『일제강점기 도시계획 연구』〔ソン・ジョンモク『日帝強制占領期都市計画研究』〕三八三쪽。

（13） Shun-Ichi J. Watanabe, "Metropolitanism as a Way of Life", ed. by Anthony Sutcliffe, *Metropolis 1890-1940*, pp. 416-417; 이명규「일본 본국과 조선총독부 도시계획 비교연구：도시계획법령을 중심으로」〔イ・ミョンギュ「日本本国と朝鮮総督府の都市計画比較研究：都市計画法令を中心に」〕二七三쪽。

（14） Shun-Ichi J. Watanabe, "Garden city Japanese Style: the case of Den-en Toshi Company Ltd., 1918-1928", ed. by Gordon E. Cherry, *Shaping an Urban World* (Mansell, 1980), pp. 129-143; 고시자와 아키라『동경의 도시계획』〔越沢明『東京の都市計画』〕一三九〜一五八쪽。

（15） David Stewart, *The Making of a Modern Japanese Architecture*, pp. 133-136; 박진한「오사카、도쿄를 넘어 동북아의 중심으로」、이영석 외『도시는 역사다』（서해문집）〔パク・チナン「大阪、東京をこえて東北アジアの中心に」、イ・ヨンソク他『都市は歴史だ』（西海文集）〕（二〇一一）。박진한「근대도시 오사카의 도시계획론과 도시계획사업」、박진한 외『제국 일본과 식민지 조선의 근대도시 형성』（심산）〔パク・チナン「近代都市大阪の都市計画論と都市計画事業」、パク・チナン他『帝国日本と植民地朝鮮の近代都市形成』（シムサン）〕（二〇一三）五二〜八〇쪽。박세훈「一九二〇년대 경성의 도시계획과 도시계획운동」、박진한 외『제국 일본과 식민지 조선의 근대도시 형성』〔パク・セフン「一九二〇年代京城の都市計画と都市計画運動」、パク・チナン他『帝国日本と植民地朝鮮の近代都市形成』〕八七〜九〇쪽。

（16） 고시자와 아키라『동경의 도시계획』〔越沢明『東京の都市計画』〕二五〜二七쪽。

（17） 渡辺俊一『「都市計画」の誕生——国際比較からみた日本近代都市計画』（柏書房、一九九三）一七〇〜一七一頁。

（18） 고시자와 아키라『동경의 도시계획』〔越沢明『東京の都市計画』〕二七〜三〇쪽。박세훈「一九二〇년대 경성도시계획의 성격：「경성도시계획연구회」와「도시계획운동」」、『서울학연구』〔パク・セフン「一九二〇年代京城都市計画の性格：『京城都市計画研究会』と『都市計画運動』」、『ソウル学研究』〕제一五호（二〇〇〇）一七四〜一七五쪽。

（19） 고시자와 아키라『동경의 도시계획』〔越沢明『東京の都市計画』〕二三쪽 以下。越沢明『後藤新平：大震災と帝都復興』（筑摩書房、二〇一一）。「満鉄附属地」については、郭鐵椿 외 엮음、신태갑 외 옮김『일본의 대련 식민통치四〇년사』（선인）〔郭鐵椿他編、シン・テガプ他訳『日本の大連植民統治四〇年史』（ソンイン）〕제二권（二〇一二）二八五〜三〇四쪽 参照。

(20) 越沢明『後藤新平：大震災と帝都復興』八七頁以下。

(21) 고시자와 아키라『도쿄 도시계획 담론』［越沢明『東京の都市計画談論』］八쪽。William Shaw Sewell, *Japanese Imperialism and Civic Construction in Manchuria: Changchun, 1905-1945* (The University of British Columbia, 2000), pp. 67-68. しかし、ベアードが堅持した中産層特有の自由主義的視角と後藤の官僚主義的視角は、根本的な違いを露呈した。Shun-Ichi J. Watanabe, "Metropolitanism as a Way of Life", ed. by Anthony Sutcliffe, *Metropolis 1890-1940,* p. 421.

(22) 後藤新平「都市計畫の法制必要」、『都市公論』第二巻 第二号（一九一九・二）一頁。後藤新平「都市の改善と市民の覺悟」、『都市公論』第三巻 第一号（一九二〇・一）三頁。

(23) 水野錬太郎「都市改良問題」、『都市公論』第二巻 第二号（一九一九・二）二〜一六頁。佐野利器「大都市の建築物」、『都市公論』第三巻 第三号（一九二〇・三）一八〜二八頁。

(24) 岡田周造「都市計畫と都市の風致美観」、『都市公論』第九巻 第九号（一九二六・九）二〜一六頁。고시자와 아키라『동경의 도시계획』［越沢明『東京の都市計画』］一六八쪽。

(25) 渡辺俊一『都市計画の誕生――国際比較からみた日本近代都市計画』二一九頁。

(26) 고시자와 아키라『동경의 도시계획』［越沢明『東京の都市計画』］四六〜六五쪽。손정목「식민도시계획과 그 유산」、서울시정개발연구원『서울 二〇세기 공간 변천사』（서울시정개발연구원））［ソン・ジョンモク「植民都市計画とその遺産」、ソウル市政開発研究院『ソウル二〇世紀空間変遷史』（ソウル市政開発研究院）］（二〇〇一）四七〇〜四七一쪽。

(27) 越沢明『後藤新平：大震災と帝都復興』一九九頁以下。

(28) David Stewart, *The Making of a Modern Japanese Architecture,* p. 127 以下。고시자와 아키라『도쿄 도시계획 담론』［越沢明『東京の都市計画談論』］一六〜二七、一一八〜一一九쪽。Wolfgang Schwentker, "Die Doppelgeburt einer Megastadt: Tokyo 1923-1964", ed. by Wolfgang Schwentker, *Megastädte im 20. Jahrhundert* (Vandenhoeck & Ruprecht, 2009), pp. 146-151.

(29) 고시자와 아키라『동경의 도시계획』［越沢明『東京の都市計画』］四〇〜四一쪽。

(30) Louis Frédéric, *Japan Encyclopedia,* p. 264.

(31) 고시자와 아키라『도쿄 도시계획 담론』［越沢明『東京の都市計画談論』］一〇九〜一一五쪽。

(32) Mark R. Peattie, "The Japanese Colonial Empire, 1895-1945", ed. by Peter Duus, *The Cambridge History of Japan,* vol. 6, p. 264; David Stewart, *The Making of a Modern Japanese Architecture,* pp. 142-144.

(33) 東アジアにおける日帝の空間支配の方式については、とくに、村松伸「討伐支配の文法」、『現代思想』第二三巻 第一〇号（一九九五・一〇）八〜二一頁 参照。

(34) 하시야 히로시、김제정 옮김『일본제국주의、식민지도시를 건설하다』(모티브북)［橋谷弘、キム・ジェジョン訳『日本帝国主義、植民地都市を建設する』（モティブブック）］（二〇〇五）七二〜七五쪽、八七쪽 以下。Carola Hein, "The Transformation of Planning Ideas in Japan and Its Colonies", p. 54.

(35) 橋谷弘は、これを異種発生的変容 heterogenetic transformation ではなく、系統発生的変容 orthogenetic transformation と定義する。하시야 히로시『일본제국주의、식민지도시를 건설하다』［橋谷弘『日本帝国主義、植民地都市を建設する』］一一七쪽 以下。

(36) 하시야 히로시『일본제국주의、식민지도시를 건설하다』［橋谷弘『日本帝国主義、植民地都市を建設する』］八七〜一〇七、一三八〜一三九쪽。

(37) Alsayyad Nezer, ed., *Forms of Dominance: On the Architecture and Urbanism of the Colonial Enterprise* (Aldershot, 1992), p. 5.

(38) Anthony King, *Urbanism, Colonialism and the World-Economy* (Routledge, 1990), p. 9.

(39) 藤森照信『日本の近代建築（上）』三六〜四三頁。Andre Sorensen, *The Making of Urban Japan*, p. 79; 김백영「상징공간의 변용과 집합기억의 발명：서울의 식민지 경험과 민족의 장소성 재구성」［キム・ベギョン「象徴空間の変容と集合記憶の発明：ソウルの植民地経験と民族の場所性再構成」］一九七쪽。

(40) 주완요『대만：아름다운 섬、슬픈 역사』(신구문화사)［チュ・ワンヨ『台湾：美しい島、悲しい歴史』（新丘文化社）］（二〇〇三）一六〇〜一六一쪽。Chu-joe HSIA, "Theorizing Colonial Architecture and Urbanism: Building Colonial Modernity in Taiwan", *Inter-Asia Cultural Studies*, vol. 3, no. 1 (2002), pp. 8-10; Andre Sorensen, *The Making of Urban Japan*, pp. 60-84.

(41) 郭鐵椿 외 엮음、신태갑 외 옮김『일본의 대련 식민통치 四〇 년사』(선인)［郭鐵椿他編、シン・テガプ他訳『日本の大連植民統治四〇年史』（ソンイン）］제一권（二〇一二）一二五쪽 以下。하시야 히로시『일본제국주의、식민지도시를 건설하다』［橋谷弘『日本帝国主義、植民地都市を建設する』］一六四쪽 以下。Louise Young, *Japan's Total Empire: Manchuria and the Culture of Wartime Imperialism* (University of California Press, 1999), pp. 3-20.

(42) 이경찬・허준「沈陽의 都市空間構造 變遷過程에 대한 計劃史的 考察」、『韓國傳統造景學會誌』［イ・ギョンチャン／ホ・ジュン「沈陽の都市空間構造変遷過程についての計画史的考察」、『韓国伝統造景学会誌』］二四巻 四号（二〇〇六・一二）九三〜九四쪽。김정동『남아 있는 역사、사라지는 건축물』(대원사)［キム・ジョンドン『残っている歴史、消える建築物』（大圓社）］（二〇〇〇）二三〜三九쪽。하시야 히로시『일본제국주의、식민지도시를 건설하다』［橋谷弘『日本帝国主義、植民地都市を建設する』］四五〜四八쪽。Carola Hein, "The Transformation of Planning Ideas in Japan and Its Colonies", p. 69 以下。

(43) 김영신「개항、조차와 근대 만주 신흥도시의 흥기」、유지원 외『근대 만주 도시 역사 지리 연구』(동북아역사재단)［キム・ヨンシン「開港、租借と近代満州新興都市の興起」、ユ・ジウォン他『近代満州の都市、歴史地理研究』（東北亜歴史財団）］（二〇〇〇

七）八五～九一쪽。越澤明、장준호 역고옮김『중국의 도시 계획：만주의 도시론』（태림문화사）［越沢明、カン・ジュノ編訳『中国の都市計画：満州の都市論』（テリム文化社）］（二〇〇〇）九九～一一四쪽。郭鐵椿『일본의 대련 식민통치 四〇년사』［郭鐵椿『日本の大連植民統治四〇年史』］제二권、二三三～二五五쪽。

(44) 西澤泰彦『日本植民地建築論』（名古屋大学出版会、二〇〇八）七七～七八頁。郭鐵椿『일본의 대련 식민통치 四〇년사』［郭鐵椿『日本の大連植民統治四〇年史』］제二권、二五一～二六一쪽。ハンブルク市庁舎については、Hermann Hipp, "Das Rathaus der freien und Hansestadt Hamburg", eds. by Ekkehard Mai, et al., *Das Rathaus im Kaiserreich: Kunstpolitische Aspekte einer Bauaufgabe des 19. Jahrhunderts* (Mann, Gebr., 1982), pp. 179-231 参照。

(45) 西澤泰彦『日本植民地建築論』一三四～一三六頁。西澤泰彦「建築家中村與資平の経歴と建築活動について」、『日本建築学会計画系論文報告集』第四五〇号（一九九三・八）一五一～一六〇頁。김영재「나카무라 요시헤이의 서양 건축양식의 수용과정과 그 의미」、『大韓建築學會論文集 計劃系』［キム・ヨンジェ「中村與資平の西洋建築様式受容過程とその意味」、『大韓建築学会論文集 計画系』］제二九권 제五호（二〇一三）一五九～一七〇쪽。

(46) 이하늘・김태영「二〇세기 초 한국에서 활동한 일본인 건축가의 조직과 계보에 관한 연구」、『大韓建築學會聯合論文集』［イ・ハヌル／キム・テヨン「二〇世紀初頭韓国で活動した日本人建築家の組織と系譜に関する研究」、『大韓建築学会連合論文集』］一一권三호（二〇〇九・九）五九～六一쪽。

(47) William Shaw Sewell, *Japanese Imperialism and Civic Construction in Manchuria*, pp. 64-65. 越澤明『중국의 도시계획：만주의 도시론』［越沢明『中国の都市計画：満州の都市論』］七六쪽 以下。郭鐵椿『일본의 대련 식민통치 四〇년사』［郭鐵椿『日本の大連植民統治四〇年史』제一권、二〇九～二四三쪽。西澤泰彦「建築の越境と植民地建設」、山室信一責任編集『帝国日本の学知』二五五～二五八頁。

(48) 越澤明『중국의 도시계획：만주의 도시론』［越沢明『中国の都市計画：満州の都市論』］八〇、一三三쪽。

(49) 越澤明『중국의 도시계획：만주의 도시론』［越沢明『中国の都市計画：満州の都市論』］七三～七五쪽。Sewell, *Japanese Imperialism and Civic Construction in Manchuria*, pp. 76-77, p. 107, 154.

(50) 山邊鋼「新京に就いて」、『滿州建築協會雜誌』第一二巻 第六号（一九三二・六）五〇頁。

(51) 越澤明『중국의 도시계획：만주의 도시론』［越沢明『中国の都市計画：満州の都市論』］一一五～一二四쪽。

(52) 小野木孝治「滿洲國首都建設に就いて」、『滿州建築協會雜誌』第一二巻 第六号（一九三二・六）三頁、小野木孝治については、Sewell, *Japanese Imperialism and Civic Construction in Manchuria*, p. 32 参照。

(53) 越澤明『중국의 도시계획：만주의 도시론』［越沢明『中国の都市計画：満州の都市論』］一二五～一三三쪽。

(54) Sewell, *Japanese Imperialism and Civic Construction in Manchuria*, pp. 162-164; 西澤泰彦『日本植民地建築論』一三八頁。
(55) 中澤潔「新國都計畫に對する所見」、『滿州建築協會雜誌』第一二巻第六号（一九三二・六）三三頁。
(56) 小野木孝治「滿洲國首都建設に就いて」、『滿州建築協會雜誌』第一二巻第六号、二頁。
(57) Sewell, *Japanese Imperialism and Civic Construction in Manchuria*, p. 155, 174.
(58) 植木茂「滿洲國新首都建設計畫に就いて」、『滿州建築協會雜誌』第一二巻第六号、一六～一七頁。
(59) 湯本三郎「新國都の建設」、『滿州建築協會雜誌』第一二巻第六号（一九三二・六）五～六頁。
(60) 小野木孝治「滿洲國首都建設に就いて」、『滿州建築協會雜誌』第一二巻第六号、一頁。
(61) 「滿洲國國都建設計畫概要」、『滿州建築協會雜誌』第一三巻第一号（一九三三・一）三四～三五頁。
(62) 프래신짓트 두아라、한석정 옮김『주권과 순수성：만주국과 동아시아적 근대』（나남）［プラセンジット・ドゥアラ、ハン・ソクチョン訳『主権と純粋性：満州国と東アジア的近代』（ナナム）］（二〇〇八）四三七쪽。Louise Young, *Japan's Total Empire*, pp. 254-303.
(63) 프래신짓트 두아라『주권과 순수성：만주국과 동아시아적 근대』［プラセンジット・ドゥアラ『主権と純粋性：満州国と東アジア的近代』］一八四～一八七、一九三～一九四쪽。
(64) 藤森照信『日本の近代建築（下）：大正・昭和篇』（岩波書店、一九九三）二一～二三頁。西澤泰彦「建築の越境と植民地建設」二四八～二五〇頁。西澤泰彦『日本植民地建築論』三八六～三九〇頁。하시야 히로시『일본제국주의、식민지도시를 건설하다』［橋谷弘『日本帝国主義、植民地都市を建設する』］一二二～一二四쪽。
(65) 「滿洲國第二廳舍新築工事概要」、『滿州建築協會雜誌』第一三巻第一号（一九三三・一）四一～四二頁。
(66) 西澤泰彦『日本植民地建築論』九五～一〇二頁。
(67) 西澤泰彦『日本植民地建築論』一〇三～一〇七頁。
(68) 小野木孝治「滿洲國首都建設に就いて」、『滿州建築協會雜誌』第一二巻第六号、二頁。
(69) 岡大路「滿洲に於ける新興建築に待望す」、『滿州建築協會雜誌』第一三巻第六号（一九三三・六）一～三頁。
(70) 西澤泰彦『日本植民地建築論』一三七～一四二頁。藤森照信『日本の近代建築（下）』一〇〇～一〇一頁。
(71) Sewell, *Japanese Imperialism and Civic Construction in Manchuria*, pp. 180-181.
(72) 프래신짓트 두아라『주권과 순수성：만주국과 동아시아적 근대』［プラセンジット・ドゥアラ『主権と純粋性：満州国と東アジア的近代』］六六쪽。
(73) 越澤明『중국의 도시계획：만주의 도시론』［越沢明『中国の都市計画：満州の都市論』］一三四～一五七쪽。

(74) 이성시「조선왕조의 상징 공간과 박물관」、임지현・이성시 엮음『국사의 신화를 넘어서』(휴머니스트)［イ・ソンシ「朝鮮王朝の象徴空間と博物館」、イム・ジヒョン／イ・ソンシ編『国史の神話をこえて』（ヒューマニスト）］（二〇〇四）二七三～二七五쪽。김용철「오카쿠라 텐신（岡倉天心）과 일본 미술사의 성립」［キム・ヨンチョル「岡倉天心と日本美術史の成立」］一八一～一八二、一八九～一九〇쪽。

(75) 다나카 아키라『메이지유신과 서양 문명：이와쿠라 사절단은 무엇을 보았는가』［田中彰『明治維新と西洋文明：岩倉使節団は何を見たか』］一四〇～一五四쪽。

(76) 엘리스・K・팁튼・존 클락、이상우 외 옮김『제국의 수도、모더니티를 만나다：다이쇼 데모크라시에서 쇼와 모더니즘까지』（소명출판）［エリス・K・ティプトン／ジョン・クラーク、イ・サンウ他訳『帝国の首都、モダニティに出あう：大正デモクラシーから昭和モダニズムまで』（ソミョン出版）］（二〇一二）一一七～一二二쪽。Sewell, *Japanese Imperialism and Civic Construction in Manchuria,* p. 156.

(77) Gottfried Feder, *Die neue Stadt: Versuch der Begrundung einer neuen Stadtplanungskunst aus der sozialen Struktur der Bevölkerung* (Julius Springer, 1939). 日本で受容された様相に関しては、Carola Hein, "Visionary Plans and Planners", eds. by Nicolas Fiévé and Paul Waley, *Japanese Capitals in Historical Perspective: Place, Power and Memory in Kyoto, Edo and Tokyo* (Routledge, 2003), pp. 333-341 参照。

(78) 佐藤武夫「滿洲國の建築に寄す」、『滿州建築雜誌』第二二巻 第一一号（一九四二・一一）八頁。Sewell, *Japanese Imperialism and Civic Construction in Manchuria,* pp. 160-161.

(79) 佐藤武夫「滿洲國の建築に寄す」、『滿州建築雜誌』第二二巻 第一一号、八頁。

(80) 프래신짓트 두아라『주권과 순수성：만주국과 동아시아적 근대』［プラセンジット・ドゥアラ『主権と純粋性：満州国と東アジア的近代』］二四二쪽。

(81) David Tucker, "City Planning without Cities: Order and Chaos in Utopian Manchuko", ed. by Mariko Asano Tamanoi, *Crossed Histories: Manchuria in the Age of Empire* (University of Hawaii Press, 2005), pp. 53-81; Sewell, *Japanese Imperialism and Civic Construction in Manchuria,* p. 194.

(82) 유진오「신경」（一九四二）、진영복 엮음『유진오 단편집』（지식을만드는지식）［ユ・ジノ「新京」、ジン・ヨンボク編『ユ・ジノ短編集』（知識を作る知識）］（二〇一二）三～三八쪽。引用文は、八、一〇頁。

第2章　漢城から京城へ

日帝の植民地であった朝鮮は、植民地化の世界史において独特な地位を占めている。よりによって隣国に、それも長いあいだ文化伝授の対象と思ってきた国によって植民地化されたという記憶が、韓国人にはトラウマとして残った。韓国人にとって近代化自体は拒否に値するものではなかったが、隣国によって強要されたという点が問題であった。近代化と植民地化の矛盾は、韓国人の集団記憶をおさえつけている。惨憺たる植民支配の遺産が、近代文明の要素と、まるでアザミのように絡み合っているのである。しかし、これは現実の重畳する側面というよりは、一種の錯覚効果とみるほうが正しい。いわゆる「モダン」であるとは、新しい現実の様相を指称する用語ではなく、新しさを神話化する特殊な言説形成体として、植民地統治下の過去を貶め、未来を催促する強制力を行使した。ほかの地よりも植民地都市ソウルにおいて、モダニティの植民地性は先鋭にあらわれる。

漢城府都市改造事業

一九一〇年の日韓併合直後、朝鮮総督府は、朝鮮王朝の首都を再編する一連の作業に着手した。王都であった漢陽（ハニャン）が、帝国日本の植民地首位都市京城、すなわちけいじょうに再編された。朝鮮王朝のはじまりから大韓帝国にいたるまで、四大門をもつ都城漢陽とその周辺十里、いわゆる城底十里を含む地域は漢城府として編制されていたが、植民地統治下に入るやいなや、京畿道所属の京城府に縮小改編された。尊い王都が、小さな地方都市に転落したのである。都市空間の再編においてもっとも目につく点は、一群の西欧式建築物の登場であった。これは、いうまでもなく、日本帝国が、西欧の帝国と同等な権威をもつという点を可視的にあらわそうとしたものであった。新しい建築物とともに、既存の建造環境を破壊して導入された異質な空間は、近代世界に飛翔する帝国日本が古くさいアジアの王朝に対して政治的・精神的優越性をもっていることを視覚的に雄弁に語っていた。

すでに日本が支配力を獲得する以前から、漢城には近代化の波がよせていた。大韓帝国の漢城府改造事業は、景福宮を中心とする昔の都城の閉鎖的な道路構造を、都心の慶運宮を中心に転換する一連の作業を推進した。都城漢陽は、本来、城郭でめぐらされた閉じた構造であった。王朝初期におかれた宮廷、宗廟と社稷の壇、道路網、市場通りの店そして宮廷が位置した北村と藁ぶきの家が軒を並べる南村の位階的秩序は、さまざまな戦乱を経ながらも、王朝末期までそっくりそのまま維持されていた。まさに革命的な漢城府都市改造事業は、露館播遷（原文は、俄館播遷。「一八九六年二月一一日から一八九七年二月二〇日まで、親露勢力によって高宗と皇太子がロシア公司館に移り住んだ事件。日本勢力に対する親露勢力の反発で起こった事件であり、これによって親日内閣が崩壊し、各種の経済的利権がロシアにわたった」。[国立国語院『標準国語大辞典』]、本書三七七頁も参照―訳者）後、高宗が景福宮でなく慶運宮に還御を決めるとともにはじまった。現在の徳寿宮である慶運宮は、都城の実際的な中心部として機能していたところであった。したがって、ここを中心に開放的な街路構造をつくるということは、国王と臣民のあいだの遊離した関係を変化させようとするあきらかな改革の意志の表明にほかならなかった(1)。それは、惨憺たる政治的屈辱のただなかで、ほとんど反語法的に宣布された大韓帝国としては、かなり野心に満ちた計画であった。

漢城府都市改造事業は、一八九六年九月二八日、内部令第九号「漢城内道路の幅を規制する件」の発布により開始されたが、高宗の強力な意志によって改革派のイ・チェヨン（李采淵）が漢城府尹（府尹は府の長―訳者）に任命され、彼の指揮のもと、一瀉千里でなしとげられた。すでに甲午改革以前に、漢城判尹（判尹は漢城府の長の官名―訳者）パク・ヨンヒョ（朴泳孝）が、治道論を掲げて近代的都市建設を試みたことがあるが、このプロジェクトが国王の強力な支援を受けて再開されたのである。大韓帝国の漢城府都市改造事業は、脆弱であることこの上なかった「帝国」の政治的抱負と開かれた可能性を再評価する尺度として取りあげられてきた。とくに「慶運宮を中心とする放射状の道路と環状道路およびその外接道路」は、当時、計画の責任者であった内務大臣パク・チョンヤン（朴定陽）、漢城判尹イ・チェヨンらが外交官として勤務したアメリカの首都ワシントンDCの道路網をモデルに構成されたものとして知られているが、注目を集めた。(2)

この時期の新しい動きは、新たな年号の名前をとって「光武改革」とも呼ばれる。一八九七年に高宗皇帝が天と地に祭祀をとりおこない、大韓帝国成立を対内外にひろく知らせるべく圜丘壇を建てた。当時はここまでが慶運宮であったから、圜丘壇は、宮のなかに建てた施設である。(3) 高宗は、露館播遷後、新たな居所とすることになった慶運宮を、一八九七年から大々的に修理した。一九〇二年に完工した新しい正殿の中和殿は、景福宮勤政殿に次ぐ威容を誇示した。その二年前の一九〇〇年には、慶運宮の正門である大安門（現在の徳寿宮大漢門）が完工したが、臣民の日常と近い慶運宮と、とうてい犯しがたい聖域の圜丘壇という大韓帝国の二大象徴空間がたがいにむかいあって立つことになったという点は、じつに意味深長である。これは、非支配階層の広範な支持と天地神明の加護という歴史的正当性とを、ともに確保する強力な皇帝権が模索されたことを示している。(4)

漢城は、一時ではあるが、「皇城」への雄飛のための羽ばたきを試みた。(5) 慶運宮を中心とした環状放射型の道路体系を企画し、市内の主要道路を侵犯していた仮屋が撤去されて、部分的ではあるが広く直線化され、きれいに仕上げられた格子型の街路が建設された。慶運宮の再築と圜丘壇の建立以外にも、三軍府と興仁之門（東大門の正式名称―訳者）の修理および拡張、タプコル公園の造成などが、新しい帝国にふさわしい都市景観をつくる作業として相次いで着手された。さらに、ここからもう一歩進んで、電気、電車、水道といった近代的な都市設備が導入された。なによりも印象的なのは電車線路の開設であり、これは、アメリカの企業家コールブラン Henry Colbran とボストウィック Harry R. Bostwick の勧誘を高宗が受け入れたものであった。彼らは、高宗が清涼里にある閔妃の墓所洪陵に行幸するたびに経験する煩わしさと多くの警備支出を指摘して、皇帝を説得したと伝えられている。高宗は、彼らに電車だけでなく電灯・電話事業まで単独で経営できる特権を与え、結局、彼らの主導で一八九八年に漢城電気会社が設立され、一八九九年四月に工事を終え、八日に敦義門（西大門の正式名称―訳者）から鍾路を経て東大門の外の清涼里まで長く続く電車線路の開通式が開かれた。(6) 以後、路線は延長され、漢江下流からソウルに入ってくる交通の要衝地である（旧）龍山と麻浦に達した。(7) 漢城府の電車路線の敷設は、東アジア最初という記録達成にはいたらなかったが、(8) 当時の大漢帝国の全般的な条件に照らしてみると、刮目するに値する成果であったことはたしかである。これに加えて電灯設置事業も着々と進み、一九〇〇年四月、史上はじめて鍾路に三つの街灯がともった。(9)

しかし、記録達成よりも重要なことは、事案の性格である。皇城建設は、王朝の象徴的な中心地を創出しようとする「上からの改革」の一環であった。慶運宮中心の環状放射型道路を企画したことからうかがえるように、その中心点を軸にして、社会的身分によって序列化された王朝の臣民を、帝国の臣民に統合しようとする意志の表現であった。すでに準植民地状態に近かった朝鮮のこのような必死の羽ばたきをどのように評価するかは、立場によって異なるであろうが、ひとつあきらかな点は、大韓帝国が自身を「中心」に臣民を「統合」しようとするかぎり、臣民はもう「臣民」ではなく、近代的な「国民」にならざるをえず、その国民を代弁（再現）する中心も、もう昔の宮廷であることはできないという事実であった。このような変化に堪えることができないかぎり、「帝国」の修辞は、たんに権力維持の苦しいいいわけとなるしかなかった。(10) ある者は、漢城府都市改造事業を試みた高宗の意志から西欧絶対王政の精神がうかがわれるというが、(11) 当時の全般的な条件に照らしてみると、高宗と彼を取り巻く勤王勢力に発見できるのは、威風堂々とした絶対王政の精神ではなく、むしろその悲しいパロディである。

慶運宮の中和門と石造殿．出所：이규헌 해설『사진으로 보는 근대 한국 上，산하와 풍물』(서문당)［イ・ギュホン解説『写真で見る近代韓国 上，山河と風物』(瑞文堂)］(1986)

京城市区改修事業

たとえ上からの試みという限界はあったとしても、未来への道は、すでにおおきく開かれていた。王室のみならず、支配階層全般において「開化」の声がわきあがった。自主的に西洋の建築様式を導入した数々の事例が、これを立証する。王室は、中和殿のように王朝の伝統をいかしたり、圜丘壇のように清国の様式を導入した建築物を建てたりもしたが、イギリス人建築家ハーディング John Reginald Harding が設計した慶運宮石造殿[12]のような純然たる「異様館」、そしてすぐその横にロシアの建築家サバチン A. I. S. Sabatin が建てた静観軒[13]のように韓洋折衷式の建築物の導入も試みた。また、ソ・ジェピル（徐載弼）が図案した独立門のように、王宮の外の支配階層が、西洋の建築様式を導入して開化の意志を闡明した場合もあった。これとは別に、ロシア公使館、ドイツ領事官邸、ロシア公使のドイツ人義妹が運営したソンタクホテル[14] Sontag Hotel のように、西洋勢力が自身の必要によって建てた異国風建築が相次いで登場しつつ、近代のイメージを伝えた[15]。

こうした流れは、一般的な次元では、「近代文明への侵入」をあらわすということもできるであろうが、実際には、王権弱化の産物でもあった。国法による制限がだんだんと緩むほど、おもに貞洞に集まっていた各国の外交公館の建物は、階数が増え、都城のスカイラインを急激に変形させた。国家権力とは無関係にみえる明洞聖堂こそ、どの外交公館よりも階数制限を無力化した張本人であり、一八九八年に完工して以来、ソウルでもっとも目につく西洋式建築物に数えられた(16)。

しかし、このような多様な流れは、結局、日帝という強力な急流にことごとく押し流されてしまう。すでに日帝は、一八七九年に釜山に建てた日本管理庁の建物や、同じ年に仁川に建てた日本の第一銀行仁川支店のように(17)、おもに開港場を通じて朝鮮における西洋式建築の流れに加勢していたが、一九〇五年の第二次日韓協約(韓日勒約—原文)直後に朝鮮統監府が設置されるなかで、はじめて建築における急流をなすことになった。朝鮮統監府は、大韓帝国時代から王室と政府の両方の財政を管理していた度支部《たくし》を改編して、その傘下に建設所をおき、多くの日本人建築家を投入して一連の官庁舎およびそのほかの「近代的」施設を建設しはじめた。議政府庁舎(一九〇七年)、工業伝習所本館(一九〇七年)、大韓医院本館(一九〇八年)、平理院(一九〇八年)、広通館(一九〇九年)など、大規模な西洋式建築物が、漢城をはじめとしていくつかの開港場に続々と姿をあらわした(18)。

一九一〇年に朝鮮総督府が設立されると、本格的な建設事業が開始された。漢陽を京城に改造する日帝の事業は、事実上、大韓帝国の首都建設事業を引き継ぎ、皇城を植民地の拠点都市に適合する形態に変容させる作業であった。一八九六年から九八年の漢城府都市改造事業が一段落したのちも、大韓帝国の建設事業は続いた。ときがかなりすぎた一九三六年に京城府が発刊した『京城府史』第二巻によれば、大韓帝国は一九一〇年に南大門から南大門停車場(現在のソウル駅の場所)までの道路を、幅三四・五四メートルに拡張するなど、街路の部分改修を実施した(19)。このような都市改造事業は、日韓併合とともに、朝鮮総督府の市区改正事業に自然に続いてゆく。もちろん、必然的に、植民地都市計画へと性格を変化させてゆくが。

優先的な変化は、漢城府が京城府にかわるための行政的な変化であった。すでに一九〇六年に朝鮮統監府は勅令を下して、朝鮮の地方行政区域を一首府一三道一一府三三三郡に改編する行政上の革新を断行した。大韓帝国期の首府漢城府と一三道の枠組みは維持したまま、従前は府に属していた農村の面を分離して隣接の郡に編入し、開港場があった仁川と東萊（釜山）などをあらたに府に昇格させた。併合直後の一九一〇年九月三〇日に勅令で「朝鮮総督府地方官官制」が公布され、すぐあくる日に、朝鮮総督府令第六号と第七号によって、全国一二府とその管轄区域が指定された。これによって、漢城府は京城府に改称されるとともに、全国一二府のうちのひとつとして京畿道に編入された。[20]一九一一年四月一日、京城府は、城郭内と日本人居住地域であった龍山地域および漢江の川辺の一部のみを含む地域に縮小改編された。こうして結局、「皇都」への飛翔を夢みていた五百年の都城は、かたちなく矮小化された姿で、痩せこけた翼を畳んでしまった。[21]

のちに一九一四年の行政区域改編は「府」を純然と都市地域のみを管轄する行政上の基礎単位としたが、[22]これは新しい形態の都市改造事業と連携されていた。朝鮮総督府は、一九一二年一〇月七日、各道の長官に「主要な市街地の市区改正または拡張」に関する訓令第九号を示達し、朝鮮各地方の主要都市市街地に対する大々的な改造の意志をあきらかにし、[23]同じ年の一一月六日には、総督府告示第七八号で京城市区改修予定路線二九カ所を告示した。一〇月の訓令では、たんに総督の意志を表明する水準で終わったが、たったひと月で、特定の地域に対する具体的な施行計画が公開されたのである。この日の『朝鮮総督府官報』に載った「京城市区改修予定計画路線図」をみると、慶運宮から近い黄金町（現在の乙支路）広場中心の放射状道路網、そして総督府（旧総督府庁舎）があった南部と朝鮮人の中心地である北部を連結する南北道路の計画が、中心的な対称軸をなしている。これは、大韓帝国の漢城府都市改造事業を、慶運宮中心から日本人居住地中心に変形して継承していく側面と、景福宮前を中心とする新しい都市空間の創出という異なる側面が、比較的無理なく結合したことを示している。ここでなによりも注目すべきことは、朝鮮王朝の中心的建築物である宮廷をはじめ、伝統のある清渓川の北部地域と日本人が開発した南部地域が、既存の位階構造を

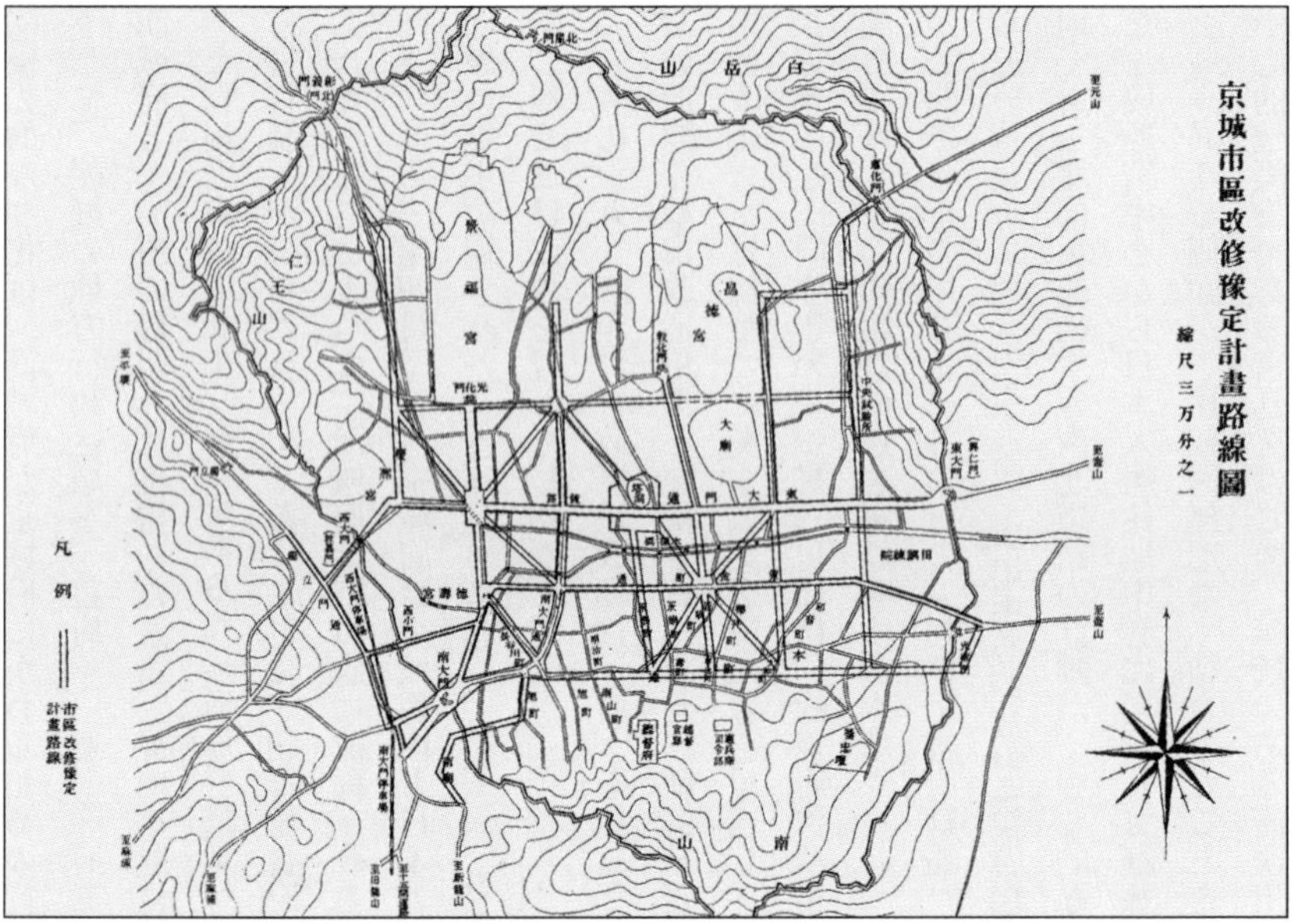

「京城市区改修予定計画路線図」(1912)．出所：『朝鮮総督府官報』(1912.11.6)

脱皮して、水平的に連結されるという点である。これは、由緒ある歴史的空間構造が瓦解されることを意味している(24)。

京城市区改修事業は、都心の街路網の体系的な整備と大々的な道路新設を図った。京城の都市部は、碁盤の目のような格子型に編まれ、道路の路線番号別順序と幅が重要度によってそれぞれ定められた。たとえば、光化門から黄土峴広場（現在の光化門交差点）にいたる第一路線は幅が三〇間（五四・五四メートル）、南大門から南大門停車場にいたる第二号路線は一九間（三四・五四メートル）、そして残りは一五間、一二間、一〇間、八間の順に定められた。また、道路の主要な交差地点ごとに広場を設置して、都市の容貌を一新しようとした。黄土峴広場、大漢門前広場、大安洞広場、黄金町広場、鮮銀前広場、塔公園前広場がそれであった。もちろん、たった一度の計画ですべてが確定されたわけではなく、事業を進めながら、現実にあわせて五度も改訂された。一九一七年には二つの路線が追加され、市区改修路線が全部で三一に増えた。予定路線の告示以前にすでに改修されたところもあった。京城へ入ってくる関門である第二号路線は一九一一年に着工して竣工した状態であり、黄土峴広場から慶運宮前にいたる第三号路線も一九一二年初めに起工して完成していた。したがって、一九一二年一一月の計画案が重点をおいたのは、京城における日本人の商業中心地として浮上した黄金町と本町（現在の忠武路）の改修であった。ここをあいだにおいて、第九号路線、すなわち昌徳宮と南山下の総督官邸を結ぶ最短の直通道路が新設されたが、京城の南北を結ぶこの道路が一九一八年に竣工したことで、一九一二年度計画案の第一期工事は一段落した(25)。

　一九一二年の京城市区改修計画案は、それなりの野心に満ちて推進された。中心大通りの道幅の拡張とその直線化、橋梁と河川の整備という日本の市区改正の基本趣旨と技法がそっくりそのまま朝鮮に移植され、日本と同様にオスマンのパリ市街地計画を参照して都市全体の全面改造をなしとげようとした。一九一二年の計画案を主導した持地《もちじ》六三郎は、台湾総督府に勤務し、そこの市区改正事業を推進していた途中に朝鮮総督府初代土木局長として発令を受けた人物であり、この分野最高の専門家に属した(26)。しかし、まさにこのような全面的で根本的な性格こそ、かえって事業が原案どおりに貫徹されない理由になった。なによりも、黄金町広場を中心とした放射状道路網は、はなから無理な計画であった。予定された敷地は、新天地ではなく悠久の伝統をもつ昔の首都の都心部であった。国権を奪うやいなやすぐに首都の都心部を強打しようとすれば、過度な政治的費用を甘受しなければならない(27)。結局、計画案の中心軸が放棄されることによって、道路網全体の垂直－水平構造に変化が生じた。京城をつくる南北軸の中心道路のうちのひとつである第九号路線の重要性が著しく小さくなり、これを東西に横切る路線にも修正が加えられた。とくに光化門前から梨花洞まで最短距離でつながる第六号路線は、実現するか否か不明であった。それは、ほかでもない昌徳宮と宗廟のあいだを貫く道路であったが、いくら没落した王朝の遺産であるとしても、宮廷を切断することには馬鹿にならない抵抗が予想された。紆余曲折のすえに、同道は結局開通するが、事業日程に大きな狂いが生じただけでなく、政治的な影響も大きかった(28)。

　しかし、計画案の基本趣旨に変化はなかった。ただ中心点が移動しただけである。黄金町中心の放射状道路網にかわったのは、第一号路線とここから直接つながる第三号と第二号路線であった。この路線は、すでに計画案の告示以前に竣工した状態にあり、その重要度は路線番号にもはっきりとあらわれているが、事業が進められながら唯一無二の中心軸としての位相を確保した。没落した王朝の昔の法宮（王が住む正宮—訳者）であった景福宮前から慶運宮の大安門前広場を経て南大門にいたる長い街路、都心部の南北を貫通するこの道の意味は、はたしてなんであったのだろうか。『京城府史』の記録によれば、朝鮮総督府は、南山にあった昔の統監府の建物を代替する総督府の新庁舎の立地として景福宮前の敷地を、一九一二年に選定した。(29) これは、同じ年の一一月に京城市区改修予定計画路線を告示する前の時点であることが知られている。(30) したがって、計画案にはただ不透明に反映されていた朝鮮総督府新庁舎の位相が、計画案の修正が重ねられて工事が進むほど、次第に明確になった。

第九号路線が未完の状態で竣工しながら一段落した第一期京城市区改修事業は、その直接的な結果だけをみると、たんなる都心部の道路整備として消極的に評価されるかもしれない。のちに展開される本格的な都市計画に比較すると、実際に既存の道路を「改修」する水準をおおきく脱せず、施行範囲も狭かった。比較の対象として、京城より二四年も先んじてはじめられた一八八八年の東京市区改正は、道路整備のほかにも、上下水道といった都市民のための施設をつくる事業を施行していた。(31) しかし、このような評価には、過度に「成果」にのみ注目して、国権侵奪直後の強圧的な植民地統治という歴史的な動因を等閑視する危険がある。このあとの都市空間の変化に照らしてみると、事業の直接的な結果よりもはるかに重要であったのは、その根本趣旨である。京城市区改修事業は、たとえ当時は不透明だったとしても、総督府新庁舎の立地とわけて考えることはむずかしい。こともあろうに景福宮の前という場所、没落した王朝の記憶が、まるで日が昇ると消える暁の雨つぶのように胸に残っていたその地を、まさに中心軸として植民地首位都市を建設するということは、逆転の発想的な選択でないはずがない。ここには、時間と空間に対するまったく新しい意識が介在していた。したがって、それはたんに帝国の威容をあらわすとか、日本人居住民の利益を代弁する実用的な次元とかを、はるかにこえたものであった。

「近代的」帝国日本が、没落した王朝の昔の都城に対してとった立場は、なによりもまず城壁の撤去に克明にあらわれる。日帝は、漢城の周囲を囲む城壁を撤去して四大門に手をつけることで、城郭都市の原型を傷つけた。このような措置が大きな抵抗にあわなかったのは、事実上その端緒を提供したのが日帝ではなく大韓帝国だったからである。光武二年の一八九八年一〇月、大韓帝国政府は、鍾路－南大門－元暁路を結ぶ電車軌道を敷設しながら、東大門、西大門、南大門の左右城壁を壊す計画まで立てたが、結局、城壁はそのままにして、電車が幅二間しかない狭い楼門を走るというかなり奇異な折衷案を選んだ。光武九年の一九〇五年初めからは京釜鉄道が開通し、鉄道の乗客までこの楼門を頻繁に出入りするようになると、城壁はさらに厄介な存在になってしまった。結局、朝鮮統監府が創設されるなかで、漢城のひどく古い城壁は、暴風雨のごとき政治的圧力にそれ以上耐えがたくなった[32]。

西大門を通過する電車（1904）．出所：서울특별시립박물관『서울의 옛 모습：개항 이후 1960 년대까지』［ソウル特別市立博物館『ソウルの昔の姿：開港以後 1960 年代まで』］（1998）

漢城の城壁撤去は、いたって迅速に進められた。朝鮮の最後の王純宗が即位した一九〇七年、大韓帝国政府は、「城壁処理委員会」を設立し、東大門と南大門の左右の城堞《じょうちょう》を壊して新道を通す仕事を手はじめに、大々的な城壁撤去を断行した[33]。委員会は、たった半年で所期の目的を達成し、ただちに解散したが、このように迅速な「城壁処理」が必要であった理由は意外に単純であった。すなわち、日本の皇太子嘉仁親王の来韓日程にあわせて通りをきれいにすることで、滞りなく送迎行事をとりおこなうためであった。彼は、明治日本の最高級の大物に属する桂陸軍大将、東郷海軍大将、岩倉具定公爵らを帯同して、勢いを誇示するように大韓帝国皇室を訪ねた(34)。いまや朝鮮の地は、ひとえに日帝の判断にゆだねられていた。一九一〇年の日韓併合後は、このような趨勢がさらに強化され、東大門の両側の城壁が撤去され、敦義門（西大門）が壊され、漢城の周囲を楕円形で包んでいた城郭の大部分がたちまち跡形をなくした(35)。

悠久の年月を耐えぬいてきた城壁の迅速かつ全面的な撤去は、植民地統治の暴力性をはっきりと示す事例であることはあきらかである。しかし、これをたんなる植民地に対する抑圧と蔑視とみなすと、ことの核心を見逃すことになる。日帝がもくろんだのは、自国の国家的利益に合致するように植民地朝鮮に「近代文明」を移植することであり、植民地の先住民を不必要に刺激することではなかった。もちろん、それが植民地の被支配階層の利害を代弁したものではなかったことはいうまでもない。これは、目的達成のための方法の暴力性に如実にあらわれている。しかし、すでに大韓帝国みずからが城壁撤去に乗り出していたという事実が暗示するように、ことの核心は、破壊それ自体よりは、むしろ新しい都市空間の創造にあった。

日帝は、一九一〇年八月二二日に「韓国」に対する「一切の統治権を完全にまた永久に日本皇帝陛下に譲与」する「併合条約」を締結したのち(36)、同じ年の一〇月一日に朝鮮総督府を設置し、もはや躊躇することなく新しい都市空間の創造に乗り出した。道路建設に直接軍部が介入し、道路の種別と幅員を決めるに際して軍用車両の通過の可否を考慮するようにし(37)、一九一一年四月には政令第三号として「土地収用令」を発布し、「公共の利益のための事業に必要な土地を収用あるいは使用するように」措置した(38)。二カ月のちには府令第八〇号として「土地収用令施行規則」が制定・公布され、法令は現実性をもった(39)。「土地収用令」は、植民地支配の冷厳な現実を、城壁撤去の数倍の力で実感させた。この天下無敵の法令は、各種の取締規定と処罰規則をともなって警察力で強制された。それが、植民地という特殊な条件によって、より強圧的で憚りなく施行されたことは明白である。ただし、じつは、日本でも、都市計画業務における警察の役割は大きかった。これは、プロイセンの方式にしたがった明治時代の遺産であった。さらに、京城市区改修事業を控えて、その事前措置として発布された「土地収用令」は、単純に勝者の強奪であるよりは、それなりの原則をもつ行政的な計画によるものであった。

京城市区改修事業が本格化していた一九一三年二月には、道路拡張に必要な道端の建物の変形と収用のために総督府令第一一号「市街地建築取締規則」が公布された(40)。全九条からなるこの法令は、建蔽率、建築線、建築物の材料、付帯設備、美観、災害防止といった、のちの建築法で明示される内容を含んでおり、また防火地区、古都地区、準工業地域など、のちに用途地区制に発展する都市空間の合理的再編を試みていた(41)。ただし、もちろん、開発よりは取締に主眼をおく建築規制法令のレベルをおおきく脱するものではなかった(42)。

このように市区改正事業は、法律的・行政的な措置を設けて順々に進められたが、街路網と周辺景観の整備に局限されることなく、新しい近代文明の要素を導入する基盤として積極的に活用された。京城に導入された電車と鉄道こそ、新時代の図像であった。日帝は、大韓帝国時代から漢城府に敷設されはじめた電車路線を短期間で拡張したが、日韓併合前の一九一〇年七月、すでに韓国駐箚《さつ》軍司令部をはじめとした日本人の軍事基地と居住地が立ち並んでいた新龍山まで路線が連結された。京城市区改修事業が進行しながら、都城内の東西および南北方向に電車路線が新設され、複線化された。道路改修と電車路線の敷設は、ともに、都市を水平的に連結しようとする新しい発想の産物であった(43)。鉄道の導入は、より大きな下絵のうえに進められた。日韓併合以前に、すでに済物浦－南大門の区間には拡張された京仁線が存在し、朝鮮半島西北端の義州へむかう京義線も敷設されていた。日韓併合後の一九一一年一一月には、鴨緑江の鉄橋が開通し、日本から朝鮮を経て中国へ続く大陸鉄道交通路が確保されることによって、鉄道がもつ戦略的重要性が倍増した。初代朝鮮総督寺内正毅は、帝国日本の陸軍大臣を兼ねる人物として、帝国全体の国益がかかった事案を看過するはずがなかった。朝鮮総督府は、鉄道敷設に必要な土地を没収し、工事を催促し、一九一四年に京元線と湖南線を完工することによって、京城を中心としたX字型の鉄道網を構築した。このような鉄道の繁栄は、

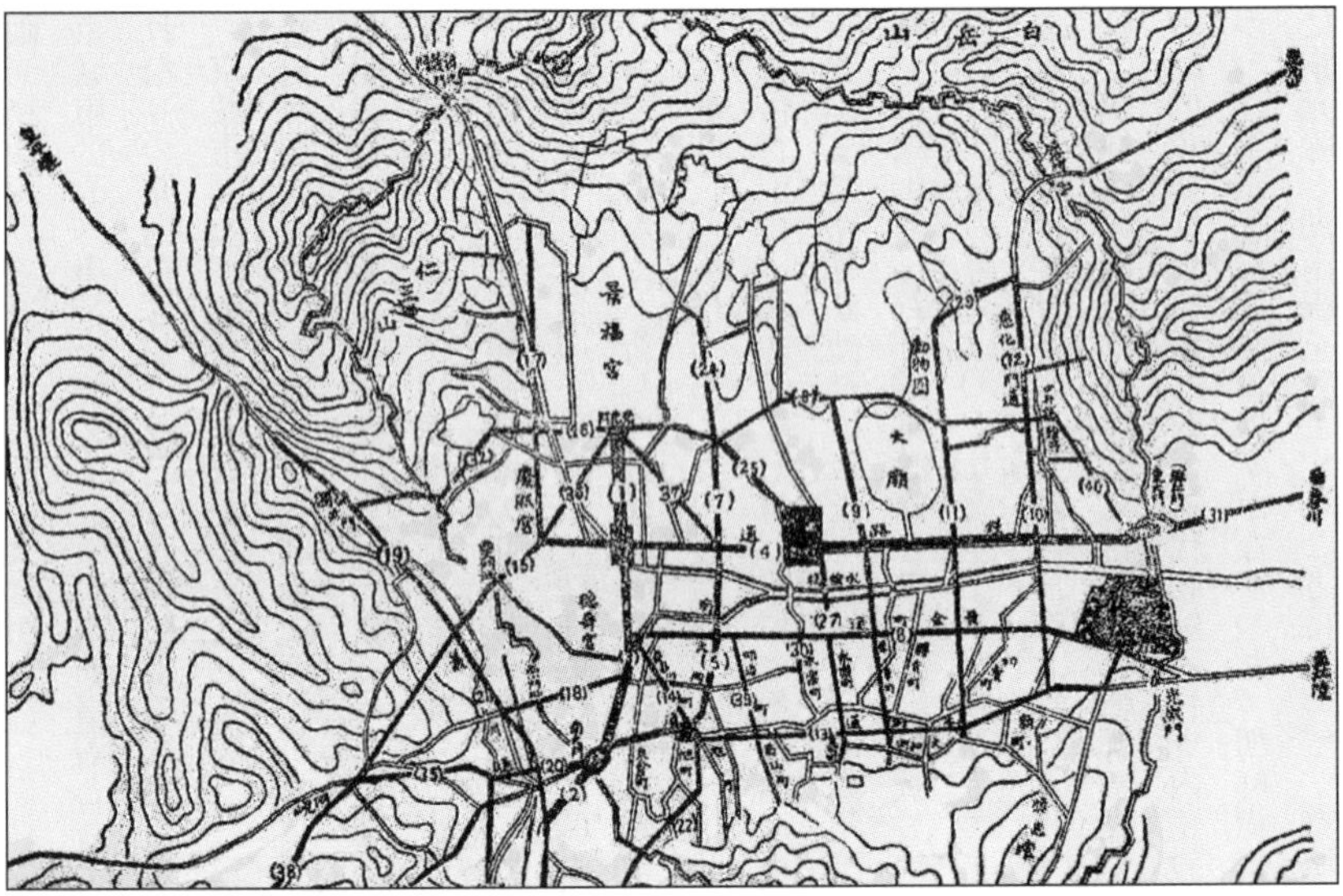

「京城市区改修予定計画線図」(1919). 出所:『국역 경성부사』제 3 권 [『国訳 京城府史』第 3 巻]

京城の空間をおおきく変貌させた。外部から物資と情報、人口が急速に流入しただけでなく、交通手段として鉄道それ自体がもつ新しさにより、都市の構造と景観は以前とは比較できないほどかわった(44)。

京城市区改修事業の第一次事業が一段落した一九一九年六月二五日の『朝鮮総督府官報』は、「京城市区改修予定計画路線改正」を発表した。ここに載せられた「京城市区改修予定計画線図」には、一九一二年の最初の計画案が公布されてからの変化した様相が十分に反映されている(45)。なによりも黄金町中心の放射状道路網が消えたかわりに、景福宮前から徳寿宮(慶運宮)前をすぎて南大門へつながる直線道路が南北軸の中心となっている。いまだ建てられていない総督府新庁舎の位相が、全街路網のなかにはっきりと確認されたのである。一九一二年の計画案には多くの対角線の道路が発見できるが、一九一九年の計画案では、以前の第一号、第三号路線を縦軸として東西南北に拡がる格子型の街路網が明確化された。また目につくのは、昔の漢城府では都城の外の地域であった龍山と麻浦一帯が計画案に含まれたことであるが、景福宮の前からそこまで最短距離の直線道路がつなげられたことには、あきらかに軍事的なそして治安上の要求が反映されていた。当時、新龍山には日帝の兵営そして軍司令部がおかれており、麻浦には京城刑務所があった。[46]

都市計画の合理性?

全体的にみると、京城市区改修事業は、新たな「近代的」都市空間を構築しようとする努力の一環であった。植民地統治特有の強圧的な性格は、このような努力と矛盾するものではなく、むしろこれをできるかぎり促進した。「近代文明」は、総督府が天下無敵の権力を振るうことができるように、より衝撃的でよりアピール力をもって接近してきたのである。朝鮮総督府の代弁紙に転落した『毎日申報』の一九一二年一一月一七日付社説「市区改正」は、「道路とは文明交通と直接関係がある」と前提したのちに、道路を直線化して四方八方へひらくことで、朝鮮もいまや文明の道へ入ったと断言する。そして、このすべての功は、「朝鮮を開発」しようと「労心労力」する総督に譲られる。[47]『京城府史』の回顧もさしてかわらないが、「時勢の流れに歩調を合わせて京城市街の交通を便利にするための」趣旨で施行された京城市区改修事業が、総督府の不断の努力のおかげで非常に成功裏に推進されたと評価している。[48]事業の成果について在京城日本人がかなり満足していたことは、一九一二年から朝鮮史研究会を率い、一九一七年には京城新聞社社長として活動するようになる青柳綱太郎の一九一五年の著作『最近京城案内記』によくあらわれている。青柳は、いまだ京城市区改修事業の初期段階にあたる時期であったにもかかわらず、かなり寛大な評価を下している。

京城市街は、みじめなほど沈滞した姿をあらわにしていた。活気がなく、生気がなく、おそれおののき、かろうじて生命を維持してきていた。しかし、韓半島の主権が日本に移ってきてから総督が繰り広げる果敢な改革で、京城の市街地が見違えるほど整備された。今は四方に通ずる平坦な大通りが東西南北を貫通している。その規模の長大さと交通の便利さは、むしろ日本の大都市を凌駕している。眩しいほどに雄大で華麗な新築の建物が、市内のあちこちに堂々とした姿を遺憾なくさらしている。(49)

当時の青柳の地位と彼が執筆した本の基本的な性格を念頭におけば、寛大な評価を額面どおりに受け取ることはできないであろうが、少なくとも、当時の京城に変化の気運が満ちていたという事実ははっきりと確認できる。一九一〇年代の京城は、すでに「近代文明」のスライドイメージに捕らわれていた。それが住民の実生活に役立つものではなかったと主張するのは、まったく間違ってはいないとしても、あまり説明にはならない。より重要なのは、少なくとも、この時点から、植民地支配者と被支配者を問わず、誰でも「モダン」でなければならないという強迫観念に捕らわれたという点である。植民地の首位都市京城の新しい景観こそが、モダニティという天下無敵の権力を実感させる明確な表象であった。

近代文明は、なによりも「合理性」という要素のために、あえて逆らうことのできないアピール力をもった。それは、偏頗や恣意とは対照的な公平無私であることの原理であった。植民地統治までも、支配民族の利益追求ではなく、むしろ道徳的義務を果たすかのように映るべくするのが、まさに合理性であった。京城市区改修事業は、その具体的な「成果」をいかに判断するにせよ、都市空間を合理的に再編しようとする努力であった。交通を円滑にして整った景観をつくりだすことにより、統治の効率性を近代化しようとしたのである。この事業は、総督府内務局の直轄事業所である京城土木出張所が担当したが、おおよそ一九二〇年代末まで続いた。東京の市区改正を模倣して道路の左右に歩道を設置し、中央に馬車道や電車路線をおく方式で歩道と車道を区分し、煩雑な交差点を舗装する場合には、砕石を敷くマカダム工法を使用した。既存の京城の街路網体系と自然の地形をある程度いかすと同時に、不規則に絡んだ街路を格子型に変貌させた。(50) 計画された全四七路線のうち、一九二七年頃までに実現したのは二一路線であった。(51) このような長期的な事業が進められるなかで、より専門的で「合理的な」計画案が提示されるのは必然であった。

西欧と日本で流行していた「都市計画」が本格的に朝鮮に影響を及ぼしたのは、一九二〇年代に入ってからのことであった。京城都市計画研究会が、総督府の若手土木官僚と在京城日本人資本家らを中心に結成され、より専門的な見識をもって今後の事業を論議することになった。一九二一年八月末に創立総会をもったこの集まりは、一九一九年に日本本国で制定された都市計画法を植民地朝鮮に伝播させようとする趣旨で結成された。日本の都市計画法の制定に主導的役割を果たした都市計画調査会会長の水野錬太郎が、一九一九年に朝鮮総督府政務総監として赴任し、京城都市計画研究会の創立を率いたという事実が、この集まりの基本性格を物語っている。[52]

専門的な都市計画の必要性が台頭したのは、直接的にはたび重なる浸水被害に悩まされていた日本人居住民の嘆願があったからだが、より根本的には、都市空間の合理化に対する総督府官僚の明確な意志によるものであった。京城市区改修事業にみるように、総督府の「文明化の使命」は、論理的な説得力なく、力だけを押し立てたものであったので、植民地の単純でない現実とぶつかって、繰り返し修正されざるをえなかった。朝鮮の日本人支配階層は、試行錯誤で染みのついた「武断統治」がいつのまにか幕を下ろし、植民地統治が安定化の局面に入ったと判断された時点以降、帝国の文化的ヘゲモニーを植民地被支配階層に確認させる必要に直面した。第三代朝鮮総督斎藤実が標榜したいわゆる「文化統治」の時期が到来したのである。一九二〇年代の京城は、当時の東京やベルリンと同様に、モダニティという唯一神を崇拝する都市であった。ここで機能的合理性の論理に張りあえる代案の論理というものは、存在しなかった。

都市計画に対する意欲をあおった別の契機は、関東大震災後の「帝都復興計画」の動静であった。帝国本土では思ったとおりに貫徹されなかった計画であったとしても、はるかに政策の執行が自由な植民地空間では、あらためて試みる余地がいくらでもあった。しかし、理論と現実のあいだには依然としてギャップが存在した。京城都市計画研究会は半官半民の団体であり、総督府政務総監が顧問を引き受けるほど官僚社会の人脈と直結していたが、日本の都市計画学会の中心人物である片岡安と佐野利器を名誉会員とするなど、民間主導的な性格をもつ研究団体を標榜した。

実際にこの集まりは、政策の決定と執行において、一種の諮問機関以上の役割は果たせなかったが、それは、帝国日本の内務大臣後藤新平が主導した都市計画調査会がもった影響力とは対照的であった[53]。

京城都市計画研究会は、一九二六年から一九三〇年まで三度にわたって京城府都市計画案を作成したが、そのどれも政策決定の過程では受容されなかった。法律的な検討が必要な部分が多く、莫大な費用もまた非現実的に映った[54]。しかし、研究会の活動とその結果は、ある程度は総督府の政策決定に影響を及ぼした。一九二七年二月、京城府が発刊した『京城都市計画資料調査書』には、外郭地域の人口・気候・交通・衛生などの状況に対する新たな関心が示されているが、これは、研究会が数年間論議して提案した内容と無関係ではなかった[55]。もちろん、当局は、行政的に京城都市計画研究会とは別の都市計画調査と計画案の樹立を推進した。一九二一年に総督府の官制改正によって内務局土木科に都市計画係が設置され、一九二六年には京城府にも臨時都市計画調査係が設置されて、京城の都市計画調査事業を担当し、一九二九年三月には京城府が大阪市都市計画部庶務課長の岡崎早太郎に都市計画法案の作成を依頼したりもした。岡崎は、名古屋と大阪でもっとも先駆的に都市計画を推進した経験があり、とくに都市計画関連法制では日本最高の権威者に数えられる人物であった[56]。

一九二〇年代は、韓国の都市計画史において、日本式の都市計画法制定のための諸々の研究と調査作業がおこなわれた時期として位置づけられる。一方では一九一〇年代に開始された市区改正事業を仕上げると同時に、一九三〇年代に本格化する大々的な空間再編を準備した時期、というわけである[57]。しかし、このような評価は、二〇世紀韓国史を近代化の実現過程とみる通常の観点を脱していない。我々は、朝鮮総督府が、植民地首位都市京城をつくり進めるのに特有の国家テクトニックを駆使したことに注目する必要がある。それは、近代文明の導入という大義で正当化されたが、それでも近代的な国家統治方式とか産業化の要求とかにこたえる技術的対応といった類いの、一般的な説明には包括されえない残余をもつ。なぜ民間研究団体のそれなりに合理的な要求が受容されなかったのか。官界の人脈を十分に動員できる団体であったのに。植民地の先住民の生活改善のために国家財政を減らす必要はなかったというかもしれないが、これでは十分な説明にならない。[58] どのみち京城都市計画研究会の関心対象も朝鮮人ではなかったからである。日本人居住民も、総督府の方針から排除されたという点では、別段異なる点はなかった。日本人居住民を代弁した民会の建議文のなかには、南大門通から撤去される民家の買収価格があまりにも低く策定され、退去期間もあまりにも短いと糾弾する文章が出てくる。

道路拡張事業は、もっぱら局部に偏重している感じです。南大門通のような場合は、市のもっとも重要な場所であるので、官民合意によって一層完全な市区改正を図るべきです。（……）それでこそ、百年のちにこの市街地がさらに発展したときにも市の体面を維持することができ、また商業の繁盛も期待できます。[59]

京城の日本人民会が近代的な合理性を掲げたとすれば、総督府が標榜した立場は権力の植民地性である。総督府が実際に主眼をおいたのは、有機体的総体としての帝国日本であった。近代的合理性は、強力な帝国をつくるための道具にすぎず、それ自体が目的ではなかった。植民地ではなおさら、近代的合理性は、ひたすら効率的な支配と動員のために必要な場合にのみ呼び出された。いいかえると、支配と動員にとくに役に立たないかぎり、実生活あるいは産業技術に関わる合理性は植民地統治者の眼中になかった。

「朝鮮市街地計画令」

このようにみると、一九二〇年代を通じて議論されていた都市計画法の制定が、あれやこれやの理由で重ねて先延ばしにされ、満州事変を契機に突然議事日程に上るようになるのは、まったくもって驚くべきことではない。一九三二年に満州国が登場し、満州で産出された資源を日本本土に、そして日本の工業生産品を満州に送るためのもっとも近くて経済的な輸送路として咸鏡北道羅津が選定されると、朝鮮総督府は羅津を満州鉄道の終着地にして近代的な港湾都市に開発するために、いそぎ日本式の都市計画法を立案した。一九三四年六月、総督府制令第一八号で「朝鮮市街地計画令」を発布し、翌月には総督府令第七八号で「施行規則」も発布し、一九三五年九月には総督府令第一〇五号で「施行規則改正案」を発布し、全部で一〇頁にわたって建築物の高度制限に関する方針をぎっしりとあきらかにした。このような法律的・行政的措置は、そのまま一九三六年の「大京城計画」につながる。[60]

「朝鮮市街地計画令」は、名前そのままに全国的規模の都市開発を志向していた。「市区改正」とは異なり、旧市街地の改良よりは、郊外地域への拡張や羅津港のような新都市開発に重点をおき、これによって予想される地価や人口の暴騰を公権力で統制しようとした。民意を収斂するよりは、総督の強いリーダーシップによって推進される一種の緊急措置であり、計画令第一章総則の第二条と第三条にあるように、もっぱら総督が立案して総督が決定する総督中心の計画であるいう点が、「朝鮮市街地計画令」の基本的な特徴であった。[61] この計画令は、全文が三章五〇条で構成されたが、第一条があきらかにするとおり「交通、衛生、保安、経済などに関する重要な施設の計画」を基本目的とし、『毎日申報』社説でも確認されるように、「市街地計画、建築物制限、土地区画整理の三大事項を一括」した。[62] この緊急な「制令」には、一九一九年に制定された日本の都市計画法と市街地建築物法が一カ所に混合され、これに加えて帝都復興計画の土地区画整理事業を反映した一九二三年の特別都市計画法の内容も一部含まれた。[63] 民間の参画をきわめて制限し、政府主導で都市計画と建築物の制限を実施し、実生活に直接影響を及ぼす土地区画整理まで住民の意志にお構いなしに強行しようとしたが、それは、事案の緊急性のためというよりは、私的な利害関係に振り回された日本本土での試行錯誤を斟酌したからである。[64] もちろん、総督府の立場では、植民地という有利な条件の活用を拒む理由はなかった。日本でのように既得権層の利害関係を考慮する必要がなかったので、ひたすら統治者の意図にしたがって一瀉千里に事業を施行していくことができた。

「朝鮮市街地計画令」は、まず施行規則第一条の二号を通して、用途による地域制を朝鮮に導入した。地域の種類を住居地域・商業地域・工業地域に分類する一方、風致地区・風紀地区・美観地区・防火地区・工業地域内特別地区というかたちで、地区用途を五つに区分した。おもに取締規定に偏った一九一三年の「市街地建築取締規則」とは異なり、積極的な都市開発を念頭におき、建築物の高度制限に関する多角化した施行規則を定めた。[65] これとともに、日本の特別都市計画法を参照して、市街地の土地区画に関する規定を定めた点も、「市街地計画令」が朝鮮に導入した新しい側面である。総督が全権を与えられたからには行政上では特段の困難はなかったが、問題は財政であった。このために、国費と地方費の補助など多様な方策が模索されたが、財源調達が容易でなかった植民地の条件からして、ほとんどは開発負担金を通じて、すなわち受益者負担の原則で充当しようとした。このような原則は「朝鮮市街地計画令」第一条総則の前文に明示されている。[66]

「朝鮮市街地計画令」が提示した数々の事業のうち、断然重要なのは土地区画整理事業であった。土地をいちいち購買しなくても、「公共の利益」を担保に収用し、[67] 計画的に造成するこの事業には、特筆するべき淵源があった。それは、はるか遠くプロイセンの地に源を発し、大地震で裂かれた日本の渓谷を曲がりくねって、ついに朝鮮という不毛の平原にいたった。朝鮮での土地区画整理事業は、「朝鮮市街地計画令」特有の植民地性をもっともはっきりと示している。「朝鮮市街地計画令」は、第一章総則が植民地統治初期に発効された「土地収用令」の立法趣旨にしたがうという点を重ねてあきらかにしているとおり、近代都市計画の移植であるのに先だって、まずは植民地統治のひとつの方式であり、土地区画整理事業こそがその典型であった。土地区画整理は、プロイセンではおもに民間事業として進められたが、朝鮮では公権力を動員した国家施策として貫徹された。この計画令の第三章の第四二条は、土地区画整理の目的が既存の土地を国家施策によって完全に「利用」する点にあることをはっきりとあかしている。「土地の交換、分合、地目の変更、その他区画形質の変更または道路、広場、河川、公園などの設置、変更あるいは廃止」という事業の内容は、基本的に土地を使用価値で判断して効率性を極大化しようとしたという点で、近代的・資本

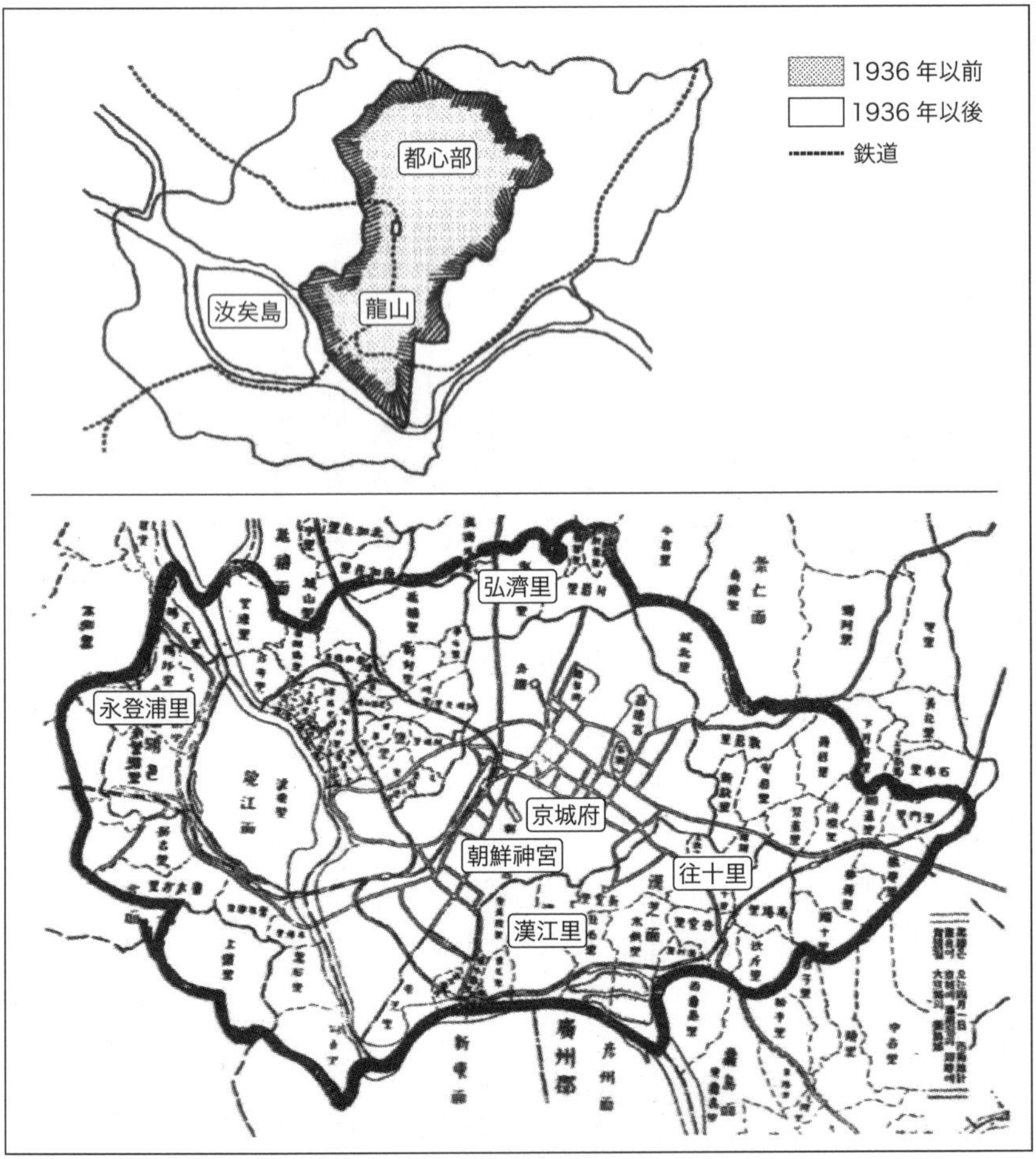

1936年4月京城府行政区域の拡張．出所：『朝鮮日報』1936年1月16日

主義的合理性の追求とみなせるが、土地の所有者に自発的な申請期間をたった一カ月しか与えず、この期間がすぎると、不在地主が多いという理由でただちに行政命令を下して土地を収用してしまう暴圧的な方式は、合理性の裏面をあらわにしている。また、開発利益の還収ないしは土地投機の抑制など、総督府が固守した基本方針は、事業の効率性を高めたが、それと同時に、事業が掲げた「公共の利益」の正体を不明瞭にした[68]。土地区画整理は、一九三八年九月に総督府令第一九三号の「施行規則改正」を通じて、未開発地に新規の宅

地を造成したり、道路と下水道をあらたに造成するなど、具体的な手法のかたちをとることになった。[69]

京城府も例外ではなかった。京城府に対しては一〇カ年度かけて一〇地区で土地区画整理が計画され実施されたが、すでに市区改修事業で整備された旧都心部よりも、あらたに編入された区域を開発することに主眼がおかれた。これは、新市街地建設に焦点をあわせた「朝鮮市街地計画令」の立法趣旨にこたえるものであった。一九三六年三月二六日、朝鮮総督府告示第一八〇号で「京城市街地計画区域」が公布されることではじまった京城市街地計画事業は[70]、同年四月一日に朝鮮総督府令第八号で京城府行政管轄区域変更案が最終確定されて具体化した。京城府を中心に、東側は中浪川、西側は弘済院川まで、南側は永登浦を含む銅雀里、番大方里、道林里などの一部を編入することにより、面積は三・五倍となり、ここに通称「大京城」が誕生した。[71]

「大京城」は、すでに一九二〇年代に京城都市計画研究会などおいて活発に論議されていたものであった。日本で流行していた田園都市論の影響を受けて、植民地朝鮮でも閑寂な郊外地域の緑地に囲まれた高級住宅地、いわゆる「文化村」の必要性が台頭した。[72] 一九三〇年代の京城の行政区域拡大には、このような論議を一定程度実現した側面がある。しかし、植民地朝鮮での土地区画整理事業が、全般的に新しい道路網の構築と工業地域の工場用地造成、および、それと結びついた住宅地建設に主眼をおいていたからには、京城府でも基本目標として設定されたのは、工業地区と連携して過密化した都心部の人口を吸収する新市街地の建設であった。これによって優先権を得たのは、標準化された大規模住宅団地の建設である。敦岩地区の都市型韓屋のように、小規模な筆地に分割された宅地の上に大量に複製されたいわゆる「改良韓屋」が、京城府の景観をかえた。[73]

一九三七年に朝鮮総督府が発刊した『京城市街地計画決定理由書』では、あらたに京城府に編入された地域の開発が事業の核心であることが明示されている。まず、新しい区域を東部、漢江以南、西部の三つの地域にわけ、これをさらに八つの小地域に細分して、それぞれ特色ある開発を構想した。全体的にみると、京釜線・京仁線・京元線の各鉄道と連携する地域を工業地域として開発する一方、そのほかの地域は住居地域と定めて、その一部は高級住居地域にしようとした。都市空間について、新たな用途別・階層別位階が設定されたのである。たとえば、東部地域の三つの地域のうちのひとつである漢江里付近は、往十里西側から龍山軍用地に接する地域までで、うしろは南山を背にし、前は漢江に面した天然の立地条件とともに、電車路線が連結される利点によって、高級住居地域として予定された。しかし、大部分の外郭地域がそうであったように、貧民住居地も散在するという点を考慮して、無秩序な開発の可能性を事前に厳格に統制しようとした。これに比して、西部地域に属する恩平方面区域の相当部分は、風致地区として括られ、開発が制限された。京城府は、このような基本構想を土台に、まずあらたに編入された地域の道路建設に乗り出した。それぞれの小地域に配分された機能的要素が最大の効率性をもとうとすれば、これらのあいだの有機的な連結網が必要であった、そのために、各区域をさらにいくつかの交通圏域にわけ、各圏域内部を格子型道路網で整備し、また旧都心部と副都心を放射状道路網で整備した。旧都心部の慶運宮のむかいに建てられた京城府庁前を中心に、外郭地域まで同心円で拡張した道路網こそ、「朝鮮市街地計画令」のテクトニック的位相を具現するものであった。(74)

このような事業の性格上、「円滑な」行政体制の整備が必須であった。朝鮮総督府土木課に都市計画係が設置されて実務を担当し、日韓併合直後から植民地の土木事業のための最高政策審議機構として機能した朝鮮総督府土木会議は廃止され、その役割は市街地計画委員会が取って代った。この機構は、一九三五年に組織され、三六年から実質的な活動に入ったが、実際には総督の決定に力を加える一種の挙手機の役割を果たすことによって事業に寄与した。(75) このように統治者の神的な権能で具現された市街地計画事業を、はたして「モダン」であると評価できるのか。私的な土地改良事業にもかかわらず、まるで戦時作戦のように国家の力量と資源、住民を総動員することが、はたして理にかなうのか。(76) なによりも事業費の負担は土地所有者に背負わせながら、事業自体は国家が統制するという方針は、不適切に思える。しかし、このような矛盾した側面は、「公共の利益」という論理の前で力を失う。効率性と徹底さがそれなりに鮮明な大義と合わさると、むしろモダンで一層先進的な色彩をおびるようになるのである。

市街地計画事業は、厳格な科学的合理性で重武装した。調査・分析・計画の合理的な手続きにしたがって事業が

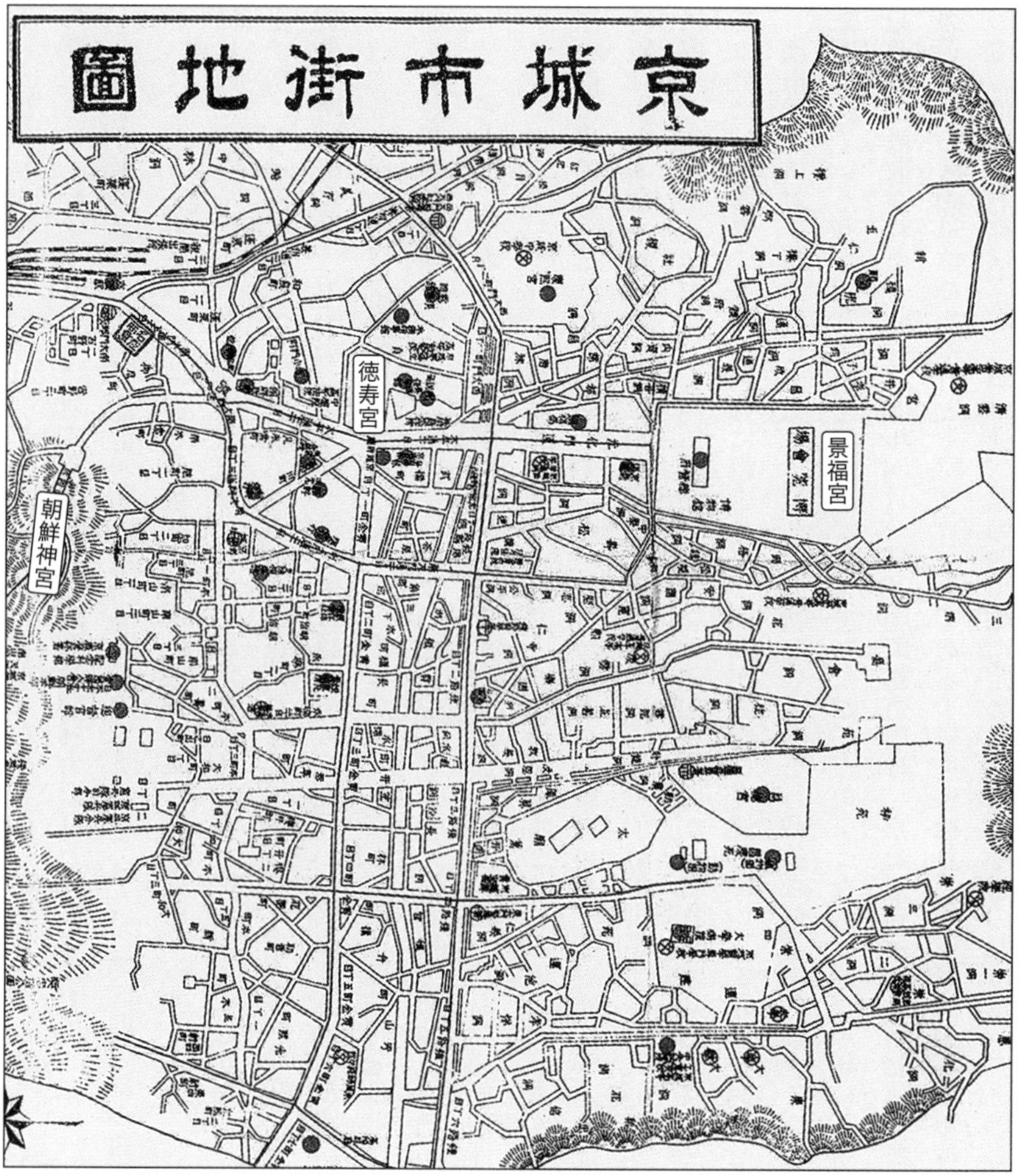

「京城市街地図」(1920年代末). 出所:ソウル歴史博物館, 遺物番号:ソウル歴史000251

進められ、土地、人口、交通量、施設容量などに対する実証的な調査を土台に統計を算出する科学的方法論が導入され、風向・水量・水質・採光・地形といった自然環境的要因まで細心に考慮して用途地域を区分し、一貫した枠組みのなかで道路の幅員と建物の高さ、道路網体系などの細部計画が策定された。このような努力は、基本的にすべての対象地域には標準化された基準が適用できるという仮定にもとづいていた[77]。いわゆる「価値中立性」

という近代科学特有の価値は、権力者の横暴や征服者の聖像破壊的衝動とは距離をおいたが、そのかわり、地域固有の歴史とアイデンティティに対する無慈悲な認識論的暴力をほしいままにした。

市街地計画事業は、結局、都市空間の革新的な変化をなしとげた。植民地朝鮮の首位都市京城は、確実に「モダン」になった。京城は、日韓併合直後に京城市区改修事業が開始されて以来、一九三〇年代の市街地計画事業を経て、はじめて少なくとも外形上は近代首都としての風貌を備えるようになった。ほかのなににも増して、街路構造が直線格子型になったことが決定的であった。京城の都心部には、すでに「大京城」が登場する前から、京城市区改修事業第一期に南北軸の街路がつくられ、第二期に該当する一九二〇年代に東西軸の街路が構築されることで、東西南北に通ずる直線格子型街路網が完備されていた。それが、一九三〇年代に京城府全体に拡散した。このように相互に貫通する等質的な形態の街路こそが、疑いの余地がないモダニティの表象であった。効率性を極大化するという点において、そして、それ以上に、王朝時代の伝統とは判然と異なるまったく新しい心象地理を都市民の脳裏に刻印するという点において。(78) 一九二〇年代末の京城に所在していた名産商会が会社案内用に描いた「京城市街地図」には、京城都心部にすでに完工した直線格子型道路がしっかりあらわれている。広い空地がある北側(地図の右側)の景福宮は、博覧会場と表記されており、そこから光化門通と太平通を経て朝鮮神宮まで長い大通りがつながり、慶運宮という名称に取って代った「徳寿宮」(地図の左側)の前には放射状道路がある程度実現されている。そしてここから黄金町を経て本町にいたるまで道路が十分に組まれて、商圏が非常に発達していることを推測させる。

都市空間に対する感覚をかえるには、町の新しい名称と行政的な配置もおおきく寄与した。大韓帝国は長いあいだ維持されていた五部四九坊制を洞町制にかえていたが、このような制度的な革新は、日韓併合以後、朝鮮総督府の行政改編に吸収された。一九一四年四月一日、朝鮮総督府は、京畿道告示第七号によって、江戸時代に起源をもつ日本の正方形の区画単位である町と下位ブロックである丁目を移植し、都市区域の基本単位とするようにした。これによって、地域の名称は、町、洞、通、路の四種類に定められた。(79) 地番の付与は、ひとつの洞を一括して筆地ごとに順に

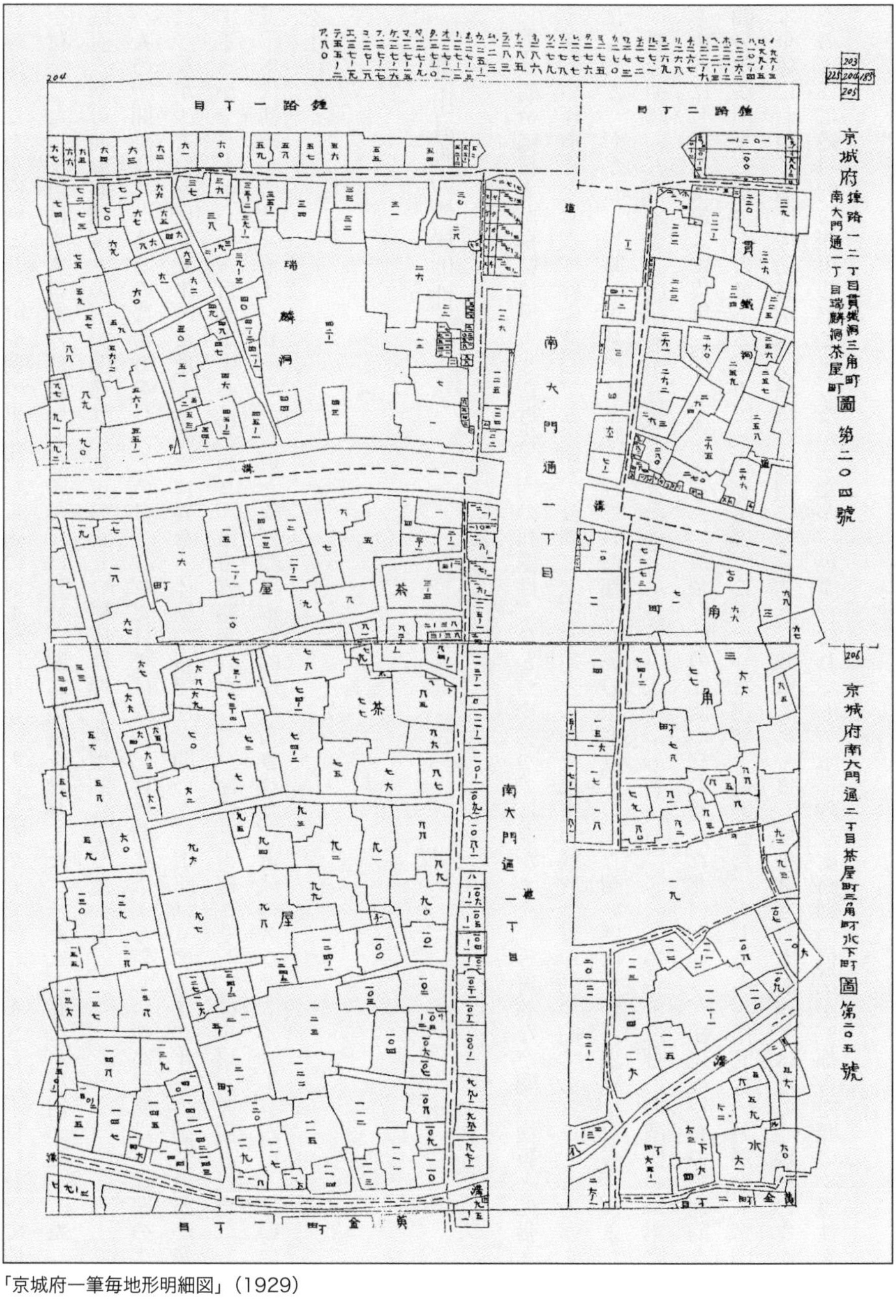

「京城府一筆毎地形明細図」(1929)

付与することを原則とし、町や洞の東北側から順に地番を付与し、大きな町や通ではこれをさらに丁目にわけて地番を付与した。丁目はまず景福宮に近いところからはじめ、順に地番を付与した。(80) 一九二九年に京城府が発刊した「京城府一筆毎地形明細図」の南大門通は、都市の新しい構成原理を典型的に示している。

人の空間感覚をかえるのに影響を与えたのは、これだけではない。目の前に広がる新しい街路景観は、迷路のようにつながっていた自然発生的な道とは確実に異なる体験の可能性を開いた。道路は、アスファルトの舗装道路が登場するなかで、人中心から自動車中心にかわり、電車線路がおかれて、街灯と電信柱そして停車場が設置された。一九三〇年代初めからは、ネオンサインが看板と陳列棚に本格的に投入された。(81) 近代のスライドイメージがいっぱいに幕を上げた。

都市計画の植民地性

近代的帝国日本が京城に導入した近代文明の利器は、ひとつや二つではなかった。等質的な空間の複製と拡張という新しい経験とともに、幹線道路、鉄道駅、公園、上下水道といった都市の基盤施設が効率的であることもあきらかになった。しかし、当時「土幕民《どまく》」と呼ばれていた都市貧民の住宅難といった類いはなから議題にならず、また、一般の朝鮮人と日本人の居住地が分離される様相も生じた。清渓川をあいだにおいて、「黄金町」の南側の「本町」を中心にした日本風（倭色風─原文）の京城と、「黄金町」の北側の立ち遅れた北村という、植民地特有の差別的な空間分化が出来上がったのである。(82) 市区改正事業は、このような趨勢を促進した。(83) もちろん、南北村の分離は、帝国日本全体において植民地朝鮮がもつ独特な位相に照らすと、政策的に一貫して推進されたわけではなく、現実のなかでそのように絶対的に作用したこともなかったが、(84) いずれにしても、水平的な街路網の構築が、都市空間の平等性を保障しなかったことはあきらかである。新しい都市空間の本当に新しい点とは、むしろ空間を分割して位階化する方式にあった。

新しい都市空間は、先進性と後進性、西洋的なものと東洋的なもの、そして近代と中世のあいだの違いを物理的に再現することで、空間的差異を生産し、機能的に配分した。街路景観こそが、そのような再現の一部であり、南村の「モダン」な姿は、それだけでもほかの地域との不平等な関係を固定化する仕組みとして作動した。もともと京城の日本人居住者は、一八八〇年四月に日本政府が京城に公使館を設置して以来、南山の渓谷が氾濫してぬかるむという「泥峴」一帯に集まって暮らしていた。彼らは次第に南大門方面に進出し、商業的な主導権を掌握していったが[85]、その後、京城市区改修事業が進められるなかで、この地域に道路が網の目のように敷設されて、街路に官公署と金融施設、会社、百貨店そして各種の商業施設が立ち並び、いわゆる「大京城」の代表的な景観をなした[86]。越北（境界をこえて北側に渡ること—訳者）の作家キム・サリャン（金史良）の一九四〇年の小説「天馬」は、この地の様子をつぎのように生き生きと描写している。

京城の本町情景（1920 年代末）

本町通りはいくら午前中でも明菓あたりから通りの出口のほうにかけては、人々の群れでいつも氾濫する程に雑沓する。そそっかしく下駄を鳴らして歩く日本人や、口をぽかんとあけて店先を眺める白衣のお上りさんや、陳列窓に出した目玉の動く人形にびっくりし合う老婆たちや、買物に出掛ける日本婦人、ベルの音もけたたましく驅けて自轉車乗りの小憎に、僅か十銭ばかりの運賃で荷物の奪い合いをする支械軍(87)(担荷人—訳者)(……)。

(金史良「天馬」、金達寿編『金史良作品集』理想社、一九七二、一五六〜一五七頁—訳者)


このようなモダンな景観は、植民地の暗鬱とした現実とは特段の接点がないようにみえる。この乖離は、民族的な差別の産物であると説明すればよいのか。そうであるならば、これとは必ずしも一致しない都心部と町はずれのあいだの不平等な関係は、また、どのように説明すべきか(88)。支配者と被支配者の居住地域が分離されるいわゆる「二重都市」の形成は、植民地都市において全般的にあらわれる現象であるが、事実上オスマンのパリ改造計画以来、すべての近代都市で普遍的にあらわれる現象でもある。日帝が施行した京城の市区改修が、西欧の近代的都市計画の技法を移植したものであるならば、京城であらわれた様相は、その植民地主義的歪曲ではなく、むしろ植民地主義的深化とみなすべきではないだろうか(89)。歪曲された近代と正常な近代が別にあるとみるのは、過度に近代主義的な思考である。そうではあるが、元来「近代がもつヤヌス的二重性」が問題の本質であるという見方も(90)、首肯しがたい。このような見方は、近代文明の導入を歴史的必然として既成事実化する植民地支配者の立場に近いからである。

テクトニック的都市改造と現代的都市改革のあいだには、植民地性の沼が横たわっている。シュプレー河畔のアテネと皇居のアテネのあいだには、京城と大連がおかれている。ヤヌス的なものは、近代的な現実それ自体ではなく、それを誤認させる「近代」という神話である。それが呼び起こす錯視効果によって、あるときは合理性と効率性が目立ってみえ、またあるときは暴力と抑圧が目立ってみえるだけである。これは、神話が現実と交換されることによって生じた誤謬である。現実の植民地朝鮮は、一九三〇年代を経て、日増しに軍国主義の容貌を露骨化していった日帝

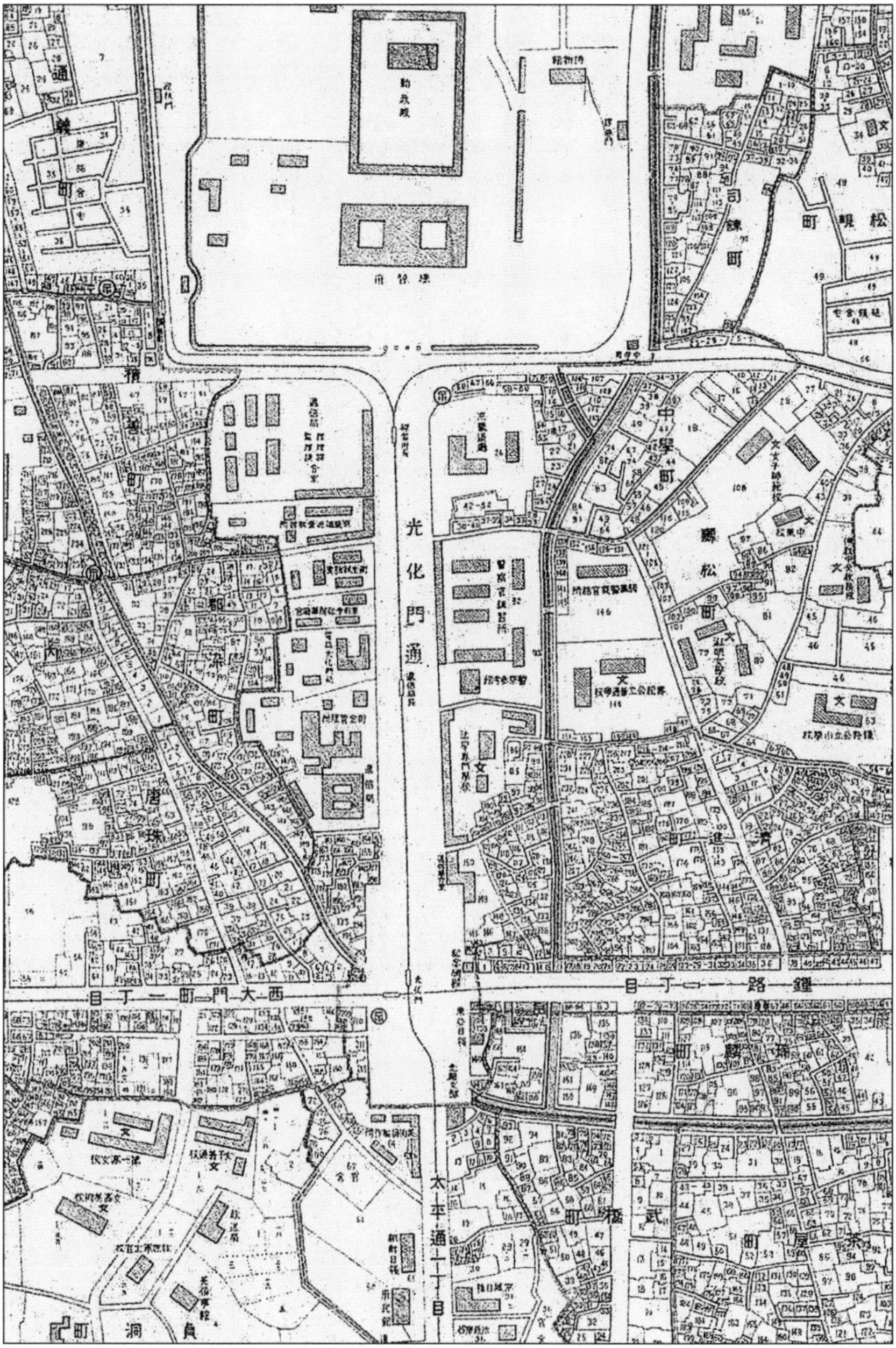

「大京城精図」(1936). 出所：ソウル歴史博物館，所蔵番号（Archive no.）67489

の兵站基地にほかならなかった。一九三一年の第六代朝鮮総督宇垣一成の赴任とともに、日本・朝鮮・満州を括るいわゆる「日鮮満ブロック」稼働のための朝鮮工業化政策が推進された。[91]「朝鮮市街地計画令」も、この政策の一環であった。このような点からみると、近代都市計画はたんに科学的な合理性の産物ではなく、その出生の秘密は植民地において強圧的に推進された都市計画の実現にあるという主張は、十分に説得力がある。[92]ただし、それは、近代のヤヌス的性格ではなく、むしろ権力の植民地性を立証する事例であることを明記しておく必要がある。植民地統治者からつねに口癖のように膾炙されていた近代文明とは、事実上権力の目標ではなく「効果」、簡単にいうと、権力追求に随伴する副産物にすぎなかった。

したがって、植民地首位都市京城の景観に帝国の権力がなんのはばかりもなく表出されたのは、たいして驚くべきことではない。日韓併合後の京城府をめぐるすべての変化の中心には、朝鮮総督府庁舎が位置していた。長いあいだ空いていたが、ひたすらその空席を通してのみ、すべての変化はあるべき場所を見つけることができた。京城市区改修事業が最初から新しい総督府庁舎を景福宮内に移転させることを念頭において進められたという点は、近代都市に一般的に適用される機能的効率性の原理だけでは説明できない。景福宮前から南へ伸びた昔の六曹大路が「光化門通」に改編されつつ、そこから朝鮮神宮の立地に決定された南山麓まで続く対角線の街路は、京城府のみならず、植民地朝鮮全体の象徴的な中心軸をなすことになる。一九三〇年代の市街地計画事業はおもに市街地の外延拡大に目的をおいていたことを考えると、すでに市区改正事業を通して「再現」されていた新しい空間は、都心部に根を下ろしつつ、外郭地域にむけて拡大再生産を図った。[93]景福宮前の総督府新庁舎を頂点とする「光化門通」というバロック的な空間の圧倒的位相は、一九三六年の「大京城精図」に如実にあらわれる。

旧王朝の遺産がこのような新しい位相学のなかで立つ瀬を失うことになるのは、火をみるよりもあきらかであった。宮廷の外にある都心部の遺蹟の大部分が、円滑な交通を妨害する厄介者に転落してしまった。一九二九年九月の『別乾坤』に掲載された一編の風刺文は、京城市区改修事業に押されて場所を移し、方向もよじれたまま、やっと撤去だけは免れたある由緒ある殿閣を、擬人化している。普信閣は、光化門通付近で経験してきた騒がしい時期をつぎのように嘆く。

数年前には、京城府でいわゆる道路拡張をするという理由で私の家をつぎの場所へ無理やり引っ越させ、また私の下の穴に梃子を当てながら、労働者たちが「よいさー、よいさー」と移しました。私の身体はもともと銅頭鉄身で頑丈なのですが、万一少しでも弱かったらならばそんな騒動でもう死んでいなくなってしまったと思います。今になって考えると、悲しみの涙が自然と流れます[94]。

（1）김광우「대한제국 시대의 도시계획：한성부 도시개조 사업」、『鄕土서울』[キム・グァンウ「大韓帝国時代の都市計画：漢城府都市改造事業」、『鄕土ソウル』] 제五〇호（一九九一）九五～一二二쪽。

（2）이태진「一八九六～一九〇四년 서울 도시개조 사업의 주체와 지향성」、『한국사론』[イ・テジン「一八九六～一九〇四年ソウル都市改造事業の主体と志向性」、『韓国史論』] 제三七호（一九九七）一八一～二〇六쪽。

（3）임석재『사회미학으로 읽는 개화기：일제강점기 서울 건축』（이화여자대학교출판부）[イム・ソクチェ『社会美学で読む開化期：日帝強制占領期ソウルの建築』（梨花女子大学校出版部）]（二〇一一）一六三쪽 以下。

（4）박희용「조선 황제의 애달픈 역사를 증명하다：원구단의 철거와 조선호텔의 건축」、우동선・박성진 외『궁궐의 눈물, 백년의 침묵』[パク・ヒヨン「朝鮮皇帝のつらい歴史を証明する：圜丘壇の撤去と朝鮮ホテルの建築」、ウ・ドンソン／パク・ソンジン他『宮闕の涙、百年の沈黙』] 四八～七八쪽。안창모『덕수궁』（동녘）[アン・チャンモ『徳寿宮』（トンニョク）]（二〇一〇）、とくに五九～一四七쪽。

（5）Todd A. Henry, "Respatializing Chosŏn's Royal Capital", eds. by Timothy R. Tangherlini and Sallie Yea, *Sitings: Critical Approaches to Korean Geography* (University of Hawai'i Press, 2008), pp. 18-22.

（6）서울특별시 시사편찬위원회 편『국역 경성부사』（二〇一二、예맥）[ソウル特別市市史編纂委員会編『国訳 京城府史』（二〇一二、芸脈）] 제一권（一九三四）六七二～六七三쪽。아오야기 쓰나타로、구태훈・박선옥 편역『一〇〇년 전 일본인의 경성 엿보기』（『최근 경성 안내기』一九一五、재팬리서치 二一）[青柳綱太郎、ク・テフン／パク・ソノク編訳『一〇〇年前日本人の京城見学』（『最近京城案内記』一九一五、ジャパンリサーチ 二一）]（二〇一一）一三九～一四三쪽。当時、高宗はアメリカの企業家に基盤施

設の開発利権を与えたが、これはアメリカ政府の政治的支援を念頭においたものであった。もちろん、歴史が物語るように、所期の政治的目的は達成されなかった。

(7) 이혜은「서울 二〇세기 교통의 발달」、서울시정개발연구원『서울 二〇세기 공간 변천사』(서울시정개발연구원)［イ・ヘウン「ソウル二〇世紀交通の発達」、ソウル市政開発研究院『ソウル二〇世紀空間変遷史』(ソウル市政開発研究院)］(二〇〇一)一六五쪽。최인영「일제 시기 경성의 도시공간을 통해 본 전차 노선의 변화」、『서울학연구』［チェ・イニョン「日帝期京城の都市空間を通して見た電車路線の変化」、『ソウル学研究』］제四一집(二〇一一・一一)三三쪽。

(8) 이순우『통감관저：잊혀진 경술국치의 현장』(하늘재)［イ・スヌ『統監官邸：忘れられた庚戌国恥の現場』(ハヌルジェ)］(二〇一〇)一九六〜二〇三쪽によれば、東アジアにおいて路面電車方式の電気鉄道の敷設がもっともはやかったのは京都であった。一八九五年一月三一日に第四回内国勧業博覧会開催を控えて六・六キロメートルの路線電車線路が敷設され、正式に営業用電車の運行がはじまった。時期的にソウルよりも四年早かった。東京の場合、ソウルより四年ほど遅かったが、これは鉄道馬車が盛んで、あえて急ぐ理由がなかったからである。また、ソウルの電車線路開設に動員された技術者と運転手を京都電気鉄道会社から連れてきたという点も数値上の記録達成が大きな意味をもたないことを立証している。そのほかに、아오야기 쓰나타로『一〇〇년 전 일본인의 경성 엿보기』［青柳綱太郎『一〇〇年前日本人の京城見学』］一三九〜一四三쪽参照。

(9) 이혜은「서울 二〇세기 교통의 발달」［イ・ヘウン「ソウル二〇世紀交通の発達」］一六四、一六七쪽。

(10) 앙드레 슈미드、정여울 옮김『제국 그 사이의 한국 一八九五〜一九一九』(휴머니스트)［アンドレ・シュミット、チョン・ヨウル訳『帝国のはざまの韓国一八九五〜一九一九』(ヒューマニスト)］(二〇〇七)二〇七〜二〇八쪽。

(11) 염복규『서울은 어떻게 계획되었는가』(살림)［ヨム・ボッキュ『ソウルはどのように計画されたか』(サルリム)］(二〇〇五)八쪽と주3参照。이규철『대한제국기 한성부 도시공간의 재편』서울대학교 대학원 박사학위 논문［イ・ギュチョル『大韓帝国期漢城府都市空間の再編』ソウル大学校大学院博士学位論文］(二〇一〇)。

(12) 송석기「궁궐에 들어선 근대 건축물」、우동선・박성진 외『궁궐의 눈물、백년의 침묵』(효형출판)［ソン・ソッキ「宮闕に建った近代建築物」、ウ・ドンソン／パク・ソンジン他『宮闕の涙、百年の沈黙』(ヒョヒョン出版)］(二〇〇九)二五四〜二五七쪽。尹一柱『한국 양식건축 八〇년사：解放前篇』(治庭文化社)［尹一柱『韓国の洋式建築八〇年史：解放前篇』(治庭文化社)］(一九六六)六三〜六六쪽。김정동『고종황제가 사랑한 정동과 덕수궁』(발언)［キム・ジョンドン『高宗皇帝が愛した貞洞と徳寿宮』(発言)］(二〇〇四)一八〇쪽。안창모『덕수궁』［アン・チャンモ『徳寿宮』］一七四〜一八五쪽。「덕수궁 석조전 一八九八년 설계도 원본 찾았다」、『중앙일보』［「徳寿宮石造殿一八九八年設計図原本発見」、『中央日報』］(二〇一一・八・一九)一면。

(13) 김정동『남아 있는 역사、사라지는 건축물』［キム・ジョンドン『残っている歴史、消える建築物』］一七四쪽。송석기「궁궐에

들어선 근대 건축물」［ソン・ソッキ「宮闕に建った近代建築物」］。우동선・박성진 외『궁궐의 눈물、백년의 침묵』［ウ・ドンソン／パク・ソンジン他『宮闕の涙、百年の沈黙』］二五三～二五四쪽。

(14) 이순우『손탁 호텔』(하늘재)［イ・スヌ『ソンタクホテル』(ハヌルジェ)］(二〇一二)。

(15) 김정동「도래한 서양인 건축가에 관한 연구 (一)。서울에서의 역할과 환경을 중심으로」、『大韓建築學會論文集 計劃系』［キム・ジョンドン「渡来した西洋人建築家に関する研究（一）。ソウルでの役割と環境を中心に」、『大韓建築学会論文集 計画系』］五권四호（一九八九）八四～八五쪽。하시야 히로시『일본제국주의、식민지도시를 건설하다』［橋谷弘『日本帝国主義、植民地都市を建設する』］一五〇～一五七쪽。

(16) 서울특별시사편찬위원회 편『서울건축사』(서울특별시)［ソウル特別市史編纂委員会編『ソウル建築史』(ソウル特別市)］（一九九九）七〇七～七〇九쪽。

(17) 西澤泰彦『日本植民地建築論』一三〇頁。

(18) 김정동『남아 있는 역사、사라지는 건축물』［キム・ジョンドン『残っている歴史、消える建築物』］一七～一九쪽。

(19) 서울특별시 시사편찬위원회 편『국역 경성부사』（二〇一三、예맥）［ソウル特別市市史編纂委員会編『国訳 京城府史』（二〇一三、芸脈）］제二권（一九三六）二七〇쪽。

(20) 『朝鮮總督府官報』第二八號（一九一〇・九・三〇）、勅令 第三五七號「朝鮮總督府地方官官制」三～四面。『朝鮮總督府官報』第二九號（一九一〇・一〇・一）、朝鮮總督府令 第六號、第七號、一三～一四면。이혜은「조선시대 이후 서울의 토지이용과 경관변화」、이혜은 외『서울의 景觀變化』(서울학연구소)［イ・ヘウン「朝鮮時代以後のソウルの土地利用と景観変化」、イ・ヘウン他『ソウルの景観変化』(ソウル学研究所)］（一九九四）二〇〇～二〇一쪽。이광희「일제 강점기 도시행정의 이중성에 대한 연구」、한국국가기록연구원 엮음『조선총독부 도시계획 공문서와 기록평가론』(진리탐구)［イ・グァンヒ「日帝強制占領期都市行政の二重性についての研究」、韓国国家記録研究院編『朝鮮総督府都市計画公文書と記録評価論』(真理探究)］（二〇〇八）二三一～二六三쪽。손정목『한국 지방제도 자치사 연구：갑오경장－일제강점기 上』(일지사)［ソン・ジョンモク『韓国地方制度自治史研究：甲午更張－日帝強制占領期 上』（一志社）］八〇～一二四쪽。

(21) 『朝鮮總督府官報』第一七四號（一九一一・四・一）、朝鮮總督府京畿道令 第三號「京城府部及面ノ名稱及區域」三面。손정목『한국 지방제도 자치사 연구：갑오경장－일제강점기 上』［ソン・ジョンモク『韓国地方制度自治史研究：甲午更張－日帝強制占領期上』］一五四～一五五쪽。

(22) 『朝鮮總督府官報』第四四九號（一九一四・一・三〇）、朝鮮總督府京畿道令 第一號「京城府、仁川府、高陽郡及陰竹郡内面ノ區域變更」二面。『朝鮮總督府官報』第五二〇號（一九一四・四・二七）、朝鮮總督府京畿道告示 第七號「京城府町洞ノ名稱及區域」

六～九面。

(23)『朝鮮總督府官報』第五六號（一九一二・一〇・七）、朝鮮總督府訓令 第九號、一面。

(24)『朝鮮總督府官報』第八一號（一九一二・一一・六）、告示 第七八號「京城市區改修豫定計畫路線」一面。これについては、박세훈「一九二〇년대 경성의 도시계획과 도시계획운동」、박진한 외『제국 일본과 식민지 조선의 근대도시 형성』（심산）［パク・セフン「一九二〇年代京城の都市計画と都市計画運動」、パク・チナン他『帝国日本と植民地朝鮮の近代都市形成』（シムサン）］（二〇一三）八一쪽。염복규『일제하 경성 도시계획의 구상과 실행』서울대학교 국사학과 박사학위 논문［ヨム・ボッキュ『日帝下京城都市計画の構想と実行』ソウル大学校国史学科博士学位論文］（二〇〇九）二一～三四쪽。김영근「도시계획과 도시공간의 변화」［キム・ヨングン「都市計画と都市空間の変化」］四九쪽。김백영「왕조 수도로부터 식민도시로：경성과 도쿄의 시구 개정에 대한 비교연구」［キム・ベギョン「王朝の首都から植民都市へ：京城と東京の市区改正についての比較研究」］八二쪽 参照。

(25) 손정목『일제강점기 도시계획연구』［ソン・ジョンモク『日帝強制占領期都市計画研究』］一〇二쪽。손정목「식민도시계획과 그 유산」、서울 시정개발연구원『서울 二〇세기 공간 변천사』（서울시정개발연구원）［ソン・ジョンモク「植民都市計画とその遺産」、ソウル市政開発研究院『ソウル二〇世紀空間変遷史』（ソウル市政開発研究院）］（二〇〇一）四六四쪽。김기호「일제시대 초기의 도시계획에 대한 연구：경성부 시구개정을 중심으로」、『서울학 연구』［キム・ギホ「日帝時代初期の都市計画についての研究：京城府市区改正を中心に」、『ソウル学研究』］제六호（一九九五）。이순우『통감관저』［イ・スヌ『統監官邸』］二六四～二六七쪽。

(26) 손정목『일제강점기 도시계획연구』［ソン・ジョンモク『日帝強制占領期都市計画研究』］九八～一一四쪽。김영근「일제하 경성지역의 사회공간 구조의 변화와 도시경험。중심－주변의 지역분화를 중심으로」、『서울학연구』［キム・ヨングン「日帝下京城地域の社会空間構造の変化と都市経験。中心－周辺の地域分化を中心に」、『ソウル学研究』］제二〇호（二〇〇三）一五二쪽。

(27) 박세훈「一九二〇년대 경성의 도시계획과 도시계획운동」［パク・セフン「一九二〇年代京城の都市計画と都市計画運動」］九三쪽。염복규『서울은 어떻게 계획되었는가』（살림）［ヨム・ボッキュ『ソウルはどのように計画されたか』（サルリム）］（二〇〇五）一二쪽。

(28) キム・ベギョンによれば、現在の栗谷路である昌徳宮－宗廟貫通道路建設は、一九二六年に純宗が崩御すると一九二七年初めからすぐに再論された。もちろん、その後も抵抗がたえず、延期されつづけたが、一九三〇年になってようやく完成された。김백영「상징공간의 변용과 집합기억의 발명」［キム・ベギョン「象徴空間の変容と集合記憶の発明」］二一三～二一四쪽。염복규『일제하 경성도시계획의 구상과 실행』［ヨム・ボッキュ『日帝下京城都市計画の構想と実行』］六三～六八쪽。

(29) 서울특별시 시사편찬위원회 편『국역 경성부사』［ソウル特別市市史編纂委員会編『国訳 京城府史』］제二권、二一七쪽。

(30) 김대호「일제강점 이후 경복궁의 毀撤과『活用』（一九一〇～현재）」、『서울학연구』［キム・デホ「日帝強制占領以後の景福宮の

取り壊しと『活用』（一九一〇～現在）」、『ソウル学研究』」제二九호（二〇〇七）九二쪽。

(31) 이명규「한국 근대도시계획제도의 발달과 서울」［イ・ミョンギュ「韓国の近代都市計画制度の発達とソウル」］四三八쪽。박세훈「一九二〇년대 경성의 도시계획과 도시계획운동」［パク・セフン「一九二〇年代京城の都市計画と都市計画運動」］一〇一～一〇八쪽。しかし、市区改正は、抑圧的な植民地統治下でのみ効果的であるという見解もある。土地所有者に献納などの名分で寄付を強制する方法は、植民地でなくては実行がむずかしいというものである。아오이 아키히토（青井哲人）、김하나・우동선 옮김「계획의 식민지／일상의 식민지：도시사의 시각」、『건축역사 연구』［青井哲人、キム・ハナ／ウ・ドンソン訳「計画の植民地／日常の植民地：都市史の視角」、『建築歴史研究』］제一六권 二호（二〇〇七）一九五쪽。

(32) 이규목「서울 근대도시경관 읽기」、서울시정개발연구원『서울 二〇세기 공간 변천사』（서울시정개발연구원）［イ・ギュモク「ソウル近代都市景観の読み方」、ソウル市政開発研究院『ソウル二〇世紀空間変遷史』（ソウル市政開発研究院）］（二〇〇一）一二一쪽。손정목「식민도시계획과 그 유산」［ソン・ジョンモク「植民都市計画とその遺産」］四五四～四五六쪽。김백영「러일전쟁 직후 서울의 식민도시화 과정–비교식민도시사적고찰」、『한국학보』［キム・ベギョン「日露戦争直後ソウルの植民都市化過程–比較植民都市史的考察」、『韓国学報』］八권 二호（二〇〇五）。

(33) 『순종실록』一巻、卽位年、一九〇七丁未、大韓 光武一一年、七月三〇日（陽曆）、內閣令 第一號「城壁處理委員會에 關한 件」［『純宗実録』一巻、即位年、一九〇七丁未、大韓 光武一一年、七月三〇日（陽曆）、内閣令 第一号「城壁処理委員会に関する件」］。

(34) 『국역 경성부사』［『国訳 京城府史』］제二권、二七一、六九～七〇쪽。

(35) 조재모『궁궐、조선을 말하다：궁궐로 읽는 조선의 제도와 이념』（아트북스）［チョ・ジェモ『宮闕、朝鮮を語る：宮闕から読む朝鮮の制度と理念』（アートブックス）］（二〇一二）一一一쪽。김정동『고종황제가 사랑한 정동과 덕수궁』［キム・ジョンドン『高宗皇帝が愛した貞洞と徳寿宮』］三三쪽。

(36) 『순종실록』四巻、一九一〇庚戌、大韓 隆熙四年、八月二二日（陽曆）、「日韓併合條約成」［『純宗実録』四巻、一九一〇庚戌、大韓 隆熙四年、八月二二日（陽曆）「日韓併合条約成」］。

(37) 조병로「식민지 시기 도로정책과 재조일본인의 대응」、조병로 외『조선총독부의 교통정책과 도로건설』（국학자료원）［チョ・ビョンノ「植民地期道路政策と在朝日本人の対応」、チョ・ビョンノ他『朝鮮総督府の交通政策と道路建設』（国学資料院）］（二〇一一）二二～二三쪽。

(38) 『朝鮮總督府官報』第一八六號（一九一一・四・一七）、制令 第三號「土地收用令」一面。

(39) 『국역 경성부사』［『国訳 京城府史』］제二권、二七〇～二七一쪽。

(40) 『朝鮮總督府官報』第一六九號（一九一三・二・二五）、朝鮮總督府令 第一一號「市街地建築取締規則」一～二面。

(41) 손정목「식민도시계획과 그 유산」［ソン・ジョンモク「植民都市計画とその遺産」］四六七쪽。이왕무「일제시대 경복궁 주변도로의 변화 와 宮牆의 훼철：총독부 신청사 완공 전후를 중심으로」、조병로 외『조선총독부의 교통정책과 도로건설』(국학자료원)［イ・ワンム「日帝時代景福宮周辺道路の変化と宮牆の取り壊し：総督府新庁舎完工前後を中心に」、チョ・ビョンノ他『朝鮮総督府の交通政策と道路建設』(国学資料院)］(二〇一一) 八三쪽。

(42) 이명규「한국 근대도시계획제도의 발달과 서울」、『동양 도시사 속의 서울』［イ・ミョンギュ「韓国近代都市計画制度の発達とソウル」、『東洋都市史のなかのソウル』］四二七쪽。

(43) 최인영「일제 시기 경성의 도시공간을 통해 본 전차노선의 변화」［チェ・イニョン「日帝期京城の都市空間を通してみた電車路線の変化」］三三쪽。

(44) 정재정『일제침략과 한국철도』(서울대출판부)［チョン・ジェジョン『日帝侵略と韓国鉄道』(ソウル大学校出版部)］(一九九九) 一六四〜一六五쪽。

(45)『朝鮮總督府官報』第二〇六二號 (一九一九・六・二五)、「京城市區改修豫定計畫路線改正」。

(46) 이명규「한국 근대도시계획제도의 발달과 서울」［イ・ミョンギュ「韓国近代都市計画制度の発達とソウル」］四二八〜四二九、四四四〜四四五쪽。염복규「일제하 경성도시계획의 구상과 실행」［ヨム・ボッキュ「日帝下京城都市計画の構想と実行」］五二〜六〇쪽。

(47)『毎日申報』(一九一二・一一・七) 社説「市區改正」一面。

(48)『국역 경성부사』［『国訳 京城府史』］제二권、二七〇、二七四〜二七五쪽。

(49) 아오야기 쓰나타로『一〇〇년 전 일본인의 경성 엿보기』［青柳綱太郎『一〇〇年前日本人の京城見学』］一六〜一七쪽。

(50)『국역 경성부사』［『国訳 京城府史』］제二권、二七九쪽。손정목「식민도시계획과 그 유산」［ソン・ジョンモク「植民都市計画とその遺産」］四六六쪽。이규목「서울 근대도시경관 읽기」［イ・ギュモク「ソウル近代都市景観の読み方」］一二一쪽。

(51) 손정목『일제강점기 도시계획연구』［ソン・ジョンモク『日帝強制占領期都市計画研究』］一〇五쪽。

(52) 박세훈「一九二〇년대 경성의 도시계획과 도시계획운동」、박진한 외『제국 일본과 식민지 조선의 근대도시 형성』(심산)［パク・セフン「一九二〇年代京城の都市計画と都市計画運動」、パク・チナン他『帝国日本と植民地朝鮮の近代都市形成』(シムサン)］(二〇一三) 九〇쪽。

(53) 손정목『일제강점기 도시계획연구』［ソン・ジョンモク『日帝強制占領期都市計画研究』］一一五쪽。박세훈「一九二〇년대 경성의 도시계획과 도시계획운동」、박진한 외『제국 일본과 식민지 조선의 근대도시 형성』［パク・セフン「一九二〇年代京城の都市計画と都市計画運動」、パク・チナン他『帝国日本と植民地朝鮮の近代都市形成』］九六〜一〇一쪽。문정희・이병렬「도시계획 활

동과 이념：조선시대 및 일제시대의 도시계획을 중심으로」、『국토계획』〔ムン・ジョンヒ／イ・ビョンニョル「都市計画活動と理念：朝鮮時代および日帝時代の都市計画を中心に」、『国土計画』〕제二五권 제二호（통권五七호、一九九〇）二二〜二四쪽。야마베 겐타로、최혜주 옮김『일본의 식민지 조선통치 해부』（어문학사）〔山辺健太郎、チェ・ヘジュ訳『日本の植民地朝鮮統治解剖』（語文学社）〕（二〇一一）一六三쪽 以下。

(54) 손정목『일제강점기 도시계획연구』〔ソン・ジョンモク『日帝強制占領期都市計画研究』〕一七〇〜一七六쪽。손정목「식민도시계획과 그 유산」〔ソン・ジョンモク「植民都市計画とその遺産」〕四六九쪽 以下。

(55) 京城府編『京城都市計劃資料調査書』（山口印刷所、一九二七）。

(56) 이송순「조선총독부 도시계획 관련 조직 및 기구 분석」、한국국가기록연구원 엮음『조선총독부 도시계획 공문서와 기록평가론』（진리탐구）〔イ・ソンスン「朝鮮総督府都市計画関連組織および機構分析」、韓国国家記録研究院編『朝鮮総督府都市計画公文書と記録評価論』（真理探究）〕（二〇〇八）三〇三〜三〇四쪽。박세훈「一九二〇년대 경성의 도시계획과 도시계획운동」〔パク・セフン「一九二〇年代京城の都市計画と都市計画運動」〕一〇一쪽。김주야・石田潤一郎「경성부 토지구획사업에 있어서 식민도시성에 관한 연구」、『大韓建築學會論文集 計劃系』〔キム・ジュヤ／石田潤一郎「京城府土地区画事業における植民都市性に関する研究」、『大韓建築学会論文集 計画系』〕제二五권 제四호（통권二四六호）（二〇〇九・四）一七〇〜一七一쪽。

(57) 김백영『지배와 공간：식민지도시 경성과 제국 일본』（문학과지성사）〔キム・ベギョン『支配と空間：植民地都市京城と帝国日本』（文学と知性社）〕（二〇〇九）六八쪽。

(58) 朝鮮総督府が都市計画案を執行することに躊躇した直接的原因が財政問題であったことは、たしかである。総督府は、一九二六年、都市計画の施行をより現実的に考慮しながら、京城、平壌、大邱、釜山の四都市を選定し、大々的に調査を終えたのち、その結果を同じ年の年末に日本帝国議会に一九二七年度執行事業のひとつとして報告したが、国庫補助を得ることに失敗したのである。これについては、손정목『일제강점기 도시계획 연구』〔ソン・ジョンモク『日帝強制占領期都市計画研究』〕一七〇〜一七六쪽 参照。

(59) 『국역 경성부사』〔『国訳 京城府史』〕제二권、七〇七쪽。

(60) 『朝鮮總督府官報』第二二三二號（一九三四・六・二〇）、朝鮮總督制令 第一八號「朝鮮市街地計劃令」一〜三面。『朝鮮總督府官報』第二二六四號（一九三四・七・二七）、朝鮮總督府令 第七八號「朝鮮市街地計劃令施行規則」一〜四面。『朝鮮總督府官報』第二五九三號（一九三五・九・二）、朝鮮總督府令 第一〇五號「朝鮮市街地計劃令施行規則中改正」一〜一〇面。これについては、손정목『일제강점기 도시계획 연구』〔ソン・ジョンモク『日帝強制占領期都市計画研究』〕一七七쪽。염복규『일제하 경성도시계획의 구상과 실행』〔ヨム・ボッキュ『日帝下京城都市計画の構想と実行』〕七九七쪽 以下 参照。

(61) 이명규「일본 본국과 조선총독부 도시계획 비교연구」、한국국가기록연구원 엮음『조선총독부 도시계획 공문서와 기록평가론』

[イ・ミョンギュ「日本本国と朝鮮総督府の都市計画比較研究」、韓国国家記録研究院編『朝鮮総督府都市計画公文書と記録評価論』]二八二〜二八三쪽。손정목『일제강점기 도시계획연구』[ソン・ジョンモク『日帝強制占領期都市計画研究』]一八四〜一八八쪽。

(62)『毎日申報』(一九三四・六・二二)社説「朝鮮市街地計劃令公布」二面。

(63) 손정목『일제강점기 도시계획연구』[ソン・ジョンモク『日帝強制占領期都市計画研究』]一八七、一九五〜二〇〇쪽。

(64) 김홍순「일제강점기 도시계획에서 나타난 근대성：조선시가지계획령을 중심으로」、『서울도시연구』[キム・フンスン「日帝強制占領期都市計画にあらわれた近代性：朝鮮市街地計画令を中心に」、『ソウル都市研究』]제八권 제四호(二〇〇七)一六五쪽。

(65) 이명규「일본본국과 조선총독부 도시계획비교연구」、한국국가기록연구원 엮음『조선총독부 도시계획 공문서와 기록평가론』[イ・ミョンギュ「日本本国と朝鮮総督府の都市計画比較研究」、韓国国家記録研究院編『朝鮮総督府都市計画公文書と記録評価論』]二九〇〜二九一쪽。손정목『일제강점기 도시계획연구』[ソン・ジョンモク『日帝強制占領期都市計画研究』]一〇六쪽 以下、一八六〜一九四쪽。

(66) 김경남「一九三〇년대 일제의 도시건설과 부산시가지계획의 특성」、『역사문화학회 학술 대회 발표 자료집』[キム・ギョンナム「一九三〇年代日帝の都市建設と釜山市街地計画の特性」、『歴史文化学会学術大会発表資料集』](二〇〇四)一五六、一七三쪽。염복규『서울은 어떻게 계획되었는가』[ヨム・ボッキュ『ソウルはどのように計画されたか』]四九〜五〇쪽。

(67)『毎日申報』(一九三四・六・二二)「既成市街의 統制보다 新市街發達에 置重」[「既成市街の統制より新市街発達に重点」]一面。

(68) 이명규「일본 본국과 조선총독부 도시계획 비교연구」、한국국가기록연구원 엮음『조선총독부 도시계획 공문서와 기록평가론』[イ・ミョンギュ「日本本国と朝鮮総督府の都市計画比較研究」、韓国国家記録研究院編『朝鮮総督府都市計画公文書と記録評価論』]二九一〜二九五쪽。염복규「식민지도시계획의 유산과 그에 대한 인식：손정목『일제강점기도시계획연구』를 중심으로」、『한국사연구』[ヨム・ボッキュ「植民地都市計画の遺産とそれに対する認識：ソン・ジョンモク『日帝強制占領期都市計画研究』を中心に」、『韓国史研究』]제一四九호(二〇一〇・六)四一三쪽。손정목『일제강점기 도시계획 연구』[ソン・ジョンモク『日帝強制占領期都市計画研究』]二五三〜二八一、三八三쪽。김경남「一九三〇년대 일제의 도시건설과 부산시가지계획의 특성」[キム・ギョンナム「一九三〇年代日帝の都市建設と釜山市街地計画の特性」]一七一쪽。

(69)『朝鮮總督府官報』第三五〇六號(一九三八・九・二二)、朝鮮總督府令 第一九三號「朝鮮市街地計劃令施行規則中改正」一〜一四面。これについては、이송순「조선총독부 시가지계획 관련 공문서의 분류와 평가」、한국국가기록연구원 엮음『조선총독부 도시계획 공문서와 기록평가론』(진리탐구)[イ・ソンスン「朝鮮総督府市街地計画関連公文書の分類と評価」、韓国国家記録研究院編『朝鮮総督府都市計画公文書と記録評価論』(真理探究)](二〇〇八)二〇〇쪽 参照。

(70)『朝鮮總督府官報』第二七五八號(一九三六・三・二六)、朝鮮總督府告示 第一八〇號「京城市街地計畫區域」二面。

(71) 『朝鮮總督府官報』第二七九六號（一九三六・五・一二）、朝鮮總督府京畿道告示 第四四號「昭和一一年朝鮮總督府令第八號ニ依リ府・郡ノ管轄區域變更」一二面。염복규『일제하 경성도시계획의 구상과 실행』［ヨム・ボッキュ『日帝下京城都市計画の構想と実行』］一一三〜一二三쪽。손정목「식민도시계획과 그 유산」［ソン・ジョンモク「植民都市計画とその遺産」］四八〇쪽 以下。

(72) 김백영「一九二〇년대『대경성계획』을 둘러싼 식민권력의 균열과 갈등」、공제욱・정근식 엮음『식민지의 일상 지배와 균열』（문화과학사）［キム・ベギョン「一九二〇年代『大京城計画』をめぐる植民地権力の亀裂と葛藤」、コン・ジェウク／チョン・グンシク編『植民地の日常支配と亀裂』（文化科学社）］（二〇〇六）二五九〜三〇〇쪽。

(73) 서울특별시『서울시 토지구획정리 연혁지』（서울특별시）［ソウル特別市『ソウル市土地区画整理沿革誌』（ソウル特別市）］（一九八四・三）七三〜七六쪽。김주야・石田潤一郎「경성부 토지구획 사업에 있어서 식민도시성에 관한 연구」［キム・ジュヤ／石田潤一郎「京城府土地区画事業における植民都市性に関する研究」］一七一〜一七七쪽。전남일 외『한국 주거의 사회사』（돌베개）［チョン・ナミル他『韓国住居の社会史』（トルベゲ）］（二〇〇九）一三四쪽 以下。전남일『한국 주거의 공간사』（돌베개）［チョン・ナミル『韓国住居の空間史』（トルベゲ）］（二〇一一）九四〜九八쪽。

(74) これについては、염복규『서울은 어떻게 계획되었는가』（살림출판사）［ヨム・ボッキュ『ソウルはどのように計画されたか』（サルリム出版社）］（二〇〇五）三〇〜四一쪽 参照。

(75) 이승일「조선총독부 공문서의 기록학적 평가：조선총독부 도시계획 관련 공문서군을 중심으로」［イ・スンイル「朝鮮総督府公文書の記録学的評価：朝鮮総督府都市計画関連公文書群を中心に」］六三쪽。이송순「조선총독부 도시계획 관련 조직 및 기구 분석」［イ・ソンスン「朝鮮総督府都市計画関連組織および機構分析」］三〇二〜三二七쪽。

(76) 염복규『서울은 어떻게 계획되었는가』［ヨム・ボッキュ『ソウルはどのように計画されたか』］二六쪽。

(77) 김홍순「일제강점기 도시계획에서 나타난 근대성：조선시가지계획령을 중심으로」［キム・フンスン「日帝強制占領期都市計画にあらわれた近代性：朝鮮市街地計画令を中心に」］一五五〜一七三쪽。김영근「도시계획과 도시공간의 변화」、연세대학교 국학연구원 편『일제의 식민지배와 일상생활』（혜안）［キム・ヨングン「都市計画と都市空間の変化」、延世大学校国学研究院編『日帝の植民地支配と日常生活』（ヘアン）］（二〇〇四）五七〜六〇쪽。

(78) 김영근「일제하 경성 지역의 사회공간 구조의 변화와 도시경험：중심－주변의 지역분화를 중심으로」［キム・ヨングン「日帝下京城地域の社会空間構造の変化と都市経験：中心－周辺の地域分化を中心に」］一六七〜一七一쪽。부산대학교 한국민족문화연구소『한국 근대의 풍경과 지역의 발견 二：경성 Ⅰ』、『한국 근대의 풍경과 지역의 발견 三：경성 Ⅱ』（국학자료원）［釜山大学校韓国民族文化研究所『韓国近代の風景と地域の発見 二：京城 Ⅰ』、『韓国近代の風景と地域の発見 三：京城 Ⅱ』（国学資料院）］（二〇一三）。

(79)『朝鮮總督府官報』第五二〇號（一九一四・四・二七）、朝鮮總督府京畿道告示 第七號「京城府町洞ノ名稱及區域」六〜九面。

(80)『국역 경성부사』［『国訳 京城府史』］제二권、二七二쪽。Todd A. Henry, "Respatializing Choso˘n's Royal Capital", eds. by Tangherlini and Yea, *Sitings*, pp. 23-29.

(81) 허영란・류준범・김제정「한국 근현대 속의 거리광고물과 가로경관：서울 도심의 간판을 중심으로」、서울시립대학교 서울학연구소 함께엮음『서울 二〇세기 생활・문화변천사』（서울시정개발연구원）［ホ・ヨンナン／リュ・ジュンボム／キム・ジェジョン「韓国近現代のなかの通りの広告物と街路景観：ソウル都心の看板を中心に」、ソウル市立大学校ソウル学研究所共編『ソウル二〇世紀生活・文化変遷史』（ソウル市政開発研究院）］（二〇〇一）六一一〜六六八쪽。이경택『서울의 都市景觀 形成과 變化에 관한 動因 研究』고려대학교 대학원 지리학과 박사학위 논문［イ・ギョンテク『ソウルの都市景観の形成と変化に関する動因研究』高麗大学校大学院地理学科博士学位論文］（二〇一二）三二八〜三三〇쪽。

(82) 矢野干城／森川清人共編、新版『大京城案内』（京城都市文化研究所、一九三六）一二頁。하상복「광화문의 정치학、예술과 권력의 재현」、『한국정치학회보』［ハ・サンボク「光化門の政治学、芸術と権力の再現」、『韓国政治学会報』］제四三호（二〇〇九秋）八四쪽 以下。장규식『서울、공간으로 본 역사』（혜안）［チァン・ギュシク『ソウル、空間から見た歴史』（ヘアン）］（二〇〇四）七二〜七三쪽。이경수『일제시기 경성부의 가로정비계획에 의한 가로 변화에 관한 연구』연세대학교 건축공학과 석사학위 논문［イ・ギョンス『日帝期京城府の街路整備計画による街路変化に関する研究』延世大学校建築工学科修士学位論文］（一九九一）六九〜七〇쪽。김백영「왕조 수도로부터 식민도시로」［キム・ベギョン「王朝の首都から植民都市へ」］九三〜九四、一〇〇쪽。

(83) 이광희「일제강점기 도시행정의 이중성에 대한 연구」、한국국가기록연구원 엮음『조선총독부 도시계획 공문서와 기록평가론』（진리탐구）［イ・グァンヒ「日帝強制占領期都市行政の二重性についての研究」、韓国国家記録研究院編『朝鮮総督府都市計画公文書と記録評価論』（真理探究）］（二〇〇八）二五〇〜二五七쪽。

(84) 二重都市 dual city としての植民地都市概念についての批判としては、김종근「식민도시 경성의 이중도시론에 대한 비판적 고찰」、『서울학연구』［キム・ジョングン「植民都市京城の二重都市論に対する批判的考察」、『ソウル学研究』］제三八호（二〇一〇）一〜六八쪽 参照。

(85)『국역 경성부사』［『国訳 京城府史』］제二권、四五八、五四二〜五四四쪽。

(86) 김영근「일제하 경성 지역의 사회공간 구조의 변화와 도시경험：중심－주변의 지역분화를 중심으로」［キム・ヨングン「日帝下京城地域の社会空間構造の変化と都市経験：中心－周辺の地域分化を中心に」］一三九쪽。이규목「서울 근대도시 경관 읽기」［イ・ギュモク「ソウル近代都市景観の読み方」］一二三쪽。

(87) 김사량「천마」（一九四〇）、김재용・곽형덕 편역『김사량、작품과 연구 二』（역락）［キム・サリャン「天馬」（一九四〇）、キ

ム・ジェヨン／クァク・ヒョンドク編訳『キム・サリャン、作品と研究 二』（ヨンナク）］（二〇〇九）一九쪽。

(88) 김영근「일제하 경성 지역의 사회공간 구조의 변화와 도시경험」［キム・ヨングン「日帝下京城地域の社会空間構造の変化と都市経験」］一四八、一五八쪽。

(89) 염복규「식민지도시계획의 유산과 그에 대한 인식：손정목『일제강점기 도시계획 연구』를 중심으로」［ヨム・ボッキュ「植民地都市計画の遺産とそれに対する認識：ソン・ジョンモク『日帝強制占領期都市計画研究』を中心に」］一四九、四〇六～四〇七쪽。このような点から抑圧と搾取の側面だけを強調するパク・ヒョンヨンのつぎのような見解、「開港期は外形上の近代法制として都市計画が存在したにすぎず、日帝時代は外勢の利益に導かれて存在」したが、ついに「解放後都市計画は開発政策とともに韓国の産業化をけん引する制度として存在した」という点には、同意しかねる。박형용「한국의 근대도시계획 형성」、『공간과 사회』［パク・ヒョンヨン「韓国の近代都市計画形成」、『空間と社会』］특권 제九호（一九九七）七四～九三쪽。引用文は、九一頁。

(90) 김홍순「일제강점기 도시계획에서 나타난 근대성：조선시가지계획령을 중심으로」［キム・フンスン「日帝強制占領期都市計画にあらわれた近代性：朝鮮市街地計画令を中心に」］一七一쪽。

(91) 전상숙「우가키 총독의 내선융화 이데올로기와 농공병진 정책：우가키 조선총독정치의 지배정책사적 의미에 대한 재고찰」、『현상과 인식』［チョン・サンスク「宇垣総督の内鮮融和イデオロギーと農工併進政策：宇垣朝鮮総督政治の支配政策史的意味についての再考察」、『現状と認識』］제三四집（二〇一〇）四三～四七쪽。

(92) 김백영「一九二〇년대『대경성계획』을 둘러싼 식민권력의 균열과 갈등」［キム・ペギョン「一九二〇年代『大京城計画』をめぐる植民地権力の亀裂と葛藤」］二六〇～二六二쪽。

(93) 이규목「서울 근대도시경관 읽기」、서울시정개발연구원『서울 二〇세기 공간 변천사』（서울시정개발연구원）［イ・ギュモク「ソウル近代都市景観の読み方」、ソウル市政開発研究院『ソウル二〇世紀空間変遷史』（ソウル市政開発研究院）］（二〇〇一）一二二쪽。

(94) 松雀生「오래인 벙어리。鐘路 인경의 신세타령」、『별건곤』二三호（一九二九・九）、부산대학교 한국민족문화연구소『（잡지로 보는）한국 근대의 풍경과 지역의 발견 三：경성 Ⅱ』（국학자료원）［松雀生「長い沈黙。鐘路の鐘の身の上ばなし」、『別乾坤』二三号（一九二九・九）、釜山大学校韓国民族文化研究所『（雑誌でみる）韓国近代の風景と地域の発見 三：京城 Ⅱ』（国学資料院）］（二〇一三）二四四～二五一쪽。引用文は、二五〇頁。

第3章 シンケルに捧げるオマージュ？ 景福宮前に建てた朝鮮総督府庁舎

寿命が尽きた大韓帝国の臨終をみとっていた『大韓毎日申報』の一九一〇年五月一五日付「雑報」欄には、「景福宮なくなるなあ」という記事が掲載された。同年の五月九日と一〇日の二日間、宮内府主催の競売行事に朝鮮人と日本人八〇人余りが参加したが、この行事は景福宮の「四千間《ま》余りを売却取り壊し、大きな公園を建設」しようという趣旨とのことである。(1) それから一年後の一九一一年五月一七日、景福宮の所有権が総督府に公式に引き継がれた。(2) すでに、その数カ月前に、圜丘壇と社稷壇は引き継がれていた。(3) 没落した王朝の宮廷と聖域が征服者の好き放題に処分されるのは、時間の問題であった。

「景福宮なくなるなあ」

景福宮は、宮廷としての機能を失ってから久しかった。一九一〇年八月に日韓併合条約が締結されるはるか前から、ここはもう禁断の地ではなかった。日本の皇太子が、一九〇七年一〇月に来韓した際、英親王（大韓帝国最後の皇太子、一八九七～一九七〇年—訳者）を同伴して景福宮と昌徳宮を観覧し、(4) 一九〇八年三月には、宮内を一般に公開した。(5) 日韓併合後、景福宮の公園化が加速化された。多くの建物と殿閣が壊されて個人や団体に払い下げおよび売却され、そ

れでも残った慶会楼一帯は貴賓の宴会場に転落してしまった。(6)

しかし、景福宮の取り壊しの分水嶺は、一九一五年九月一一日から一〇月三一日までの五〇日間、朝鮮総督府の統治五周年をみずから祝う「施政五年記念朝鮮物産共進会」の開催であった。総督府の公式発表によれば、この大々的な行事は、朝鮮民衆が新しい統治の多大な恩恵を自覚し、日本人居住民は朝鮮の事情をきちんと把握して、朝鮮の無窮の発展のために先頭に立つようにしようという趣旨で開催された。(7) いいかえると、日帝統治の輝かしい成果を内外に宣伝することによって、朝鮮人の自発的な服従を誘導し、日本の商工業者の投資を誘致しようというものであった。この行事のための会場としてきわめて厳かな景福宮を選んだことには、あきらかに複数の目的があった。まず、展示館の構築と観覧客の動線確保による宮廷の毀損は、火をみるよりもあきらかであった。実際、宮廷の殿閣と城壁は、その多くが破壊されたり毀損されたりした。朝鮮物産共進会は、光化門を会場の正門にして、その内側の興礼門を撤去し、その前に第一号館を新築して、その東側の敷地に一連の展示館を新築した。一〇棟に及ぶ新築の展示館は、のちに「朝鮮総督府美術館」に転用された美術館の建物を除外すると、すべて木材の臨時の建物として建てられた。これらはだいたいルネサンス様式をとり、部分的にはいわゆる「セセッション Secession」様式も加味して、外壁も白く塗られ、景福宮の本来の姿とはまったく対照的な、異国的で「モダン」なイメージを演出した。この渦中に丕賢閣と資善堂など宮殿区域の東側が大挙破壊され、第一号館裏面の勤政殿と思政殿、康寧殿、交泰殿などは、展示および接待施設に改造された。(8)

旧王朝の法宮が観覧客の自由自在に出入りする行事会場になったのは、実質的にも象徴的にも示唆的である。行事のハイライトを飾った施政五周年記念式を兼ねた開会式が、御座がおかれた勤政殿で開かれ、高宗と純宗がともに参席したなかで、朝鮮総督が御座に座って官吏の報告を聞く場面を演出したことは、まこと道理を外れた征服者の行為以外のなにものでもなかった。(9) しかし、朝鮮物産共進会は、全体的にみると、たんに誇示のためだけの行事ではなかった。それは、朝鮮総督府庁舎を建立するための事前整地作業であり、工事費調達という目的ももっていた。撤去された興礼門と勤政門のあいだの広場に配置された一号館の建物は、行事後には撤去される臨時の建物ではあったが、非常に意味深長な面をもっていた。景福宮の核心部である勤政殿を遮って立ったこの建物の場所は、ほかでもない総督府新庁舎のための敷地だったのである。このように旧王朝の心臓部に総督府新庁舎が入ると、空にそびえた塔の垂直的な構造が、宮廷のなかだけでなく、植民地都市の景観に深い暗影を落とすことになる。

他人の国の国権を侵奪しても足らず、その心臓部を破壊した蛮行は、それがどんな理由であっても正当化されえない。それは、象徴的な次元であれ、実用的な次元であれ、露骨な暴力でないはずがない。しかし、この蛮行の歴史的性格を規定することは、蛮行を非難することよりもはるかにむずかしい。はたして景福宮とその周辺環境の破壊と変形は、なにを意味するのか。あらたに登場した建築物と都市景観は、歴史的進歩の表現なのか。それともひたすら搾取と抑圧の産物にすぎないのか。他人の場所を奪ったのか。それとも新しい空間を創造したのか。

景福宮の理念

景福宮は、朝鮮総督府が接収する前は、漢城の実質的中心地ではなかった。大韓帝国期の漢城の中心は市内の真ん中におかれた慶運宮であり、それ以前も、景福宮は実質的中心というよりは象徴的中心、より正確にいえば中心の記憶を呼び起こすだけだった場所、一言でいって「記憶の場」であった。日帝によって取り壊された景福宮は、五百年余り前に、朝鮮王朝の設計者チョン・ドジョン（鄭道傳）が都城の理念的中心地として創造した。この場所の中心性は、それ自体が朝鮮王朝のはじまりから終わりまでつねに政治的争点であり、建国の記憶と結びついてたえずよみがえった。

景福宮が首都漢城の空間全体にもつ位相は、基本的には自然的立地に根差している。漢城は、北側は適切な高さの山で幾重にも囲まれた平地であり、南側には大きな川が流れ、典型的な背山臨水型の地勢を備えていたが、古来から風水地理上の名山吉地として数えられたところであった。高麗時代には南京である漢陽、さらに遡ると昔の百済の慰禮城が付近にあったほど特別な地であった。本来「風水」とは、風を防いで水を得るという意味の「蔵風得水」の略語であり、『周易』の陰陽五行説を土台にして、地中を流れる生気が集中する「穴」を見つけだす方法的原理である。これは、家と墓の場所を定める実用的な知識でもあるが、より根本的には、宇宙と大地、人間、造形物を有機的総体として把握する、奥深い空間学的思惟である。[10] 伝統的な風水地理説は、宇宙の四つの方位を担当すると思われている神話的な動物である東の青龍、南の朱雀、西の白虎、北の玄武といういわゆる四神が囲む「穴」を地形的な要所とみなす。[11] このような風水地理上の理想郷が、まさに漢城であった。主山である北岳が玄武で北方を支え、東方には駱山が左青龍になってくれ、西方には仁王山が右白虎になって都城を取り囲み、北岳にむかいあう南山（木覓山）が朱雀として南の警戒をおこない、都城の中央では、北岳から流れ出てくる内水である清渓川が、外郭を流れる漢江に合流する構造である。漢江のはるかかなた南側には冠岳山まで位置しており、都城の穴をしっかり支えてくれる形状であった。[12]

しかし、首都漢城が特別なのは、このような自然条件よりは、理念的基盤のためであった。朝鮮王朝の都城は、最初から生理学の理念にしたがって建設された、まれにみる計画都市であった。漢城は、一三九二年に開城で朝鮮を建国した太祖李成桂が、一三九四年、高麗の南京の離宮である延興殿の場所に王都を定め迅速に建設した。自然が提供する基本秩序に順応するにはしたが、幹線街路体系と主要施設の配置、とくに宮廷の立地と構造について、ほぼ空地に新王朝の理想を具現した新都市であった。

そのモデルになったのは唐の長安であり、『周禮』の「考工記」編に提示された都城の配置原理が、新首都漢城にもそのまま反映された。宮廷中央から南側を望んだとき、宮廷の前面に行政官署を、宮廷のうしろに市場を配置するとする、いわゆる「前朝後市」の原則、そして王宮の門の外の左側に祖廟（宗廟）を立て、右側には社稷の壇を立てるとする、いわゆる「左廟右社」の原則にしたがって、王が住む法宮である景福宮が主山の北岳の下に配置されて、これを基準に前には「朝」、すなわち中央官衙が集まる六曹通りが形成され、東側には宗廟、右側には穀物の神と土地の神を祭る社稷が配置された[13]。「考工記」によれば、都城の城郭は、正四角形の形態をとり、東西南北四方に四つの大門をおくようにしたが、チョン・ドジョンは、新首都漢城に四大門と中央鐘楼を建てて、これらの名称に陰陽五行の原理に由来する五つの徳目、すなわち「五徳」を反映した。仁義礼智信の「五徳」が、興仁之門、敦義門、崇礼門、炤智門（粛清門）、普信閣に具現されたのである。このように「考工記」の原則を徹底して遵守するなかで、ほとんど唯一漏れ落ちた点とは、都市の経済的な中心地である市場を宮廷のうしろにおくという「後市」の原則だけであるが、これは漢城特有の自然条件を考慮したものであり、中国の長安城もまた前朝後市の原則にそのまましたがってはいなかった[14]。事実上、首都漢城は、生理学の例題的秩序に土着の風水地理的要素を加味したという点で固有であった。主山である北岳を背景とする非常によい場所を確保して景福宮を据え、第二の主山格である応峯の稜線の端におかれたもうひとつの良地に昌徳宮、昌慶宮、宗廟を据えた。これとともに、各幹線道路が「気」の流れを分散させないように、たがいに貫通しないで行き違うように構成したことも、風水地理説の影響と考えられる。このような街路網は、のちに光化門前の六曹通りが光化門通に変貌し、まっすぐに南大門につながるようにした「近代式」構造とは、天と地ほど異なるものであった[15]。

一三九四年一〇月に遷都を断行した太祖は、翌年新首都の名称を漢陽府から漢城府にあらため、五部五二坊の行政区域を確定した。高麗の首都開城の制度を継承した「部坊制」に、契と洞の体系が加えられた。このような制度的な完備とともに、新首都建設が一段落する。中央の王宮、左廟右社と前朝を通る北‐南の基本中心軸からなる都城は、生理学的な中央集権国家の誕生を知らせる強力な理念的象徴性をもった。そして、なによりも一三九五年九月、宗廟とともに完成した景福宮こそ、都城全体の秩序を握る北極星のような位相を与えられる存在であった。景福宮南側の正門である光化門も、同じ年に建立された[16]。

景福宮は、朝鮮王朝創建後、最初に建てられた第一の宮廷であり、詩経の一節から引用した「天が下した大きな福・景福」という名にふさわしく、機能性よりは理想郷の具現に主眼をおいてつくられた。都城の中心という立地だけでなく、宮中の主要施設の配置と建築的な形態まで、すべてがきわめて記念碑的であった。景福宮の核心部は、御座がおかれた勤政殿であった。ここは、国王の即位式や文武百官の朝礼など、主要な国家行事が前庭で繰り広げられる正殿であり、南側には勤政門と興禮門そして宮の正門である光化門が、北には思政門、思政殿、嚮五門、康寧殿、両儀門、交泰殿が一列に並ぶ直線軸の結節点であった。この聖域を保護している宮廷内の門である勤政門の外には良地の水、禁川が流れ、その上に永齊橋がおかれたが、ここを渡って興禮門と光化門だけ通過すれば、宮廷の外の世界にいたるので、この橋は、まるで聖俗のわかれ道であった。[17] 景福宮は、厳格な位階秩序を根幹とする生理学的な心象地理の建築的具現であった。大規模な朝礼のための正殿と王の日常的な執務のための便殿、王の寝所である寝殿が、南から北に進むほどに順に禁断の領域にわけられ、中心軸の東側は世継と王の親戚の領域、西側は王と臣下が会見する慶会楼、集賢殿、そして宮内各司（闕内各司―原文）が位置して、血統と政治を空間的に区分した。このような南北軸の左右の強い対称性は、日常世界では探しがたい理念的な具現物であった。[18] 文禄・慶長の役の前に作成されたものとして知られてい

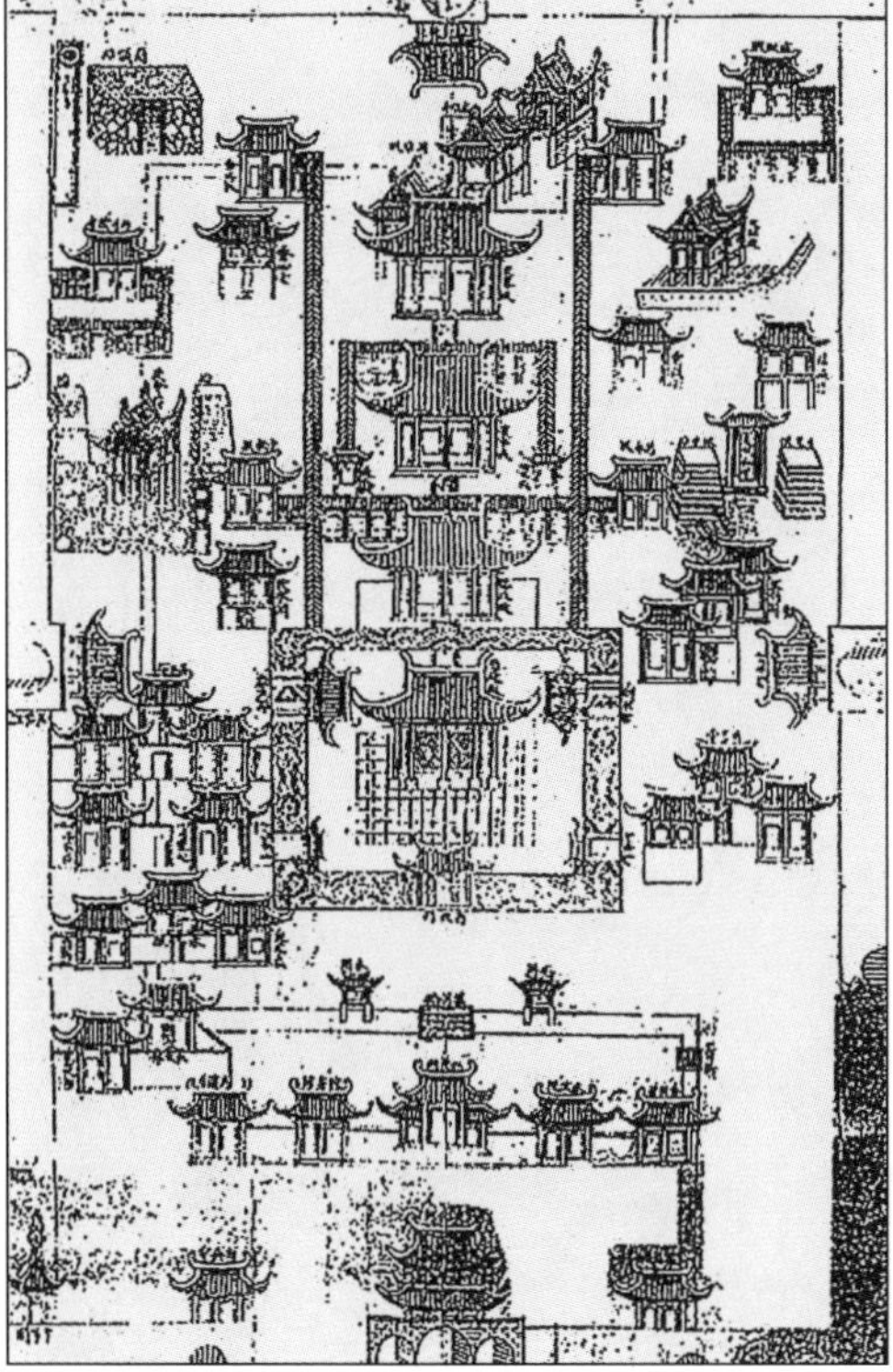
「景福宮全図」（文禄・慶長の役以前）

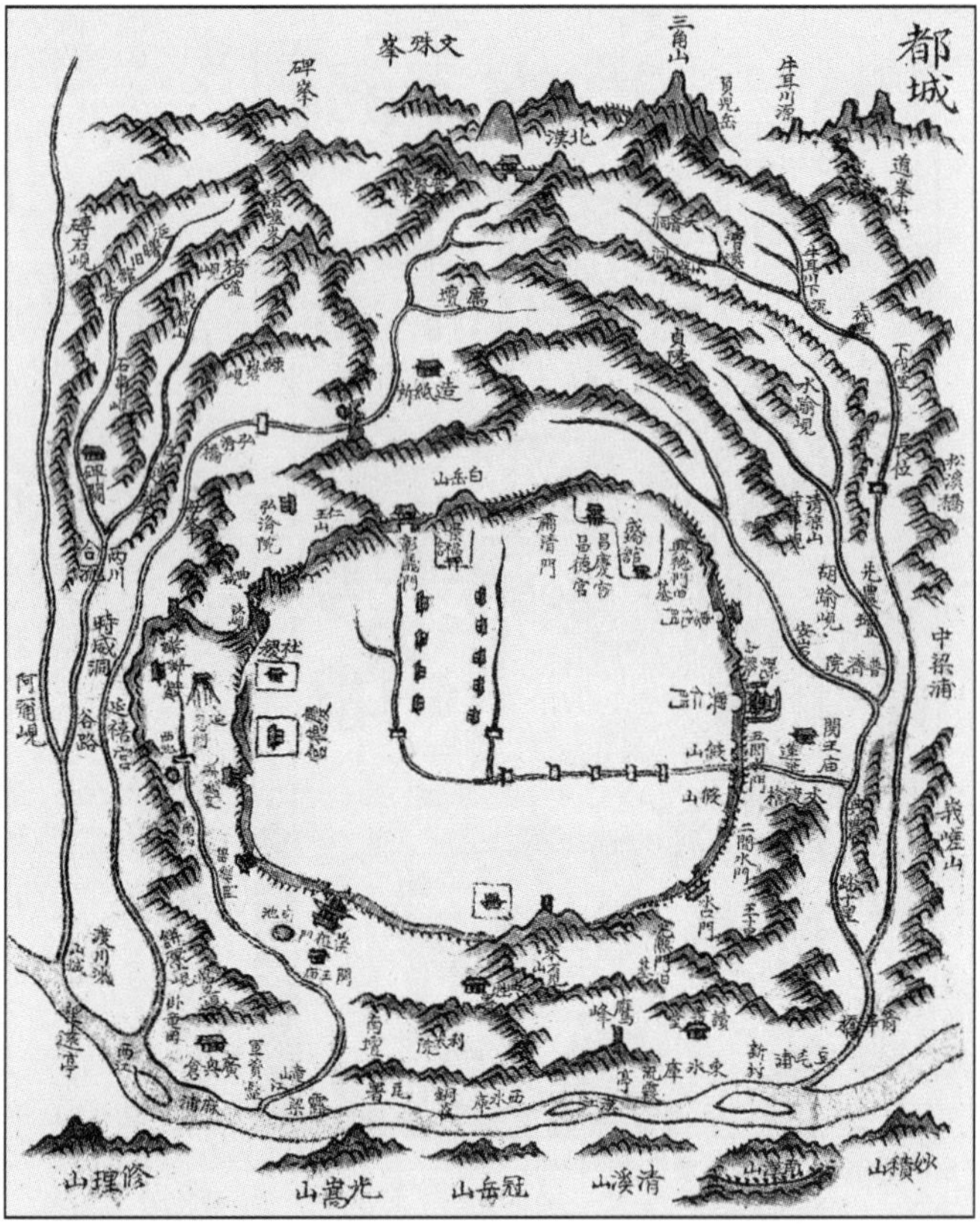

「都城図」（1720年代）．出所：허영환『定都600年서울地圖』（범우사）［ホ・ヨンファン『定都600年ソウル地図』（汎友社）］（1994）

る「景福宮全図」には、勤政殿を中心とした垂直軸と左右対称がよくあらわれている。

　景福宮の北－南軸線は、光化門前の大通りである六曹通りへまっすぐ続く。「考工記」の「朱雀大路」を手本にした「六曹通り」は、左右に議政府をはじめ、吏曹、戸曹、礼曹、兵曹、刑曹、工曹の六曹およびそのほかの中央官衙が位置し、宮廷のなかの垂直軸と左右対称性を延長した。ここは、きわめて厳かな宮廷と凡庸な日常世界が出あうところであり、君主と臣民がひとつになる儒教国家を願ったチョン・ドジョンの政治的理想を込めた空間である[19]。ここと相接する鍾路は、市場が開かれる世俗的な場所であり、ここを境界に北部の特権階層地域と南部の平民居住地域にわけられた。このような南北の縦の位階は、四大門の中心点をなす中央鐘楼普信閣の軸線と交差することで、都城全体が儒教的「五徳」の光輝に包まれることになる[20]。

　景福宮を中心に建設された計画都市漢城は、縦の位階秩序と横の相互紐帯が有機的全体をつくりあげる非常に特別な場所であった。一七二〇年代に製作されたものと知られる「都城図」をみると、景福宮の中心的位置が、はっきりと広がる六曹通りとともに確認される。都心の街路網は、城門と宮廷および宮廷と宮廷を結ぶ幹線道路を中心に構成され、ここに自然が与えた水路が重なった。全体的にみると、背後の山々とそれぞれ対をなす宮廷、そして街路と水路が調和をなす理想的な王都の姿を備えていた。

景福宮の残酷な運命

このように徳性と調和に満ちた姿にもかかわらず、肝心の王都の空間的核心である景福宮の運命は、あまり平坦なものではなかった。景福宮は名分上の法宮であったにすぎず、実際には離宮である昌徳宮が、相当期間法宮の役割をしたことに注目する必要がある。景福宮は、李芳遠が王位継承と関連して自身の腹違いの弟たちとチョン・ドジョンのような開国の功臣を殺戮した現場であり、創建時からいつも不安定な状態におかれていた。太祖李成桂が、漢陽を都として開京から遷都してから五年も経たずして、太祖のあとを継いだ定宗は漢陽から開京へふたたび都を移し、景福宮は放置された。太宗李芳遠が六年八カ月ぶりに開京から再遷都を断行し、はじめて景福宮が朝鮮王朝の法宮の地位を得ることになる。しかし、太宗は昌徳宮を建立しておもにそこで過ごし、太宗一一年になってやっと景福宮へ移った。冠岳山が火山であり、その火気が景福宮に及んで火災を頻繁に誘発するという俗説は、このようにつねに不安定であった景福宮の状況を傍証している。世宗の治下になって、はじめて景福宮には土台が出来上がった。宮城の北門である神武門を建立することで、南門の光化門、東門の建春門、西門の迎秋門の四門体制を完成し、各門と橋に名前もつけた。これにより、景福宮は、三九〇年余りのあいだ、名実相伴った朝鮮の法宮としての容貌を整えることになる。[21]

景福宮は、大小の火災で頻繁に被害にあったが、それによって多くの改築と増築がなされ、規模が次第に大きくなった。しかし、宣祖二五年の一五九二年四月、文禄・慶長の役の火が引き起こした大火災は宮を完全に廃墟とし、宣祖のあとを継いだ光海君は、即位するやいなや昌徳宮を再建し、昌徳宮で政事を執りおこなった。景福宮は、その後、興宣大院君が再建して高宗が移御するまで二七三年間も放置され、昌徳宮に朝鮮の法宮の役割を譲るしかなかった。(22)このような波乱にもかかわらず、景福宮は、その本然の中心性を完全に失いはしなかった。朝鮮王朝の支配階層にとって、そこはつねに王朝創建の記憶を呼び起こす場所であった。景福宮は、少なくとも王朝の伝統性と直結した記憶の領域においては、中心的地位を失わなかったのである。先にみた「都城図」は、朝鮮二一代の王、英祖の即位を前後して製作されたものと推定されるが、景福宮が放置されていた時期にもかかわらず、六曹通りがはっきりと表現され、景福宮の中心的位置を雄弁に物語っている。

景福宮の再建は、高宗二年の一八六五年にはじまり、四年間の工事ののち、ついに宮が姿をあらわし、移御が断行された。再建された景福宮は、総規模が七四八一間《ま》に達し、単独の建物だけでも百余軒をこえた。(23)勤政殿は、工事開始後たった二年で再建されたが、二段の長大な月台の上に建てられ、重層屋根で威厳と格式を整え、室内は天井を最大限高くして、煩雑な飾りを削った。建物の前の広々とした広場の中央には、品階石を対称においた。再建された景福宮は、王権を可視化する象徴で満ちていた。興宣大院君の景福宮再建が、失墜した王室の権威を強化するための施策であったことは、周知の事実である。これに加えて、王室内部における大院君の立場の強化という政略的な意図も作用したということが知られている。(24)しかし、なぜよりにもよって落ちぶれた宮廷の再建に死活をかけたのであろうか。その理由については多様な論議が可能であろうが、確実なことは、景福宮こそが王朝の伝統性を見積もるに際して最適の象徴物であり、その復活は、それ自体、体制の変革をけっして容認しないという政治的宣言にほかならなかったという点である。当百銭を発行するなど、無理な財政調達に克明にあらわれるように、新版景福宮は民意を代弁するべく建設されたものではなく、近代的民族の図像ではなおさらなかった。(25)

景福宮「再建」は、長いあいだ非正常的であった状態が、ついに現状復旧したというよりは、厳然たる一九世紀の現実の産物であった。それは、西洋勢力の登場と中華世界の没落という前代未聞の政治的激変に対する保守的な対応であった。現在の切迫した要求によって、過去が召喚されたのである。伝統はよみがえったのではなく、あらたに創造された。保守主義とは、本来、近代的変化に対する抵抗の産物ではないだろうか。したがって、「再建」された景福宮が、その昔チョン・ドジョンが設計した「法宮」の基本構成を固守したのは、まったく驚くべきことではない。新しい建物と殿閣が建てられ、宮城の東北部と西北部が大幅に拡大されたが、宮の核心部分の配置形式はほとんどかわらなかった。新しい景福宮は、周易の陰陽五行原理に執着した。康寧殿一郭の五軒と、思政殿、万春殿、千秋殿の三つの便殿をあわせると、八卦を象徴することになる。また、宮城南側中央に位置した正門である光化門から王の寝殿である康寧殿まで厳格な左右対称が貫徹され、ほとんどすべての建物が南向きに立って中心軸と平行を維持した。新しい景福宮を支配したのは、このように権威主義的で形式主義的な美しさであった。(26)

しかし、景福宮の数奇な運命は、それ以後もけっして平坦な道を歩ませなかった。むしろこのときから、本格的な不幸の種がまかれた。あらたに生まれた景福宮には幾度も火災が続き焼失と再建を重ねたが、これは、そののちに起こったことに比べると、些細なエピソードにすぎない。一八七三年の大火災によって昌徳宮へ去った高宗は、甲申の変が鎮圧された一八八五年に景福宮に還宮したが、これはほんのしばらくのあいだにすぎなかった。宮廷内奥深くに新築された乾清宮に起居していた明成皇后（閔妃―訳者）が日本の浪人たちに惨殺された乙未事変が発生し、高宗が一八九六年にロシア公使館へ避難（俄館播遷、露館播遷）するなかで、法宮と離宮を行き来して国家を経営していた朝鮮王朝の正常的な宮廷体系、すなわち「両闕体制（両宮体制―訳者）」は崩壊し、景福宮はふたたび主人のいない身の上になってしまった。翌年、大韓帝国を宣布した高宗はおもに慶運宮に起居し、最後の君主純宗は一九〇七年の即位後おもに昌徳宮に起居したので、景福宮はふたたび廃宮に転落した。(27) そして、日帝の聖像破壊的な略奪がはじまった。景福宮は、ついに息を引き取った。

朝鮮総督府庁舎の登場

朝鮮総督府がこの落ちぶれた昔の場所に目をつけて、その南端を新庁舎の立地として選定した理由については、はっきりしたことはわかっていない。十分推測できるのは、南山のふもとの倭城台にあった二階建てのレンガ造りの旧・統監府庁舎をそのまま総督府庁舎に転用して使用していたため、官僚機構の大々的な拡大によって空間が不足し、また、分散した行政部署を一カ所に集める必要があったため、敷地の確保に困難を感じていた当局としては、都心部に放置された広い空間を活用するのは当然の選択だったであろう、ということぐらいである。当時、景福宮は、苦労して掌握しなければならないほど政治的に敏感なところというわけではなかった。しかも日帝の朝鮮統治自体が、意外にも、一糸乱れぬ計画的なものなどではなく、状況的な必要による臨機応変な措置が多かった。[28] 実際、総督府新庁舎の立地が確定されたのちに作成された最初の計画案をみると、庁舎の位置は、永齊橋の南側、勤政殿および光化門がつくる中心軸にあわせられており、宮廷内の配水体系とも調和をなしている（次頁「景福宮計画案」参照）。のちに計画案は全面変更されて、景福宮は全面的に毀損されてしまうが、朝鮮総督府が企てたのは、破壊自体であったというよりは、自身の計画に障る障害物の除去であった。日帝は、朝鮮人の意味深長な「記憶の場」に自身の「近代的」心象地理をかぶせるという逆転の発想を選んだのである。もちろん、それは、実用的であるよりは観念的な選択であったから、つねにあまりにも過度であったり、あまりにも不足であったりして、行政上でも頻繁に支障が生じた。

朝鮮総督府新庁舎の立地選定は、当初は多少の混乱を引き起こした。候補としては、のちに京城帝国大学が建つことになる現在の大学路の位置と、京城府庁が建つことになる現在のソウル市庁の位置が浮上したが、[29] 結局は景福宮の前面部に最終決定した。勤政門の外から光化門にいたる宮廷の庭のほとんど全部が、庁舎新築の敷地に編入された。このような決定に主導的な役割を果たしたのが、ほかでもない伊東忠太（本書第Ⅱ部第3章「日本の文化ナショナリズム」参照）であったことが知られている。[30] 彼は、古代日本とギリシャの関連性を主張した建築史家であり、現職の東京帝国大学教授であったが、彼がなぜよりにもよって景福宮の前面部に目をつけたのかについては、多大の検討を要する。彼はもちろん単純無識な破壊主義者ではなかった。いや、東洋建築に対する審美眼では他の追随を許さない偉人であった。しかし、古代ギリシャと古代日本を重ねてみる彼の視線が、昔の朝鮮王朝の法宮である景福宮の前面部に対する視線と重なると、いつのまにか、それは、未知の中心部から幕を張ってじっと眺める権力の凝視にかたちをかえる。昔の王宮は、植民地統治の司令塔が位置する敷地として選定される瞬間、象徴的に崩壊してしまった。世界史の必然的道程において、景福宮が入る場所はなかった。

伊東忠太は、総督府新庁舎の立地を提案するのとあわせて朝鮮神宮の立地も提案したことが知られている[31]。伊東は、植民地の朝鮮人を皇国臣民にしようとする「同化」政策の決定版であった朝鮮神宮の建立のために、顧問の資格で設計と施工に積極的に介入し、総督府新庁舎より一年先だつ一九二五年、朝鮮神宮が姿をあらわした。朝鮮神宮はその昔太祖李成桂が木覓神祠を立てた南山に、総督府新庁舎は景福宮廷内に場所を得ることで、景福宮と南山そして軍部があった龍山を三角形の頂点とする新しい空間が登場した。日帝

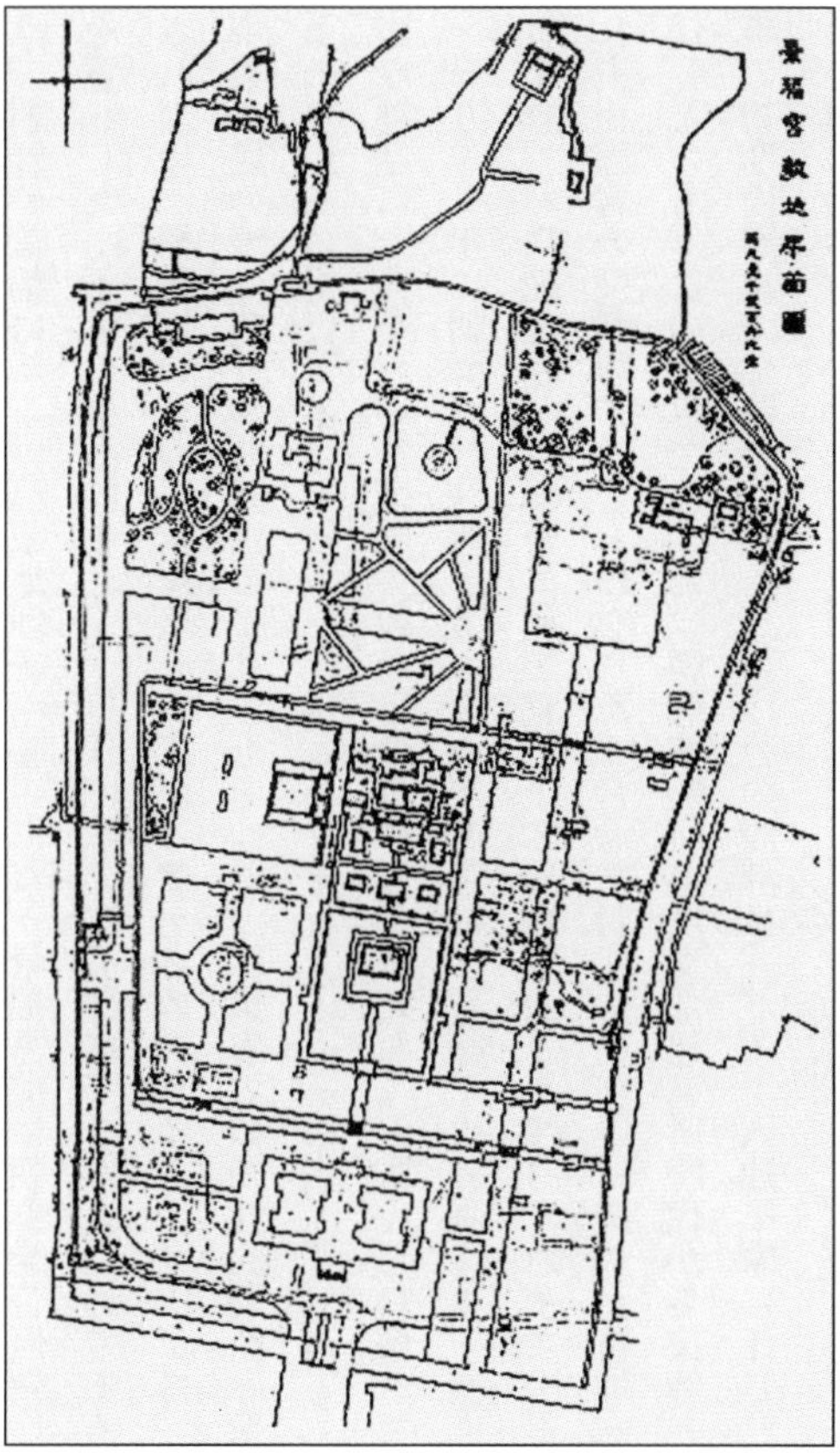

景福宮計画案 1．出所：문화재청 편『景福宮 變遷史：경복궁 변천 과정 및 지형분석 학술조사 연구용역』(上)［文化財庁編『景福宮変遷史：景福宮の変遷過程と地形分析学術調査研究用役』(上)］(2007)，http://www.albummania.co.kr/allery/view.asp?seq=82946&path=&rpage=5

は、朝鮮の首都に新しい心象地理をもちこんだ。景福宮前に朝鮮総督府新庁舎を建てることは、心象地理の劇的交代を意味した。王朝の象徴的中心が、近代国家の中心部に姿をかえたのである。[32] しかし、これでは破壊の正当性が確保されない。植民地の昔の王宮を壊して広がるアテネのスライドイメージは、まさに日本に踏みにじられた東アジアの現実をいいつくろう婉曲語法のようでもあった。伊東忠太の知性的判断と聖像破壊的衝動のあいだには、じつに紙一重の差があるだけである。コンスタンティノープルを血で染めたオスマントルコの宗教的熱情と、「近代」という大層な神話に土台をおいた帝国主義者の優越感は、はたしてどれくらい離れているのだろうか。

一九一二年に朝鮮総督府新庁舎の立地が確定し、新築工事計画による諸々の準備がおこなわれた。同じ年に技師がヨーロッパに派遣され、[33] 総督直属の官房土木局が新設されて、それまで会計局に属していた営繕課が土木局に移管され主務部署の役割をすることになった。台湾総督府に勤務中であった持地六三郎が朝鮮総督府初代土木局長として赴任したのも、このときであった。朝鮮統監府の度支部建築所時代から技師として活躍した国枝博も、設計段階から工事の初期段階まで足跡を残した。[34] 新庁舎の設計は、ドイツ人建築家に任された。当時東京で設計事務所を運営していたゲオルグ・デ・ラランデ Georg de Lalande が総督府顧問に委嘱されたが、彼は日本で旺盛な活動をして、知名度を高めつつあった。初代朝鮮総督の寺内正毅とは、彼の東京の自宅を設計したほど、前々から親交が深かったと知られている。[35] しかし、デ・ラランデは、高宗皇帝の主治医であったドイツ人医師リヒャルト・ブンスィ Richard Wunsch の同郷の友人として以前から朝鮮を訪問し、高宗とも面識があった。[36]

ゲオルグ・デ・ラランデは、建築史においてほとんど忘れられた名前である。彼は、東プロイセン・シュレジエン Schlesien の小都市ヒルシュベルク Hirschberg 出身と伝えられるが、独特な名前に照らしてみると、純粋なゲルマン血統ではなく、フランスからドイツに亡命したカルヴァン派の新教徒、すなわちユグノーの子孫であると推測される。[37] 彼は、ベルリン所在の王立シャルロッテンブルク工科大学（のちのベルリン工科大学）で建築を専攻し、仕事を求めて中国は上海と天津にやってきたが、横浜で建築事務所を運営していたドイツ人リヒャルト・ゼールの建築事務所の招待で一九〇三年に日本に渡ってきた。ゼールは、デ・ラランデと同じくヒルシュベルク出身であったが、エンデ－ベックマン建築事務所の職員として日本に来たのち、独立してみずからの事務所を横浜に設立したが、すぐに帰国することになった。これにより、デ・ラランデが事務所をそっくり引き継いだ。デ・ラランデは、先輩建築家に続いてドイツ式建築様式を日本に普及する役割を遂行し、とくに新時代の潮流にあわせてウィーン分離派──「セセッション」──様式に対応するドイツ式ユーゲント・シュティールを導入する先頭に立った。彼は、以来、自身の建築事務所を主要都市に拡張し、おもに在日外国人の住宅を設計するとともに、銀行、会社、ホテルなども建てた[38]。

神戸オリエンタルホテル（1907）

彼の多くの作品のうち一九〇七年に神戸に建てられたオリエンタルホテルは、平らな屋根をもつ三階建ての建物で、四階でなる立方体の塔二つが角にあって、その中間にマンサード屋根をした塔のかたちの柱が同じ高さで設置されている。下層の階段が柱の台をなす開放的なロジアがファサードを支配しており、三階はテラスを備えている。ゴシックとルネサンス様式が折衷されたこの建築物は、まるで官公署のような堅固な感じを与える。ユーゲント・シュティールをみせる彼の代表作品としては、一九一四年に門を開けた高田商会本店をあげることができる。四階建てのブロック型の建物は、しっかり閉じた箱のような感じを与え、新古典主義的な単純明瞭さと日本の伝統建築を連想させる軒と屋根など、ユーゲント・シュティール的な要素が如才なく結合している。現在はともに焼失したこの二つの建物からは、堅固さと単純明瞭さ、個々の意匠に優先する構造的全体のようなドイツ的要素が発見されるが、これらは、いまや植民地の首都に建てられる彼の生涯最大の作品に反映される。

高田商会本店（1914）．出所：日本建築学会編『明治大正建築写真聚覧』(1936)，No.175

朝鮮総督府新庁舎は、デ・ラランデが植民地朝鮮に構想した唯一の作品ではない。のちに日本人のあいだで「朝鮮ホテル」としてひろく知られるようになる洋式建築物もまた彼の作品であり、竣工順でいえば朝鮮での最初の作品であった。朝鮮最高のこのホテルは、総督府傘下の鉄道ホテルのうちのひとつで、開館当時から首都の話題の種であった。日韓併合後、京城を訪問する日本人の鉄道利用客数が増え、とくに施政五年記念朝鮮物産共進会を控えた時点で、総督府鉄道管理局が、当時朝鮮総督府新庁舎の設計に着手したばかりだったデ・ラランデに朝鮮を代表する鉄道ホテルの設計を依頼した。朝鮮ホテルは、一九一三年、大韓帝国の宣布を天地に知らしめた聖域である圜丘壇を壊して、翌年にその土台があった場所に登場したが、建坪五八〇坪に、地下一階、地上四階の全五二室の客室を備えて開館した。建築家デ・ラランデは、この建物を通じて、植民地朝鮮にとって異質であったユーゲント・シュティールの事例を示した(39)。

建築的次元からみると、レンガ組積造でなるこの建物の特徴は、中国青島でよくみられる多少硬直したユーゲント・シュティールといえる。メインの出入口と一階の下部以外は、全体が褐色のレンガで仕上げられており、単調で権威主義的な感じは免れない。一階と二階の窓の一部に朝鮮の伝統様式を想起させるモールディングを加味することで変化を与えてはいるが、ユーゲント・シュティール特有の「青年らしい」自由さと開放性は見つけがたい。この外観は、建物の基本的な性格によく合致しているといえる。一九二三年にこのホテルに投宿した日本の建築評論家今《こん》和次郎が、ホテルの裏庭にかわってしまった圜丘壇の場所に残った皇穹宇を眺めながら朝鮮総督府の独善に対して厳重に警告したように[40]、この建物は、植民地被支配階層を隔離して萎縮させる文化的な差別の産室以外のなにものでもなかった。

一九四〇年の作品であるキム・サリャン（金史良）の「天馬」や、ともに一九四一年の作品であるイ・ヒョソク（李孝石）の『碧空無限』あるいはユ・ジノ（兪鎮午）の『華想譜』に登場する朝鮮ホテルは、もっぱら特殊階層にのみ許容される、植民地朝鮮の現実とはかけはなれた空間として描かれる。ホテルの裏庭の皇穹宇は、没落した朝鮮王朝に対する感傷的な心理を刺激する装飾物であった。ホテルの底辺におかれた一般市民の空間は、『碧空無限』の主人公である国際的文化事業家チョン・イルマ（千一馬）のような少数の投宿客には、ただ失望するばかりの「汚らしい現実」であった[41]。近代という蜃気楼と市民のささやかな日常は、あきらかにずれていた。

朝鮮ホテル（1914）

しかし、朝鮮ホテルの貴族主義は、朝鮮総督府新庁舎の非道さに比べれば、まだ高尚な面があった。皇穹宇を残して圜丘壇を解体することと、勤政殿を残して景福宮を取り壊すことは、まったく比較できない次元にあった。総督府新庁舎の建立は、それほど迅速になしとげられもせず、最上位層の投宿客にだけ関係する別世界の話でもなかった。無理な計画であったから、当初は事故も多く、解決しなければならない付加的な案件もひとつや二つではなかった。景福宮の場所に「火気」が満ちているという風水地理的俗説が本当だったせいか、庁舎新築はかなりの紆余曲折を経た。

まず、設計者のゲオルグ・デ・ラランデが、一九一四年に設計図の草案をほとんど仕上げた時点で、横浜のある旅館で急性肺炎により夭折した[42]。彼は、すぐ前年に自身の祖国から国威宣揚の功を認められ栄えある「建築監督官Baurat」の称号を受けたところであった。[43] 庁舎建立は、前途有望であった基礎設計者の突然の死によって、新たな局面に入った。デ・ラランデの後任は、日本人建築家で台湾の総督官邸を設計した経験をもつ野村一郎であった。レンガ造り建築の専門家である野村は、一九一二年に工事がはじまった台湾総督府の新築工事がちょうど基礎工事を終えるころに、突然朝鮮総督府から依頼を受けた。[44] 手腕にたけた彼は、東京帝国大学出身の同門建築家たちとともに、パク・キルリョン（朴吉龍）など七名の朝鮮人建築家まで大挙参与させて、一九一六年までに設計を終えた。野村の設計は、おおよそデ・ラランデの草案にしたがったといわれている。当初五カ年の継続事業で出発した新庁舎の建立は、一九一六年になって八カ年の継続事業に変更された。しかし、この事業は、日本が第一次世界大戦に参戦したことによる財政問題のゆえに、帝国議会からまたしても予算配分を受けられず、大幅に遅延した。設計図完成後一〇年がすぎて、とうとう終わりを迎えることができ、一九二六年一〇月に落成式が挙行された。[45] 当時としては日本帝国全領土のなかでもっとも大きい建物が、植民地首位都市京城の心臓部に出現したのである。[46]

朝鮮総督府庁舎の建築的特徴と空間性

朝鮮総督府庁舎は、景福宮の正門である光化門から八四メートルほど、勤政門からはわずか三一メートルほど離れたところに位置した。[47] 光化門と勤政門のあいだにあった興禮門と維和門、永齊橋などがすべて壊され、禁川の流れも光化門のほうへ移された。庁舎の配置方向もまた議論の余地がかなりあったが、総督府庁舎は景福宮より東側に三・五度振って真南向きになるように配置された。これは、異論の余地なく、南山の朝鮮神宮にむけた位置の選定であった。光化門路と太平路、南大門を経て南山の朝鮮神宮入口の標石に続く京城の基本軸の中心に庁舎を据えたのである。[48] これがきわめて攻撃的な配置であることはたしかであるが、日帝が景福宮の構成を故意にゆがませようと画策したと

デ・ラランデの設計作業を引き継いだ日本人建築家野村一郎の最終設計にしたがって1926年10月に竣工した朝鮮総督府庁舎全景．出所：부산박물관『사진엽서로 보는 근대풍경：1．도시』(민속원)［釜山博物館『絵葉書で見る近代風景：1．都市』(民俗院)］(2009)

みる必要はない。当時、朝鮮建築会が発刊していた『朝鮮と建築』の一九二六年五月号は、朝鮮総督府新庁舎の特別号としてつくられたが、ここに載せられた「新庁舎の設計概要」によれば、日本人実務者が景福宮内のすべての建物と光化門通および太平通の関係を実測図で製作してみた結果、景福宮内の建物の中心軸が、光化門通の中心線と一致せず西側に傾いているので、道路の軸線と合致するように新庁舎の方向を調整した。そうすれば、庁舎の正面が道路から完璧にみえるというのである。このような説明は、総督府が同じ年に発刊した『朝鮮総督府庁舎新営誌』においてもそのまま繰り返される(49)。一言でいうと、日本人は、ひたすら自身の計画に忠実であった。朝鮮総督府庁舎建立は、たんに建物の威容で被征服者の気をそごうとしていたのではなく、昔の王都に対する大々的な再編作業の一環であった。かつて縦の位階秩序と横の相互紐帯の調和を図っていた生理学的計画都市は、結局、数学的・遠近法的な秩序にもとづく近代的計画都市にかたちをかえた。

　総督府の事業進行が「日本対韓国」という平行線的な対立の構図に立脚しなかったことは、庁舎の主要な建築材料を全部朝鮮産とするという基本方針からも確認される。これは、運送費の問題を実用的に検討する官僚主義的な合理性のみならず、多様な地域性を包容するというそれなりの帝国主義的スケールも示している。結局、計画どおりにすべて朝鮮産とし、庁舎の外壁には花崗岩を、内部装飾材には果敢にも大理石を使用した。一九一六年に設計が完成してから工事前に土地神を慰める日本式の地鎮祭を挙行して、ただちに溝掘りと杭打ち工事に突入した。予想外に長々と一〇年にわたって紆余曲折を経たすえに落成式を執りおこない、それからさらに二年かけて付属工事まですべてを完了した。[50] 南山にあった朝鮮総督府旧庁舎は、一九二九年四月、「日本最初の科学館」である恩賜記念科学館に変貌した。[51]

朝鮮総督府新庁舎は、効率的な業務機能に適合するだけでなく、視覚的にも帝国の威容をあらわせるように建てられた。設計図とは多少変更された竣工時の建坪は約二二一九坪、延坪は約九四七一坪に達し、地下一階、地上四階の建物の横の長さはおおよそ一三〇メートル、最上段の塔を含む高さは五五メートルに達した。建物内に全二五七室が完備されて、中央暖房システムと水洗式トイレまで備えていた。ここに、高さがおおよそ七〇メートルに達する巨大なドームとキューポラを載せて、景福宮の正殿を完璧におおい隠した。[52] この建物は、圧倒的な規模だけでなく、構造的な側面でも、他の追随を許さなかった。灰色の花崗岩と鉄筋コンクリートで建てられた名実相伴う石造の建物は、日本でも探すことがむずかしかった。朝鮮総督府は、植民地の安価な労働力と運送費の節減を考慮に入れたうえで、果敢な試みをしたのである。レンガで仕上げた台湾総督府庁舎の盲点を十分にわかっていた朝鮮総督府土木局長持地六三郎の見解が、決定的に作用した。[53]

朝鮮総督府庁舎は、石材の材料的特性を構造的に極大化した。『朝鮮総督府庁舎新営誌』によれば、この建築物は「近世復興式」すなわちネオルネサンス様式をとったが、[54] 実際、中央部とドームを求心点として広がった完全な左右対称構造と数学的比例体系は、ルネサンス様式の基本要素に該当する。これは、立面図をみると、より鮮明にあらわれる。先にみたように、ネオルネサンスは近代ドイツ公共建築の主たる様式であり、近代日本でも、ネオバロックと混用されながら、帝国の権威を代弁するのに適した様式として選好された。一九二〇年代中盤という竣工時期から

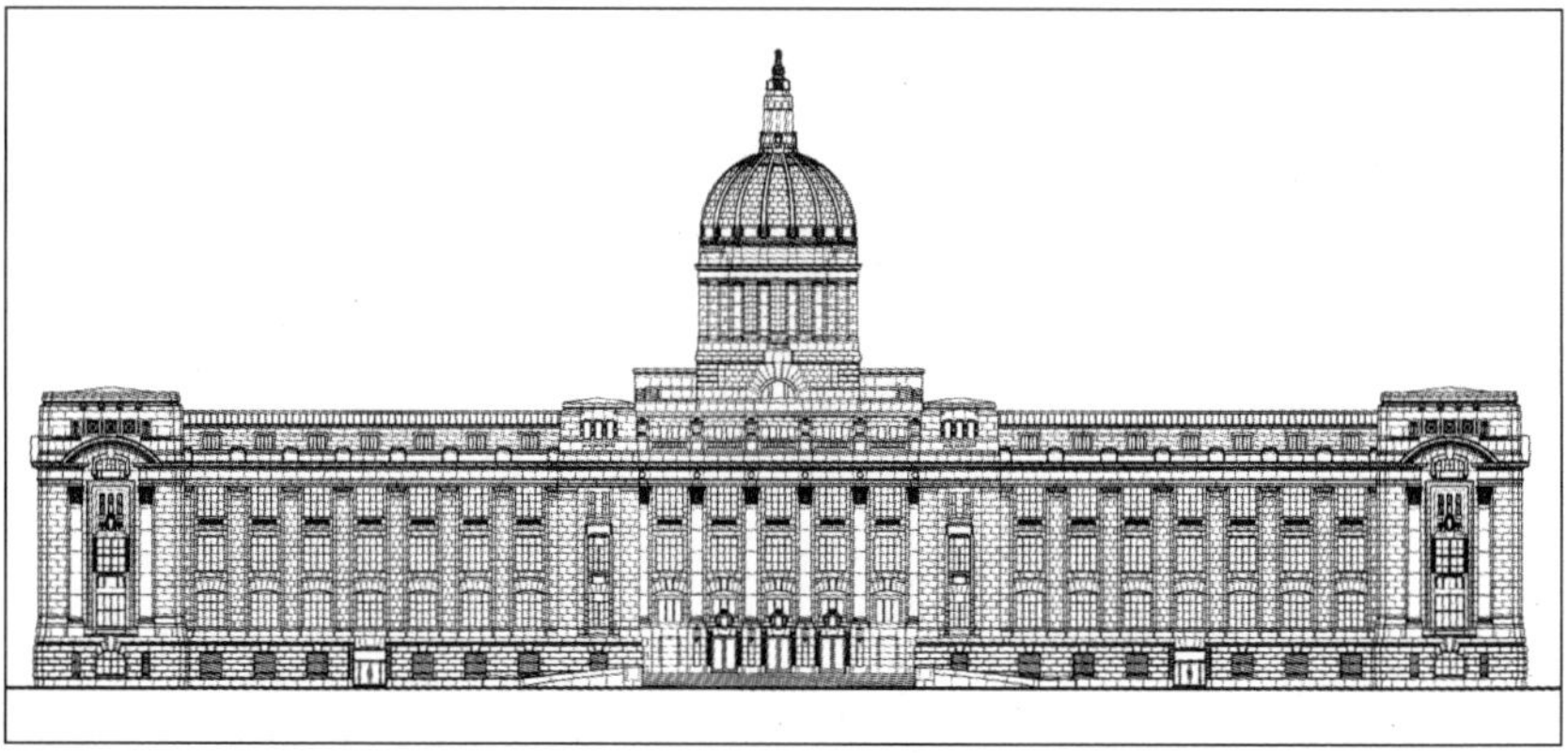

朝鮮総督府庁舎立面図．出所：국립중앙박물관『旧 總督府 建物 實測 및 撤去 報告書 上』［国立中央博物館『旧総督府建物実測および撤去報告書 上』］（1997）

みると、朝鮮総督府庁舎は、多少流行がすぎた様式を固守したといえる。しかし、より厳密に検討すると、この建物は、ひとつの建築様式で規定することがむずかしい折衷的形態をおびていることがわかる。この勇壮な建築物は、おおきく三つの塊、すなわち中央部と端の部分そして両翼部で構成されている。階段とバルコニーの水平線とコリント式オーダーを採択したポルティコおよびキューポラの垂直線のあいだに釣り合った均衡が成り立ち、立方体の堅固さを感じさせる。また、建物の中央部を前後に突出させ、四隅もやはり突出させて、強い中心性と位階を表現した。これに加えて、南・東・西の三面について打ち抜かれたベランダで深い陰影が生じるようにする構成も、最上の崇高美を演出する。下層部の粗面仕上げ切石積みの処理もまた、建物の男性的なイメージを強化する。しかし、なによりも視線を刺激するのは、フレーム構造の勇壮な青銅のドームである。一六本の円柱で支えられるこのドームは、無色のステンドグラスなどドイツ式ディテールを備えているが、最上段には日本式の皇冠模様のどっしりとした塔が載せられている。(55) この建物は、その雄大な規模と泰然とした塊の構成、水平面と垂直面の劇的な対照という面で、ネオルネサンスよりはネオバロック様式に近いとみなせるが、バロック特有の過度な装飾がうかがえず、建物の各部分間に定型的な分節がなされているという点ではルネサンス的でもある。

また、この建物には西洋古典建築の意匠要素が漏れなくあらわれるが、植民地主義的要素も散在する。前面に突出したポルティコの上に当然なければならない、パッラーディオ風建築の核心である三角形の破風がないという点は、ここがヨーロッパではないことを雄弁に物語るように思われる。ファサードはルネサンス様式に近いのに反して、端のアーチ型破風を軒の線より高くした立面処理は、ルネサンスの典型から相当はずれている。また、形式化した出入口と垂直窓は、ネオバロック的「帝国様式」の基本要素である。建物全体を支配する単純な形態の曲線と直線の反復は、デ・ラランデが選好していたユーゲント・シュティールの特徴とみなせる。建物室内の形態は、その勇壮さと曲線美において、ネオバロック的風貌をみせる。負担になるほど堅苦しい感じを与える大玄関を通過すると、白色の大理石で光る中央の大ホールに出る。華麗で広い階段が二階に続き、曲線型の天井を支える壁面は、日本の西洋画家和田三造が描いた壁画で飾られている。むかいあう二つの壁面の壁画は、一方は朝鮮の伝説「仙女と木こり」を主題にし、もう一方は朝鮮と日本のあいだの風俗の交渉を主題にしている。[56]ホールの左右には長方形の中庭がそれぞれおかれ、建物の地下には意外にも警察の取り調べ室と拷問室がある。このように多様な建築的要素の折衷主義的な結合は、植民地建築特有の混成性と評価することもできるであろうが、少なくともこの建築物の設計草案が作成される時点までは、欧米本国でも多様な古典様式を折衷する傾向が大勢であったことを看過してはならない。

その様式をどのように規定しようと、朝鮮総督府庁舎が、国家と皇室の権威を視覚的に代弁する重々しい石造の建物であったことはたしかである。この建物に表現されたすべての建築的語彙は、青銅のドームから大ホールの壁画と地下の拷問室まで、ひたすら建物の存立目的に従属する視覚的・物理的装置にすぎない。朝鮮総督府庁舎は、このように建物の形態や都市空間的位相において、そのどの部分も「剰余」として残しておかない全一的な構造と強い中心性を志向したという点で、シンケル式テクトニックの植民地的発現といわざるをえない。この点を考慮すると、朝鮮総督府庁舎がインド・ニューデリーの大英帝国インド総督府を模倣したという見解は信憑性が下がる。[57]先にあきらかにしたとおり、地域固有の様式をいかすことに主眼をおいたイギリス帝国主義と、地域固有の形跡をむしろなくそうとした日帝のあいだの原理的な違いは、看過されるべきではない。これに比して、朝鮮総督府庁舎がヨーロッパ本土の建築物、とくにドイツの帝国議会議事堂をモデルとしたという見解は[58]、真偽は別としても一定の説得力をもっている。強力なファサードと端および窓の処理といったプロイセン古典主義の形態的要素と、首都の中心部という位相が、非常に類似しているからである。さらに、朝鮮総督府庁舎の設計草案を作成したゲオルグ・デ・ランデは、ベルリンで学生時代を過ごしたので、当時首都の話題の種であったこの建築物を知らないはずがない。しかし、ドイツ帝国議会議事堂と朝鮮総督府庁舎の共通点は、表面的な姿よりも、両者がそれぞれの条件にあうようにシンケル式テクトニックの基本原理を具現するところに求めうる。

圧倒的な規模と外観をもつ朝鮮総督府庁舎は、落ちぶれた王宮の正殿である勤政殿の前に高くそびえ立って、昔の建物をこの上なく矮小化しただけでなく、昔の六曹通りとの連結を断ち切った。もちろん、六曹通りはなくなって久しく、はるか遠く南大門と龍山に妨げるものなく続く大通りが、巨大な石造の画竜点睛をすでにずっと前から待っていた。新庁舎が完工すると、面倒なことがひとつだけ残った。新庁舎の前に広がる光化門通はもう光化門を容認できなくなった。この門がもつ象徴性のため、性急に壊すことは総督府としても負担であり、また議論も多かった。しかし、いったん総督府庁舎が姿をあらわしはじめると、そのままにしておくことがむしろ非常識な情勢になった。景福宮正門として朝鮮人の脳裏

朝鮮総督府庁舎内の中央大ホール．出所：국립중앙박물관『旧 總督府 建物 實測 및 撤去 報告書 上』［国立中央博物館『旧総督府建物実測および撤去報告書上』］(1997)

に深く根付いていた光化門は、じつは景福宮再建の一環として一八六四年に復元されたものであるが、数十年をもちこたえられず、ふたたび悲運を迎えることになった。光化門は、一九二六年、総督府庁舎が完工するころ撤去され、翌一九二七年に景福宮東門である建春門の北側へ移された。これで、景福宮から光化門を経て六曹通りへ続いていた長い垂直的位階の脈は確実に断たれ、総督府庁舎と光化門通は、もうなんの障害物もなくむかいあうことになった。[59]

光化門が移されたかたちではあるが生き残ることができたことには、世論が少なくない役割を果たした。景福宮と光化門の蹂躪は日本の知識人の顰蹙も買い、周知のとおり、民芸理論家柳宗悦は「失われんとする一朝鮮建築のために」という文章を『東亜日報』に連載し、光化門の撤去計画に積極的に反対した。[60] じつに「胸を締め付けられる想いを感じている」という彼の感傷的な抵抗が、日帝が推進していた新しい秩序自体に対する反発なのか、この秩序を内的に強化する論理なのかについては、批判的な論議が必要であろう。[61] どうであれ、昔の王宮の蹂躪はすでに最終段階にあり、総督府庁舎は新しい時空間秩序の体現者としてその姿をあらわしていた。

新庁舎の登場と光化門の撤去を通じて、はじめて京城の中心部は完成した。先にあきらかにしたとおり、日帝が目指したのは、昔の王朝の象徴権力を苦労して奪うことではなかったし、そのために「政治的スペクタクル」をおこなうというのは、[62] さらに本来の意図から外れている。もちろん、総督府庁舎の圧倒的な外観が、植民地被支配者の自発的な服従を意図するための戦略的な産物であったことに異論の余地はないが、[63] 少なくともそのうしろの宮を遮ることが主要な目的ではなかった。そもそも景福宮は、すでにずいぶん前から王朝の中心でもなかった。しかし、逆説的に、この空間は、朝鮮総督府庁舎を通して久しぶりにふたたび中心の地位を得る。[64] 日本の親ドイツ派の政治家たちが帝都東京に具現しようとした「官庁集中計画」の残影が、総督府庁舎周辺に影を落としたのである。ベックマン式に表現すれば、一種の「韓国広場 Forum Koreanum」が植民地の首位都市京城に登場したともいえる。東京との関連性もまた、あきらかである。総督府庁舎から光化門通－太平通と続く大通りは、明治時代の東京の官庁集中計画と大正時代の東京の復興計画で実現される「行幸通り」のあいだの間隙を埋めてくれた。庁舎のうしろにおおい隠された景福宮は、

朝鮮総督府庁舎と光化門通（航空写真，1930）．出所：코레일（KORAIL）『사진으로 보는 해방 이전의 철도 역사』［コレイル（KORAIL）『写真で見る解放以前の鉄道の歴史』］（2004）

実際、京城の日比谷公園に姿をかえていった。朝鮮王朝の都城が、いつのまにか想像の東京になってしまったのである。まったく存在したことがない中心を想像したという点で、朝鮮総督府庁舎の立地を決めた伊東忠太（本書第Ⅱ部第3章「日本の文化ナショナリズム」、第Ⅲ部第3章「景福宮の残酷な運命」参照）は、景福宮の設計者チョン・ドジョンと、意外にもよく似ていた。

「東洋第一の建築物」に数えられていた(65)朝鮮総督府庁舎は、帝国の威容をあらわす政治的機能はもちろん、建築様式的特徴という側面でも、それより遅れて登場した日本の帝国議会議事堂と親縁性をもっている。一九二〇年に着工し一九三六年に門を開けた帝国議会議事堂は、中央のポルティコとユーゲント・シュティールの端をもつファサードが、朝鮮総督府庁舎と類似している。もちろん、二つの建物がみせる折衷主義的形態は、様式上では違いがある。日本の帝国議会議事堂が、一九三〇年代のドイツファシズム建築から影響を受けたとすれば、朝鮮総督府庁舎は、一九世紀ベルリンのネオバロック建築から影響を受けた。しかし、両者のあいだには、違いよりも共通分母がより多い。両者ともに日帝の国家的権威を象徴する建築物として、いわゆる「内地」と「外地」の首位都市の中核に位置した。前者の立地が東京の中核を構築しようとする井上馨の官庁集中計画によるものなら、後者は植民地都市京城の中核を構築しようとする総督府管轄の京城市区改修事業の出発点であり到達点であった。

しかし、官庁集中計画が東京では構想レベルで終わったように、植民地京城においても理想的に具現されるにはいたらなかった。京城府をこえて朝鮮半島全体の求心点になるに値するちゃんとした「韓国広場」は、「日本広場」と同様に誕生しなかった。もちろん、植民地朝鮮の条件は、日本とは異なっていた。圧倒的な総督府庁舎ひとつだけで中央の核心機関をそこそこ収用できたので、昔の六曹通りである光化門通には、多少重要度が落ちる機関が落ち着くことになった。京畿道庁と逓信局、朝鮮歩兵隊と朝鮮駐箚軍司令部附属庁舎、一九二三年からは京城中央電話局および光化門分局のような機関が立ち並んだ。[66] しかし、光化門通の絶対的な優位が成立しなかったより根本的な理由は、当時、京城の商業的中心地が今の小公洞にあたる長谷川町と忠武洞にあたる本町周辺、いわゆる「南村」にあったため、そこに東洋拓殖株式会社、朝鮮銀行、京城郵便局、京城駅といった実生活と直結した公共機関が位置していったからである。総督府庁舎の完工を契機に、状況が急転する余地はあった。総督府官吏の住居地が景福宮近隣に大挙して移ってゆくなかで、自然に「北村」にも道路開発と交通手段の拡充、建築物の新築がおこなわれた。[67] 総督府新庁舎の完工を目前にした一九二六年新年初頭には、光化門通で異例の大規模な観兵式が開催され、その場所の特別な価値を方々へ知らせた。[68] しかし、権力の要求と日常の要求は、実際には、合致することがむずかしかった。国家権力がテクトニック的効率性を掲げたのに対して、商工業者は実用主義的効率性を掲げたが、双方ともに各自の基準では十分に「モダン」であり、優劣をつけることはむずかしかった。植民地空間における「統治性」は、露出的かつ不透明に作動した。[69]

時空間の植民地化

日帝は、たとえテクトニックの完璧な具現ではなかったとしても、植民地朝鮮に新しい次元の時空間を移植した。時間と空間の変化は、緊密に嚙みあって展開されながら、全面的に新しい心象地理を構築していった。まず、「標準時」の導入とともに、時間の尺度が画期的にかわった。朝鮮統監府が設置された直後の一九〇六年六月から、朝鮮半島にあった日本の官公署は日本標準時を使用し、一九〇八年四月一日からは「大韓国標準時」が公布されて、日本の「帝国中央標準時」から三〇分の時差をおいた標準時に定められた。しかし、日韓併合後の一九一二年一月一日これは廃止され、日本の標準時に吸収された。日本の標準時は、東経一三五度の子午線を基準にした時間帯であり、イギリスのグリニッジ天文台を通過する子午線を本初子午線として、一八八六年にはじめて定められたものである。(70)時間の「近代化」が、時間の「植民化」に転移されるには、あまり多くの時間はかからなかった。

いまや時間の構造がまったく変貌する。朝鮮王朝に対する記憶が、歴史的過去に再編される。それなりに豊富で曲折の多かった時間が、帝国日本が未来にむかって立てた長大な歴史のはしごのもとに、雄大な総督府庁舎の安穏とした裏庭に編入されるのである。一九〇二年六月、国粋主義の性向をもつ建築史学者関野貞《ただし》を中心とした「朝鮮建築調査団」が大韓帝国に派遣された。彼らは、六二日間にわたって漢城と開城、江華、扶余といった古都の宮廷と遺蹟を調査したが、関野貞は、一九〇九年にふたたび京城を出発点として一九一五年まで延々七年間、古建築および一般調査を実施し、彼の助手であった谷井済一が緻密な古蹟調査報告書を残した。朝鮮総督府は、こうした成果を土台に、一九一六年から五カ年の計画で、大々的な古蹟調査事業に乗り出した。(71)日帝は、すでにこの方面の理論的土台と専門的人材を確保していた。一八八八年から九七年まで日本全国で進められた綿密な文化財調査には、岡倉天心のきわめて近代的な日本美術史観が反映されていた。(72)

関野貞は、一九〇二年に大韓帝国を訪問した当時、東京帝国大学助教授の身分であり、すでに日本で神宮建立と古蹟調査に積極的に参与していた。彼は、東京帝国大学造家学科出身であり、師匠の辰野金吾の下で日本銀行の建設にも参与した経験があった。関野は、先輩である伊東忠太の推薦で内務省技師、奈良県技師を歴任しながら、古建築調査の実務を覚え、一九〇一年に東京帝国大学に赴任した。一言でいうと、彼は日本建築界で主流中の主流に属する人物であった。一九一六年から一九三五年までの二〇年間にわたる彼の苦労を収めた全一五巻の『朝鮮古蹟図譜』は、発刊途中にフランス学術院から賞を受ける栄誉まで得た。しかし、伊東忠太の事例でみるように、知識と権力は、まれにしか争わない仲の良い夫婦のようなものだ。一九〇九年、朝鮮総督府度支部が関野に韓国古建築の調査を依頼したことは、あきらかに、あらかじめ朝鮮神宮と総督府庁舎の敷地を物色しようとする意図にもとづいていた。[73] あるいはすでに一九〇二年の調査も、そのような趣旨のもとにおこなわれたのかもしれない。[74] 当時の大韓帝国政府がこのような関野の調査団に特別に旅券まで用意して、各郡主と官吏が彼らを十分に保護してやるよう配慮したという事実は、富国強兵のために年号までかえた「光武改革」の実情を物語る。[75] いずれにせよこのような実証的調査作業のおかげで「任那日本府説」を含む「近代的」歴史観が時間の準拠枠となり、昔の王朝の記憶は色あせた歴史本の字句や博物館の暗室のなかに消えた。

一九一一年二月一日、朝鮮総督府は、李王職官制を施行して、権力を失った王室に対する管理をはじめた。以前は宮内部で面倒をみていた王室関連事務がすべてそちらに引き継がれ、一種の文化財管理の次元で扱われた。[76] 日韓併合とともに積極的な同化主義を標榜した総督府としては、公式には朝鮮の伝統と古蹟遺物、とくに古建築物を帝国の文化財として保護すると公言した。しかし、実際には、保護と撤去の基準はたんに日帝の必要によってきわめて便宜的に設定されたので、多くの古建築物が受難を経験した。結局、消えた遺産も遺った遺産もともに生命力を剝奪され、歴史の裏街道に送られた。

景福宮の取り壊しは、「文化財管理」の真骨頂を示した。朝鮮物産共進会の展示場で埋まった東宮区域が大きな被害を負ったのちにも、王宮全体にわたって取り壊しが続いた。一九一七年には昌徳宮の大火災で消え失せた寝殿を再建するという理由で、景福宮にあった王と王妃の寝殿の一郭とともにほかの多くの殿閣が取り払われることで、高宗期の再建時に三三〇余棟に達していた建物は三六棟にまでおおきく減った。朝鮮王朝の歴代の王の御真影を祭った璿源殿は、伊藤博文の冥福を祈るために建てられた博文寺に取って代わられ、その位牌堂として使用された[77]。このように乱暴なことこの上ない「文化財管理」は、臨機応変になされた場合が少なくなかったが、全体的にみるとそれなりに明白なロードマップに立脚したものであった。一九一六年に朝鮮総督府庁舎の設計が終わったころ作成された「景福宮内敷地および官邸配置図」をみると、宮廷は影も形もなく、宮域全体が公園にされている。詳しくみると、皇太子の居所があった東側には広場が、閔妃が弑逆された北端の乾清宮の場所にはもともとなにもなかったというがごとく花壇がおかれており、現在の青瓦台一帯の北岳山の麓には総督府官舎の敷地が用意されている。図面には、噴水と野外音楽堂、ゴルフ場まで出てくる[78]。

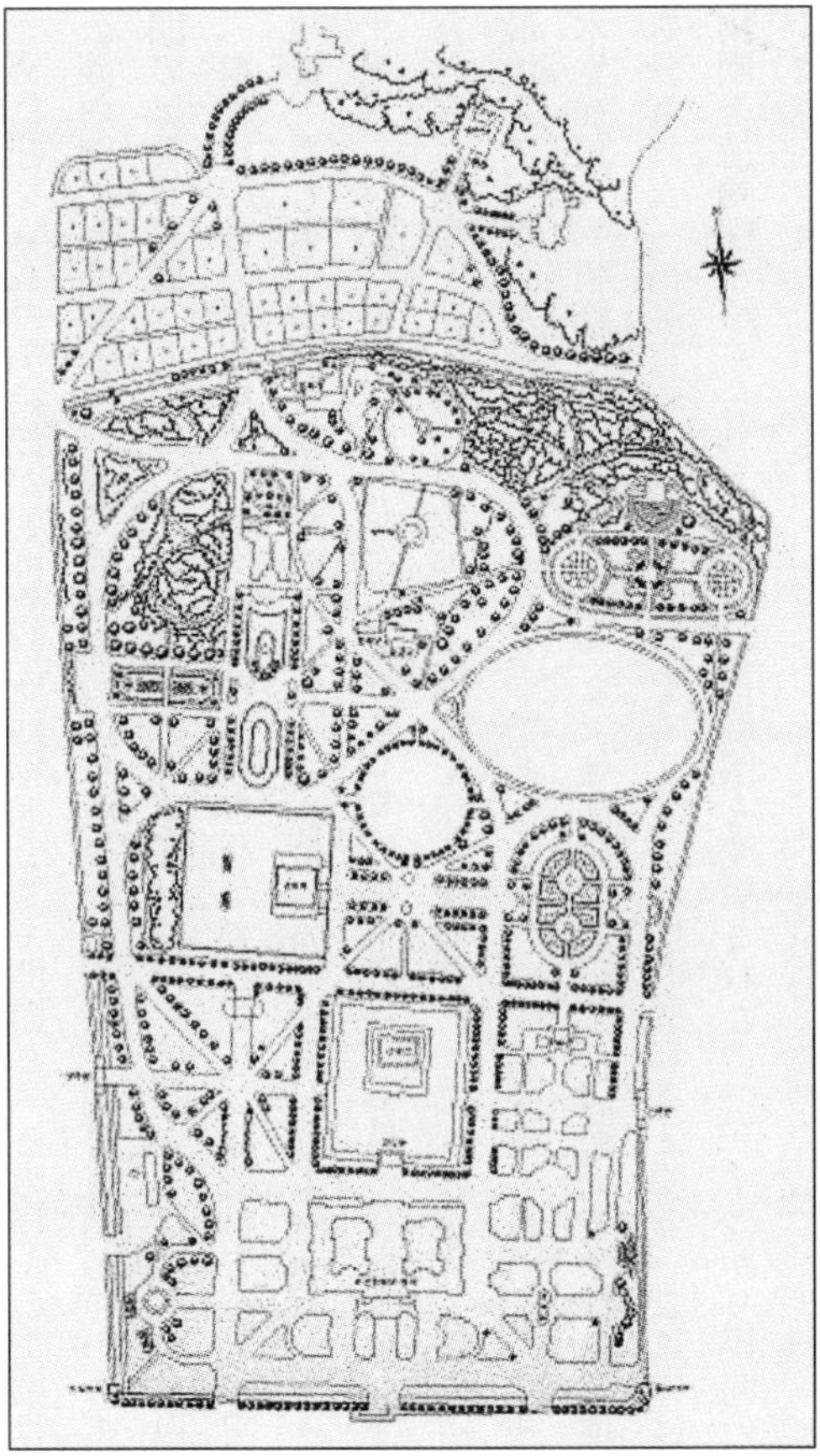

「景福宮内敷地および官邸配置図」(1916). 出所：『景福宮 變遷史：경복궁 변천 과정 및 지형분석 학술조사 연구용역』(下)［『景福宮変遷史：景福宮の変遷過程と地形分析学術調査研究用役』(下)］, http://www.albummania.co.kr/gallery/view.asp?seq=82948&path=&rpage=183

　たとえこの図面そのままに実現されはしなかったとしても、景福宮は、結局、いくらもしないうちに、以前とはまったく異なる性格の空間に姿をかえてしまった。宮の前面部には総督府庁舎が位置し、東側には物産共進会のために建てられた美術館が朝鮮総督府博物館として開館し、そのほかの空間は、東京の霞が関官庁街に面した日比谷公園の例にしたがって、総督府管理の休息所に転落した。朝鮮王朝のきわめて厳かな法宮が、古色蒼然とした桜が満開の総督府裏庭へと転落してしまったのである。[79] 純粋な美しさとは、冷酷な現実を糊塗する非情さの産物にすぎない。

総督府庁舎の完工後、光化門が撤去されるなかで、これと連結していた南側の塀もいっしょに撤去され、その角の望楼である東十字閣の左側の面が消え、その後、西十字閣と東十字閣がともに完全に消え去って、宮と闕（宮殿の門―訳者）の区分自体が瓦解した。[80] 宮廷としての景福宮は、もはや存在しなかった。京城の宮廷と聖域の大部分が景福宮と同じ運命を迎えた。穀物神と土地神を祭る聖域であった社稷壇は、朝鮮王朝が建国して漢陽遷都を断行してから最優先でつくった施設のうちのひとつであったが、一介の公園に転落した。朝鮮の護国神を祭る聖域であった南山の木覓神祠も、朝鮮神宮に場所を譲った。慶熙宮は、一部は居留民の学校の敷地に転用され、一部は道路改修のために処分された。昌慶宮の事例は、戯画をこえて、哀切を感じさえする。ここには純宗王の慰安をはかるという名分で動物園と植物園がつくられ、名称まで昌慶園と変更されたので、すっかり民間の娯楽施設になってしまった。一九二九年に発刊された『京城案内』の説明によれば、昌慶園には「日本では生息しない山猫、朝鮮狼、高麗雉、虎、ノロジカ、豹といった朝鮮産の新奇な動物が多い（多かった）」。せいぜい昌徳宮と徳寿宮が最小限度の原型を維持したが、これは、昌徳宮は純宗の居所であり、徳寿宮は高宗の居所であったからこそ可能なことであった。もちろん、徳寿宮という名前にしてからが、純宗皇帝の半強制的即位とともに「李太王の長寿を祈るため」太王に「徳寿」という位号を与えることによって改称されたものであり、慶運宮時代の原型と比べようもないほど縮小された状態で生き残ったのであった。[81]

日帝の植民地統治者は、植民地の先住民の過去をまったく新しい時空間秩序のなかに編入することに成功した。王朝時代の禁断の領域は、博物館、公園、動物園そして植物園に戯画化された。しかし、日本人みずからも気づかなかった側面があった。日本帝国全体でもっとも大きい建築物である朝鮮総督府庁舎が、周辺の東アジアの文明に対する日本の近代文明の歴史的勝利をみずから祝う祝砲のようなものであったとするならば、植民地の「古蹟」は、日本人自身の過去を映す鏡のようなものでもあった。振り払いたい過去！　日帝の植民地統治者が植民地でおこなったことは、破壊自体が目的ではなかったとしても、純然たる合理的な判断とみなしがたい深い嫌悪感をあらわしている。それは、どうかすると、みずからの過去を、すなわち東洋人というルーツを消したい密かな欲求の発散ではなかったか。西欧の近代文明に対する日本人の熱狂は、じつはアジア周辺国に対する敵対感の原因にして結果であった。アジアとは、日本人が直面することを避ける「実在」の別名だったからである。

理由こそなんであれ、結局、植民地統治者の意志は貫徹された。日帝期の京城の主要な公園であった社稷壇公園、奨忠壇公園、孝昌公園だけをみても、一様に朝鮮王朝の聖域を壊して造成されたものであった。[82]しかし、植民地統治者の狂気のこもった破壊熱は、民族的反感を刺激したにもかかわらず、少なくとも大韓帝国の首都改造事業よりは、はるかに近代的「国民」をつくりだすという営みの近くにあった。彼らの欲深さは、道路と土地、交通、建築物を通した新しい空間の秩序、そしてまったく新しい歴史の秩序を貫徹することで、「近代」という名の特殊な位相学を形成していったからである。[83]

一九一五年の朝鮮物産共進会に対してみせた植民地朝鮮人の熱狂的な反応は、単純に日帝の宣伝物に幻惑されたとみるには、あまりにも意味深長である。当局の集計によれば、総観覧客数は一一六万人をこえたが、[84]日本人と外国人訪問客数を勘案しても、二〇世紀初めの植民地朝鮮では想像しがたい数字であった。景福宮の「取り壊し」は、朝鮮人の伝統と自尊心に泥を塗る民族的弾圧であったが、またその分近代的「国民」がみずからの姿を確認する契機を提供したのである。物産共進会は、たとえ善意の結果ではなかったとしても、閉鎖された昔の王宮を近代的な公共の場所に変貌させることに寄与した。[85]日帝が自身の文化的ヘゲモニーを貫徹していく過程は、事実上、植民地先住民が「近代的」時空間に同化する過程であった。植民地化と近代化は、コインの両面のごとくであった。[86]

博覧会 world fair とは、本来、西洋列強が自国の資本主義的発展像を宣伝し、植民地統治の正当性をアピールする行事であった。したがって、最先端の技術的発明品だけでなく、自国の植民地の物産を未開の文化の標本として展示するのは当然であった。一九〇四年にルイジアナ商業博覧会 Louisiana Purchase Exposition で進められたフィリピン原住民の展示は、その代表的な事例に属する。[87] そのすぐ一年前、日帝は、大阪で開かれた第五回国内産業博覧会でアイヌ原住民と沖縄原住民を展示物としたが、非西洋の有色人種を「他者」として表象する西欧の帝国主義のあとを追っていたので、近隣の民族を他者化することにためらいはなかった。[88] 植民地朝鮮では、一九〇七年の朝鮮総督府企画の京城博覧会をはじまりとして、施政五年記念朝鮮物産共進会（一九一五年）、朝鮮副業品共進会（一九二三年）、統計展覧会（一九二三年）、朝鮮家禽共進会（一九二五年）、朝鮮博覧会（一九二六年）、施政二十周年記念朝鮮博覧会（一九二九年）、施政二十五周年記念朝鮮博覧会（一九三五年）、朝鮮大博覧会（一九四〇年）などが、相次いで景福宮で開催された。これらの博覧会は、王室であれ、民俗であれ、儒教であれ、巫俗であれ、なんであれ朝鮮の伝統文化を異国的好奇心の対象として消費した。たとえこれらの博覧会が朝鮮の文化を非文明として貶めることよりは、その固有の地域性をあらわにすることに主眼をおいたとしても、[89] 過去を剥製化して歴史の裏街道に送ったという点では別段違いはない。より重要な点は、植民地の朝鮮人みずからこのような変化に同調したという事実である。一九二六年に大正天皇の銀婚式を準備する一環として開催された朝鮮博覧会は、途中に純宗の国葬が重なったにもかかわらず、そんなことは意に介せず、延長開催までして六〇万人余りが観覧する大盛況となった。[90]

景福宮で開催された博覧会は、初期の「共進会」から「博覧会」に展示の等級が向上し、スケールも大きくなっていった。一九二九年の朝鮮博覧会は、その規模と性格の面でひとつの転機をなす。施政二〇周年を記念する性格があったこの博覧会は、一五年前の施政五年記念朝鮮物産共進会と同じ期間で開催されたが、朝鮮内部の行事に終わらず、日本の主要都市と満州および台湾地域からも参加があるなど、国際的な性格をおびた。つづいてすぐに一九三二年に日帝が満州国を設立するという点を念頭におくならば、この博覧会は、帝国日本全体の面目を誇示し、相互連帯と交易促進をはかったものといえる。空間の活用という側面からみると、一九二九年の博覧会は、景福宮の東側に移転さ

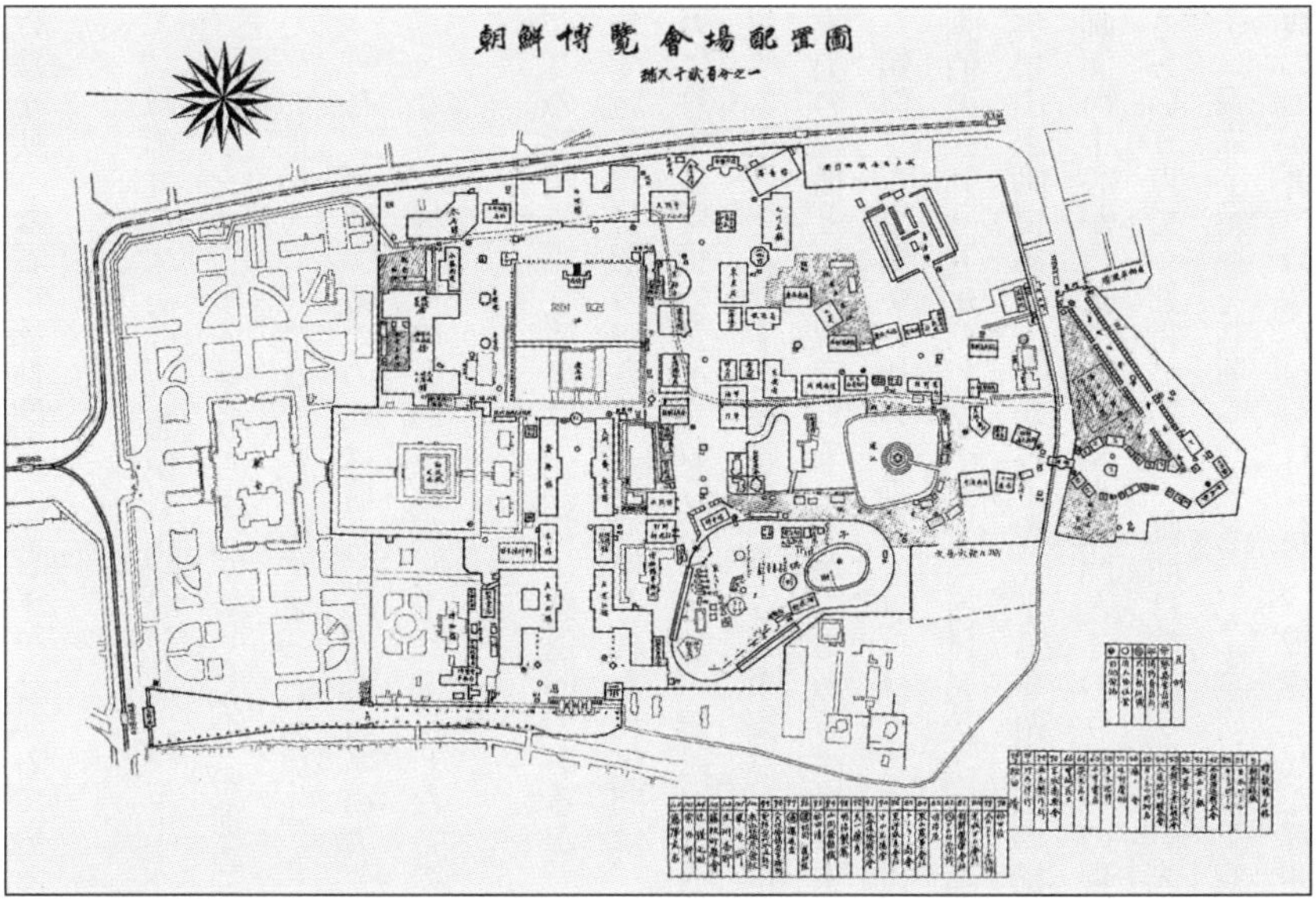

「朝鮮博覧会場配置図」(1929). 出所：행정안전부 국가기록원『일제 시기 건축도면 해제』II［行政安全部国家記録院『日帝期建築図面解題』II］(2009)

れた光化門を正門とし、勤政殿の北側を横切って西北側の慶熙楼にいたる東西軸にそって展示空間をつくったという点と、日本の地方館と当時日本の勢力下にあった植民地の特設館が建てられ、帝国の心象地理をより全面的に広げてみせたという点で、以前とは異なるものであった[91]。植民地の朝鮮人は、このような博覧会を経験するなかで、すべての過去を博物館の遺物として剝製化し、文明の進歩を広げてみせる「近代」のスライドイメージ的姿に浸りながら、いつのまにか帝国がつくった単一の時空間の鉄格子のなかに監禁された自身を発見することになった。もちろん受刑者は、その監獄から脱出することを望まなかった。

　一九三一年一〇月『三千里』に載せられた「旧宮哀詞」の作者は、秋のゆかしい情趣のなかに、昌徳宮、徳寿宮、景福宮を散歩しながら、「涙があふれる追憶」と「哀愁」に襲われる[92]。これと類似した情緒は、植民地朝鮮の知識人にひろく発見される。一九二六年八月一一日付『東亜日報』に掲載された仮名の社説「取り壊されて建てなおされる光化門」は、光化門を擬人化して「お前」という二人称で呼んで、呼びかけ法を使うなど、感性的なアプローチを試みている。

風雨五百年の間、忠臣も出入りし逆賊も出入りして、守旧党も出入りし開化党も出入りしていた光化門や！（……）彼らを迎え彼らを送ることが、お前のもって生まれた天職であり、彼らを導き、その道を教えることがお前のもって生まれた天命であった（……）総督府は壊すには壊したが、総督府がふたたび建てるという。しかし、再建するその人は髷を結った昔のその人ではなく（……）移すその場所は北岳を背にした昔のその場所ではなく、移すその方向は景福宮を正面にした昔のその方向ではない。(93)

この社説に漂う情緒は、非常に感傷的であるが、その底辺には民族的アイデンティティに対する明白な意識が存在している。日帝の恣意によって移された光化門は、けっして光化門ではありえないという思いは、あきらかに外来勢力に対する反感の表示である。しかし、植民地統治戦略に対する抗議を、必ずしも日帝が提供した位相学それ自体に対する拒否とみなす必要はない。この事実は、光化門を、もはや王朝の象徴ではなく、民族の象徴として、悠久の民族史の現場として規定しているからである。民族主義こそ、近代的時空間の理念的表現ではないか。

類似する事例を一片の絵画にも見つけうる。近代韓国画の開拓者として知られる心田アン・ジュンシク（安中植）画伯の一九一五年の作品である「白岳春暁」は、朝もやにおおわれた光化門の情景を示す。この作品は、近代的な実景山水画であり、上から下を見下ろす俯瞰法の構図をとっているが、「白岳の春の日の曙」という題目とは異なり、画面の中心が白岳ではなく光化門とそのうしろの森のなかの景福宮の建物であり、春ではなく秋の風景を描写しているという点で、独特である。画面は静寂が漂う。光化門は固く閉ざされており、人影のない広場の両端には一対のヘテ（「是非と善悪を判断しわかるという想像の動物。獅子に似ているが、頭に角があるという。」〔国立国語院『標準国語大辞典』〕—訳者）の像がおかれており、寂寞とした雰囲気を倍加している。このような雰囲気は、あきらかに王朝の没落

「白岳春暁」心田アン・ジュンシク作（1915）．出所：『한국근대 회화선집：한국화』（금성출판사）［『韓国近代絵画選集：韓国画』（金星出版社）］（1990）

を暗示する。しかし、もう少し詳細にみてみると、水墨の筆使いの白岳とその下の建物のあいだには、どこか不調和が生じていることがわかる。まるで、二つの別の絵を貼ったようにみえる。王朝の図像である光化門は、もはや背後の自然に順応せず、みずからが遠近法的消失点をなしている。この栄辱の門が消えて、その場所に総督府庁舎が入ると、はじめて植民地首位都市京城が完成する。

（1）「경복궁 업셔지네」、『大韓毎日申報』［「景福宮なくなるなあ」、『大韓毎日申報』］（一九一〇・五・一五）잡보、二면。
（2）『순종실록 부록』［『純宗実録付録』］第二巻、一九一一辛亥、大韓隆熙四年、五月一七日（陽暦）。
（3）『순종실록 부록』［『純宗実録付録』］第二巻、一九一一辛亥、大韓隆熙四年、二月二〇日（陽暦）。
（4）『순종실록』［『純宗実録』］第一巻、一九〇七丁未、隆熙即位年、一〇月一九日（陽暦）。
（5）『대한제국 관보』［『大韓帝国官報』］第四〇一四號、一九〇八、大韓隆熙二年、三月五日（陽暦）一五〜一六면。

(6) 김대호「일제강점 이후 경복궁의 毀撤과『活用』(一九一〇~현재)」[キム・デホ「日帝強制占領以後の景福宮の取り壊しと『活用』(一九一〇~現在)」] 九〇~九二쪽。キム・デホによれば、北闕(景福宮を指す—訳者)図形に図示された建物の数は五〇九棟六八〇六間《ま》、総督府建立前まで残っていた建物の数は三九六棟五五〇五間《ま》であった。現在残っている(もともとの)建物の数は、四〇棟八五七間《ま》である。そのほかに、김정동『남아 있는 역사、사라지는 건축물』[キム・ジョンドン『残っている歴史、消える建築物』] 一八三~二二七쪽。홍순민「일제의 식민침탈과 경복궁 훼손:통치권력의 상징성 탈취」、『문명연지』[ホン・スンミン「日帝の植民地侵奪と景福宮毀損:統治権力の象徴性奪取」、『文明連誌』] 제五권 제一호(二〇〇四)五~三四쪽。이왕무「일제시대 경복궁 주변도로의 변화와 宮牆의 훼철」、조병로 외『조선총독부의 교통정책과 도로건설』[イ・ワンム「日帝期景福宮周辺道路の変化と宮牆の取り壊し」、チョ・ビョンノ他『朝鮮総督府の交通政策と道路建設』] 七一~七二쪽。정규홍『우리 문화재 수난사:일제기 문화재 약탈과 유린』(학연문화사)[チョン・ギュホン『わが文化財受難史:日帝期文化財略奪と蹂躙』(学研文化社)](二〇〇五)参照。

(7)「공진회를 개최하는 목적」、『毎日申報』[「共進会を開催する目的」、『毎日申報』](一九一五・九・四)。강상훈『일제강점기 근대시설의 모더니즘 수용』서울대학교 건축학과 박사학위 논문[カン・サンフン『日帝強制占領期近代施設のモダニズム受容』ソウル大学校建築学科博士学位論文](二〇〇四)四〇쪽。

(8) 박성진「평양의 황건문이 남산으로 내려온 까닭은?」、우동선・박성진 외『궁궐의 눈물、백년의 침묵』[パク・ソンジン「平壌の皇建門が南山に下ってきた訳は?」、ウ・ドンソン/パク・ソンジン他『宮闕の涙、百年の沈黙』] 一五六~一五八쪽。김대호「일제강점 이후 경복궁의 毀撤과『活用』(一九一〇~현재)」[キム・デホ「日帝強制占領以後の景福宮の取り壊しと『活用』(一九一〇~現在)」] 九九~一〇〇쪽、九二쪽 以下。조재모『궁궐、조선을 말하다』[チョ・ジェモ『宮闕、朝鮮を語る』] 二五三쪽。강상훈『일제 강점기 근대시설의 모더니즘 수용』[カン・サンフン『日帝強制占領期近代施設のモダニズム受容』] 四一、四八쪽。

(9)「共進會 開會式」、『毎日申報』[「共進会開会式」、『毎日申報』](一九一五・一〇・二) 二면。서울특별시 시사편찬위원회 엮음『국역 경성부사』(一九四一、예맥)[ソウル特別市市史編纂委員会編『国訳 京城府史』(一九四一、芸脈)] 제三권(二〇一四)二六二~二六三쪽。

(10) 이상해「풍수」、한국건축개념사전 기획위원회 엮음『한국건축개념사전』(동녘)[イ・サンへ「風水」、韓国建築概念辞典企画委員会編『韓国建築概念辞典』(トンニョク)](二〇一三)八四一~八四六쪽。

(11) 강영환『(새로 쓴) 한국 주거문화의 역사』(기문당)[カン・ヨンファン「(改訂) 韓国住居文化の歴史」(技文堂)](二〇一三) 一二九쪽 以下。

(12) 임덕순「朝鮮初期 漢陽 定都와 首都의 象徵化」、이혜은 외『서울의 景觀變化』(서울학연구소)[イム・ドクスン「朝鮮初期漢陽

定都と首都の象徴化」、イ・ヘウン他『ソウルの景観変化』（ソウル学研究所）（一九九四）一八～一九、三四쪽。이상구「서울의 도시 형성」、최상철 외『동양 도시사 속의 서울』（서울시정개발연구원）［イ・サング「ソウルの都市形成」、チェ・サンチョル他『東洋都市史のなかのソウル』（ソウル市政開発研究院）］（一九九四）三一三～三一六쪽。

(13) 이경택『서울의 都市景觀 形成과 變化에 관한 動因 研究』［イ・ギョンテク『ソウルの都市景観形成と変化に関する動因研究』］三九～四一쪽。

(14) 남영우・곽수정「고대도시 장안성의 입지적 의미와 도시구조」、『한국도시지리학회지』［ナム・ヨンウ／クァク・スジョン「古代都市長安城の立地的意味と都市構造」、『韓国都市地理学会誌』］제一四〇권 一호（二〇一一）一～一六쪽。이경택『서울의 都市景觀 形成과 變化에 관한 動因 研究』［イ・ギョンテク『ソウルの都市景観形成と変化に関する動因研究』］三九～四一쪽。임덕순「朝鮮初期 漢陽 定都와 首都의 象徵化」［イム・ドクスン「朝鮮初期漢陽定都と首都の象徴化」］四五쪽 以下。

(15) 이규목・김한배「서울 도시경관의 변천 과정 연구」、『서울학연구』［イ・ギュモク／キム・ハンベ「ソウルの都市景観の変遷過程研究」、『ソウル学研究』］제二호（一九九四）三～一九쪽。이경택『서울의 都市景觀 形成과 變化에 관한 動因 研究』［イ・ギョンテク『ソウルの都市景観形成と変化に関する動因研究』］四三～四六쪽。한영우『왕조의 설계자 정도전』（지식산업사）［ハン・ヨンウ『王朝の設計者チョン・ドジョン（鄭道傳）』（知識産業社）］（一九九九）。

(16) 이상구「서울의 도시 형성」［イ・サング「ソウルの都市形成」］三三六쪽。

(17) 조재모『궁궐、조선을 말하다』［チョ・ジェモ『宮闕、朝鮮を語る』］一三一쪽。임덕순「朝鮮初期 漢陽 定都와 首都의 象徵化」［イム・ドクスン「朝鮮初期漢陽定都と首都の象徴化」］五五～五八쪽。김정동『남아 있는 역사、사라지는 건축물』［キム・ジョンドン『残っている歴史、消える建築物』］一八六쪽 以下 参照。

(18) 김동욱「조선 초기 창건 경복궁의 공간구성：고려 궁궐과의 관계에 대해서」、『건축역사연구』［キム・ドンウク「朝鮮初期創建景福宮の空間構成：高麗宮闕との関係について」、『建築歴史研究』］제七권 二호（一九九八）一五～二一쪽。建築史家イム・ソクチェによれば、景福宮の個々の建物は、中心的な殿閣は対称にみえるが、もっぱら正面にかぎるとそうであるにすぎず、非対称がいたるところに発見される。急激に落ちる垂直線を可能なかぎり回避して、建物のあいだのつり合いとそれぞれの固有な姿を許容したという点で、景福宮も韓国的美学を代弁しているということである。임석재『사회미학으로 읽는 개화기－일제강점기 서울 건축』（이화여자대학교 출판부）［イム・ソクチェ『社会美学で読む開化期－日帝強制占領期のソウルの建築』（梨花女子大学校出版部）］（二〇一一）二五쪽 以下。

(19) 이순우『광화문 육조앞길』（하늘재）［イ・スヌ『光化門六曹前路』（ハヌルジェ）］（二〇一二）一九쪽 以下。임덕순「朝鮮初期 漢陽 定都와 首都의 象徵化」［イム・ドクスン「朝鮮初期漢陽定都と首都の象徴化」］四五～四九쪽。손정목『일제강점기 도시계획

연구』（일지사）［ソン・ジョンモク『日帝強制占領期都市計画研究』（一志社）］（一九九〇）一〇二쪽。

(20) 임덕순「朝鮮初期 漢陽 定都와 首都의 象徵化」［イム・ドクスン「朝鮮初期漢陽定都と首都の象徴化」］五一～五二쪽。

(21) 조재모『궁궐, 조선을 말하다』［チョ・ジェモ『宮闕、朝鮮を語る』］一一八～一二二쪽。양택규『경복궁에 대해 알아야 할 모든 것：친절하면서도 꼼꼼한 경복궁 답사기』（책과함께）［ヤン・テッキュ『景福宮について知らなければならないすべてのこと：親切でありながらも几帳面な景福宮踏査記』（チェククァハムケ）］（二〇〇七）二八～四一쪽。

(22) 양택규『경복궁에 대해 알아야 할 모든 것』［ヤン・テッキュ『景福宮について知らなければならないすべてのこと』］四二～五〇쪽。

(23) 서울특별시사편찬위원회 편『서울건축사』［ソウル特別市史編纂委員会編『ソウル建築史』］六〇三쪽。

(24) 홍순민「고종대 경복궁 중건의 의미」、『서울학연구』［ホン・スンミン「高宗代景福宮再建の意味」、『ソウル学研究』］제二九호（二〇〇七・八）五七～八二쪽。

(25) Koen de Ceuster, "The Changing Nature of National Icons in the Seoul Landscape", *The Review of Korean Studies*, no. 4 (2000), p. 81; 하상복『광화문과 정치권력』（서강대학교출판부）［ハ・サンボク『光化門と政治権力』（西江大学校出版部）］二〇一〇）一四二～一四八쪽。

(26) Michael Kim, "Collective Memory and Commemorative Space: Reflections on Korean Modernity and the Kyŏngbok Palace Reconstruction 1865-2010", *International Area Review*, vol. 13, no. 4 (winter 2010), pp. 7-8; 안창모「고종삼천지교：창덕궁에서 경복궁을 거쳐 덕수궁까지」、우동선・박성진 외『궁궐의 눈물, 백년의 침묵』［アン・チャンモ「高宗三遷之教：昌徳宮から景福宮を経て徳寿宮まで」、ウ・ドンソン／パク・ソンジン他『宮闕の涙、百年の沈黙』］一三쪽。서울특별시사편찬위원회 편『서울건축사』［ソウル特別市史編纂委員会編『ソウル建築史』］六〇三～六〇八쪽。

(27) 김대호「일제강점 이후 경복궁의 毁撤과『活用』（一九一〇～현재）」［キム・デホ「日帝強制占領以後の景福宮の取り壊しと『活用』（一九一〇～現在）」］八三～一三一쪽、とくに八五쪽。

(28) 김백영『지배와 공간：식민지도시 경성과 제국 일본』［キム・ベギョン『支配と空間：植民地都市京城と帝国日本』］三四四～三四九쪽。김백영「상징공간의 변용과 집합기억의 발명」［キム・ベギョン「象徴空間の変容と集合記憶の発明」］二一五쪽。

(29) 국립중앙박물관『構 總督府 建物 實測 및 撤去 報告書』上［国立中央博物館『旧（訳者）総督府建物実測および撤去報告書』上］（一九九七）三四一쪽。

(30) これについて、一九二六年に朝鮮総督府が発刊した『朝鮮総督府庁舎新営誌』に言及はない。김동현 옮김『조선총독부 청사 신영지』（국립중앙박물관）［キム・ドンヒョン訳『朝鮮総督府庁舎新営誌』（国立中央博物館）］（一九九五）参照。朝鮮総督府新庁舎の立地を選定した張本人が伊東忠太であるという見解は、김정동『남아 있는 역사、사라지는 건축물』［キム・ジョンドン『残って

いる歴史、消える建築物』」一九六쪽 および 윤홍기「경복궁과 구 조선총독부 건물 경관을 둘러싼 상징물 전쟁」、『공간과 사회』［ユン・ホンギ「景福宮と旧朝鮮総督府建物の景観をめぐる象徴物戦争」、『空間と社会』］제一五호（二〇〇一）二九五쪽 参照。

(31) 伊東忠太「神社建築に對する考察」、『朝鮮と建築』第五輯 第一號（一九二六）三〜一九頁。

(32) 김대호「一九一〇〜一九二〇년대 조선총독부의 조선신궁 건립과 운영」、『한국사론』［キム・デホ「一九一〇〜一九二〇年代朝鮮総督府の朝鮮神宮建立と運営」、『韓国史論』］五〇집（二〇〇四）三二一〜三三三쪽。김백영「상징공간의 변용과 집합기억의 발명」［キム・ベギョン「象徴空間の変容と集合記憶の発明」］一九九、二〇三〜二〇六쪽。김정동『남아 있는 역사、사라지는 건축물』［キム・ジョンドン『残っている歴史、消える建築物』］一九三〜一九六쪽。하상복『광화문과 정치 권력』［ハ・サンボク『光化門と政治権力』］一九九〜二〇〇쪽。

(33) 『국역 경성부사』［『国訳 京城府史』］제二권、二一七쪽。

(34) 이금도『조선총독부 건축기구의 건축사업과 일본인 청부업자에 관한 연구』부산대학교 건축공학과 박사학위 논문［イ・グムド『朝鮮総督府建築機構の建築事業と日本人請負業者に関する研究』釜山大学校建築工学科博士学位論文］（二〇〇七）五一쪽。손정목『일제강점기 도시사회상 연구』［ソン・ジョンモク『日帝強制占領期都市社会像研究』］五二〇〜五二八쪽。이하늘・김태영「二〇세기 초 한국에서 활동한 일본인 건축가의 조직과 계보에 관한 연구」［イ・ハヌル／キム・テヨン「二〇世紀初頭韓国で活動した日本人建築家の組織と系譜に関する研究」］六二쪽。

(35) 김정동『남아 있는 역사、사라지는 건축물』［キム・ジョンドン『残っている歴史、消える建築物』］一九九쪽。

(36) Takehiko Hirose, *Königlich preußischer Baurat Georg de Lalande* (winterwork, 2012), p. 234 以下。

(37) ホ・ヨンソプは、このドイツの建築家が日本ではプロイセン出身として振る舞ったが、実際にはプロイセンの支配を受けていたポーランド出身であると主張し、植民地支配者側で働いた彼が抱いていたであろうみずからを恥じる感情を推測する。彼の早い死は、内面的な煩悶のためであるという主張も開陳している。허영섭『일본、조선총독부를 세우다』（채륜）［ホ・ヨンソプ『日本、朝鮮総督府を建てる』（チェリュン）］（二〇一〇）一〇五〜一〇九쪽。しかし、このような見解は、デ・ラランデの生涯と活動について紹介した Takehiko Hirose, *Königlich preußischer Baurat Georg de Lalande* の内容とは反する。

(38) 손정목『일제강점기 도시사회상 연구』［ソン・ジョンモク『日帝強制占領期都市社会像研究』］五二九〜五三〇쪽。Meid, *Europäische und nordamerikanische Architektur in Japan seit 1542*, pp. 266-268; 하상복「광화문의 정치학、예술과 권력의 재현」［ハ・サンボク「光化門の政治学、芸術と権力の再現」］八七쪽。

(39) 박희용「조선 황제의 애달픈 역사를 증명하다：원구단의 철거와 조선호텔의 건축」［パク・ヒョン「朝鮮皇帝のつらい歴史を証明する：圜丘壇の撤去と朝鮮ホテルの建築」］八〇〜八一쪽。정영효「『조선호텔』：제국의 이상과 식민지 조선의 표상」、『한국어

문학연구』［チョン・ヨンヒョ「『朝鮮ホテル』：帝国の理想と植民地朝鮮の表象」、『韓国語文学研究』］제五五집（二〇一〇）三二〇쪽。김정동「도래한『서양인 건축가』에 관한 연구（一）：서울에서의 역할과 영향을 중심으로」［キム・ジョンドン「渡来した『西洋人建築家』に関する研究（一）：ソウルでの役割と影響を中心に」］八四쪽。이순우『손탁호텔』［イ・スヌ『ソンタクホテル』］一一五～一二〇쪽。西澤泰彦『日本植民地建築論』二六九頁。

(40) 今和次郎「總督府新廳舎は露骨すぎ」、『朝鮮と建築』第二巻第四號（一九二三）一七～一九頁。

(41) 이효석「碧空無限」（一九四一）、『이효석 전집』五（창미사）［イ・ヒョソク「碧空無限」、『イ・ヒョソク全集』五（創美社）］（一九八三）一八六쪽。유진오『화상보』（한성도서주식회사）［ユ・ジノ『華想譜』（漢城図書株式会社）］（一九四一）。これについては、정영효「『조선호텔』：제국의 이상과 식민지 조선의 표상」、『한국어문학연구』［チョン・ヨンヒョ「『朝鮮ホテル』：帝国の理想と植民地朝鮮の表象」、『韓国語文学研究』］제五五집（二〇一〇）三一七～三四八쪽 参照。

(42) 김정동「도래한 서양인 건축가에 관한 연구（一）」［キム・ジョンドン「渡来した西洋人建築家に関する研究（一）」］八四～八五쪽。

(43) Takehiko Hirose, *Königlich preußischer Baurat Georg de Lalande*, pp. 23-24.

(44) 台湾総督府庁舎と朝鮮総督府庁舎を比較する Chu-joe HSIA, "Theorizing Colonial Architecture and Urbanism: Building Colonial Modernity in Taiwan", pp. 10-12 参照。

(45) 손정목『일제강점기 도시사회상 연구』（일지사）［ソン・ジョンモク『日帝強制占領期都市社会像研究』（一志社）］（一九九六）五二〇～五五쪽。하시야 히로시『일본제국주의、식민지도시를 건설하다』［橋谷弘『日本帝国主義、植民地都市を建設する』］一一七～一二〇쪽。김정동『남아 있는 역사、사라 지는 건축물』［キム・ジョンドン『残っている歴史、消える建築物』］一八三～二五二、二一七쪽。『朝鮮總督府廳舎新營誌』［『朝鮮総督府庁舎新営誌』］五六쪽。

(46) 손정목『일제강점기 도시사회상 연구』［ソン・ジョンモク『日帝強制占領期都市社会像研究』］五五二쪽。

(47)『조선과 건축』［『朝鮮と建築』］の報告によれば、庁舎の位置は光化門からは四六間、勤政門正面からは一七間の距離をおいた。富士岡重一「新廳舎의 計劃概要」、朝鮮建築會、김동현 옮김『朝鮮과 建築』第五號、朝鮮總督府新廳舎號［富士岡重一「新庁舎の計画概要」、朝鮮建築会、キム・ドンヒョン訳『朝鮮と建築』第五号、朝鮮総督府新庁舎号］（一九二六・五・一）、국립중앙박물관［国立中央博物館］（一九九五）三一쪽。

(48) 정운현『서울시내 일제유산답사기』（한울）［チョン・ウニョン『ソウル市内日帝遺産踏査記』（ハヌル）］（一九九六）五六쪽。조재모『궁궐、조선을 말하다』［チョ・ジェモ『宮闕、朝鮮を語る』］一一七～一一八쪽。이순우『광화문 육조앞길』［イ・スヌ『光化門六曹前路』］一九二～一九四쪽。홍순민「일제의 식민 침탈과 경복궁 훼손」［ホン・スンミン「日帝の植民地侵奪と景福宮毀

損」］二五〜二六쪽。

(49) 富士岡重一「新廳舍의 計劃概要」［富士岡重一「新庁舎の計画概要」］三一쪽。조선총독부、김동현 옮김『朝鮮總督府廳舍新營誌』（국립중앙박물관）［朝鮮総督府、キム・ドンヒョン訳『朝鮮総督府庁舎新営誌』］（国立中央博物館）］（一九九五）五六쪽。

(50) 조선총독부『朝鮮總督府廳舍新營誌』（국립중앙박물관）［朝鮮総督府『朝鮮総督府庁舎新営誌』（国立中央博物館）］（一九九五）六〇〜六七쪽。

(51) 林耕一「文化機關과 京城」、『조광』六권 九호（一九四〇・九）、부산대학교 한국민족문화연구소『（잡지로 보는）한국 근대의 풍경과 지역의 발견 三：경성 Ⅱ』（국학자료원）［林耕一「文化機関と京城」、『朝光』六巻九号（一九四〇・九）、釜山大学校韓国民族文化研究所『（雑誌でみる）韓国近代の風景と地域発見 三：京城 Ⅱ』（国学資料院）］（二〇一三）一一七쪽。이순우『통감관저：잊혀진 경술국치의 현장』［イ・スヌ『統監官邸：忘れられた庚戌国恥の現場』］五一〜五六쪽。

(52) 국립중앙박물관『구조선총독부 건물 실측 및 철거보고서 上』（국립중앙박물관）［国立中央博物館『旧総督府建物実測および撤去報告書 上』（国立中央博物館）］（一九九七）三九쪽。『朝鮮總督府廳舍新營誌』［『朝鮮総督府庁舎新営誌』］五七쪽。하상복「광화문의 정치학、예술과 권력의 재현」［ハ・サンボク「光化門の政治学、芸術と権力の再現」］八八쪽。

(53) 岩井長三郎「新廳舍의 計劃에 대하여」、朝鮮建築會、김동현 옮김『朝鮮과 建築』第五號、朝鮮總督府新廳舍號［岩井長三郎「新庁舎の計画について」、朝鮮建築会、キム・ドンヒョン訳『朝鮮と建築』第五号、朝鮮総督府新庁舎号］（一九二六・五・一）、국립중앙박물관［国立中央博物館］（一九九五）二九쪽。

(54) 조선총독부『朝鮮總督府廳舍新營誌』［朝鮮総督府『朝鮮総督府庁舎新営誌』］五七쪽。

(55) 장기인「조선총독부 청사」、『建築』［チャン・ギイン「朝鮮総督府庁舎」、『建築』］제三五권 제二호（一九九一）四四〜五〇쪽。송석기「궁궐에 들어선 근대 건축물」、우동선・박성진 외『궁궐의 눈물、백년의 침묵』［ソン・ソッキ「宮闕に建った近代建築物」、ウ・ドンソン／パク・ソンジン他『宮闕の涙、百年の沈黙』］二四〇〜二七九쪽。ゲオルグ・デ・ラランデは、完全なドイツ風の屋根を設計したが、のちに日本式の塔屋にかたちが修正された。これについては、김정동『남아 있는 역사、사라지는 건축물』［キム・ジョンドン『残っている歴史、消える建築物』］二一〇쪽 参照。

(56) 西澤泰彦『日本植民地建築論』八〇〜八六頁。

(57) 김정동『남아 있는 역사、사라지는 건축물』［キム・ジョンドン『残っている歴史、消える建築物』］二〇〇쪽。

(58) 임석재『사회미학으로 읽는 개화기：일제강점기 서울 건축』［イム・ソクチェ『社会美学で読む開化期：日帝強制占領期のソウルの建築』］一九一쪽。

(59) 『조선총독부 청사 신영지』［『朝鮮総督府庁舎新営誌』］六三쪽。「光化門移轉と其跡工事」、『朝鮮と建築』五－九（一九二六）三

九～四〇頁。「慶福宮光化門の移轉工事」、『朝鮮と建築』五－一〇（一九二六）五六頁。이왕무「일제시대 경복궁 주변도로의 변화와 宮牆의 훼철」、조병로 외『조선총독부의 교통정책과 도로건설』［イ・ワンム「日帝期景福宮周辺道路の変化と宮牆の取り壊し」、チョ・ビョンノ他『朝鮮総督府の交通政策と道路建設』］六七～八八쪽。

(60) この文章は『東亜日報』に一九二二年八月二四日から二八日まで五回にわたって連載され、ここで削除されたと予想される部分まで含む全文が同年九月に日本の月刊誌『改造』に載った。柳宗悦（寄）「장차 일케된 朝鮮의 한建築을 爲하야」（一～五）、『동아일보』［柳宗悦（寄）「失われんとする一朝鮮建築の為に」（一～五）、『東亜日報』］제七二六～七三〇호（一九二二）一면。この文章は、彼の著作『조선과 예술』［『朝鮮と芸術』］（一九二二）にも載せられた。야나기 무네요시「아、광화문이여」、박재삼 옮김『조선과 예술』（범우문고）［柳宗悦「ああ、光化門よ」、パク・チェサム訳『朝鮮と芸術』（汎友文庫）］（一九八九）九九～一一一쪽 参照。

(61) これについては、とくに염운옥「야나기 무네요시와『오리엔탈 오리엔탈리즘』」、『역사와 문화』［ヨム・ウノク「柳宗悦と『オリエンタルオリエンタリズム』」、『歴史と文化』］一四호（二〇〇七）二三五～二五二쪽 参照。そのほかに柳の思想についての概括的な説明としては、오쿠보 다카키［大久保喬樹］一〇一～一二〇쪽 参照。引用文は、柳宗悦（寄）「장차 일케된 朝鮮의 한建築을 爲하야」（一）、『동아일보』［柳宗悦（寄）「失われんとする一朝鮮建築の為に」（一）、『東亜日報』］제七二六호（一九二二）一면。

(62) 하상복『광화문과 정치권력』［ハ・サンボク『光化門と政治権力』］一七二쪽。

(63) 이규목「서울 근대도시경관 읽기」［イ・ギュモク「ソウル近代都市景観の読み方」］一八쪽。

(64) 類似の視角としては、Michael Kim, “Collective Memory and Commemorative Space: Reflections on Korean Modernity and the Kyŏngbok Palace Reconstruction 1865-2010”, p. 9 参照。

(65) 吉村傳『京城案内』（朝鮮博覽會京城協贊會、一九二九）二五頁。

(66) 이순우『광화문 육조앞길』（하늘재）［イ・スヌ『光化門六曹前路』（ハヌルジェ）］（二〇一二）一七三쪽 以下、一九五쪽 以下。

(67) 이왕무「일제시대 경복궁 주변도로의 변화와 宮牆의 훼철」、조병로 외『조선총독부의 교통정책과 도로건설』［イ・ワンム「日帝期景福宮周辺道路の変化と宮牆の取り壊し」、チョ・ビョンノ他『朝鮮総督府の交通政策と道路建設』］八七쪽。최인영「일제시기 경성의 도시공간을 통해 본 전차 노선의 변화」［チェ・イニョン「日帝期京城の都市空間を通してみた電車路線の変化」］四五쪽。

(68) 김백영「식민권력과 광장공간：일제하 서울시내 광장의 형성과 활용」、『사회와 역사』［キム・ベギョン「植民権力と広場空間：日帝下ソウル市内の広場の形成と活用」、『社会と歴史』］제九〇집（二〇一一）二九八쪽。

(69) 植民地特有の「動員」を強調する立場としては、박세훈「동원된 근대：일제시기 경성을 통해 본 식민지 근대성」、『한국근대미술사학』［パク・セフン「動員された近代：日帝期京城を通してみた植民地近代性」、『韓国近代美術史学』一三（二〇〇四）一一九～一四九쪽 参照。南村の「鮮銀前広場」を中心とした都心開発については、염복규「일제하 경성도시계획의 구상 과 실행」［ヨム・

ボッキュ「日帝下京城都市計画の構想と実行」」三四쪽 以下。

(70) 『국역 경성부사』[『国訳 京城府史』] 제二권、二六五쪽。이순우『통감관저』[イ・スヌ『統監官邸』] 三二〇～三三五쪽。

(71) 이순자『일제강점기 고적조사사업 연구』숙명여자대학교 사학과 박사학위 논문 [イ・スンジャ『日帝強制占領期古蹟調査事業研究』淑明女子大学校史学科博士学位論文] (二〇〇七) 二六、四五쪽。우동선「세키노 다다시 (關野貞) 의 한국 고건축 조사와 보존에 대한 연구」、『大韓建築學會論文集 計劃系』[ウ・ドンソン「関野貞の韓国古建築調査と保存についての研究」、『大韓建築学会論文集 計画系』] 第二二권 七호 (二〇〇六) 一三五～一四六쪽。

(72) 다카기 히로시「일본 미술사와 조선 미술사의 성립」[高木博志「日本美術史と朝鮮美術史の成立」] 一七〇～一七五쪽。高木によれば、岡倉天心が東京美術学校でおこなった「日本美術史」の講義は、まだ本として刊行されていない状態であった。その内容は、一九二二年に日本美術院から発行された『岡倉天心全集』の一環としてはじめて出版された (一七二、一七五頁)。

(73) 아라이 신이치、이태진・김은주 옮김『약탈문화재는 누구의 것인가：일제의 문화재 반출과 식민주의 청산의 길』(태학사) [荒井信一、イ・テジン／キム・ウンジュ訳『略奪文化財は誰のものか：日帝の文化財搬出と植民地主義清算の道』(太学社)] (二〇一四) 六三～七九쪽。문화재청 편『景福宮 變遷史：경복궁 변천 과정 및 지형분석 학술조사 연구용역 (下)』[文化財庁編『景福宮変遷史：景福宮の変遷過程と地形分析学術調査研究用役 (下)』] (二〇〇七) 二八～二九쪽。

(74) 김정동『남아 있는 역사、사라지는 건축물』キム・ジョンドン『残っている歴史、消える建築物』一九〇～一九二쪽。

(75) 『고종시대사』五집：光武 四～七年 (국사편찬위원회) [『高宗時代史』五集：光武四～七年 (国史編纂委員会)] (一九七一)、光武六年 [光武六年] (一九〇二) 七月一七日 (木)。

(76) 『순종실록부록』二巻、一九一一 辛亥、大韓隆熙 四年、二月 一日 (陽曆) [『純宗実録付録』二巻、一九一一辛亥、大韓隆熙四年、二月一日 (陽曆)]。

(77) 국립중앙박물관『구 조선총독부 건물 실측 및 철거 보고서 上』[国立中央博物館『旧総督府建物実測および撤去報告書 上』] (一九九七) 三四二쪽。손정목『한국현대도시의 발자취』(일지사) [ソン・ジョンモク『韓国現代都市の足跡』(一志社)] (一九八九) 六六～六九쪽。博文寺建立と活用については、미즈노 나오키「식민지 조선에서의 이토 히로부미의 기억：서울 (京城) 의 박문사 (博文寺) 를 중심으로」、이성환、이토 유키오 엮고지음『한국과 이토 히로부미』(선인) [水野直樹「植民地朝鮮における伊藤博文の記憶：ソウル (京城) の博文寺を中心に」、イ・ソンファン／伊藤之雄編著『韓国と伊藤博文』(ソンイン)] (二〇〇九) 三六九～四〇一쪽 参照。

(78) 「『일제 경복궁 없애려 했다』：정부기록보존소『설계도면』발견」、『동아일보』[「『日帝景福宮をなくそうとした』：政府記録保存所『設計図面』発見」、『東亜日報』] (一九九五・一二・二八) 四七면。

(79) 김정동『남아 있는 역사、사라지는 건축물』［キム・ジョンドン『残っている歴史、消える建築物』］二〇一一〜二〇二쪽。김대호「일제강점 이후 경복궁의 毀撤과『活用』（一九一〇〜현재）」［キム・デホ「日帝強制占領以後の景福宮の取り壊しと『活用』（一九一〇〜現在）」］一〇七〜一一五쪽。

(80) 이왕무「일제시대 경복궁 주변도로의 변화와 宮牆의 훼철」［イ・ワンム「日帝期景福宮周辺道路の変化と宮牆の取り壊し」］七七〜八〇쪽。이순우『테라우치 총독、조선의 꽃이 되다』（하늘재）［イ・スヌ『寺内総督、朝鮮の花になる』（ハヌルジェ）］（二〇〇四）一二四〜一三四쪽。

(81) 引用文は、吉村傳『京城案内』一六〜一七、三一頁。そのほかに、조재모『궁궐、조선을 말하다』［チョ・ジェモ『宮闕、朝鮮を語る』］二五〇〜二五一쪽。황기원「서울 二〇세기 공원・녹지의 변천。자연 속의 도시에서 도시 속의 자연으로」、서울시정개발연구원『서울 二〇세기 공간 변천사』（서울시정개발연구원）［ファン・ギウォン「ソウル二〇世紀の公園・緑地の変遷。自然のなかの都市から都市のなかの自然に」、ソウル市政開発研究院『ソウル二〇世紀の空間変遷史』（ソウル市政開発研究院）］（二〇〇一）三六九〜四〇〇쪽。정재정「덕수궁 주변 근대화의 자취」、서울학연구소 편『서울의 문화유산 탐방기』［チョン・ジェジョン「徳寿宮周辺の近代化の跡」、ソウル学研究所編『ソウルの文化遺産探訪記』］（一九九七）二六四쪽。

(82) 강신용・장윤환『한국근대도시공원사』（대왕사）［カン・シニョン／チャン・ユンファン『韓国近代都市公園史』（大旺社）］（二〇〇四）一六五〜二〇五쪽。

(83) Todd A. Henry, "Respatializing Cho`son's Royal Capital", eds. by Tangherlini and Yea, *Sitings*, p. 23.

(84) 주윤정「조선물산공진회와 식민주의의 시선」、『문화과학』［チュ・ユンジョン「朝鮮物産共進会と植民地主義の視線」、『文化科学』］三三호（二〇〇三）一五九쪽。

(85) 신주백「박람회、과시、선전、계몽、소비의 체험공간」、『역사비평』［シン・ジュベク「博覧会、誇示、宣伝、啓蒙、消費の体験空間」、『歴史批評』］六七호（二〇〇四）三五七〜三九四쪽。김영희「조선박람회와 식민지 근대」、『동방학지』［キム・ヨンヒ「朝鮮博覧会と植民地近代」、『東方学誌』］一四〇집（二〇〇七）二二一〜二六七쪽。요시미 순야、이태문 옮김『박람회：근대의 시선』（논형）［吉見俊哉、イ・テムン訳『博覧会：近代の視線』（ノンヒョン）］（二〇〇四）二一〇〜二四八쪽。

(86) Jong-Heon Jin, "Demolishing Colony: The Demolition of the Old Government- General Building of Choson", eds. by Tangherlini and Yea, *Sitings*, p. 43; 나카네 타카유키、건국대학교 대학원 일본문화언어학과 옮김『조선 표상의 문화지：근대 일본과 타자를 둘러싼 지의 식민지화』（소명출판）［中根隆行、建国大学校大学院日本文化言語学科訳『朝鮮 表象の文化誌：近代日本と他者をめぐる知の植民地化』（ソミョン出版）］（二〇一一）。

(87) Carol Breckenridge, "The aesthetics and politics of colonial collecting: India at world fairs", *Comparative Studies in Society and History*, vol.

31, no. 2 (1989), pp. 195-216, とくに pp. 200-201; 吉田憲司『文化の発見』（岩波書店、一九九九）三五頁。吉田によれば、東京博物館の「土俗品」、すなわち民族誌コレクションは、「眺められながら」「眺める」視線の二重性、帝国主義的植民地統治の進展をそっくり反映した構成である（九四頁）。

(88) 주윤정「조선물산공진회와 식민주의의 시선」［チュ・ユンジョン「朝鮮物産共進会と植民地主義の視線」］一四五〜一六〇쪽。

(89) 김제정「식민지기 박람회 연구 시각과 지역성」、『도시연구：역사・사회・문화』［キム・ジェジョン「植民地期博覧会研究 視角と地域性」、『都市研究：歴史・社会・文化』］九호（二〇一三）七〜三二쪽。

(90) 이순우『통감관저』［イ・スヌ『統監官邸』］五三쪽。

(91) 김영희「조선박람회와 식민지 근대」、『동방학지』［キム・ヨンヒ「朝鮮博覧会と植民地近代」、『東方学誌』］一四〇（二〇〇七）二二四〜二二八쪽。최석영『한국 근대의 박람회・박물관』（서경문화사）［チェ・ソギョン『韓国近代の博覧会・博物館』（書景文化社）］（二〇〇一）四九〜六〇쪽。강상훈『일제강점기 근대시설의 모더니즘 수용』［カン・サンフン『日帝強制占領期近代施設のモダニズム受容』］六二〜八六쪽。

(92) 「구궁애사（舊宮哀詞）」、『삼천리』三권 一〇호（一九三一・一〇）、부산대학교 한국민족문화연구소『（잡지로 보는）한국 근대의 풍경과 지역의 발견 三：경성 Ⅱ』（국학자료원）［「旧宮哀詞」、『三千里』三巻一〇号（一九三一・一〇）、釜山大学校韓国民族文化研究所『（雑誌でみる）韓国近代の風景と地域の発見 三：京城 Ⅱ』（国学資料院）］（二〇一三）二五二〜二五六쪽。

(93) 「헐려짓는 광화문」、『동아일보』［「取り壊されて建てなおされる光化門」、『東亜日報』］二一二九호（一九二六・八・一一）三면。

第4章　京城の歴史主義建築物

近代的首都の登場は、近代的統治施設の導入なくしては不可能であった。各種官庁、裁判所、監獄、警察署、医療院、官立学校などが、旧都心の伝統秩序を急速に解体しながら、新しい都市の構造と景観を構築していった。(1)いわゆる「公共」という表現は、新しい都市の基盤施設を指す場合におもに使用されたが、(2)これらの姿は、近代日本が受け入れた洋式建築の形態を呈することで、周辺の環境とはっきりと区分された。天を突くように高く、圧倒的に大きく、なによりも幾何学的な対称と比例が際立つその明澄な姿は、人々の脳裏に近代のイメージをはっきりと刻印した。植民地首位都市京城の都心部には、日本の公共建築の基調がそっくり移植された。

度支部建築所が移植したプロイセン古典主義

日帝は、一九〇五年の第二次日韓協約以来、標準化された設計で全国に多くの官公署を建築できることになった。このときの「共通の図面」は、おもに破風が玄関上部に設置された中央の突出部と、端の突出部、ドームと尖塔のように象徴性が強い意匠要素を選好し、一九三〇年代にモダニズムが興隆を呈するようになるまで、植民地朝鮮の主要都市の景観を支配した。(3)このように権威主義的で硬直した同型の空間の複製と拡散こそが、帝国の「近代的」統治秩序の物理的な表現であった。しかし、ここに作用したのは、事実上、権力の「近代性」よりは「植民地性」であったと考えるべきだろう。新しい同型の空間は、合理性それ自体よりは、むしろ誇示と差別に立脚していたからである。共通の図面をつくりはじめたのは、朝鮮統監府が掌握した大韓帝国度支部《たくしぶ》傘下の建築所である。度支部建築所は、一九〇六年九月末、それまで宮廷の建設および改修を担当してきた営繕都監と工曹にかわって設置された最初の近代的常設建築機構であり、主要港の土木工事まで管掌するほど巨大な機関であった(4)。日韓併合ののちは、行政組織の全面的な改編によって総督官房の土木局に吸収され、京城市区改修事業と総督府庁舎の新築準備がはじまった一九一二年にはさらに総督府官房土木局営繕課に移管され、一九二四年には内務局建築課にかわった。運営と修繕という意味をもつ「営繕」から、より積極的な意味をもつ「建築」に部署の名称がかわったことだけみても、一九二〇年代が官公署建設の絶頂期であったことがわかる。総督府庁舎と京城府庁といった中心的な施設の建設が終わった一九二八年には、建築部署は、ふたたび総督官房会計課傘下の営繕係に統合された(5)。

植民地都市京城は、日帝の官僚機構の一方的な主導のもと、帝都東京と同じ歴史主義様式の競演の場になった。「内地」と同様に、ネオルネサンスとネオバロック様式が主流をなした。ルネサンス様式は、オーダーとドームの装飾効果を通して誇示的で威圧的な雰囲気を表現することができたが、朝鮮総督府庁舎こそがその典型であった。この様式は、すでに、統監府時代から日韓併合初期まで日帝が建てた施設にひろく使用されていた。工業伝習所（一九〇七年）、度支部および建築所庁舎（一九〇七年）、平理院（一九〇八年）、広通館（一九〇九年）、農商工部庁舎（一九一〇年）、そして東洋拓殖株式会社（一九一一年）などが、これに属する(6)。これと一見類似するが、ネオバロック様式は、より露骨に帝国の力を誇示した。形態の起伏が激しい塊の構成と、過度な装飾性こそが、その核心的な特徴であった。また、古色をおびたマニエリスム様式が、先の二つの傾向の補助的な装飾要素として活用された。二〇世紀初め、歴史主義建築の抽象化と単純化は世界的な趨勢であり、先に言及したように歴史主義からモダニズムに移る過渡期的な様式がみられた。しかし、京城のような植民地都市では、ヨーロッパや日本に比して、ネオルネサンスとネオバロッ

旧大韓医院本館全景．出所：문화재청『대한의원본관 실측조사 보고서』［文化財庁『大韓医院本館実測調査報告書』］(2002)

ク様式がひときわ威圧的な風貌をおびた。(7)

大韓医院本館は、朝鮮総督府治下の度支部建築所が建てた建物のうち、歴史主義の代表作としてあげられる。度支部建築所は、日本の大蔵省の臨時建築部に従属する性格が濃かったが、当時、臨時建築部を任されていた人物は、日本建築界の親ドイツ派の巨頭妻木頼黄であった。彼の右腕として知られた人物は、当時、度支部建築所の技師であった矢橋賢吉である。彼は、日本建築界で妻木と雌雄を争っていた辰野金吾に師事したこともあり、建築界の二大山脈に片足ずつをかけた主流建築家であった。一九〇六年に来韓して度支部建築所の技師として勤務し、大韓医院本館の設計と監督を担当した。(8)矢橋は、この仕事のために日本の各分野の権威者八人を嘱託として委嘱したが、大蔵省臨時建築部部長である妻木頼黄が工事顧問を任され、直接京城を訪問した。京城の初期の公共建築は、事実上、妻木のドイツ式歴史主義から直接的な影響を受けた。妻木は学界でなく官界を代弁する建築家であったから、植民地の公共建築がおもに彼の影響力のもとにおかれることになるのは自然なことであった。

度支部建築所で設計した大韓医院本館は、馬の頭のかたちをとる馬頭峰の丘陵を敷地としたが、ここは風水地理上の左青龍に該当する位置として、かつて昌慶宮東側の外苑であった含春苑があった場所である。昔の王宮を眺望できる意味深長な場所に、近代的医療施設を建てるという発想自体が、新しい権力の威勢を物語っている。大韓医院は、本来、議政府直属の機関として、国家の保健衛生事務全般と教育および研究まで管掌する国立の総合医療機関であった。一九〇七年一一月に本館を竣工し、一九〇八年一〇月に開院した。一九一〇年九月には朝鮮総督府医院と改称され、スタッフはすべて日本人にかわり、一九二八年になると京城帝国大学医学部付属医院に改編された(9)。この機関の根本的な性格は、本館の建築的形態にすべて反映されている。

レンガ造りの二階建て建物の中央部の時計塔が見栄えのするこの建物は、玄関のポーチが前面に突出し、三角形の屋根をした左右の端の部分も少しずつ突出した姿をとるが、これは、ドイツのハンブルク市庁舎などで典型的にみられる北ドイツのネオルネサンス様式におおむねしたがっている。しかし、一階の半円形のアーチの窓枠の上に入れられたレンガと花崗岩の材質と色彩の違いを利用したリボンの装飾は、バージェス式のヴィクトリア風ゴシック様式の要素である。また、丸柱《まるばしら》をもつアーチ型のポーチと、その上の縮小された神殿型のファサードを対比したのは、ネオパッラーディオ主義の特徴である。このような要素には、設計者矢橋が辰野金吾から受けた影響をみてとれる。全体的な構成の面では、出入りの激しい塊と両翼部の分節化、誇示するように並んだ垂直窓、そしてなによりも四階の高さの菱形の時計塔が、まちがいなくネオバロックの風貌をあらわしている(10)。このように折衷主義的な歴史主義は、植民地建築特有の混成的な性格とともに、世紀末の西欧で流行していた「帝国様式」の容貌ももっていた。

度支部建築所の設立以後、官舎の建設も本格化した。そのうち重要度と美的完成度において、そして設計者の名声においても、圧倒的に最重要な建築物は、統監官邸であった。日帝は、朝鮮統監府が設置されてから、庁舎と同じくらい官邸建設にも熱意をみせた。もちろん、より急を要したのは行政事務に利用しうる庁舎であったが、そのためには、とりあえず昔の日本公使館の建物が利用された。これは、大韓帝国政府が甲申政変の結果締結された漢城条約(一八八五年)にもとづいて提供した南山の山並みの倭城台の敷地に建てた二階建ての木造の建物である。一九〇七年初めには、この建物と隣りあう丘の上に、石造型に漆くいを塗ったレンガ造り二階建ての統監府庁舎が建てられた。庁舎に比べると、官邸の新築は若干の困難に直面した。日本の建築学界の巨頭辰野金吾が日本都市計画学会の巨頭片岡安らとともに計画した長方形二階建てのルネサンス風の建物は、財政上の理由で実現されず、そのまま時がす

片山東熊が設計した朝鮮統監官邸の全景．出所：이규헌 해설『사진으로 보는 근대 한국 上，산하와 풍물』(서문당)［イ・ギュホン解説『写真で見る近代韓国 上，山河と風物』(瑞文堂)］(1986)

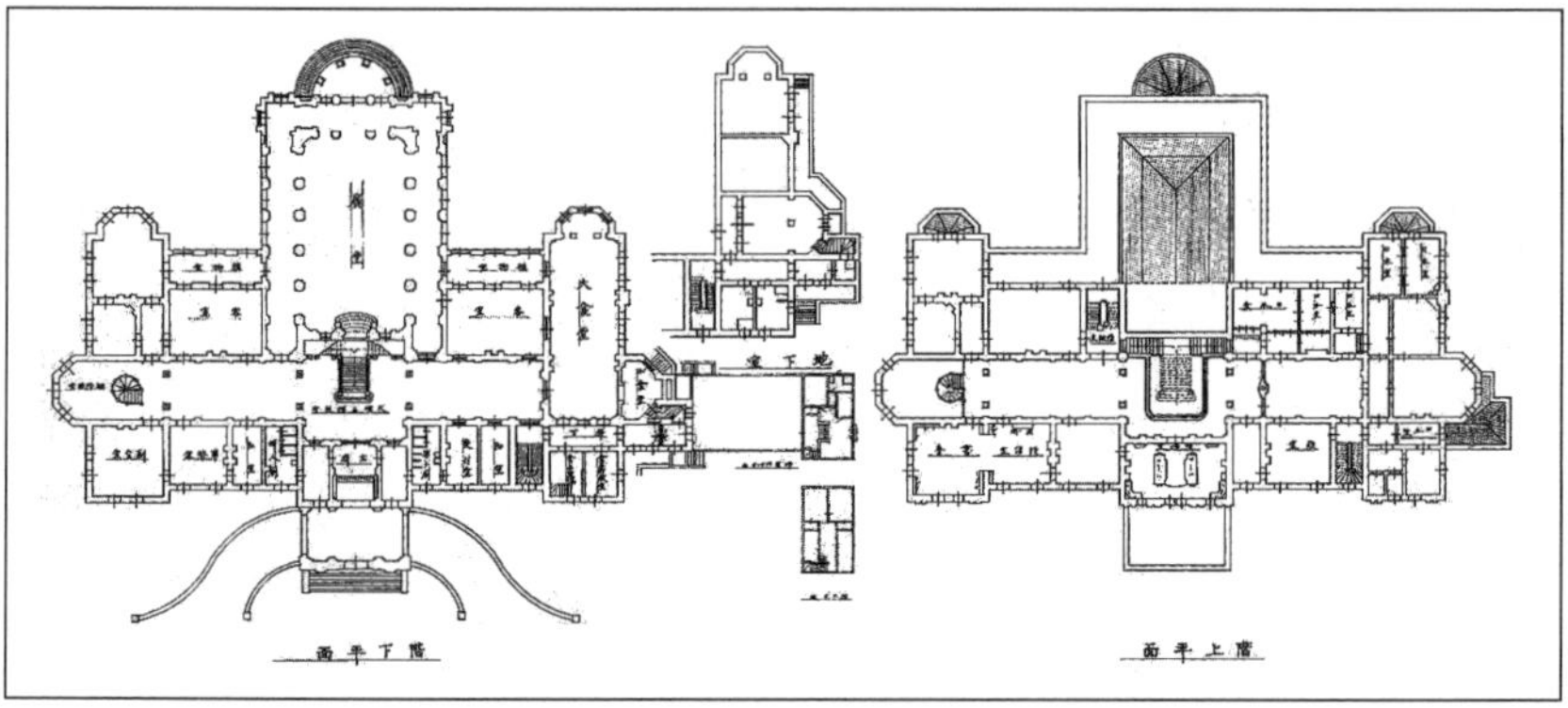

統監官邸平面図（推定 1920 ～ 30 年代）．出所：행정안전부 국가기록원『일제 시기 건축도면 해제』II［行政安全部国家記録院『日帝期建築図面解題』II］(2009)

ぎていたが、結局、日本の建築界のまた別の巨頭である「宮廷建築家」片山東熊の傑作が登場することになる。一九〇八年に龍山に竣工した統監官邸は、日露戦争の際に残った軍費剰余金で建てられたことが知られている。この建物は、日韓併合後、寺内初代総督から南総督まで七代にわたって総督官邸として使用されたが、一九三九年九月に現在の青瓦台の場所に景武台総督官邸が新築されたため、その機能を変化させ、最終的には市政記念館として日帝の敗北を迎えた[11]。

　片山の統監官邸は、破風屋根と破風窓をもつフランス風のネオバロック様式の建築物である。二階建ての長方形のファサードの左右がそれぞれ前面と後面へ少しずつ突出しており、中央部もやはり後面へ長く突出

ヴォー・ル・ヴィコント城全景（南側ファサード）

して変化を与えている。平面図をみると、中央のポーチの下には車両進出入路があり、ポーチと玄関をすぎると広いホールがあらわれる。ホールの左右には広い廊下がつながり、ホールのうしろ側には小規模な事務室がおかれている。廊下の左側の端には階段室が、右側には食堂が配置されている。フランス風のこの優雅な邸宅は、正門まで広がる広い敷地の上に華麗な庭園も計画されたが、全体的にフランス北中部マンシー Maincy にあるヴォー・ル・ヴィコント城 Château de Vaux-le-Vicomte をモデルとした。(12) ベルサイユ宮殿を先取りしたことで知られるこの城の設計者ルイ・ル・ヴォー Louis Le Vau は、ルイ一四世のはじめてのお抱え建築家であり、宮廷建築家片山が崇拝した人物であった。実際には、二つの建物はそっくり似た姿をしているわけではないが、バロックスタイルの中央部と端の処理、まるい屋根の上の開いたランタン、そして庭園の幾何学的形態には類似点がみいだせる。

両建物のつながりを説明しようとすれば、片山が翌一九〇九年に完工したもうひとつの建築物について論じる必要がある。それは、東京国立博物館本館左側の東洋館である表慶館である。これは、名前が暗示するように、のちに大正天皇になる嘉仁皇太子の結婚式の際、東京市民が祝賀基金を集め、

片山東熊が設計した表慶館．出所：日本建築学会編『明治大正建築写真聚覧』（1936），No.147

市立美術館として献呈したものであった。[13] この建物は、破風処理された左右の突出部と両翼の分節部をもつという点で統監官邸と類似し、イオニア式のオーダーを備えた付柱と半球形のドームは、ヴォー・ル・ヴィコント城と類似している。それぞれ共通点と相違点をもつこれら三つの建物のあいだに「家族的類似性」があることはあきらかである。どれもドーム型の屋根とランタンを載せた雄大なバロック式ファサードを誇示し、おのおのの最高権力者に捧げられた建築物であった。権力とは、じつに優雅ではないか。一九〇八年六月、片山東熊は、朝鮮統監ではなく高宗皇帝から功を認められ、「勲一等八卦章」を授与される。[14]

最高権力者の官舎がフランス・バロックの貴族的優雅さを演出したのに対して、これよりも実務的な官公署では、プロイセン的な権威と厳格さが追求された。その典型的な姿をみせるのが、一九一二年に竣工した東洋拓殖株式会社京城支店の社屋である。東洋拓殖株式会社は、韓国人には日帝の強制占領期（原文は、日帝強占期。一九一〇年から四五年の日本による統治時代、日帝植民地期―訳者）に土地を失った朝鮮農民の悲しみを思い出させるものであるが、大英帝国の東インド会社にならった植民地収奪機関であり、土地買収を主たる業務とし、農業、林業、水利産業、金融などを通じて莫大な利益を上げ、一九二六年末には義士ナ・ソクチュ（羅錫疇）の爆弾投擲事件の現場にもなった。[15] 機関の性格と同じくらい、建物の外観もまた威圧的であった。プロイセン古典主義の変種といえるこの建物は、日本人が支配する「南村」の要所である黄金町二丁目に建てられた。

設計者が誰かわからないこの建物は、石造のようにみえるが、じつは木造であった[16]。正方形の角の突出部にメインの出入口が開けられており、その左右には一対ずつ円柱をおいて、二階の正面もこれと類似したパターンを繰り返し、その上に多少形式的な破風が設置されている。建物の上部には「牛の目」窓をもつドームとランタンが設置されている。全体的にみると、ルネサンス様式に近いが、多少誇張された出入口の姿からはネオバロック風もうかがえる。東洋拓殖株式会社京城支店社屋は、妻木頼黄の代表作のひとつに数えられている横浜正金銀行本店社屋とかなり酷似した外観をしている。一九〇四年に竣工したこの雄大な建物は、妻木のドイツ・ネオバロック趣向を雄弁に反映している。正方形の建物の角のメインの出入口には、「牛の目」窓をもつ雄大なドームが設置されており、三階の壁は厚い花崗岩で処理されている。東洋拓殖株式会社の建物とおおきく異なる部分は、出入口の上の破風の左右に設置されたコリント式の付柱と三階のパッラーディオ風の破風窓、そし

東洋拓殖株式会社京城支店社屋全景．出所：이규헌 해설『사진으로 보는 근대 한국 上，산하와 풍물』(서문당)［イ・ギュホン解説『写真で見る近代韓国 上，山河と風物』(瑞文堂)］(1986)

横浜正金銀行本店（1904)．出所：日本建築学会編『明治大正建築写真聚覧』(1936)，No.133

て屋上の欄干である。[17] 植民地と帝国本土に立っていたこれら二つの建物は、たとえディテールには違いがあっても、ともに帝国の富に対する特定のメッセージを伝えている。この場合、富は、豊かさや安楽さではなく、国益に献身するプロイセン式の厳格さ、一糸乱れぬ規律、そして長大に広がる帝国の形状のなかに再現される。

鮮銀前広場の台頭

植民地収奪の象徴であった東洋拓殖株式会社京城支店社屋が位置した黄金町は、日本人が掌握した一種の境界区域であった。以後、朝鮮総督府によって直接、あるいは彼らの影響下に計画された主要な建築物は、すべてここから半径一キロメートル以内に建立される。朝鮮銀行(一九一二年)、東洋拓殖株式会社(一九一二年)、京城郵便局(一九一五年)、朝鮮殖産銀行(一九一八年)、京城日報(一九二四年)、京城駅(一九二五年)、京城府庁(一九二六年)、京城裁判所(一九二八年)、京城電気株式会社(一九二八年)、総督府商工奨励館(一九二九年)、府民館(一九三五年)などが、順に建てられた。[18] 結局、京城の都心には、東京の核心部である千代田区と同様に、中央行政機関とそのほかの主要官公署、裁判所、駅、公園が集結した空間が登場することになった。もちろん、「フリードリヒ広場」の理想を実現しようとした「日本広場」が放棄されたように、昔の六曹通りを完全に代替する「韓国広場」は登場できなかった。京城の中心は、日帝の強制占領期が半分以上すぎるころまで、画竜点睛のごとく残っていた総督府新庁舎の区域と、日本人によって掌握された「南村」に二元化された状態であった。政治の中心地と経済の中心地が分化していたのである。[19]

南村のランドマークは、当然、朝鮮銀行社屋(現在の韓国銀行貨幣博物館)であった。日帝による強制占領期のあいだ、近代都市京城の代表的なイメージを提供したいわゆる「鮮銀前広場」の、まさにその「鮮銀」である。朝鮮銀行は、日本に四カ所、満州に一六カ所、中国に四カ所、沿海州に二カ所、アメリカに一カ所の支店をしたがえた汎アジア規模の銀行であった。同銀行は、一九〇九年に統監府治下で創設された旧韓国銀行が、一九一〇年に朝鮮銀行に名称変更したものである。実質的には、日本の第一銀行の韓国総支店である京城支店が引き受けて運営していたが、一九一〇年の日韓併合とともに朝鮮の中央銀行に生まれかわり、一切の事務を継承した。社屋は、一九〇七年一一月に日本の第一銀行の韓国総支店として着工され、一九一二年一月に朝鮮銀行として竣工した。この建物がある南大門北側の敷地は、その昔、宣祖王の皇后であり、仁祖の祖母である仁嬪金氏の御神体を奉安した儲慶宮の場所であった。[20] 日帝の強制占領期には、第二代朝鮮総督の名前をとった長谷川町に属した。

朝鮮銀行社屋（現在の韓国銀行貨幣博物館）．出所：한국은행 （편）『한국은행 60 년사』［韓国銀行（編）『韓国銀行 60 年史』］（2010）

朝鮮銀行社屋は、植民地朝鮮の公共建築に及ぼした妻木の支配的な影響力が挑戦を受けるようになったことを示している。東京でそうだったが、京城でも、官界と学界を代表する二勢力の競争は終わらなかった。辰野金吾は、まるで朝鮮統監官邸計画の挫折を挽回しようとするかのように、片山とは異なる独自のフランス風ネオバロック建築物を京城の真ん中に誕生させた。一九一二年に竣工した朝鮮銀行の社屋は、地下一階、地上二階の石造りで、左右対称のファサードを維持しながらも、バロック特有の非定型的な形態をみせる。立面図をみると、中央のポーチには花崗岩でつくった四本のエンタシスの柱が張り出し屋根 canopy を支えており、玄関上部の屋根には半円形アーチの天井がおかれた。左右

京城郵便局と鮮銀前広場．出所：이규헌 해설『사진으로 보는 근대 한국 上，산하와 풍물』(서문당)［イ・ギュホン解説『写真で見る近代韓国 上，山河と風物』(瑞文堂)］(1986)

の脇棟には、ルネサンスのパラッツォ様式のドームが載せられた。建物の端にドームを載せて通りから目立ってみえるようにするのは、辰野建築の徴表である。しかし、この建物の最大の特徴は、中央を特別に強調しなかったという点である。入口を突出させた形式をとったほかは、側面がかえって浮き彫りにされるため、対称構図が目立たず、全体的に安定した水平の比例を維持している。規模も適正で塊の構成も多少非定型的であり、東洋拓殖株式会社京城支店社屋に比べると、親密感を与える。[21] これは、妻木式国家主義に対する辰野式自由主義の応酬であったのか。しかし、フランス第二帝政様式に近い宮殿風の銀行社屋は、自由よりは特権の象徴にみえる。

日帝が集中的に開発した「鮮銀前広場」は、まさに、自由な交流ではなく植民地的な特権が支配する場所であった。[22] 一九一五年九月に朝鮮銀行のむかい側に門を開けた京城郵便局は、設計者はわかっていないが、北ドイツ風のネオルネサンス様式の権威と厳格さがにじむ建物である。建物の風貌でみれば、朝鮮銀行よりはむしろ東洋拓殖株式会社に近い。本来、京城郵便局は、仁川にあった日本郵便局の出張所として、一八八八年に日本政府が漢城の日本公使館内に設置したが、一九〇五年に京城郵便局に拡大改編され、一九一五年、当時日本人居住者がもっとも多く暮らしていたチンコゲ一帯の本町に庁舎を新築した。この郵便局は、地下一階、地上三階で、延べ面積は一三二〇坪に達し、レンガ造りと石造りが混合した巨大な構造を誇っていたが、受付窓口だけでも二三カ所に達

南山から見下ろした長谷川町の景観（1925）. 出所：이규헌 해설『사진으로 보는 근대 한국 上, 산하와 풍물』(서문당)［イ・ギュホン解説『写真で見る近代韓国 上，山河と風物』(瑞文堂)］(1986)

した。規模だけでなく、形態も圧倒的であった。中央の突出部がつよく浮き彫りにされて、その上にドームが載せられており、端の突出部が全体的なバランスをとっている点と、アーチ形式の窓枠は、典型的なネオルネサンス様式をみせる。しかし、石造の基壇部の上のレンガの壁面を装飾する白色の水平の帯の反復は、イスラム風の異国的な雰囲気を演出している。そのほか、左右の脇棟の上段を飾るアーチ形のエンタブラチュアと、その下のそれぞれ一対の四角形の付柱、単調な破風屋根を多彩に飾る円形の屋根窓などが、この建物の建築的完成度を高めた。京城郵便局は、その機能や外観において、帝国日本が率いる新時代を十分に代弁していた。(23)

京城郵便局が所在した本町と、むかい側の朝鮮銀行が所在した長谷川町は、鮮銀前広場をはじめとする京城の「近代的」な景観を代表する区域であった。一九二五年頃に南山の上から撮影したものと推定される長谷川町の景観は、前面をみせる朝鮮銀行とむかいの京城郵便局のうしろ姿、右側上段には朝鮮ホテルの正面部、そしてこれらのあいだを貫通して北側の総督府庁舎方面に続く直線の街路をみせている。このような近代的な景観は、写真の上部を埋める不特定多数の瓦屋の姿と対照的である。鮮銀前広場区域は京城の政治的中心地ではなく経済的中心地だったが、それは、周辺とはっきり区別される歴史主義建築物が大挙して登場し、近代のスライドイメージを演出したという点で、きわめて戦略的な空間であった。ここを行き来する体験が市民の集団アイデンティティおよび政治意識に及ぼした衝撃的かつ長期的な影響力は、じつにはかり知れないものである。

一九二〇年代の歴史主義建築

日帝強制占領期の京城都心部は、すでに一九一〇年代末には近代的な構造と景観をかなり整えるが、一九二〇年代中盤になって、はじめて計画したとおりの姿をみいだした。なによりも一九二六年に朝鮮総督府新庁舎が機能しはじめ、その一年前には京城の全市街地を見下ろすことができる南山中腹に朝鮮神宮が完工され、京城のもっとも核心的な基幹施設としてあげられる京城駅がそれより何日か先だって現在のソウル駅の場所に門を開けた。光化門通から南大門通に続く京城の核心軸が完成したのである。

京城駅が位置した一帯は、朝鮮時代には都城の外であった。あまり人口は多くなかったが、龍山を中心に形成された日本人居住地が本町地域に拡大される過程で、交通の拠点として浮かび上がった。ここには、一九〇〇年に京釜線の駅舎として建てられた木造の南大門停車場があり、一九二五年九月に京城駅舎が竣工する以前に、すでに名称は京城駅にかわっていた。鉄道駅舎は、京仁線の開通とともに建てられはじめたが、旅客よりは貨物の運送用であり、鉄道運営に直接的に必要な施設しか備えていなかった。そのため、仁川駅舎、南大門停車場、龍山駅舎など、すべて小

『新成記念』に載せられた京城駅舎の姿（1925）．出所：코레일（KORAIL）『사진으로 보는 해방 이전의 철도 역사』［コレイル（KORAIL）『写真で見る解放以前の鉄道の歴史』］（2004）

規模で兵営式の粗野な形態のままにとどまっていた(24)。より大きく多機能的な新駅舎の必要性が生じたのは、直接的には一九一四年に京元線が開通して、西大門駅が廃止され、複線化した路線に耐える施設が必要となり、京城都心部が改編されるなかで都心にむかう新しい関門が要請されたからである。鉄道駅舎が昔の都市の城門に該当すると考えると、朝鮮時代の都城漢陽の関門であった崇礼門を押しのけて登場した京城駅は、新しい近代都市の関門にほかならなかった。

しかし、京城駅舎の建設は、帝国日本全体の利害と直結する事案でもあった。駅舎の新築事業の実務は朝鮮総督府鉄道局工務課建築係が担当したが、設立主体は南満州鉄道株式会社であった。「満鉄」は、京城駅を日本－朝鮮－満州を結ぶ帝国膨張の結節点と位置づけ、このような目的に合致する先端的な駅舎をつくった。一九二二年六月に着工された京城駅は、もともとは一九二三年に竣工予定であったが、関東大震災の影響で工事期間が延長され、工事費も一部減額されて、ようやく一九二五年九月三〇日に竣工した。石材とレンガの混合組積造の建物で、地下一階、地上二階、延べ面積六六三一平方メートルという超大型の規模を誇った。設計者は、東京帝国大学工学部教授の塚本靖である。彼は、東京中央駅舎を設計した辰野金吾の弟子であり、京城駅を建設するあいだ、日本建築学会会長も歴任した。彼は、自身が在職していた東京帝国大学工学部の講堂と教室を設計したことでも有名である(25)。

施工を担当した清水建設ソウル支店が京城駅竣工を記念して一九二五年一〇

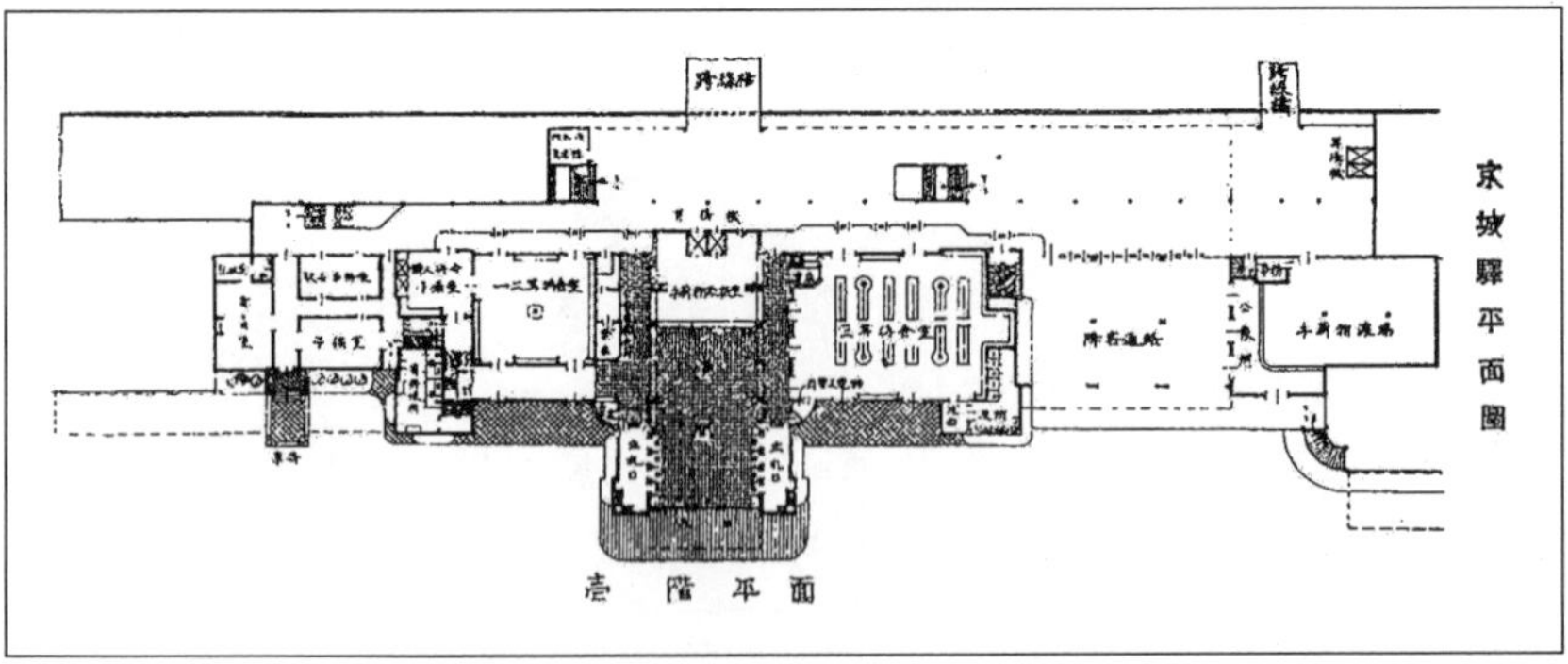

京城駅１階平面図（1925）．出所：문화재청『서울역사 정밀실측보고서』［文化財庁『ソウル駅舎精密実測報告書』］（2004）

月に発刊した『新成記念』に載せられた京城駅舎の姿は、あらたに与えられた位相にふさわしい強力さと壮麗さを具現している。左右に長く広がる塊の中央を突出させて入口をおき、その上部にはドームとランタンを設置した。ドームの左右には高さの低い尖塔を設置して、突出した中央のメイン出入口をより浮き彫りにした。この建築物には、辰野金吾が東京駅に具現化した、古典主義的でありながらも開かれた美学の跡がうかがえる。建物は、全体的にフランス風のルネサンス様式をとっているが、出入りの激しい塊の構成と、まるで別の建物のように中央部と両翼部を分節した点で、大韓医院本館で試みられたネオバロック的変奏を連想させる。まるで前後から大きな荷重を受けて両横に広がり、中心が盛り上がった一塊の巨石のようにみえる形状である。

京城駅舎は、翌年に朝鮮総督府庁舎が竣工するまで京城でもっとも大きな建物であったが、鉄筋コンクリートおよび混合組積造で、二階からなる中心の本館と、一階からなる左右の脇棟が、立面を構成する。外壁は、赤レンガで仕上げ、花崗岩を利用して水平の蛇腹で階を分割し、壁面角の隅石 quoin の装飾をつけて、駅舎の外観に生気を吹き入れた。屋根は、鉄骨造に天然スレートと銅板で仕上げ、一階下部は、ルネサンス風の粗面仕上げ切石積みの手法で処理して安定感を与えた。中央出入口の上部は、丸天井構造で処理し、正面に巨大な半球形の窓を開けて、その中央に壁時計をつけた。壁時計が建物全体の消失点の位置におかれたことは、鉄道駅舎こそが近代的な時間を主宰する司令塔であることを暗示している。しかし、過度な厳格さを和らげようとするかのように、丸天井の軒は柔らかい円形の破風で処理された。京城駅舎の建築語彙のうちもっとも視線を引く部分は、半球形の窓を四方に開けたドーム屋根である。ペンデンティブ pendentive が四隅をなすドームは、ビザンティン建築に由来する様式的形態であり、京城駅の国際的な性格を視覚化したものである。銅板で仕上げてその上にランタンを載せたドーム屋根の垂直的要素こそ、左右に伸びた長軸型の駅舎の単調さを克服しようとする建築的装置といえる。(26) しかし、ドームという形態言語は、帝国のイメージと結びついた政治的象徴性ももっていた。この点で、京城駅は、東京の中央駅と違わなかった。

京城駅竣工当時の平面図をみると、中央部に大きなホールをおいて、その前側に二階の高さの大きな出入口を外部に突出させて入口とし、ホールの左右に二階建ての建物をつけ足した。一階の待合室の中央には、ドーリア様式の円柱が並ぶ大きなホールがあり、ビザンティン風のドーム屋根の半球形の窓から自然光を引き入れた。中央ホールの左右は、業務機能と手荷物輸送機能にわかれていた。二階にある貴賓室と食堂は、一般人が頻繁に出入りする中央ホールからは接近しにくいのに対して、地下階にある乗降場は、中央ホールからアクセスがよく、エレベーターでも直接連結された。(27) 全体的に厳格で鮮明であり、機能分化がはっきりしている点で、新しい国際都市京城のイメージを圧縮したような空間であった。

京城駅は、その機能や形態において、近代文明の真骨頂を示す施設であった。建物の外見を支配するアーチとレンガ壁といったネオルネサンス様式の共通的な建築語彙は、日帝強制占領期の官公署の文明的権威を高める装置として、果たすべき機能にもとづいて新文明のイメージを浮き彫りにし、あるいは新権力のイメージを浮き彫りにしたが、両者の境界はあまり明確でなく、いわば程度の差にすぎなかった。支配イデオロギーを実行する点でほかの機関に引けを取らなかった京城裁判所も、新文明と新権力のイメージをともに示している。一九二八年一一月に竣工した京城裁判所庁舎は、旧外国公館が密集していた貞洞の真ん中のもっとも高い地帯に位置した。ここは、一八九九年に設置された朝鮮最初の近代司法機関である平理院があった場所であり、日帝はすでに統監府時代に司法制度を掌握し、三審

京城裁判所（現在のソウル市立美術館）正面

制度での裁判をつくりあげていた。その後、時間はかかったが、地方裁判所、覆審裁判所、高等裁判所がすべて入居した合併庁舎が、西小門町に建てられた。延べ面積が六一六四平方メートルに達する巨大な裁判所の新築計画を担当したのは、朝鮮総督府内務部建築課の岩井長三郎課長であり、技師の笹慶一と岩槻善之が設計を担当した。彼らは全員、東京帝国大学建築学科の卒業生であった。[28]

京城裁判所庁舎の第一の建築的特徴は、出入口を三つの大きなアーチで突出させ、権威的な形式美を極大化した点である。地下一階、地上三階のこの建築物は、鉄筋コンクリート造とレンガ造の混用方式をとり、落ち着いた褐色のタイルで仕上げられていた。ポーチの壁体は、レンガに花崗岩を張りつけて、石造建築のような荘重なイメージを演出した。建物の基本形態は、堅固な中世の城砦を連想させるという点でゴシック的といえるが、ルネサンス・パラッツォ様式の特徴的な要素も大量に発見される。突出した玄関背後の中央部を高くして、上段の建具を華麗に飾り、玄関の整然としたアーチの列を上段の窓枠でも反復し、玄関の欄干のコーニスの装飾も中央部三階で反復した。結局、この建物の様式的特徴は、ルネサンスとゴシックの折衷とみなせるが、装飾のない垂直窓と滑らかな壁面といったディテールの単純化は、ゴシック的というよりは、むしろモダニズム的な要素と考えられるので、ネオルネサンス様式のモダニズム的変容と規定してよい。三つのアーチ型の出入口とアーチ窓がパズルのように組み合わされた姿には、イギリス式のネオパッラーディオ主義の影響もうかがえる。一九二〇年代末に建てられた京城裁判所庁舎は、京城に根を下ろした歴史主義建築の終末を暗示するようにみえる。[29]

一九二〇年代は、京城の景観が明白な変換を示す時点であり、以前のさまざまな構想が一様に実現されると同時に新しい構想が宿るという点で、交替の時期であった。一九一九年日本で都市計画法が制定されたのを契機として、一九二〇年代初頭には植民地朝鮮にも都市計画の議論が導入され、都市の空間的配置が大幅に変貌した。しかし、このような変化の様相は、実際には、不連続性よりは連続性の側面が強かった。一九二六年の総督府庁舎の竣工で、京城の重心が南村から北にむかいつつも、南村と北村の二重都市体制は、より強力なテクトニック的総体性のなかに再構造化されることになる。行政の中心地と商業の中心地のあいだのギャップは、依然として存在したが、少なくともそれは意図された結果ではなかった。一九二〇年代に活発に展開された都市計画運動は、都市の総体的再構造化を志向し、これには総督府官僚だけでなく、地方行政機構の公務員、民間の日本人、朝鮮人親日派勢力らが広範に参与し、それなりの公論を形成していた(30)。

都市景観の次元でみると、このような変化の流れは、商業中心地の鮮銀前広場周辺には権力のイメージが強い歴史主義建築物を寄せ集める一方、それより北側の空間では相対的に脱権威主義的で機能主義的な建築の可能性を模索するようにした。ファサードの装飾的外観を強調する歴史主義建築から機能性を強調するモダニズム建築への変化は、政治権力から商業勢力への主導権の移転というよりは(31)、都市空間の合理化、テクトニック的統治戦略の一環とみるほうがふさわしい。鮮銀前広場の西北に位置したモダニズム建築物である京城府新庁舎こそ、その明白な証拠を提供するものである。

京城のモダニズム建築

日帝は、日韓併合後、行政制度を継続的に改編して、全部で二二の府を運営したが、初期には、たいてい、日本人居留民の行政事務をおこなっていた理事庁を庁舎に転用した。京城府は鮮銀前広場にあった旧日本領事館の建物を使用していたが、一九二〇年頃になって、やっと庁舎の新築が議論されはじめた。京城府が去った場所は、すぐに、古い建物を壊し、東京に本店をおく三越百貨店が入ることになり、鮮銀前広場は植民地京城の新しい風潮を象徴する場所に生まれかわった。(32)

新しい京城府庁(現在のソウル市庁)が落ち着いた位置は、光化門通から鮮銀前広場方面へ続く対角線の道路の結節点であり、黄金町と本町にむかう分節点でもあった。ここは、本来、総督府の機関紙を出していた京城日報社があった場所で、大韓帝国の心臓部徳寿宮のむかいであった。しかし、昔の大韓帝国の記憶を抹殺することが、立地選定の主たる理由であったとは考えがたい。(33)一九二〇年代の京城は、少なくとも都心部は、すでに新しい都市に姿をかえていた。京城府庁の新築を建議して立地選定を主導したのは京城都市計画研究会であったが、(34)この団体の基本的な関心事は、総督府庁舎の完工を控えて、「南村」に集中した都市開発を北側に拡張することにあり、朝鮮人の威勢をおさえつけることにはなかった。もちろん、府庁舎の新築事業を執行した総督府当局の基本目標を、西欧の大都市の例にしたがって開けた展望と圧倒的な外観をつくりだすという意味で、いわゆる「京城府のオスマン化 Haussmannization」と規定することには、(35)あまりに近代的な側面を強調しすぎるという問題がある。それよりは、むしろ「京城府のエンデ－ベックマン化 Ende-Böckmannization」とみなすのはどうであろうか。実現はしなかったかもしれないが、行政と経済の分離を克服し、都市のテクトニック的総体性をつくりあげようとする意志がうかがえないだろうか。総督府庁舎と鮮銀前広場の中間地点に京城府庁舎を新築する事業に、東京では構想で終わった官庁集中計画の名残をみいだせるとすれば、これは、近代性よりは植民地性の表出に近いだろう。総督府と植民地支配階層が、近代文明を云々しつつ貫徹した都市的総体性は、実際には二重都市の存続という「植民地的差異」を生んだからである。

京城府庁舎は、一九二五年に着工され、一九二六年に竣工したが、それは、植民地統治の核心軸である対角線の街路軸を強固にすることに寄与した。このような空間的な企画は、建築様式の変遷とも緊密に連関している。ひとつの

京城府庁舎の全景．出所：부산박물관『사진엽서로 보는 근대풍경 1，도시』(민속원)［釜山博物館『絵葉書で見る近代風景 1，都市』(民俗院)］(2009)

都市が空間全体の構造的統一性を志向するからには、個々の建築物も構造自体に忠実であろうとする傾向をおびるようになる。モダニズム建築は、装飾的な外観を強調する歴史主義を排撃して、極度に抽象的な、一種の「記念碑的古典主義」の容貌を備えることで、シンケル式テクトニックの本領に一層近づいてゆく。このような変化には、建築工法上の変化も一役買った。一九二三年の関東大震災後、日本の建築が、明治時代に西欧的都市景観の象徴であった赤レンガ造からより堅固な鉄筋コンクリート造に変貌することによって、以前のように壁体に全面的に依存しなくても、構造自体の耐力によって建築物を支えることができるようになった。いまや構造的機能から解放された壁体は、はるかに多様な立面をつくりだせた。モダニズム建築の特徴である建物角の窓こそ、壁体が構造を担当していないということを明白に示す視覚的な装置であった。歴史主義の装飾性を代替したモダニズムの特徴的要素は、水平と垂直の構造を利用したデザインであり、鋼鉄の建具で囲った水平の連続窓あるいは大型のガラス窓を使用した立面の構成、平坦で連続的な壁面、平らな屋根、カンチレバー cantilever で突出させたバルコニーなどが登場し、新しい都市景観をつくっていった。[36]

モダニズム建築は、一九二〇年代中葉にいたり、『朝鮮と建築』などの紙面を通じて京城に紹介された。[37] 京城府庁舎こそがその先駆的事例であり、モダニズム建築が商業用の建物に適合した機能主義的性格

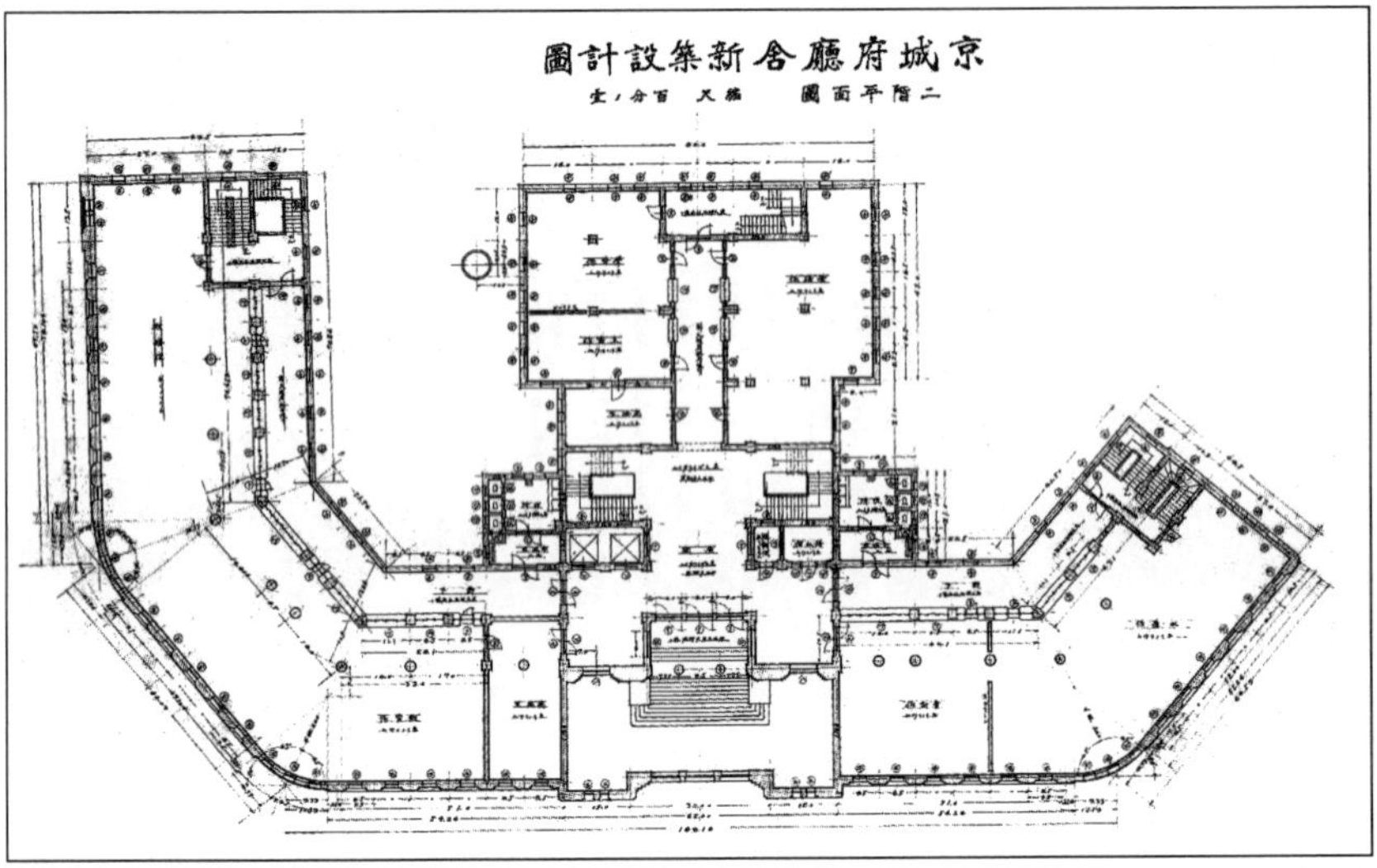

「京城府庁舎新築設計図」2 階平面図（推定 1922 ～ 26 年）．出所：행정안전부 국가기록원『일제시기 건축도면 해제』Ⅶ［行政安全部国家記録院『日帝期建築図面解題』Ⅶ］（2009）

をもつという仮定をすっかり崩すものであった。京城府庁を皮切りに、崇礼門の横に竣工した朝鮮総督府商工奨励館（一九二九年）、太平通に竣工した府民館（一九三四年）など、京城に導入されたモダニズム建築は、歴史主義建築となんら異なるところなく自身の優越性を誇示し、先住民の生活の基盤と記憶を抹殺する「権力の植民地性」を表出した。

一九二六年九月に竣工した京城府庁舎は、正面と左右は四階、正面中央部の塔屋は六階、後方の会議室は三階からなり、延べ建坪二〇五二坪に全九七室を備えた大型の建物であった。鉄筋コンクリート造の柱梁構造を土台に、柱のあいだにレンガを埋め入れる技法を駆使した。設計は、のちに京城裁判所の新築にも参与するようになる朝鮮総督府内務部建築課の岩井長三郎課長と、その部下の笹慶一、岩槻善之が担当した。政治的な重要性に比して外見は素朴であるが、徳寿宮を隈なく見下ろせるほどの高さで、長い水平の壁面を垂直窓で分割し官庁舎特有の威圧感を与えようとした。このような垂直窓こそ、朝鮮総督府をはじめとして日帝強制占領期に建てられた主要官庁舎の共通した建築語彙である。また、出入口をおおきくつくるなど、中央部を強調して左右対称を維持したが、ドームや窓の形態などをみると、当時施工中であった日本の

議会議事堂の影響を受けたことがあきらかである。(38)

京城府庁の際立つ点は、都心部の中核的幹線道路である太平路横の広場にむかう正面性であるが、実際には敷地の条件にあわせて多少非対称に構成されたにもかかわらず、強い左右対称性とともに垂直塔を浮き彫りにし、花崗岩の基壇部の上に窓と扉を秩序正しく整然と配列することで、非対称性を払拭した。このようにルネサンス式形態言語をモダニズム的に変形することで、建物の正面性が極大化される。新築庁舎の全体的な平面計画によれば、庁舎の入口をすぎて広間と二階に続く階段が正面に配置され、階段を上がると、二階の各室につながる広間がある。二階の広間の左右にはエレベーターをはじめとした階段室と化粧室などの付属施設が位置し、庁舎の左右に長く伸びる傍廊下と裏面に続く中廊下が連結されていた。様式的形態と同じく空間の配置においても機能性が重視された建築物であった。(39)

一九三〇年代になると、京城の歴史主義は新しい段階に入る。満州国の建設とともに、政治的にファシズムの気運が高まり、これは帝国日本の社会と文化の全般に大きな影響を及ぼした。植民地都市京城も例外ではなかった。一九三四年に「朝鮮市街地計画令」が発布されて新都市の建設と既存の都市の整備そして副都心の設置が推進されることにより、大東亜共栄圏の拠点都市「大京城」が誕生した。帝国の偉大さと強力さを大衆の脳裏によりつよく刻印するために、いまやルネサンス風やバロック風の表現要素はおおよそ消え失せ、ファシズム的に極端化された新古典主義の残滓が建築物の形態を左右するようになる。ファシズム美学とモダニズム美学は、事実上ほとんど一致した。両者はともに装飾よりは機能を、外観よりは構造を、多元性よりは一体性を重視した。西欧ではじまった国際主義様式が一九三〇年代に本格的に受容されるなかで、既存の歴史主義建築がみせていた左右対称の平面は、鉄筋コンクリート造の構造的長所を反映した機能性中心の平面にかわっていった。(40)

京城に登場したファシズム的モダニズム様式の代表作は、一九三五年に竣工した朝鮮貯蓄銀行本店（現在の旧第一銀行本館）であった。朝鮮貯蓄銀行は、庶民金融を増進するという目標で、一九二八年に制定された貯蓄銀行令にもとづき、一九二九年七月、朝鮮殖産銀行貯蓄課の業務を引き受けて設立された。一九三一年に新築計画がつくられた

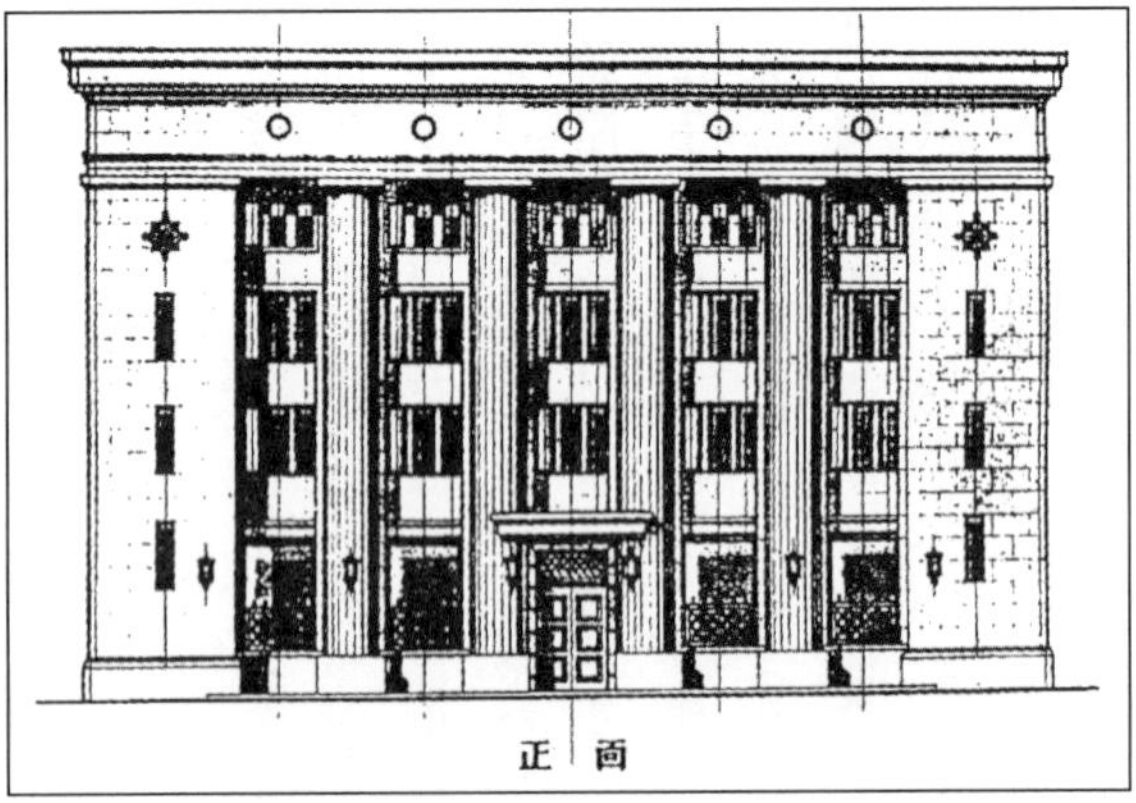

朝鮮貯蓄銀行国際懸賞設計公募の１等当選作立面図（1932 年）．出所：서울특별시 중구（편）『옛 제일은행 본점：정밀실측조사보고서』［ソウル特別市中区（編）『旧第一銀行本店：精密実測調査報告書』］(2010)

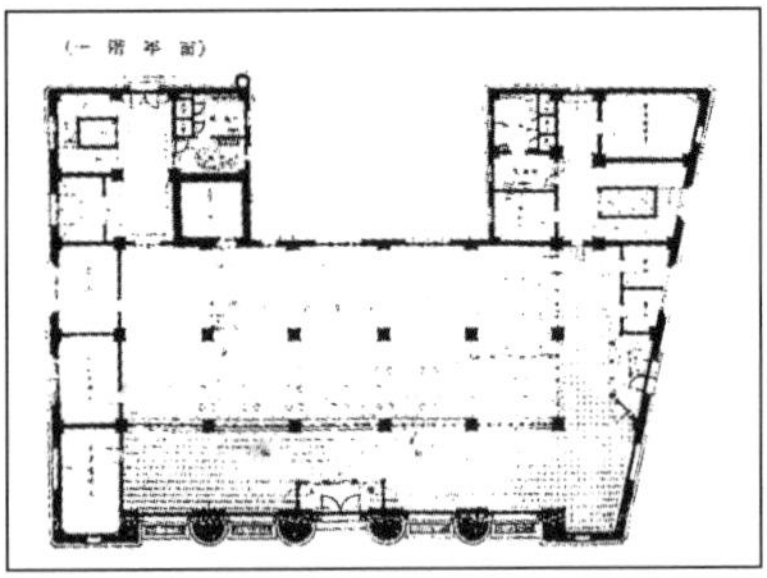

１等当選作の平面図 (1932)．出所：서울특별시 중구 (편)『옛 제일은행 본점：정밀실측조사보고서』［ソウル特別市中区（編）『旧第一銀行本店：精密実測調査報告書』］(2010)

銀行本館は、朝鮮で最初に国際懸賞設計公募を経て建築されたという点で特記に値する。懸賞設計の公募は、比較的短期間で進められ、一九三二年六月に募集広告を出して、同じ年の九月に募集結果を発表した(41)。立地は、京城の経済的中心地である鮮銀前広場付近と定め、一九三三年一〇月に着工し、一九三五年一一月に竣工した。一等になったのは、大阪府庁舎などを設計した平林金吾の案で、建物のデザインが鮮銀前広場の周囲に結集した洋風建築物と調和し、銀行らしい荘重さがあり信頼感を与える、というのが審査評であった(42)。地下一階、地上五階、延べ建坪二一二九坪の朝鮮貯蓄銀行本店は、鉄骨と鉄筋の混合構造で、外壁は花崗岩を精巧に張って、前面部には重厚な石造の柱四本を通常のエンタプラチュア部分までつけた。ドーリア様式のオーダーをもち、膨らみのない柱には、縦に溝まで掘って、古典的な感じを極大化した。建物の左右両端部分の大型の壁面には、垂直窓を三つずつおいて、建物全体の上昇感を高めた(43)。

設計者の平林金吾は、一九三〇年代に入り、名古屋市役所の本庁舎などを設計し、日本式ファシズム様式であるいわゆる「帝冠様式」を追求していたので、朝鮮貯蓄銀行本館もそのような方向で設計した。ただし、周辺の歴史主義建築物と調和するように新古典主義の形態言語を前面に押し出して、これをファシズム－モダニズム的に単純化ないしは極端化した。左右対称そして水平面と垂直面の交差が幾何学的に単純化され、過度に一体性が浮き彫りにされて集中度が強化されることにより、むしろテクトニックの原理が戯画化された感じすら与える。垂直窓と列柱の反復は、まるで査閲を受ける軍隊の隊伍のようにもみえる。朝鮮総督府庁舎で発見されるプロイセン古典主義特有の調和と威厳が、ここでは硬直した石の塊の結合で代替されているのである。(44)

朝鮮貯蓄銀行本館は、一九二二年に日本の名古屋に建てられた明治銀行社屋と、立面がかなり酷似している。設計者は、辰野金吾の弟子で、台湾総督府庁舎を設計して名声を博した長野宇平治である。(45) 彼は、師匠とともに釜山駅舎を設計するなど朝鮮とも縁があり、なによりも日本銀行の各支店を設計して銀行建築の大家として知られていたので、朝鮮貯蓄銀行の設計時に彼の建物が参照された可能性は十分にある。建物の施工を担当した清水建設が、朝鮮銀行や京城駅舎といった京城の代表的なランドマーク建築物の施工を請け負っていたという事実も、この推測を支える。明治銀行社屋は、地上二階という規模と、屋根と角の処理などのディテールにおいて、朝鮮貯蓄銀行本館とは異なっているが、少なくとも縦の溝を掘った四本の石造の柱と玄関そしてこれらを含む長方形の立面は共通している。一九二〇年代の明治銀行の新古典主義的ファサードに、階数を増やして規模を大きくし、左右両端の壁面にモダンな垂直窓を開けると、ファシズム的威容を誇る一九三〇年代の朝鮮貯蓄銀行が登場するのである。

名古屋所在の明治銀行．出所：日本建築学会編『明治大正建築写真聚覧』(1936)，No.219

太平通に建立された京城府民館（現在のソウル市議会の建物）立面．出所：부산박물관『사진엽서로 보는 근대풍경 1, 도시』（민속원）［釜山博物館『絵葉書で見る近代風景 1, 都市』（民俗院）］（2009）

当時京城に建てられた建築物のうち、これと類似する傾向に属しながらも、ファシズムよりはモダニズム的風貌をよりつよくみせる事例が、一九三五年に太平通に建てられた府民館である。京城府が、一九三三年六月に京城電気会社から公共事業の施設費を寄付され、使途について苦心したすえ、市民のための多目的な公演場として建てた建物である。延べ面積一七一七坪、地下一階、地上三階の鉄筋コンクリート造の建物で、一九三五年一二月に竣工した。設計者は、伊東忠太の弟子であり、一九三七年から朝鮮総督府の技師として働くことになる萩原孝一である。京城府民館（現在のソウル市議会の建物）は、光化門通から太平通に侵入する街角に位置し、京城の心臓部のランドマークの役割を果たすことになった。平面全体は、敷地の形状にあわせてL字形に設計され、講演会、演劇、音楽会、映画上映などができるように計画された大講堂は、一八〇〇人を収容できる三階の高さで設計され、そのほかに、多様な目的に使用できる中講堂と小講堂もおかれた[46]。

府民館は、直線を強調する装飾のない立面で設計されたが、京城の心臓部に登場した代表的なモダニズム建築物であった。もっとも目にとまる特徴は、建物南東側の角に位置する高さ四四メートルほどの時計塔であり、その誇示するような垂直性は、非常にモダニズム的な建築語彙といえる。塔屋は出入口の上におくのが常識であるが、角におくことで、その垂直性が極大化され、一層顕著に四方の視線を引くことができた。時計塔にそって長く設置された壁窓の陰影、建物本体に極度に単純化されて機械的に配列された垂直窓、また単色で仕上げられた外壁が、まるで刀の刃のように明澄なイメージを演出し、モダニズム建築の短刀を都市の心臓部にさす(47)。

東京市政会館（現在の姿）．撮影：Lombroso

京城府民館は、当然、当時の日本の文化施設を参考にして建てられたのであろうし(48)、首都の心臓部という立地を考えると、東京の日比谷公会堂を考慮した可能性がもっとも大きい。日比谷公会堂は、京城府民館と同様に複合文化施設としてつくられたが、日比谷公園の隅の大通りぞいに位置するランドマークである市政会館の付属施設である。一九二九年に開館した市政会館は、東京大学建築学科教授であり、早稲田大学建築学科の設立者である佐藤功一の作品であり、ルネサンスとゴシックの形態言語を折衷したモダニズム建築物である(49)。京城府民館と東京市政会館は、時計塔と窓の過剰な垂直性と建物の水平線が克明な対称をなすという点で、モダニズムの建築語彙を共有している。

これら二つの建築物と「家族的な類似性」をもっと推定できるのが、ベルリン市庁舎である。俗に「赤の市庁舎 Rotes Rathaus」と呼ばれるこの建築物は、はるか以前の一八六九年に竣工し、基本的な形態としては「盛期ルネサンス」様式をとる。設計者は、ヘルマン・ヴェーゼマン Hermann Friedrich Waesemann である。こ

ベルリン市庁舎（現在の姿）

の建物は、ネオルネサンス様式に分類されるが、実際は、ローマ式のアーチの出入門、四角い平面の上に四つの翼部をもつ北イタリア式パラッツォ様式の要素、そして北ドイツ式の赤レンガの外壁を併用し、非常に独特な感じを与える。ベルリンの中心部という立地を考慮すると、シンケル式古典主義の記念碑的節制美が、ドイツ式「半円形アーチ様式」の古色蒼然とした形態言語で補完されたとみることもできる。[50]一見すると異なっているが、東京の市政会館とは、赤色系統の外壁と中央の高い時計塔、立方体を重ねあげたような基本構造で類似している。また、都市の心臓部に位置する「市政」施設であり、遠くからも時計塔をみることができるランドマークであるという点も同一である。ベルリン市庁舎、東京市政会館、そして京城府民館は、すべて、国家的求心点が不在の三つの首都（ないしは首位都市）において、市民的求心点をつくろうとする努力の一環とみなしうる。

府民館は、市政会館の付属施設である日比谷公会堂と同様に、市民のための講演会、演奏、映画といった各種の行事を実施できる多目的な公演場であり、その建立の趣旨と同じくらい、外観においても「モダン」であった。この建物は、はじめて歴史主義の拘束から脱して、確たるモダニズムの軌道に進入した。しかし、結局は、解放のメッセージではなく、極端化した統制と抑圧のメッセージを伝えるにとどまった。垂直線と水平線を人為的につよく対立させて、本体に比して過度に高い時計塔を載せることで、建物は本来よりはるかに大きく威圧的にみえた。新古典主義に内在する位階秩序が、幾何学的に単純化され凝縮されることにより、鉄桶のように強力になったのである。モダニズムは、新古典主義のファシズム的再解釈にほかならなかった。

ファシズムとモダニズムの関係は、総督府庁舎が象徴する至上の統治権力と、鮮銀前広場が象徴する「近代文明」の関係に似ている。ファシズムとモダニズムのあいだに自己崇拝と独断という近道がつながっているように、総督府庁舎と鮮銀前広場のあいだには光化門通と太平通という直線の車道が伸び、人の横断を遮った。ここでは、まるで映画セットのように、すべてのものがあらかじめ与えられ、自発的な政治的介入は徹底して排除された。放射状に構築された鮮銀前広場は、表面的には活気に満ちてみえるが、肝心の主人公が追放された空っぽの空間の騒々しさは、三越百貨店の屋上の上空へ広がろうとした作家イ・サン（李箱）の『翼』のように、悲しき不条理劇にすぎなかった。これに比べると、東洋拓殖株式会社に爆弾を投擲したあと警察と対峙した義士ナ・ソクチュ（羅錫疇）の活劇のほうが、はるかに現実感にあふれている。(51)

メランコリーの都市

日帝強制占領期に歴史主義の競演場となった植民地首位都市京城は、強制占領初期の構想を次第に完成させていった。モダニズム建築の登場もまた、初期の構想からの断絶であるどころか、より徹底した完成にむかう道にあった。事実、このような執拗さこそ、植民地性の表現である。帝国本土では特定の脈絡に依存していた主張も、植民地に導入されるときは、絶対的な鉄則として強要されるからである。このように考えると、近代的都市空間が植民地統治を受ける先住民にとってある不可能性の表象と映るという事実は、まったく妥当である。日帝強制占領期の植民地朝鮮の文化を率いた代表的ジャンルである小説を例にとると、新しい都市空間の姿は、意外にも、さほど再現されない。

作品のなかではほとんど削除されており、言及される場合も、大概は挫折感とメランコリーに蚕食され、作家個人の心理的体験に縮小されるのが常であった。(52) 親日派となって「他人の統治と他人の思想を頭に載せて歩き回るかかし」役をしていた春園イ・グァンス（李光洙）すら、京城の変化に熱狂どころか無常さを感じ、「昔の真っ暗で悪臭が漂っていた二〇年前のソウル（都、首都―訳者）と朝鮮を懐かしんで泣けた(53)」。

しかし、このような事実は、日帝の導入した時空間の影響力が大きくなかったことを立証するものではない。不可能性の表象は、表面的には反感を引き起こし、その裏では自暴自棄にもとづく容認をもたらす。一九三〇年代に入ると、「長安（首都―訳者）の上空ににょきにょきと高くそびえる大きな建物」に対して、もはや驚きを感じず、むしろ「合理的で当然」であると感じる情緒が頻繁にみいだされるようになる。(54) このように「近代的」時空間が不可逆的な体制として受け入れられる過程は、メランコリーの感情が蔓延していく過程と異なるものではない。実際、メランコリーの感情とは、過去を現在から隔離した近代的時間秩序が引き起こす情緒的な効果にほかならない。過去が現在との直接的な連結性を失い、「歴史」や「伝統」という名のもとに再編される瞬間、近代的都市空間の現存はすでに拒否できない既定事実として受け入れられる。

一九一五年に青柳綱太郎の『最近京城案内記』が発刊されてから、おもに日本人観光客のための京城の案内書が相次いで登場した。一方では、日帝の「善政」を立証する整備された交通網、官公署、病院、学校、図書館などを紹介し、他方では、観光客の多様な趣向に応じる博物館、動物園、公園、その他文化および娯楽施設を紹介するのが通例であった。したがって、植民地朝鮮の歴史と伝統文化は、帝国の現在と明暗のごとく対照されつつ、観光客の好奇心にあわせて分類され再編され、たんなる消費品に転落した。(55) 近代都市の「洋風」の景観と、土着の「古蹟」は、よく似合う一対の装飾品であった。

このような脈絡からして非常に象徴的なのは、景福宮東側に位置した総督府博物館である。この建物は、本来、一九一五年の朝鮮物産共進会で美術品を展示する付属施設のひとつとして、建春門近くの継照殿を撤去した場所に建て

景福宮東側に位置した総督府博物館の全景．出所：이규헌 해설『사진으로 보는 근대 한국 上．산하와 풍물』(서문당)［イ・ギュホン解説『写真で見る近代韓国 上，山河と風物』(瑞文堂)］(1986)

られた。共進会が閉幕したのち、ほかの付属建物はすべて撤去されたが、この建物だけは残され、同年一二月一日、朝鮮総督府の常設博物館として再開門した[56]。共進会の際の大部分の付属建物と同様に、前面部をルネサンス様式で構成して、レンガ造の建物でありながらも外壁はモルタルで仕上げ、まるで石造の建築物のようにみえるようにしていた[57]。このように典型的な洋風の外観にもかかわらず、ここは、植民地朝鮮の土着の遺物を展示する博物館であった。朝鮮博覧会京城協賛会が一九二九年に発刊した『京城案内』の紹介によると、総督府博物館は「楽浪三韓の発掘物」から「李朝時代の鉄器、書画」まで、あまねく所蔵していた[58]。このように朝鮮の伝統遺物を展示する博物館が典型的な西洋式の外観をもったのは、けっして偶然ではない。楽浪三韓から朝鮮時代まで数千数百年のあいだの産物を一括りの伝統として編みあげる発想こそ、西欧的近代の時空間秩序をあらわすものである。

総督府博物館は、のちに景福宮の前面に建てられる総督府庁舎と調和するように、きわめて古典的な外見をとった。正面中央部を突出させてメイン出入口をつくり、コリント式の円柱四本が二本ずつの対で反復された。中央には広い石造の階段があり、突出した玄関の両側のどっしりした壁体は、曲線のニッチのおかげで柔らかい印象を与えた。対称をなす左右のサイドを中央部に比して低く処理し、付柱を設置して建物全体の位階性がはっきりとあらわれるようにし、柱の上には典型的なエンタブラチュアを設置して水平の蛇腹を巡らし、その上側には屋上の低い欄干もおいた。内部の中央ホールは、後面の壁にそって二階に上がる階段をおき、一階・二階の左右へ全部で六間の展示空間を展開した。一言で、総督府博物館は、西欧古典建築の文法にほとんど教科書的にしたがっていた。ここで朝鮮の伝統は、近代的時空間秩序のなかに文字どおり「安着」したのである。[59]

日帝が博物館を政治的に活用したことは明白である。他者化された植民地に対して文明の守護者として自身がもつ優越性を確認しようとしたことには、疑う余地はない。[60] しかし、たんにそれだけではない。博物館の建立は、特定の政治的効果をこえて、新しい世界観を具現しようとする努力の一環であった。一九三四年、朝鮮総督府は、一九三五年の施政二五周年記念行事の一環として、博物館の新築を計画した。それは実現はしなかったが、旧総督府庁舎を転用して使用していた南山の恩賜記念科学館と既存の総督府博物館をあわせ、美術・科学・自然の三分野を統合した総合博物館を建てる計画であった。[61] 日帝の植民地主義は、帝国の統治に十分に自然科学的な法則性を付与して、これを誰も逆らうことのできない普遍的な真理に昇華しようとしたのである。現実的な条件のせいで、総合博物館の夢は断念され、昔の遺物の範囲にまで大幅に縮小された博物館を建てることで満足しなければならなかった。しかし、基本的な大義までが放棄されたわけではなかった。一九三八年に徳寿宮内に開館した李王家美術館は、一九〇八年から昌慶宮にあった李王家博物館を統合し、植民地朝鮮の古美術品をよりよく編成された歴史的秩序のなかに配置することで、現在と隔離した。これは、解放後、大韓民国博物館の手本になった。[62]

李王家美術館（現在の国立現代美術館徳寿宮館）は、徳寿宮のなかにすでにずいぶん前からあった石造殿の西館として建てられた。石造殿は、日韓併合直前の一九一〇年六月に竣工した建物で、花崗岩を使用したイギリス式の新古典主義様式の建築物であった。当時、徳寿宮は、高宗が実権のない太皇帝としてとどまり居住していた離宮であり、ほかの宮殿に比して、あまり破壊が進んでいなかった。しかし、日帝は、最後の王純宗が世を去り、一九三一年になる

李王家美術館石造殿西館（現在の国立現代美術館徳寿宮館）（1938）．国立中央博物館所蔵，plate 30406

と、徳寿宮を公園にする計画を立て、一九三三年、宮を開放しつつ、石造殿を美術館（東館―訳者）に改編した。ここでは、おもに日本の近代美術品を展示し、昔の宮廷を色あせたものとした。石造殿新館（西館）は、李王家美術館の本来の趣旨にこたえようと建立された。東館は日本近代美術、西館は朝鮮古美術をみせる李王家美術館という植民地主義的二元体系がはじめて登場したのである(63)。

石造殿西館は、中村與資平の設計で、一九三八年に竣工した。中村は、朝鮮銀行大連支店と長春支店を設計するなど、満州で経歴を積んだが、一九〇七年から日本の第一銀行韓国総支店の工事監督官として勤務して以来、京城に建築事務所を開設して、朝鮮殖産銀行本店（一九一八年）、天道教中央教会（一九二一年）、中央高等学校西館（一九二一年）および東館（一九二三年）など、多くの建築物を設計、監督したのち、一九二二年に東京へ戻って活動を続けた。石造殿西館は、中村が朝鮮を離れてかなりのちに設計したものであり、コリント式のオーダーの列柱と基本形態はネオルネサンス様式をとっているが、装飾がほとんどない垂直窓と破風のない単純化された水平面の屋根の処理には、モダニズム的容貌が感じられる。このように抽象化された古典主義は、彼が満州に設計して一九二〇年に竣工した朝鮮銀行大連支店にもみいだせる。事実、石造殿西館は、横におかれた東館のヴィクトリア式古典主義に比べると、はるかに堅苦しく威圧的なプロイセン古典主義の風貌を醸しだす。これは偶然ではなかった。京城で活動していた時期に、中村の建築事務所にはアントン・フェラー Anton Feller というオーストリア生まれの職員が勤務しており、彼のおかげで、天道教中央教会などでドイツ式の「セセッション」様式を試みることができたのである。(64) 結局、韓国の伝統は、五百年の王朝が最後に残した燦爛としたヴィクトリア式宮殿のかわりに、強固な列柱がものものしく並んだ李王家美術館のプロイセン式要塞のなかに、新しい寝所を得た。

(1) 植民地統治制度の形成と近代施設の導入に関しては、주상훈『조선총독부의 근대시설 건립과 건축계획의 특징』서울대학교 대학원 건축학과 박사학위 논문［チュ・サンフン『朝鮮総督府の近代施設建立と建築計画の特徴』ソウル大学校大学院建築学科博士学位論文］二〇一〇年、七〇～一五二쪽。

(2) 신예경・김진균「二〇세기 이후 서울 도심 내 주요 공공건축의 형성 및 공간적 특성：서울시청、서울중앙우체국、서울역을 중심으로」、『大韓建築學會論文集 計劃系』［シン・イェギョン／キム・ジンギュン「二〇世紀以後ソウル都心内主要公共建築の形成および空間的特性：ソウル市庁、ソウル中央郵便局、ソウル駅を中心に」、『大韓建築学会論文集 計画系』］（二〇〇九・四）제二五권 四호、一〇九쪽。

(3) 주상훈『조선총독부의 근대 시설 건립과 건축계획의 특징』［チュ・サンフン『朝鮮総督府の近代施設建立と建築計画の特徴』］二五五～三六三쪽。

(4) 『(舊韓國) 官報』光武一〇年九月二八日（一九〇六・九・二六）、勅令第五五號「建築所官制」（光武一〇年九月二四日）一六면。西澤泰彦『日本植民地建築論』三八～四一頁。

(5) 이금도『조선총독부 건축기구의 건축사업과 일본인 청부업자에 관한 연구』부산대학교 건축공학과 박사학위 논문［イ・グムド『朝鮮総督府建築機構の建築事業と日本人請負業者に関する研究』釜山大学校建築工学科博士学位論文］（二〇〇七）五一쪽、三三～三九쪽。이금도「조선총독부 영선조직」、『한국건축개념사전』［イ・グムド「朝鮮総督府営繕組織」、『韓国建築概念辞典』］七三六～七三八쪽。이금도・서치상「조선총독부 건축기구의 조직과 직원에 관한 연구」、『大韓建築學會論文集 計劃系』［イ・グムド／ソ・チサン「朝鮮総督府建築機構の組織と職員に関する研究」、『大韓建築学会論文集 計画系』］제二三권 제四호（二〇〇七）一三八쪽。김태중「탁지부 건축소」、『한국건축개념사전』［キム・テジュン「度支部建築所」、『韓国建築概念辞典』］八〇八～八一〇쪽。

(6) これについては、강상훈『일제강점기 근대 시설의 모더니즘 수용』［カン・サンフン『日帝強制占領期近代施設のモダニズム受容』］参照。

(7) 임석재『사회미학으로 읽는 개화기：일제강점기 서울 건축』［イム・ソクチェ『社会美学で読む開化期：日帝強制占領期ソウルの建築』］一九쪽 以下。

(8) 이하늘・김태영「二〇세기 초 한국에서 활동한 일본인 건축가의 조직과 계보에 관한 연구」、『大韓建築學會聯合論文集』［イ・ハヌル／キム・テヨン「二〇世紀初頭韓国で活動した日本人建築家の組織と系譜に関する研究」、『大学建築学会連合論文集』］제一一권 제三호（二〇〇九・九）六〇쪽。

(9) 이순자『조선의 숨겨진 왕가 이야기』（평단문화사）［イ・スンジャ『朝鮮の隠された王家の話』（評壇文化社）］（二〇一三）一三九～一四一쪽。尹一柱『한국 양식건축 八〇년사。解放前篇』［尹一柱『韓国の洋式建築八〇年史。解放前篇』］八四～八五쪽。

(10) 임석재『사회미학으로 읽는 개화기：일제강점기 서울 건축』［イム・ソクチェ『社会美学で読む開化期：日帝強制占領期ソウルの建築』］一六三쪽 以下。임석재『서울、건축의 도시를 걷다 一』（인물과사상사）［イム・ソクチェ『ソウル、建築の都市を歩く一』（人物と思想社）］（二〇一〇）四〇〇～四〇五쪽。西澤泰彦『日本植民地建築論』二〇三～二〇四頁。

(11) 이순우『통감관저：잊혀진 경술국치의 현장』［イ・スヌ『統監官邸：忘れられた庚戌国恥の現場』］一二～三七쪽。김정동『남아 있는 역사、사라지는 건축물』［キム・ジョンドン『残っている歴史、消える建築物』］一九四쪽。

(12) David Stewart, *The Making of a Modern Japanese Architecture*. p. 62.

(13) Finn, *Meiji Revisited*, pp. 185-186. 日露戦争で工事が遅れ、皇太子は贈り物の受けとりを延期した。

(14) 김정동『남아 있는 역사、사라지는 건축물』［キム・ジョンドン『残っている歴史、消える建築物』］一九四쪽。

(15) 조동걸『식민지 조선의 농민운동』（역사공간）［チョ・ドンゴル『植民地朝鮮の農民運動』（歴史空間）］（二〇一〇）一三四쪽 以下、二一〇쪽 以下。

(16) 윤인석「남촌의 근대 건축물」、김기호 외『서울 남촌：시간、장소、사람』（서울학연구소）［ユン・インソク「南村の近代建築物」、キム・ギホ他『ソウル南村：時間、場所、人』（ソウル学研究所）］（二〇〇三）一三四쪽。

(17) Finn, *Meiji Revisited*, pp. 192-194; 西澤泰彦『日本植民地建築論』一六六～一六八頁。妻木頼黄は、横浜正金銀行と東洋拓殖株式会社京城支店社屋が竣工するあいだに横浜正金銀行大連支店を設計した。太田毅との共同設計で一九〇九年に大連中山広場に竣工したこの建物は、時期的に前後して建てられた両建物に比べて簡素なドイツ式ネオルネサンス様式を採用した。西澤泰彦『日本植民地建築論』一三一～一三五頁。

(18) 손정목『일제강점기 도시계획연구』［ソン・ジョンモク『日帝強制占領期都市計画研究』］一一〇～一一一쪽。

(19) 김백영『지배와 공간：식민지도시 경성과 제국 일본』［キム・ベギョン『支配と空間：植民地都市京城と帝国日本』］六六～六七쪽。

(20)『국역 경성부사』［『国訳 京城府史』］제二권、二五二～二五三쪽。이순자『조선의 숨겨진 왕가 이야기』［イ・スンジャ『朝鮮の隠された王家の話』］一六〇～一六五、一六九～一七一쪽。송석기「궁궐에 들어선 근대 건축물」、우동선・박성진 외『궁궐 의 눈물、백년의 침묵』［ソン・ソッキ「宮闕に建った近代建築物」、ウ・ドンソン／パク・ソンジン他『宮闕の涙、百年の沈黙』］二七五쪽。

(21) 임석재『사회미학으로 읽는 개화기：일제강점기 서울 건축』［イム・ソクチェ『社会美学で読む開化期：日帝強制占領期ソウルの建築』］二一八～二二三쪽。西澤泰彦『日本植民地建築論』一二四～一三一頁。

(22) 정재정『서울 근현대 역사기행』（서울학연구소）［チョン・ジェジョン『ソウル近現代歴史紀行』（ソウル学研究所）］（一九九六）一六四～一六六쪽。

(23) 신예경・김진균「二〇세기 이후 서울 도심 내 주요 공공건축의 형성 및 공간적 특성：서울시청、서울중앙우체국、서울역을 중심으로」［シン・イェギョン／キム・ジンギュン「二〇世紀以後ソウル都心内主要公共建築の形成および空間的特性：ソウル市庁、ソウル中央郵便局、ソウル駅を中心に」］一一〇～一一一쪽。尹一柱『한국 양식건축 八〇년사：解放前篇』［尹一柱『韓国の洋式建築八〇年史：解放前篇』］一〇九～一一〇쪽。

(24) 김종록『근대를 산책하다』（다산초당）［キム・ジョンノク『近代を散策する』（茶山草堂）］（二〇一二）三〇〇～三〇九쪽。철도청『사진으로 보는 한국철도 一〇〇년』［鉄道庁『写真でみる韓国鉄道一〇〇年』］（一九九九）九〇쪽。

(25) 尹一柱『한국 양식건축 八〇년사：解放前篇』［尹一柱『韓国の洋式建築八〇年史：解放前篇』］一一二～一一三쪽。

(26) 임석재『사회미학으로 읽는 개화기：일제강점기 서울 건축』［イム・ソクチェ『社会美学で読む開化期：日帝強制占領期ソウルの建築』］二二八～二三三쪽。西澤泰彦『日本植民地建築論』二四〇～二四一頁。

(27) 신예경、김진균「二〇세기 이후 서울 도심내 주요 공공건축의 형성 및 공간적 특성」［シン・イェギョン／キム・ジンギュン「二〇世紀以後ソウル都心内主要公共建築の形成および空間的特性」］一一三、一一七쪽。

(28) 서울특별시사편찬위원회 편『서울건축사』［ソウル特別市史編纂委員会編『ソウル建築史』］六三七～六三八쪽。이하늘、김태영「二〇세기 초 한국에서 활동한 일본인 건축가의 조직과 계보에 관한 연구」［イ・ハヌル／キム・テヨン「二〇世紀初頭韓国で活動した日本人建築家の組織と系譜に関する研究」］六〇쪽。

(29) 주상훈『조선총독부의 근대 시설 건립과 건축계획의 특징』［チュ・サンフン『朝鮮総督府の近代施設建立と建築計画の特徴』］二三四、二三八～二五一쪽。임석재『사회미학으로 읽는 개화기：일제강점기 서울 건축』［イム・ソクチェ『社会美学で読む開化期：日帝強制占領期ソウルの建築』］二〇九～二一七쪽。イム・ソクチェは、アーチとオーダーの独特な配合などを根拠に、この建物の様式を「ネオロマネスク」と規定する。임석재『서울、건축의 도시를 걷다 一』［イム・ソクチェ『ソウル、建築の都市を歩く 一』］二一二쪽。

(30) 염복규「식민지도시계획의 유산과 그에 대한 인식：손정목『일제강점기 도시계획 연구』를 중심으로」［ヨム・ボッキュ「植民地都市計画の遺産とそれについての認識：ソン・ジョンモク『日帝強制占領期都市計画研究』を中心に」］四〇八쪽。

(31) 김백영『지배와 공간』［キム・ベギョン『支配と空間』］一二三쪽。

(32) 西澤泰彦『日本植民地建築論』二四四～二四六頁。

(33) 정운현『서울시내 일제유산답사기』［チョン・ウンヒョン『ソウル市内日帝遺産踏査記』］一七〇～一七一쪽。

(34) 염복규「식민지근대의 공간 형성：근대 서울의 도시계획과 도시공간의 형성、변용、확장」、『문화과학』［ヨム・ボッキュ「植民地近代の空間形成：近代ソウルの都市計画と都市空間の形成、変容、拡張」、『文化科学』］三九호（二〇〇四）一九七～二一九쪽。

(35) 김백영『상징공간의 변용』［キム・ベギョン『象徴空間の変容』］二〇八쪽。

(36) 김백영『지배와 공간』［キム・ベギョン『支配と空間』］一二三쪽。서울특별시사편찬위원회 편『서울건축사』［ソウル特別市史編纂委員会編『ソウル建築史』］五九七～六〇一쪽。

(37) モダニズム建築の思潮についての紹介は、京城高等工業学校教授藤島亥治朗がはじめた。彼は一九二五年『朝鮮と建築』に「近代建築ノート」シリーズを四回にわたって連載した。これに関しては、김용범「一九二〇～一九三〇년대 경성의 근대 건축활동에 관한 기초연구：『朝鮮と建築』의 잡보 기사를 중심으로」、『서울학연구』［キム・ヨンボム「一九二〇～一九三〇年代京城の近代建築活動に関する基礎研究：『朝鮮と建築』の雑報記事を中心に」、『ソウル学研究』］제四二호（二〇一一・二）一～四八쪽 参照。

(38) 서울특별시사편찬위원회 편『서울건축사』［ソウル特別市史編纂委員会編『ソウル建築史』］六三七쪽。임석재『사회미학으로 읽는 개화기：일제강점기 서울 건축』［イム・ソクチェ『社会美学で読む開化期：日帝強制占領期ソウルの建築』］一九三쪽 以下。서울특별시사편찬위원회 편『서울六百年史』［ソウル特別市史編纂委員会編『ソウル六百年史』］제四권（一九七七）三五三～三五七쪽。

(39)『朝鮮と建築』第五輯、第一〇號（一九二六）、京城府廳舍新築記念篇、二～四一쪽。김명선・박정대「일제강점기 도청사・부청사 건립의 배경과 성격」、『大韓建築學會論文集 計劃系』［キム・ミョンソン／パク・チョンデ「日帝強制占領期道庁舎・府庁舎建立の背景と性格」、『大韓建築学会論文集 計画系』］제二四권 제二호（二〇〇八）一九九～二〇五쪽。손정목『일제강점기 도시사회상 연구』［ソン・ジョンモク『日帝強制占領期都市社会像研究』］五五七～五八七쪽。

(40) 주상훈「식민지 통치 시설」、『한국건축개념사전』［チュ・サンフン「植民地統治施設」、『韓国建築概念辞典』］五九一쪽。

(41) 김용범「一九二〇～一九三〇년대 경성의 근대 건축 활동에 관한 기초연구：『朝鮮と建築』의 잡보 기사를 중심으로」［キム・ヨンボム「一九二〇～一九三〇年代京城の近代建築活動に関する基礎研究：『朝鮮と建築』の雑報記事を中心に」］四四쪽。

(42) 윤인석「남촌의 근대 건축물」［ユン・インソク「南村の近代建築物」］一三八～一三九쪽。서울특별시 중구（편）『옛 제일은행 본점：정밀실측조사보고서』［ソウル特別市中区（編）『旧第一銀行本店：精密実測調査報告書』］（二〇一〇）八七、七三쪽。

(43) 서울특별시 중구 (편)『옛 제일은행 본점：정밀실측조사보고서』[ソウル特別市中区（編）『旧第一銀行本店：精密実測調査報告書』] 九〇、一二〇쪽。

(44) イム・ソクチェは、これを「全体主義様式」と規定する。임석재『사회미학으로 읽는 개화기：일제강점기 서울 건축』[イム・ソクチェ『社会美学で読む開化期：日帝強制占領期ソウルの建築』] 二三七쪽。

(45) 藤森照信『日本の近代建築（下）』八七〜九二、九九〜一〇〇頁。沢井鈴一「広小路にそびえる摩天楼」、『名古屋広小路ものがたり』第四講、大正時代の広小路、第四回。http://network2010.org/article/1103

(46) 손정목「I 태평로一가의 경성부민관」、세종문화회관 전사 편집위원회『世宗文化會館 全史』(세종문화회관) [ソン・ジョンモク「I 太平路一街の京城府民館」、世宗文化会館全史編集委員会『世宗文化会館全史』(世宗文化会館)]（二〇〇二）七一쪽。萩原孝一「府民館の工事に就て」、『朝鮮と建築』一五輯 三號（一九三六・三）六頁。

(47) 임석재『사회미학으로 읽는 개화기：일제강점기 서울 건축』[イム・ソクチェ『社会美学で読む開化期：日帝強制占領期ソウルの建築』] 二三八〜二四一쪽。서울특별시사편찬위원회 편『서울건축사』[ソウル特別市史編纂委員会編『ソウル建築史』] 七二五〜七二七쪽。

(48) 김호열「一九三〇년대 서울 주민의 문화수용에 관한 연구：『府民館』을 중심으로」、『서울학연구』[キム・ホヨル「一九三〇年代ソウル住民の文化受容に関する研究：『府民館』を中心に」、『ソウル学研究』] 제一五호（二〇〇〇）二〇一쪽。

(49) 佐藤功一の一九二七年の作品である「早稲田大学大隈記念講堂」は、歴史主義を幾何学的に抽象化した作品であり、建物の一方の端に塔屋を掲げたという点で府民館と非常に類似した外観をみせる。この建物については、藤森照信『日本の近代建築（下）』一一〇〜一一一頁参照。

(50) Thomas Nipperdey, *Deutsche Geschichte 1866-1918,* p. 718; Christa Schreiber, “Das Berliner Rathaus. Versuch einer Entstehungs-und Ideengeschichte”, eds. by Ekkehard Mai, et al., *Das Rathaus im Kaiserreich: Kunstpolitische Aspekte einer Bauaufgabe des 19. Jahrhunderts* (Berlin: Mann, Gebr., 1982), pp. 91-150.

(51) 京城の広場がもった植民地的性格については、김백영「식민권력과 광장공간：일제하 서울시내 광장의 형성과 활용」、『사회와 역사』[キム・ベギョン「植民権力と広場空間：日帝下ソウル市内の広場の形成と活用」、『社会と歴史』] 제九〇집（二〇一一）二七一〜三一一쪽、とくに三〇〇〜三〇一쪽 参照。

(52) 윤대석「경성의 공간분할과 정신분열」、『국어국문학』[ユン・デソク「京城の空間分割と精神分裂」、『国語国文学』] 一四四호（二〇〇六）九一〜一一二쪽。조은애「식민도시의 상징과 잔여：염상섭 소설의 在京城 일본인、그 재현 (불) 가능의 장소 들」、『한국문학 이론과 비평』[チョ・ウネ「植民都市の象徴と残余：ヨム・サンソプの小説の在京城日本人、その再現（不）可能な場所」、

『韓国文学理論と批評』」第五七集、一六권 四호（二〇一二）四五四～四五九쪽。

(53) 李光洙「大京城回想曲。主人조차 그리운 二十年 前의 京城」、『별건곤』一八호（一九二九・一）、부산대학교 한국민족문화연구소『(잡지로 보는) 한국 근대의 풍경과 지역의 발견 三：경성 II』(국학자료원)［李光洙「大京城回想曲。主人さえ懐かしい二十年前の京城」、『別乾坤』一八号（一九二九・一）、釜山大学校韓国民族文化研究所『(雑誌でみる) 韓国の風景と地域の発見 三：京城 II』(国学資料院)］（二〇一三）一六三～一六八쪽。引用文は、一六八頁。

(54) 「大京城의 近代建築物展望」、『三千里』［「大京城の近代建築物展望」、『三千里』］七권 八호（一九三五・九）一二九～一三〇쪽。「大京城빌딩 建築評」、『三千里』［「大京城ビルディング建築評」、『三千里』］七권 九호（一九三五・一〇）一七八～一八二쪽。

(55) Todd A. Henry, "Sanitizing Empire: Japanese Articulations of Korean Otherness and the Construction of Early Colonial Seoul, 1905-1919", *The Journal of Asian Studies*, vol. 64, no. 3 (2005), pp. 664-666; Hyung Il Pai,「Navigating Modern Keijō: The Typology of Reference Guides and City Landmarks」、『서울학연구』［『ソウル学研究』］제四四호（二〇一一）一～四〇쪽。

(56) 『국역 경성부사』［『国訳 京城府史』］제三권、二六五쪽。이성시「조선왕조의 상징 공간과 박물관」［イ・ソンシ「朝鮮王朝の象徴空間と博物館」］二六五～二九五쪽によれば、この建物の設計者は朝鮮総督府庁舎を設計したゲオルグ・デ・ラランデであり、この建物を博物館として常設したのは寺内総督であり、彼の命令によって最初から計画されていたという。二七八頁注二九 参照。

(57) 서울특별시사편찬위원회 편『서울건축사』［ソウル特別市史編纂委員会編『ソウル建築史』］七二〇쪽。

(58) 吉村傳『京城案内』二六頁。総督府博物館の展示については、목수현『일제하 박물관의 형성과 그 의미』서울대학교 고고미술사학과 석사학위 논문［モク・スヒョン『日帝下博物館の形成とその意味』ソウル大学校考古美術史学科修士学位論文］（二〇〇〇）四四～五〇쪽 参照。

(59) 西澤泰彦『日本植民地建築論』二二五～二二六頁。송석기「궁궐에 들어선 근대 건축물」［ソン・ソッキ「宮闕に建った近代建築物」］二六六～二六七쪽。

(60) 최석영『한국 근대의 박람회・박물관』［チェ・ソギョン『韓国近代の博覧会・博物館』］一〇五～一〇九쪽。

(61) 「綜合博物館 建設計劃内容」、『동아일보』［「総合博物館 建設計画内容」、『東亜日報』］（一九三四・九・五）一면。西澤泰彦『日本植民地建築論』二二五～二二六頁。

(62) 목수현「일제하 이왕가박물관（李王家博物館）의 식민지적 성격」、『미술사학연구』［モク・スヒョン「日帝下李王家博物館の植民地的性格」、『美術史学研究』］二二七집（二〇〇〇）九九～一〇一쪽。송석기「궁궐에 들어선 근대 건축물」［ソン・ソッキ「宮闕に建った近代建築物」］二五七～二五八쪽。

(63) 김정동『고종 황제가 사랑한 정동과 덕수궁』［キム・ジョンドン『高宗皇帝が愛した貞洞と徳寿宮』］一〇八～一〇九、二三五쪽。

이성시「조선왕조의 상징공간과 박물관」[イ・ソンシ「朝鮮王朝の象徴空間と博物館」]二八五〜二九二쪽。

(64) 西澤泰彦「建築家中村與資平の経歴と建築活動について」一五四〜一五七頁。西澤泰彦『日本植民地建築論』二二六〜二二九頁。김영재「나카무라 요시헤이의 서양 건축양식의 수용과정과 그 의미」[キム・ヨンジェ「中村與資平の西洋建築様式の受容過程とその意味」]一六三〜一六四、一六七〜一六八쪽。

第5章　総督府庁舎と景福宮のはざまで

新しい空間の構築がもたらした衝撃の波長に比して、日帝の植民地支配はあまり続かなかった。それなりの心血を傾けて建立した朝鮮総督府庁舎が植民地統治にもちいられたのは、二〇年足らずであった。一九四五年九月九日、米軍がソウルに入ってきた。その日、総督府第一会議室で、沖縄駐屯の米二四軍軍団長ジョン・ホッジ John Reed Hodge中将と日本の朝鮮総督阿部信行のあいだで降伏文書の署名式があった。ただちにこの建物は、朝鮮半島（韓半島―原文）の委任統治を開始した米軍政の庁舎になり、星条旗がはためいた。三年がすぎて、まさにここで制憲国会が開かれ、すぐに庁舎の前庭で大韓民国政府樹立の宣布式が挙行され、ふたたび中央政府の庁舎になった。これによって、建物の名称も、中立的な語感をもつ中央庁に変更された[1]。旧総督府庁舎は、このように自身を創造した帝国が敗亡したのちも、本来の地位を維持できた。朝鮮戦争（韓国戦争―原文）期、ここを背景とした太極旗掲揚の写真が、一時ではあるが愛国心を呼び起こす国家的図像とみなされたことは、歴史のアイロニーといわざるをえない。

モダニティと植民地性の戦場

いったいどんな理由で、植民地統治の総本山が、あらゆる歴史的波乱に打ち勝ち、ながく空間的位階の核心に堅固に立つことができたのだろうか。解答は意外に単純である。建物の姿が、日本色をおびていなかったからである。建物の西欧的な外見こそが、建物の生命を維持する最高の保護膜であった。ここを通りすぎるソウル市民は、建物に対して、恥ずかしい植民地の過去よりは、西欧的で「近代的な」側面をみたので、無理に急いで建物を破壊する必要がなかった。この点は、おなじく日本人の作品である朝鮮銀行本店や、京城駅、京城府庁舎などが、それぞれ韓国銀行本店、ソウル駅、ソウル市庁に看板をかえることができたのに対して、南山の朝鮮神宮のように露骨に日本風な建物は生き残ることができなかった理由でもある。(2)

韓国人は、国権を回復する時点で、すでに日本の植民地統治者が構築した空間に馴染んでおり、それは、急激な政治的変化にもかかわらず、容易にはかわらなかった。ソウル市民は、旧韓末と日帝期の遺産である、いわゆる「近代期の建築物」と一直線に続く平らな街路を、ながらく自然な日常として受け入れていた。(3)同時に、光化門と景福宮をいつかは復元しなければならないという思いにも、おおよそ同意していた。このような矛盾は、すべて植民地化と近代化の錯綜を通して説明できる。韓国人は、植民地支配は嫌悪するが、それに内包された近代化には熱狂した。すでに植民地時代から、支配者と被支配者のあいだには近代化という目標に対する一定の合意が存在した、といってもよいだろう。光化門と景福宮の復元が、そのような長期的な近代化プロジェクトの完成であるとすれば、これは、不可抗力的であった植民地主義との断絶というよりは、むしろその論理的帰結とみるべきである。ここには、もちろん、空間と時間の新しい次元が深くかかわりあっている。

「近代」という神話に対するまさにシャーマニズム的な信頼は、なによりも植民地都市の建造環境に対する、受動的であると同時に主体的な経験からはじまった。それは、矛盾した経験が招いた統合失調症の症状にほかならない。植民地都市において、先住民は冷酷に統制されて分類され、都市の公共の生活から排除される。このような過程は、たしかに抑圧的で破壊的であるが、同時に新しい可能性もはらむ。昔も今も、都市は人間が交流する場であり、植民地主義権力は当初の意図をそのまま貫徹できない。植民地の被支配者が近代文明、すなわち新しい生活と知覚の方式をひたすら受け入れるのは、少々盲目的なようにみえるが、多分に戦略的な側面がある。彼らは、絶えまない（時間の）遅滞および脱臼を通じて体系的に組織された都市空間に、自身の存在を刻印するからである。帝国本土よりも植民地においてはるかに隠密かつ執拗に貫徹されていた「統治性」が、いつのまにか臨界点に達する。この過程は、植民地主義を変質させると同時に存続させる点で、きわめて自己矛盾的である。

いつのまにか帝国が解体されてしまうとき、植民地都市の時空間秩序は、より大きな破裂音を出す。ポスト植民地都市の住民は、植民地統治者が構築しておいた時空間秩序を、新しい社会的連帯と経済的・文化的・政治的実践を通してのりこえる。西欧資本主義の機械的な時間に対応する自然的なリズムの土俗的時間や、農民層の大挙流入による都市空間の農村化が、これに該当する。(4) それにもかかわらず、脱植民地化の過程は、内面にしっかりと定着した植民地主義を強化しやすい。新生エリートが推進する近代化プロジェクトは、ポスト植民地都市を国家発展の原動力にしようと試みるなかで、すぐに昔の植民地主義者の論理と似かよったものになる、という矛盾に逢着する。(5) ポスト植民地都市は一見、希望に満ちてみえるが、じつは不可抗力的なトラウマの空間である。新しい主権的空間は、現在と過去、領土的主権と周辺部的位相のあいだで、絶えまない亀裂を経験する。それは、なんでもあらたに試みうる約束の地ではなく、かといって、いつでも帰ることのできる「故郷」でもない。

このような様相は、いわゆる「植民地近代性」という概念枠では包括できない体験の深淵をあらわにする。帝国日本は、自身の「近代的」アイデンティティを樹立するためにプロイセン古典主義のスライドイメージを演出し、これは、少なくとも自身を周辺国に誇示するときにはかなり有効だった。しかし、植民地朝鮮は、そのようなスライドイメージにどっぷり浸かるには、あまりにも惨憺たる現実におかれていた。植民地被支配者の歴史を積極的に評価しようという趣旨から、被支配者は帝国と異なる条件のなかで文明、自由と平等、権利、進歩といった近代的価値を「主体的に」換骨奪胎したとみなす態度は、真実に目をつぶるものである。そのような成功談で埋めるには、差別と暴力、強制の穴は、あまりにも深かった。(6)「（ポスト）植民地近代」は、実際は、「代案的近代」というよりは、無数の「他者」の文化と価値を抑圧し抹殺することでもたらされた悲劇的な結果にほかならない。したがって、「近代化」に対する盲目的な執着は、暗に歴史的忘却を願うことでもある。これとは正反対にみえるが、民族の伝統に対する執着も、とうてい自身の姿を見つけえない植民地的統合失調症の表出にほかならない。「解放（?）」後のポスト植民地都市を飾ることになる昔の宮殿や偉人の生家といった「記憶の場」は、その伝統的な外観にもかかわらず、じつは、記憶の亀裂、すなわち根深い「記憶の環境」が植民地主義の残滓に転落することにより、もはやいかなる充実した記憶も存在しない状況を表現するだけである。恥ずかしい過去の痕跡が、きれいに包装され、ショーウィンドーの記念品のように陳列されるのである。

この惨憺たる状況を、真摯に省察して解決策を検討するのではなく、隠蔽し歪曲してきたことこそ、大韓民国の悲劇である。そのために動員された、もっとも手っ取りばやく、もっとも二律背反的な手法が、反共主義であった。ソウル収復（朝鮮戦争時、人民軍による南進を受けた国連軍が後退したソウルを、一九五〇年九月二八日、奪還した―訳者）における中央庁前の太極旗掲揚の写真は、植民地の過去すべてをごまかしてしらばっくれる「反共」の修辞学である。(7) これは、共産主義と植民地主義を意図的に混同させることで、近代化と植民地化という悩ましい矛盾を、近代化と共産化のあいだの単純な対立に再構図化する。反共主義国家は、植民地の過去の記憶を徹底して抑圧しながら、「祖国の近代化」を唯一の価値として推し進めた。しかし、いくらおさえ込もうとしても、植民地主義を清算しない反民族的国家という疑いは消えず、かえって反共主義が植民地主義の延長と目される。結局、このような混乱のなかで、近代化と植民地化の矛盾はまったく解消されなかった。実際、日帝強制占領期以来、近代的でありながら同時に民族的であることは簡単ではなかった。「近代」は、民族の栄光どころか、他民族による支配と悲しみを表象したからである。近代的でありながら反民族的な旧総督府庁舎こそ、ソウルの統合失調症を引き起こす愛憎の対象であった。

テクトニックの戯画　汝矣島国会議事堂

旧総督府庁舎を撤去しようと公に主張した最初の人物は、李承晩であったといわれている。朝鮮戦争後、彼がこの建物の復旧を拒否して、米第八軍司令官テイラー大将に爆破を頼んだというのである。[8] この真偽のほどについては、さほど重要ではない。本人の好き嫌いとは関係なく、この建物を大韓民国建国の場としたのは、まさに李承晩自身だったからである。総督府庁舎を一部ではあるが破壊したのは、人民軍であった。一九五〇年、朝鮮戦争初期に、この建物は人民軍臨時庁舎として使用されたが、人民軍が退却する際に火をつけたため、内部が完全に焼失した。この渦中に景福宮もおおきく毀損され、建春門の北側に移転した光化門も爆撃を受けて門楼が消失し、アーチ型の基壇のみが残った。[9] 大韓民国の心臓部が灰と化すなかで、「東洋最大」の石造の建物は存廃の岐路に立つことになった。

戦後、政府庁舎を準備することは緊要の課題であり、中央庁（旧総督府庁舎—訳者）の解体や復旧はあとまわしであった。政府は、終戦後の一九五四年に前の警察専門学校の場所に政府庁舎を建てる方針を立て、米軍の援助と統治資金を財源に、二つの建物を新築することにした。ひとつは、経済援助と関連する政府の部処（省庁—訳者）が使用する建物であり、もうひとつは、アメリカの援助業務を管掌する「ユソム USOM」、すなわち駐韓経済協助処 United States Operations Misson to Republic of Korea 庁舎であった。この計画は、すべてユソムが推進し、一九六一年一〇月にきわめてミニマリズム的なモダニズム様式の建物二つが竣工した。内部の設備は当時としては最高であったが、箱型の単純な形態は、一国の政府庁舎としては、みすぼらしいことこの上なかった。[10] それは、日帝末期にすでに流行していた「モダン」建築の進歩的イメージとも接点がなく、ひたすら戦争で崩れ落ちた国家の哀しい現実を想起させるだけであった。国家の権威をきちんと表現できる政府庁舎の必要性が頭をもたげるのは当然であった。

これらアメリカ式の建物が立ち並ぶ以前から、すでに新しい中央庁舎が準備されていた。一九六一年五月一六日に軍事クーデターで政権を掌握した朴正熙たちは、十余年にわたって廃墟の状態で放置されていた中央庁の大々的な補修に着手した。その年の九月に開始された工事は、翌年ある程度終わり、一一月に「中央庁開庁式」がとりおこなわれた。工事が完了するまでには、さらに二年かかったが、このときから中央庁は大韓民国政府の中央庁舎になった。もともとは日章旗、そのつぎには星条旗、一時は人民共和国旗まで掲げられた場所に、太極旗がしっかりと位置することになったのである。(11) 旧総督府庁舎の再活用は、たんなる貧弱な財政状況を考慮した実用的な選択とみなすべきではない。それは、朴正煕軍事政権の基本的な性格をあらわすと同時に、大韓民国が生まれながらにはらんだアポリアに由来する必然的な帰結であった。

李承晩がはじめ、朴正煕が完成した反共国家体制は、実際は、反民族的な近代化を志向した。朴正煕の個人史が物語るように、満州国の亡霊が国家の真ん中をさまよっている。中央庁の「近代的」な外見は、この国家の性格を一言で語っている。それは、プロイセン式テクトニックが演出した超越的イメージを通して植民地の過去の残像を隠蔽することで、国家の統治性を支障なく作動させる装置であった。アジアのプロイセンは、事実上、アジアに色濃くおいかぶさる帝国日本という暗影がつくりだしたスライドイメージにほかならなかった。このように現実を糊塗するスライドイメージが、現実の挫折と脱臼を生むのは当然である。まさに不可抗力的なモダニティの権威によって記憶の絶叫をおさえ込むほど、植民地性の谷は深くなる。大韓民国の首都ソウルが、国際的な現代都市の創造という美名のもとでたえず破壊と忘却を図りながらも、「反復強迫」する過去の亡霊をけっして振り切ることができないという事実は、まさにこのような脈絡で理解できる。

首都ソウルに都市計画法と建築法が制定・公布されたのは、朴正煕軍事政権が権力を掌握してやっと半年がすぎた時期であった。第一次五カ年計画の実施とときを同じくして、一九六二年一月二〇日、法令第九八三号と第九八四号として、二つの法律が公布された。一九三四年、日帝の植民地統治のもとで「朝鮮市街地計画令」が発布されてから、ほぼ三〇年がすぎて、ソウルがふたたび都市計画の枠組みのなかに入った。戦争中の一九五二年三月二日にソウルの戦災復旧計画が立てられたが、条件がそろわなかったため、簡単なものにとどまった。建国後の本格的な都市改造事業の出発といえる一九六二年都市計画法は、日帝末の土地区画整理事業を継承する側面が強かった。しいて違いがあるとしても、計画の一部を地方長官に委任し、緑地地区を追加し、風紀地区のかわりに教育地区と衛生地区を追加する程度であった。しかし、数十年の歳月がもたらした社会的条件上の一大変化を見過ごしてはならない。日帝が去った一九四五年の九〇万人から出発したソウルの人口は、朝鮮戦争期に急激に減少したが、すぐに原状回復し、一九六〇年には二五〇万人に接近する。このような変化によって、一九六六年には「土地区画整理事業法」が「都市計画法」から分離され、民間の介入にみちを開いた。それから数年間は、ソウルの景観に確実な変化が感知される時期となった。電車の撤去ならびに清渓高架道路の工事、街路網と美観地区の建設、世運商街と市民アパートなどモダニズム建築物の登場、そして漢江の開発は、たしかに画期的であった。もちろん、だからといって、日帝期以来の中央集権的都市計画の風土までがかわったわけではない[12]。

ポスト植民地都市ソウルの都市計画は、中産層の自助努力からはじまったものではなく、その起源からして、すでに植民地主義の種を内包していた。日帝期の代表的な朝鮮人資本家パク・フンシク（朴興植）が、親日派という汚名をそそぐべく野心に満ちて企画した一九六三年の南ソウル新都市計画案は、それでも民間人が自力で外資を導入し、道路網と住居地などを大々的に構築する試みであったが、韓国の現実の風土においては、当初から成功は困難であった。開発面積は、現在の江南地域と京畿道果川一帯を包括する二四〇〇万坪であり、これは汝矣島《ヨイド》の三〇倍に達するほど広大であったが、土地所有者対策や交通計画など、都市計画案の基本要件すら備えられていなかった。さらに、より根本的には、都市計画の鍵を軍部の支配階層が握っているのでは、民間主導の事業推進が順調に進められるはずもなかった。もともと軍事政権の圧力によって開始された事業であったにもかかわらず、政権の利害関係や選好度の推移によって、いくらでも一方的な白紙化が可能であった[13]。もちろん、大規模な人員と財政を動員する土建事業は軍事政権が選好するものであったが、住宅地よりは軍事目的の道路網と記念碑的な官庁舎の建設に食指が動くのは、これは火をみるよりもあきらかであった。

一九六五年、ソウル特別市は、第三漢江橋の建設計画とともに、江南地区の都市計画に着手し、一九六六年四月ソウル市長に赴任したキム・ヒョノク（金玄玉）が、その年のうちにソウル市都市基本計画案を制定した[14]。そして、一九六七年九月二二日には、大々的な漢江総合開発計画が発表された。漢江全域にわたって高さ一五メートルに達する堅固な堤防を築くことによって確保される「公有水面埋立地」を宅地として開発し、漢江の堤防の上には自動車専用道路を建設する、という骨子であった[15]。いわゆる「開発独裁」時代の幕が上がったのである。

すでに日帝期にソウル市の行政区域は漢江以南に拡大していたが、大韓民国建国後も何度か行政区域が拡大されていた。一九六三年一月一日を期して、法律第一一七一号によって京畿道地域の一部が編入され、ソウル市の行政区域は漢江以南におおきく拡大した[16]。漢江の堤防工事の出発点は、一九六七年に立案された汝矣島の輪中堤の建設工事である。汝矣島は、漢江下流の麻浦ナルの南側に位置する中島であるが、日帝期から飛行場として使用されていた。まさにここで、大統領朴正熙の強力な意志のもと、史上最大の建設工事が一九六八年早々にはじまる。汝矣島開発計画は、漢江総合開発計画の核心であった[17]。

キム・ヒョノク市長が推進した漢江総合開発計画は、汝矣島輪中堤で最初のシャベルが作動してからいくらも経たないうちに、本質的な変更を求められる。一九六八年二月、汝矣島が国会議事堂の立地として選定されることによって、汝矣島全体を国会議事堂中心に再配置しなければならなくなったのである。本当に意外な決定であった。大韓民国の国会は、制憲国会から第七代国会にいたるまで二〇年以上、独自の議事堂なく転々としてきた。ながく使用された「太平路議事堂」は、ソウル市所有の市民会館別館に姿をかえた昔の府民館の一部であるが、会議場が狭く、諸施設も不十分で、議事堂の用途としては不向きであった。自由党の独裁期から建物の新築がたえず提起され、李承晩がその位置を南山の昔の朝鮮神宮の場所に定めるなど右往左往を重ねていたが、軍事クーデター勃発後、第六代国会が開催されるなかで、ついに議事堂建立計画が再度推進されたのである[18]。

一九六六年二月、「国会議事堂建立委員会」が発足し、南北統一が成就して両院制が採択されても運用に支障がないようにするという目標のもと、一九六七年までに基本計画案が完成した。汝矣島が官庁街の敷地としてあらたに注目された理由は、ソウル都心の官庁街である世宗路から半径五キロメートル圏内にあり、自動車で一〇分の距離でありながらも、煩雑な都心から脱して静かなだけでなく、遠くソウルの名山である仁王山、南山、道峰山、冠岳山などのシルエットを眺望できるという点や、これに加えて地盤もまた意外に堅固であるという点であった。[19] しかし、これら公式的な理由以上に決定的に作用した要素は、都心部と近いながらも、新しい構想を実現できる空っぽの空間を提供できることであった。

「汝矣島および漢江沿岸開発計画」は、当時、韓国総合技術公社副社長として在職中であった建築家キム・スグン(金寿根)が主導して一九六九年五月に制定された。それは、高さ一六メートルの堤防で造成された人工島に、複合機能を備えた新市街地を建設するという、野心に満ちた計画であった。国会地区と市庁地区、大法院地区、住宅地区を、麻浦からソウル大橋(現、麻浦大橋)を経て永登浦に続く六車線の高速道路を中心軸として建設することで、ソウルの旧都心に集中した都市機能を配分しようとした。西側に国会議事堂と外国公館地域、東側に市庁と大法院、住居地を造成するこの計画は、工事期間二〇年、投資金千億ウォンを要したが、同じ年の一〇月末に汝矣島の中央の一二万坪の敷地に木一本ないアスファルトの広場を造成しろという大統領の指示まで加わり、困難に逢着した。このとんでもない計画は、ソウル市の都市機能の大部分が江北の都心に集中した現実からすると、多分に空想的な側面があり、全面的な再検討は不可避であった。[20]

キム・スグンの汝矣島開発計画は、それから一世紀前の東京官庁集中計画を連想させる。広々とした「五・一六広場」とその両側に並び立つ主要官庁舎の形状は、ヴィルヘルム・ベックマン式に表現すれば、一種の「韓国広場」の夢が込められているといえる。極度に強圧的であった朝鮮総督府さえ成就できなかった遠大な夢、国家テクトニックないしは国体の「中心核」を構築するという夢を、もう植民地の過去の亡霊がちらつく都心部から脱して、そもそも「空いた土地」であらたに繰り広げてみようということになったのである。したがって、防波堤と道路を構築する作

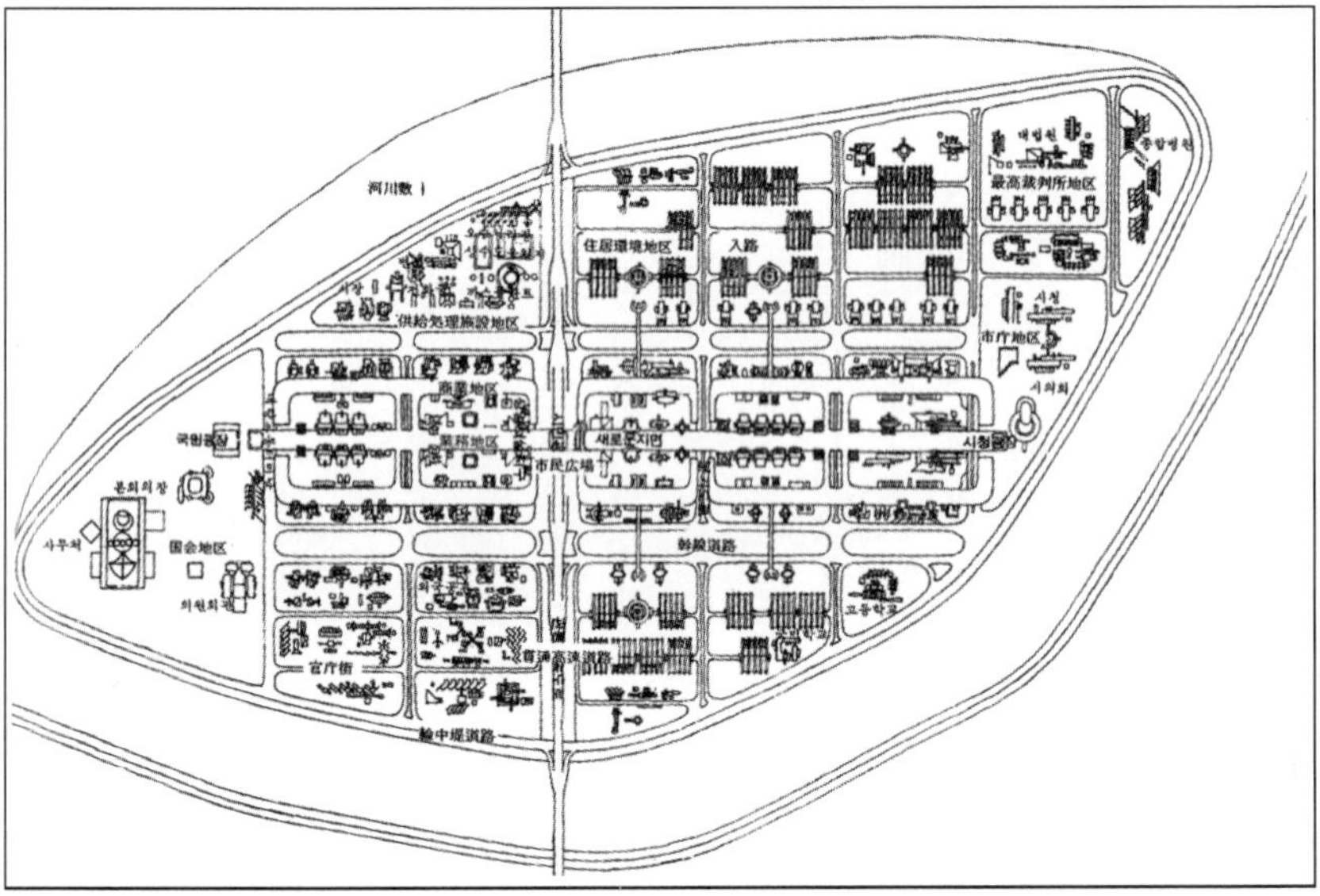

キム・スグン（金寿根）の汝矣島マスタープラン．出所：서울特別市漢江事業所「汝矣島 및 漢江沿岸開発計画」［ソウル特別市漢江事業所「汝矣島および漢江沿岸開発計画」］（1969），YP (Yo-I do master plan) 02

業とともに、最優先課題として、ほかでもない国会議事堂の建設が推進されたのは、まったく意外なことではない。その昔、エンデ－ベックマン建築事務所が皇居近くの都市核心部に議事堂を建てようとしてさまざまな難関にぶつかったのに比べれば、汝矣島に建てられた国会議事堂は、誰も挑戦することのできない軍部政権の強大な支援のもとでなされたので、はるかに実現性が高かった。

しかし、なんら難関がないようにみえた国会議事堂の建立は、意外に困難であった。最大の問題は、まさにこの事業の主催者であった。権力があまりに多く与えられると、問題を引き起こすものである。国会議事堂の立地が一九六八年に南山から汝矣島に移されるなかで、あらたに懸賞設計の公募が進められたが、主催者の過度な官僚主義が建築家の怒りを買った。懸賞公募は完全な公開でもなく、かといって指名設計でもない、じつにあいまいな方式でおこなわれた。すなわち、公募はたんにアイディア募集の段階であるにすぎず、ここで得た計画案を基礎に基本設計と本設計をするが、それは共同設計でおこなうというのである。設計期間としては、辛うじて二カ月が与えられた。これは、建築家をたんなる実務技術者とみなし、彼らの発言権をまったく認めないという、官僚主義的な発想の所産であった。結局、非常に珍しいことであるが、当選作はなく優秀作のみが選定されて、キム・スグン、キム・ジュンオプ（金重業）といった当代の指導的な建築家六人が指名された。これに韓国建築家協会は建議書を提出して抗議の意志を表示し、陣痛のすえ、結局、キム・ジョンス（金正秀）を設計代表に、キム・ジュンオプ、イ・グァンノ（李光魯）、アン・ヨンベ（安瑛培）らが参与して、一九六八年末に基本設計を完了した。そして、一九六九年一二月に起工し、一九七五年九月一日、ついに大韓民国国会議事堂が竣工した。(21)

国会議事堂は、汝矣島羊馬山一帯の一〇万坪の敷地に、二万一八八一平方メートルの面積、高さ七〇メートルで建てられた。遅れて付けられた底面の直径六四メートルの巨大なルネサンス式ドームは、中央庁よりも高くなるように配慮されていた。鉄筋コンクリート造のこの建物は、古典主義を極度に抽象化しており、様式的分類は事実上不可能である。屋上を除く建物全体の表面は花崗岩で処理して、ファサードを飾る二四本の列柱は、三二・五メートルの高さであり、その間隔は二〇メートルに達した。基壇を中心に地上七階、地下二階をなし、地上二階に本会議場、円形ホール、議長室など、主要空間が配置された。建築内装については、デザインの主眼点を韓国的雰囲気の醸成におき、たとえば、中央の円形ホールの床は、石窟庵の天井周辺の模様を模した韓国的な文様の大理石のモザイクで処理した。ファサードの二四本の列柱も、二四節気を象徴する慶熙楼の石柱を模したものであった。そのほかに、建物の左側には議員会館、右側には国会図書館が配置された。(22)

国会議事堂は、中央集権的な権力の意志をもちいて、ぽっかり空いた空間に立てられた権力の記念碑であった。国会という近代的機関を、極度に抽象化された西洋古典主義様式と韓国的文様を加味して演出したのは、いうまでもなく、大韓民国の近代化の意志と民族的主体性を表現したものである。しかし、その過度な記念碑的演出にもかかわらず、この建物には植民地時代の暗影が落ちている。至上の国家がむやみに自身の意志を貫徹させるなかで、その建立過程や建築的形態において、テクトニックないしは国体の植民地主義的戯画が惹起されたためである。

汝矣島国会議事堂のスラブと梁を支えるいかめしい列柱.
出所：『공간』101 권（1975.10・11）국회의사당 특집
［『空間』101 巻（1975.10・11）国会議事堂特集］

一九七六年に国会事務処が発刊した『国会議事堂建立誌』は、巨大な列柱とドームを指して、対立する意見が円満にひとつの結論に帰属するという議会政治の本質をあらわす形状であると解釈しているが、[23]これは、当時の建築家の見解とは相反するものであった。一九七五年、建築専門誌『空間』一〇・一一月号は国会議事堂の建築を特集として扱い、そのなかで、建築家キム・ウォンは、国会議事堂のすべての建築的形態を「国籍不明の舞台装置」と辛辣に批判した。彼によれば、列柱とドームはまったく必要なく、純粋に装飾用にすぎない。いかめしい列柱が支えているのは、たかだか細い梁と薄いスラブだけであり、これらの軽さを偽装しようと軒に設置された灰白色の花崗岩を施した五メートルの高さの欄干も、たんに屋上の展望を遮る不便な装飾物にすぎない。また、「巨大な煙突を連想させる」円形ホールと、その空間とは似合いもしない韓国的文様は、無理やり韓国的なものをつくろうとする「論理的強迫観念の所産」である。それは、「東洋と西洋の二つの世界について、両者のあいだに精神で昇華された橋を架けるかわりに、物理的に結合させようとする我々の文化の性急さ」をよく示すというのである。[24]国会事務処の官僚的見解よりも専門の建築家の見解を重視するとすれば、結局、国会議事堂の記念碑性は、構造的機能と美的形態の調和というテクトニックの根本原則をないがしろにしたまま、ひたすら水平と垂直の強い交差だけでテクトニックの強固さを演出した錯視効果にとどまっているとみなさざるをえない。

当時の財政的条件や意識上の制約によって、ソウルでは「韓国広場」は出来上がらなかった。国会議事堂と広場の造成そして新市街地の建設はなされたが、それは理念が欠如した実用主義と無脈絡性の極限をみせただけであった。万一、キム・スグンの元来の計画が朴正熙の指示した事項とともにそっくり実現されていたとしても、それは「日本広場」あるいは「フリードリヒ広場」の（ポスト）植民地主義的パロディにすぎなかったであろう。汝矣島開発計画の花であった国会議事堂は、民主主義よりは国家権力の表象として建てられた。島の一方の端の川辺に偏って、人々の接近よりは夕焼けをよろこんで迎える孤独な立地が、この機関の性格を物語る。しかし、平らなスラブ屋根のうえにいきなり巨大なドームが載った姿は、夕焼けを受け入れるにも手に余っているようにみえる。このベレー帽をかぶったパルテノンは、プロイセン古典主義の亡霊が落ち着くには、あまりにも権威がない。韓国現代史の波乱のなかで一時影をくらましたように思われたその亡霊は、漢江の上の砂の島ではなく、ふたたび中央庁前に出没する。

大韓民国の文化ナショナリズム

汝矣島の砂原の上に大規模な官庁街をつくる計画が放棄されるころ、中央庁前の世宗路一帯がふたたび世間の耳目を引いた。すでに一九六七年七月に着工された政府総合庁舎が、一九七〇年末の完工を控えていた。同年一月一七日付『東亜日報』の記事によれば、総合庁舎と同じ規模の庁舎をむかいに建て、周辺に付属の建物をつくり、この一帯を官庁街にする計画があったが、財政問題で無期限延期されていた。このように「壁にぶつかった集中案」のかわりに、首都圏に対する人口集中を抑制する方策として、政府機関を分散しようという意見が提起された。庁舎自体に主眼点をおかず、能率第一で配置しようという意見であった。[25] 結局、業務機能活性化の次元をこえ、国家の真の中核として官庁集中街を建設するという発想の是非は、以後は議論されなくなった。中央庁も位置だけが中心であるにすぎず、権力の核心として備えなければならない機能は、さらに「モダンな」総合庁舎に奪われた状態であった。総合庁舎本館は、汝矣島の国会議事堂の工事が進行のさなかであった一九七〇年一二月末、世宗路に竣工した。それは、地上一九階、地下三階のモダニズム建築物で、以前の官庁舎とは質が完全に異なっていた。[26] そして、一九八一年一二月には、果川の第二政府総合庁舎が竣工し、中央庁が中央庁舎の役割を維持することは一層困難になった。結局、一九八三年から二年の補修工事を経て、一九八六年八月二一日、中央庁は国立中央博物館として完全に用途をかえる。[27]

総督府庁舎から国立博物館への驚くべき変身は、プロイセン古典主義の亡霊がけっして消えていなかったことを示している。政府庁舎としての機能を失ったからこそ、まったく新しい方式で、ふたたび国家の中心部を占めることができた。それは、この汚辱の象徴物が大韓民国で長期的に生き残る唯一の道だったのかもしれない。一見、まったく交わらない総督府庁舎と国立博物館のあいだには、どんな連関性があるのか。そのなにが汚辱の歴史まで飛びこえさせたのか。

旧総督府庁舎が最初の設計時点から体現していたのは、近代文明の優越であった。この建物を建てた日帝植民地主義者は、近代文明とは、アジアにおいて日本民族が引き受けなければならない固有の使命であり、自己のアイデンティティであると主張した。日本発の汎アジア主義は、西欧近代文明の殺到に能動的に対処する展望を提示することで、旧韓末から韓国知識層のあいだに広い共鳴を得ていた。古い「中華圏」が、日本主導の近代的「東洋」に取って代られたのである。[28] しかし、総督府庁舎の強力な外観が代弁する近代化の理想と植民地の現実のあいだには埋めようとしても埋めきれないギャップが残り、そして、まさにこのすきまに民族主義の頑丈な幹が育った。日帝期の文化的「同化」と社会・経済的差別という二重の政策に直面した独立運動は、それでも、消えた王朝を復活させるのではなく、支配者の植民地主義的な理想を主体的に換骨奪胎した。[29] 韓国の民族主義者は、そもそも近代化論者であった。朝鮮の冠婚葬祭を旧習と批判し、上流階層の子弟が父母の祭祀に熱中することを嘆いたウェソル、チェ・ヒョンベ（崔鉉培。ウェソルはチェ・ヒョンベの号―訳者）は、けっして例外的な事例ではない。[30] したがって、韓国の民族主義にとって、克服されなければならない課題は、近代化を志向しながらも、植民地当局の論理に陥らない道を開拓することであった。いったい、いかなる論理をもちいれば、近代的でありながらも韓国的でありえるのか。[31]その解決策は、ほかでもなく「民族文化」の論理であった。五千年の歴史のなかで韓民族が培ってきた絢爛たる「文化」が、近代化の理想を植民地主義の誘惑から自由にしたのである。

しかし、これは真の解決策ではなかった。大韓民国の文化ナショナリズムは、表面的には強い反日意識の発露にみえるが、じつは日帝がプロイセン－ドイツから影響を受けた文化ナショナリズムの延長線上にある。日本やドイツでもそうであるが、文化ナショナリズムは、過去に対する「体系的な誤認」を通して、民族の起源および源泉文化に対する通俗的なイメージを創出する。[32]それにより、近代化の圧力が現実と醸しだす不調和は、自然に隠蔽される。もちろん、それは、きわめて不安定な「言説形成体」にすぎない。ときには近代化の一方的論理を、ときには根も葉もない伝統を擁護するが、みずからに対してはいかなる挑戦も容認しない。このように無理やりに神聖化された「民族文化」の言説は、容易に権威主義国家体制に奉仕する。総督府庁舎と国立博物館こそ、権威主義国家の化身であった。両者はともに神聖不可侵の聖域を自任し、それぞれ政治と文化の領域で至上の中央権力を行使したのである。両者は親族関係にある。

大韓民国の文化ナショナリズムに手本を提供したのは、左翼に属したシン・チェホ（申采浩）ではなく、親日派であった中道保守主義者のチェ・ナムソン（崔南善）であった。チェ・ナムソンは、一九三〇年代に親日派になるまで、朝鮮人主体の「朝鮮学」研究をすすめ、中国と日本に遅れをとらない朝鮮文化の固有の要素を発掘するべく腐心した。彼は、一九二〇年代に出版した『不咸文化論』と『朝鮮仏教』で、檀君についての独特な解釈などを通じて、朝鮮民族を中心とした東北アジア文化圏を構想した。彼のこのような幅広い視角は、一九一〇年代に朝鮮と日本を鉄道であまねく旅行したことに負うところが大きい。彼は、けっして単純な伝統主義者ではなかった。[33]しかし、彼の強みは、同時に致命的な欠点になる。『不咸文化論』は、ずいぶん大層に世界三大「文化圏」を設定したが、それは、インド－ヨーロッパ系統の文化、中国系統の文化、そして不咸文化（チェ・ナムソンの論説からはじまった言葉であり、白頭山を中心として、朝鮮民族を根幹としてなる古代文化。韓族、満州族、日本族などがこの文化圏に属するとされる［国立国語院『標準国語大辞典』、イ・ギムン監修『東亜新国語辞典』］―訳者）であった。ここで注目するべきは、朝鮮と日本が同一文化圏に含まれたことである。これは、古代日本が韓国を支配したという日本人学者の日鮮同祖論に対抗する論理とみることができるが、日帝の大東亜共栄圏とも親和力のある論理であった。したがって、政治的局面の変化によって不咸「文化圏」の中心を韓国民族から日本民族に移していく余地は、いくらでもあった。実際、これは、帝国内各民族の文化的独立性を容認する日帝の「文化政治」政策によく合致した。(34)

チェ・ナムソンの事例は、文化ナショナリズムが近代的普遍性と民族主体性のあいだで葛藤を生じさせる様を典型的に示している。モダニティと植民地性のすきまから湧きでる韓国の民族主義は、ときには抵抗の論理として、ときには体制守護の論理として、多様に枝分かれできた。支配階層の変遷に歩調を合わせて、多様な位置移動と戦略的再編がたえずなされたのである。民族的なアイデンティティは、つねに不和の素地を抱えている。このように考えると、文化ナショナリズムの澎湃は、日帝の「文化統治」から触発された民族主義の全般的な改良化ないしは右傾化を意味するといえる。(35)

大韓民国でながく至上の権力を行使した文化ナショナリズムを理解するのにまたとない糸口を提供する事例がある。当時の若い哲学徒パク・チョンホン（朴鍾鴻）が、天道教の支援を受けていた雑誌『開闢』に、一九二二年から二三年にかけて連載した「朝鮮美術の史的考察」である。パク・チョンホンは、連載企画第一号で、「我々の美術史」を記述するに際して、世界美術史のなかで朝鮮美術がもつ固有の特色と原因を解明する、という主旨をあきらかにした。彼はまず、「ガンダーラから伝来した北方仏教」が、朝鮮美術の発展に決定的な要素として作用したと主張しつつ、ギリシャ文明との関連性に言及した。このような視角は、いうまでもなく伊東忠太の法隆寺建築論を念頭においたものである。パク・チョンホンの朝鮮美術史の解釈は、岡倉や伊東の日本美術史の解釈と、基本線で類似している。パク・チョンホンは、ギリシャからインドを経由して中国で集大成された美術が、はじめて朝鮮半島でゆたかに実を結ぶことになった、という。朝鮮美術固有の特色は、百済と高句麗が滅亡して唐との交流が断絶するなかで明確になるが、すでに三国時代にその根幹は構築されており、その証拠がまさに朝鮮美術を海のむこうへ伝えた高句麗人曇徴の「法隆寺金堂壁画」だ、というのである。[36] パク・チョンホンの朝鮮美術史解釈は、解釈の基本線は法隆寺建築論と類似しており、朝鮮半島から渡った曇徴の役割を強調する点で、日本式の文化ナショナリズムを朝鮮式に換骨奪胎した例といってよい。この文章は、専門的な美術史学には特段の影響を及ぼせなかったが、少なくとも、ここで初登場した曇徴論は、解放後の小学校教科書に載るまでに、国民の集団記憶のなかに位置することになる。[37]

ただし、法隆寺金堂壁画に関連する哲学者パク・チョンホンの視角は、もう少し注意深く検討する必要がある。彼は、一九二二年九月一日付『開闢』第二七号に掲載された同じ連載の第六号で、高句麗美術をもう少し深く分析するが、そこでは、その雄渾な気性を強調しつつ、柳宗悦流の朝鮮美術史解釈（本書第Ⅲ部第3章「朝鮮総督府庁舎の建築的特徴と空間性」参照）につよく反駁する。「偉大な精神の主人であり、非凡な手腕の所有者である我々高句麗人」は、インドの仏教思想と西域のギリシャ系統の技巧を受容して朝鮮化することで、結局、東洋美術を主導することになった、というのである。悲哀を強調する立場は、「近代人の外面的先入観に支配された」誤謬である。壁画の無味乾燥さを強調するのは、書画一体思想の結果であることを理解できなかったためである。彼によれば、このような「不当な外論」に立ち向かい、朝鮮美術固有の位相の価値を高めることが我々の課題なのである。[38]

ここで、パク・チョンホンは、韓国の文化ナショナリズムのもつれた結び目を一刀のもとに切り捨て、民族の主体性と近代化の課題とを一気に一致させる。哲学者パク・チョンホンが、のちに朴正熙の維新体制下で「国民教育憲章」を作成した主役となる点を考慮すると、一九二〇年代初頭に繰り広げられた彼の思想遍歴は、たんなる若さゆえの血気の所産とみなすにはあまりにも意味深長なものである。近代化と民族的アイデンティティの矛盾や、もっとも東洋的なものともっとも西洋的なもののあいだの矛盾を「超克」して新しい国家を建設しようとする熱望は、満州国を経て、朴正熙の反共産主義国家で活気に満ちて復活するのである。

朴正熙軍事政権は、民族の新たな求心点を歴史に求めた。もちろん、この場合の歴史は、伝来の民俗信仰や慣習などではなく、おもに支配階級の先導的な文化、一言でいうと「民族の魂」を意味した。それは、過去に対する選択的な編集と集中的な再構成を必要とした。[39] 韓国民族の伝統は、過去に求めるべきものではなく、未来のためにあらたに創造されなければならなかった。したがって、暗い植民地の過去などにしがみつく必要はまったくなかった。軍事クーデターに成功したまさにその年の一〇月、文化財庁の前身である文化財管理局が設立され、同年の一二月末に文化財保護法がいそぎ国会常任委員会を通過したという事実からは、歴史を支配しようとする軍事政権の強い意志がうかがえる。

朴正熙政権の歴史観は、なによりも中央庁と景福宮の取り扱いにはっきりとあらわれている。朴政権は、一九六二年に中央庁をふたたび政府庁舎として使用することになるまで、朝鮮戦争時に深刻な損傷を受けた景福宮でアメリカのカウボーイショーや国際レスリング大会を開催し、スケート場をつくって運営し、一九六二年五月には日帝期を連想させる産業博覧会を「五・一六軍事革命一周年記念」として開催することまでした。[40] その頂点は、一九六八年になされた、鉄筋コンクリートで光化門を新築するという奇想天外な営為であった。中央庁の前を遮って、おおよそもともとあった位置に光化門を復元し、日帝に対する民族的膺懲というイメージを演出した。さらに、木材の扁額のほかは、すべて産業化の象徴である鉄筋コンクリートと石材を使用することで、「民族中興」のイデオロギーを国民の脳裏に刻印しようとした。大統領みずから扁額まで記し、この民族的記念碑の新しさを浮き彫りにした。しかし、昔のことをまったく考証しないで急ごしらえされた光化門は、まるで間違って製作された模造品のようにみえた。景福宮の中心軸からずれたままで復元された光化門は、景福宮の正門というよりは、むしろ中央庁の正門というにふさわしかった。[41] したがって、新築の光化門は、最初から多くの批判と議論を呼び起こした。[42] このような一連の過程は、朴正熙軍事政権が歴史を徹底的に権力の道具としてもちいたことを示している。「民族の魂」と「民族中興」の精神に反する過去であれば、いくらでも削除し、あるいは変造してもかまわなかった。

朴正熙政権が鉄筋コンクリートで再建した光化門. 出所：국립중앙박물관『旧 總督府 建物 實測 및 撤去 報告書 上』[国立中央博物館『旧総督府建物実測および撤去報告書 上』](1997)

朴正煕式の文化ナショナリズムは、暗い植民地の過去を消し去り、近代的なものと民族的なものを即自的に統合したものであったが、それは、中央庁前の世宗路にはっきりとした足跡を残した。政府総合庁舎の横、すなわち日帝強制占領期の逓信局の場所に建てられた世宗文化会館は、設計公募で当選したオム・ドンムン（厳徳紋）とチョン・ドンフン（全東勲）の設計案を修正したかたちで、一九七四年に着工し、一九七八年に竣工した。一九七八年五月、建築専門誌『空間』第一三一巻は、「世宗文化会館」を特集で扱ったが、設計者オム・ドンムンは、この建物が「伝統と機能の調和」を具現したと自評した。延べ建坪一万六一二二坪に鉄骨鉄筋コンクリート造で建てられた世宗文化会館は、地下三階、地上六階の建物で、花崗岩で仕上げられ、中央広場を中心に、右側が大講堂群、左側に小講堂群、中央に会議場群が配列された。韓国固有の建築様式に現代的感覚を加味したこの建物は、世宗路にむかって広がったファサードを荘厳な花崗岩の列柱とともに二つの飛天像が浮き彫りにされた左右の壁面で飾り、そのほかに卍形の窓格子を設置した。(43) 大講堂は、四二〇〇席を備えた前例のない規模で、当時、平壌の朝鮮文化会館大講堂を意識したものであり、また、維新体制下の代理国会である統一主体国民会議を収容するという目

朴正熙式文化ナショナリズムが建築として表現された世宗文化会館のファサード（1978 年の姿）．出所：『공간』131 권（1978.5）［『空間』131 巻（1975.5）］

的もあった。[44]

しかし、『空間』の同巻が企画したもうひとつの特集「伝統継承と韓国現代建築の反省」が紹介している「韓国現代建築の反省」というテーマの座談会では、批判の声がわいた。まず、「北岳山のスカイラインを割って突き出た政府総合庁舎」など、索漠とした周辺環境とともに、「ヒューマンスケールをこえる権威意識」、「コンクリートの垂木と柱頭」、「ある種の強迫観念、すなわち、韓国的な伝統を受け継ぐなにかを探し出そうと苦心する強迫観念」に対して真剣な問題提起がなされ、そのほかにも、建物西側の面の出入通路がたんなる通過点として設計され、専用の広場空間がないという点が指摘された。[45] さまざまな面で、世宗文化会館は、朴正熙式文化ナショナリズムのもっとも確かな建築的表現であった。それは、韓国式「帝冠様式」建築というに値した。花崗岩の列柱と左右の壁面の飛天像の浮き彫りは、西洋と東洋、そして近代的なものと民族的なものが結合する方式をはっきりと示している。矛盾した両者は、ここで無条件の統一を強要される。そのどこにも中間はない。ひと休みしていく庭を許容しない構造は、テクトニックの極端化とみなせる。ここをすぎる歩行者の大部分は、高い階段の上におかれた外部の進入広場に上がることには考えも及ばず、道端にぐっと食い込む巨大な列柱の前で足を早めざるをえない。まるで権力者の面前で視線をあわせられず、縮こまるかのように。建築家チョン・ギョン[46]（鄭奇鎔）の表現を借りれば、「軒の部分があまりにも強調され、重すぎて岩の塊のような世宗文化会館」は、トップダウン型の服従を強要し、末期を迎えつつあった維新政権のゆがんだ自画像以外のなにものでもなかった。

歴史の立てなおし？

「民族中興」を「祖国近代化」の究極的な目的として設定した軍事政権が退いて、いわゆる「文民政府」が出帆するなかで、民族的なものと近代的なものはふたたび葛藤を引き起こすことになる。一九九三年八月九日、金泳三大統領は、全斗煥軍事政権によって国立中央博物館に変貌していた中央庁の撤去を指示する。撤去の断行日は一九九五年八月一五日に定められたが、これは、光復五〇周年であると同時に、景福宮創建六百周年に該当していた。撤去時点の問題、ばかにならない費用の問題、建物自体が与える教育的意義などをめぐって異論が多かったにもかかわらず、政府は容赦なく建物頂上の尖塔を解体し、一九九六年末までに建物

旧朝鮮総督府の建物撤去の場面（1995.8.15）．出所：교육부『사회 6-2』［教育部『社会６－２』］（1997）

を完全に撤去した。(47)

「文民政府」のこのような措置は、国家の重大事について十分な社会的論議を放棄したまま、大統領が任意かつ独善的な決定を下した、という批判を免れえない。口実としては民族の自尊心と精気の回復が掲げられたが、実際には、政治的野合によって誕生した政権の正統性を独立運動と民主化運動の権威を借りて確保しようとする政策的な選択であったことは、周知の秘密である。一九九五年、光復五〇周年記念式において、建物中央のドームの尖塔を起重機で取り外して下におろす政治的スペクタクルをあえて演出したのは、政権の脆弱さを証明していた。まるで追われでもするように急いで建物を壊してしまった政府は、尖塔などの一部の撤去物を保存して歴史教育公園を造成し、また、観客が旧総督府の建物跡に入れる臨時空間をつくるなど、後始末に乗り出すが、(48)すでに取り返しはつかなかった。

じつは、旧朝鮮総督府庁舎の撤去は、盧泰愚政権のときから企画されていた。それは、軍部独裁の姿を隠すために権威主義体制の象徴を撤去しようとする意図の産物であった。実行できなかったのは、純粋に財政負担のためであった。(49)これに比して「文民政府」は、総督府の撤去事業を、それなりに包括的な政策の一環として企画した。金泳三政権の統治理念である「新韓国」を具体化するために立てられた「歴史の立てなおし」政策が、まさにそれである。政府は、この政策を「歪曲された歴史を正し、民族の精気をよみがえらせる」「一大革新」と自評した。これには、第一に、独立運動の精神を継承・発展させるための独立功労者の発掘および表彰、愛国烈士の遺骸の国内奉還、独立運動史料の収集および文献発刊、第二に、旧朝鮮総督府の建物撤去、景福宮の復元、日帝が残した鉄の杭の撤去、韓国固有の地名復元、第三に、四・一九（一九六〇年四月に学生をはじめとした国民が李承晩自由党政府の独裁と不正腐敗、不正選挙に抗議して起こした大衆蜂起。四月一九日に最高潮に達し、四月二六日に李承晩大統領が下野して自由党政権が崩壊し、第二共和国が誕生する土台となった―訳者）民主理念の継承・発展のための関連法令の改正、義挙を「革命」として位置づけなおし、教育課程に反映すること、四・一九墓地の拡張および聖域化、第四に、一二・一二事件（一九七九年一二月一二日に全斗煥、盧泰愚らが率いる軍部内私的組織「ハナ会」を中心とする軍部新勢力が起こした軍事反乱事件。一二・一二事態—訳者）の真相究明および内乱・反乱としての規定、五・一八（一九八〇年五月一七日の全斗煥らによる軍事クーデターをきっかけに、翌五月一八日から二七日にかけて全羅南道光州市を中心に大規模な民衆蜂起が起こる。光州事件・光州民主化運動—訳者）特別法の制定など、ながらく持ち越されてきた課題の目録があまねく開陳された。金泳三大統領は、一九九五年一二月二一日、青瓦台国務会議において、「歴史の立てなおし」こそが「第二の建国」であると虚勢をはった。[50] このような大層な企画に比べると、その中身は貧弱であった。たとえば、「独立公園史跡地聖域化」事業によって、一九九八年、西大門刑務所歴史館が開館したが、日帝が韓国人を弾圧した西大門刑務所と、日帝が韓国の開化派勢力を支援して建立した独立門を、たんに空間的隣接性だけを理由に「独立公園史跡地」としてひとつにまとめたことは、説得力をもちがたかった。[51]

　これらすべての性格にもかかわらず、時代の潮流がかわったことだけはたしかであった。こうした変化をどのように説明するのか。一時は共和国のアイコンであった建物を、なぜこれほど急に処分してしまったのか。たんに一政権の過度な誇示欲のためであったのか。ソウル市民は、本当に撤去を望んだのか。大韓民国の飛躍的な経済発展は「近代化」とともに「近代的」都市空間に対する幻想を次第に消滅させ、これと並行して、植民地の過去の暗い側面が徐々に浮き彫りにされはじめた。これにより、中央庁は、恥ずかしい過去の残滓であり、嫌悪すべき総督府の建物であると目されるようになった。モダニティのスライドイメージは、物質的変化からはじまった新しい再現の政治と、それに相応する集団記憶を、もう隠しきれなくなったのである。

　このような変化の性格をよく示すのが、近代的都市空間に対する独特な代案の論理、すなわち、ほかでもない「風水」の登場であった。朝鮮の脈を断ち切って朝鮮王家の気をおさえようと、景福宮を敷地と定めて朝鮮総督府の庁舎を建てたという風説とともに、日帝が全国の名山のいたるところに鉄の杭を打って地脈を断ち、地域の名称を意図的に歪曲して変更したという、いわゆる「日帝断脈説」が突然力を得た。[52] 多少扇情的に提起された風水論とともに、近代的価値に拘束されない民族の固有なアイデンティティや、回復されるべき「民族の精気」に対する要求が大勢となった。それは、新型の文化ナショナリズムである。元老格の美術史学者アン・フィジュン（安輝濬）は、一九九五年に書いた一編の文章で、朝鮮総督府庁舎をかならず撤去しなければならないという見解を披歴したが、その「忌まわしい建物の撤去による意義」を「我々の額の真ん中に打たれた釘を引きぬくこと」という比喩のもとに表現した。この高名な学者は、「日帝の残滓の払拭に対する確固とした意志、民族文化に対する敦厚な理解と配慮」をあらためて強調した[53]。

このような発想が景福宮の復元要求につながるのは、いわば当然であった。朴正熙の治世が終わるまで近代文明の裏街道におかれた場所が、いつのまにか民族文化の図像として生まれかわった。一九九一年六月五日、盧泰愚政権のもと、景福宮でキャンペーン的な性格の「景福宮復元起工式」が開催され、一九九六年一〇月、旧総督府庁舎が完全に消滅するなかで、景福宮復元事業が本格化した。二〇〇六年一二月四日、「光化門の本来の姿取り戻し宣布式」とともに、光化門広場の造成事業も本格化した[54]。このような手順は、驚くほどのことではなかったが、さほど自明のことでもなかった。日帝によって蹂躙された民族の聖域とみなされた景福宮や光化門は、日帝の強制侵奪までは、実際には聖域ではなかった。むしろ日帝の植民地統治が、ここを聖域にしてくれた。存在したこともない景福宮の中心性が公式的に消えた瞬間は、同時にこの仮想的な中心点が近代国家の消失点として再誕生する瞬間でもあった。そして、いつのまにか、景福宮の運命が、民族が経験しなければならなかった悲劇的な運命の隠喩でもあるかのように、王朝史がそっくりそのまま民族史に変形した[55]。これは、朴正熙軍事政権が民族の歴史をそれとなく近代化の論理のなかに編入させた手法を、そのまま逆転させたものにすぎなかった。両者は、近代的なものと民族的なものの乖離を、一方を隠してしまうことで解消するという点で、事実上同じ論理を共有していた。結局、この渦中において、肝心の背後の権力は、あまり悩まされることなく温存されえた。

総督府庁舎と景福宮が二転三転するあいだ、その背後には、やすやすと存続する密かな存在があった。すなわち、青瓦台である。ここは、朝鮮時代には景福宮の後苑であり、科挙試験がおこなわれていた隆式堂などの建物数軒と殿

景武台全景．出所：대통령비서실『청와대건설지』［大統領秘書室『青瓦台建設誌』］(1992)

閣などがあった。高宗五年の一八六八年に景福宮が再建された際、後苑の場所に、「武芸を見物する」という意味の景武台という名の新しい場所が造成された。第七代朝鮮総督南次郎は、倭城台の総督官邸を市政記念館に改編し、ここを新しい総督官邸の敷地として選定した。彼は、景福宮の後苑の建物を撤去し、一九三九年七月に官邸を竣工したのち、九月からここで起居した。野山を含めて総一七万一九〇二平方メートルの敷地に、延べ面積一八六一平方メートルの赤レンガ組積造二階建てで新築された総統官邸は、四本のかなり太い柱をもつポーチと、スペイン風の青い瓦を載せた屋根が特徴である。設計は朝鮮総督府官房会計課営繕係で担当し、東京帝大教授の佐野利器が設計顧問として委嘱された[56]。

第七・八・九代の朝鮮総督がここを官邸として使用し、景武台という名称は李承晩大統領がはじめて使った。一九六一年、尹潽善大統領が青瓦台に名前をかえて、九カ月間、官邸として使用した[57]。一九八九年、青瓦台新築総合計画が立てられ、一九九〇年一〇月二五日、新しい大統領官邸が、一九九一年九月四日、青瓦台本館が、おのおの完工した。かつて朝鮮総督が住んでいた旧官邸は、一九九三年八月、金泳三大統領が撤去した。しかし、根本的に変化したものはなかった。依然としてそこは、現実を司る権力の核心部であった。

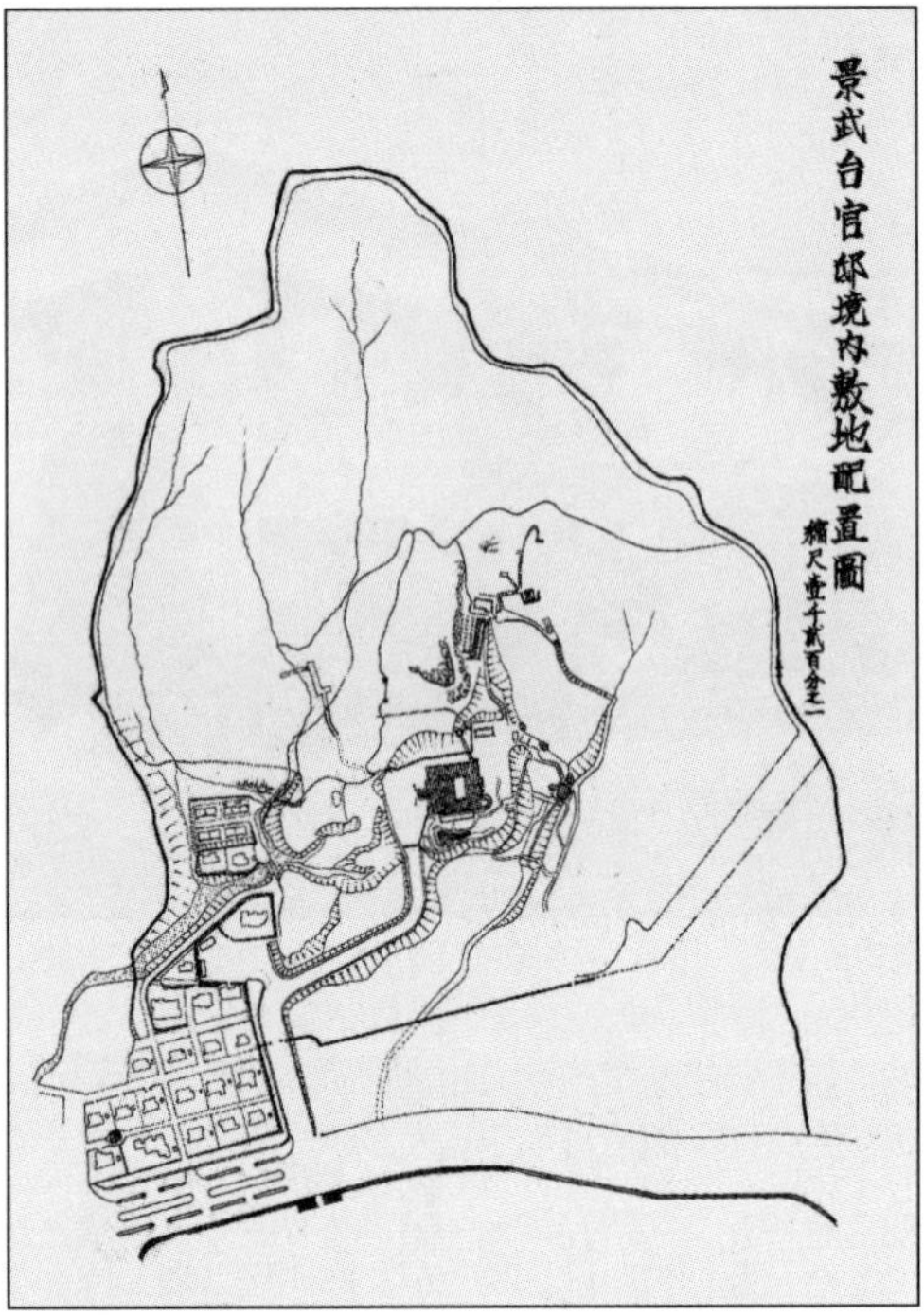

「景武台官邸境内敷地配置図」（推定 1938 年頃）．出所：『일제 시기 건축도면 해제』II［『日帝期建築図面解題』II］（2009）

一九三八年頃作成されたと推定される「景武台官邸境内敷地配置図」は、建物の周囲の状況をよく示している。図版のもっとも南側にみえる塀が景福宮の北側の塀であり、そこに設置された門が神武門である。(58) 神武門のすぐ外側から北岳山のふもとへ登る道路が設置されており、その入口には朝鮮総督府の各種官舎があって、さらに登ると、北側にゆるく曲がる進入路の終わりに総督官邸がある。建物の南側には、池のある庭園がつくられた。一言でいって、ここは、もっとも密かなところにうずくまって万物を凝視する権力それ自体の形相である。この場所は、歴史的波乱のなかでも盤石不動であった。総督府庁舎と景福宮の華麗なスライドイメージは、もしかすると、ここを隠す煙幕にすぎなかったのではないか。けっして実現されえない想像の中心部のうしろには、意外に現実的な、いや、あまりにも現実的な権力が、まるで青い茂みのなかの蛇のようにとぐろを巻いていたのである。

（1）김정동『남아 있는 역사、사라지는 건축물』［キム・ジョンドン『残っている歴史、消える建築物』］二二七〜二三一쪽。「中央庁」という名称は、為堂チョン・インボ（鄭寅普）がアメリカの国会議事堂 Capitol Hall を翻訳した言葉であると伝えられている。김대호「일제강점 이후 경복궁의 毁撤과『活用』」［キム・デホ「日帝強制占領以後の景福宮の取り壊しと『活用』」］一一六〜一一七쪽。

(2) 하시야 히로시『일본제국주의、식민지도시를 건설하다』〔橋谷弘『日本帝国主義、植民地都市を建設する』〕一三七〜一三九쪽。

(3) 이규목・김한배「서울 도시경관의 변천 과정 연구」〔イ・ギュモク／キム・ハンベ「ソウルの都市景観の変遷過程研究」〕三四〜三七쪽。

(4) Alfred Ndi, "Metropolitanism, capital and patrimony", ed. by Fassil Demissie, *Postcolonial African Cities: Imperial legacies and postcolonial predicaments* (Routledge, 2013), pp. 11-23; Jane M. Jacobs, *Edge of Empire: Postcolonialism and the City* (Routledge, 1996), pp. 29-34.

(5) Chungmoo Choi, "The Discourse of Decolonization and Popular Memory: South Korea", ed. by Tani E. Barlow, *Formations of Colonial Modernity in East Asia* (Duke University Press, 1997), pp. 349-372; Fassil Demissie, "Imperial legacies and postcolonial predicaments: an introduction", ed. by D. Fassil, *Postcolonial African Cities*, pp. 1-9.

(6) このような点で、ト・ミョンフェのつぎの文章は、あらためて熟考してみる必要がある。도면회「옮긴이의 글：탈민족주의 관점에서 바라본 식민지 시기 역사」、신기욱、마이클 로빈슨 엮음、도면회 옮김『한국의 식민지 근대성：내재적 발전론과 식민지 근대화론을 넘어서』（삼인）〔ト・ミョンフェ「訳者のことば：脱民族主義の観点からみた植民地期の歴史」、シン・ギウク／マイケル・ロビンソン編、ト・ミョンフェ訳『韓国の植民地近代性：内在的発展論と植民地近代化論をこえて』（サムイン）〕（二〇〇六）一六〜二〇쪽。そのほかには、이승일 외『일본의 식민지 지배와 식민지적 근대』（동북아역사재단）〔イ・スンイル他『日本の植民地支配と植民地的近代』（東北亜歴史財団）〕（二〇〇九）、Keith Pratt, *Everlasting Flower: A History of Korea* (Reaktion Books, 2007), pp. 218-223 参照。

(7) Jong-Heon Jin, "Demolishing Colony: The Demolition of the Old Government- General Building of Choson", eds. by Tangherlini and Yea, *Sitings*, p. 53.

(8) 김정동『남아 있는 역사、사라지는 건축물』〔キム・ジョンドン『残っている歴史、消える建築物』〕二三三쪽。손정목『일제강점기 도시사회상 연구』〔ソン・ジョンモク『日帝強制占領期都市社会像研究』〕五五八쪽。

(9) 김대호「일제강점 이후 경복궁의 毀撤과『活用』」〔キム・デホ「日帝強制占領以後の景福宮の取り壊しと『活用』」〕一一七쪽。

(10) 서울특별시사편찬위원회 편『서울건축사』〔ソウル特別市史編纂委員会編『ソウル建築史』〕九四〇〜九四四쪽。이순우『광화문 육조앞길』〔イ・スヌ『光化門六曹前路』〕三七一〜三七三쪽。

(11) 이순우『광화문 육조앞길』〔イ・スヌ『光化門六曹前路』〕三六九쪽。

(12) 안창모「해방 이후 서울의 도시계획과 도시・건축의 변화」、『서울、베이징、상하이、도쿄의 대도시로의 성장과정 비교연구 I』（서울시립대학교 서울학연구소）〔アン・チャンモ「解放以後ソウルの都市計画と都市・建築の変化」、『ソウル、北京、上海、東京の大都市への成長過程比較研究 I』（ソウル市立大学校ソウル学研究所）〕（二〇〇六）七五〜七七、五四〜五五、八二〜八三

쪽。서울특별시사편찬위원회 편『서울건축사』［ソウル特別市史編纂委員会編『ソウル建築史』］八一八〜八二四、八二七〜八二九쪽。손정목『서울 도시계획 이야기：서울 격동의 五〇년과 나의 증언 一』（한울）［ソン・ジョンモク『ソウルの都市計画の話：ソウル激動の五〇年と私の証言 一』（ハンウル）］（二〇〇三）八九〜一三八、二五二〜二八六쪽。ソウル市の人口変化については、권용우『수도권의 이해』（보성각）［クォン・ヨンウ『首都圏の理解』（普成閣）］（一九九九）七三쪽 参照。

(13) 손정목『서울 도시계획 이야기：서울 격동의五〇년과 나의 증언 一』［ソン・ジョンモク『ソウルの都市計画の話：ソウル激動の五〇年と私の証言 一』］一六七〜二〇五쪽。

(14) 손정목『서울 도시계획 이야기』［ソン・ジョンモク『ソウルの都市計画の話』］二〇一〜二〇三、二二一〜二二五쪽。

(15) 안창모「해방 이후 서울의 도시계획과 도시・건축의 변화」、『서울、베이징、상하이、도쿄의 대도시로의 성장과정 비교연구Ⅰ』［アン・チャンモ「解放以後ソウルの都市計画と都市・建築の変化」、『ソウル、北京、上海、東京の大都市への成長過程比較研究Ⅰ』］五八〜六〇쪽。손정목『서울 도시계획 이야기』［ソン・ジョンモク『ソウルの都市計画の話』］三〇一〜三〇八쪽。ソン・ジョンモクは、漢江開発が広い白い砂原をもつ「漢江への接近性、親水性（を）はく奪」し、「漢江河畔のもつ田園的・牧歌的風景の抹殺、芸術的情趣の抹殺」であったと批判する。三二六〜三二七頁。

(16) 안창모「해방 이후 서울의 도시계획과 도시・건축의 변화」、『서울、베이징、상하이、도쿄의 대도시로의 성장과정 비교연구Ⅰ』［アン・チャンモ「解放以後ソウルの都市計画と都市・建築の変化」、『ソウル、北京、上海、東京の大都市への成長過程比較研究Ⅰ』五二〜五三쪽。

(17) 서울시사편찬위원회『漢江史』［ソウル市史編纂委員会『漢江史』］（一九八五）八七四〜八七七쪽。서울특별시사편찬위원회 편『서울건축사』［ソウル特別市史編纂委員会編『ソウル建築史』］八三〇쪽 以下。안창모「해방 이후 서울의 도시계획과 도시・건축의 변화」［アン・チャンモ「解放以後ソウルの都市計画と都市・建築の変化」］六〇〜六一쪽。손정목『서울 도시계획 이야기』［ソン・ジョンモク『ソウルの都市計画の話』］三〇九〜三一六쪽。서울특별시『漢江 綜合開發事業 建設誌』［ソウル特別市『漢江総合開発事業建設誌』］（一九八八）。

(18) 손정목『서울 도시계획 이야기』［ソン・ジョンモク『ソウルの都市計画の話』］二四七〜二五一쪽。南山国会議事堂の建設計画と挫折については、강신용・장윤환『한국근대도시공원사』［カン・シニョン／チャン・ユンファン『韓国近代都市公園史』］二七九〜二八三쪽 参照。

(19) 대한민국국회사무처『國會議事堂建立誌』［大韓民国国会事務処『国会議事堂建立誌』］（一九七六）八九쪽。

(20) 서울특별시사편찬위원회 편『서울건축사』［ソウル特別市史編纂委員会編『ソウル建築史』］八三一〜八三四쪽。

(21) 송기형『여의도 국회의사당의 건립배경과 건설과정에 관한 연구』한양대학교 공학 대학원 석사학위 논문［ソン・ギヒョン『汝

矢島国会議事堂の建立背景と建設過程に関する研究」漢陽大学校工学大学院修士学位論文」（二〇〇七）一八〜二一쪽。정인하「국회의사당 현상설계」、『한국 건축개념사전』［チョン・インハ「国会議事堂懸賞設計」、『韓国建築概念辞典』］一九七〜一九九쪽。서울특별시사편찬위원회 편『서울건축사』［ソウル特別市史編纂委員会編『ソウル建築史』］九四四〜九五〇쪽。

（22）「특집：국회의사당」、『공간』［「特集：国会議事堂」、『空間』］一〇一권（一九七五・一〇・一二）二八〜四二쪽。대한민국국회사무처『國會議事堂建立誌』［大韓民国国会事務処『国会議事堂建立誌』］（一九七六）三一〜六八、八九〜九〇쪽。

（23）대한민국국회사무처『國會議事堂建立誌』［大韓民国国会事務処『国会議事堂建立誌』］九〇쪽。

（24）김원「韓國的 折衷主義의 時急한 정돈을 위하여」、『공간』［キム・ウォン「韓国的折衷主義の急がれる整理のために」、『空間』］一〇一권（一九七五・一〇・一二）三九〜四一쪽。

（25）「官廳街 分散의 虛實」、『동아일보』［「官庁街分散の虚実」、『東亜日報』］（一九七〇・一・一七）三면。

（26）이순우『광화문 육조앞길』［イ・スヌ『光化門六曹前路』］三七五〜三七六쪽。서울특별시사편찬위원회 편『서울건축사』［ソウル特別市史編纂委員会編『ソウル建築史』］九四二〜九四四쪽。

（27）김정동『남아 있는 역사、사라지는 건축물』［キム・ジョンドン『残っている歴史、消える建築物』］二四〇쪽。

（28）Gi-Wook Shin, *Ethnic Nationalism in Korean: Genealogy, Politics, and Legacy* (Stanford University Press, 2006), pp. 25-40.

（29）Todd A. Henry, "Respatializing Choˇson's Royal Capital", eds. by Tangherlini and Yea, *Sitings*, p. 36. 韓国の民族主義は、「汎アジア主義」ないしは「東洋主義」と同様に、社会進化論 social Darwinism に立脚していた。Gi-Wook Shin, *Ethnic Nationalism in Korean: Genealogy, Politics, and Legacy*, pp. 27-30, p. 40.

（30）崔鉉培「朝鮮民族 更生의 道」、『동아일보』［崔鉉培「朝鮮民族更生の道」、］『東亜日報』」一六回連載（一九二六・一〇・一二）一면、외솔 최현배 전집 一『조선민족갱생의 도（동아일보 연재본）一九二六년판』（연세대학교출판부）［ウェソル チェ・ヒョンべ全集 一『朝鮮民族更生の道（東亜日報連載本）一九二六年版』（延世大学校出版部）］（二〇一二）三三쪽。

（31）앙드레 슈미드『제국 그 사이의 한국 一八九五〜一九一九』［アンドレ・シュミット『帝国のはざまの韓国 一八九五〜一九一九』］七三〜七四、一一八〜一二一쪽。Michael E. Robinson, "Nationalism and the Korean Tradition, 1896-1920: Iconoclasm, Reform, and National Identity", *Korean Studies*, vol. 10 (1986), pp. 35-53.

（32）프래신짓트 두아라『주권과 순수성：만주국과 동아시아적 근대』［プラセンジット・ドゥアラ『主権と純粋性：満州国と東アジア的近代』］六八、八七쪽。

（33）류시현『최남선 연구：제국의 근대와 식민지의 문화』（역사비평사）［リュ・シヒョン『チェ・ナムソン研究：帝国の近代と植民地の文化』（歴史批評社）］（二〇〇九）一〇九〜一二四쪽、一四九쪽 以下。

(34) 류시현『최남선 평전』(한겨레출판)［リュ・シヒョン『チェ・ナムソン評伝』(ハンギョレ出版)］(二〇一一) 一六三〜一六六쪽。

(35) 김명구『한말 일제강점기 민족운동론과 민족주의 사상』부산대학교 대학원 사학과 박사학위 논문［キム・ミョング『韓末日帝強制占領期の民族運動論と民族主義思想』釜山大学校大学院史学科博士学位論文］(二〇〇二) 一三一〜一六三쪽。신기욱・마이클 로빈슨「서론：식민지 시기 한국을 다시 생각하며」、신기욱・마이클 로빈슨 엮음、도면회 옮김『한국의 식민지 근대성：내재적 발전론과 식민지 근대화론을 넘어서』(삼인)［シン・ギウク／マイケル・ロビンソン「序論：植民地期韓国を再考して」、シン・ギウク／マイケル・ロビンソン編、ト・ミョンフェ訳『韓国の植民地近代性：内在的発展論と植民地近代化論をこえて』(サムイン)］(二〇〇六) 四二〜五九쪽。Michael Edson Robinson, *Cultural Nationalism in Colonial Korea, 1920-1925* (University of Washington Press, 2014), p. 73 以下。民族文化ないしは民族アイデンティティの本質化が植民地の現実とはかけはなれた再現様式であるという主張としては、Gyan Prakash, "Introduction: After Colonialism", ed. by Gyan Prakash, *After Colonialism: Imperial Histories and Postcolonial Displacements* (Princeton University Press, 1995), pp. 3-17 参照。

(36) 박종홍 (朴鍾鴻)「조선미술의 사적 고찰」、『개벽』［パク・チョンホン (朴鍾鴻)「朝鮮美術の史的考察」、『開闢』］제二二호 (一九二二・四・一) 一三〜二一쪽。

(37) 김은숙「중・고등학교『국사』교과서의 고대 한일관계사 서술 내용 검토」、『역사교육』［キム・ウンスク「中・高等学校『国史』教科書の古代韓日関係史叙述内容検討」、『歴史教育』］제七四집 (二〇〇〇) 二四〇〜二四二쪽によれば、曇徴の名前がはじめて教科書に載るのは、イ・ビョンド (李丙燾) が一九四八年に小学生用に発行した『新国史教本』であるが、彼がなにを根拠にしたかはあきらかでない。

(38) 박종홍「조선 미술의 사적 고찰」、『개벽』［パク・チョンホン (朴鍾鴻)「朝鮮美術の史的考察」、『開闢』］제二七호 (一九二二・九・一) 一三〜二六쪽。引用句は二六頁。

(39) Jong-Heon Jin, "Demolishing Colony: The Demolition of the Old Government- General Building of Choso ̌n", eds. by Tangherlini and Yea, *Sitings*, p. 47. 은정태「박정희 시대 성역화 사업의 추이와 성격」、『역사문제연구』［ウン・ジョンテ「朴正熙時代聖域化事業の推移と性格」、『歴史問題研究』］제一五집 (二〇〇五) 二四一〜二七七쪽。

(40) 김대호「일제강점 이후 경복궁의 毀撤과『活用』」［キム・デホ「日帝強制占領以後の景福宮の取り壊しと『活用』」］一一九〜一二〇쪽。

(41) 윤홍기「경복궁과 구 조선총독부 건물 경관을 둘러싼 상징물 전쟁」［ユン・ホンギ「景福宮と旧朝鮮総督府建物の景観をめぐる象徴物戦争」］三〇〇쪽。김대호「일제강점 이후 경복궁의 毀撤과『活用』」［キム・デホ「日帝強制占領以後の景福宮の取り壊しと『活用』」］一二二〜一二三쪽。하상복「광화문의 정치학、예술과 권력의 재현」［ハ・サンボク「光化門の政治学、芸術と権力の再

現」」九〇〜九一쪽。하상복『광화문과 정치권력』［ハ・サンボク『光化門と政治権力』］二二四쪽。

(42) 「광화문 복원 (光化門 復元) 에 이론 (異論)」、『경향신문』［「光化門復元に異論」、『京郷新聞』］（一九六八・三・二〇）五면。

(43) 「특집：세종문화회관」、『공간』［「特集：世宗文化会館」、『空間』］一三一권（一八七八・五）一一쪽。

(44) 이규목「서울 근대도시경관 읽기」［イ・ギュモク「ソウル近代都市景観の読み方」］一三七쪽。

(45) 「특집：전통계승과 한국 현대건축의 반성」、『공간』一三一권（一九七八・五）、共同討論Ⅱ 한국 現代建築의 反省［「特集：伝統継承と韓国現代建築の反省」、『空間』一三一巻（一九七八・五）、共同討論Ⅱ 韓国現代建築の反省］三一〜三七쪽。

(46) 정기용「광화문에서 남대문까지」、『문화과학』［チョン・ギヨン「光化門から南大門まで」、『文化科学』］五호（一九九四）五六쪽。

(47) 하상복「광화문의 정치학、예술과 권력의 재현」［ハ・サンボク「光化門の政治学、芸術と権力の再現」］九二쪽。하상복『광화문과 정치권력』［ハ・サンボク『光化門と政治権力』］二五八〜二七七쪽。

(48) 국립중앙박물관『구 조선총독부 건물 실측 및 철거 보고서 上』［国立中央博物館『旧朝鮮総督府建物実測および撤去報告書 上』］三八五〜三八六쪽。

(49) Jong-Heon Jin, "Demolishing Colony: The Demolition of the Old Government- General Building of Choson", eds. by Tangherlini and Yea, *Sitings*, p. 51 以下。

(50) 공보처『변화와 개혁：김영삼 정부 국정五년 자료집』一권：정치、외교、통일、국방（삼화）［公報処『変化と改革：金泳三政府国政五年資料集』一巻：政治、外交、統一、国防（サムファ）］（一九九七）七一〜九一쪽。引用は、七一、七七頁。하상복『광화문과 정치권력』［ハ・サンボク『光化門と政治権力』］二五一쪽 以下。

(51) 김백영「상징공간의 변용과 집합기억의 발명」［キム・ベギョン「象徴空間の変容と集合記憶の発明」］一九〇쪽。

(52) 日帝断脈説については、김백영「상징공간의 변용과 집합기억의 발명」［キム・ベギョン「象徴空間の変容と集合記憶の発明」］一九二〜一九四쪽 参照。

(53) 안휘준「조선총독부（국립중앙박물관）건물의 철거 시비」（一九九五）、『한국의 미술과 문화』（시공아트）［アン・フィジュン「朝鮮総督府（国立中央博物館）建物の撤去の是非」（一九九五）、『韓国の美術と文化』（時空アート）］（二〇〇一）三九二〜三九四쪽。

(54) 하상복『광화문과 정치권력』［ハ・サンボク『光化門と政治権力』］二九一쪽 以下。Michael Kim, "Collective Memory and Commemorative Space", pp. 16-18.

(55) Koen De Ceuster, "The Changing Nature of National Icons in the Seoul Landscape", p. 99.

(56) 대통령비서실『청와대건설지』［大統領秘書室『青瓦台建設誌』］（一九九二）一三八〜一四六쪽。

(57) 김정동『남아 있는 역사、사라지는 건축물』〔キム・ジョンドン『残っている歴史、消える建築物』〕一九三쪽。

(58) 神武門については、양택규『경복궁에 대해 알아야 할 모든 것』〔ヤン・テッキュ『景福宮について知らなければならないすべてのこと』〕三八六～三九一쪽 参照。

エピローグ
記憶の場と希望の空間

壊して建てる行為は、そんなにむずかしいことではありません。大統領は、その点を熟考なさらなければなりません。

チョン・ジンサム
「盧泰愚大統領にあてた建築書簡」、『空間』（一九九一・一／二）

シュプレー河畔のアテネの復活

一九八九年一一月、東ベルリンと西ベルリンを引き裂いていた障壁が開けられて、ベルリン中心部に位置するポツダム広場 Potsdamer Platz は、一瞬のうちに空き地から中心地へと変貌した。ポツダム広場は、「広場」という名称とは異なり、本来交差点であった。ここは、各種の商業施設がぎっしりと立ち並ぶヨーロッパ最大の繁華街であり、現代の大都市特有のあらゆる騒々しさ、速度、運動感を象徴し、ここだけを切り離して「ドイツのシカゴ German Chicago」という通俗的な別称がつけられたこともあった。(1) 一八三〇年代には、ここに鉄道区間が敷かれて有名なポツダム駅 Potsdamer Bahnhof が登場し、一八七〇年代には、都市電鉄が出現し、各種交通手段が歩行者と競争する混雑した大都市の風景が広がることになった。しかし、すぐに歴史の波乱にのまれ、ぞっとする「死の帯 Todesstreifen」が横たわる場所に転落した。毒物で汚染された地雷原、監視塔、猛犬、鉄条網、武装警備隊によって徹底して監視されたベルリンの壁 Berliner Mauer は、実際にも隠喩的にも、戦争、テロ、分断の廃墟の上に立てられた。ひとつの都市を二つに割ったこの「ヨーロッパの万里の長城」は、これを立てた東ドイツの立場からすると「反ファシズムの城壁」であったが、西ドイツの立場からは「羞恥の壁」にほかならなかった。一九五〇年代を経て、世界大戦時に破損された建物が大部分つぶれ、壁の周辺は荒涼とした空き地に転落した。(2) ドイツの映画監督ヴィム・ヴェンダース Wim Wenders の一九八七年の作品「ベルリン天使の詩 Wings of Desire」にあらわれるベルリンは、陰惨と貧困の空気に満ちた灰色の都市である。壁の周りの雑草の生い茂った空き地は、物騒がしい昔の記憶が亡霊のようにめぐる珍風景を演出していた。

ポツダム広場の昔の姿．出所：http://www.alt-berlin-archiv.de/index.html

シンケルが最後の勝利を収める

一九九一年六月二〇日、ドイツ連邦議会は、統一ドイツの首都を西ドイツの首都ボンからベルリンに移転すると決定した。それは、ベルリンこそが、分断されたドイツをひとつにし、その傷を癒し、新しい民族アイデンティティを構築できる最適な場所であるという信念にもとづいていた。(3)首都移転が決定されるなかで、歴史的アイデンティティと結びついた首都の視覚的形態についての論争に火がついた。はたして統一ドイツは自身の正当性をどこに求めるのか。ナチスのファシズム体制や東ドイツの共産主義体制とまったく関係ないドイツ民族史の流れは、見つけだせるのか。歴史的な傷あとに満ちた首都ベルリンは、どうすれば新しい「記憶の場」として「発明」されうるのか。はたして威風堂々とした記念碑的風貌に生まれかわる必要はあるのか。それとも、屈曲にあふれた過去の歴史の痕跡をあるがままにあらわにし、意図的に破片化するべきか。(4)ここの都市景観は、ベルリンを訪ねる人なら誰もが感じるように、まさに統合失調症的といえるほど、ごちゃごちゃである。ほかの西欧国家の首都ならばどこでもみいだせる都市計画的・建築様式的な一貫性が、ここには不在である。首都ベルリンは、最初からあたらしく発明されなければならなかった。

長い議論のすえに壁が撤去されると、ポツダム広場がよみがえった。ここは、ながく空き地のまま残っていたが、その一部はすでに統一前から変化していた。一九六〇年代から、西ベルリン市当局は、ここをふたたび世界的な名所にする長期計画に着手していた。ハンス・シャロウン Hans Scharoun が設計したフィルハーモニー Philharmonie が一九六三年に完工し、一九六七年にはミース・ファン・デル・ローエの新国立美術館 Neue Nationalgallerie、一九七八年にはフィルハーモニーと双子の建物である国立図書館 Staatsbibliothek などが順に立ち並んだ。[5] 国際的なアバンギャルドの容貌をもつ「文化広場 Kulturforum」が、すでに統一以前から、ここには存在した。西ベルリン政府がはじめたポツダム広場の復活プロジェクトは、統一後に拍車がかかった。すでにポツダム広場の西側は新しい姿を先取りしていたので、変化は、おもに、壁で遮られていたところや東ベルリンに属したところで生じた。ベルリン市当局は、ポツダム広場に世界有数企業の大々的な投資を誘致し、ここをビジネスと遊興の中心地にすることで、既存のくすんだイメージを払拭し、新しいベルリンの様相を誇示しようとした。[6]

ポツダム広場の再建は、国際的なヨーロッパ都市というベルリン「元来」の伝統を回復することを基調とした。ナチスが権力を獲得した一九三三年以前の伝統、すなわち世紀末とワイマール共和国期の古典的モダニズムの伝統をよみがえらせ、その一方でポストモダン的なガラスの建築物も部分的に許容するこの基調は、建築史家ディーター・ホフマン・アクセルム Dieter Hoffmann-Axthelm が提案した、いわゆる「批判的再建 critical reconstruction」の原則に拠るものである。批判的再建論は、東・西ベルリンともに、戦後の再建が都市の有機性を破壊したという診断にもとづいていた。戦時に破壊はされたがまだ復旧可能な建物の大半を放棄し、その場所に、手当たり次第に高層ビル、駐車場、高速道路あるいは単調な住宅地を建てた、というのである。しかし、ひとつの都市は、多元的でありつつ有機的な連携性をもたなければならないから、都市本来の伝統を批判的に継承する作業が必要である。批判的再建論は、都市の経済的活性化を図りながら、厳格な都市計画のもとで無秩序な発展を規制する、という原則をうたった。(7) 批判的再建論にもとづいて新しい姿で復活したポツダム広場は、一見未来志向的にみえるが、じつは、まるで失ってしまった黄金時代のように特定の過去を選別的に記憶することで「発明」されたものである。ワイマール共和国の首都であり開放的な国際都市であったベルリンに対する記憶は、まさに、すぐ直前の数十年間における壁の存在を意図的に忘却したことの産物である。再建されたポツダム広場は、東西の融合と繁栄を標榜してはいたが、東ドイツの痕跡を消し去ったまま、ひたすらに西ドイツの資本主義体制の支配を雄弁に物語るものとなった。

批判的再建論は、西欧建築界にひろく影響を及ぼした、いわゆる「新伝統主義」に立脚したものである。建築界の新伝統主義は、現代社会の急激な変化に対する保守主義的な対応であり、昔の王都やすでに古典になったモダニズム都市の伝統を復活させようとする。一九九一年、ベルリン市議会から「市指定建築家 Stadtarchitekt」という職責を得たハンス・シュティマン Hans Stimmann は、批判的再建論にもとづいて、ベルリン中心部を再建する「ガイドライン」を提示したが、それによれば、昔の宮廷建築家シンケルのプロイセン古典主義の様式こそ、ベルリン固有の建築的アイデンティティを代弁するものであった。シュティマンは、シンケルの建築がみせる単純性と抑制的な美は、ペーター・ベーレンスやミース・ファン・デル・ローエなどの初期のモダニストにもそっくりそのままつながっており、それゆえ彼らの建築もまたベルリン再建の手本として有効であると主張した。柱が浮き彫りにされた威風堂々としたファサードとか、永久的な感じを与える花崗岩など、古典主義建築の意匠要素が勧奨された。シュティマンのガイドラインは、新しいベルリンを構築するに際して理想化された伝統に訴えたが、これは、ややもすればベルリンのアイデンティティを狭小化し、権威主義的な規制を生むことで、矛盾と葛藤のなかで形成されてきたベルリンの多様な歴史的遺産を封印する誤謬を引き起こす可能性を有していた。(8)

ベルリン王宮の帰還

このような誤謬が劇的にあらわれた事例が、まさに昔のベルリン王宮 Berliner Schloß 再建をめぐる論議である。一九九三年から九四年にかけて、ベルリンの昔の中心街であるウンター・デン・リンデンには、消えたベルリン王宮を昔の姿そのままに再現した設置幕がおかれた。これは、統一ドイツの首都ベルリンが、今後どのような姿をとることになるのかを例示する、象徴的なイベントであった。人びとの関心は、まるで幽霊のように帰還したベルリン王宮の姿を目にすることにより、少し前に消えた壁の破片拾いから、ずいぶん前に消えたベルリン王宮に移った。

ベルリン王宮は、一七世紀が終わるころ、建築家アンドレアス・シュリューターがホーエンツォレルン家の古い宮殿を拡張工事してつくった都市内部に位置する宮殿であり、北ヨーロッパのバロック建築の白眉であった。さらに一九世紀中葉、プロイセン王国の治下において、シンケルの弟子フリードリヒ・アウグスト・シュテューラーが設計した巨大なドームが載せられ、権威を増した。この建物は、ウンター・デン・リンデンの中核である遊園地のむかいに位置し、事実上ベルリンの空間的中心をなした。しかし、この美しい宮殿は、歴史的激変のスケープゴートになった。[9]

この建物は、第二次世界大戦中、連合国の空襲で、約八〇パーセントが破壊された。基本的な骨組みといくつかの棟は使用可能な状態で残ったが、ヴァルター・ウルブリヒト Walter Ulbricht のドイツ民主共和国（東ドイツ）政府は、一九五〇年九月六日から数カ月かけて、ダイナマイトで王宮を完全に爆破した。[10] もちろん、ベルリン王宮の破壊は、無計画で聖像破壊的な衝動の発露の結果ではなかった。これは、そのほか大部分の昔のプロイセン遺産はむしろ復元して使用されたという事実からもあきらかである。ベルリン王宮をあえて爆破するというのは、新しい共和国ではほかの緊急事案を後回しにして王宮復元に莫大な費用を割り当てることはできず、そうかといって首都の中央を廃墟として放置することもできない、という状況から生まれた苦肉の策であった。[11] 王宮が消えた場所は、費用の問題から、数十年間駐車場として放置されていた。一九七六年になって、ようやくこの場所に、建築家ハインツ・グラフンダー Heinz Graffunder が設計した「共和国宮殿 Palast der Republik」が建てられた。東ドイツを支配する党の全党大会と東ドイツ議会の本会議が、ここで開催された。共和国宮殿は、ベルリン王宮のかわりに建てられた建物ではあったが、それほど規模は大きくなく、白い大理石と褐色のガラス窓のファサードをもつ長方形の国際的なモダニズム様式をとった。これは、東ドイツの新しい支配者ホーネッカー Erich Honecker の要求を反映したものであった。[12]

統一後、この場所はふたたび世間の耳目を引いた。統一ドイツ政府は、旧東ドイツ議会の建物に疑いの目を向けた。表面的には都市の美観の問題があげられていたが、実質的には、ことは東ドイツ体制に対する政治的評価にかかわっていた。共和国宮殿のかわりに旧ベルリン王宮を再建しようという動きが、少しずつ勢いを増した。一九九三年、ベルリン市政府は、統一ドイツの首都ベルリンは、いまや陰った歴史から脱し、国家の威信にふさわしい統一的景観を必要としており、また、東ドイツのお粗末な暖房システムによって焼けた石綿だらけの共和国宮殿を放置できないという根拠をあげ、この建物の破壊とベルリン王宮の再建を議決した。これは、東ベルリン市民の激しい怒りを買った。請願と組織結成が続き、いくつもの疑問が呈された。民主国家がなぜ王宮を必要とするのか。たんに商業的要求のためなのか。「皇帝なくば宮殿もない！」。実際は、ベルリン市政府の論理は、東ドイツが王宮を破壊した際にもちいられた論理と同じものにすぎなかった。反対者は、ドイツの歴史的連続性を求めるという発想は、結局のところ、東ドイツの歴史をドイツ民族史から排除しようとする勝者の論理にほかならない、と批判した。[13]

ベルリン王宮の再建をめぐる論議には、建築美学、都市計画、市民的・民族的アイデンティティ、歴史遺産の保存、歴史の正義など、多様な議論が含まれている。昔の王宮を再建しようという計画を支持する世論を形成するにあたっては、二年にわたる設置幕の存在が非常に大きな影響を及ぼした。しかし、この計画は、いろいろな面において、不条理かつ偏っていた。なによりも、東ベルリン市民の意見を全面的に無視したことが問題であった。彼らにとって、共和国宮殿は、東ドイツ体制の抑圧性を代表するものではなかった。東ドイツ議会が本会議場として使用していた中央ホールでは、意外にも、大衆音楽の公演も活発におこなわれており、さらには、西側のポップミュージシャンの招請公演も珍しくなかった。建物のなかにはレストランとカフェがあり、親交の場所としても愛用されていた。東ベルリン市民は、この建物に楽しい個人的な思い出があった。したがって、この建物の破壊は、彼らは新しい統一ドイツの同等な国民ではありえないという自虐的な感情を生むに十分であった。純粋な歴史保存論の立場からみても、それなりにきちんと存立している建物を、以前の建物を再建するために人為的に破壊するというのは、政治的判断にもとづく間違った選択にすぎなかった。けれども現在、共和国宮殿の破壊は完了し、都市宮殿 Stadtpalas の建立が進められている。(14)

ベルリン王宮を復元した都市宮殿の登場は、ベルリンの再建において新伝統主義の傾向を強化すると思われる。都市宮殿がその一方の端をなす由緒ある街道ウンター・デン・リンデンは、フリードリヒ・シンケルの新古典主義的理想が息づく場所であり、統一ドイツの「中央追悼地」に姿をかえた新衛兵所をはじめ、シンケルの作品である旧博物館を含む五つの最高水準の博物館が集まる博物館島にいたるまで、大々的な修理作業がなされ、統一ドイツの根深い歴史的アイデンティティを対内外に誇示している。しかし、根本的な問いは、依然として残っている。ドイツ人にとって、そもそも民族アイデンティティというものは存在したのか。ナチスおよび冷戦期を飛びこえて、昔のプロイセンの伝統にそれを見つけることは可能か。

興味深いことに、東ドイツ政府も、一九八〇年代にはいると、それなりの都市再生を加速させていた。ながらく廃墟の状態にあった多くの歴史的建物が復元されたが、これは歴史の再発見作業と並行していた。東ドイツの歴史家たちは、ドイツの労働者階級をドイツ民族史から遊離させるよりは、むしろその進歩的な流れのなかに位置させるべく、プロイセンのなかに軍国主義ではなくブルジョア革命の価値を発見しようと腐心した。(15)このような傾向は、じつは東ドイツ初期からみいだせる。一九四九年にスターリンの七〇歳の誕生日を祝ってつくられた「スターリン通り Stalinallee」の建築物は、多少は大げさかつ威風堂々としたソ連式モデルにしたがっているが、新古典主義風の正門と付柱、窓の装飾は、みる者によってはシンケルの建築物を連想させる。しかし、西ドイツの批判家たちは、行列をなす広い通りと過度に大規模な建物そして古典的意匠要素は、ナチスの典範であるアルベルト・シュペーアの建築と似ていると指摘した。[16] その後、西ベルリンがハンス・シャロウンなどのモダニズム建築物を披露するのに対して、[17] 東ドイツ政府はむしろ伝統主義路線をとった。ウンター・デン・リンデンに位置したバロック様式の昔の兵器庫の建物はドイツ史博物館に姿をかえ、フランス革命以来のドイツの労働者の進歩的伝統を扱う展示を催した。[18] 第二次世界大戦中におおきく破損したシンケルの新衛兵所の建物は、「ファシズムと両世界大戦の犠牲者をたたえる追慕地」に変身させられたうえで復旧された。また、ウンター・デン・リンデンの由緒ある「フリードリヒ広場」は、社会主義革命家の名前を掲げた「ベーベル広場」としてよみがえった。[19]

ウンター・デン・リンデンから遠くないニコライ地区 Nikolaiviertel が、中世ベルリンの起源として脚光を浴び、そこに古風な住居地と商店が建てられたのも、このような流れと無関係ではない。西ドイツの建築家たちは、コンクリートで建てた中世式の建物を「キッチュ kitsch」と皮肉ったが、[20] 統一直前の時期、ともにアイデンティティ探しに没頭したという点では、西ドイツと東ドイツに格段の差異はない。[21] したがって、統一後、プロイセンからワイマール共和国へ、そして西ドイツへとつながる民族史的アイデンティティが独占権を行使するようになったのは、体制競争の勝者が戦利品を得たことに等しかった。

希望を夢みる空間

ベルリンの事例は、都市空間がどのようにしてたがいに異なる記憶／忘却によって「分断」され、また一方的な記憶／忘却によって「統一」されるかを示している。日帝期の亡霊が依然として徘徊している大韓民国の首都ソウルの事例も、さほど異なるものではない。ベルリンはナチスと東ドイツの記憶を消すことに血眼になっているのに対して、ソウルは植民地支配と戦争の記憶を消すことに邁進している。一方は加害者の記憶、他方は被害者の記憶であり、一方は統一国家の記憶、他方は分断国家の記憶であるが、そのような違いは、それよりはるかに意味深長な共通点を隠しえない。ベルリンとソウルは、ともに、記憶と忘却が奏でる極大化した不協和音に苦しめられる首都である。波乱万丈たる歴史の浮沈のなかで、特定の過去を記憶することは、必然的にそのほかの過去の忘却をともない、正しい判断の基準として合意されたものは存在しない。存在したこともない「もともとの」姿を想像することは、野心的であるだけに、つねに危うい。こういった都市の空間的中心部はつねに「生成」中であり、都市のアイデンティティも空虚な中心の周囲を回転するのみである。民族的な「記憶の場」であるポツダム広場、新衛兵所、ベルリン王宮、そして景福宮、光化門などは、すべて、このような不断の回転がつくりだした効果であり、過去よりは未来にむけて発言している。それは、後の世代のみを念頭においた記憶にすぎない。

テクトニックは成就したのか

ベルリンから青島へ、東京へ、そしてソウルと長春へと移動した女神アテナの恐るべき亡霊は、記念碑的建築物の燦爛たるスライドイメージを演出したが、結局は植民地性という冷徹な影を落としたにとどまった。いずこにおいても、テクトニック的な統一性は成就されなかった。パラス・アテナの香りが漂うプロイセン古典主義のスライドイメージは、異質な空間であるソウルで、この都市の屈曲した過去を偽装する役割を遂行したにすぎない。歴史のまばゆい美しさを演出するスライドイメージ！　そのシルエットは、昔の中央庁の姿のように一見威風堂々としているが、よくよくみると、境界線がやたらと重なりつつ、各部分はひどい亀裂を生んでいる。シルエットの境界線のあちらこちらには、自分の場所を見つけられず破片化した記憶が、ツタのように絡みついている。いずれにしても、プロイセン古典主義は、それと切っても切れない植民地の過去の痕跡のせいで、正常な「文化遺産」の地位は得がたい。むしろ亡霊のように都市の真ん中を回遊し、議論のなかで歴史が形成されることをたえず阻害する。もちろん、これを、本来のプロイセン古典主義とは関係ないと断定する必要はない。このスライドイメージを通して、ヨーロッパ現地では表に出なかった高尚な理念の卑屈なうしろ姿が、すっかり姿をあらわしたからである。

首都ソウルを蚕食するモダニティと植民地性の長年の錯綜は、いうまでもなく、無許可の住居地と貧民窟でおおわれたほかの（ポスト）植民地都市の現実とは次元が違う。日照りで苦しめられるブラジルの一地域で流行していた俗語がいうところの「座って死ぬか、離れて苦労するか」の惨憺たる二者択一の状況から、[22]大韓民国の首都は早々に脱した。それでは、これを、強圧的な「国家テクトニック」の、あるいは「国体」の成果として肯定しなければならないのか。ソウル市庁と東大門運動場の超現代的変身は、不断に追求してきた「近代化」の完成、あるいはその「超克」とみなすべきなのか。もしかすると、それは、おさえることのできないトラウマの発露、それによる徹底した忘却への訴えではないのか。結局、重要なのは、建築物の様式や芸術的デザインではなく、我々の生活のつましい住処と共同の記憶を保護すること、そしてそれを可能にする政治的正しさである。

ベルリンとソウルは、ともに、多層的なモダニティが絡み合った都市である。ベルリンでは、ワイマール共和国期のアバンギャルド的モダニティとナチス期の反動的モダニティ、東ドイツの社会主義的モダニティと西ドイツの資本主義的モダニティ、そしてベルリン共和国（統一ドイツ―訳者）のポストモダン的新伝統主義が、ソウルでは、日帝期のプロイセン古典主義と開発独裁期の無彩色モダニズム、そして一九九〇年代以降の新伝統主義とアメリカ式ポストモダニズムが、それなりの秩序と希望を提示しつつ、それぞれ消すことのできない痕跡を残した。[23]このようにひとつのアイデンティティに還元できない混成的な記憶こそ、二つの首都の都市的アイデンティティの根幹をなすのかもしれない。いったい、どうすれば、残酷な歴史が残したトラウマを克服し、今後、民主社会にふさわしい市民的アイデンティティをつくっていくことができるのか。

明確な解決策を提示することはむずかしいが、大韓民国の首都ソウルの片隅で芽生えている小さな希望を紹介したい。大建築家チョ・ソンニョン（趙成龍）が設計した「夢のマル（板の間、縁側―訳者）」は、ソウル陵洞の子供大公園のなかに、まるではにかむように位置している。夢のマルは、子供大公園内にあった教養館をリモデルしたもので、ここにあったゴルフ場施設が子供大公園に取って代られる前は、ゴルフ場内の施設ソウルカントリークラブハウスであった。もとの建物の設計者は、忘れられた大韓民国第一世代の建築家ナ・サンジン（羅相晉）である。[24] この建物は一九六九年に竣工し、いくらも使用されないうちに用途が変更されたが、当時アクセスが容易でなかった都市外郭に位置して特権層の遊び場として専有された点にせよ、大統領の指示で一挙に機能を失った点にせよ、その空間自体が権力の効果としかみなされえない。この建築物に貫徹されたモダニズムの形式は、開放性よりは誇示的機能性が際立っている。この建物は、教養館に用途変更されてから、設計者の名前とともに次第に忘却されていったが、撤去される直前、建築家チョ・ソンニョンの提案によって、まったく色合いの違う空間として生き残った。

夢のマルを生みだしたのは、忘れられたナ・サンジンの建築に対する独特な記憶であった。単純にもとの姿を探し出して「復元」するのではなく、彼の建築精神が、さらには「建築すること」それ自体が、あらためて想起された。撤去直前には荒廃していた建築物に対するこのようなアプローチは、まさに考古学的研究と呼ばれるに値する。ここでいう「考古学」とは、専門学問分野ではなく、フランスの哲学者フーコーがもちいた語法であり、過去に接近する独特な方法のことである。フーコーは、既存の歴史学は、過去を歴史的連続性の線形的秩序で裁断することにより、過去を現在の利害関係に従属させるイデオロギー的暴力を行使してきた、と批判し、時期ごとに分節化された断層を掘り起こしていく考古学をモデルにして、歴史的不連続性に注目する方法論を代案として提示した。フーコー的意味における考古学的研究は、なによりも特定の空間と時間の均一的でない関係ネットワークを発掘することにより、時空間が一体になった過去の原型を「客観的」に「復元」できるという歴史学的・歴史主義的通念を解体する。[25]

夢のマル、首都ソウルを変貌させるヘテロトピア

建築することに対するこのような考古学的研究は、ナ・サンジンが設計した建物を原型どおりに復元するのではな

く、建物の過去から現在にいたる時間の断層をあらわにした。外部の視線を遮断していたガラスの外壁と玄関ホールの天井、三階の床の上板、そして屋根の一部を取り除き、中心の空間を空けて建築物の骨組み自体があらわれるように演出し、この間に毀損された痕跡もそのまま時間の流れにまかせて上塗りせず、建物の材料本来の色感を浮き彫りにした。中心の空間に一定の間隔で縦に挿入されたコンクリート堰は、このような考古学的研究を助ける発掘道具のような機能をする。建物を遮断していた帳幕を取り除いたあいだあいだから陽の光が流れ込みながら、時間の断層がまるで考古学的地層のように可視化される。

夢のマル，チョ・ソンニョン設計（チョ・ソンニョン都市建築＋チェ・チュヌン）．撮影：キム・ジェギョン（金在経）

夢のマルは、クラブハウスの建築的構造だけでなく、近代建築の根幹をなすテクトニックの原理をはっきりと可視化している。新古典主義からモダニズムへつながる近（現）代建築は、プロイセンの宮廷建築家シンケルが典型的に示したように、あきらかに権力志向的な要素をもっていた。機能的合理性としっかりと編成された統一性の強調は、規律と統制という政治的原理に合致していた。ソウルカントリークラブハウスが具現したモダニズムは、その時代的条件と同じくらい権力志向的で閉鎖的であった。夢のマルは、クラブハウスを貫通するテクトニックの原理を劇的に可視化することで、建築することに対する新たな記憶と省察を鼓舞している。夢のマルは、建物それ自体が考古学的研究であり、近代的時空間秩序を掘り出すスコップの柄のような記憶である。記憶を通した空間の生産は、空間を位置づけ差別化するという点で、基本的に権力の要求に合致するが、夢のマルの場合のように、記憶がむしろそのような差別化に問いを投げかけ、批判的省察を

夢のマルのピクニック庭園．撮影：キム・ジェギョン（金在経）

刺激する場合は、権力の要求とずれざるをえない。権力が生産したモダニズムのユートピアが、色合いの異なる方式の記憶を通じて、まったく新しい空間として生まれかわったのである。

フーコーは、ユートピアに対する早まった憧憬の弊害を指摘したことがある。ユートピア utopia は、言葉の意味そのままに、現実の大地に根を下ろせないまま架空の未来を設計することで、やや一方的で我田引水的な理念の暴力を行使できる。これと異なり、フーコーが提案するのは、選択と多様性そして差異が重視される「ヘテロトピア hétérotopies」である。それは、厳然と存在する現実自体を認定しながら、その構造を内部から瓦解させる再現の戦略である[26]。たとえば、博物館、図書館、遺蹟地、記念公園、共同墓地のように、過去の痕跡を収めている諸々の空間は、つねに、記憶の政治的利用を通じて、国民国家や帝国主義などの支配的な現実を正当化することに貢献してきた。しかし、これらは、そのような記憶の政治に介入し、歴史的不連続性、相異なる記憶のあいだの葛藤、あるいは治癒されえない傷を再現する空間として生まれかわることにより、現実のなかにしっかりとした陣地を構築し、既存の現実の権威と位階を崩すことができる。

「夢のマル」は、基本的に、特権階層ではなく一般市民の安息所である。ここを訪れる市民は、誰もが、階段で、スロープで、あるいはエレベーターで、回遊するように逍遙し、ブックカフェやカフェテリアに立ち寄ることができる。あるいは、開かれた空と池と木があるピクニック庭園のベンチに腰掛けて十分に休憩をとってから、公演場へいったり、子供公園に戻っていったりできる。ここは、言葉どおりの意味での「マル」を提供する。ここには内と外の別がない。上下も開かれている。一時、特権階層の専有物として差別化された空間が、今は、索莫とした都市ではみるのもまれな「マル」として差別化されたのである。夢のマルに具現されたこのような空間的開放性と流動性は、はたして本当に「異色な」空間の指標とみなせるのか。かつてアメリカの進歩的地理学者ハーヴェイ David Harvey は、ディズニーランドのようなアミューズメントパークや安楽な郊外のショッピングモールなどを指して、「堕落したユートピア」と批判した。[27] もちろん、アミューズメントパークやショッピングモールだけが問題ではない。我々をとりまく特段の特徴もない多くの空間が、いつからか、歴史と伝統の名のもとに、あらたに化粧され消費される現象は、簡単に目撃可能である。このような現象は「文化財産業 heritage industry」と命名されている。しかし、チョ・ソンニョンの夢のマルには、どこか異なる点がある。ここには、歴史や伝統とは本質的に異なる「記憶」がある。現在の政治的・商業的な目的のために過去をうつくしく包装することなく、時間と空間の開かれた可能性を探させる記憶のことである。

我々は、社会的権力の源泉である時間と空間の基本枠に抵抗することでのみ、代替的な社会を建設しうる。もちろん、漠然とした拒否ではなく、現代社会の物質的条件に基盤をおきながらも、それに埋没さえしなければ、それぞれ特色のある「ヘテロトピア」を各地に構築できる。我々は、とどのつまり「近（現）代」というスライドイメージは我々自身を映す鏡であったことを悟りつつも、それを、虚妄の「ユートピア」でなく、今ここで指一本分だけでも進むための熱情の源泉としてもちいる。

いま、軽い心で、ぼんやりとマルに腰掛ける。もう既成の政治の議事日程にはとらわれない。千金のような午睡ができる場所、しばしではあるが自由にとどまれるこの場所で、我々の未来を、あのしわになった壁のうえに描きなおすことはできないのか。地理学者ハーヴェイは、まさにこのような場所を「希望の空間 spaces of hope」と命名した。我々は、つねにかすむソウルの空のもと、夢のマルにおいて、はじめて希望を夢みるようになるのだ。

（1） Brian Ladd, *The Ghosts of Berlin* (University of Chicago Press, 1997), p. 117.
（2） Brian Ladd, *The Ghosts of Berlin* (University of Chicago Press, 1997), pp. 7-39; Andreas Huyssen, "The Voids of Berlin", *Critical Inquiry*, no. 24 (Autumn, 1997), pp. 57-81; Hans-Hermann Hertle, *The Berlin Wall: Monument of the Cold War* (Christoph Links Verlag, 2008); Edgar Wolfrum, *Die Mauer: Geschichte einer Teilung* (C. H. Beck, 2009). 「羞恥の壁 Schandmauer」は、西ドイツ首相を歴任したヴィリー・ブラント Willy Brandt が、ベルリン市長時代に使用した語法である。これについては、최호근「베를린, 냉전의 상징에서 유럽의 중심으로」、이영석・민유기 외『도시는 역사다』(서해문집)［チェ・ホグン「ベルリン、冷戦の象徴からヨーロッパの中心に」、イ・ヨンソク／ミン・ユギ他『都市は歴史だ』（ソヘムンチプ）］（二〇一一）二二五〜二二九쪽 参照。
（3） Christoph Stölzl, "Bonn oder Berlin?", eds. by Hans-Michael Körner, Katharina Weigand, *Hauptstadt: Historische Perspektiven eines deutschen Themas* (Dtv, 1995), pp. 269-275; Brian Ladd, *The Ghosts of Berlin*, p. 224 以下。
（4） Laurence McFalls, "Living with Which Past? National Identity in Post-Wall, Postwar Germany", eds. by Scott Denham, et al., *A User's Guide to German Cultural Studies* (University of Michigan Press, 1997), pp. 297-308.
（5） Philipp Meuser, et al., *Berlin: The Architecture Guide* (Braun Publish, 2007), pp. 172-173.
（6） Karen E. Till, *The New Berlin: Memory, Politics, Place* (University of Minnesota Press, 2005), pp. 31-35; Philipp Meuser, *Berlin*, p. 261 以下。
（7） Dieter Hoffmann-Axthelm, "Ein Niemandsland, das nur der Geschichte gehört", *Frankfurt Allgemeine Zeitung* (1993. 1. 20); Brian Ladd, *The Ghosts of Berlin*, pp. 229-231. ポツダム広場の再建政策のルーツは、一九八〇年代の西ベルリン再建のための国際建築展示企画、一名、「IBA (Internationale Bauausstellung)」プロジェクトであった。このプロジェクトは、ベルリンの壁の周囲の住居環境を改善するために、建築家、都市計画家、歴史家らが集まり、ベルリンの近代建築の伝統を研究して再発見し、新しい都市空間を構築していくというものであり、疎外階層の暮らしを改善するという進歩的観念に立脚した。批判的再建論は、ＩＢＡの技術的・デザイン的要素は積極的に受容したが、社会的議題は共有しなかった。これについては、Karen Till, *The New Berlin*, pp. 45-51 参照。
（8） Philipp Meuser, *Berlin: The Architecture Guide*, pp. 250-251; Karen Till, *The New Berlin*, pp. 46-47, pp. 36-38, p. 50.
（9） Goerd Peschken, Johannes Althoff, *Das Berliner Schloß* (Bebra Verlag, 2000).
（10） Rudy Koshar, *Germany's Transient Pasts: Preservation and National Memory in the Twentieth Century* (The University of North Carolina Press, 1998), p. 205. ここは、ベルリン王宮全体でたった一棟だけが生き残ったが、ほかでもない革命家カール・リープクネヒト Karl Liebknecht が、西ドイツの前身であるワイマール共和国 Weimarer Republik の宣布を出し抜いて、一九一八年一一月九日に東ドイツの前身である「ドイツ社会主義共和国」を宣布した場所である。
（11） Rudy Koshar, *From Monuments to Traces. Artifacts of German Memory 1870-1990* (University of California Press, 2000), pp. 157-161.

（12） Kirsten Heidler, ed., *Von Erichs Lampenladen zur Asbestruine: Alles über den Palast der Republik* (Argon Verlag, 1998).

（13） Wilhelm von Boddien, Helmut Engel, eds., *Die Berliner Schloßdebatte: Pro und Contra* (Berliner Wissenschafts-Verlag, 2000); Svetlana Boym, *The Future of Nostalgia* (Basic Books, 2002).

（14） Moritz Holfelder, *Palast der Republik: Aufstieg und Fall eines symbolischen Gebäudes* (Ch. Links Verlag, 2008).

（15） Mitchell Ash, "Geschichtswissenschaft, Geschichtskultur und der ostdeutsche Historikerstreit", *Geschichte und Gesellschaft,* no. 24 (1998), pp. 283-304. 전진성「나치 과거 해석의 주도권 경쟁」、김승렬・신주백 외『분단의 두 얼굴』(역사비평사)［チョン・ジンソン「ナチスの過去解釈の主導権争い」、キム・スンニョル／シン・ジュベク他『分断の二つの顔』（歴史批評社）］（二〇〇五）三一七〜三三四쪽。

（16） Werner Durth, Niels Gutschow, Jörn Düwel, *Architektur und Städtebau der DDR* (Jovis, 1998), pp. 126-193; Bernd Wilczek, ed., *Berlin-Hauptstadt der DDR 1949-1989: Utopie der Realitat* (Elster Verlag, 1995), pp. 33-50.

（17） 西ベルリンのモダニズム建築の基礎については、Gabi Dolff-Bonekämper, *Das Hansaviertel: internationale Nachkriegsmoderne in Berlin* (Verlag Bauwesen, 1999) 参照。

（18） H. Glenn Penny III, "The Museum fur deutsche Geschichte und German National Identity", *Central European History,* vol. 28 (1995), pp. 343-372.

（19） ベルリンの象徴物である「ブランデンブルク門」の復元の事例は、非常に異色である。ウンター・デン・リンデンがはじまる地点に位置したベルリンの昔の出入口は、第二次世界大戦時に破損し、一九五〇年代末、これを復旧しようということに東西ベルリンが合意した。門の上段におかれたゴットフリート・シャドウの傑作である「戦車像」を西ドイツ側が復元し、これを新装した門の上に設置する仕事は東ドイツ側が担当することにした。しかし、西ドイツ側は約束を履行したが、東ドイツ側が合意を破って譲り受けた戦車像を傷つけた。戦車を引く女神が掲げた棒の鉄十字架とその端の鷲の飾りが切り落とされた。この鉄十字架は、本来はシンケルが設計したもので、東ドイツ側はプロイセン軍国主義の象徴物を社会主義共和国としてはけっして容認できないと考えたのである。これについては、Jürgen Reiche, "Symbolgehalt und Bedeutungswandel eines politischen Monuments", eds. by Willmuth Arenhövel, Rolf Bothe, *Das Brandenburger Tor 1791-1991: Eine Monographie* (Arenhövel, 1991), p. 304 参照。

（20） Rudy Koshar, *Germany's Transient Pasts,* p. 226.

（21） 西ドイツの場合は、Charles Maier, *The Unmasterable Past: History, Holocaust, and German National Identity* (Harvard University Press, 1988), pp. 121-159 参照。

（22） Joel Kotkin, *The City: A Global History* (The Modern Library, 2006), pp. 132-133.

（23） Karen Till, *The New Berlin,* p. 51.

(24) 이행철・윤인석「건축가 나상진의 작품 활동에 관한 연구」、『大韓建築學會論文集 計劃系』［イ・ヘンチョル／ユン・インソク「建築家ナ・サンジンの作品活動に関する研究」、『大韓建築学会論文集 計画系』］제二一권 제二호（二〇〇一）五七七〜五八〇쪽。

(25) Michel Foucault, *The Archeology of Knowledge and The Discourse on Language* (Barnes & Noble Books, 1993).

(26) 미셸 푸코、이상길 옮김『헤테로토피아』（문학과지성사）［ミッシェル・フーコー、イ・サンギル訳『ヘテロトピア』（文学と知性社）］（二〇一四）。アンリ・ルフェーブル Henri Lefèbvre は、『都市革命 *La Révolution Urbaine*』（Gallimard, 1969）という著作で、差異の空間であり他者の空間としての「ヘテロトピア」をフーコーに先だって提示した。ルフェーブルとフーコーの概念の違いについては、장세룡「헤테로토피아：(탈) 근대공간 이해를 위한 시론」、『대구사학』（대구사학회）［チャン・セリョン「ヘテロトピア：(脱)近代空間理解のための試論」、『大邱史学』（大邱史学会）］（二〇〇九）二八五〜三一七쪽 参照。

(27) 데이비드 하비、최병두 옮김『희망의 공간：세계화、신체、유토피아』（한울）［デヴィッド・ハーヴェイ、チェ・ビョンドゥ訳『希望の空間：世界化、身体、ユートピア』（ハヌル）］（二〇〇一）二三〇쪽。

謝辞

この本のテーマを探究しはじめたのは、二〇〇八年一一月、大阪で開催された日中韓のドイツ史研究者による学術研究会（「第二回東アジアドイツ史会議」—訳者）において「ポスト植民地主義的『記憶の場』としてのプロイセン古典主義」（「記憶のポストコロニアルとしてのプロイセン新古典主義 Preußischer Neuklassizismus als postkoloniale lieu de memorire」—訳者）というタイトルで発表してからであった。文化史の新しい次元を示そうという、それなりに野心に満ちた抱負をもって出発した作業であったが、いくつかの紆余曲折を経験した。韓国社会の知的風土において、自身のテーマを一貫して推進するのは、たやすいことではない。まったく不慣れな学問領域に無謀にも飛び込んだ対価として、あてもなく道をさまよっただけでなく、領域侵犯を罪悪視する学界の冷ややかな反応に直面して、筆者の天をつく勢いであった士気はへし折られた。いつのまにか多くの時間が流れ、執筆が一定の軌道に乗るまでは、自分自身も、このテーマに対する確信をもてなかった。周囲の多くの方々からの温かい激励と具体的な助けがなければ、途中で執筆を放棄したであろう。

まず、筆者の青年時代に、視覚文化に対する全般的な関心を目覚めさせてくださったソウル大学考古美術史学科のキム・ヨンナ教授（現国立中央博物館長）に深く謝意を表したい。あきあきしていた歴史学を離れ、美術史と美学の分野への道に進もうと苦心していた筆者に対して、これらすべてを包括可能な「視覚文化」という大路を開いてくださった恩人である。我々の時代を代表する大建築家チョ・ソンニョン成均館大学建築学科碩座《せきざ》教授にも、限りない尊敬と感謝の意を伝えたい。教授の空間哲学がそっくりそのまま込められた仙遊島は、筆者にとって、都市空間をめぐるインスピレーションすべての源泉になった。教授は、学生時代には建築学科の授業を一度も受けなかった門外漢の筆者を連れて、何度もご自身の建築物を直接案内し、視野を広げてくださった。シカゴ大学（アメリカ）社会学科のマイケル・ゲイヤー Michael Geyer 教授は、筆者が現代建築のメッカ・シカゴで二〇〇九年から二〇一〇年まで在外研究を過ごせるよう招待し、ご自身のコロキアムで発表する機会をくださり、のちに韓国を訪問なさった折には、学界の関心を得るにはドイツの文献よりも韓国の文献を掘り下げるほうが効果的であろうという具体的な助言までくださった。同じ学科に在籍される韓国史研究者ブルース・カミングス Bruce Cumings 教授は、筆者がそこで在外研究期間を過ごす折、学科長として事務を処理してくださっただけでなく、ご自身の東アジアセミナーに参加することを許諾し、筆者が東アジア近現代史に対する基本的なポイントを摑むのを助けてくださった。コレージュ・ド・フランスのロジェ・シャルティエ Roger Chartier 教授は、二〇一〇年にアムステルダムで開催された第二一回国際歴史学会の都市文化分科会のコメンテーターとして、本書のテーマで発表した筆者に対して、十分に説得力のある主張であるという激励のお言葉をくださり、その後すぐに直接電子メールを通して口頭でのコメントの原文を送ってくださった。書物でのみ接していた巨匠の思わぬ激励が、この作業の放棄を不可能にした。

　ドイツ留学時代の友人アルパート・クリモー Arpad von Klimó カトリック大学（アメリカ）教授は、筆者が二〇一〇年二月にピッツバーク大学（アメリカ）でこのテーマで講演する貴重な機会をつくってくれた。その席ではじめて会ったキム・ジョンヒ、パク・チョンホの両博士は、いまだ東アジアについての知識が浅かった筆者に対して、日本の近代都市史についての貴重な情報をくださった。慶熙大学史学科のパク・チンビン教授とミン・ユギ教授は、二〇一〇年一〇月の都市史学会で、このテーマで発表する機会をつくってくださった。順天大学史学科のカン・ソンホ教授は、二〇一二年六月の韓国ドイツ史学会で、同テーマで発表する機会をくださった。二〇一四年九月にカンザスシティ（アメリカ）で開催された第三八回ドイツ学会 German Studies Association 年次大会の「Transnational German Space」セッションで筆者の発表のコメンテーターを務めてくださったデューク大学美術史・ビジュアルスタディ学科のポール・ジャスコット Paul P. Jaskot 教授は、建築史の専門家の立場から「テクトニック」についての筆者の解釈を検討し、また関連する建築学文献も紹介してくださった。弘益大学芸術学科のチョン・ヨンベク教授は、二〇一四年一〇月の美術史学研究会秋季シンポジウム「美術と都市：再現と媒介の時空間」で発表することを提案してくださり、そのおかげで、発表とあわせて『美術史学報』にも論文を掲載することができた。このシンポジウムの主役であったキム・ミジョン博士からは、その後、筆者が必要とする資料を手ずから図書館で探して送ってくださるというご好意にあずかった。『建築レポートワイド』の発行人であるチョン・ジンサム先生は、筆者に現代建築の植民地性に関するエッセイを建築専門誌に載せる機会を提供してくださり、同誌のチョン・グィウォン編集長は、この本に必要な写真資料を快く探してくださった。釜山大学英語英文学科のキム・ヨンギュ教授は、名著『混種文化論』(二〇一三年)を筆者にお贈りくださり、ラテンアメリカに源を発する「トランスモダニティ」と「植民地性」理論にはじめて触れさせてくださった。釜山大学建築学科のウ・シング教授は、この本の草稿をはじめから終わりまで精読し、専門家としての見解を披歴されるとともに、いくつかの重要な用語を正してくださった。ドイツ租借地青島に関するユニークな研究者である浦項工科大学のキム・チュンシク教授には、青島の建築物に関する資料をひとつひとつスキャンしてお送りくださるという大変な手間を払っていただいた。大邱大学歴史教育科のナ・インホ教授には、このテーマの価値と研究可能性、そして基本概念に関して筆者と討論し、じつにドイツ史専門家らしい識見を示してくださった。これらすべての方々に深く謝意を表する。そして、少し前に停年退職されたイ・ギボク教授とキム・ヨンジン教授をはじめとする釜山教育大学社会教育学科の先生方に、教育大学のカリキュラム運営にはあまり役立たない分野の研究を、黙ってそばで見守り、声援を送ってくださったことに対して、心から感謝の言葉をお贈りしたい。とくに新任のヤン・ビョンイル教授には、わかりにくい一九世紀の日本の文献を読解するのに決定的な助力をいただいた。釜山教育大学学術情報館のキム・ギョンヒ先生と社会教育学科のコ・ソヨン助教は、膨大な資料を探して整理するに際して、多大な助力をくださった。心から感謝申しあげる。

この本を執筆するにおいて、もっともむずかしかったのは、日本に関連する部分であった。一西洋史研究者が、あまりにも不十分な日本語の実力で挑戦するには、どうにも手に余った。幸いなことに、建国大学日本語教育学科のパク・サムホン教授が主管する「近代日本の形成と西洋文明：岩倉使節団の西洋都市体験と近代性」研究チームに合流することで、はじめて混沌とした沼から抜け出すことができた。これとともに、二〇〇八年の大阪の学会以来交流するようになった日本人の研究者仲間の関心と助力が大きな力になった。ドイツと日本の法制交流史を研究する瀧井一博国際日本文化研究センター教授からは、ご自身の著書の英訳本と韓国語本をご恵贈いただき、それがこの本の脆弱な部分を補完するのに大きな助けとなった。大阪市立大学大学院文学研究科の北村昌史教授は、研究室を訪問した筆者に、ブルーノ・タウト Bruno Taut が日本の建築界に及ぼした影響に関する所見とあわせて、これに関するご自身の論文をくださった。ドイツ近代史研究者である大阪大学大学院言語文化研究科の進藤修一教授は、ご多忙にもかかわらず、筆者との討論のために京都と東京までわざわざいらしてくださり、植民地朝鮮と満州一帯で活動した建築家中村與資平についての貴重な論文まで探してくださった。フランス経済史研究者である東北大学大学院経済学研究科の小田中直樹教授は、西江大学史学科のイム・ジヒョン教授が所長としておられた漢陽大学比較歴史文化研究所の会合を通じてはじめて知りあって以来、深い友情を交わすことになり、二〇一三年京都と二〇一四年東京で開催された日本西洋史学会全国大会に筆者を招請し、この本のための多くの討論と資料収集を可能にしてくださった。また、日帝植民地建築に関する文献も探してくださり、現在はこの本の日本語版翻訳と出版についてまでご尽力いただいている。深い感謝を申しあげる。

本書の出版について、誰よりも決定的な役割をしてくださったのは、チョンニョネサンサン（千年の想像―訳者）社のソン・ワンギュ代表である。今まさに根を下ろそうとしている新興の出版社としては、あまりうれしくない種類の学術図書であるにもかかわらず、出版の申し入れに快く応じてくださった。ソン代表との縁をつないでくれたのは、国文学者イ・スンウォン博士であり、数年間研究をともにした昔の同志としての役割を果たしてくださった。これらの方々に対しては、どうすれば、心からの深い感謝を表せようか。最後に、不甲斐ない息子に対する信頼と期待をかわらずもちつづけ、いつも私の心の中心にあって私を支えてくれる両親、そして日々千金のごとくの「ヒーリング」を提供してくれる私の家族、妻ミンジョンと、セユン、セリンに限りない感謝と愛を捧げる。

二〇一五年七月

全　鎭　晟

参考文献

一次文献

Böckmann, Wilhelm, *Reise nach Japan* (Reichsdruckerei, 1886)

Bötticher, Karl Gottlieb Wilhelm, *Die Tektonik der Hellenen,* vol. 1, *Zur Philosophie der tektonischen Form* (Ferdinand Riegel, 1852)

Bötticher, Karl, "Das Prinzip der hellenischen und germanischen Bauweise", *Allgemeine Bauzeitung,* vol. 11(1846), pp. 111-125

Bötticher, Karl, *Die Tektonik der Hellenen,* vol. 1 (Ernst & Korn, 1874)

Burckhardt, Jacob, *Der Cicerone: Eine Anleitung zum Genuss der Kunstwerke Italiens* (1855) [Kröner, 1986]

Deutsche Bauzeitung

Droysen, Johann Gustav, *Geschichte des Hellenismus* (1836), vol. 3, *Geschichte der Epigonen* (Wissenschaftliche Buchgesellschaft, 2008)

Droysen, Johann Gustav, *Weltreich des Alexander des Großen* (1833) [Paul Aretz, 1934]

Feder, Gottfried, *Die neue Stadt: Versuch der Begründung einer neuen Stadtplanungskunst aus der sozialen Struktur der Bevölkerung* (Julius Springer, 1939)

Goethe, Johann Wolfgang von, "Von deutscher Baukunst" (1772), *Goethes Werke,* vol. 12, *Schriften zur Kunst, Schriften zur Literatur, Maximen und Reflexionen* (C. H. Beck, 2005), pp. 7-15

Goethe, Johann Wolfgang von, "Einleitung in die Propyläen" (1798), *Goethes Werke,*vol. 12, pp. 38-55

Hegel, G. W. F., "Die Verfassung Deutschlands (1800-1802)", *G. W. F. Hegel Werke in 20 Bänden,* vol. 1 (Suhrkamp, 1986), pp. 451-581

Hegel, G. W. F., "Über Grundlage, Gliederung und Zeitenfolge der Weltgeschichte von J. Görres (1831)", *G. W. F. Hegel Werke in 20 Bänden,* vol. 11 (Suhrkamp, 1986), pp. 504-512

Hegel, G. W. F., *Grundlinien der Philosophie des Rechts (oder Naturrecht und Staatswissenschaft in Grundrisse), G. W. F. Hegel Werke in 20 Bänden,* vol. 7 (Suhrkamp, 1986).

Hegel, G. W. F., *Vorlesungen über die Ästhetik I, II, III, G. W. F. Hegel Werke in 20 Bänden,* vol. 13, 14, 15 (Suhrkamp, 1986)

Hegemann, Werner, *Das steinerne Berlin, Geschichte der größten Mietskasernenstadt der Welt* (Gustav Kiepenheuer, 1930

Hirt, Alois, *Die Baukunst nach den Grundsätzen der Alten* (Realschulbuchhandlung, 1809)

Hobrecht, James, *Die Canalisation von Berlin* (Ernst & Korn, 1884)

Hobrecht, James, *Über öffentliche Gesundheitspflege und die Bildung eines Central- Amts für offentliche Gesundheitspflege im Staate* (Th. von der Nahmer, 1868)

Humboldt, Wilhelm von, "Geschichte des Verfalls und Untergangs der griechischen Freistaaten" (1807), *Werke in fünf Bänden, II: Schriften zur Ältertumskunde und Ästhetik. Die Vasken,* eds. by Andreas Flitner and Klaus Giel (Klett-Cotta, 2010), pp. 73-124

Langbehn, August Julius, *Rembrandt als Erzieher* (1890) [C. L. Hirschfeld, 1925]

Lessing, Gotthold Ephraim, *Laokoon oder über die Grenzen der Malerei und Poesie* (1766) [Reclam, 1987]

Preußisches Bau-und Fluchtliniengesetz (1875), https://www.berlin.de/imperia/md/content/dienstleistungsdatenbank/verm/preussisches_fluchtliniengesetz_1875_gs. pdf?start&ts=1329464810&file=preussisches_fluchtliniengesetz_1875_gs.pdf

Raabe, Wilhelm, "Die Chronik der Sperlingsgasse" (1864), *Wilhelm Raabe Sämtliche Werke.* Braunschweiger Ausgabe, vol. 1 (Vandenhoeck & Ruprecht, 1980), pp. 9-171

Schinkel, Carl Friedrich, *Sammlung architektonischer Entwürfe* (Verlag von Ernst & Korn, 1858)

Schinkel, Karl Friedrich, Das architektonische Lehrbuch, documented by Goerd Peschken (Deutscher Kunstverlag, 1979)

Schlegel, Friedrich, *Der Historiker als rückwärts gekehrter Prophet* (Reclam, 1991)

Schlegel, Friedrich, *Kritische Ausgabe seiner Werke,* ed. by Ernst Behler, et al., vol. 1 (Schöningh, 1958)

Semper, Gottfried, *Der Stil in den technischen und tektonischen Künsten oder praktische Ästhetik: Ein Handbuch für Techniker, Kunstler und Künstfreunde,* vol. 1, *Textile Kunst* (1860), zweite, durchgesehene Auflage (Friedr. Bruckmanns Verlag, 1878)

Städtisches Tiefbauamt, ed., *Umlegung von Grundstücken in Frankfurt am Main* (Schirmer & Mahlau, 1903), https://archive.org/stream/umlegungvongrun00 tiefgoog#page/n4/mode/2up

Stein, Lorenz Jacob von, *Gegenwart und Zukunft der Rechts-und Staatswissenschaft Deutschlands* (1876) [Adamant Media Corporation, 2004]

Stein, Lorenz Jacob von, *Geschichte der socialen Bewegung in Frankreich: Von 1789 bis auf unsere Tage,* vol. 1, *Der Begriff der Gesellschaft und die sociale Geschichte der französischen Revolution bis zum Jahre 1830* (Otto Wigand, 1850) [Ulan Press, 2012]

Stein, Lorenz Jacob von, *Geschichte der socialen Bewegung in Frankreich: Von 1789 bis auf unsere Tage,* vol. 3, *Das Königtum, die Republik und die*

Souveränität der französischen Gesellschaft seit der Februarrevolution 1848 (Otto Wigand, 1850) [Ulan Press, 2012]
Stein, Lorenz Jacob von, *Handbuch der Verwaltungslehre und des Verwaltungsrechts mit Vergleichung der Literatur und Gesetzgebung von Frankreich, England und Deutschland: Als Grundlage für Vorlesungen* (1870) [Adamant Media Corporation, 2004]
Taut, Bruno, *Japans Kunst mit europäischen Augen gesehen* (1936), ed. by Manfred Speidel (Gebrüder Mann Verlag, 2011)
Twain, Mark, *Berlin-the Chicago of Europe* (New York Sun, 1892, 4. 3) [Berlinica Publishing LLC, 2013]
Winckelmann, Johann Joachim, *Gedanken über die Nachahmung der griechischen Werke in der Malerei und Bildhauerkunst* (1755) [Reclam, 1995]
Winckelmann, Johann Joachim, *Geschichte der Kunst des Altertums* (1764) [Wissenschaftliche Buchgesellschaft, 1972]

大隈重信・矢野龍溪・前島密「大隈參議國會開設建議」（一八八一）、明治一四年六月、早稲田大學図書館所蔵（請求記号：ワ09 06404）、http://archive.wul.waseda.ac.jp/kosho/ wa09/wa09_06404/wa09_06404.html
『（舊韓國）官報』
京城府編『京城都市計畫資料調査書』（山口印刷所、一九二七）
『建築雜誌』
『朝鮮總督府官報』
『朝鮮と建築』
『都市公論』
日本史籍協会編『大久保利通文書』第四（東京大学出版会、一九八三）
日本史籍協会編『木戸孝允文書』第八（東京大学出版会、二〇〇三）
『毎日申報』
『滿州建築雜誌』、『滿州建築協會雜誌』
矢野干城・森川清人共編、新版『大京城案內』（京城都市文化研究所、一九三六）
吉村傳『京城案內』（朝鮮博覽會京城協贊會、一九二九）

『개벽』
『경향신문』
『공간』

『대한매일신보』
『동아일보』
『三千里』
『순종실록』『순종실록 부록』
『조광』
『조선일보』
『중앙일보』
「경성의 名勝과 古蹟」、『개벽』、四八호（一九二四・六）、부산대학교 한국민족문화연구소『(잡지로 보는) 한국 근대의 풍경과 지역의 발견三：경성 Ⅱ』（국학자료원、二〇一三）一五二～一五四쪽
『고종시대사』、五집：光武 四～七년（국사편찬위원회、一九七一）
공보처『변화와 개혁：김영삼 정부 국정五년 자료집』、一권：정치、외교、통일、국방（삼화、一九九七）
「구궁애사(舊宮哀詞)」、『三千里』、三권、一〇호（一九三一・一〇）、부산대학교 한국민족문화연구소『(잡지로 보는) 한국 근대의 풍경과 지역의 발견三：경성 Ⅱ』（국학자료원、二〇一三）二五二～二五六쪽
김사량「천마」（一九四〇）、김재용・곽형덕 편역『김사량、작품과 연구 二』（역락、二〇〇九）一三～六六쪽
대한민국국회사무처『國會議事堂建立誌』（一九七六）
대통령비서실『청와대건설지』（一九九二）
벤야민、발터、윤미애 옮김『一九〇〇년경 베를린의 유년시절』（길、二〇一二）
부르크하르트、야코프、이기숙 옮김『이탈리아 르네상스의 문화』（一八六〇）［한길사、二〇〇三］
富士岡重一「新廳舍의 計劃概要」、朝鮮建築會、김동현 옮김『朝鮮과 建築』第五號、朝鮮總督府新廳舍號（一九二六・五・一）、국립중앙박물관（一九九五）三一～三六쪽
부산대학교 한국민족문화연구소『한국 근대의 풍경과 지역의 발견 二：경성 Ⅰ』。『한국 근대의 풍경과 지역의 발견 三：경성 Ⅱ』（국학자료원、二〇一三）
서울특별시 시사편찬위원회 편『국역 경성부사』제一권（一九三四）［二〇一二、예맥］
서울특별시 시사편찬위원회 편『국역 경성부사』제二권（一九三六）［二〇一三、예맥］
서울특별시 시사편찬위원회 편『국역 경성부사』제三권（一九四一）［二〇一四、예맥］
松雀生「오래인 벙어리：鐘路 인경의 신세타령」、『별건곤』二三호（一九二九・九）、부산대학교 한국 민족문화연구소『(잡지로 보는)

한국 근대의 풍경과 지역의 발견 三：경성 Ⅱ』（국학자료원、二〇一三）二四四〜二五一쪽

아오야기 쓰나타로、구태훈・박선옥 편역『一〇〇년 전 일본인의 경성 엿보기』（『최근 경성 안내기』、一九一五）[재팬리서치二一、二〇一二]

岩井長三郎「新廳舍의 計劃에 대하여」、朝鮮建築會、김동현 옮김『朝鮮과 建築』第五號、朝鮮總督府新廳舍號（一九二六・五・一）、국립중앙박물관（一九九五）二三〜三〇쪽

안휘준「조선총독부（국립중앙박물관）건물의 철거 시비」（一九九五）、안휘준『한국의 미술과 문화』（시공아트、二〇〇二）三九二〜三九四쪽

야나기 무네요시「아、광화문이여」（一九二二）、박재삼 옮김『조선과 예술』（범우문고、一九八九）九九〜一一一쪽

柳宗悅（寄）「장차 일케된 朝鮮의 한建築을 爲하야」一-五、『동아일보』、제七二六〜七三〇호（一九二二・八・二四〜二八）一면

오카쿠라 덴신、정천구 옮김『동양의 이상』（一九〇三）[산지니、二〇一一]

유진오「華想譜」（一九三八）、『韓國文學全集』vol. 八二 華想譜（上）、vol. 八三 華想譜（下）[삼성출판사、一九七二]

유진오「신경（新京）」（一九四二）、진영복 엮음『유진오 단편집』（지식을만드는지식、二〇一二）

윤치호、박정신 옮김『국역 윤치호 일기 一』（연세대학교 출판부、二〇〇五）

李光洙「大京城回想曲 主人좇차 그리운 二十年 前의 京城」、『별건곤』一八호（一九二九・一）、부산대학교 한국민족문화연구소『（잡지로 보는）한국 근대의 풍경과 지역의 발견 三：경성 Ⅱ』（국학자료원、二〇一三）一六三〜一六八쪽

이효석「碧空無限」（一九四一）、『이효석 전집』五（창미사、一九八三）

林耕一「文化機關과 京城」、『조광』六권、九호（一九四〇・九）、부산대학교 한국민족문화연구소『（잡지로 보는）한국 근대의 풍경과 지역의 발견 三：경성 Ⅱ』（국학자료원、二〇一三）一一四〜一一九쪽

전진삼 외『건축은 없다？ 舊 조선총독부 철거 반대 건축・미술전문가 발언集』（간향미디어、一九九五）

정기용「광화문에서 남대문까지」、『문화과학』五호（一九九四）、四五〜六四쪽

조선총독부、김동현 옮김『朝鮮總督府廳舍新營誌』（국립중앙박물관、一九九五）

崔鉉培「朝鮮民族 更生의 道」、『동아일보』一六회 연재（一九二六・一〇・一二）、一면、외솔 최현배 전집 一『조선민족갱생의 도（동아일보 연재본）一九二六년판』（연세대학교출판부、二〇一二）、三三쪽

헤로도토스、박광순 옮김『역사 下』（범우사、一九九八）

후쿠자와 유키치、임종원 옮김『문명론의 개략』（제이앤씨、二〇一二）

휠덜린、프리드리히、장영태 옮김『휘페리온』（을유문화사、二〇〇八）

二次文献

Abe, K., "Early Western Architecture in Japan", *Journal of the Society of Architectural Historians,* vol. 13, no. 2 (1954), pp. 13-18

Amutabi, Maurice, "Buildings as Symbols and Metaphors of Colonial Hegemony: Interrogating Colonial Buildings and Architecture in Kenya's Urban Spaces", ed. by Fassil Demissie, *Colonial Architecture and Urbanism in Africa: Intertwined and Contested Histories* (Ashgate Pub Co, 2012), pp. 325-346

Angelow, Jürgen, "Residenz und Bürgerstadt: Das 17. und 18. Jahrhundert", ed. by Julius H. Schoeps, *Berlin: Geschichte einer Stadt* (Bebra Verlag, 2012), pp. 28-53

Appadurai, Arjun, "Disjuncture and Difference in the global cultural economy", *Theory, Culture and Society,* no. 7 (1990), pp. 295-310

Appadurai, Arjun, "Sovereignty without Territoriality: Notes for a Postnational Geography", ed. by P. Yeager, *The Geography of Identity* (University of Michigan Press, 1996), pp. 40-58

Artelt, Jork, "Die Befestigungsanlagen Tsingtau und deren Bewaehrung im Ersten Weltkrieg", eds. by Hans-Martin Hinz and Christoph Lind, *Tsingtau: Ein Kapitel deutscher Kolonialgeschichte in China 1897-1914* (Minerva, 1999), pp. 62-63

Ash, Mitchell, "Geschichtswissenschaft, Geschichtskultur und der ostdeutsche Historikerstreit", *Geschichte und Gesellschaft,* no. 24 (1998), pp. 283-304

Augé, Marc, *Non-Places: Introduction to an Anthropology of Supermodernity* (1992) (Verso, 2000)

Bahns, Jörg, *Zwischen Biedermeier und Jugendstil: Möbel des Historismus* (Keysersche Verlagsbuch, 1987)

Barlow, Tani E., "Eugenics, Woman, Semi-Colonialism, and Colonial Modernity as Problems for Postcolonial Theory", eds. by Ania Loomba, *Postcolonial Studies and Beyond* (Duke University Press, 2005), pp. 359-384

Barlow, Tani E., ed., *Formations of Colonial Modernity in East Asia* (Duke University Press, 1997)

Baur, Christian, Neugotik (Heyne, 1981)

Benjamin, Walter, "Passagen-Werk", *Gesammelte Schriften,* vol. 5-2 (Suhrkamp, 1982)

Bergdoll, Barry, *European Architecture 1750-1890* (Oxford University Press, 2000)

Berlin, Isaiah, "The Counter-Enlightenment", Isaiah Berlin, *Against the Current* (Princeton University Press, 2001), pp. 1-24

Berman, Russel A., "Der ewige Zweite Deutschlands Sekundärkolonialismus," ed. by Birthe Kundrus, *Phantasiereiche: Zur Kulturgeschichte des deutschen Kolonialismus* (Campus, 2003), pp. 19-32

Bernau, Nikolaus, *Museuminsel Berlin* (Stadtwandel, 2010)

Blankertz, Herwig, Kjeld Matthiessen, "Neuhumanismus", ed. by Dieter Lenzen, *Pädagogische Grundbegriffe, rowohlts enzyklopädie,* vol. 2 (rowohlt, 2001), pp. 1092-1103

Boddien, Wilhelm von, and Helmut Engel, eds., *Die Berliner Schloßdebatte: Pro und Contra* (Berliner Wissenschafts-Verlag, 2000)

Boer, Pim den, "Neohumanism: Ideas, Identities, Identification", eds. by Margriet Haagsma, et al., *The Impact of Classical Greece on European and National Identities* (J. C. Gieben, 2003), pp. 1-23

Boyer, Christian M., *The City of Collective Memory: Its Historical Imagery and Architectural Entertainments* (1994) [The MIT Press, 2001]

Boym, Svetlana, *The Future of Nostalgia* (Basic Books, 2002).

Bourdieu, Pierre, "The Berber House", eds. by Setha M. Low and Denise Lawrence-Zúñiga, *The Anthropology of Space and Place* (Wiley-Blackwell, 2008), pp. 131- 141

Breckenridge, Carol, "The aesthetics and politics of colonial collecting: India at world fairs", *Comparative Studies in Society and History,* vol. 31, no. 2 (1989), pp. 195-216

Brix, M., M. Steinhauser, eds., *Geschichte allein ist zeitgemäß: Historismus in Deutschland* (Anabas, 1978)

Brown, Jane K., "Romanticism and Classicism", ed. by Nicholas Saul, *The Cambridge Companion to German Romanticism* (Cambridge University Press, 2009), pp. 119- 131

Brunn, Gerhard, "Stadtumbau im 19. Jahrhundert. Zwei Modelle: London und Paris", eds. by Clemens Zimmermann, *Jürgen Reulecke, Die Stadt als Moloch? Das Land als Kraftquell? Wahrnehmungen und Wirkungen der Großstädte um 1900* (Birkhäuser Verlag, 1999), pp. 95-115

Bruyn, Günter de, *Unter den Linden* (Bebra Verlag, 2004)

Budde, Gunilla, et al., eds., *Transnationale Geschichte: Themen, Tendenzen und Theorien* (Vandenhoeck & Ruprecht, 2006)

Burton, Antoinette, ed., *After the Imperial Turn: Thinking with and through the Nation* (Duke University Press, 2003)

Buruma, Ian, *Inventing Japan 1853-1964* (Modern Library, 2003)

Busch, Werner, *Das sentimentalische Bild: Die Krise der Kunst im 18. Jahrhundert und die Geburt der Moderne* (C. H. Beck, 1993)

Busse, Dietrich, *Historische Semantik: Analyse eines Programms* (Klett-Cotta Verlag, 1987)

Butler, Eliza Marian, *The Tyranny of Greece over Germany: A Study of the Influence Exercised by Greek Art and Poetry over the Great German Writers of the Eighteenth, Nineteenth, and Twentieth Centuries* (1935) [Beacon Press, 1958]

Buttlar, Adrian von, "'Germanische Tektonik'? Leo von Klenzes patriotische Interpretation des Klassizismus", eds. by Annette Dorgerloh, et al., *Klassizismus-Gotik: Karl Friedrich Schinkel und die patriotische Baukunst* (Deutscher Kunstverlag, 2007), pp. 279-293

Campbell, Joan, *Der deutsche Werkbund 1907-1934* (Klett-Cotta, 1981)

Carrier, David, *Museum Skepticism: A History of the Display of Art in Public Galleries* (Duke University Press, 2006)

Carter J., E. Donald and J. Squires, eds., *Space and Place: Theories of Identity and Location* (Lawrence & Wishart, 1994)

Casey, Edward, "How to get from space to place in a fairly short stretch of time: Phenomenological Prolegomena", eds. by S. Feld and K. Basso, *Senses of Place* (School of American Research Press, 1996), pp. 13-52

Chakrabarty, Dipesh, *Provincializing Europe: Postcolonial Thought and Historical Difference* (Princeton University Press, 2000)

Chakrabarty, Dipesh, "Provincializing Europe in Global Times", *New Preface to Provincializing Europe* (Princeton University Press, 2007), xiiii-xiv

Chakrabarty, Dipesh, *Habitations of Modernity: Essays in the Wake of Subaltern Studies* (University of Chicago Press, 2002)

Clark, Christopher, *Iron Kingdom: The Rise and Downfall of Prussia, 1600-1947* (Belknap Press, 2008)

Coaldrake, William H., *Architecture and Authority in Japan* (Routledge, 1996)

Cohen, Jean-Louis, and Monique Eleb, *Casablanca: Colonial Myths and Architectural Ventures* (The Monacelli Press, 2002)

Coleman, Mathew and John A. Agnew, "The Problem with Empire", eds. by Jeremy W. Crampton and Stuart Elden, *Space, Knowledge and Power: Foucault and Geography* (Ashgate Publishing Limited, 2008), pp. 317-339

Colquhoun, Alan, *Modernity and the Classical Tradition: Architectural Essays 1980-1987* (The MIT Press, 1991)

Conrad, Sebastian, *Deutsche Kolonialgeschichte* (C. H. Beck, 2012)

Conrad, Sebastian, Jürgen Osterhammel, eds., *Das Kaiserreich transnational: Deutschland in der Welt 1871-1914* (Vandenhoeck & Ruprecht, 2006)

Cooper, Frederick, *Colonialism in Question: Theory, Knowledge, History* (University of California Press, 2005)

Cooper, Frederick, and Ann Laura Stoler, *Tension of Empire: Colonial Cultures in a Bourgeois World* (University of California Press, 1997)

Crawford, Margaret, *Variations on a Theme Park: The New American City and the End of Public Space* (Hill and Wang, 1992)

Crinson, Mark, ed., *Urban Memory: History and amnesia in the modern city* (Routledge, 2005)

Crinson, Mark, *Empire Building: Orientalism & Victorian Architecture* (Routledge, 1996)

Croon, Helmuth, "Staat und Städte in den westlichen Provinzen Preußens 1817-1875. Ein Beitrag zum Entstehen des Preußischen Bau-und Fluchtliniengesetzes von 1875", eds. by Gerhard Fehl and Juan Rodriguez-Lores, *Stadterweiterungen 1800-1875: Von den Anfängen des modernen Städtebaues in Deutschland* (Hans Christians, 1983), pp. 55-79

Cullen, Michael S., *Der Reichstag: Im Spannungsfeld deutscher Geschichte* (Bebra Verlag, 2004)

De Ceuster, Koen, "The Changing Nature of National Icons in the Seoul Landscape", *The Review of Korean Studies,* no. 4 (2000), pp. 73-103

de Certeau, Michel, "Praktiken im Raum" (1980), *Kunst des Handelns* (Merve, 1988), pp. 179-238

de Certeau, Michel, *The Practice of Everyday Life* (1984) [University of California Press, 2002]

Demissie, Fassil, "Imperial legacies and postcolonial predicaments. an introduction", ed. by D. Fassil, *Postcolonial African Cities. Imperial legacies and postcolonial predicaments* (Routledge, 2007), pp. 1-9

Dieckmann, Friedrich, "Schinkels Wachgebäude als nationales Mahnmal. Bundesprojekt und Denksmalspflege im Widerstreit", ed. by Christoph Stölzl, *Die neue Wache Unter den Linden: Ein deutsches Denkmal im Wandel der Geschichte* (Koehler & Amelang, 1993), pp. 204-211

Dolff-Bonekämper, Gabi, *Das Hansaviertel: internationale Nachkriegsmoderne in Berlin* (Verlag Bauwesen, 1999)

Dolgner, Dieter, *Historismus: Deutsche Baukunst 1815-1900* (Seemann, 1993)

Driver, Felix, and David Gilbert, *Imperial Cities: Landscape, Display and Identity* (Manchester University Press, 1999)

Durth, Werner, Deutsche *Architekten: Biographische Verflechtungen 1900-1970* (dtv, 1992)

Durth, Werner, Niels Gutschow, Jörn Düwel, *Architektur und Städtebau der DDR* (Jovis, 1998)

Dussel, Enrigue, "Eurocentrism and Modernity (Introduction to the Frankfürt Lectures)", boundary 2, vol. 20, no. 3, *The Postmodernism Debate in Latin America* (Autumn, 1993), pp. 65-76

Duus, Peter, eds., *The Cambridge History of Japan,* vol. 6, *The Twentieth Century* (Cambridge University Press, 1989)

Düwel, Jörn, "Am Anfang der DDR. der Zentrale Platz in Berlin", eds. by Romana Schneider, Wilfried Wang, *Moderne Architektur in Deutschland 1900 bis 2000. Macht und Monument* (Hatje Cantz Verlag, 1998), pp. 176-180

Ehebrecht, Daniel, *Der Hobrechtplan von 1862 und seine Einflüsse auf das Stadtbild von Berlin* (Grin Verlag, 2008)

Engel, Martin, *Das Forum Fridericianum und die Monumentalen Residenzplätze des 18. Jahrhunderts,* Dissertation der Freien Universitat Berlin (2001)

Engel, Martin, "Das 'Forum Fridericianum' in Berlin. Ein kultureller und politischer Brennpunkt im 20. Jahrhunderts", *Kunst und Politik,* no. 11 (2009), pp. 35-46

Erxleben, Maria, "Goethe and Schinkel", eds. by Max Kunze, Jürgen Kraeft, *Karl Friedrich Schinkel und die Antike: Eine Aufsatzsammlung* (Stendal, 1985), pp. 20-32

Eßer, Reingard, "Historische Semantik", eds. by J. Eibach, G. Lottes, *Kompass der Gesc hichtswissenschaft* (Vandenhoeck & Ruprecht, 2002), pp. 281-292

Ethington, Philip J., "Placing the Past. 'Groundwork' for a Spatial Theory of History", *Rethinking History,* vol. 11, no. 4 (Routledge, 2007), pp. 465-493

Ferris, David, *Silent Urns: Romanticism, Hellenism, Modernity* (Stanford University Press, 2000)

Fillitz, Hermann, ed., *Der Traum vom Glück: Die Kunst des Historismus in Europa,* vol. 1 (Künstlerhaus, 1996)

Finn, Dallas, *Meiji Revisited: The Sites of Victorian Japan* (Weatherhill, 1995)

Foucault, Michel, *The Order of Things: An Archaeology of the Human Sciences* (Vintage, 1973)

Foucault, Michel, "Von anderen Räumen", ed. by Jörg Dünne, Stephan Günzel, *Raumtheorie* (Suhrkamp, 2006), pp. 317-329

Foucault, Michel, *The Archeology of Knowledge and The Discourse on Language* (Barnes & Noble, 1993)

Foucault, Michel, "Nietzsche, Genealogy, History", ed. by Paul Rabinow, *The Foucault Reader* (Pantheon, 1984), pp. 76-100

Frédéric, Louis, *Japan Encyclopedia* (Belknap Press of Harvard University Press, 2005)

Friedrichsmeyer, Sara, Sara Lennox and Susanne Zantop, eds., *The Imperialist Imagination: German Colonialism and Its Legacy* (The University of Michigan Press, 1998)

Garon, Sheldon, *Molding Japanese Minds: The State in Everyday Life* (Princeton University Press, 1997)

Gay, Peter, *Modernism: The Lure of Heresy* (W. W. Norton & Company, 2008)

Giedion, Siegfried, Spätbaroker und romantiker Klassizismus (University of Michigan Library, 1922)

Giedion, Siegfried, Space, *Time and Architecture* (1941) [Harvard University Press, 1967]

Gierson, H. J. C. "Classical and Romantic. A Point of View"(1923), eds. by R. F. Gleckner and G. E. Enscode, *Romanticism: Points of View* (Prentice-Hall, 1970), pp. 41-54

Gilloch, Graeme and Jane Kilby, "Trauma and memory in the city. From Auster to Austerlitz", ed. by Mark Crinson, *Urban Memory* (Routledge, 2005), pp. 1-19

Graichen, Gisela, Horst Gründer, *Deutsche Kolonien: Traum und Trauma* (Ullstein, 2005)

Großmann, Ulrich, "Renaissance der Renaissance-Baukunst", eds. by Ulrich Großmann, Petra Krutisch, *Renaissance der Renaissance: Ein bürgerlicher Kunststil im 19. Jahrhundert* (Deutscher Kunstverlag, 1992), pp. 201-219.

Gründer, Horst, *Geschichte der deutschen Kolonien* (UTB, 2012)

Gumbrecht, Hans Ulrich, "Modern, Modernität, Moderne", eds. by Otto Brunner, et al., *Geschichtliche Grundbegriffe: Historisches Lexikon zur politisch sozialen Sprache in Deutschland,* vol. 4 (Klett-Cotta, 1978), pp. 93-131

Hahn, Hans-Werner, *Die Industrielle Revolution in Deutschland* (Oldenbourg, 1998)

Hall, Thomas, *Planning Europe's Capital Cities: Aspects of Nineteenth Century Urban Development* (Routledge, 2010)

Hammerschmidt, Valentin W., *Anspruch und Ausdruck in der Architektur des späten Historismus in Deutschland 1860-1914* (Peter Lang, 1985)

Haltern, U., "Architektur und Politik. Zur Baugeschichte des Berliner Reichstags", eds. by Ekkehard Mai, Stephan Waetzoldt, *Kunstverwaltung, Bau- und Denkmal-Politik im Kaiserreich* (Mann, Gebr. Verlag, 1981), pp. 75-102

Hardtwig, Wolfgang, *Nationalismus und Bürgerkultur in Deutschland 1500-1914* (Vandenhoeck & Ruprecht, 1994)

Hardtwig, Wolfgang, "Kunst und Geschichte im Revolutionszeitalter. Historismus in der Kunst und der Historismus-Begriff der Kunstwissenschaft", *Archiv für Kulturgeschichte,* no. 1 (1979), pp. 154-190

Radoine, Hassan, "French Territoriality and Urbanism: General Lyautey and Architect Prost Morocco(1912-1925)", ed. by Fassil Demissie, *Colonial Architecture and Urbanism in Africa: Intertwined and Contested Histories* (Ashgate Pub Co, 2012), pp. 11-31

Heidegger, Martin, *Bemerkungen zu Kunst—Plastik—Raum* (Erker, 1996)

Heidegger, Martin, *Sein und Zeit* (Niemeyer, 2001)

Haym, Rudolf, *Hegel und seine Zeit* (1857) [Ulan Press, 2012]

Heidler, Kirsten, ed., *Von Erichs Lampenladen zur Asbestruine: Alles über den Palast der Republik* (Argon Verlag, 1998)

Hein, Carola, "The Transformation of Planning Ideas in Japan and Its Colonies", eds. by Joe Nasr and Mercedes Volait, *Urbanism: Imported or Exported?* (Wiley-Academy, 2003), pp. 51-82

Hein, Carola, "Visionary Plans and Planners", eds. by Nicolas Fiévé and Paul Waley, *Japanese Capitals in Historical Perspective: Place, Power and Memory in Kyoto, Edo and Tokyo* (Routledge, 2003), pp. 309-346

Henry, Todd A., "Sanitizing Empire: Japanese Articulations of Korean Otherness and the Construction of Early Colonial Seoul, 1905-1919", *The Journal of Asian Studies,* vol. 64, no. 3(2005), pp. 639-675

Hermand, Jost, Frank Trommler, *Die Kultur der Weimarer Republik* (Fischer, 1988)

Herold, Heiko, *Deutsche Kolonial-und Wirtschaftspolitik in China 1840 bis 1914: Unter besonderer Berücksichtigung der Marinekolonie Kiautschou* (Ozeanverlag Herold, 2006), pp. 26-28

Hertle, Hans-Hermann, *The Berlin Wall: Monument of the Cold War* (Christoph Links Verlag, 2008)

Hinz, Hans-Martin, and Christoph Lind, *Tsingtau: Ein Kapitel deutscher Kolonialgeschichte in China 1897-1914* (Minerva, 1999)

Hirose, Takehiko, *Königlich preußischer Baurat Georg de Lalande* (winterwork, 2012)

Hoffmann-Axthelm, Dieter, "Ein Niemandsland, das nur der Geschichte gehört", *Frankfürt Allgemeine Zeitung* (1993. 1. 20)

Holfelder, Moritz, *Palast der Republik: Aufstieg und Fall eines symbolischen Gebäudes* (Ch. Links Verlag, 2008)

HSIA, Chu-joe, "Theorizing Colonial Architecture and Urbanism. Building Colonial Modernity in Taiwan", *Inter-Asia Cultural Studies,* vol. 3, no. 1 (2002), pp. 7-23

Huyssen, Andreas, *Present Pasts: Urban Palimpsests and the Politics of Memory* (Stanford University Press, 2003)

Huyssen, Andreas, "The Voids of Berlin", *Critical Inquiry,* no. 24 (Autumn, 1997), pp. 57-81

Hvatum, Mari, *Gottfried Semper and the Problem of Historicism* (Cambridge University Press, 2004)

Irving, Robert Grant, *Indian Summer: Lutyens, Baker, and Imperial Delhi* (Yale University Press, 1981)

Jacobs, Jane M., *Edge of Empire: Postcolonialism and the City* (Routledge, 1996)

Jaeschke, Walter, "Ästhetische Revolution. Stichworte zur Einführung", eds. by W. Jaeschke und Helmut Holzhey, *Früher Idealismus und Frühromantik: Der Streit um die Grundlagen der Ästhetik 1795-1805* (Felix Meiner, 1990), pp. 1-11

Jansen, Marius B., eds., *The Cambridge History of Japan,* vol. 5, *The Nineteenth Century* (Cambridge University Press, 1989)

Jan van Pelt, *Robert, Architectural Principles in the Age of Historicism* (Yale University Press, 1993)

Jaskot, Paul P., *The Architecture of Oppression: The SS, Forced Labor and Nazi Monumental Building Economy* (Routledge, 2000)

Jefferies, Matthew, *Imperial Culture in Germany 1871-1918* (Voker R. Berghahn, 2003)

Jenkyns, Richard, *The Victorians and Ancient Greece* (Harvard University Press, 1980)

Kaster, Gert, "'Image-Pflege' Geschichte und lokale Aneignung von deutschem Architekturerbe in Qingdao, China", eds. by Michael Falser, Monica Juneja, *Kulturerbe und Denkmalpflege transkulturell: Grenzgänge zwischen Theorie und Praxis* (Transcript, 2013) pp. 167-180

Kazuhiro, Takii, *The Meiji Constitution: The Japanese Experience of the West and the Shaping of the Modern State* (International House of Japan, 2007)

Kieß, Walter, *Urbanismus im Industriezeitalter: Von der klassizistischen Stadt zur Garden City* (Ernst & Sohn, 1991)

Kim, Michael, "Collective Memory and Commemorative Space. Reflections on Korean Modernity and the Kyˇongbok Palace Reconstruction 1865-2010", *International Area Review,* vol. 13. no. 4 (winter 2010), pp. 3-23

Kimmel, Elke, *Ronald Oesterreich, Charlottenburg im Wandel der Geschichte: Vom Dorf zum eleganten Westen* (Berlin Edition, 2005)

King, Anthony, *Urbanism, Colonialism and the World-Economy* (Routledge, 1990)

Kocka, Jürgen, Manuel Frey, eds., *Bürgerkultur und Mäzenatentum im 19. Jahrhundert* (Berlin, 1998)

Komander, Gerhild, *China in Sanssouci? Die Chinamode in friderizianischer Zeit und deren Rezeption durch Friedrich II.* http://www.gerhildkomander.

de/kuenste/ 134-brandenburg-chinamode.html

Komeda, Ariane Isabelle, “Kolonialarchitektur als Gegenstand transkultureller Forschung. Das Beispiel der deutschen Bauten in Namibia,” eds. by Michael Falser, Monica Juneja, *Kulturerbe und Denkmalpflege transkulturel: Grenzgänge zwischen Theorie und Praxis* (transcript, 2013), pp. 119-137

Koselleck, Reinhart, *Kritik und Krise: Eine Studie zur Pathogenese der burgerlichen Welt* (Suhrkamp, 1992)

Koselleck, Reinhart, *Vergangene Zukunft* (Suhrkamp, 1989)

Koselleck, Reinhart, “Raum und Geschichte”, Koselleck, *Zeitschichten: Studien zur Historik* (Suhrkamp, 2000)

Koselleck, Reinhart, *Preußen zwischen Reform und Revolution: Allgemeines Landrecht, Verwaltung und soziale Bewegung von 1791 bis 1848* [Klett-Cotta(1975) 1989]

Koselleck, Reinhart, *Zur politischen Ikonologie des gewaltsamen Todes: Ein deutsch-französischer Vergleich* (Schwabe & Co Ag, 1998)

Koshar, Rudy, *Germany's Transient Pasts: Preservation and National Memory in the Twentieth Century* (The University of North Carolina Press, 1998)

Koshar, Rudy, *From Monuments to Traces: Artifacts of German Memory 1870-1990* (University of California Press, 2000)

Kotkin, Joel, *The City: A Global History* (The Modern Library, 2006)

Krause, Walter, ed., *Neorenaissance: Ansprüche an einen Stil* (Verlag der Kunst, 2001)

Kreiner, Josef, *Deutsche Spaziergänge in Tokyo* (Iudicium, 1996)

Kundrus, Birthe, “German Colonialism. Some Reflections on Reassessments, Specificities, and Constellations”, eds. by Volker Langbehn and Mohammad Salama, *German Colonialism: Race, The Holocuast, and Postwar Germany* (Columbia University Press, 2011), pp. 29-47

Laak, Dirk van, *Über alles in der Welt: Deutscher Imperialismus im 19. und 20. Jahrhundert* (C. H. Beck, 2005)

Lacan, Jacques, *The Four Fundamental Concepts of Psycho-analysis* (W. W. Norton & Co, 1981)

Ladd, Brian, *The Ghosts of Berlin* (University of Chicago Press, 1997)

Ladd, Brian, “Socialism on Display. East Berlin as a Capital”, eds. by Andreas W. Daum, Christof Mauch, *Berlin-Washington, 1800-2000: Capital Cities, Cultural Representation, and National Identities* (Cambridge University Press, 2005), pp. 217- 231

Lange, Hans, *Vom Tribunal zum Tempel zur Architektur und Geschichte Deutscher Hoftheater zwischen Vormärz und Restauration: Studien zur Kunst- und Kulturgeschichte,* vol. 2 (Marburg, 1985)

Lefèbvre, Henri, *Writings on Cities* (Blackwell, 1996)

Lefèbvre, Henri, *The Production of Space* (Blackwell, 2007)

Lefèbvre, Henri, *La Révolution Urbaine* (Gallimard, 1969)

Lemper, Ernst-Heinz, “Historismus als Großstadtarchitektur. Die städtebauliche Legitimierung eines Zeitalters”, Karl-Heinz Klingenburg, eds., *Historismus: Aspekte zur Kunst im 19. Jahrhundert* (VEB E. A. Seemann, 1985), pp. 50-72

Leuthner, Mechthild, Klaus Mühlhahn, eds., *“Musterkolonie Kiautschou”: Die Expansion des Deutschen Reiches in China. Deutsch-chinesische Beziehungen 1897-1914. Eine Quellensammlung* (Akademie Verlag, 1997)

Leuthner, Mechthild, Klaus Mühlhahn, “Interkulturelle Handlungsmuster. Deutsche Wirtschaft und Mission in China in der Spätphase des Imperialismus”, eds. by Leutner and Mühlhahn, *Deutsch-chinesische Beziehungen im 19. Jahrhundert: Mission und Wirtschaft in interkultureller Perspektive* (LIT, 2001), pp. 9-42

Leuthner, Mechthild, “Kiautschou. Deutsche ‘Musterkolonie’ in China?”, eds. by Ulrich van der Heyden, Joachim Zeller, *“... Macht und Anteil an der Weltherrschaft”: Berlin und der deutsche Kolonialismus* (Unrast, 2005), pp. 203-207

Löw, Martina, *Raumsoziologie* (Suhrkamp, 2001)

Maeda Ai, “Berlin 1888: Mori Ōgai’s ‘Dancing Girl’”, Maeda Ai, trans. by Leslie Pincus, *Text and the City: Essays on Japanese Modernity* (Duke University Press, 2004), pp. 295-328

Mai, Ekkehard, et al., eds., *Das Rathaus im Kaiserreich: Kunstpolitische Aspekte einer Bauaufgabe des 19. Jahrhunderts* (Mann, Gebr., 1982)

Maier, Charles, *The Unmasterable Past: History, Holocaust, and German National Identity*(Harvard University Press, 1988)

Mallgrave, Harry Francis, *Gottfried Semper: Architect on the Nineteenth Century* (Yale University Press, 1996)

Mallgrave, Harry Francis, *Modern Architectural Theory: A Historical Survey, 1673-1968* (Cambridge University Press, 2005)

Marchand, Suzanne L., *Down from Olympus: Archaeology and Philhellenism in Germany, 1750-1970* (Princeton University Press, 2003)

Marchand, Suzanne L., *German Orientalism in the Age of Empire: Religion, Race, and Scholarship* (Cambridge University Press, 2009)

Martin, Bernd, *Japan and Germany in the Modern World* (Berghahn Books, 1995)

Martin, Bernd, “‘Gouvernement Jiaozhou.’ Forschungsstand and Archivebestände zum deutschen Pachtgebiet Qingdao (Tsingtau) 1897-1914”, ed. by Hengyu Guo, *Deutschland und China: Beiträge des Zweiten Internationalen Symposiums zur Geschichte der Deutsch-Chinesischen Beziehungen* (Minerva, 1994), pp. 375-398

Massey, Doreen, *For Space* (Sage, 2008)

McFalls, Laurence, “Living with Which Past? National Identity in Post-Wall, Postwar Germany”, eds. by Scott Denham, et al., *A User’s Guide to German Cultural Studies* (University of Michigan Press, 1997), pp. 297-308

Meid, Michiko, *Europäische und nordamerikanische Architektur in Japan seit 1542* (Abteilung Architektur des Kunsthistorischen Instituts Koln, 1977)

Meinecke, Friedrich, *Weltbürgertum and Nationalstaat: Studien zur Genesis des deutschen Nationalstaates* (R. Oldenbourg, 1919)

Meuser, Philipp, et al., *Berlin: The Architecture Guide* (Braun Publish, 2007)

Middell, Matthias, "Der Spatial Turn und das Interesse an der Globalisierung in der Geschichtswissenschaft", eds. by Jörg Döring, Tristan Thielmann, *Spatial Turn: Das Raumparadigma in den Kultur-und Sozialwissenschaften* (Transcript, 2008), pp. 103-123.

Michel, Karl Markus, "Die Magie des Ortes", *Die Zeit* (1987. 9. 11)

Mignolo, Walter D., *The Darker side of Western Modernity: Global Future, Decolonial Options* (Duke University Press, 2011)

Mignolo, Walter D., *Local Histories / Global Designs: Coloniality, Subaltern Knowledge, and Border Thinking* (Princeton University Press, 2012)

Milde, Kurt, *Neorenaissance in der deutschen Architektur in der deutschen Architektur des 19. Jahrhunderts* (Verlag der Kunst, 1981)

Millan, Gordon, et al., "Industrialiszation and its discontents, 1870-1944", eds. by Jill Forbes and Michael Kelly, *French Cultural Studies* (Oxford University Press, 1996), pp. 9-53

Miller, Mervyn, *Letchworth: The First Garden City* (Chichester, 1989)

Mitchell, Timothy, "The Stage of Modernity", ed. by Timothy Mitchell, *Questions of Modernity* (University of Minnesota Press, 2000), pp. 1-34

Mommsen, Wolfgang J., *Bürgerliche Kultur und künstlerische Avantgarde: Kultur und Politik im deutschen Kaiserreich 1870-1918* (Propyläen, 1994)

Mommsen, Wolfgang J., *Großmachtstellung und Weltpolitik 1870-1914: Die Außenpolitik des Deutschen Reiches* (Ullstein Tb, 1993)

Moraña, Mabel, Enrique Dussel and Carlos A. Jáuregui, eds., *Coloniality at Large: Latin America and the Postcolonial Debate* (Duke University Press, 2008)

Mühlhahn, Klaus, *Herrschaft und Widerstand in der "Musterkolonie" Kiautschou: Interaktionen zwischen China und Deutschland, 1897-1914* (Oldenbourg, 2000)

Ndi, Alfred, "Metropolitanism, capital and patrimony", ed. by Fassil Demissie, *Postcolonial African Cities: Imperial legacies and postcolonial predicaments* (Routledge, 2013), pp. 11-23

Nienhaus, Stefan, *Geschichte der deutschen Tischgesellschaft* (Niemeyer, 2003)

Nipperdey, Thomas, *Deutsche Geschichte 1800-1866: Bürgerwelt und starker Staat* (C. H. Beck, 1983)

Nipperdey, Thomas, Deutsche Geschichte 1866-1918, vol. 1, *Arbeitswelt und Bürgergeist* (C. H. Beck, 1990)

Nipperdey, Thomas, "Der Kölner Dom als Nationaldenkmal", *Nachdenken über die deutsche Geschichte* (C. H. Beck, 1992), pp. 189-207

Nezer, AlSayyad, ed., *Forms of Dominance: On the Architecture and Urbanism of the Colonial Enterprise* (Avebury, 1992)

Nierhaus, Andreas, “Schauplatz und Handlungsraum. Zur visuellen und räumlichen Inszenierung des Wiener Kaiserforums”, *Kunst und Politik,* no. 11 (2009), pp. 47- 60

Nishiyama, Yasuo, “Western Influence on Urban Planning Administration in Japan. Focus on Land Management”, ed. by Nagamine Haruo, *Urban Development Policies and Programmes, Focus on Land Management* (United Nations Centre for Regional Development, 1986), pp. 315-533

Norberg-Schulz, Christian, *The Concept of Dwelling: On the Way to Figurative Architecture* (Rizzoli, 1985)

Ohff, Heinz, *Karl Friedrich Schinkel oder Die Schönheit in Preußen* (Piper 2007)

Ohff, Heinz, *Peter Joseph Lenné: Eine Biographie* (Jaron, 2012)

Osterhammel, Jürgen, “Die Wiederkehr des Raumes: Geopolitik, Geohistorie und historische Geographie”, *Neue Politische Literatur,* no. 43 (1998), pp. 374-397

Osterhammel, Jürgen, “Forschungsreise und Kolonialprogramm. Ferdinand von Richthofen und die Erschließung Chinas im 19. Jahrhundert”, *Archiv für Kulturgeschichte,* vol. 69 (1987), pp. 150-195

Pakes, Graham, “Heidegger and Japanese Fascism”, eds. by Bret W. Davis, et al., *Japanese and Continental Philosophy: Conversations with the Kyoto School* (Indiana University Press, 2010), pp. 247-265

Paret, Peter, *The Berlin Secession: Modernism and Its Enemies in Imperial Germany* (Belknap Press, 1989)

Pater, Walter, “On Classical and Romantic” (1889), eds. by R. F. Gleckner and G. E. Enscode, *Romanticism: Points of View* (Prentice-Hall, 1970), pp. 19-25

Peik, Susan M., *Karl Friedrich Schinkel: Aspekte seines Werkes* (Edition Axel Menges, 2001)

Pevsner, Nikolaus, *A History of Building Types* (Princeton University Press, 1976)

Passanti, Francesco, “The Vernacular, Modernism, and Le Corbusier”, eds. by Maiken Umbach and Bernd Hüppauf, *Vernacular Modernism: Heimat, Globalization, and the Built Environment* (Stanford University Press, 2005), pp. 141-156

Pratt, Mary Louise, *Imperial Eyes: Travel Writing and Transculturation* (Routledge, 1992)

Pai, Hyung Il, “Navigating Modern Keijō: The Typology of Reference Guides and City Landmarks”, 『서울학연구』제四四집（二〇一一）pp. 1-40

Panofsky, Erwin, *Perspective as Symbolic Form* (Zone Books, 1997)

Pehnt, Wolfgang, “Schinkel after Schinkel: Heirs of the Prussian Master Architect”, ed. by John Zukowsky, *Karl Friedrich Schinkel: The Drama of Architecture* (Art Institute of Chicago, 1994), pp. 134-151

Penny III, H. Glenn, “The Museum für deutsche Geschichte und German National Identity”, *Central European History,* vol. 28 (1995), pp. 343-372

Perraudin, Michael and Jürgen Zimmerer, eds., *German Colonialism and National Identity* (Routledge, 2010)
Peschken, Goerd, Johannes Althoff, *Das Berliner Schloß* (Bebra Verlag, 2000)
Petsch, Joachim, *Kunst im Dritten Reich: Architektur-Plastik-Malerei-Alltagsästhetik* (Gesellschaft für Literatur und Bildung, 1994)
Piltz, Eric, "'Trägheit des Raums'. Fernand Braudel und die Spatial Stories der Geschichtswissenschaft", eds. by Jörg Döring, Tristan Thielmann, *Spatial Turn* (Transcript, 2008), pp. 75-102
Potts, Alex, *Flesh and the Ideal: Winckelmann and the Origins of Art History* (Yale University Press, 1994)
Prakash, Gyan, "Introduction", eds. by Gyan Prakash and Kelvin M. Kruse, *The Spaces of the Modern City: Imaginaries, Politics, and Everyday life* (Princeton University Press, 2008), pp. 9-10
Prakash, Gyan, "Introduction: After Colonialism", ed. by Gyan Prakash, *After Colonialism: Imperial Histories and Postcolonial Displacements* (Princeton University Press, 1995), pp. 3-17
Pratt, Keith, *Everlasting Flower: A History of Korea* (Reaktion Books, 2007)
Pratt, M. L., *Imperial Eyes: Travel Writing and Transculturation* (Routledge, 1992)
Pütz, Peter, "The Renaissance to the Romantic movement. An Outline of Ideas", ed. by Rolf Toman, *Neoclassicism and Romanticism: Architecture—Sculpture—Painting—Drawings 1750-1848* (h. f. Ullmann, 2008), pp. 6-13
Quijano, Anibal, "Coloniality and Modernity/Rationality", *Cultural Studies,* vol. 21, no. 2 (2007), pp. 168-178
Quijano, Anibal, "Coloniality of Power, Eurocentrism, and Latin America", *Nepantla: Views from South,* vol. 1, Issue 3 (2000), pp. 533-580
Rank, Andre, *Die Walhalla im Zeitalter des romantischen Nationalismus* (GRIN Verlag, 2008)
Reulecke, Jürgen, *Geschichte der Urbanisierung in Deutschland* (Suhrkamp, 1985)
Reynolds, Jonathan M., "Japan's Imperial Diet Building. Debate over Construction of a National Identity", *Art Journal,* vol. 55, no. 3 (1996)
Reiche, Jürgen, "Symbolgehalt und Bedeutungswandel eines politischen Monuments", eds. by Willmuth Arenhövel, Rolf Bothe, *Das Brandenburger Tor 1791-1991: Eine Monographie* (Arenhövel, 1991), pp. 270-316
Richie, Alexander, *Faust's Metropolis: A History of Berlin* (Basic Books, 1998).
Ring, Peter, "Bevölkerung", eds. by Horst Ulrich, et al., *Berlin Handbuch: Das Lexikon der Bundeshauptstadt* (FAB Verlag, 1992), pp. 236-248
Ritter, Joachim, *Hegel und die Französische Revolution* (1957)[Suhrkamp, 1996]
Robinson, Michael Edson, *Cultural nationalism in colonial Korea, 1920-1925* (University of Washington Press, 2014)
Robinson, Michael E., "Nationalism and the Korean Tradition, 1896-1920: Iconoclasm, Reform, and National Identity", *Korean Studies,* vol. 10 (1986),

pp. 35-53

Rodman, Margaret, “Empowering Place: Multilocality and Multivocality”, *American Anthropologist,* vol. 94, no. 3 (1992), pp. 640-656

Ryoen, Minamoto, “The Symposium on Overcoming Modernity”, eds. by James W. Heisig and C. Marajdo, *The Rude Awakening: Zen, the Kyoto School, and the question of Nationalism* (University of Hawaii Press, 1995), pp. 197-229

Said, Edward, *Orientalism* (Vintage, 1994)

Said, Edward, *Culture and Imperialism* (Vintage, 1994)

Sarasin, Philipp, *Geschichtswissenschaft und Diskursanalyse* (Suhrkamp, 2003)

Schneer, Jonathan, *London 1900: The Imperial Metropolis* (Yale University Press, 1999)

Schorn-Schütte, Luise, “Neue Geistesgeschichte”, eds. by Joachim Eibach, Günther Lottes, *Kompass der Geschichtswissenschaft* (UTB, 2011), pp. 270-280

Schröteler-von Brandt, Hildegard, *Stadtbau-und Stadtplanungsgeschichte: Eine Einführung* (Springer, 2014)

Schwarzer, Mitchell, German Architectural Theory and the Search for Modern Identity (Cambridge University Press, 1995)

Shin, Gi-Wook, et al., ed., Colonial Modernity in Korea (Harvard University Asia Center, 2001)

Schlegel, Friedrich, *Der Historiker als rückwärts gekehrter Prophet* (Reclam, 1991)

Schneer, Jonathan, *London 1900: The Imperial Metropolis* (Yale University Press, 1999)

Schulze, Hagen, *Staat und Nation in der europäischen Geschichte* (C. H. Beck, 1995)

Schwentker, Wolfgang, “Fremde Gelehrte. Japanische Nationalökonomen und Sozialreformer im Kaiserreich”, eds. by Gangolf Hübinger, Wolfgang J. Mommsen, *Intellektuelle im deutschen Kaiserreich* (Fischer, 1993), pp. 172-197

Schwentker, Wolfgang, “Die Doppelgeburt einer Megastadt. Tokyo 1923-1964”, ed. by Wolfgang Schwentker, *Megastädte im 20. Jahrhundert* (Vandenhoeck & Ruprecht, 2009), pp. 139-164

Sewell, William Shaw, *Japanese Imperialism and Civic Construction in Manchuria: Changchun, 1905-1945* (The University of British Columbia, 2000)

Sheehan, James J., Museums in the German Art World: From the End of the Old Regime to the Rise of Modernism (Oxford University Press, 2000)

Shekarloo, Pouyan, *Musterkolonie Kiatschou: The Expansion of the German Empire into China* (Grin Verlag, 2013)

Shin, Gi-Wook, *Ethnic Nationalism in Korean: Genealogy, Politics, and Legacy* (Stanford University Press, 2006)

Siemann, Wolfram, “Die deutsche Hauptstadtproblematik im 19. Jahrhundert”, eds. by Hans-Michael Körner, Katharina Weigand, *Hauptstadt:*

Historische Perspektiven eines deutschen Themas (dtv, 1995), pp. 249-260

Simmel, Georg, *Aufsätze und Abhandlungen 1901-1908,* vol. 1 (Suhrkamp, 1995)

Smith II, Henry D., "Tokyo as an Idea: An Exploration of Japanese Urban Thought Until 1945", *Journal of Japanese Studies,* vol. 4, no. 1 (winter, 1978), pp. 45-80

Smith, Michael Peter, *Transnational Urbanism: Locating Globalization* (Wiley-Blackwell, 2001)

Soja, W. Edward, *Postmodern Geographies: The Reassertion of Space in Critical Social Theory* (Verso, 1989)

Soja, W. Edward, *Thirdspace: Journey to Los Angeles and other Real-and-Imagined Places* (Wiley-Blackwell, 1996)

Sorensen, Andre, *The Making of Urban Japan: Cities and planning from Edo to the twentieth-first century* (Routledge, 2002)

Grimmer-Solem, Erik, "German Social Science, Meiji Conservatism, and the Peculiarities of Japanese History", *Journal of World History,* vol. 16, no. 2 (2005), pp. 187-222

Speitkamp, Winfried, *Deutsche Kolonialgeschichte* (Reclam, 2005)

Springer, Peter, Schinkels Schloßbrücke in Berlin: Zweckbau und Monument (Propyläen, 1984)

Steegman, John, *Victorian Taste: A Study of the Arts and Architecture* (The MIT Press, 1971)

Steffens, Martin, *K. F. Schinkel 1781-1841: Ein Baumeister im Dienste der Schönheit* (Taschen, 2003)

Steinmetz, George, The Devil's Handwriting: Postcoloniality and the German Colonial State in Qingdao, Samoa, and Southwest Africa (University of Chicago Press, 2007)

Stern, Fritz, *The Politics of Cultural Despair: A Study in the Rise of the German Ideology* (University of California Press, 1974)

Stewart, David B., The Making of a Modern Japanese Architecture: 1868 To the Present (Kodansha America, 1987)

Stölzl, Christoph, "Bonn oder Berlin?", eds. by Hans-Michael Körner, Katharina Weigand, *Hauptstadt: Historische Perspektiven eines deutschen Themas* (Dtv, 1995), pp. 269-275

Strandmann, Hartmut Pogge von, "The Purpose of German Colonialism, or the Long Shadow of Bismack's Colonial Policy", eds. by Volker Langbehn and Mohammad Salama, *German Colonialism: Race, The Holocuast, and Postwar Germany* (Columbia University Press, 2011), pp. 193-214

Sünderhauf, Esther Sophia, Griechensehnsucht und Kulturkritik: Die deutsche Rezeption von Winckelmanns Antikenideal 1840-1945 (Akademie Verlag, 2004)

Sutcliffe, Anthony, "Planung und Entwicklung der Großstädte in England und Frankreich von 1850 bis 1875 und ihre Einflüsse auf Deutschland", eds. by Gerhard Fehl, Juan Rodriguez-Lores, Stadterweiterungen 1800-1875: Von den Anfängen des modernen Städtebaues in Deutschland (Hans

Christians, 1983), pp. 35-53

Sutcliffe, Anthony, *Towards the Planned City: Germany, Britain, and the United States and France, 1780-1914* (Basil Blackwell 1981)

Sutcliffe, Anthony, ed., *Metropolis 1890-1940* (The University of Chicago Press, 1984)

Tanaka, Stefan, *Japan's Orient* (University of California Press, 1993)

Tanaka, Stefan, *New Times in Modern Japan* (Princeton University Press, 2004)

Tangherlini, Timothy R., and Sallie Yea, eds., *Sitings: Critical Approaches to Korean Geography* (University of Hawai'i Press, 2008)

Tansman, Alan, *The Aesthetics of Japanese Fascism* (University of California Press, 2009)

Thienel, Ingrid, "James Hobrecht", ed. by Historische Kommission bei der bayerischen Akademie der Wissenschaften, *Neue Deutsche Biographie,* vol. 9 (Duncker & Humblot, 1972), pp. 280-281

Thienel, Ingrid, "Verstädterung, städtische Infrastruktur und Stadtplanung. Berlin zwischen 1850 und 1914", *Zeitschrift für Stadtsoziologie, Stadtgeschichte und Denkmalpflege,* no. 4 (1977), pp. 55-84

Thies, Ralf, Dietmar Jazbinsek, "Berlin-das europäische Chicago. Über ein Leitmotiv der Amerikanisierungsdebatte zu Beginn des 20. Jahrhunderts", eds. by Clemens Zimmermann, *Jürgen Reulecke, Die Stadt als Moloch? Das Land als Kraftquell? Wahrnehmungen und Wirkungen der Großstädte um 1900* (Birkhäuser Verlag, 1999), pp. 53-94

Tietz, Jürgen, "Schinkels Neue Wache Unter den Linden. Baugeschichte 1816-1993", ed. by Christoph Stölzl, *Die neue Wache Unter den Linden: Ein deutsches Denkmal im Wandel der Geschichte* (Koehler & Amelang, 1993), pp. 9-93

Till, Karen, E., *The New Berlin: Memory, Politics, Place* (University of Minnesota Press, 2005)

Toews, John Edward, *Becoming Historical: Cultural Reformation and Public Memory in Early Nineteenth-Century Berlin* (Cambridge University Press, 2008)

Trommler, Hermand, *Die Kultur der Weimarer Republik* (Fischer, 1988)

Tuan, Yi-Fu, *Topophilia: A Study of Environmental Perceptions, Attitudes, and Values* (Columbia University Press, 1990)

Tucker, David, "City Planning without Cities: Order and Chaos in Utopian Manchuko", ed. by Mariko Asano Tamanoi, *Crossed Histories: Manchuria in the Age of Empire* (University of Hawaii Press, 2005), pp. 53-81

Turner, Frank M., *Contesting Cultural Authority: Essays in Victorian Intellectual Life* (Cambridge University Press, 1993)

Umbach, Maiken, *German Cities and Bourgeois Modernism 1890-1924* (Oxford University Press, 2009)

Umbach, Maiken, "Urban History: What Architecture Does, Historically Speaking ...", *The Journal of the Society of Architectural Historians,* vol. 65, no. 1 (2006), pp. 14-15

Umbach, Maiken, "The Deutscher Werkbund, Globalization, and the Invention of Modern Vernaculars", eds. by Maiken Umbach and Bernd Hüppauf, *Vernacular Modernism: Heimat, Globalization, and the Built Environment* (Stanford University Press, 2005), pp. 114-140

Umbach, Maiken, "Memory and Historicism. Reading Between the Lines of the Built Environment, Germany c. 1900", *Representation,* vol. 88 (Fall, 2004), pp. 26-54

Verwiebe, Birgit, "Schinkel's Perspective Optical Views. Art between Painting and Theater", ed. by John Zukowsky, *Karl Friedrich Schinkel: The Drama of Architecture* (Art Institute of Chicago, 1994), pp. 36-53

Vogt, Adolf Max, *Karl Friedrich Schinkel. Blick in Griechenlands Blüte: Ein Hoffnungsbild für Spree-Athen* (Fischer, 1985)

Volk, Waltraud, "Die Stadterweiterungen in Berlin im 17. und 18. Jahrhundert", *Studien zur Geschichte Berlin: Jahrbuch für Geschichte,* vol. 35 (1987), pp. 93-118

Volwahsen, Andreas, *Imperial Delhi: The British Capital of the Indian Empire* (Prestel, 2002)

Wagner, Monika, *Allegorie und Geschichte: Ausstattungsprogramme öffentlicher Gebäude des 19. Jahrhunderts in Deutschland* (Ernest Wasmuth, 1989)

Warner, Torsten, *Deutsche Architektur in China: Architekturtransfer* (Ernst & Sohn, 1994)

Watanabe, Shun-Ichi J., "Garden city Japanese Style. the case of Den-en Toshi Company Ltd., 1918-1928", ed. by Gordon E. Cherry, *Shaping an Urban World* (Mansell, 1980), pp. 129-143

Watanabe, Toshio, "Josiah Conder's Rokumeikan. Architecture and National Representation in Meiji Japan", *Art Journal,* vol. 55, no. 39 (1996), pp. 21-27

Wattemberg, Ulrich, "Germany", ed. by Ian Nish, *The Iwakura Mission in America and Europe: A New Assessment* (Curzon Press Ltd, 1998), pp. 71-79

Watkin, David and Tilman Mellinghoff, *German Architecture and the Classical Ideal* (The MIT Press, 1987)

Weigel, Sigrid, "Zum 'topographical turn'. Kartography, Topographie und Raumkonzepte in den Kulturwissenschaften", *Kultur Poetik,* no. 2/2 (2002), pp. 151-165

Wendelken, Cherie, "The Tectonics of Japanese Style. Architect and Carpenter in the Late Meiji Period", *Art Journal,* vol. 55, Issue 3 (1996), pp. 28-37

Werner, Michael and Bendicte Zimmermann, "Beyond comparison. Histoire croisée and the challenge of reflexivity", *History and Theory,* vol. 45 (2006), pp. 30-50

Whyte, Iain Boyd, "Modern German Architecture", eds. by Eva Kolinsky and Wilfried van der Will, *The Cambridge Companion to Modern German*

Culture(Cambridge University Press, 1999), pp. 282-301
Wilczek, Bernd, ed., *Berlin-Hauptstadt der DDR 1949-1989: Utopie der Realität* (Elster Verlag, 1995), pp. 33-50
Williams, Raymond, "Metropolitan Perceptions and the Emergence of Modernism, The Politics of Modernism(1989)", eds. by Malcolm Miles and Tim Hall, *The City Cultures Reader* (Routledge, 2004), pp. 58-65
Wolfrum, Edgar, *Die Mauer: Geschichte einer Teilung* (C. H. Beck, 2009)
Wölfflin, Heinrich, *Renaissance und Barock: Eine Untersuchung über Wesen und Entstehung des Barockstils in Italien* (Schwabe, 2009)
Wright, Gwendolyn, "Tradition in the Service of Modernity: Architecture and Urbanism in French Colonial Policy, 1900-1930", eds. by Frederick Cooper and Ann Laura Stoler, *Tensions of Empire: Colonial Cultures in a Bourgeois World* (University of California, 1997), pp. 322-345
Yamamura, K., "The Japanese Economy, 1911-1930. Concentration, Conflicts, and Crises", eds. by B. S. Silberman and H. D. Harootunian, *Japan in Crisis: Essays in Taisho Democracy* (Princeton University Press, 1974), pp. 299-328
Yeoh, Brenda, *Contesting Space in Colonial Singapore: Power Relations and the Urban Built Environment* (Singapore University Press, 2003)
Young, Louise, *Japan's Total Empire: Manchuria and the Culture of Wartime Imperialism* (University of California Press, 1999)
Ziolkowski, Theodore, *German Romanticism and Its Institutions* (Princeton University Press, 1992)
石田頼房『日本近代都市計画の百年』（自治体研究社、一九八七）
堅田剛『独逸学協会と明治法制』（木鐸社、一九九九）
越沢明『東京の都市計画』（岩波書店、一九九一）
越沢明『満州国の首都計画』（筑摩書房、二〇〇二）
越沢明『後藤新平：大震災と帝都復興』（筑摩書房、二〇一一）
越澤明、장준호 편역『중국의 도시계획：만주의 도시론』（태림문화사、二〇〇〇）
沢井鈴一「広小路にそびえる摩天楼」、『名古屋広小路ものがたり』第四講、大正時代の広小路、第四回、http://network2010.org/article/1103
清水伸『明治憲法制定史』（上）：独墺における伊藤博文の憲法調査（原書房、一九七一）
徐禎完・増尾伸一郎編集『植民地朝鮮と帝国日本――民族・都市・文化』（勉誠出版、二〇一一）
中谷礼仁「近代（明治・大正・昭和前期）」、太田博太郎＆藤井惠介監修『日本建築様式史』（美術出版社、二〇一〇）、一二九～一五四頁
永松栄『図説都市と建築の近代――プレ・モダニズムの都市改造』（学芸出版社、二〇〇八）
西川長夫・松宮秀治編集『米欧回覧実記を読む：一八七〇年代の世界と日本』（法律文化社、一九九五）
西澤泰彦『日本植民地建築論』（名古屋大学出版会、二〇〇八）

西澤泰彦「建築家中村與資平の経歴と建築活動について」、『日本建築学会計画系論文報告集』第四五〇号（一九九三・八）、一五一～一六〇頁
藤森照信『明治の東京計画』（岩波書店、二〇一二）
藤森照信『建築探偵の冒険・東京篇』（筑摩書房、一九八九）
藤森照信『日本の近代建築（上）：幕末・明治篇』（岩波新書、二〇一〇）
藤森照信『日本の近代建築（下）：大正・昭和篇』（岩波新書、二〇一〇）
穂積和夫『絵でみる明治の東京』（草思社、二〇一〇）
堀内正昭『明治のお雇い建築家明治のお雇い建築家：エンデ&ベックマン』（井上書院、一九八九）
牧英正・藤原明久『日本法制史』（青林書院、一九九三）
村松伸『討伐支配の文法』、『現代思想』第二三巻、第一〇号（一九九五・一〇）八～二一頁
山室信一責任編集『帝国日本の学知』第八巻：空間形成と世界認識（岩波書店、二〇〇六）
吉田憲司『文化の発見』（岩波書店、一九九九）
渡辺俊一『「都市計画」の誕生――国際比較からみた日本近代都市計画』（柏書房、一九九三）
가라타니 고진「미술관으로서의 역사：오카쿠라 덴신과 페놀로사」、하루오 시라네・스즈키 토미 엮음、왕숙영 옮김『창조된 고전』（소명출판、二〇〇二）二九九～三二一쪽
가라타니 고진「근대의 초극에 대하여」、히로마쓰 와타루、김항 옮김『근대초극론：일본 근대 사상사에 대한 시각』（민음사、二〇〇三）二三九～二四七쪽
가라타니 고진、조영일 옮김『네이션과 미학』（도서출판 b、二〇〇九）
강상중『오리엔탈리즘을 넘어』（이산、一九九八）
강상훈『일제강점기 근대시설의 모더니즘 수용』、서울대학교 건축학과 박사학위 논문（二〇〇四）
강영환『（새로 쓴）한국 주거문화의 역사』（기문당、二〇一三）
강신용・장윤환『한국근대도시공원사』（대왕사、二〇〇四）
고모리 요이치、송태욱 옮김『포스트콜로니얼』（삼인、二〇〇二）
고시자와 아키라、윤백영 옮김『동경의 도시계획』（한국경제신문사、一九九八）
고시자와 아키라、장준호 편역『도쿄 도시계획 담론』（구미서관、二〇〇七）
郭鐵椿 외 엮음、신태갑 외 옮김『일본의 대련 식민통치四〇년사』제一～二권（선인、二〇一二）

구메 구니타케、박삼헌 외 옮김『특명전권대사 미구회람실기』총五권（소명출판、二〇一〇）
권용우『수도권의 이해』（보성각、一九九九）
권태환 외『서울의 전통 이해』（서울학연구소、一九九七）
금요찬「Karl Friedrich Schinkel 의 建築에 關한 考察：그 建築構法과 形態를 中心으로」、『동양대학교 논문집』제七집（二〇〇一）五～三三쪽
기로워드、마크、민유기 옮김『도시와 인간：중세부터 현대까지 서양도시문화사』（책과함께、二〇〇九）
김경남「一九三〇년대 일제의 도시건설과 부산 시가지계획의 특성」、『역사문화학회 학술대회 발표자료집』（二〇〇四）一四九～一八〇쪽
김경리「『문명개화』와 긴자의 도시공간성에 관한 니시키에 연구：긴자렌가도리니시키에（銀座煉瓦通り錦繪）를 중심으로」、『도시연구：역사、사회、문화』제一〇호（二〇一三）、三九～六七쪽
김경일・강창일「동아시아에서 아시아주의：一八七〇～一九四五년의 일본을 중심으로」、『역사연구』제八호（二〇〇〇）、二六九～三三二쪽
김광우「대한제국시대의 도시계획：한성부 도시개조 사업」、『鄕土서울』제五〇호（一九九一）九五～一二二쪽
김기호「일제시대 초기의 도시계획에 대한 연구：경성부 시구개정을 중심으로」、『서울학연구』제六호（一九九五）四一～六六쪽
김대호「일제강점 이후 경복궁의 毁撤과『活用』（一九一〇～현재）」、『서울학연구』제二九호（二〇〇七・八）、八三～一三一쪽
김대호「一九一〇～一九二〇년대 조선총독부의 조선신궁 건립과 운영」、『한국사론』五〇집（二〇〇四）二九一～三六八쪽
김동욱「조선 초기 창건 경복궁의 공간구성：고려궁궐과의 관계에 대해서」、『건축역사연구』제七권、二호（一九九八）九～二七쪽
김명구『한말 일제강점기 민족운동론과 민족주의 사상』、부산대학교 대학원 사학과 박사학위 논문（二〇〇二）
김명선・박정대「일제강점기 도청사・부청사 건립의 배경과 성격」、『大韓建築學會論文集 計劃系』제二四권、제二호（二〇〇八）一九五～二〇六쪽
김영희「조선박람회와 식민지 근대」、『동방학지』一四〇집（二〇〇七）二二一～二六七쪽
김백영「식민지 시기 한국 도시사 연구의 흐름과 전망」、『역사와 현실』八一집（二〇一一）、三九五～四一一쪽
김백영「식민지도시 비교연구를 위한 이론적 고찰」、민유기 외『공간 속의 시간』（심산、二〇〇七）、三三九～三六八쪽
김백영「상징공간의 변용과 집합기억의 발명：서울의 식민지 경험과 민족의 장소성 재구성」、『공간과 사회』통권 제二八호（二〇〇七）一八八～二二一쪽
김백영「왕조 수도로부터 식민도시로：경성과 도쿄의 시구 개정에 대한 비교연구」、『한국학보』一一二권（二〇〇三）、七六～一〇二쪽

김백영「一九二〇년대『대경성계획』을 둘러싼 식민권력의 균열과 갈등」、공제욱・정근식 옮김『식민지의 일상。지배와 균열』(문화과학사、二〇〇六) 二五九〜三〇〇쪽
김백영「식민권력과 광장공간：일제하 서울시내 광장의 형성과 활용」、『사회와 역사』제九〇집 (二〇一一) 二七一〜三一一쪽
김백영『지배와 공간：식민지도시 경성과 제국 일본』(문학과지성사、二〇〇九)
김영근「일제하 경성 지역의 사회 공간 구조의 변화와 도시경험：중심－주변의 지역분화를 중심으로」、『서울학연구』제二〇호 (二〇〇三) 一三九〜一八〇쪽
김영근「도시계획과 도시공간의 변화」、연세대학교 국학연구원 엮음『일제의 식민지배와 일상생활』(혜안、二〇〇四) 三九〜七四쪽
김영신「개항、조차와 근대 만주 신흥도시의 흥기」、유지원 외『근대 만주 도시 역사지리 연구』(동북아역사재단、二〇〇七) 六四〜一〇六쪽
김영재「나카무라 요시헤이의 서양건축양식의 수용과정과 그 의미」、『大韓建築學會論文集 計劃系』제二九권、제五호 (二〇一三) 一五九〜一七〇쪽
김영희「조선박람회와 식민지 근대」、『동방학지』一四〇집 (二〇〇七)、二二一〜二六七쪽
김용규『혼종문화론：지구화시대의 문화연구와 로컬의 문화적 상상력』(소명출판、二〇一三)
김용범「一九二〇〜一九三〇년대 경성의 근대 건축활동에 관한 기초연구：[朝鮮と建築]의 잡보 기사를 중심으로」、『서울학연구』제四二호 (二〇一一・二)、一〜四八쪽
김용철「오카쿠라 텐신 (岡倉天心) 과 일본 미술사의 성립」、『일본사상』제七호 (二〇〇四・一〇)、一七七〜一九七쪽
김은숙「중・고등학교『국사』교과서의 고대 한일관계사 서술 내용 검토」、『역사교육』제七四집 (二〇〇〇) 二三五〜二七二쪽
김응종「페르낭 브로델의 지리적 역사」、국토연구원 엮음『현대 공간의 사상가들』(한울아카데미、二〇〇五) 四一三〜四三一쪽
김정동「도래한 서양인 건축가에 관한 연구 (一)。서울에서의 역할과 환경을 중심으로」、『大韓建築學會論文集 計劃系』五권、四호 (一九八九) 八四〜八五쪽
김정동『남아 있는 역사、사라지는 건축물』(대원사、二〇〇〇)
김정동『고종황제가 사랑한 정동과 덕수궁』(발언、二〇〇四)
김정동「아시아의 작은 독일、칭도 (칭다오) 에서 건축가 로트케겔의 건축을 찾는다」、『建築』四五집、七호 (二〇〇一) 五九〜六二쪽
김정락「프랑스 신고전주의건축이론에 대한 괴테의 논평으로서의『독일건축에 대한 소고 Von Deutscher Baukunst』(一七七一〜一七七二)」、『서양미술사학회논문집』제四〇집 (二〇一四) 三九〜六一쪽

김제정 「식민지기 박람회 연구 시각과 지역성」、『도시연구：역사・사회・문화』九호 (二〇一三) 七〜三二쪽
김종근 「식민도시 경성의 이중도시론에 대한 비판적 고찰」、『서울학연구』제三八호 (二〇一〇) 一〜六八쪽
김종록 『근대를 산책하다』(다산초당、二〇一二)
김주관 「개항장 공간의 조직과 근대성의 표상」、『지방사와 지방문화』九‐一 (二〇〇六) 一二九〜一五七쪽
김주관 「개항도시공간의 전형、외탄」、김능우 외 『중국 개항도시를 걷다：소통과 충돌의 공간、광주에서 상해까지』(현암사、二〇一三) 二七〜四三쪽
김주야・石田潤一郎 「경성부 토지구획사업에 있어서 식민도시성에 관한 연구」、『大韓建築學會論文集 計劃系』제二五권、제四호 (二〇〇九・四) 一六九〜一七八쪽
김종근 「식민도시 경성의 이중도시론에 대한 비판적 고찰」、『서울학연구』제三八호 (二〇一〇)、一〜六八쪽
김춘식 「제국주의 공간과 인종주의：독일제국의 인종위생과 식민지 교주만의 인종정책을 중심으로」、『역사와 문화』二三호、一一三〜一三七쪽
김춘식 「독일제국의 중국 교주만 식민지 문화정책 一八九八〜一九一四」、『역사학연구』三二집 (二〇〇八) 三七九〜四〇七쪽
김춘식 「제국주의 공간과 융합：독일제국의 중국식민지도시건설계획과 건축을 중심으로」、임경순・김춘식 엮음 『과학기술과 공간의 융합』(한국학술정보、二〇一〇)、二三一〜二五八쪽
김춘식 「독일제국과 바다：독일의 동아시아 해양정책과 식민지 건설계획을 중심으로」、『대구 사학』九一집 (二〇〇五) 一五七〜一八七쪽
김형렬 「독일의 칭다오 경략과 식민공간의 확장 (一八九八〜一九一四)」、『중국사연구』제七〇집 (二〇一一) 二五三〜二九〇쪽
김형열 「근대 산동의 도시건설 유형과 사회갈등 구조：칭다오 (靑島) 와 지난 (濟南) 의 도시 근대화를 중심으로」、김태승 외 『도시화와 사회갈등의 역사』(심산、二〇一一) 一三五〜一八六쪽
김형열 「산동 근대도시의 서구문화 수용과 교육환경：칭다오、지난에서의 문화식민주의 성격을 중심으로」、동의대학교 인문사회연구소 엮음 『동아시아 교류와 문화변용：사회・문 화・번역으로 본 동아시아 근대상』(박문사、二〇一三) 一三七〜一九一쪽
김호열 「一九三〇년대 서울 주민의 문화수용에 관한 연구：『府民館』을 중심으로」、『서울학연구』제一五호 (二〇〇〇) 一九九〜二三六쪽
김홍순 「일제강점기 도시계획에서 나타난 근대성：조선시가지계획령을 중심으로」、『서울도시연구』제八권、제四호 (二〇〇七) 一五五〜一七三쪽
나리타 류이치、서민교 옮김 『근대도시공간의 문화경험：도시공간으로 보는 일본근대사』(뿌리와이파리、二〇一一)

나인호『개념사란 무엇인가・역사와 언어의 새로운 만남』（역사비평사、二〇一一）
나카네 타카유키、건국대학교 대학원 일본문화언어학과 옮김『『조선』 표상의 문화지：근대 일본과 타자를 둘러싼 지의 식민지화』（소명출판、二〇一一）
남영우・곽수정「고대도시 장안성의 입지적 의미와 도시구조」、『한국도시지리학회지』제一四〇 권、一호（二〇一一）一～一六쪽
노라、피에르、김인중 외 옮김『기억의 장소一。공화국』（나남、二〇一〇）
니시카와 나가오、한경구・이목 옮김『국경을 넘는 방법・문화・문명・국민국가』（일조각、二〇〇六）
다나카 아키라、현명철 옮김『메이지유신과 서양 문명：이와쿠라 사절단은 무엇을 보았는가』（소화、二〇〇六）
다카기 히로시「일본 미술사와 조선 미술사의 성립」、임지현・이성시 엮음『국사의 신화를 넘어서』（휴머니스트、二〇〇四）一六五～一九六쪽
다카시 후지타니、한석정 옮김『화려한 군주：근대일본의 권력과 국가의례』（이산、二〇〇三）
다케우치 요시미、서광덕・백지운 옮김『일본과 아시아：다케우치 요시미 평론선』（소명출판、二〇〇六）
두아라、프래신짓트、한석정 옮김『주권과 순수성：만주국과 동아시아적 근대』（나남、二〇〇八）
레이 초우、정재서 옮김『원시적 열정：시각、섹슈얼리티、민족지、현대중국영화』（이산、二〇一〇）
Relph, Edward、김동국 옮김『근대도시경관』（태림문화사、一九九九）
류시현『최남선 평전』（한겨레출판、二〇一一）
류시현『최남선 연구：제국의 근대와 식민지의 문화』（역사비평사、二〇〇九）
르페브르、앙리、박정자 옮김『현대세계의 일상성』（기파랑、二〇〇五）
리어우판、장동천 외 옮김『상하이 모던：새로운 중국 도시 문화의 만개 一九三〇～一九四五』（고려대학교 출판부、二〇〇七）
마쓰우라 마사타카「『소일본주의』、『민간재계주의』、『대아시아주의』：근대 일본에서의 아시아 주의의 세 가지 가능성」、동북아역사재단 엮음『동아시아의 지식교류와 역사기억』（동북아역사재단、二〇〇九）一一五～一七五쪽
모리 오가이、손순옥 옮김「무희」、『모리 오가이 단편집』（지만지、二〇一二）
목수현『일제하 박물관의 형성과 그 의미』서울대학교 고고미술사학과 석사학위 논문（二〇〇〇）
목수현「일제하 이왕가박물관（李王家博物館）의 식민지적 성격」、『미술사학연구』二二七집（二〇〇〇）八一～一〇四쪽
문정희・이병렬「도시계획 활동과 이념：조선시대 및 일제시대의 도시계획을 중심으로」、『국토계획』제二五권、제二호（통권 五七호、一九九〇）一三～三六쪽
미즈노 나오키「식민지 조선에서의 이토 히로부미의 기억：서울（京城）의 박문사（博文寺）를 중심으로」、이성환・이토 유키오 엮음

『한국과 이토 히로부미』(선인、二〇〇九) 三六九～四〇一쪽
민유기「이와쿠라 사절단의 프랑스 근대도시 체험과 인식」、『사총』八〇호 (二〇〇三) 五九～九〇쪽
바루마、이언、아비샤이 마갤릿、송충기 옮김『옥시덴탈리즘』(민음사、二〇〇七)
바르트、롤랑、김주환・한은경 옮김『기호의 제국』(산책자、二〇〇八)
바바、호미、나병철 옮김『문화의 위치：탈식민주의 문화이론』(소명출판、二〇〇二)
바슐라르、가스통、곽광수 옮김『공간의 시학』(동문선、二〇〇三)
박석순 외『일본사』(대한교과서주식회사、二〇〇五)
박세훈「동원된 근대：일제시기 경성을 통해본 식민지 근대성」、『한국근대미술사학』제一三집 (二〇〇四) 一一九～一四九쪽
박세훈「一九二〇년대 경성도시계획의 성격：『경성도시계획연구회』와『도시계획운동』」、『서울학연구』제一五호 (二〇〇〇) 一六七～一九八쪽
박세훈「一九二〇년대 경성의 도시계획과 도시계획운동」、박진한 외『제국 일본과 식민지 조선의 근대도시 형성』(심산、二〇一三) 八一～一一三쪽
박순관『동남아 건축문화 산책』(한국학술정보、二〇一三)
방광석『근대일본의 국가체제 확립과정：이토 히로부미와『제국헌법체제』』(혜안、二〇〇八)
방광석「메이지 관료의『문명』인식。이와쿠라사절단의 재조명」、임성모 외『동아시아 역사 속의 여행 二：네트워크、정체성』(산처럼、二〇〇八) 三四七～三六八쪽
방광석「메이지 관료의 유럽『지식순례』」、김유철 외『동아시아 역사 속의 여행 I：경계、정보、교류』(산처럼、二〇〇八) 三四一～三六三쪽
박형용「한국의 근대도시계획 형성」、『공간과 사회』특권 제九호 (一九九七) 七四～九三쪽
백지운「식민지의 기억、그 재영토화를 위하여：존스턴 별장을 통해 본 동아시아 조계 (租界) 네트워크」、『중국현대문학』四二집 (二〇〇七)、二〇一～二四〇쪽
버넬、마틴、오흥식 옮김『블랙 아테나。서양고전 문명의 아프리카、아시아적 뿌리』(소나무、二〇〇六)
버크、에드먼드、김동훈 옮김『숭고와 아름다움의 이념의 기원에 대한 철학적 탐구』(마티、二〇〇六)
벅모스、수전、김성호 옮김『헤겔、아이티、보편사』(문학동네、二〇一二)
벌린、이사야、강유원・나현영 옮김『낭만주의의 뿌리：서구세계를 바꾼 사상 혁명』(이제이북스、二〇〇五)
벨러、에른스트、이강훈・신주철 옮김『아이러니와 모더니티 담론』(동문선、二〇〇五)

벨러、한스 울리히、이용일 옮김『허구의 민족주의』(푸른역사、二〇〇七)
보머、프랭클린、조호연 옮김『유럽 근현대 지성사』(현대지성사、二〇〇〇)
사카이 나오키、후지이 다케시 옮김『번역과 주체。『일본』과 문화적 국민주의』(이산、二〇〇五)
서울특별시『서울시 토지구획정리 연혁지』(一九八四)
서울특별시사편찬위원회 엮음『서울건축사』(서울특별시、一九九九)
서울특별시사편찬위원회 엮음『서울六百年史』제四권(一九七七)
서울시사편찬위원회『漢江史』(一九八五)
서울특별시『漢江 綜合開發事業 建設誌』(一九八八)
성희엽「이와쿠라(岩倉)사절단의 國家構想 연구：『米歐回覽實記』에 나타난 國家構想을 중심으로」、『국제지역학논총』제四권、一호(二〇一一)一三三〜四七쪽
손정목『한국현대도시의 발자취』(일지사、一九八九)
손정목『일제강점기 도시사회상 연구』(일지사、一九九六)
손정목『일제강점기 도시계획 연구』(일지사、一九九〇)
손정목『한국 지방제도 자치사 연구(上)』(일지사、一九九二)
손정목「식민도시계획과 그 유산」、서울시정개발연구원『서울 二〇세기 공간 변천사』(서울시정개발연구원、二〇〇一)四四九〜五〇六쪽
손정목『한국 지방제도 자치사연구：갑오경장〜일제강점기 上』(一九九二)
손정목『서울 도시계획 이야기：서울 격동의五〇년과 나의 증언 一』(한울、二〇〇三)
손정목「I。태평로 一가의 경성 부민관(府民館)」、세종문화회관전사편집위원회『世宗文化會館 全史』(세종문화회관、二〇〇二)六六〜七五쪽
송기형『여의도 국회의사당의 건립배경과 건설과정에 관한 연구』한양대학교 공학대학원 석사학위 논문(二〇〇七)
송도영「다문화적 관점에서 본 지중해 이슬람 도시：모로코 페스의 사례연구」、『지중해지역연구』一〇-四(二〇〇八)五九〜八三쪽
송도영「상징공간의 정치：프랑스의 북아프리카 식민도시정책」、『한국문화인류학』三五-二(二〇〇二)一二七〜一五五쪽
쇼르스케、카를、김병화 옮김『세기말 비엔나』(구운몽、二〇〇六)
슈미드、앙드레、정여울 옮김『제국 그 사이의 한국 一八九五〜一九一九』(휴머니스트、二〇〇七)
슈페어、알베르트、김기영 옮김『기억：제三제국의 중심에서』(마티、二〇〇七)

스즈키 사다미、정재정・김병진 옮김『일본의 문화내셔널리즘』(소화、二〇〇八)
스즈키 히로유키、우동선 옮김『서양 근현대 건축의 역사：산업혁명기에서 현재까지』(시공아트、二〇〇九)
신기욱・마이클 로빈슨 엮음、도면회 옮김『한국의 식민지 근대성：내재적 발전론과 식민지 근대화론을 넘어서』(삼인、二〇〇六)
신예경・김진균「二〇세기 이후 서울 도심 내 주요 공공건축의 형성 및 공간적 특성：서울시청、서울중앙우체국、서울역을 중심으로」、『大韓建築學會論文集 計劃系』제二五권、제四호(二〇〇九)一〇七～一一八쪽
신주백「박람회、과시、선전、계몽、소비의 체험공간」、『역사비평』六七호(二〇〇四)、三五七～三九四쪽
아라이 신이치、이태진・김은주 옮김『약탈문화재는 누구의 것인가：일제의 문화재 반출과 식민주의 청산의 길』(태학사、二〇一四)
아오이 아키히토、김하나・우동선 옮김「계획의 식민지／일상의 식민지：도시사의 시각」、『건축역사연구』제一六권、二호(통권 五一호、二〇〇七)一八二～二〇七쪽
안영진「독일 공간정책의 변화과정과 이념상에 관한 연구」、『지리학연구』三三집、二호(一九九九)、一二一～一三六쪽
안창모『덕수궁』(동녘、二〇一〇)
안창모「해방 이후 서울의 도시계획과 도시・건축의 변화」、『서울、베이징、상하이、도쿄의 대도시로의 성장과정 비교연구 I』(서울시립대학교 서울학연구소、二〇〇六)四九～一〇一쪽
야마베 겐타로、최혜주 옮김『일본의 식민지 조선통치 해부』(어문학사、二〇一一)
야머、막스、이경직 옮김『공간 개념：물리학에 나타난 공간론의 역사』(나남、二〇〇八)
야스카와 주노스케、이향철 옮김『후쿠자와 유키치의 아시아 침략사상을 묻는다』(역사비평사、二〇一一)
양택규『경복궁에 대해 알아야 할 모든 것：친절하면서도 꼼꼼한 경복궁 답사기』(책과함께、二〇〇七)
영、로버트J・C、김택현 옮김『포스트식민주의 또는 트리컨티넨탈리즘』(박종철출판사、二〇〇五)
염복규「식민지 근대의 공간 형성：근대 서울의 도시계획과 도시공간의 형성、변용、확장」、『문화과학』三九호(二〇〇四)一九七～二一九쪽
염복규『일제하 경성도시계획의 구상과 실행』서울대학교 국사학과 박사학위 논문(二〇〇九)
염복규『서울은 어떻게 계획되었는가』(살림、二〇〇五)
염복규「식민지 도시계획의 유산과 그에 대한 인식：손정목『일제강점기 도시계획 연구』를 중심으로」、『한국사연구』제一四九호(二〇一〇・六)、四〇一～四二一쪽
염운옥「야나기 무네요시와『오리엔탈 오리엔탈리즘』」、『역사와 문화』一四호(二〇〇七)二三五～二五二쪽
오스터함멜、위르겐、박은영・이유재 옮김『식민주의』(역사비평사、二〇〇六)

오이시 마나부「일본 근세도시 에도의 기능과 성격」、『도시인문학연구』제一권、一호（二〇〇九）一二三～一三七쪽
오카타 준이치로「근대 도쿄의 도시계획：교외화와 도시변신」、『서울、베이징、상하이、도쿄의 대도시로의 성장과정 비교연구 I』（서울시립대학교 서울학연구소、二〇〇六）一〇三～一八六쪽
오쿠보 다카키、송석원 옮김『일본문화론의 계보』（소화、二〇一二）
요시미 순야、이태문 옮김『박람회：근대의 시선』（논형、二〇〇四）
와트킨、데이비드、우동선 옮김『건축사학사』（시공사、一九九七）
왕흠「독일 점령시기 발전된 중국 칭다오 건축에 관한 연구」、『대한건축학회 학술발표대회 논문집』제三三권、제一호（二〇一三）一二九～一三〇쪽
우동선「세키노 다다시（關野貞）의 한국 고건축 조사와 보존에 대한 연구」、『大韓建築學會論文集 計劃系』제二二권、제七호（二〇〇六）一三五～一四六쪽
우동선「하노이에서 근대적 도시시설의 기원」、『大韓建築學會論文集 計劃系』제二三권、제四호（二〇〇七）一四七～一五八쪽
우동선・박성진 외『궁궐의 눈물、백년의 침묵』（효형출판、二〇〇九）
유모토 고이치、연구공간 수유＋너머 동아시아 근대 세미나팀 옮김『일본 근대의 풍경』（그린비、二〇〇四）
윤대석「경성의 공간분할과 정신분열」、『국어국문학』一四四호（二〇〇六）九一～一一二쪽
윤인석「남촌의 근대 건축물」、김기호 외『서울 남촌：시간、장소、사람』（서울학연구소、二〇〇三）一二九～一七二쪽
윤인석「일본의 근대화 과정과 일본 근대 건축의 변천 과정」、『建築』제四〇권、八호（一九九六）一一～一六쪽
尹一柱『한국 양식건축 八〇년사：解放前篇』（治庭文化社、一九六六）
윤치호、김상태 엮고옮김『윤치호 일기（一九一六～一九四三）』（역사비평사、二〇〇七）
윤해동 외『근대를 다시 읽는다：한국 근대 인식의 새로운 패러다임을 위하여』제一권（역사비 평사、二〇〇六）
윤홍기「경복궁과 구 조선총독부 건물 경관을 둘러싼 상징물 전쟁」、『공간과 사회』제一五호（二〇〇一）二八二～三〇五쪽
은정태「박정희 시대 성역화 사업의 추이와 성격」、『역사문제연구』제 一五집（二〇〇五）二四一～二七七쪽
이경찬、허준「沈陽의 都市空間構造 變遷過程에 대한 計劃史的 考察」、『韓國傳統造景學會誌』제二四권、제四호（二〇〇六・一二）九二～一〇一쪽
이경택『서울의 都市景觀 形成과 變化에 관한 動因 硏究』고려대학교 지리학과 박사학위 논문（二〇一二）
이규목「서울 근대도시경관 읽기」、서울시정개발연구원『서울 二〇세기 공간 변천사』（서울시정개발연구원、二〇〇一）九九～一五八쪽

이규목・김한배「서울 도시경관의 변천 과정 연구」、『서울학 연구』제二호（一九九四）一〜五六쪽
이규철『대한제국기 한성부 도시공간의 재편』서울대학교 박사학위 논문（二〇一〇）
이금도・서치상「조선총독부 건축기구의 조직과 직원에 관한 연구」、『大韓建築學會論文集 計劃系』제二三권、제四호（二〇〇七）一三七〜一四六쪽
이금도『조선총독부 건축기구의 건축사업과 일본인 청부업자에 관한 연구』부산대학교 건축공학과 박사학위 논문（二〇〇七）
이기봉「지역과 공간 그리고 장소」、『문화역사지리』제一七권、제一호（二〇〇五）一二一〜一三七쪽
이노우에 가쓰오、이원우 옮김『막말 유신』（어문학사、二〇一三）
이명규「한국 근대도시계획제도의 발달과 서울」、최상철 외『동양 도시사 속의 서울』（서울시정개발연구원、一九九四）四二一〜四五二쪽
이영석・민유기 외『도시는 역사다』（서해문집、二〇一一）
이성시「조선왕조의 상징공간과 박물관」、임지현・이성시 엮음『국사의 신화를 넘어서』（휴머니스트、二〇〇四）二六五〜二九五쪽
이순우『통감관저：잊혀진 경술국치의 현장』（하늘재、二〇一〇）
이순우『손탁호텔』（하늘재、二〇一二）
이순우『테라우치 총독、조선의 꽃이 되다』（하늘재、二〇〇四）
이순우『광화문 육조앞길』（하늘재、二〇一二）
이순자『일제강점기 고적조사사업 연구』숙명여자대학교 사학과 박사학위 논문（二〇〇七）
이순자『조선의 숨겨진 왕가 이야기』（평단문화사、二〇一三）
이승일 외『일본의 식민지 지배와 식민지적 근대』（동북아역사재단、二〇〇九）
이에나가 사부로 엮음、연구공간『수유＋너머』일본근대사상팀 옮김『근대일본사상사』（소명출판、二〇〇六）
이태진「一八九六〜一九〇四년 서울 도시개조 사업의 주체와 지향성」、『한국사론』제三七호（一九九七）一八一〜二〇六쪽
이토 다케시「근대 도쿄의 도시공간」、『서울、베이징、상하이、도쿄의 대도시로의 성장과정 비교연구 Ⅰ』（서울시립대학교 서울학연구소、二〇〇六）一八七〜二二三쪽
이하늘・김태영「二〇세기 초 한국에서 활동한 일본인 건축가의 조직과 계보에 관한 연구」、『大韓建築學會聯合論文集』제一一권、제三호（二〇〇九・九）五九〜六六쪽
이한석 외「항구도시 칭다오의 식민지 시대 도시변천과 근대 건축형성에 관한 연구」、『한국항해항만학회지』제三四권、제五호（二〇一〇）三五五〜三六五쪽

이행철・윤인석「건축가 나상진의 작품활동에 관한 연구」、『大韓建築學會論文集 計劃系』제二一권、제二호（二〇〇一）五七七～五八〇쪽
이혜은「서울 二〇세기 교통의 발달」、서울시정개발연구원『서울 二〇세기 공간 변천사』（서울시정개발연구원、二〇〇一）一五九～二二三쪽
임덕순「朝鮮初期 漢陽 定都와 首都의 象徴化」、이혜은 외『서울의 景觀變化』（서울학연구소、一九九四）一七～六四쪽
임석재『사회미학으로 읽는 개화기：일제강점기 서울 건축』（이화여자대학교 출판부、二〇一一）
임석재『서울、건축의 도시를 걷다 一』（인물과사상사、二〇一〇）
장규식『서울、공간으로 본 역사』（혜안、二〇〇四）
장기인「조선총독부 청사」、『建築』제三五권、二호（一九九一）四四～五〇쪽
장세룡「앙리 르페브르와 공간의 생산：역사이론적『전유』의 모색」、『역사와 경계』제五八집（二〇〇六）二九三～三二五쪽
장세룡「헤테로토피아：（탈）근대 공간 이해를 위한 시론」、『대구사학』九五권（대구사학회、二〇〇九）、二八五～三一七쪽
전남일 외『한국 주거의 공간사』（돌베개、二〇一一）
전남일 외『한국 주거의 사회사』（돌베개、二〇〇九）
전상숙「우가키 총독의 내선융화 이데올로기와 농공병진 정책：우가키 조선 총독정치의 지배정책사적 의미에 대한 재고찰」、『현상과 인식』제三四집（二〇一〇）四一～六三쪽
전진성『보수혁명：독일 지식인들의 허무주의적 이상』（살림、二〇〇一）
전진성『역사가 기억을 말하다：이론과 실천을 위한 기억의 문화사』（휴머니스트、二〇〇五）
전진성「나치 과거 해석의 주도권 경쟁」、김승렬・신주백 외『분단의 두 얼굴』（역사비평사、二〇〇五）三一七～三三四쪽
정규홍『우리 문화재 수난사：일제기 문화재 약탈과 유린』（학연문화사、二〇〇五）
정상수「독일제국주의와 교주만 점령 一八九七／九八년」、『역사학보』제一九四집、三二七～三六二쪽
정영효「『조선호텔』：제국의 이상과 식민지 조선의 표상」、『한국어문학연구』제五五집（二〇一〇）三一七～三四八쪽
정운현『서울시내 일제유산답사기』（한울、一九九六）
정재정「덕수궁 주변 근대화의 자취」、서울학연구소 편『서울의 문화유산 탐방기』（一九九七）、二六一～二九三쪽
정재정『서울 근현대 역사기행』（서울학연구소、一九九六）
정재정『일제침략과 한국철도』（서울대출판부、一九九九）
조동걸『식민지 조선의 농민운동』（역사공간、二〇一〇）

조명래『현대사회의 도시론』(한울아카데미、二〇〇六)
조병로 외『조선총독부의 교통정책과 도로건설』(국학자료원、二〇一一)
조은애「식민도시의 상징과 잔여：염상섭 소설의 在京城 일본인、그 재현 (불) 가능의 장소들」、『한국문학이론과 비평』、제五七집 (二〇一二) 四五三~四八二쪽
조재모『궁궐、조선을 말하다：궁궐로 읽는 조선의 제도와 이념』(아트북스、二〇一二)
조형근「근대성의 내재하는 외부로서 식민지성／十字架식민지적 차이와 변이의 문제」、『사회와 역사』통권 七三호 (二〇〇七)、三八五~四一八쪽
주완요『대만：아름다운 섬、슬픈 역사』(신구문화사、二〇〇三)
주윤정「조선물산공진회와 식민주의의 시선」、『문화과학』三三호 (二〇〇三) 一四五~一六〇쪽
주은우『시각과 현대성』(한나래、二〇〇三)
최경옥「日本の明治憲法制定에 있어서 外國人의 影響」、『헌법학연구』제七권、제一호 (二〇〇一)、二三三~二六六쪽
최경옥「日本의 明治憲法上 天皇의 法的地位」、『헌법학연구』제一〇권、제三호 (二〇〇四)、四八七~五一〇쪽
최경옥「日本에 있어서의 教育基本法의 思想的 背景」、『헌법학연구』제一二권、제五호 (二〇〇六)、三〇三~三二八
최병두「도시발전 전략으로서 정체성 형성과 공적 공간의 구축에 관한 비판적 성찰」、서울시립대학교 도시인문학연구소 엮음『도시공간의 인문학적 모색』(메이데이、二〇〇九) 一八九~二四五쪽
최석영『한국 근대의 박람회・박물관』(서경문화사、二〇〇一)
최연식・이필영「이와쿠라 사절단이 본 서양：모방과 습합 (習合)」、『동서연구』二五권、二호 (二〇一三)、三五~六三쪽
최인영「일제 시기 경성의 도시공간을 통해 본 전차 노선의 변화」、『서울학연구』제四一호 (二〇一〇・一一) 三一~六二쪽
최장순「一九세기 전반기 독일건축가 Karl Friedrich Schinkel 의 건축 작품에 관한 연구」、『대한건축학회연합논문집』제九권、제一호 (二〇〇七) 一~八쪽
칼리니스쿠、M、이영욱 외 옮김『모더니티의 다섯 얼굴』(시각과언어、一九八七)
컨、스티븐、박성관 옮김『시간과 공간의 문화사』(휴머니스트、二〇〇四)
다네히사 오타베「일본의 미학 확립기에 있어서 동서교섭사：동양적 예술을 중심으로 본 오카쿠라 텐신、와츠지 테츠로、오오니시 요시노리」、『미학・예술학 연구』二七집 (二〇〇八) 二三五~二六五쪽
팁튼、엘리스 K、존 클락、이상우 외 옮김『제국의 수도、모더니티를 만나다：다이쇼 데모크라시에서 쇼와 모더니즘까지』(二〇一二、소명출판)

포러、매티「도시 상징주의」、김주관 외『사상가들 도시와 문명을 말하다』(한길사、二〇一四) 一五九～一八二쪽
푸코、미셸、오생근 옮김『감시와 처벌：감옥의 역사』(나남、二〇〇三)、
푸코、미셸、오트르망 외 옮김『안전、영토、인구』(난장、二〇一一)
프랑카스텔、P.、안-바롱 옥성 옮김『미술과 사회』(민음사、一九九八)
하가 도루、손순옥 옮김『명치유신과 일본인』(예하、一九八九)
하비、데이비드、최병두 옮김『희망의 공간：세계화、신체、유토피아』(한울、二〇〇一)
하비、데이비드、김병화 옮김『모더니티의 수도 파리』(생각의나무、二〇〇五)
하상복「광화문의 정치학、예술과 권력의 재현」、『한국정치학회보』제四三집、제三호 (二〇〇九 가을) 七七～九八쪽
하상복『광화문과 정치권력』(서강대학교 출판부、二〇一〇)
하시야 히로시、김제정 옮김『일본제국주의、식민지도시를 건설하다』(모티브북、二〇〇五)
하즈다 도루、김동영・조극래 옮김『모방과 창조의 공간사』(보문당、二〇〇三)
한국건축개념사전 기획위원회 편『한국건축개념사전』(동녘、二〇一三)
한국국가기록연구원 엮음『조선총독부 도시계획 공문서와 기록평가론』(진리탐구、二〇〇八)
한국기록연구원『조선총독부 공문서 종합목록집』(한울、二〇〇五)
한영우『왕조의 설계자 정도전』(지식산업사、一九九九)
허병식「식민지 조선과『신라』의 심상지리」、황종연 엮음『신라의 발견』(동국대학교출판부、二〇〇八)、一一五～一四四쪽
허영란・류준범・김제정「한국 근현대 속의 거리광고물과 가로경관：서울 도심의 간판을 중심으로」、서울시립대학교 서울학연구소 공편『서울 二〇세기 생활・문화변천사』(서울시정개발연구원、二〇〇一) 六一一～六六八쪽
허영섭『일본、조선총독부를 세우다』(채륜、二〇一〇)
현재열・김나영「비교적 전망에서 본 식민지도시의 역사적 전개와 공간적 특징」、『石堂論叢』五〇집 (二〇一一) 六五五～六八九쪽
황기원「서울 二〇세기 공원・녹지의 변천．자연속의 도시에서 도시속의 자연으로」、서울시정개발연구원『서울 二〇세기 공간 변천사』(서울시정개발연구원、二〇〇一) 三七九～四四七쪽
황호덕『근대 네이션과 그 표상들：타자・교통・번역・에크리튀르』(소명출판、二〇〇五)
홍순민「고종대 경복궁 중건의 의미」、『서울학연구』제二九호 (二〇〇七．八) 五七～八二쪽
홍순민「일제의 식민침탈과 경복궁 훼손：통치권력의 상징성 탈취」、『문명연지』제五권、제一호 (二〇〇四) 五～三四쪽

히로마쓰 와타루、김항 옮김『근대초극론：일본 근대 사상사에 대한 시각』(민음사、二〇〇三)
히야마 히사오、정선태 옮김『동양적 근대의 창출：루쉰과 소세키』(소명출판、二〇〇四)

訳者あとがき

本書は、전진성著『상상의 아테네、베를린・도쿄・서울：기억과 건축이 빚어낸 불협화음의 문화사』〔チョン・ジンソン（全鎭晟）著『想像のアテネ、ベルリン・東京・ソウル：記憶と建築が醸しだす不協和音の文化史』〕（천년의 상상、二〇一五）の日本語訳である。

著者のチョン・ジンソン氏は、韓国の高麗大学校史学科（一九八五〜八九）および同大学院（一九八九〜九一）を卒業後、ドイツにわたり、ベルリン・フンボルト大学歴史学部にてドイツ現代史学史をテーマに研究、博士学位を取得した（一九九二〜九八）。現在は、釜山教育大学校社会教育科教授として在職中である（二〇〇〇〜）。専攻分野は、ドイツ現代知性史および文化史、歴史理論であり、この間、韓国ドイツ史学会『ドイツ研究』編集委員長や、釜山教育大学校学術情報館長を歴任してきた。私信によれば、現在は、都市文化史や人権史などに研究領域をひろげているところであり、今後の研究テーマとして、西ベルリンとソウルの共同住宅団地の比較文化史研究を計画中とのことである。

本書以外の主要著書として、*Das Bild der Moderne in der Nachkriegszeit: Die westdeutsche "Strukturgeschichte" im Spannungsfeld von Modernitätskritik und wissenschaftlicher Innovation 1948-1962* (München: R. Oldenbourg Verlag, 2000)、『보수혁명：독일 지식인들의 허무주의적 이상』〔『保守革命：ドイツ知識人の虚無主義的理想』〕（책세상、二〇〇一）、『박물관의 탄생』〔『博物館の誕生』〕（살림、二〇〇四）、『역사가 기억을 말하다』〔『歴史が記憶を語る』〕（휴머니스트、二〇〇五）、『삶은 계속되어야 한다：원폭二세환우 김형률 평전』〔『生きつづけなければならない：原爆二世の憂患　キム・ヒョンニュル評伝』〕（휴머니스트、二〇〇八）、『빈딘성으로 가는 길：베트남전 참전용사들의 기억과 약속을 찾아서』〔『ビンディン省へいく道：ベトナム戦参戦勇士の記憶と約束をたずねて』〕（책세상、二〇一八）などがある。

著者の二〇〇五年から十年余りの研究の集大成である本書の内容については、著者による「日本語版への序文」に詳しいのでそちらをご覧いただくこととし、ここでは、この訳書をお読みいただくうえでご留意いただきたい点について記す。

(一) 本書は、基本的に原著の全訳であるが、翻訳にあたり構成を一部変更した。まず、巻末にまとめておかれていた注は、各章末にわけておくことにした。また、巻末にある「図版出典」は、各図版の下に図の説明とともに出所を記すことで割愛した。さらに原著にはある索引は、割愛した。また、本書に収録された図版は、著作権の関係で変更、削除を余儀なくされ原著に収録されたものとは異なる場合がある。

(二) 原著で引用される文献には日本語文献あるいは日本語文献の韓国語翻訳版も多数でてくる。これらについては、基本的にもとの日本語文献に戻ってそれを引用することはせず、原著の韓国語をそのまま日本語に翻訳した。

(三) 本書の重要なキーワードである韓国語の「幻灯像」という単語は、日本ではあまりなじみのある言葉ではないため、「スライドイメージ」という訳語をあてた。

(四) 読者の理解を助けるために、必要と思われる用語には本文中で訳者注を括弧で括ってつけた。

さて、東北大学大学院経済学研究科の小田中直樹教授から、本書の翻訳のお話をいただいたのは、二〇一五年夏のことであった。軽い気持ちで引き受けたが、歴史学の専門家でも、建築学や都市計画の専門家でもない訳者にとっては、なかなか骨の折れる仕事であり、さらに途中、職場と生活の拠点が仙台から青森に移ったこともあって、出版までに思いのほか時間がかかってしまった。それでもどうにかここまでたどり着けたのは、著者のチョン・ジンソン教授をはじめとする関係各位のご助力とご寛容があったからこそである。まず、チョン・ジンソン教授には、翻訳を進めながらでてくる疑問点にひとつひとつ丁寧におこたえいただき、「日本語版への序文」の執筆も快くお引き受けいただいた。小田中直樹教授には、本書の草稿をはじめからおわりまでお読みいただき、貴重なアドバイスをいただいた。また、編集をご担当いただいた秋田公士、岡林彩子、奥田のぞみの各氏には、それぞれ編集・校正、企画、刊行の各段階でたいへんお世話になった。記して深くお礼申しあげたい。

原著の英訳版が、*Imaginary Athens in Berlin, Tokyo, and Seoul: A Dissonant Cultural History of Memory and Architecture* というタイトルで二〇二〇年にアメリカで出版予定とのことである。どうにか英語版に先だって刊行されることのできたこの学際的かつスケールの大きい大作が、多くの日本の読者の手に取られることを願ってやまない。

佐藤　静香

二〇一九年五月　青森にて

著　者

全 鎭 晟（チョン・ジンソン Chun, Jin-Sung 전진성）

1966 年生まれ。高麗大学校（ソウル）文科大学史学科（1989）および同大学院（1991）卒業。1998 年、フンボルト大学（ベルリン）博士学位取得。現在、国立釜山教育大学校社会教育科教授。

著　書：*Das Bild der Moderne in der Nachkriegszeit. Die westdeutsche "Strukturgeschichte" im Spannungsfeld von Modernitätskritik und wissenschaftlicher Innovation 1948-1962,* München: R. Oldenbourg Verlag, 2000; *The Conservative Revolution: A Nihilistic Ideal of German Intellectuals,* Seoul: Chaek-Se-Sang, 2001（ハングル）; *The Making of Museum,* Seoul: Sallim, 2004（ハングル）; *History Tells Memory: Cultural History of Memory for Theory and Praxis,* Seoul: Humanist, 2005（ハングル）; *Their Lives Are Going On: About the Korean Atomic Bomb Victims,* Seoul: Humanist, 2008（ハングル）

訳　者

佐藤 静香（さとう しずか）

東北大学大学院経済学研究科博士課程後期単位取得退学。現在、青森大学総合経営学部准教授（社会政策、韓国労働経済）。

論　文：「韓国における大卒ホワイトカラーのキャリア管理と早期退職」（『大原社会問題研究所雑誌』第 596 号）、「韓国財閥企業における大卒ホワイトカラーの賃金管理」（『大原社会問題研究所雑誌』第 536 号）ほか

翻　訳：尹辰浩「韓国の労働時間短縮過程と今後の課題」（『大原社会問題研究所雑誌』第 573 号）、キム・ヨンハン「韓国の西洋史研究」（『思想』第 1091 号）ほか

虚像のアテネ――ベルリン、東京、ソウルの記憶と空間

2019年 7 月 1 日　　初版第 1 刷発行

著　者　全 鎭 晟

訳　者　佐藤 静香

発行所　一般財団法人 法政大学出版局

〒102-0071 東京都千代田区富士見 2-17-1

電話 03 (5214) 5540／振替 00160-6-95814

組版：秋田印刷工房，印刷：平文社，製本：誠製本

ISBN 978-4-588-78611-2